dtv
premium

Daniel Friedrich Sturm

Wohin geht die SPD?

Mit Karikaturen
von Heiko Sakurai

Deutscher Taschenbuch Verlag

Unter www.wohin-geht-die-spd.de kommentiert Daniel Friedrich Sturm den Wahlkampf und die aktuellen Entwicklungen in der SPD.

Originalausgabe
Februar 2009

www.dtv.de

Dieses Werk wurde vermittelt durch die
Literarische Agentur Thomas Schlück GmbH, 30827 Garbsen

Umschlagkonzept: Balk & Brumshagen
Satz: Greiner & Reichel, Köln
Gesetzt aus der Concorde 9/11,75'
Druck und Bindung: Kösel, Krugzell
Gedruckt auf säurefreiem, chlorfrei gebleichtem Papier
Printed in Germany · ISBN 978-3-423-24709-2

Inhalt

Dienstantritt …
28. Oktober 1998

Im Oktober 1998 wird Gerhard Schröder zum Bundeskanzler einer rot-grünen Koalition gewählt. In seinem Kabinett sitzen u. a. Finanzminister Oskar Lafontaine, Außenminister Joschka Fischer und Verteidigungsminister Rudolf Scharping.

I. »Männerfreunde« an der Macht

Schröder und Lafontaine – »Innovation und Gerechtigkeit«

Ausgerechnet »Hundsärsch« – ein Schnaps mit jenem ebenso denkwürdigen wie bezeichnenden Namen wird zum Symbol für Gerhard Schröders wichtigste Wegmarke auf dem ersehnten Weg ins Kanzleramt. Jahrelang arbeitete Schröder auf dieses Ziel hin, mehr mit den Medien als innerhalb der offiziellen Parteigremien, die er im Grunde verachtete. Nun war er fast ein Jahrzehnt lang niedersächsischer Ministerpräsident. Er regierte in seiner ersten Legislaturperiode mit den Grünen, seit 1994 in einer Alleinregierung der SPD. An jenem 1. März 1998 verteidigen Gerhard Schröder und seine SPD die absolute Mehrheit im niedersächsischen Landtag. Schröder kann sich durch diesen Sieg als Kanzlerkandidat der SPD verstehen.

Die beiden starken Männer der Sozialdemokratie, Schröder und der SPD-Vorsitzende Oskar Lafontaine, hatten bis zu diesem Tag offen gelassen, wer von ihnen bei der Bundestagswahl im September 1998 gegen Helmut Kohl, den ewigen Kanzler, antreten sollte. Schröder hatte erklärt, er werde Kanzlerkandidat, sofern er bei seiner Landtagswahl nicht mehr als zwei Prozentpunkte verliere. Dieses Ziel war ambitioniert, und so hatte Lafontaine Schröders Definition zugestimmt. Selbstredend hielt Lafontaine sich für den geeigneteren Kandidaten. Er entschied sich aber, die Vereinbarungen aus dem Zweckbündnis mit Schröder einzuhalten, zumal er darauf setzte, Schröder werde seine Zielmarke verfehlen.

Wie üblich verbrachte Lafontaine den Wahlsonntag nicht in Bonn, sondern im heimischen Saarland. Nachdem sich die Hochrechnungen verfestigt hatten, trat er vor seinem Wohnhaus in die Kälte, wo etliche Journalisten längst auf den SPD-Vorsitzenden warteten. Auf einem Tablett reichte Lafontaine, leicht zitternd, den frierenden Reportern und Kameraleuten einen saarländischen Schnaps, eben jenen »Hundsärsch«. Er freue sich über den Sieg Schröders, sprach Lafontaine in die Nacht. Er gratulierte ihm und rief Schröder zum Kanzlerkandidaten aus. Alle Zweifler ließ er wissen: »Sie sehen, der Parteivorsitzende ist glücklich.« Für Lafontaine begann an diesem Tag eine fast einjährige Phase voller Höhen und Tiefen – bis zu seinem zeitweiligen Rückzug aus der Politik. Für Schröder dagegen begann ein Siegeszug.

Schröder und Lafontaine kannten sich längst gut genug, um sich gegenseitig stets misstrauisch zu beäugen. Beide zählten zu den »Enkeln« Willy Brandts, Lafontaine war einst gar dessen Lieblingsenkel. Er war Schröder stets einen Schritt voraus gewesen. Der ein Jahr ältere Lafontaine war bereits im Jahre 1976 Oberbürgermeister von Saarbrücken geworden und hatte wenig später den Vorsitz der saarländischen SPD übernommen. 1985 wurde er Ministerpräsident, 1990 erfolgloser Kanzlerkandidat der SPD. Im Jahre 1995 hatte er mit einem Putsch auf dem legendären Mannheimer Parteitag Rudolf Scharping den SPD-Vorsitz entrissen. Schröder wiederum hatte zwischen 1978 und 1980 den Vorsitz der Jungsozialisten inne, er reüssierte im Lande aber später als Lafontaine und besaß daher auf der bundespolitischen Bühne nicht dessen Bedeutung. Von 1983 an führte Schröder den SPD-Bezirk Hannover, im Jahre 1990 wurde er Ministerpräsident. Beim Mannheimer Parteitag zählte Schröder zu den Unterstützern Lafontaines, verband Scharping und ihn doch eine gegenseitige Abneigung.

Schröder und Lafontaine hatten sich nun verbündet, trotz aller Vorbehalte. Als gemeinsamer Gegner diente Helmut Kohl, der das Land seit 16 Jahren regierte, dessen Kraft aber erkennbar nachließ. Doch galt Kohl nicht schon 1988/89 als erledigt? Die Regierung Kohl zerfaserte damals, mehrere Minister leisteten sich veritable Pannen. Kohls Geschick bei der Vereinigung Deutschlands rettete ihm das Amt. Mit Lafontaine hatte sich 1990 abermals ein sozialdemokratischer Kanzlerkandidat die Zähne an Kohl ausgebissen. Gleiches war schon Hans-Jochen Vogel (1983) und Johannes Rau (1987) widerfahren. Rudolf Scharping setzte 1994 die Serie gescheiterter Kanzlerkandidaten fort.

Nur mit vereinten Kräften sah die SPD eine Chance, Kohl zu schlagen. Schröder und Lafontaine inszenierten daher eine Männerfreundschaft, deren Qualität sich im Laufe der folgenden Jahre erweisen sollte. Der Vergleich zu den »Freunden« Kohl und Franz Josef Strauß oder dem Verhältnis zwischen Willy Brandt und Herbert Wehner lag auf der Hand. »Kein Blatt Papier« passe zwischen sie, rühmten sich Schröder und Lafontaine. »Oskar, dir danke ich für die Disziplin, die Vernunft, ja die Selbstlosigkeit«, rief Schröder seinem Kontrahenten während des Leipziger Parteitages am 17. April 1998 zu: »Ich danke vor allen Dingen für die Freundschaft.« In diese innige Freundschaft bezogen beide gar ihre Frauen ein. Vermeintlich vergnügt ließen sie sich bei einer inszenierten Wanderung vor der Saarschleife fotografieren. »Gerd« und »Oskar«, dazu »Doris« und »Christa« sollten das parteiinterne Bündnis für den Sturm auf die Bastion Bonn dokumentieren – und nebenbei das moderne Deutschland im Gegensatz zum biederen Ehepaar Helmut und Hannelore Kohl verkörpern. Längst herrschte dabei in der SPD angesichts der verschlissenen Regierung Kohl der Eindruck: Den Wahlsieg können nur noch wir selbst verspielen.

Die Vorbehalte, Vorurteile, Abneigungen und Eifersüchteleien blieben neben allen politisch-inhaltlichen Unterschieden zwischen Kanzlerkandidat und Parteichef während des Wahlkampfes nicht unter dem Teppich. Misstrauisch beobachteten sich die Mitarbeiterstäbe aus Hannover und Saarbrücken, die unterschiedlichen Berater und Zuarbeiter. Wer Schröder-Mann war oder wer als Lafontaine-Mann galt, das war nicht zuletzt in der SPD-Parteizentrale bekannt. Wobei die Divisionen des Saarländers in Bonn bei weitem die des »Hannoveraners« überstiegen, schließlich führte Lafontaine seit gut zwei Jahren die Partei. Noch Scharping hatte den nordrhein-westfälischen Arbeitsminister Franz Müntefering zum Bundesgeschäftsführer der SPD gemacht. Lafontaine hielt an ihm fest. Münteferings engste Mitarbeiter waren Michael Donnermeyer, Matthias Machnig und Karl-Josef (Kajo) Wasserhövel. Donnermeyer war Sprecher der SPD, Wasserhövel Münteferings Persönlicher Referent. Münteferings Büroleiter Machnig managte die Wahlkampfzentrale »Kampa«. Er hatte 1996 und 1997 die Wahlkämpfe in den USA und Großbritannien unter die Lupe genommen und gedachte eine ähnliche Kampagne wie die der Demokraten und der Labour-Partei zu starten. Schröder betrachtete das Erich-Ollenhauer-Haus mit verständlichem Unbehagen. Selbst der offeneren »Kampa« Münteferings begegnete er skeptisch.

Die sozialdemokratischen Ministerpräsidenten wie Schröder oder Lafontaine dominierten längst die SPD, deren oppositionsgeplagte Bundestagsfraktion stetig an Bedeutung verlor. Die einst zentralistische SPD hatte sich im Laufe der neunziger Jahre zu einer föderalistisch geprägten Partei entwickelt, in der die »schmucke Riege« der Ministerpräsidenten das Sagen hatte. Dies lag daran, dass die SPD auf Bundesebene – getreu der Prognose Wehners nach dem Machtverlust im Jahre 1982 – fern der Macht blieb, während sie in den Provinzen punkten konnte. Im Mai 1991 stellte die SPD in neun Ländern den Ministerpräsidenten, im Westen gar in acht von zehn Ländern. Der Partei- und Fraktionsvorsitzende Hans-Jochen Vogel litt unter jenen »Zaunkönigen«, wie Helmut Schmidt die selbstbewussten Landesväter einst genannt hatte, der spätere Fraktionschef Hans-Ulrich Klose ebenso. Lafontaine brachte die Hackordnung in der Sozialdemokratie wie gewohnt deutlich auf den Punkt: »SPD-Politik wird über die Länder gemacht, da kann die Fraktion plärren, was sie will.« Nicht ohne Zufall waren nach Vogel nur noch Ministerpräsidenten als Kanzlerkandidaten der SPD angetreten. Die »Zaunkönige« verachteten die Fraktion. Schröder etwa sah in den Abgeordneten ein »Kartell der Mittelmäßigkeit«, wie er öffentlich kundtat – wenig zur Freude des damaligen Fraktionschefs Scharping und seines Parlamentarischen Geschäftsführers Peter Struck.

Mit dem anbrechenden Bundestagswahlkampf 1998 wuchs die Bedeutung von Müntefering und dessen umtriebigem Umfeld. Wem aber neigte Müntefering zu? War er ein Mann Lafontaines, da er diesem diente? Immerhin entstammte der Sauerländer Müntefering dem Kabinett von Johannes Rau, der jedoch vor allem aber die strukturkonservative SPD im Stammland Nordrhein-Westfalen personifizierte. Müntefering war dem Parteivorsitzenden verpflichtet. Schröder war für ihn nur einer von damals noch vielen sozialdemokratischen Ministerpräsidenten. Doch Müntefering umgab schon in frühen Zeiten eine Aura der Undurchsichtigkeit. Er galt im Machtgefüge der SPD als »neutraler Zentrist«.

Um die drei Kraftfelder Schröder, Lafontaine und Müntefering auf ein gemeinsames Vorgehen bis zum Herbst 1998 einzuschwören, einigten sie sich auf eine engere Abstimmung ihrer Stäbe. Die inhaltlichen Differenzen zwischen Schröder und Lafontaine aber blieben bestehen. Schröder hatte zwar innerhalb der SPD lange als »Linker« gegolten, doch schon an der Spitze seiner rot-grünen Regierung erwies er sich als äußerst industriefreundlicher Landesvater. Vom »Automann« war die Rede in Anspielung auf seine Aktivitäten zugunsten des Volkswagen-Konzerns und vom »Genossen der Bosse«. Im Jahre 1993 war Schröder – neben Heidemarie

Wieczorek-Zeul – gegen den Pragmatiker Scharping ins Rennen um die Urwahl des SPD-Vorsitzenden gegangen. Damals setzte sich Scharping durch; in der SPD war das Misstrauen gegenüber Schröder schließlich zu ausgeprägt. Auf dem Mannheimer Parteitag im Oktober 1995, auf dem Lafontaine den spröden Scharping stürzte, gelang Schröder selbst der Einzug in den 45-köpfigen Parteivorstand erst im zweiten Wahlgang.

Schröder hatte es zeit seines Lebens verstanden, Positionen immer wieder zu räumen und so sein Image binnen weniger Monate zu ändern. Dieses Prinzip der Prinzipienlosigkeit trug zu seinem Erfolg erheblich bei. In Abgrenzung zu Lafontaine war Schröder jedoch bei aller Sprunghaftigkeit der Pragmatiker, der Reformer, der Modernisierer. Das SPD-Wahlkampfmotto von 1998 – »Innovation und Gerechtigkeit« – war dabei voll auf die beiden Protagonisten, auf Schröder und Lafontaine, zugeschnitten. Schröder stand für Innovation, Lafontaine für Gerechtigkeit. Der saarländische Ministerpräsident hatte dabei längst nicht immer als Linker gegolten. Dieses Image stellte er selbst Ende der achtziger Jahre infrage, indem er sich mit den Gewerkschaften anlegte. Lafontaine sprach sich für kürzere Arbeitszeiten ohne vollen Lohnausgleich aus – im westdeutschen Wohlfahrtsstaat damals eine Sensation für einen Sozialdemokraten. In den neunziger Jahren stand Lafontaine parteiintern stets links, wenngleich es ihm gelang, weite Teile der SPD für sich einzunehmen. Lafontaine, der in der SPD schlicht »Oskar« hieß, verkörperte die Seele der Partei. Daneben war es ihm gelungen, Themen der Grünen, etwa die Ökologie, in der SPD zu verankern. Entsprechend lange blieben die Grünen an der Saar erfolglos.

Gehversuche der »Modernisierer«

Schröder hatte bereits im Februar 1996 in einer Grundsatzrede eine gewisse Reformfreude erkennen lassen: »Das jetzige Niveau ist nicht mehr finanzierbar«, erklärte er damals und stellte sich erneut gegen den Mainstream in der SPD. »Es geht nicht mehr um den Umbau des Sozialstaates, es sind tatsächlich tiefe Einschnitte nötig.«[1] Im Jahr darauf legte Schröder seine »Dresdner Thesen« zur Wirtschaftspolitik vor. Deren Tenor ließ sich in zwei Worten zusammenfassen: Innovation und Aufbruch. Schröder plädierte für Eigenverantwortung, Risikobereitschaft und Flexibilität; dabei berief er sich gar auf Ludwig Erhard. Zu den Beratern Schröders zählte Bodo Hombach, langjähriger Geschäftsführer der nordrhein-westfälischen SPD und damals Manager des Stahlkonzerns Preussag. Zwischen beiden kam es zu einer Zusammenarbeit, die sich für den Reformer Schröder als wichtig erwies. Hombach schuf nichts weniger als die grundlegenden Ideen einer Reformpolitik, die Schröder erst nach fünf Jahren im Kanzleramt anzupacken wagte.

Hombach und Schröder – die gemeinsame Geschichte der beiden »Modernisierer« war dabei alles andere als bruchlos verlaufen. Hombach hatte schon in jungen Jahren mehrere Wahlen für Johannes Rau gemanagt und dazu beigetragen, die machtverwöhnte SPD an Rhein und Ruhr machtgewohnt werden zu lassen. Hombach trimmte seine Partei in NRW voll auf die »Mitte« und setzte auf den »Mainstream«[2], die CDU blieb marginalisiert. Unangefochten beherrschten die Genossen das Land; erst 1995 kam ihnen die absolute Mehrheit abhanden. Ebenso dominierte die SPD die Rathäuser des Ruhrgebiets. »Wir in NRW« oder »Stadt und Land, Hand in Hand« – mit diesen Formeln ließ Hombach seine Partei mehrfach in Wahlkämpfe ziehen. Er hätte auf die Broschüren auch drucken können: »Nichts ist so erfolgreich wie der Erfolg.« Der bullig-robuste und zugleich sensible Hombach schleifte Schröder durch Nordrhein-Westfalen. Die beiden Männer waren der Ansicht, die SPD könne nur in Regierungsverantwortung und über Sachzwänge erneuert werden. Zeigten nicht die Jahre seit 1982, wie wenig dies der SPD in der Opposition gelang?

Mit Siegeszügen nach nordrhein-westfälischem Muster war Gerhard Schröder in Niedersachsen nicht verwöhnt worden. Er trat erstmals im Jahre 1986 als Spitzenkandidat gegen Ministerpräsident Ernst Albrecht (CDU) an. Schröder konnte eine realistische Machtoption nur in einer rot-grünen Koalition im hannoverschen Landtag erkennen. Die Grünen saßen in Niedersachsen seit 1982 im Landtag, in Nordrhein-Westfalen gelang ihnen der Einzug erst im Jahre 1990.[3] Der unbändig-ungeduldige Spitzenmann Schröder also setzte mangels anderer Machtperspektiven auf »rotgrün«. Zu einem solchen Bündnis aber war es auf Landesebene bislang nur in Hessen (1985) und Berlin (1989) gekommen. Die Koalition in Hessen war gescheitert, in Berlin ging es recht streitlustig zur Sache.[4] Das Establishment der SPD, zumal Rau, fürchtete die rot-grüne Option. Um Schröder diese auszutreiben, reisten Raus Mitarbeiter Wolfgang Clement und Hombach 1986 nach Niedersachsen. Ihr Auftrag: Schröders Flirt mit den Grünen beenden. Ihre Begründung: Die Grünen sind nicht bündnisfähig. Ihr Problem: Hombach und Clement mischten sich in »innere Angelegenheiten« der niedersächsischen SPD ein. So jedenfalls sah es Schröder, der sich dem Druck gleichwohl beugte. Als der Machtwechsel an der Leine 1986 nicht gelang, sah Schröder in Raus Helfern den Grund seiner Niederlage, obgleich das Wahlergebnis eine rot-grüne Option gar nicht möglich gemacht hätte.

In den neunziger Jahren blieben Schröder und Rau ebenso wie ihre jeweiligen Umfelder auf Distanz. Für Rau, Clement und Hombach war Schröder eine Persona non grata. Als der SPD-Vorsitzende Scharping im Jahre 1995 Schröder – nach dessen Wort, es gebe keine rechte oder linke, sondern nur eine moderne und unmoderne Wirtschaftspolitik – über Telefon am Deich von Neuharlingersiel dessen Demission als wirtschaftspolitischer Sprecher mitteilte, zollte Clement Beifall. Auch Lafontaines »Putsch« auf dem Mannheimer Parteitag beließ es bei dem Graben zwischen den »Düsseldorfern« und den »Hannoveranern«. Anders als Schröder setzten Rau, Clement und Hombach auf den erfolglosen Scharping.

Wie aber war es schließlich zu der Annäherung von Schröder und Hombach gekommen? Schröder war alles andere als nachtragend und suchte Verbündete, zumal außerhalb seines eigenen Bundeslandes. Insofern war der wirtschaftsfreundliche Hombach im größten Land erste Wahl. Als beide unabhängig voneinander auf Kuba eine Industriemesse besuchten, verbrachten sie in Fidel Castros Inselparadies gemeinsam einige Stunden am Strand. An welchem Ort konnte man besser über die Modernisierung der SPD debattieren als an der kubanischen Küste? Zwischen Schröder und Hombach entwickelte sich eine politische Freundschaft. Beide wollten eine wirtschaftsfreundliche Säule in der SPD etablieren, die seit dem Ende von Schmidts Kanzlerschaft nicht mehr existent war. Dieser Flügel wurde später von Schröder, Clement und Hombach repräsentiert.

Im Frühling 1997 bat Schröder Hombach um einen modernisierungsfreundlichen Artikel, der unter Schröders Namen im

»Spiegel« erscheinen sollte. Hombach zögerte nicht lange. Wenig später brachte der »Spiegel« einen Beitrag »von Gerhard Schröder«. Unter der Überschrift »Gegen den Luxus der Langsamkeit« war ein Text zu lesen »über die deutsche Krankheit und den richtigen Weg in eine moderne Innovationsgesellschaft«. Darin plädierte »Schröder« für Reformen und wandte sich gegen Technikskeptizismus. Daneben verwandte er die Formulierung: »Ich gebe dem nordrhein-westfälischen Wirtschaftspolitiker Bodo Hombach recht …«[5]

Schröder und Hombach verband eine gemeinsame Herkunft aus kleinen Verhältnissen, beide waren den mühsamen Weg über das Abendabitur gegangen. Als sie es dann nach ganz oben geschafft hatten, »zelebrierten beide gerne den protzigen Lebensstil der Neuankömmlinge« – mit alten Rotweinen und teuren Zigarren.[6] Hombach hatte die Politik nie ganz verlassen, als er im Jahre 1991 Manager des Stahlkonzerns Preussag geworden war. Weiterhin gehörte er dem Düsseldorfer Landtag an. Daneben organisierte Hombach Wahlkämpfe gar außerhalb des Landes, so für Nelson Mandela in Südafrika. Erst wenige Monate vor der Bundestagswahl, im Juni 1998, wurde er Wirtschaftsminister und damit Wolfgang Clements Nachfolger in dessen Kabinett in Nordrhein-Westfalen.

Immer wieder zog sich Hombach in dieser Phase in das Haus seiner Eltern im niederländischen Noordwijk zurück. Hombach zählte zu der seltenen Art von Politikern, die Bücher lasen und gar selber schrieben. So empfing er in Noordwijk immer wieder Wissenschaftler, Berater und Journalisten zu Gesprächen. Bei frittierten Kalbsfleischwürsten, Matjesbrötchen und Grolsch diskutierten diese Runden die Zukunft des Sozialstaates oder die Beschäftigungspolitik, später das wirtschaftspolitische Regierungsprogramm der SPD. Hombachs Mutter bekochte zuweilen die Gäste, immer wieder ging Hombach mit seinen Leuten am Strand spazieren. Zu Hombachs Gästen in Noordwijk zählten der Bochumer Soziologe Rolf Heinze, der IG-Metall-Vize Walter Riester, der Politikwissenschaftler Ulrich von Alemann und viele andere. Hombach saugte die Ideen und Thesen seiner Gäste wie ein Schwamm auf. Er ließ all die klugen Gedanken in ein Notebook tippen. In Reden, die Hombach für Schröder schrieb, tauchten diese dann wortgleich auf. Hombach beeindruckte die Leute seines Umfeldes mit Witz und Sinn für Skurriles. So zeigte sich ein Mitarbeiter einst äußerst besorgt, als er, Hombachs Haus betretend, von einer Rauchwolke empfangen wurde. Schon um das Leben seines Chefs fürchtend, fand er Hombach in dessen Wohnzimmer vor. Der gab sich geradezu selig und berichtete: »Ich hab' mir Weihrauch gekauft!«

Hombach hatte sich zu diesem Zeitpunkt intensiv mit der Zukunft der Arbeit wie des Sozialstaates befasst. Schon 1984 gab er ein Buch zum Thema »Beschäftigungskrise und Neuverteilung der Arbeit« heraus – standesgemäß im sozialdemokratischen Verlag »Neue Gesellschaft«. Hombach suchte nach modernen sozialdemokratischen Antworten auf die demografische Entwicklung, vor der weite Teile seiner Partei noch die Augen verschlossen. Just im Wahljahr 1998 veröffentlichte sein Berater Heinze ein Werk, das Hombach in seiner Problemanalyse als treffend betrachtete: ›Die blockierte Gesellschaft‹. Hier war von der Krise des »Modells Deutschland« die Rede und von der Bedrohung des traditionellen Sozialstaates.

Zu Hombachs Beratern zählte ferner Wolfgang Streeck, Direktor am Max-Planck-Institut für Gesellschaftsforschung in Köln. Streeck wiederum kooperierte mit Riester. Heinze und Streeck rückten nun in Schröders Beraterzirkel vor. Streeck wagte gleichfalls schon vor dem Regierungswechsel 1998 auszusprechen: Wir stehen vor schwierigen Zeiten. Wir müssen reformieren, damit der Sozialstaat bestehen bleiben kann. Immer wieder propagierte er die Idee, die Sozialversicherungen in einem weit höheren Maße als bislang über Steuern zu finanzieren, um so den Faktor Arbeit zu entlasten. Ganz ähnlich dachte Hombach. Er wollte der SPD nichts weniger verpassen als eine Art sozialpolitisches »Godesberg«. Doch wusste er, welche Schmerzen dies in der SPD auslösen würde? Für Schröder entwickelte er nun erst einmal die beruhigende Botschaft für Wahlvolk wie Wirtschaft: Wir werden nicht alles anders, aber vieles besser machen.

Hombach besaß daneben den Ehrgeiz, mit all den ihn überzeugenden Ideen und Konzepten eine programmatische Schatztruhe zu füllen. Immer wieder ließ er nun den Kanzlerkandidaten Schröder, der selbst nicht gern las, in diese Schatztruhe greifen. So übernahm Schröder Hombachs Modernisierungsrhetorik. Dies wiederum stieß auf Lafontaines zunehmenden Widerstand. Lafontaine gerierte sich als Traditionalist und setzte dabei auf Sicherheit: Statt in einem Wahlkampf die Menschen mit Reformideen zu verunsichern, griff er die in seinen Augen allzu unsoziale Politik der Regierung Kohl und ihres Arbeitsministers Norbert Blüm (CDU) an. Kohls Regierung hatte – trotz Blüms Diktum »Die Rente ist sicher« – im Jahre 1997 bei der Alterssicherung einen demografischen Faktor eingeführt, der die jüngere Generation eines Tages entlasten sollte. Lafontaine kritisierte diesen Beschluss. Dies war insofern verständlich, da Kohls Sozialpolitik für die SPD ansonsten wenige Angriffsflächen bot. Kohl mochte die Wähler weder mit »kalten Reformen« noch mit einer »neoliberalen Politik« verunsichern. Er hielt es wie sein Vorbild Konrad Adenauer. Der Staatshaushalt expandierte. Der Sozialetat wuchs, daneben allerdings stieg die Arbeitslosigkeit. Im Januar 1998 waren 4,9 Millionen Menschen arbeitslos gemeldet, abseits all jener, die in Arbeitsbeschaffungsmaßnahmen und ebenso undurchschaubaren wie erfolglosen Projekten die Statistik schönten. »Wohlstand und Arbeit für alle«, verlangte Lafontaine nun und ließ keinen Zweifel daran, dass mit der Regierungsübernahme durch die SPD der deutsche Wohlfahrtsstaat zu einem wahren Schlaraffenland werde.

Gemeinsam mit seiner Ehefrau Christa Müller verfasste Lafontaine pünktlich für den Wahlkampf ein Buch: ›Keine Angst vor der Globalisierung‹. Darin umgarnte Lafontaine Sicherheitsbedürftige und Sozialstaatskonservative mit dem Versprechen, alles werde nur halb so schlimm und es gehe ohne größere Anstrengungen alles gut. »Es ist Zeit, mit den Irrtümern der Panikmacher und Standort-Kassandras aufzuräumen«, verkündete das Autorenduo. In ihrem Werk warfen sie der Regierung Kohl/Blüm »ständige Kürzungen sozialer Leistungen« vor. Sie diagnostizierten eine »einseitige, allein auf Standortwettbewerb ausgerichtete Kostensenkungspolitik« und verlangten Arbeitszeitverkürzungen.[7]

Mit diesen unterschiedlichen Vorstellungen gedachten der Kanzlerkandidat Schröder und der SPD-Vorsitzende Lafontaine ihren Wahlkampf zu führen. Mit dem wählerwirksamen Motto »Innovation und Gerechtigkeit« sollte zusammengeführt werden, was nicht zusammenpasste. Der Burgfrieden zwischen Schröder und Lafontaine, zwischen »Neuer Mitte« und Sozialstaatskonservatismus, aber hielt. Schröder war dabei bewusst, dass es mehr Erfolg verspricht, die defensiv agierende Regierung Kohl samt ihrer Sozialpolitik zu attackieren, als die Unzulänglichkeiten des »Modells Deutschland« zu thematisieren. Wenngleich er ein Bewusstsein für die Schieflage des Wohlfahrtsstaates mit seinen fehlenden Arbeitsanreizen etwa entwickelt hatte, stellte er dies zurück. Alles andere hätte die Machtarchitektur der SPD und das Zweckbündnis mit Lafontaine einstürzen lassen. So zog die SPD in einen Wahlkampf, bei dem weder die beiden Hauptakteure noch Form und Inhalt miteinander korrespondierten.

Die Sozialdemokraten präsentierten einen in Deutschland bis dato unbekannten Wahlkampf modernen Typs. Sie gründeten die Wahlkampfzentrale »Kampa« abseits ihres Hauptquartiers, das offiziell nach Erich Ollenhauer benannt war, an dessen Biedermeier-Charme erinnerte und als »Baracke« bekannt war. In der »Kampa« aber orientierte man sich an den Wahlkampfmethoden, mit denen ein junger Mann namens Bill Clinton einige Jahre zuvor erfolgreich gewesen war. Wahlkampfmanager Machnig ließ flotte wie witzige Plakate entwerfen. Variierte Motive von Filmplakaten beschworen das Ende der Regierungszeit Kohls (»Wem die Stunde schlägt«). Motivierte und junge Leute arbeiteten in der »Kampa«, die mit einer Countdown-Uhr an der Außenwand ihres Gebäudes den Wahltag demonstrativ herbeisehnte. Zum traditionellen Inhalt des SPD-Wahlprogramms passte all das nicht. Schröder war dies bewusst, doch Hombach redete auf ihn ein, die »Kampa« sei ohne Bedeutung. Er fürchtete schließlich um seinen Nimbus als bester Wahlkämpfer der SPD. Hombach hatte als Wahlkampfmotto »Die Kraft des Neuen« vorgeschlagen. Dies entpuppte sich aber schnell als ein Slogan der Firma Siemens, die über jene Kopie gar nicht glücklich war. So wurde binnen kürzester Zeit »Die Neue Mitte« erfunden.

Der Widerspruch zwischen moderner Wahlkampfführung und traditionellen Wahlversprechen lag auf der Hand. Eine kreditkartengroße Garantiekarte, die die SPD in hoher Auflage verteilen ließ, symbolisierte ihn. Die besonders modernen Wahlkämpfer nannten diese Garantiekarte »Pledge-Card«. Unter diesem Namen war sie im Jahr zuvor von den Wahlstrategen Tony Blairs entwickelt worden. Sie listete fünf Versprechen jenes Mannes auf, der gegen die ausgelaugte Mannschaft der britischen Tories im Mai 1997 haushoch gewonnen hatte. Die deutsche Sozialdemokratie des Jahres 1998 präsentierte auf der einen Seite der Garantiekarte ein Konterfei Schröders mit dem Hinweis: »Ich nenne Ihnen neun gute Gründe, SPD zu wählen. Der zehnte heißt Kohl.« Auf der anderen Seite waren jene neun Versprechen zu lesen. Mehr Versprechen waren den Wahlkämpfern nicht eingefallen, weswegen sie aus der Not eine Tugend machten – und Kohls Abwahl als zehnten Punkt aufnahmen. Damit entschied sich die SPD für gleich doppelt so viele Versprechen wie die britische Schwesterpartei – ein ambitioniertes Projekt in einem föderalen Staat. Die neun Versprechen waren allesamt erwartbar, abgesehen von der Zusage, die Investitionen in Bildung, Forschung und Wissenschaft zu verdoppeln. Alle anderen acht Punkte spiegelten längst bekannte, oppositionelle Vorschläge der SPD wider. Sie wiederholten die über Jahre ins Leere gelaufenen Anträge der Bundestagsfraktion: mehr Arbeitsplätze, mehr Steuergerechtigkeit, mehr soziale Gerechtigkeit. Die SPD präsentierte mit der Garantiekarte ein sozialdemokratisches »Weiter so«. Die Garantien dienten der Mobilisierung der Stammklientel. Kurzum: Es wurde die traditionelle Sozialpolitik beschworen. So entsprachen die Punkte voll den Intentionen Lafontaines.

Die »Kampa« hatte ohnehin, bis zu Schröders fulminantem Sieg in Niedersachsen, einen Wahlkampf mit Lafontaine als Kanzlerkandidaten geplant. Selbst nach Schröders Nominierung blieb für dessen Kurs kaum Platz, zumal Schröder einen wenig konfrontativen Stil gegenüber Kohl pflegte. So war die Garantiekarte ohne Absprache mit dem Kanzlerkandidaten wie dessen Mitarbeiter in Druck gegangen.[8] Das steigerte das Misstrauen Schröders, der in seiner Partei über Niedersachsen hinaus kaum vernetzt oder verankert war. Schröder musste an offenen Strukturen in Bonn gelegen sein, weswegen er die »Kampa« an sich begrüßte. Dennoch hatte er allen Grund, sie für eine Institution Lafontaines zu halten. Schröder misstraute dem Bundesgeschäftsführer Müntefering, da dieser sich nie für eine Seite – oder zu einer Person – bekannte. Daneben stritten sich »Hannover« und »Bonn« über die richtige Werbeagentur. Diplomatisch sprach Schröders Mitarbeiter Heinz Thörmer in einem gemeinsamen Aufsatz mit dem Journalisten Wigbert Löer von »Schwierigkeiten und Schwächen im Zusammenspiel von Kampa und Kandidat«.[9] Um Schröders Einfluss in Bonn zu sichern, waren vor allem dessen Regierungssprecher Uwe-Karsten Heye und Büroleiterin Sigrid Krampitz tätig.

Schröder kämpfte innerparteilich aus der Position des Underdog. Auf dem Hannoveraner Parteitag hatte die SPD-Spitze für Lafontaine und Rau zwei riesige Büros ausgestattet, während

Schröder mit einem kleinen Container zwischen zwei Messehallen auskommen musste. Darin befand sich nicht einmal ein Computer. Raumfragen sind Machtfragen. Doch Schröder schadete diese Zurücksetzung kaum, schließlich agierte er aus schwacher Position heraus am besten – was er in den folgenden Jahren noch mehrfach zeigen sollte. Lafontaine verstand Schröder als einen Kanzlerkandidaten von seinen Gnaden, er fühlte sich Schröder überlegen.

Um sein Modernisierungsimage zu unterstreichen, verpflichtete Schröder für sein Wahlkampfteam den parteilosen Unternehmer Jost Stollmann, der aber ebenso schnell verschwand, wie er erschienen war. Über Stollmanns Abgang war Lafontaine erleichtert.[10] Viel bedeutsamer war die Berufung des IG-Metall-Vizes Riester. Mit diesem Schritt gelang Schröder die Einbeziehung der Gewerkschaften, vor allem aber gewann er mit Riester einen echten Reformer. Er sollte in Schröders Kabinett Arbeitsminister werden. Schon sein Engagement in Schröders Schattenkabinett machte Riester von dessen Bereitschaft zur Einführung einer ergänzenden kapitalgedeckten Altersversorgung abhängig.[11] Lafontaine hielt davon nichts.

Schröder hatte sich während seines Wahlkampfes bei alldem ein Profil geschaffen, das ihn als Hoffnungsträger erscheinen ließ. Mit der ihm eigenen Chuzpe erklärte er im Sommer 1998, während die Konjunktur leicht ansprang: »Das ist mein Aufschwung.« Die Regierungsparteien heulten ob dieser Anmaßung, und Schröder genoss die ihm damit bescherte Aufmerksamkeit. Im Endspurt auf dem Weg zum Wahltag wurde Schröder beständig traditioneller. Das aber hatte weniger mit sich ändernden Überzeugungen zu tun als mit dem Phänomen des Wahlkampfes in seiner »heißen Phase«. Diese letzten Meter machen Politiker stets parteiaffiner. Sie müssen bei ihren Veranstaltungen zuspitzen und polarisieren. Da zu den Kundgebungen vor allem treue Parteigänger und Überzeugte kommen, ist die Verführung zur Polemik gegen den Gegner wie der Rückgriff auf bekannte und lieb gewordene Standpunkte besonders groß. Zumal wenn der Redner spürt, dass die Parolen ankommen und Applaus versprechen. Wieso also sollte ein sozialdemokratischer Kanzlerkandidat wenige Tage vor der Wahl und der Chance zum Machtwechsel auf dem Dortmunder Friedensplatz oder dem Berliner Gendarmenmarkt über Modernisierungs- und Reformbedarf reden?

Schröders Traditionalismus hatte auch einen logistischen Grund. Für die politische Detailarbeit hatten er und sein Umfeld kaum etwas zu bieten – während Lafontaine und die »Kampa« auf die zahllosen Anträge und Forderungen aus Partei und Fraktion zurückgreifen konnten. Der Trugschluss von Schröder wie Hombach aber bestand darin zu glauben, am Ende entschieden sie allein, was Politik würde und was nicht.

Eine Woche vor der Wahl verkündete Schröder im »Spiegel« Worte, die er in ihrer sich selbst festlegenden Weise wenig später, aber auch noch Jahre danach bedauern sollte: »Wenn wir es nicht schaffen, die Arbeitslosenquote signifikant zu senken, dann haben wir es weder verdient, wiedergewählt zu werden, noch werden wir wiedergewählt.« In der Endphase des Wahlkampfes wollte Schröder auch den amtierenden Kanzler persönlich nicht mehr schonen und setzte nach: »Helmut Kohl erzählte vor jeder Wahl, nach der Wahl werde es besser, und dann wurde es nach der Wahl schlechter. Das ist für mich kein Vorbild.« Seit über 16 Jahren gingen »die Arbeitsmarktdaten in den Keller, und der Bundeskanzler tut so, als wenn ihn das nichts anginge, das will ich beenden«.[12]

Der Zwiespalt der SPD

Der Erfolg der Sozialdemokraten am 27. September 1998 war noch größer, als sie gehofft und erwartet hatten. Mit 40,9 Prozent der Stimmen stellte die SPD erstmals seit 1972 wieder die größte Fraktion im Deutschen Bundestag. Die Union war auf 35,1 Prozent abgestürzt. Die auf Kohl und Schröder fixierte Auseinandersetzung ließ die kleinen Parteien schwach abschneiden. Die Grünen erzielten 6,7 Prozent, die FDP 6,2 Prozent und die PDS 5,1 Prozent. So kam es zu dem ersten vom Wähler herbeigeführten kompletten Regierungswechsel in der bundesdeutschen Geschichte. SPD und Grüne besaßen eine Mehrheit, Union und FDP mussten nach 16 Jahren gemeinsamer Regierung in die Opposition. Lafontaine dankte vor laufenden Kameras den Wählern für ihr Vertrauen »für Schröder und mich«, um sogleich seinen Machtanspruch zu bekräftigen. Intern giftete Lafontaine sogleich, jeder Kandidat hätte diese Wahl für die SPD gewinnen können.

Noch am Wahlabend verkündete Schröder Lafontaine, er werde Hombach zum Kanzleramtsminister machen. Der SPD-Vorsitzende zeigte sich schockiert. Lafontaine behauptet, er habe sich mit Schröder darauf verständigt, Peter Struck werde Chef des Bundeskanzleramtes, obgleich Schröder über diesen geurteilt habe: »Der quatscht mir zu viel«.[13] Schröder hatte bis dato voll auf Frank-Walter Steinmeier gesetzt, der sich entsprechend darauf eingestellt hatte, das Kanzleramt zu führen. Dies hätte nahe gelegen, leitete Steinmeier doch Schröders Staatskanzlei. Steinmeier hatte bereits ein langes Gespräch mit Helmut Schmidts Kanzleramtschef Manfred Schüler geführt, wo er sich nach der Organisation der Regierungszentrale erkundigte. Im Alleingang nominierte Schröder dann aber seinen Vertrauten und »spin doctor« Hombach, der ihm – und nur ihm – treu ergeben war. »Die anstehende Auseinandersetzung mit Lafontaine war mein stärkstes Motiv, Chef des Bundeskanzleramtes zu werden«, sagt Hombach heute. Schröders Angebot, nach dem Verzicht des Unternehmers Stollmann, Bundeswirtschaftsminister zu werden, habe er deshalb »ohne Zögern abgelehnt«.[14] Schröder ahnte, welche Führungs- und Richtungsauseinandersetzungen ihm bevorstanden. Dazu benötigte er ein Bollwerk gegen Lafontaine, wozu nur Hombach geeignet war. Steinmeier wurde so hinter diesem der zweite Mann. Schröder schuf eine Doppelspitze, die nicht funktionieren konnte. Lafontaine musste die Berufung des Reformers Hombach als eine Kriegserklärung auffassen. So startete die Spitze der SPD zerstritten und für den Regierungsalltag schlecht vorbereitet in die Phase nach der Wahl.

Schröder aber strotzte vor Kraft. Er hatte mit diesem Wahlergebnis, mit einem derartigen Durchmarsch nicht gerechnet, sondern eher auf eine große Koalition spekuliert – natürlich unter der Führung der SPD und mit einer geschwächten Union an seiner Seite. Stets hatte er deswegen Kontakte in die CDU/CSU gepflegt, etwa zu Verteidigungsminister Volker Rühe, den er sich als Vizekanzler vorstellen konnte. In einer großen Koalition sah Schröder zudem eine bessere inhaltliche Profilierungschance für ihn. Konnte er mit einer CDU/CSU an seiner Seite Lafontaine nicht viel besser domestizieren? Ließen sich in einem solchen Bündnis die von ihm erkannten Reformnotwendigkeiten nicht gezielter angehen?

Dies blieben nun theoretische Fragen. SPD und Grüne kamen zu Koalitionsverhandlungen zusammen, die Euphorie war groß.

Schon war von einem »rot-grünen Projekt« die Rede, obwohl doch die Hochphase dieser Konstellation am Ende der westdeutschen Republik, in den späten achtziger Jahren, längst vorüber war. »Rot-Grün« kam so im Grunde zur Unzeit, als das Herzblut dafür längst nicht mehr floss. Schröder störte das am wenigsten. Er mochte »Projekte« ohnehin nicht.

Die Gespräche zur Regierungsbildung muss man sich eigenartig vorstellen. Da saßen Schröder und Hombach für die SPD neben Lafontaine mit seinen verbündeten Genossen wie Heidemarie Wieczorek-Zeul. Beide Gruppen aber mussten eine gemeinsame Verhandlungslinie gegenüber den Grünen aufbauen. Joschka Fischer, der sich schon seit Jahren als Außenminister im Wartestand sah, erinnert sich in seinen Memoiren an jene Verhandlungen: »Recht schnell merkten wir, dass zwei sozialdemokratische Parteien auf der anderen Seite des Verhandlungstisches saßen. Ging es in den Verhandlungen um soziale oder ökologische Fragen, so hatten wir es mit der Lafontaine-SPD zu tun, und die Schröder-SPD schwieg beredt. Bei Wirtschafts- und Modernisierungsthemen machten wir dann die identische Erfahrung, nur dass diesmal die Schröder-SPD verhandelte und die Lafontaine-SPD meist sehr laut schwieg. Nur in Fragen der inneren Liberalität und bei Rechtsstaatsfragen waren sich die beiden sozialdemokratischen Seiten fast immer einig …«[15] Inhaltlich aber setzte sich Lafontaine klar gegen Schröder durch. Dessen Themen wie Innovation und Modernisierung traten in den Hintergrund. Die »Neue Mitte« war passé. Das war der Preis der internen Machtspiele. Fischer bringt das inhaltliche Dilemma der SPD auf den Punkt: »Der sozialkonservative Grundton passte einfach nicht zum Anspruch des Reformkanzlers, aber solche Grundsatzfragen hätten die beiden SPD-Granden vorher unter sich austragen und klären müssen.«[16] Schröder als Kanzler und Lafontaine als mächtiger Parteichef – die SPD leistete sich einen gravierenden Konstruktionsfehler, der aber zuvor Bedingung ihres Wahlerfolgs gewesen war.

Schröder und Fischer pflegten schon lange einen vertraulichen Umgang. Sie klärten viele Dinge im Vier-Augen-Gespräch, vorbei an ihren internen Konkurrenten Lafontaine und Jürgen Trittin. Kabinettslisten hatten sie gar schon in den achtziger Jahren in der Bonner Kneipe »Provinz« auf Bierdeckeln festgehalten. Fischer träumte seit jeher, Außenminister zu werden. Alles andere war für ihn nachrangig. Während die grüne Delegation nun in den Verhandlungen Papiere schrieb, las Fischer zurückgelehnt die »FAZ«. Schröder blickte immer wieder auf die Uhr, gab sich gewohnt jovial und zu Witzen aufgelegt.

So gelang Lafontaine mancher Schachzug. Als Parteivorsitzender beanspruchte er, die Zusammensetzung der Delegation zu den Koalitionsverhandlungen zu bestimmen. Er berief den traditionellen Sozialpolitiker Rudolf Dreßler zum Sprecher dieses Themenbereichs. Dies war ein Affront gegenüber dem designierten Kanzler. Der Dogmatiker Dreßler stand Schröder und seinem Schattenminister Riester kritisch gegenüber. Schröder ließ Dreßler bei der Regierungsbildung später bewusst außen vor; Dreßler wurde so Botschafter in Israel.

Eine politische oder gesellschaftliche Analyse nahmen die angehenden Regierungsparteien in ihren wenig inspirierten Verhandlungen nicht vor, geschweige denn dass sie ein adäquates Programm dafür besaßen. Sie agierten später nach dem Prinzip »learning by doing«. Erst indem sie eine Baustelle eröffneten, wurde die Größe des Problems erkennbar. Die Koalitionsvereinbarung geriet zu einem traditionell sozialdemokratischen Programm. Die neue Regierung wollte, hielten SPD und Grüne fest, »den Sozialstaat sichern und erneuern und die solidarische Gesellschaft stärken, den Generationenvertrag erneuern und auf eine neue Grundlage stellen«. Die bescheidenen Reformen unter Kohl wurden zurückgedreht: »Die neue Bundesregierung wird Fehlentscheidungen wie beim Kündigungsschutz, bei der Lohnfortzahlung im Krankheitsfall und beim Schlechtwettergeld korrigieren«, hieß es.[17]

Ebenso kündigte die neue Regierung, wie versprochen, den Rentnern an: »Die zum 1. Januar 1999 vorgesehene Rentenniveaukürzung und die Einschnitte in die Erwerbsminderungsrente werden bis zum Inkrafttreten einer neuen Rentenstrukturreform … ausgesetzt.«[18] Der demografische Wandel, den Kohl und Blüm nach langer Zeit erkannt hatten, war der neuen Regierung »nicht oder noch nicht ausreichend präsent«, wie Schröder in seinen Erinnerungen eingesteht.[19] Während der Koalitionsverhandlungen leugneten Sozialpolitiker wie Dreßler, aber auch Lafontaine, schlicht die demografischen Probleme des Landes. Sie meinten, alle Probleme ließen sich mit mehr Beschäftigung lösen. »Es hieß: Wir haben kein demografisches Problem, wir haben ein Einnahmeproblem«, erinnert sich Walter Riester.[20] Immerhin konnte Schröder verhindern, dass zwei alte Träume der SPD-Linken, die Vermögensteuer und eine Ausbildungsplatzabgabe, Teil des Koalitionsvertrages wurden.

Da die SPD die offen liegenden Wahrheiten nicht aussprechen mochte, erwies sie sich im Grunde als nicht regierungsfähig. Die Partei hatte ihr größtes Ziel, den Wahlsieg, glorreich erreicht. Nun aber zeigte sich, dass sie nur bis zum Wahltag 1998 minutiös geplant hatte. Eine Orientierung, ein Kompass für die ersten vier Regierungsjahre fehlte hingegen völlig. Die Regierung besaß weder in der Innen-, noch in der Wirtschafts- oder Sozialpolitik ein reformerisches Hauptprojekt. Wie aber passten all die rückwärtsgewandten Entscheidungen zu Schröders Vorstellungen, den Staat zu modernisieren? Oder hatte Schröder gar keine Idee, was sich hinter den von ihm verwendeten Begriffen »Innovation«, »Modernisierung« und »Reformen« verbergen sollte? Handelte es sich dabei nur um heiße Luft? Immerhin gelang es ihm, mit diesen Wörtern Lafontaine zu provozieren. Schon am Rande der Koalitionsverhandlungen mokierte sich Lafontaine über die »Modernisierer«. Kaum hörte er dieses Wort, reckte er seine Nase spitz nach oben. In seinem Buch ›Das Herz schlägt links‹ verwendet Lafontaine immer wieder verächtlich das Wort von den »Modernisierern«. Im Gegenzug spottete das Schröder-Lager über »den Makroökonomen« – also Lafontaine.

Noch während SPD und Grüne über die künftige Regierung verhandelten, keine drei Wochen nach der Bundestagswahl, veröffentlichte der »Spiegel« den Vorabdruck eines Buches, das Hombach unter dem Titel ›Aufbruch. Die Politik der neuen Mitte‹ verfasst hatte. Dieses Werk und die – unter der Überschrift »Der Befreiungsschlag« – veröffentlichten Auszüge, stellten abermals eine Provokation für Lafontaine dar. Sie wandten sich voll gegen dessen wirtschafts- und finanzpolitische Vorstellungen. Eines war dabei klar: Hombach war »his master's voice«. Er schrieb und sprach für Schröder. Eigentlich hatte Schröder unter dem Titel »Mut zum Wandel« selbst ein Buch schreiben lassen wollen. Er aber sah von dem Projekt ab, fürchtete er doch den Vorwurf des Neoliberalismus. So ließ er Hombach freie Bahn. Der wiederum wähnte sich so fest im Sattel sitzend, dass er keinerlei Rücksicht auf die Befindlichkeiten der Partei nahm.

Hombach verstand sich als die Verkörperung der NRW-SPD. Durch die Bataillone jener Hausmacht sah er sich abgesichert und verankert. Sein Buch begründete nichts weniger als das Erfordernis einer grundlegenden Reformpolitik. Hombachs Ärger über die Gewerkschaften, die sich in seinen Augen als Gewinner der Bundestagswahl gerierten, bestärkte ihn in dem Willen, pointiert zu formulieren. So schrieb er, der Sozialstaat biete nur noch »leere Versprechen« an. Arbeitsmarkt und Sozialstaat müssten reformiert werden, gefragt seien mehr Eigenverantwortung und Eigenvorsorge: »Wer den Status quo des Wohlfahrtsstaates verbissen verteidigt, ist in Wahrheit sein Totengräber.« Von dem Feindbild der »Totengräber« des Wohlfahrtstaates ist in dem Buch gar mehrfach die Rede.[21] Wen aber meinte Hombach mit den »Totengräbern«? Er dachte natürlich an Lafontaine.

Hombach verwies auf die demografischen Veränderungen in Deutschland und den Reformprozess in den achtziger Jahren in den Niederlanden (»Poldermodell«). Immer wieder führte er Schröder, Tony Blair und Bill Clinton an. Hombach übernahm die Thesen des britischen Soziologen und Blair-Beraters Anthony Giddens, der im Jahre 1996 mit dem Werk ›Beyond Left and Right‹ für Aufsehen gesorgt und Schröders Satz zur Wirtschaftspolitik untermauert hatte. Hombach zitierte die Wahlkampfparole der britischen Schwesterpartei (»New Labour – New Britain!«) und verwies auf deren Modernisierungsbereitschaft. Er verlangte nichts weniger als Lohnzurückhaltung, Steuersenkungen und die Einführung eines Niedriglohnsektors. Hombach kritisierte, privat äußerten die Rentenexperten der Parteien etwa, wie unabwendbar Systemveränderungen seien, offiziell aber bekannten sie sich nicht dazu. Das gehe nicht an.

Hombach wollte nachweisen, dass die SPD in ökonomisch schwierigen Zeiten regieren kann. Musste sie nicht zeigen, dass sie mehr als Schönwetter- und Verteilungspolitik beherrschte? »Wir brauchen gerade in der Wirtschaftspolitik mehr Radikalität in der Realitätsbewältigung«, schrieb Hombach, stets bemüht, undogmatisch und ideologiefrei zu erscheinen. Giddens' Vorstellungen eines modernen Staates waren deutlich zu vernehmen, wenn Hombach forderte: »Wir müssen den Sozialstaat wieder vom Sicherheitsnetz zum Trampolin machen, von der Hängematte zum Sprungbrett, das den Einzelnen zurückfedert.« Vergleichbar mit den späteren Vorstellungen des brandenburgischen Ministerpräsidenten Matthias Platzeck (SPD) hieß es weiter: »Das Stichwort ist der aktivierende Staat. Wir müssen Instrumente in die Hand nehmen, die Selbsthilfe, Eigeninitiative und Unternehmertum fördern.« Ein empirischer »Zusammenhang zwischen dem Sozialbudget und dem Erfolg auf dem Arbeitsmarkt« existiere nicht.

Wie im Zusammenhang von Schröders Agenda 2010 über vier Jahre später forderte Hombach schon damals: »Arbeit muss sich mehr lohnen als Transferleistungen.« Hombach sah eine Diskrepanz zwischen guter und gut gemeinter Politik. Er war überzeugt, die meisten Arbeiter verstünden Sozialpolitik ganz anders als die Sozialpolitiker der SPD: »Niemand verachtet Transferempfänger, die nicht arbeiten wollen, obwohl sie es könnten, so sehr wie jene, die morgens früh aufstehen und zur Arbeit gehen.«[22] Ähnlich wie fast ein Jahrzehnt später der SPD-Vorsitzende Kurt Beck die Idee eines Investivlohns in die Diskussion brachte, tat Hombach dies schon damals.[23] Seiner eigenen Partei schrieb Hombach ins Stammbuch: »Jeder Job ist besser als keiner! Arbeit, auch gering bezahlte, wenig qualifizierte, ist der Würde zuträglicher als jeder noch so üppige Sozialtransfer.« Der Reformstau sei enorm, daher seien die Veränderungsnotwendigkeiten groß. Doch diese Einsicht wurde damals – wie heute – parteiübergreifend abgelehnt.

Hombach warf der scheidenden Regierung Kohl das vor, was in den Jahren 2001 und 2002 zum Hauptvorwurf von Schröders »Politik der ruhigen Hand« wurde: »Probleme wurden vertagt und verschoben, Haushaltslöcher kaschiert, die Realität verschleiert.«[24] Treffend konstatierte er, es sei eine Schwäche der Deutschen, auf Konjunkturen zu starren und auf ein konjunkturelles Wunder zu hoffen, um dann mit jedem Aufschwung die grundlegenden Anpassungen zu verschieben. Damit kritisierte Hombach Lafontaines Haltung für jedermann erkennbar.

In den Reformerfordernissen sah Hombach Grundlage und Möglichkeit, die Sozialdemokratie umzubauen. Mit einem Fingerzeig auf die angelsächsische Welt und Blair schrieb Hombach, siegreiche Parteien sozialdemokratischen Typs hätten sich von der Steuer- und Abgabenpolitik der siebziger Jahre endgültig verabschiedet. Für die SPD gelte daher: »Die Sozialdemokraten stehen jetzt in einer Koalition. Sie muss eine Koalition der Modernisierer sein, sie muss auf Ideologie verzichten, sonst wird sie scheitern.«

Damit widersprach Hombach weiten Teilen der SPD, die in den folgenden Jahren eher sozialdemokratische Programmatik im Regierungshandeln vermissten. Er geißelte längst zu Tradition und Folklore verkommene Parteitagsbeschlüsse der SPD. In diesem Zusammenhang verwies er auf die gebetsmühlenartige Forderung nach einer Ausbildungsumlage, die die Jungsozialisten beschlossen hatten. »Wer nicht ausbildet, wird umgelegt«, hatte Andrea Nahles, die Vorsitzende der Jungsozialisten, gedroht. In diesem Beschluss sah Hombach einen Rückfall in den gescheiterten Dirigismus. Der Verweis auf jenen Beschluss war abermals als indirekte Kritik an Lafontaine zu verstehen. Der Parteivorsitzende hatte sich auf dem Kölner Jugendparteitag der SPD am 25. November 1996 für diese Forderung stark gemacht. Ansonsten hatte der Besuch Lafontaines bei den Jusos für Aufmerksamkeit gesorgt, da sich der 53-jährige Spitzenpolitiker am Vorabend in einer peinlichen Form der Anbiederung beim Technotanz mit seinen jungen Parteifreunden filmen und fotografieren ließ. Jahre später wies Lafontaine auf »die Selbstironie meiner Verrenkungen« hin, die in den »spöttischen Kommentaren« völlig übersehen worden sei.[25]

Bei alldem polemisierte Hombach gegen die Funktionärsschicht der SPD. Für Hombach waren Mitglieder und Mandatsträger, denen es nur um die »Beschlusslage« ging, immer ein Gräuel. So lästert er bis heute: »Wer mit flackerndem Blick und sich überschlagender Stimme 150-prozentig von der eigenen Partei überzeugt ist, gehört in die Klapsmühle. Wer von jedem Beschluss 100-prozentig überzeugt ist, also sagt: ›Meine Partei hat immer recht‹, ist ein Fall für die Therapie. Die Mehrheit der Wähler ist zu 51 Prozent von einer Partei überzeugt. Für mich galt das auch …«[26]

In der neuen Konstellation – die SPD an der Macht und Reformerfordernisse vor der Tür – beschwor Hombach ein neues Bündnis mit liberalen und marktwirtschaftlichen Vorstellungen. »Das kommende Jahrtausend, in das Deutschland mit einer neuen Regierung tritt, wird die historische Begegnung zwischen dem echten Liberalismus, der durch die reale FDP heimatlos gemacht wurde, und der Sozialdemokratie bringen«, prognostizierte er.[27] Ludwig Erhard habe zwar die Sozialdemokraten »nicht in seinem Testament bedacht. Aber seine Prinzipien von Pragmatismus und Anti-Dirigismus werden gebraucht, wenn es gilt, liberale Prinzipien und die Grundwerte der Sozialdemokratie zu einer schlagkräftigen

Synthese zu verbinden.«[28] Heute müsse es in Anlehnung an Erhard heißen: »Arbeit für jeden!« Hombachs Verehrung für Erhard hatte der Chef des Kanzleramts längst in seinem Büro manifestiert: Hier stand – neben der für Sozialdemokraten obligatorischen Büste Willy Brandts – eine Büste Ludwig Erhards. Hombach wollte nichts weniger als eine andere Sozialdemokratie. Doch war Schröder dies in diesem Ausmaß und allen Konsequenzen bewusst?

Schröder nutzte ein Nachwort in jenem »Aufbruch«-Buch, um diesem eine gewisse Werbewirksamkeit zu verpassen und sich zugleich von den allzu gewagten, Lafontaine und die Ortsvereinskassierer provozierenden Thesen zu distanzieren. Bodo Hombach »weiß, dass manchmal Anstoß erregt werden muss, um Bewegung zu erzeugen«, relativierte Gerhard Schröder: »Deshalb gestatte ich es ihm gern, Ideen in die Debatte zu werfen, die ich selber nicht in allen Facetten teile.«[29] Seine These von der rechten und der linken Wirtschaftspolitik habe aber noch vor drei Jahren Empörung ausgelöst, erinnerte der designierte Kanzler, seinem Parteifreund Scharping noch einmal eine Ohrfeige verpassend. Viel spricht indes dafür, dass Schröders Nachwort von Hombach verfasst worden ist. Schröder berief sich dabei auf sein damaliges Vorbild Tony Blair und dessen Motto »Think the Unthinkable« und ergänzte, nun gehe es darum, sich »gegen den Luxus der Langsamkeit« zu wenden.

Mit der Intention von Hombachs »Aufbruch«-Buch, zumal in Abgrenzung zu Lafontaines Globalisierungswerk, war klar: Zwischen den designierten Kanzler und den SPD-Vorsitzenden Lafontaine passte nicht nur ein »Blatt Papier«. Die beiden Männer trennte einiges mehr als die stärker denn je ausgeprägte persönliche Konkurrenz. Hier stießen vor der gemeinsamen Übernahme der Regierungsverantwortung für ein 80-Millionen-Volk programmatische Unterschiede aufeinander, die kaum überbrückbar schienen. Während Schröder und Hombach Sympathien für die angelsächsische Welt hegten, blickte Lafontaine allein nach Frankreich. Der Saarländer setzte auf ein deutsch-französisches Bündnis, nicht zuletzt, weil der dortige Premierminister, der Sozialist Lionel Jospin, für eine klar nachfrageorientierte Politik stand.

Schröder galt dabei schon vor seiner Wahl zum Bundeskanzler als Kanzler von Lafontaines Gnaden. Noch bevor Schröder in dieses Amt gewählt worden war, wurde Lafontaine als »Gegenkanzler« beschrieben. Der mächtige Parteivorsitzende Lafontaine beanspruchte zunächst und kurzzeitig den mächtigen Posten an der Spitze der Fraktion, ließ diesen Plan dann aber fallen. Indem Lafontaine diese Doppelfunktion nicht mehr anstrebte, unterlief ihm ein machtstrategisch schwerer Fehler. Hätte Lafontaine den Fraktionsvorsitz angestrebt, hätte ihn keiner aufhalten können. Schröder war indes überzeugt, dass es früher oder später zu einem Showdown mit Lafontaine kommen werde. An Lafontaines Bereitschaft dazu zweifelte er nicht. Als Partei- und Fraktionschef hätte Lafontaine dafür eine perfekte Ausgangsbasis gehabt. Noch heute bedauern es einige in der SPD, dass Lafontaine diese Chance verstreichen ließ. »Bei der Regierungsbildung 1998 habe ich es für falsch gehalten, dass Oskar Lafontaine ins Kabinett ging und Finanzminister wurde«, sagt etwa Wolfgang Thierse: »Ich hätte es begrüßt, wäre Lafontaine Fraktionsvorsitzender geworden. Gerhard Schröder als Kanzler und Lafontaine als Partei- und Fraktionschef – das wäre eine im positiven Sinne spannungsvolle, aussichtsreiche Kombination gewesen, mit Risiken verbunden, aber vielleicht durchzuhalten.«[30]

Lafontaine hatte jedoch keine Lust auf die Kärrnerarbeit in der Fraktion, und mit Fleiß hatte er ohnehin noch nie auf sich aufmerksam gemacht. Vielmehr war er in Bonn als Langschläfer bekannt, den man daheim im Saarland erst am späten Vormittag erreichen konnte. Oft war er auch mittags in seiner Staatskanzlei nicht anzutreffen. Immer wieder wurde erstaunten Anrufern berichtet, Lafontaine sei gerade nach Frankreich gefahren, kehre aber – nach seinem Mittagessen – in wenigen Stunden zurück. Seit jeher war Lafontaine Exekutivpolitiker, ob als Oberbürgermeister von Saarbrücken oder als Ministerpräsident. Die mühselige parlamentarische Arbeit, gar in der Opposition, war ihm fremd. Außerdem hing er an den Insignien der Macht, den Personenschützern und dem vielen Personal. Die Züge seines Vorbilds Napoleon mochte Lafontaine erst gar nicht verbergen. Litt er gar unter einem Napoleon-Komplex? Psychologen dürfte es wenig Rätsel aufgeben, wenn sich Lafontaine bis heute im Karneval immer wieder als Napoleon verkleidet.

Lafontaine entschied sich, Finanzminister zu werden – zum Preis, sich in die Kabinettsdisziplin einbinden zu lassen. Als Minister hätte er zwar von Schröder entlassen werden können. Doch Lafontaine zielte darauf ab, das Amt des Finanzministers zu einer machtvollen Bastion auszubauen und Schröder über seine innerparteiliche Macht zu dirigieren. Lafontaine wollte der deutsche Gordon Brown werden, der hinter Tony Blair die Strippen zog. Er transferierte die Grundsatz- und Europaabteilung des Bundeswirtschaftsministeriums in sein künftiges Ressort. Er entdeckte die internationale Finanzpolitik als neue Spielwiese und berief mit Claus Noé und Heiner Flassbeck zwei Staatssekretäre, die sich mit Ideologie und Auftreten binnen kurzer Zeit jegliche Sympathien verscherzten. Gemeinsam mit Lafontaines Ehefrau Christa Müller bildeten sie das Küchenkabinett des Ministers. Noé bringe das ganze Ministerium gegen sich auf, Flassbeck den Rest der Welt, wurde damals in der SPD gespottet.

»Ist dies der gefährlichste Mann Europas?«, fragte die britische »Sun« im November 1998. »Oskar war entschlossen«, schreibt Schröder in seinen Memoiren, »sich im Kabinett als eine Art Schatzkanzler britischer Provenienz zu etablieren – nach dem Motto: Es ist mir gleich, wer unter mir Bundeskanzler ist. Ich schluckte diese Attitüde ...«[31] Lafontaine war stark wie nie. In der SPD sah man das voller Genugtuung. Gemeinsam verhinderten Schröder und Lafontaine Scharping als Fraktionschef und verbannten ihn auf den Schleudersitz des undankbaren Verteidigungsressorts. Schröder wollte auch ihn in die Disziplin des Kabinetts einbinden. Scharpings Abschied von der Macht begann. Im Vier-Augen-Gespräch mit Scharping begründete Lafontaine diesen Schachzug so: »Der Schröder macht es nicht lange, weil er es nicht kann. Und ich weiß nicht, auf welcher Seite du dann stehst.«[32] Einen dritten wichtigen Protagonisten wollte Schröder aus Misstrauen ebenfalls nicht an der Spitze der Fraktion sehen – und berief ihn daher zum Verkehrsminister: Franz Müntefering.

Kosovo – Realitätsschock vor der Regierungsübernahme

Nicht etwa die Reform des Sozialstaates, sondern die Krise im Kosovo geriet zu dem dominierenden Thema unmittelbar nach der Bundestagswahl 1998. Die künftige, noch nicht im Amt befindliche rot-grüne Regierung wurde dabei mit einer Entscheidungssituation konfrontiert, die schwieriger nicht sein konnte – zumal sich die neue Bundesregierung auf die am 1. Januar 1999 beginnende Präsidentschaft des Rates der EU und der G-7 vorzubereiten hatte. Allein diese doppelte Verantwortung hätte für jede Bundesregierung eine große Belastung dargestellt. Noch vor der Vereidigung des Kabinetts mussten sich nun die künftigen Minister zu einer konkreten Kriegsdrohung verhalten. Die noch amtierende Regierung Kohl/Kinkel beantragte, Deutschland solle sich an Luftoperationen der NATO beteiligen, um eine humanitäre Katastrophe im Kosovo abzuwenden.

Der Bundestag in seiner alten Zusammensetzung – das im September 1998 gewählte Parlament hatte sich noch nicht konstituiert – stimmte dem zu. Einige Sozialdemokraten und Grüne verweigerten dem Einsatz ihre Stimme.[33] Gemeinsam berieten der scheidende Kanzler Kohl und seine Minister Kinkel und Rühe mit dem designierten Nachfolger Schröder sowie Fischer, Lafontaine und Scharping die Lage. Während Lafontaine kein Problem mit der Entscheidung signalisierte, tat sich Kohl schwer damit. Innerhalb der neuen Regierung aber gab es ebenso Widerstände, die hinter verschlossenen Türen geäußert wurden. So sei Schily »voller innerer Widerstände« gewesen und habe »seine tiefe Skepsis immer wieder artikuliert«, schreibt Joschka Fischer. Neben Schily äußerten der designierte Umweltminister Jürgen Trittin und die künftige Entwicklungshilfeministerin Heidemarie Wieczorek-Zeul »immer lauter Zweifel an dem Sinn des Krieges und unserer Politik«.[34]

Nach den monatelangen Kämpfen und Vertreibungen im Kosovo begann die NATO am 24. März 1999 mit Luftangriffen gegen Restjugoslawien unter seinem Führer Slobodan Milošević. Daran waren deutsche Kampfjets beteiligt – die Tornados der Bundeswehr flogen zwischen März und Juni 1999 knapp 400 Einsätze gegen jugoslawische Luftabwehrstellungen. Nur fünf Monate nach ihrem Antritt übernahm die rot-grüne Regierung erstmals Verantwortung für Kriegshandlungen der Bundeswehr. Und zwar in einem Krieg, der durch die UNO nicht legitimiert worden war, in einem »völkerrechtswidrigen Krieg«, wie es nur Helmut Schmidt auszudrücken wagte.[35] Dabei trug der Kosovokrieg dazu bei, die bis dato herrschende Völkerrechtsdoktrin zu verändern. Seither vertreten die meisten Völkerrechtler die Ansicht, dass eine »humanitäre Intervention« bei schweren Menschenrechtsverbrechen den Einsatz von Gewalt von außen auch ohne UNO-Mandat legitimiert.

Bis dato hatten Sozialdemokraten jeden Auslandseinsatz der

Bundeswehr von einer völkerrechtlichen Legitimation abhängig gemacht und den Vereinten Nationen das Gewaltmonopol zugesprochen. Ein Nein zu einer deutschen Beteiligung aber hätte das Land politisch isoliert, argumentierten SPD und Grüne. Die Zweifel an der Bündnisfähigkeit der neuen Regierung wären bestätigt worden. In der Diskussion vor und während des Krieges bemühten Scharping und Fischer zuweilen eine überaus pathetische Rhetorik. Beide beriefen sich auf Lehren, die aus der nationalsozialistischen Vergangenheit zu ziehen seien. Damit nahmen sie stellvertretend für viele Deutsche eine Kehrtwende vor. Bis zu diesem Zeitpunkt hatte es meist geheißen, aufgrund der deutschen Vergangenheit müsse Deutschland militärische Zurückhaltung üben. So hatten Schröder und Lafontaine den ersten Golfkrieg 1991 unter Verweis auf die Verbrechen der Nationalsozialisten abgelehnt. Nun hieß es, diese Geschichte verpflichte dazu, einzuschreiten und nicht zuzusehen. Während Fischer Vergleiche mit Auschwitz bemühte, verurteilte Scharping mit scharfen Worten die Vertreibungsstrategie Miloševićs. Die Anhänger der Friedensbewegung waren enttäuscht, zumal sich ein Mann wie Erhard Eppler für den deutschen Einsatz aussprach. Eppler hatte Anteil daran, dass sich die SPD mit großer Mehrheit bei einem Sonderparteitag im April 1999 hinter diesen Kurs stellte. Diese Entscheidung war keine Zäsur für den Augenblick. Sie wirkte nach. Rot-Grün als ein pazifistisches Projekt der alten Bundesrepublik war passé.

Der Kosovokrieg endete im Juni 1999, als die jugoslawische Armee und serbische Sicherheitskräfte abzogen. Die Kritik am deutschen Einsatz aber verstummte nicht. Zumal später ein deutscher Viersterne-General das Kommando über 50 000 Soldaten der NATO-KFOR-Mission übernahm – und Deutschland im Rahmen des KFOR-Einsatzes 8 500 Soldaten in das Kosovo entsandte. Damit handelte es sich um das größte und »robusteste« militärische Kontingent, das eine deutsche Regierung jemals im Rahmen eines UNO-Mandats stationiert hatte.

Mit dem Kosovoeinsatz hatte die rot-grüne Regierung eine wegweisende Entscheidung getroffen. SPD wie Grüne warfen dafür langjährige, feste Überzeugungen über Bord. In der Außenpolitik klaffte damals ein solch tiefer Graben zwischen Programmatik und konkretem Regierungshandeln ähnlich wie Jahre darauf in der Arbeitsmarktpolitik. In ihrem Wahlprogramm hatte die SPD 1998 der Außenpolitik das letzte, zwölfte Sachkapitel gewidmet. Dies beschrieb im Wesentlichen den Status quo, rief nach einer Stärkung der Vereinten Nationen und versprach, mit einer SPD-geführten Bundesregierung bleibe Deutschland »ein berechenbarer und zuverlässiger Partner«.[36]

Entsprechend zurückhaltend wie floskelhaft wurde parallel zur Kosovoentscheidung der Koalitionsvertrag formuliert, der Krisenprävention und friedlicher Konfliktregelung eine wichtige Bedeutung zumaß. »Deutsche Außenpolitik ist Friedenspolitik«, hieß es im ersten Satz des internationalen Kapitels. Von der Stärkung der OSZE war die Rede und der Bereitschaft, die Friedensforschung wieder zu fördern. Nicht zuletzt bekannte sich die rotgrüne Bundesregierung zum »Ziel der vollständigen Abschaffung aller Massenvernichtungswaffen« und zur Stärkung der Vereinten Nationen, was bis heute eine außenpolitische Forderung der Sozialdemokratie ist. Auf eine Neuausrichtung der deutschen Politik deutete der Koalitionsvertrag nicht hin. Dabei lag hinter der SPD eine jahrelange interne Debatte über die außenpolitische Verantwortung Deutschlands, deren Ergebnisse nun allein formelhaft zur Regierungsprogrammatik erhoben wurden. In den Jahren nach der Vereinigung Deutschlands hatte die SPD nur sehr mühsam die wachsende außenpolitische Bedeutung des Landes akzeptiert. Noch auf ihrem Bremer Parteitag im Jahre 1991 lehnte sie eine Beteiligung an »militärischen Kampfeinsätzen« selbst unter UNO-Mandat ab. Erstmals jedoch wurden sogenannte Blauhelmeinsätze bei friedenserhaltenden Maßnahmen zugestanden. Während die außenpolitische Elite der Partei, etwa Norbert Gansel und Hans-Ulrich Klose, für eine Beteiligung an militärischen Interventionen unter UNO-Kommando warb, wandte sich die Mehrheit der Funktionäre dagegen. Die Diskrepanz zwischen ehernen Grundsätzen und tagespolitischem Realismus offenbarte die SPD schon als Oppositionspartei. Auf ihrem Mannheimer Parteitag hatte sie im Jahre 1995 beschlossen: »Die SPD bleibt bei ihrer bisherigen Entschlossenheit, allein auf friedenserhaltende Maßnahmen zu setzen und keiner deutschen Beteiligung an Missionen zuzustimmen, die über ein Peace-Keeping-Mandat im Rahmen der Vereinten Nationen hinausgehen.« Als im folgenden Jahr über eine Beteiligung Deutschlands an der SFOR-Truppe in Bosnien debattiert wurde, konnte die SPD der Bundesregierung aus

Union und FDP ihr Plazet erteilen, ohne gegen einen Parteitagsbeschluss zu verstoßen. Der SFOR-Einsatz war schließlich keine friedenserzwingende Maßnahme. Er beruhte auf einer Resolution des UNO-Sicherheitsrates und diente der Stabilisierung Bosniens nach dem Krieg.

Regieren macht Spaß

Nach dem glänzenden Wahlerfolg, den Schröder und Lafontaine beide für sich beanspruchten, konnte Schröder 31 Tage später einen klaren Sieg ganz auf seine Fahne schreiben. Bei der Wahl zum Bundeskanzler erzielte er 351 Stimmen. Damit hatten mindestens sechs Abgeordnete aus den Oppositionsfraktionen für ihn gestimmt – eine Seltenheit bei einer Wahl des Bundeskanzlers. »Die SPD verfügte über gute Kontakte in die FDP hinein und gemeinsam nutzten Rot und Grün ihre Kanäle Richtung PDS, um für eine möglichst breite Unterstützung für Gerhard Schröder bei der Kanzlerwahl zu werben«, erklärt Joschka Fischer die breite Zustimmung für den dritten sozialdemokratischen Bundeskanzler.[37]

Drei Jahrzehnte nachdem die 1968er ihren Marsch durch die Institutionen begonnen hatten, waren sie an ihrem Ziel angelangt. Als Bundespräsident Roman Herzog den Ministern die Ernennungsurkunden überreichte, flüsterte der neue Bundesinnenminister Otto Schily (SPD) seinem langjährigen Weggefährten und künftigen Außenminister Joschka Fischer von den Grünen zu: »Kneif mich. Ich kann es einfach nicht glauben. Sag mir, dass es kein Traum ist.«[38] In Schröders Kabinett dominierte die eigene Generation, die Alterskohorte der in den 1940er-Jahren Geborenen. Dazu zählte neben Schröder, Lafontaine und Fischer Justizministerin Herta Däubler-Gmelin, Verteidigungsminister Scharping, Arbeitsminister Riester, Landwirtschaftsminister Karl-Heinz Funke, Verkehrsminister Müntefering, Entwicklungshilfeministerin Wieczorek-Zeul (alle SPD) und der parteilose Wirtschaftsminister Werner Müller. Senior im 19. Kabinett der bundesdeutschen Geschichte war Schily (Jahrgang 1932). Die beiden Grünen-Minister Andrea Fischer (Jahrgang 1960) für Gesundheit und Trittin (1954) für Umwelt sowie die sozialdemokratische Bildungsministerin Edelgard Bulmahn (1951) waren die jüngsten Ressortchefs.

Der schwergewichtige Kanzleramtsminister Hombach (Jahrgang 1952) fand mit seinen Frotzeleien nach der Bundestagswahl einen unerwarteten, aber durchaus entspannt wirkenden Partner: Helmut Kohl. Als Hombach den scheidenden Kanzler in dessen Amt zur Übergabe aufsuchte, spottete Kohl: »Wir haben ja das gleiche Gewicht.« Woraufhin Hombach konterte: »Herr Dr. Kohl, Sie haben mindestens 20 Kilo mehr.« Dies hielt Kohl für »Unsinn«, schließlich habe er »die Erfahrung und den Blick dafür«. Bei alldem müsse man sich für ein dickes Fell nicht schämen, meinte Kohl und prophezeite dem designierten Kanzleramtsminister: »Seien Sie doch froh, man braucht hier ein dickes Fell.«[39]

Von derartigem Pessimismus mochte der neu gewählte Kanzler nichts hören. Gerade Schröder verkörperte in den folgenden Monaten eine Freude, die sich auf eigentümliche Weise mit einem enormen Unernst paarte. »Regieren macht Spaß« lautete das Motto der ersten Wochen dieser Regierung. Flatterhaft, erratisch und mit einer gehörigen Portion Dilettantismus ging es zur Sache. Wenig später sollte das Wort von den »handwerklichen Mängeln« das Regierungsgeschäft beschreiben. Schröders Antwort bestand in der Vokabel vom »Nachbessern«. Der Kanzler trat bei »Wetten, dass ...?« auf und ließ sich mit einer Cohiba-Zigarre fotografieren. Sein Finanzminister pflegte zuweilen eine »DiMiDo«-Woche, um sich dann mit dem Hubschrauber zu ausgedehnten Wochenenden in seine heimischen Gefilde ins Saarland fliegen zu lassen. Während eines Moskau-Besuchs von Schröder und Lafontaine erkundigte sich der Bundesfinanzminister am Abend bei seinem Staatssekretär, wie denn eigentlich sein russischer Amtskollege heiße, den er wenige Stunden später treffen sollte. »Noch ein Ding von dem Trittin«, rief derweil der angeheiterte Bundeskanzler, »und ich schmeiß ihn raus.«[40] Sollte dieser Unernst ein Zeichen von Rot-Grün sein – zu einer Zeit, als man noch in Bonn regierte, mit D-Mark zahlte und das Wort »Terror« allenfalls für RAF, ETA oder IRA stand?

Bei allem »Spaß« nahmen die Konflikte innerhalb der Regierung zu. Schon Schröders Regierungserklärung hatte Lafontaine verärgert. Bereits auf deren zweiter Seite habe der Kanzler »über die zu hohe Schuldenlast gejammert«, klagte Lafontaine.[41] Dabei wollte der neue Finanzminister doch mit dem Schuldenmachen, sich stets berufend auf Keynes, gerade erst richtig beginnen. Lafontaine fühlte sich insbesondere von dem äußerst medienpräsenten Hombach provoziert, der von seiner Reformrhetorik nicht abzurücken gedachte. Er beklagte sich bei Schröder mehrfach, »dass Hombach bei der Koordinierung der Regierungsarbeit versage«.[42] Vor allem aber kritisierte er, Hombach habe sich in Parteiangelegenheiten eingemischt. Hombachs Gespräche mit britischen Labour-Leuten über den »Dritten Weg« müssten von der SPD-Zentrale koordiniert werden, verlangte der Parteivorsitzende.

Hombach, der in seiner Geltungssucht Lafontaine kaum nachstand, sah das anders. Er verstand sich als politischer Akteur, nicht als Administrator. Statt Interessen auszugleichen, spitzte er zu. Hombach kümmerte sich um Arbeitsmarkt- und Energiepolitik, er führte außenpolitische Verhandlungen und machte sich in den Fachressorts entsprechend unbeliebt. Bei alldem besaß er Schröders Prokura. Hombach leitete davon ein Allmachtverständnis ab, das ihn ausblenden ließ, wie ein Kanzleramtsminister geschickt agiert: nämlich moderierend und integrierend. Hombach hingegen polarisierte, entsprach damit jedoch anfangs Schröders Erwartungen. Der Kanzler hatte Hombach schließlich primär als Prellbock gegen Lafontaine installiert. Wohl kein anderer als Hombach hätte dem Kanzler Lafontaine vom Hals halten können.

Der »totale Schröder«?

Am 10. März 1999 kam es zu einem auf Lafontaine zielenden Warnschuss Schröders im Kabinett. Nachdem Lafontaine hatte erkennen lassen, wie sehr er die Dogmen aus seinem Globalisierungsbuch zum Maßstab der Regierungspolitik erhob, zog er den Zorn Schröders auf sich. Lafontaines Wettern gegen seine wirtschaftsfreundliche Politik verärgerte ihn. So verwies Schröder bei jener Kabinettssitzung auf die schlechte Wirtschaftslage, auf die Zurückhaltung von Investitionen und die ausbleibende Schaffung von Arbeitsplätzen. Lafontaines Absichten unterstützten in Schröders Augen diesen Trend, weshalb er drohte: »Es wird einen Punkt geben, wo ich die Verantwortung für eine solche Politik nicht mehr übernehmen werde.« Der Kanzler empfand seine eigene Lage als zermürbend, er litt unter den schlechten Umfragewerten für sich und seine Partei. Daher sei er an jenem Tag im Kabinett aus der Haut gefahren und habe eine Politik angemahnt, »die nicht als ›wirtschaftsfeindlich‹ abgestempelt werden könne«, schreibt Schröder in seinen Memoiren: »Alles andere, sagte ich, sei ›mit mir nicht zu machen‹.«[43]

Bereits am Abend nach der Kabinettssitzung meldeten die Nachrichtenagenturen unter Berufung auf die »Bild«-Zeitung des folgenden Tages, Schröder habe mit Rücktritt gedroht. Am folgenden Tag prangte dies in großen Lettern auf deren Titelseite. Regierungssprecher Uwe-Karsten Heye dementierte pflichtgemäß. Hombach zufolge hatte der Kanzler ihn zuvor beauftragt, mit Lafontaine zu sprechen: »Vor seinem Rücktritt führten Lafontaine und ich ein Gespräch. Schröder hatte mich darum gebeten. Das Gespräch war konfrontativ, zum Inhalt kann ich nichts Näheres sagen. Am nächsten Tag trat Lafontaine zurück.«[44] Wie auch immer diese Unterhaltung abgelaufen sein mag: Lafontaine dürfte es als Demütigung empfunden haben, mit dem ihm verhassten Hombach reden zu müssen.

Schröders Plan jedenfalls ging auf. Lafontaine verlor die Nerven, nachdem er zuvor hatte erkennen müssen, dass ihn sein mächtiges Ministerium schlichtweg überforderte. Als Lafontaine etwa den Vorsitz der G-7-Finanzminister übernehmen musste, offenbarte er enorme Defizite. Der gebetsmühlenartige Ruf nach einer Tobin-Steuer, einer Steuer auf internationale Aktiengeschäfte, war in dieser politischen Funktion doch etwas wenig. Der größte Weltökonom, der doch bislang nur über Regierungserfahrung im saarländischen »Landratsamt« (Willy Brandt) verfügte, scheiterte an jener Verantwortung, um die er sich so gerissen hatte. Als Lafontaine wenige Stunden nach dem Gespräch mit Hombach seinen Rücktritt erklärte, schoss der Deutsche Aktienindex um fünf Prozent in die Höhe. Der Euro legte ebenfalls zu.

Mit kargen Formulierungen begründete Lafontaine seinen Schritt. Über Stunden hinweg war unklar, von welchen Posten sich Lafontaine getrennt hatte. Doch Lafontaine war stets ein Mann ohne Maß und Mitte: Der einstige Hoffnungsträger der Sozialdemokratie legte den Parteivorsitz, den Posten des Finanzministers sowie sein Bundestagsmandat nieder, er warf all seine Funktionen »wie ein dreckiges Hemd« (Hans-Jochen Vogel) weg. Lafontaine hatte Schröder unterschätzt, das Raubtierhafte an Schröder offenbar nicht richtig einzuschätzen vermocht. Lafontaine verschwand ins Saarland, war telefonisch nicht mehr zu erreichen und kündigte

Tage später an, er werde sich künftig mehr um seine Familie kümmern und einen Bauernhof gründen. Lafontaine also ging, ohne dabei einen größeren Schaden anzurichten. Die Art seines Abgangs erwies sich als Geschenk an Schröder.

Die SPD aber war schockiert. Da Lafontaine zunächst jede Erklärung für seinen Schritt schuldig blieb, mussten Gründe gesucht und gefunden werden. Die SPD-Linken hatten alsbald einen Prügelknaben gefunden: Hombach. Dieser habe Lafontaine regelmäßig provoziert, gedemütigt und ins Abseits manövriert. Entsprechend forderten die Sprecher der SPD-Linken, Detlev von Larcher und Andrea Nahles, den Rücktritt Hombachs. Das SPD-Präsidium wies das zurück. In strikter Loyalität mehr zum ungeliebten Kanzler denn zu seinem Freund Lafontaine musste Bundesgeschäftsführer Ottmar Schreiner Hombachs »gute Arbeit« loben. Hombach gab sich zufrieden: »Ich bin hier noch nie auf so viel Zustimmung gestoßen wie heute«, schwärmte er nach einer Präsidiumssitzung.[45] Lafontaines Abgang erfüllte Hombach mit Genugtuung. Intern galt Hombach nun als der Meuchler Lafontaines. Dessen Rückzug war dabei ohne Frage der größte politische Erfolg des Bodo Hombach.

Weite Teile von SPD und Grünen aber waren entsetzt. Das Urgestein Egon Bahr schrieb Lafontaine sogleich einen bedauernden Brief: »Du musst schreckliche Stunden hinter Dir haben. Ich wünsche Dir Genesung von den Verwundungen und Abstand und Kraft für Neues zu gewinnen.«[46] Wolfgang Thierse sprach von einem »erschütternden« Rücktritt und war überzeugt: »Wir werden einige Zeit daran laborieren.«[47] Sollte der Rücktritt Lafontaines den »Modernisierern« Schröder und Hombach nun freie Bahn geben? Heidemarie Wieczorek-Zeul wollte davon ebenso wenig wissen wie ihre linken Parteifreunde. Sie war überzeugt: »Es gibt keinen Richtungswechsel in der SPD.« Umweltminister Trittin hatte erst wenige Tage zuvor verlangt, die Regierung benötige »mehr Lafontaine, weniger Schröder«.[48]

Lafontaines Abgang stellte für die SPD eine enorme Zäsur, eine machtpolitische Grundsatzentscheidung dar. Plötzlich war die linke Parteimehrheit kopflos. Die Funktionäre hatten für ihre Sehnsüchte – traditionelle Sozialpolitik, Geld ausgeben, Bildungspolitik wie gehabt – keinen gewichtigen Vertreter mehr. Sollte sich gar der von Schröder gepflegte moderierende Regierungsstil durchsetzen?

Bald gewann die entideologisierte Konsenspolitik an Boden. Nun konnte schließlich regiert werden. Die Partei lag darnieder. Und dass Schröder wie seine Umgebung große Teile der Beschlusslage der SPD für regierungsinkompatibel hielt, störte ihn kaum. Schröder dachte gar nicht daran, diese Beschlüsse den Realitäten anzupassen. Zumal Hombach argumentierte, man dürfe der Partei ihr programmatisches Spielzeug nicht entreißen. So entschied man sich, notfalls gegen die eigene Programmatik Politik zu machen.

Just am Tag von Lafontaines Abgang wollte Schröder das neue Buch des britischen Soziologen und Reformgurus Anthony Giddens (›Der dritte Weg‹) in Bonn vorstellen. Giddens hatte sich bei den »Modernisierern« mit einer klarsichtigen Analyse der wohlfahrtsstaatlichen Defizite bekannt und beliebt gemacht. »Manche Arten der Arbeitslosenversorgung schließen die Menschen eher von der Arbeit aus, als ihnen zu ihr zu verhelfen«, schrieb er etwa und ergänzte: »Selbst wenn man es in die Nähe einer Chancengleichheit schafft, wird es immer Menschen geben, die arm sind und es bleiben.«[49] Diese Haltung mochte zwar für den angelsächsischen Raum mehrheitsfähig sein, für die SPD war sie es kaum. Schröder sagte die Buchpräsentation ab, ließ den Text seiner Rede aber in der »Süddeutschen Zeitung« abdrucken. Lafontaine dürfte sich dadurch in seiner Entscheidung bestätigt gefühlt haben. Schröder übte sich zwar in Zurückhaltung, wenn er darauf hinwies, die SPD sei längst nicht mehr die »alte Sozialdemokratie«, die dem Markt misstraue. Er verwies jedoch unmissverständlich auf die Notwendigkeit, den Sozialstaat umzubauen. Die Sozialdemokratie dürfe sich dabei nicht so aufführen, als müsse sich ihre Wirtschaftspolitik »in erster Linie gegen die Wirtschaft richten«.[50]

Die SPD-Linken grämten sich in der Sorge vor dem »totalen Schröder«. Wer sollte denn nun künftig die SPD führen, wer Finanzminister werden? Wieczorek-Zeul plädierte im SPD-Präsidium dafür, Müntefering möge Lafontaine an der Parteispitze ersetzen. Sie wollte Schröder an diesem Platz um jeden Preis verhindern. Doch Müntefering war damals noch wenig profiliert und stand als Verkehrsminister einem schwachen Ressort vor. Er schloss eine Kandidatur aus – und schlug sogleich Schröder vor. Ebenso redete Joschka Fischer auf den Kanzler ein, er müsse den Vorsitz der Partei übernehmen. Schröder zierte sich zunächst und fragte leise, ob es jemanden »aus den Ländern« gebe, der diese Aufgabe übernehmen könne. Schröder wusste, wie skeptisch ihn die Partei sah. Er wusste, wie sehr er sich außerhalb der SPD für das Kanzleramt profiliert hatte. Er wusste, dass er selten gute Parteitagsergebnisse erzielt hatte. Und doch sah er keine andere Chance, als ein halbes Jahr nach seiner Wahl zum Bundeskanzler diese Bürde auf sich zu nehmen. Er willigte ein, in die Fußspuren von Bebel und Brandt, aber auch von Ollenhauer, Scharping und Lafontaine zu treten.

Tage nach seinem Rücktritt lieferte Lafontaine scheibchenweise die Begründung seines Schrittes nach. Längst war deutlich geworden, dass er jene Entscheidung im Affekt getroffen hatte und selbst am meisten bedauerte. Lafontaine sprach von einem »schlechten Mannschaftsspiel« und beklagte die Entscheidung der Bundesregierung (und des Bundestages!), sich am Kosovokrieg zu beteiligen. Diese außenpolitische Begründung aber war an den Haaren herbeigezogen. Lafontaine hatte eine ablehnende Haltung zu dem Einsatz nicht erkennen lassen. »Nicht ein einziges Mal« habe Lafontaine Schwierigkeiten mit der deutschen Beteiligung artikuliert, berichtet Schröder: »Auch im Kabinett konnte sich niemand an eine kritische Anmerkung von ihm zur Kosovofrage erinnern.«[51] Joschka Fischer bestätigt diese Darstellung. »Ich blickte zu Oskar Lafontaine, aber der rührte sich nicht«, beschreibt Fischer die Sitzung, in der die Mobilisierungsentscheidung der militärischen Kräfte getroffen worden war.[52]

Schröder wurde am 12. April 1999 zum SPD-Vorsitzenden gewählt – mit einem miserablen Ergebnis von nur 76 Prozent und mit geringerer Zustimmung als sein interner Widersacher und Bundesgeschäftsführer Ottmar Schreiner; der erhielt 81 Prozent. Schröder aber versuchte zu integrieren. Dem von ihm ungeliebten Scharping rief er zu: »Rudolf, ich bin stolz darauf, mit dir arbeiten zu dürfen.« Die nunmehr gemeinsame Feindschaft zu Lafontaine sollte beide verbinden – bis Schröder merkte, dass Scharping sich wenig später als den besseren Kanzler verstand.

Gegen den massiven Widerstand der Opposition verabschiedeten die Koalitionsfraktionen die »Ökosteuer«. Jenes »Gesetz zum Einstieg in die ökologische Steuerreform«, das im März 1999 in Kraft trat, sollte fortan Milliarden in die Rentenkasse spülen. Deren Beitragssatz konnte so zunächst gesenkt und später stabil gehalten werden. Obgleich die ehemalige Umweltministerin Angela Merkel einst Sympathien für eine Besteuerung auf den Energieverbrauch hatte erkennen lassen, startete sie nun für die CDU eine Kampagne gegen die Ökosteuer. »Weg mit dieser K.O.-Steuer« war auf Flugblättern und Aufklebern zu lesen. Fleißig sammelte die CDU Unterschriften gegen die Steuer, unionsgeführte Länder verlangten immer wieder ein »Aussetzen« der Ökosteuer. »Rasen für die Rente«, spottete die FDP. Doch die rot-grüne Regierung hatte mit der Ökosteuer einen weitsichtigen Beschluss gefasst, und dies Jahre vor der Debatte um das Weltklima. Sie begrenzte damit nicht zuletzt den Anstieg der Lohnzusatzkosten und wagte einen Schritt zu einer stärkeren Steuerfinanzierung der Sozialversicherungssysteme.

Die Regierung übte sich ferner in Arbeitsmarktprogrammen, die sich »Job-Aqtiv« oder »JUMP« nannten, aber keine echten Erfolge brachten. Schröder versuchte, mit Netzwerken und Kommissionen zu regieren. Vor allem setzte er auf das – von Steinmeier koordinierte – »Bündnis für Arbeit«. Hier kamen Vertreter von Regierung, Gewerkschaften und Arbeitgebern zusammen mit dem Ziel, den deutschen Arbeitsmarkt zu modernisieren. Das Bündnis brachte einige bescheidene Erfolge in den Bereichen von Ausbildung und Qualifizierung, blieb aber hinter den hohen Erwartungen zurück. Als die letzte Sitzung des Bündnisses im Januar 2002 stattfand, war das Problem der Arbeitslosigkeit nicht kleiner, sondern größer denn je.

Hinter dem Bündnis für Arbeit aber zeigte sich der neue Stil der Regierung wie der SPD-Spitze: Man veranstaltete Konsensrunden, statt Konflikte zu suchen. Schröder und die SPD standen für eine Politik, die darauf abzielte, gemeinsam mit den großen gesellschaftlichen Interessengruppen Lösungen zu finden. Reformrisiken wagte die Regierung nicht einzugehen, wenngleich ihr Problembewusstsein wuchs. So verlangte Arbeitsminister Riester in der »Bild«-Zeitung: »Alle Aspekte des Rentensystems müssen auf den Prüfstand, also auch der Erhöhungsmechanismus.«[53] Für diesen Hinweis zur Unzeit wurde Riester intern gescholten.

Obgleich SPD und Grüne in der Bundesversammlung keine Mehrheit besaßen, gelang die Wahl von Johannes Rau zum – seit 1949 – zweiten sozialdemokratischen Staatsoberhaupt nach Gustav Heinemann. Einige Wahlleute der FDP dürften Rau mit gewählt haben. Rau beerbte Roman Herzog. Der Christdemokrat Herzog wiederum, Bundespräsident von 1994 bis 1999, konnte für sich beanspruchen, zu den Ersten gezählt zu haben, die sich für klare Reformen ausgesprochen hatten (»Es muss ein Ruck durch Deutschland gehen«). Damit hatte sich Herzog weder bei seinem Förderer Kohl noch bei der damals oppositionellen SPD beliebt gemacht. Sein Aufruf blieb so ohne jede Konsequenz.

Der 1931 geborene Wuppertaler Predigersohn Rau stellte schon biografisch einen anderen Akzent dar als die Vertreter der Regierung Schröder/Fischer. Neben diesen beiden und ihrem Kabinett wirkte Rau von seinem Amtsantritt am 1. Juli 1999 an wie ein letztes Überbleibsel der Bonner Republik. Das Verhältnis von Präsident und Kanzler war zunächst distanziert, verbesserte sich aber in der zweiten Hälfte von Raus Amtszeit. Stets kritisch betrachtete Rau seinen einstigen Sozialminister Müntefering und dessen Umfeld, das er für kalt und undurchsichtig hielt. Rau brachte zwar keine offene Kritik an der Regierung an. Gleichwohl vertrat er in einzelnen Fragen, etwa der Bioethik, einen anderen Kurs. Die Tatsache, dass Schröder seine Sozialreformen nicht zu erklären vermochte, ärgerte ihn. Rau monierte intern, die Menschen würden bei der Agenda 2010 nicht »mitgenommen«. Ohnehin stand Rau allem ökonomischen Denken eher skeptisch gegenüber. Von allem kenne man den Preis, aber von nichts den Wert, stellte er immer wieder enttäuscht fest. Rau tat sich – entgegen vielen Klischees – anfänglich schwer mit der Rolle des auf das Repräsentieren reduzierten Präsidenten. Er vermisste es, nach fast zwei Jahrzehnten als Ministerpräsident nicht mehr entscheiden zu können. Wehmütig blickte Rau vom Schloss Bellevue, in dem es so still und leise war, auf das benachbarte Kanzleramt, in dem die Musik spielte.

Moderne Sozialdemokraten zwischen Bonn und London

Als wahrer Paukenschlag erwies sich ein 18-seitiges Konzept, das im Juni 1999 als Schröder-Blair-Papier bekannt wurde, aber bald wieder in den Schubladen verschwand. Schon lange hatte Hombach Kontakte zu Vertretern der Labour-Führung, aber auch zu den französischen Sozialisten gepflegt. Nachdem Downing Street No. 10 im Kanzleramt Interesse an einer programmatischen Kooperation signalisiert hatte, verstärkte er diese Beziehungen. Hombach verehrte Blair. Der neue, junge britische Premier hatte als eine Art politischer Popstar seine traditionsbelastete Partei kräftig modernisiert – und zwar bevor er die Wahl gewann und die Regierungsgeschäfte übernehmen konnte. Bereits 1995 hatte Blair die Verstaatlichungsfantasien und den absoluten Vorrang für das Gemeineigentum aus der »Clause IV« der Labour-Partei gestrichen. Zwei Jahre darauf wurde er Premier und löste den Tory John Major ab. Schröder schätzte Blair ebenso.

Nun verhandelten Mitarbeiter Blairs mit Hombach ein in ihren Augen wegweisendes Konzept für beide Parteien. Die Briten wollten dabei ihrer deutschen Schwesterpartei programmatische Entwicklungshilfe gewähren. Musste man nicht fast ein Jahrzehnt nach dem Ende des Kalten Krieges endlich deutlich machen, dass alte Gewissheiten nicht mehr stimmten? »What's left?«, fragten Blairs Leute, anders als die SPD. Auch in den USA gab es längst ein Nachdenken über das, was künftig eine fortschrittliche Politik ausmachte. Waren die Begriffe rechts und links mittlerweile überholt? Blair hatte sich intern gegen seinen Widersacher, den »britischen Lafontaine« Gordon Brown, durchgesetzt. Er zweifelte an der Allmacht des Staates. Schröder sympathisierte dabei mit der Idee, der Staat solle die Menschen befähigen und nicht bemuttern. Doch diese Gedanken waren der SPD so fremd, wie ihr Schröder suspekt blieb.

Sogleich machten Blairs Leute deutlich, sie setzten auf ein gemeinsames Papier. Hombach lud externe Sachverständige ins Kanzleramt ein, um den deutschen Part eines gemeinsamen Vorgehens zu erörtern. Er ging unorthodox vor – sich bewusst distanzierend von den Debatten der Grundwertekommission, von denen Schröder und Hombach schon allein aus ihrer Abneigung gegenüber Parteigremien nichts hielten. Sie setzten auf eine gemeinsame Verständigung auf der Basis von Sachzwängen und einer anti-etatistischen Auffassung. Für das Papier mit den Briten wurden, berichtet eine Teilnehmerin der Runde, »die erstaunten Wissenschaftler von dem jungen Referenten des Kanzleramts ermuntert, möglichst radikale Vorstöße in den Raum zu werfen und sich weder um deren Umsetzungspotenzial noch um das Programm der Sozialdemokratie zu kümmern«.[54] Man traf sich in London und Bonn und tauschte – ganz 20. Jahrhundert – Textbausteine per Telefax aus. Zuarbeiten aus dem Kanzleramt und von Externen flossen in das Papier ein. Hombach drängte entgegen seiner Gewohnheit auf ein vorsichtiges Vorgehen, um die Partei nicht übermäßig zu verstören. Die Briten hingegen schrieben gar eine Präambel. Ihnen ging es nicht um ein Arbeitspapier, sondern um einen großen Wurf.

Am 8. Juni 1999 flogen Schröder und Hombach in kleiner Runde nach London, um das Papier auf Wunsch Blairs hier vorzustellen. Bonn war kaum verlassen, hielt Schröder eine Zigarre in der Hand, blickte aus dem Fenster des Hubschraubers und meinte, das Land sei so groß, es regiere sich im Grunde von alleine, wie ein Mitarbeiter sich erinnert. Diese Bemerkung brachte Schröders Philosophie auf den Punkt. Er glaubte an Mechanismen und Wirkkräfte, nicht aber an Programme. Doch reiste er nicht nach London, um ein politisches Konzept vorzustellen? Während des Fluges las Schröder das von seinen und Blairs Leuten formulierte Konzept. Das sei doch ein ordentlich sozialdemokratisches Papier, grinste er und zog an seiner Zigarre. Schröder wusste, dass seine Partei das Papier nicht als Versehen, sondern als Kriegserklärung auffassen sollte. So äußerte er sich bei seinen Erläuterungen in London wesentlich zurückhaltender als der Text. Nicht zuletzt die bevorstehende Europawahl ließ ihn fürchten und denken: Keine Experimente.

Schröders Schonwaschgang aber relativierte die Brisanz des Papieres kaum. Der marktorientierte Kurs von New Labour hatte das Papier geprägt. Abermals spielten Blairs Berater Giddens und dessen »Dritter Weg« eine wichtige Rolle. Abschied vom Wohlfahrtsidyll, Rückführung staatlicher Aufgaben, wirtschaftliche Dynamisierung, Unternehmergeist, Eigenverantwortung, Flexibilität, Steuerreformen – so lautete das Credo des Papiers. Die Aufnahme liberaler Akzente in das sozialdemokratische Konzept verbreitete dabei nicht gerade Zukunftslust oder Begeisterung.

»Der Weg nach vorne für Europas Sozialdemokraten. Ein Vorschlag von Gerhard Schröder und Tony Blair« – an hohem Anspruch mangelte es weder Titel noch Text. »In der Vergangenheit wurde die Förderung der sozialen Gerechtigkeit manchmal mit der Forderung nach Gleichheit im Ergebnis verwechselt«, konstatierten die Autoren. Die Bedeutung von eigener Anstrengung und Verantwortung werde »ignoriert und nicht belohnt«. Selbstkritisch hieß es: »Der Weg zur sozialen Gerechtigkeit war mit immer höheren öffentlichen Ausgaben gepflastert, ohne Rücksicht auf Ergebnisse oder die Wirkung der hohen Steuerlast«, Verwaltung und Bürokratie seien überproportional ausgeweitet worden. »Die Schwächen der Märkte wurden über-, ihre Stärken unterschätzt.«

Es waren die Briten, die in das Papier schrieben, die Jahrzehnte des liberalen Laissez-faire seien vorbei. Moderne Sozialdemokraten erkenne man daran, dass sie Steuern und Arbeitskosten senkten. Überregulierungen gelte es abzubauen: »Wir brauchen nicht weniger, sondern mehr Flexibilität«, hielt das Papier fest. Konkreter wurden die Autoren bezüglich der Arbeitsmarktpolitik: »Der Staat muss die Beschäftigung aktiv fördern und nicht nur passiver Versorger der Opfer wirtschaftlichen Versagens sein«, stellten sie fest. Alle Leistungsempfänger gelte es auf ihre Fähigkeit zu überprüfen, ob sie ihren Lebensunterhalt selbst zu verdienen in der Lage seien. Zuweilen entglitt Hombachs Leuten die Semantik, wenn sie es als »wichtigste Aufgabe der Modernisierung« bezeichneten, »in Humankapital zu investieren«.[55] Damit waren Menschen gemeint.

Das Papier erinnerte in seiner Zielrichtung an Schröders Dresdner Thesen und Hombachs ›Aufbruch‹-Buch. Daneben nahm es manchen Grundgedanken der späteren Agenda 2010 vorweg. Das Konzept war jedoch für zwei völlig unterschiedliche Autoren verfasst. Blair hatte die Reformpolitik seiner Partei vor der Wahl durchgesetzt, Schröder sollte damit weitere Jahre warten. »New Labour« war dabei viel mehr als die »Neue Mitte« von 1998. Blairs Reformkurs ließ sich vergleichen mit dem Paradigmenwechsel, den die SPD mit ihrem Godesberger Programm von 1959 vollzogen hatte. Auch die Wirkungen waren ähnlich: Öffnung zu einer Volkspartei, Erneuerung vor Regierungsübernahme und Voraussetzung für den Wahlerfolg. Bei alldem klammerte das Papier wichtige Themen wie Bildung, Gesundheit und die demografische Entwicklung aus. Es kam aber einem Paradigmenwechsel gleich, als es das Bild eines mündigen Bürgers schuf in Abgrenzung zum Bürger, den der Staat verschonen und schonen muss. Nun mochte es in der Tat zu wenig konkret, zu taktisch motiviert gewesen sein und etwas zu viel Zeitgeist geatmet haben. Das eigentliche Problem aber lag nicht im Papier, sondern auf anderer Ebene: Die SPD des Jahres 1999 war zu einer Analyse gesellschaftlicher Probleme nicht in der Lage und nicht bereit.

Schröder dachte ebenso wenig daran, der Partei ein Diskussionsangebot zu machen. Er ließ – den durch Lafontaines Abgang euphorisierten – Hombach gewähren. Das Papier war dabei Teil eines »Top-down«-Prozesses. Die SPD fühlte sich dadurch bevormundet, ja enteignet und kritisierte die grundsätzliche Richtung des Papiers. Wie erwartet, äußerten sich die SPD-Linken besonders heftig. Bundestagspräsident Wolfgang Thierse polemisierte gegen »mediale Vereinfacher«, die es wagten, von Modernisierern und Traditionalisten in der SPD zu sprechen. Er war überzeugt: »Es gibt nicht den ›Dritten Weg‹, der die Sozialdemokratie ins neue Jahrtausend führt.« Reformpolitik, wusste Thierse zu berichten, habe »häufig auch Schattenseiten« und begünstige »keineswegs immer alle Bürger in gleicher Weise«. Mittelfristig führe eine solche Reformpolitik »zu Enttäuschungseffekten und zu Glaubwürdigkeitsverlusten unter den Bürgern gegenüber den Parteien und der Demokratie«, argumentierte der Sozialstaatstraditionalist Thierse.[56] Der Juso-Vorsitzende Benjamin Mikfeld bezeichnete das Papier als einen »intellektuellen Offenbarungseid«,[57] der Finanzexperte Joachim Poß nannte es »nicht sehr hilfreich«[58]. Die junge Bundestagsabgeordnete Nina Hauer gehörte zu der Minderheit in der SPD, die das Schröder-Blair-Papier lobte. Sie stellte fest, ein aktivierender Sozialstaat sei anstatt eines inaktiven Versorgungsprinzips gefragt. Viele Menschen spürten ein »Bedürfnis nach mehr Eigenverantwortung und weniger Staat«.[59]

Schröder hatte für die Veröffentlichung seines gemeinsamen Papiers mit Blair an sich einen optimalen Zeitpunkt gewählt. Lafontaine war schon zurückgetreten – und noch boomte die Wirtschaft. Nachdem die SPD viele Jahre in der Opposition ungenutzt hatte verstreichen lassen, sah ihr Vorsitzender nun die Chance, sie mit den Realitäten zu versöhnen. Es verstand sich von selbst, dass Schröder dies abseits der von Ideologen geprägten Kommissionen und Gremien zu tun gedachte. Doch Schröder oktroyierte der SPD einen schmissig formulierten Text auf. Viele Aussagen blieben oberflächlich. Es gab keinerlei Rückkopplung mit dem Regierungsapparat. Die Idee, eine »Erzählung« zu Reformprozessen zu entwickeln, war gescheitert. Ein innerparteilicher, geschweige denn öffentlicher Diskussionsprozess war nicht vorgesehen. Mit jedem zweiten Satz traten die Autoren des Papiers der Parteibasis vor das Schienbein. Selbst so loyale Genossen wie Erhard Eppler oder Hans-Jochen Vogel zeigten sich entsetzt. Bundesgeschäftsführer Ottmar Schreiner musste seinen Ärger im Zaum halten und ließ eigene Thesen entwickeln, um das Schröder/Blair-Papier zu relativieren.[60] Immer wieder war von einem »neoliberalen« Konzept die Rede.

Schnell begriff Schröder, dass er sich mit dem Papier die Hände verbrannt hatte, ohne jedoch genau zu wissen warum. So ließ er das Papier in der Versenkung verschwinden, zumal es ohnehin von keinem Gremium beschlossen worden war. Da Schröder alles Programmatische suspekt war, sollte er vorerst jeden neuen Ansatz scheuen. Die inhaltliche Auseinandersetzung über Fragen der Zukunft war erledigt. Schröder distanzierte sich mehr und mehr von dem Begriff des »Dritten Weges« und den damit verbundenen Ideen wie Köpfen. Damit beruhigte er die verunsicherte Parteibasis. Außerdem richtete Schröder zur Wiedergutmachung an der Parteiseele im Herbst 1999 die Grundsatzprogrammkommission ein, die bis Oktober 2007 – unter dem beständigen Desinteresse Schröders während seiner Amtszeit – tagte.

Schröder betrachtet das Papier aus heutiger Perspektive als ein Dokument der Weitsicht: »Die allseitige Entrüstung über Blairs und meinen Vorschlag verhinderte eine inhaltliche Debatte. Wieder einmal!, bin ich versucht zu sagen. … Die Grundanalyse halte ich nach wie vor für richtig, auch wenn einige Instrumente noch nicht ausgereift waren.«[61] Die Freundschaft Schröders mit Blair aber endete alsbald. Schröders Bemühen, das deutsch-britische Verhältnis auf eine Stufe mit der deutsch-französischen Freundschaft zu stellen, scheiterte. Noch während des Jahres 1999 endete der Honeymoon mit Blair. Mit dem Irakkrieg wenige Jahre später geriet Blair aus Schröders Sicht »in die Rolle des goetheschen Zauberlehrlings, weil er zum Gefangenen seiner eigenen politischen Linie wurde«. Er habe »einen hohen persönlichen Preis für sein Engagement in dieser Frage« gezahlt. Bei alldem behauptet Schröder: »Unsere freundschaftliche Zusammenarbeit ist – entgegen der öffentlichen Wahrnehmung – durch die Differenzen in der Irakfrage zu keiner Zeit getrübt worden.«[62] Dabei hatte er längst einen ganz neuen Freund gefunden, den konservativen Gaullisten Jacques Chirac, mit dem er nun gar das »alte Europa« verkörpern durfte. Im Gegensatz zu dem texanischen Republikaner George W. Bush und dem Labour-Mann Tony Blair. Doch wenig später blickte die Sozialdemokratie nicht mehr nach Frankreich, sondern nach Skandinavien.

Es war weniger das Schröder-Blair-Papier als eigene Ungeschicklichkeit und seine barocke Amtsauffassung, die Hombach im Kanzleramt scheitern ließen. Er geriet unter Druck, als Unregelmäßigkeiten beim Bau seines Hauses in Mülheim/Ruhr öffentlich vermutet wurden. Schröder aber missfiel inzwischen vor allem Hombachs Selbstinszenierung. Der Kanzler machte ihn nicht zuletzt für den holpernden Regierungsstart verantwortlich. Er erkannte, dass Hombach für die SPD längst zu einer Provokation geworden war. Hombach wehrt sich gegen die dominierende Darstellung, er sei vom Kanzler entlassen worden: »Gerhard Schröder hat mich nicht weggemobbt. Er riet mir vielmehr bei einem Abendspaziergang im Bonner Kanzlergarten mit wüsten Worten vom Rücktritt ab.«[63] Fraglos aber war Hombach als Kanzleramtsminister an einer falschen Interpretation seiner Aufgabe gescheitert. Er verstand sich, wie einst schon Horst Ehmke, als handelnder Politiker und nicht als diskreter, fleißiger und integrativer Makler der Macht. So entfloh Hombach im Juni 1999 der Bundespolitik. Hombach wurde mit Schröders Unterstützung EU-Beauftragter für den Wiederaufbau im ehemaligen Jugoslawien. In der SPD spottete man über »Balkan-Bodo«.

Das Kanzleramt führte fortan ein Mann, den Schröder »Mein Mach-mal« nannte und der unter Mitarbeitern »Seine Effizienz« hieß, der Kameras, anders als sein Vorgänger, scheute: Frank-Walter Steinmeier. Steinmeier hatte schon Schröders Staatskanzlei in Hannover geleitet, musste aber nach dem Sturm auf Bonn 1998 damit leben, im Bundeskanzleramt nur zweiter Mann hinter Hombach zu werden. Steinmeier leistete die Kärrnerarbeit, die Schröder wie Hombach bislang gemieden hatten. Steinmeier und Hombach konnten sich nicht ausstehen. Den Rücktritt Hombachs hatte Steinmeier – ebenso wie Müntefering und der parteilose Wirtschaftsminister Werner Müller – mit tiefer Genugtuung verfolgt. Längst hatte sich Steinmeier geschworen, selbst keine Schlagzeilen liefern zu wollen. Zumindest nicht, solange er Chef des Kanzleramts sein sollte.

Das erste chaotische Jahr der rot-grünen Regierung löste in der Union Euphorie aus. Schon wähnte sich die CDU auf dem Weg zurück an die Macht. Ihre Siege bei den Landtagswahlen in Hessen (April 1999) und im Saarland (September 1999) trugen dazu erheblich bei. Der Christdemokrat Roland Koch, der mit einer Unterschriftenkampagne gegen die von der Bundesregierung geplante doppelte Staatsbürgerschaft polarisiert hatte, löste die »ur«-rot-grüne Koalition in Wiesbaden ab, in der Joschka Fischer seine Karriere begonnen hatte. Der dortige Ministerpräsident Hans

Eichel trat ab – und wurde Nachfolger Lafontaines als Bundesfinanzminister. Eichel pflegte in seinem Haus einen völlig anderen Stil. »Nachdem ich Lafontaines Nachfolger als Bundesfinanzminister geworden war«, berichtet er rückblickend, »habe ich im Ministerium ein halbes Jahr gelebt mit dem ständigen Hinweis von Mitarbeitern: Sie haben aber zivile Umgangsformen! Lafontaine hatte sich eben für das Haus nie wirklich interessiert.«[64] An der Saar errang Peter Müller (CDU) einen Sieg über den kurzzeitigen Ministerpräsidenten Reinhard Klimmt (SPD), der nun ebenso in das Kabinett Schröder wechselte, als Nachfolger von Verkehrsminister Müntefering.

Endlich konnte der erfolglose Verkehrsminister Müntefering mit seinem Staatssekretär Machnig aus dem ungeliebten Fachressort wieder in die SPD-Zentrale wechseln. Müntefering ließ sich den Wechsel teuer bezahlen. Er veranlasste die SPD, das Amt eines Generalsekretärs zu schaffen, das er fortan bekleiden sollte. Der machtbewusste Müntefering also nutzte die Situation, um seinen eigenen Spielraum zu erweitern. Er wollte eigenständig agieren, anstatt unter jemandem tätig zu sein. Schröder ließ ihn gewähren. Das Vertrauensverhältnis zwischen den beiden Männern hatte zwar noch längst nicht seinen Höhepunkt erreicht, doch es wuchs.

Nach dem Rückzug Lafontaines war der Unwille in der SPD groß, nun allein auf Schröder zu setzen. Die Parteilinke erwies sich zwar als kopflos, doch verbal wirkungsmächtig. So hatte Klimmt im Saarland einen linken Wahlkampf gegen Berlin geführt. Nicht zuletzt attackierte er das Schröder/Blair-Papier. Daneben machte sich der zu jener Zeit durchaus geschickt agierende Verteidigungsminister Scharping Hoffnungen, Schröder zu beerben. In der Sozialdemokratie in Rheinland-Pfalz wie im Saarland gab es derartige Planspiele. Schon wurden für den bevorstehenden Parteitag Stimmen gegen Schröder gesammelt. In beiden Landesparteien war Schröder zutiefst unbeliebt, ganz anders als Scharping und Lafontaine. Doch Klimmts Niederlage an der Saar zerstörte die Überlegungen eines Putsches gegen Schröder. Entsprechend dankbar war der Kanzler über Klimmts Misserfolg. Um den »linken« Klimmt einzubinden, holte ihn Schröder in sein Kabinett.

Der bisherige Bundesgeschäftsführer Schreiner trat nach Münteferings Bestellung zum Generalsekretär zurück. Er sah sich bereits seit dem Sommer einem »regelrechten Mobbing« ausgesetzt.[65] Die

Ära Lafontaine in der SPD war nun in jeder Hinsicht beendet. Mit Wolfgang Clement wurde Ende 1999 ein weiterer »Modernisierer« zum stellvertretenden SPD-Vorsitzenden gewählt. Es sollte bei alldem bald Konsens darüber herrschen, dass der Start der Regierung Schröder miserabel verlaufen war. Der Kanzler selbst machte daraus im Bundestagswahlkampf 2002 keinen Hehl, wenngleich er sich diplomatisch ausdrückte: »Aber natürlich hat man auch Fehler gemacht. Das erste Jahr war ohne Zweifel schwierig.« Auf den »Spiegel«-Zwischenruf hin, dies sei »vorsichtig ausgedrückt«, fügte Schröder entschuldigend hinzu: »Wir alle mussten uns mit großen Verwaltungsapparaten vertraut machen.«[66]

Anmerkungen

1 Schröder, zitiert nach: Der Spiegel, 18. November 2002.
2 Bodo Hombach im Gespräch mit dem Verfasser am 27. Februar 2008 in Essen.
3 Damals zogen die Grünen mit 5,0 Prozent der Stimmen nur sehr knapp in den Düsseldorfer Landtag.
4 Die rot-grüne Koalition in Berlin (West) zerbrach im Herbst 1990. Nach der ersten Wahl zum Gesamt-Berliner Abgeordnetenhaus im Dezember 1990 regierte eine Koalition aus CDU und SPD.
5 Schröder, Gerhard: Gegen den Luxus der Langsamkeit. Der Spiegel, 19. Mai 1997.
6 Müller, Kay und Franz Walter: Graue Eminenzen der Macht. Küchenkabinette in der deutschen Kanzlerdemokratie. Von Adenauer bis Schröder. Wiesbaden 2004, S. 170.
7 Lafontaine, Oskar und Christa Müller: Keine Angst vor der Globalisierung. Wohlstand und Arbeit für alle. Bonn 1998², S. 339 ff.
8 Thörmer, Heinz: Kampa '98 – Zweierlei Wahlkampf? Neue Gesellschaft/Frankfurter Hefte, 46. Jg. (1999), H. 5, S. 409–414, hier S. 412.
9 Löer, Wigbert und Heinz Thörmer: Schröder '98 – Kampa und Kanzlerkandidat. Neue Gesellschaft/Frankfurter Hefte, 49. Jg. (2002), H. 7–8, S. 455–459, hier S. 458.
10 Lafontaine: Das Herz schlägt links. München 1999, S. 131 f.
11 Walter Riester im Gespräch mit dem Verfasser am 14. Februar 2008 in Berlin.
12 Schröder, zitiert nach: Der Spiegel, 21. September 1998.
13 Lafontaine: Herz, S. 127.
14 Bodo Hombach im Gespräch mit dem Verfasser am 27. Februar 2008 in Essen.
15 Fischer, Joschka: Die rot-grünen Jahre. Deutsche Außenpolitik – vom Kosovo bis zum 11. September. Köln 2007, S. 58.
16 Ebd., S. 60.

17 Vorstand der SPD (Hrsg.): Aufbruch und Erneuerung – Deutschlands Weg im 21. Jahrhundert. Koalitionsvereinbarung zwischen der Sozialdemokratischen Partei Deutschlands und Bündnis 90/Die Grünen vom 20. Oktober 1998 für den 14. Deutschen Bundestag. Bonn 1998, S. 10. Siehe auch http://www.gruene.de/cms/themen/dokbin/182/182660.koalitionsvertrag_1998.pdf [10. September 2008].
18 Ebd., S. 8.
19 Schröder, Gerhard: Entscheidungen. Mein Leben in der Politik. Hamburg 2006, S. 86.
20 Walter Riester im Gespräch mit dem Verfasser am 14. Februar 2008 in Berlin.
21 Hombach, Bodo: Aufbruch. Die Politik der neuen Mitte. München und Düsseldorf 1998[3], S. 13 und 47.
22 Bodo Hombach im Gespräch mit dem Verfasser am 27. Februar 2008 in Essen.
23 Hombach: Aufbruch, S. 31.
24 Ebd., S. 9.
25 Lafontaine, Oskar: Das Herz schlägt links. München 1999, S. 68.
26 Bodo Hombach im Gespräch mit dem Verfasser am 27. Februar 2008 in Essen.
27 Hombach: Aufbruch, S. 10f.
28 Hombach: Aufbruch, S. 14.
29 Hombach: Aufbruch, S. 225.
30 Wolfgang Thierse im Gespräch mit dem Verfasser am 17. März 2008 in Berlin.
31 Schröder: Entscheidungen, S. 107.
32 Lafontaine, zitiert nach: Der Spiegel, 4. Oktober 1999.
33 Deutscher Bundestag: Plenarprotokoll 13/248 vom 16. Oktober 1998.
34 Fischer: Die rot-grünen Jahre, S. 199.
35 Schmidt, zitiert nach: Der Spiegel, 29. Oktober 2007.
36 SPD: Arbeit, Innovation und Gerechtigkeit: Wahlprogramm für die Bundestagswahl 1998.
37 Fischer: Die rot-grünen Jahre, S. 77
38 Ebd., S. 15.
39 Hombach und Kohl, zitiert nach: Hombach, Bodo: Dem Kanzler eine dicke Haut, in: Blum, Dieter und Konrad E. Müller: Mensch Schröder. Der Acker, der Gerhard, der Kanzler. Kempen 2005, S. 82f., hier S. 82.
40 Schröder, zitiert nach Deupmann, Ulrich: Kegelgruppe am Rande des Abgrunds. Berliner Zeitung, 31. Dezember 1999.
41 Lafontaine: Herz, S. 160.
42 Ebd., S. 129.
43 Schröder: Entscheidungen, S. 115.
44 Bodo Hombach im Gespräch mit dem Verfasser am 27. Februar 2008 in Essen.
45 Hombach, zitiert nach: Berliner Zeitung, 16. März 1999.
46 Bahr, zitiert nach Lafontaine: Herz, S. 235.
47 Thierse, zitiert nach: Berliner Zeitung, 16. März 1999.
48 Trittin reagierte damit auf eine Äußerung Schröders, der sich zuvor »mehr Fischer, weniger Trittin« gewünscht hatte.

49 Giddens, Anthony, zitiert nach: Neue Gesellschaft/Frankfurter Hefte, 46. Jg. (1999), S. 438.
50 Schröder, Gerhard: Alte Linke und Neue Mitte, in: Süddeutsche Zeitung, 13./14. März 1999. Vgl. Neue Gesellschaft/Frankfurter Hefte, 46. Jg. (1999), H. 5, S. 444–447.
51 Schröder: Entscheidungen, S. 109.
52 Fischer: Die rot-grünen Jahre, S. 106.
53 Riester, zitiert nach: Bild-Zeitung, 15. Februar 1999.
54 Hassel, Anke: Kann Politik strategisch sein? Berliner Republik, 5. Jg. (2004), H. 5, S. 20–26, hier S. 24.
55 Schröder, Gerhard und Tony Blair: Der Weg nach vorne für Europas Sozialdemokraten. Perspektiven ds, 16. Jg. (1999), H. 3, S. 4–16.
56 Thierse, Wolfgang: »Dritte Wege« im europäischen Maßstab. Neue Gesellschaft/Frankfurter Hefte, 46. Jg. (1999), H. 9, S. 986–990, hier S. 989.
57 Mikfeld, zitiert nach: Der Tagesspiegel, 10. Juni 1999.
58 Poß, zitiert nach: Die Welt, 11. Juni 1999.
59 Hauer, Nina: Keine Angst vor Schröder und Blair. Neue Gesellschaft, 46. Jg. (1999), H. 9, S. 773–775.
60 Schreiner, Ottmar: Zur Zukunft der SPD. Perspektiven ds, 16. Jg. (1999), H. 3, S. 26–30.
61 Schröder: Entscheidungen, S. 277.
62 Schröder: Entscheidungen, S. 208.
63 Bodo Hombach im Gespräch mit dem Verfasser am 27. Februar 2008 in Essen.
64 Hans Eichel im Gespräch mit dem Verfasser am 16. Oktober 2008 in Berlin.
65 Ottmar Schreiner im Gespräch mit dem Verfasser am 11. Februar 2008 in Berlin.
66 Schröder, zitiert nach: Der Spiegel, 16. September 2002.

Muskelaufbauendes Präparat
2. Juli 2002

Die Vorschläge der sogenannten Hartz-Kommission zur Bekämpfung der Arbeitslosigkeit gelten als letzte Chance der rot-grünen Regierung, für einen Stimmungsumschwung zu sorgen.

II. Regieren im neuen Jahrtausend

Im Börsensog

Das Jahr 2000 geht als Höhepunkt der »New Economy« in die Geschichte ein – und selbst die einstige Arbeiterpartei SPD berauscht sich an dem Zeitgeist, der die Börse feiert und dort nur eine Richtung sieht: Aufwärts. Zahlreiche Unternehmen wagen den Börsengang, die Wirtschaft wächst um drei Prozent. Kleinste Internetfirmen bringen es auf einen enormen, nicht nachvollziehbaren Kapitalwert. Es scheint fast, als gelinge mit der Schaffung eines »neuen Menschen«, was selbst den sowjetischen »Ingenieuren der Seele« misslungen war. Der »neue Mensch« ist jung und selbstverständlich flexibel, geht einer Tätigkeit als Webdesigner nach, arbeitet ein wenig im Großstadtcafé, trinkt aber vor allem Latte Macchiato und verdient an der Börse kräftig Geld. Die Börsengläubigkeit etabliert sich für eine kurze Zeit als eine neue Weltreligion. Die Bundesregierung profitiert davon, zumal die Versteigerung der UMTS-Lizenzen viel Geld regnen lässt. Der bis dato eher farblose Finanzminister Eichel heißt plötzlich »Hans im Glück«. Er genießt die konjunkturell gute Lage und verzeichnet hohe Popularitätswerte. Die Zahl der Arbeitslosen sinkt im Juni 2000 auf 3,7 Millionen und befindet sich damit nur knapp oberhalb der von Schröder als Zwischenetappe vorgegebenen Zahl von 3,5 Millionen Menschen ohne Job. Der Kanzler repräsentiert auf der Weltausstellung »Expo«, die den gesamten Sommer über 18 Millionen Besucher in seine Heimatstadt Hannover lockt. Fast schon macht den Sozialdemokraten das Regieren wieder »Spaß«.

Stolz zog Schröder eine Halbzeitbilanz seiner ersten Amtsperiode und sprach davon, der Reformstau sei überwunden. Schröder hatte zuvor eine Greencard-Initiative angekündigt, um ausländische IT-Fachleute nach Deutschland zu holen. Der CDU-Politiker Jürgen Rüttgers entblödete sich daraufhin nicht, mit dem Schlachtruf »Kinder statt Inder« in den nordrhein-westfälischen Landtagswahlkampf zu ziehen; »Mehr Ausbildung statt mehr Einwanderung«, forderte Rüttgers. Schröders Vorstoß löste in der Wirtschaft

Beifall aus, ohne dass die Initiative später von Erfolg gekrönt worden wäre. Gemeinsam mit der Energiewirtschaft einigte sich die Regierung ferner auf den »Atomkonsens«, den gemächlichen Ausstieg aus der Atomkraft, den die SPD bereits bei ihrem Parteitag in Nürnberg im Jahre 1986 gefordert hatte. Außerdem setzte die Bundesregierung eine Entschädigung der – wenigen noch lebenden – NS-Zwangsarbeiter durch. Für den Vorsitz der Zwangsarbeiterstiftung gewann Schröder den früheren Minister und FDP-Vorsitzenden Otto Graf Lambsdorff. Dem Kanzler sollte es in seiner Regierungszeit immer wieder gelingen, einstige hochrangige Politiker von Union und FDP für Kommissionen einzubinden, zumeist zum Groll der Opposition. So leitete der frühere Bundespräsident Richard von Weizsäcker die Kommission »Zukunft der Bundeswehr« und das Kuratorium Fluthilfe, die einstige Bundestagspräsidentin Rita Süssmuth die Zuwanderungskommission. Der frühere sächsische Ministerpräsident Kurt Biedenkopf stand einem Expertengremium zur Unternehmensmitbestimmung vor. Insgesamt hatte Schröder 28 solcher Kommissionen eingesetzt.[1] Die Union befand sich durch ihre Spendenaffären in einem miserablen Zustand. Ihre Hochphase des Jahres 1999 mit zahlreichen Wahlerfolgen, etwa in Hessen und dem Saarland, endete abrupt. Der noch eben gefeierte Altbundeskanzler Helmut Kohl hatte sich selbst beschädigt und mochte sich davon über Jahre hinweg nicht erholen. Wolfgang Schäuble, Kohls kurzzeitiger Nachfolger an der Spitze der CDU, musste gehen. Mit einem mutigen öffentlichen »Scheidungsbrief« brach die Generalsekretärin der CDU mit der Ära Kohl – und stürzte nebenbei Schäuble. Angela Merkels Karriere sollte nun erst richtig beginnen. Die CDU wählte eine Frau zu ihrer Vorsitzenden, die ohne jede Hausmacht ausgestattet war und der Partei gerade einmal zehn Jahre lang angehörte. Viele ihrer, zumal männlichen westdeutschen, Parteifreunde sahen in Merkels Wahl allenfalls eine Episode. Doch selbst der geheime »Andenpakt« blieb gegen die nordostdeutsche Physikerin der Macht ohne jede Chance.

Die Koalition setzte mit der dreistufigen Steuerreform massive Entlastungen für die Bürger durch. Das steuerfreie Existenzminimum stieg, Eingangs- wie Spitzensteuersatz sanken. Einem Teil der SPD fiel dabei die Herabsetzung des Spitzensteuersatzes von 53 Prozent auf schrittweise 42 Prozent schwer. Weit mehr Kritik löste die steuerliche Besserstellung von Unternehmen aus, von der große

Kapitalgesellschaften besonders profitierten. Im Jahre 2002 sollte der Unions-Kanzlerkandidat Edmund Stoiber in kapitalismuskritischen Anflügen gegen die Steuerfreiheit für Veräußerungsgewinne zu Felde ziehen. In der SPD machte sich recht bald das Gefühl breit, die Entlastungen für Bürger wie Unternehmer hätten nichts bewirkt. So klagte der Bundestagsabgeordnete Hans-Peter Bartels: »Wie niemals zuvor wurden 1998 bis 2002 per Gesetz Steuersätze und Sozialversicherungsbeiträge gesenkt ... Doch für die Binnennachfrage bedeutete das nichts, gar nichts – keine Arbeitsmarktbelebung durch zusätzlichen privaten Konsum.«[2] Dabei mochte Bartels die Frage nicht beantworten, wie sich denn Binnennachfrage und Arbeitsmarkt ohne die massiven Zugeständnisse an Bürger und Unternehmer entwickelt hätten. Die mangelnde Rückendeckung der Wirtschaft für die zweifelsohne wirtschaftsfreundliche Politik Schröders aber verletzte die Genossen. Die Wirtschaft mit besseren Rahmenbedingungen steuern zu wollen, funktionierte nicht, meinte Bartels ernüchtert: »Man kann das versuchen, wir haben es versucht, es war mühsam und teuer, es war erfolglos. Wir steuern die Wirtschaft so nicht.«[3]

Schröders Berater Heinze und Streeck sahen das ganz anders. Sie benannten neue Jobs, auch im Niedriglohnbereich, als Ziel. Das spätere Ausmaß und die fatalen Folgen der – oft unsicheren, schlecht bezahlten und gesellschaftlich wenig angesehenen – Niedriglohnjobs mochten sie dabei wohl kaum ahnen. Damals problematisierten sie sowohl die geringe Erwerbsquote von Frauen als auch die Frühverrentung – jene »vorgezogene Mallorca-Verschickung der Älteren«. Klarsichtig wandten sie sich gegen die nach der Bundestagswahl, noch unter Lafontaine, betriebene Politik. Sie sprachen davon, »Teile der Bundesregierung und der SPD« hätten nach dem Regierungswechsel einen »Vulgär-›Keynesianismus‹« betrieben anstatt etwa nach niederländischem Vorbild zu reformieren. Gefragt sei ein Dienstleistungssektor, der diesen Namen verdiene, ein »anderes Arbeitsregime« und mehr Flexibilität.

Früher als andere wagten es die beiden Berater Schröders, die Tätigkeit der Nürnberger Bundesanstalt für Arbeit (BA) mit ihren 85 000 Beschäftigten zu kritisieren. Diese verwalte allein »das immer weiterwachsende Arsenal von Sonderprogrammen, Modellversuchen und Fördermaßnahmen«. All jene Programme enthielten alles, »was gut und vor allem teuer ist«. In der Arbeitsmarktpolitik aber sei ein Paradigmenwechsel erforderlich, wandten sich die beiden Wissenschaftler gegen das Prinzip des Weiterwurschtelns. Das gewohnte System der Betreuung mit ihrer damit verbundenen Mentalität führe nur dazu, dass Menschen sich in Abhängigkeit einrichteten.[4]

Schröder räumte ein, die Vorstellung, »mehr Staat« als bestes Mittel für mehr Gerechtigkeit sei »eine der großen Illusionen ... in der sozialdemokratischen Gesellschaftspolitik«. In Wirklichkeit führe ein stets größer werdender »Verantwortungs-Imperialismus« des Staates gegenüber der Gesellschaft »geradewegs zur Abschaffung des Politischen«. Weite Teile der Sozialdemokratie glaubten, hauptsächlich durch Umverteilung soziale Gerechtigkeit herstellen zu können. Dabei aber dürfe es nicht bleiben. Mit Verweis auf Goethe nannte Schröder die beste Regierung jene, »die uns lehrt, uns selbst zu regieren«.[5] Kurzum: Schröder plädierte für ein höheres Maß an Selbstorganisation in der Gesellschaft. Wenn er gegen den »Verantwortungs-Imperialismus« des Staates argumentierte, so wandte er sich voll gegen den sozialstaatlichen Traditionalismus der SPD. Das Prinzip der Subsidiarität war der etatistisch geprägten SPD zwar noch immer fremd. Doch Schröder ließ erkennen, dass er nach einer inhaltlichen Unterfütterung einer beabsichtigten, aber doch noch nicht gewagten Reformpolitik suchte.

Riester-Rente und »ruhige Hand«

Mit der »Riester-Rente« wagte die Regierung einen großen Reformschritt. Die Koalition einigte sich auf eine Rentenreform, die die »Gegenreformation« in diesem Bereich unmittelbar nach der Bundestagswahl 1998 wieder relativierte. So wurde das Nettorentenniveau des »Eckrentners«, der 45 Jahre lang Sozialversicherungsbeiträge entrichtet, von 70 auf 67 Prozent reduziert. Mit der im Januar 2001 im Bundestag verabschiedeten »Riester-Rente« schuf die rot-grüne Regierung eine private Altersvorsorge mit staatlicher Förderung – als Ergänzung der gesetzlichen Altersvorsorge auf freiwilliger Basis.

Über die Erfolgsgeschichte »Riester-Rente« war es jedoch zuvor zu heftigen Auseinandersetzungen innerhalb der SPD gekommen. So bezeichnete Schröder den Aufbau einer kapitalgedeckten

Altersversorgung im Juli 2000 im Parteivorstand für »zwingend erforderlich«. Clement wies darauf hin, diese Frage habe auch »Einfluss auf die Wahlchancen im Jahr 2002«. Es gehe darum, »ob die SPD die Meinungsführerschaft im Reformprozess übernehmen kann«. Die SPD-Linken sahen ihre Partei durch diese Pläne in einem »Glaubwürdigkeitsdilemma«. Das vorliegende Konzept werde »Probleme in der Vermittlung« bereiten, prognostizierte etwa die Bundestagsabgeordnete Sigrid Skarpelis-Sperk. Die Linken in der SPD wollten die Brüchigkeit des Blümschen Versprechens »Die Rente ist sicher« nicht sehen. Dabei hatte doch selbst Blüm, spät, aber immerhin, einen demografischen Faktor eingebaut. Die SPD-Linken jedoch blieben skeptisch, verschlossen die Augen vor den demografischen Herausforderungen und argumentierten, mit mehr Beschäftigung ließe sich das Problem schon lösen. Sie erwiesen sich als die wahren Konservativen, indem sie darauf beharrten, es müsse allein beim umlagefinanzierten Rentensystem bleiben.

Gemeinsam mit den Grünen wehrte sich die SPD-Linke gegen eine obligatorische Einführung der privaten Vorsorge. Mit dieser Idee konnte sich der Namensgeber Riester in der Koalition nicht durchsetzen. Während sich die Grünen aus überwiegend libertärer Überzeugung gegen eine »Zwangsrente« wandten, polemisierte die SPD-Linke gegen jeden Ansatz einer privaten Vorsorge. So wurde Riesters Vorhaben zerfleddert. Eine verpflichtende Riester-Rente hätte dabei vieles vereinfacht, nicht zuletzt Antragsmodalitäten und Verwaltungsaufwand.

Selbst die bescheidenen Rentenreformpläne ohne jede »Riester-Pflicht«, mit denen unter anderem der Beitragssatz von 20,3 auf 19,3 Prozent sinken sollte, wurden vom SPD-Vorstand gerade einmal mit 19 zu neun Stimmen angenommen.[6] Die Kampagne der Gewerkschaften gegen diese Reform hatte gewirkt. Der Bundesvorstand von ver.di machte derweil weiter mobil gegen die Pläne der Regierung. Massenhaft ließ er eine Broschüre verteilen mit dem Titel: »Demografie wird zur Demagogie«. Selten offenbarte sich bei Gewerkschaften und Sozialdemokraten eine Realitätsblindheit dieses Ausmaßes. Arbeitsminister Riester, aus der IG Metall stammend, stand allein auf weiter Flur. Große Teile der Gewerkschaften bekämpften seine Politik. Viele Parteifreunde waren skeptisch, die Opposition stimmte gegen die Riester-Rente. Und doch gelang dem

Minister damit ein großer Erfolg. Wie es zuvor nur Familienminister Wuermeling gelungen war, schuf sich Riester ein Denkmal, das unmittelbar mit seinem Namen verbunden blieb.

Gerhard Schröder verfolgte eine merkwürdige Politik. Immer wieder rühmte er sich der – im Großen und Ganzen dann doch – bescheidenen Reformen seiner Regierung. Er klagte, diese Reformen der Koalition seien »zu schnell aus der öffentlichen Debatte verschwunden«. So verwies er auf den Atomausstieg, das modernisierte Staatsbürgerschaftsrecht und das Gesetz für gleichgeschlechtliche Partnerschaften.[7] Auf der anderen Seite sah er keinen Anlass für weitere Reformanstrengungen. So kündigte Schröder im Juli 2001 intern an, es werde keine zusätzlichen Konjunkturprogramme geben. Er wandte sich »gegen weitere Einsparungen im Sozialbereich«. Wer dies anstrebe, müsse konkrete Vorschläge machen. Die Bundesregierung habe »das Notwendige getan und werde jede hektische Reaktion vermeiden«.[8] Alsbald fand er für seine abwartende, zögerliche Haltung selbst ein Wort: Das fatale Bild der »Politik der ruhigen Hand«. Dies besagte nichts weniger, als dass die Regierung nicht mehr regieren, sondern eigentlich nur noch verwalten mochte.

Dabei hatten Schröders Leute im Kanzleramt doch ein Programm! Die »Modernisierer« in seinem Umfeld plädierten für wirtschaftliche Reformen unter Bewahrung sozialer Normen. Sie verwiesen immer wieder auf die Notwendigkeit, Wohlstand zu schaffen und ihn erst danach zu verteilen. Nun war Lafontaine längst verschwunden, und der Parteilinken misslang es weiterhin, eine ähnliche Figur aufzubauen. Doch der SPD-Vorsitzende fürchtete die SPD. Schröder sah seine Partei nicht hinter sich, mit Skepsis beäugte er die eigenen Truppen, die er so oft seine Verachtung hatte spüren lassen. Mit Entsetzen beobachtete er, wie die Gesinnungsethiker der Grundwertekommission – ohne jedes Verständnis für Regierungshandeln – sozialdemokratische Werte auf ihre Art durchbuchstabierten. Daneben schlich sich ein gewisser Fatalismus ein. Das Wirtschaftswachstum ließ spürbar nach, die Zahl der Arbeitslosen stieg. Die Parteigremien diskutierten vor dem Nürnberger Parteitag, ob im Leitantrag »Sicherheit im Wandel« vom »Ziel, die Zahl der Arbeitslosen zu senken« oder dem »Ziel, die Arbeitslosigkeit weiterhin stark abzubauen« die Rede sein sollte. Beides wirkte geradezu wie ein süßer Traum. Die Partei dümpelte vor sich hin und ließ sich die »ruhige Hand« gefallen. Die Ortsvereinskassierer und Bundesparteitagsdelegierten waren froh, dass weder der Kanzler noch sein sparsamer Finanzminister mit neuen Plänen die eigene Basis verunsicherten. Es blieb wenigen vorbehalten, aufzumucken und doch nicht gehört zu werden. Finanzminister Eichel und Gesundheitsministerin Schmidt sprachen sich für eine Gesundheitsreform aus. Eine solche »hätte ich im Jahre 2001 gern noch verabschiedet«, sagt Eichel heute. Schröder habe jedoch auf die fehlende Mehrheit im Bundesrat verwiesen und entschieden, »dieses Thema liegen zu lassen. Mich hat das zunächst heftig geärgert, denn die Gesundheitsreform war objektiv nötig. Ulla Schmidt sah das auch so. Aber Schröder hatte recht. Wir hätten die Gesundheitsreform wegen des Widerstandes der unionsgeführten Länder nicht mehr vor der Bundestagswahl 2002 ins Gesetzblatt bekommen.«[9]

Der Wirtschaftspolitiker Christian Lange verlangte einen Ausbau des Niedriglohnsektors. »Es ist höchste Zeit, dass die sozialdemokratische Politik einen Strukturwandel einleitet, der den Arbeitsmarkt in neue Bahnen lenkt, ohne seine schwächsten Mitglieder zu benachteiligen. Ein grundlegender Politikwechsel ist nötig.«[10] Daran aber war der SPD nicht gelegen. Generalsekretär Müntefering schwor seine Partei vielmehr bereits über ein Jahr vor der Bundestagswahl auf den Wahlkampf ein. Er verwies zwar auf die demografische Entwicklung und darauf, wie notwendig »Nachhaltigkeit« sei – um dann doch nur die bekannten Erfolge der Regierung herunterzuleiern. Umso aggressiver bedachte er die Opposition: »Merkels Wir-Gesellschaft zeigt sich bisher jedenfalls überwiegend als Wirr-Gesellschaft. Die Union ist eben eine Union und keine Partei«, schrieb Müntefering an die Funktionäre der SPD. Schon vor der Bundestagswahl 2002 laufe in der Union »die Operation 06: 1. Stoiber verzichtet dankend. 2. Merkel muss es machen und verlieren. 3. Dann kommt Koch.«[11]

»Uneingeschränkte Solidarität«

Noch vor Beginn seiner Kanzlerschaft musste sich Schröder immer wieder vorhalten lassen, von Außenpolitik wenig zu verstehen. Dies aber ist das Privileg deutscher Ministerpräsidenten. Trotz des ausufernden Föderalismus bleiben dem Bund außenpolitische Aktivitäten in Kiel, Magdeburg oder Stuttgart erspart, auch wenn die Länder zuweilen recht pompöse »Botschaften« in Brüssel betreiben. Schröder hingegen war als niedersächsischer Ministerpräsident mit einer veritablen Europaskepsis aufgefallen. Immer wieder hatte er, ebenso wie sein bayerischer Amtskollege Edmund Stoiber (CSU), gegen den Euro polemisiert. Europa, so schien es, betrachtete auch noch der neu im Amt befindliche Kanzler eher skeptisch denn euphorisch. Darin unterschied er sich fundamental von seinem Vorgänger Kohl, der einst als junger Mann Grenzzäune zwischen Deutschland und Frankreich niedergerissen hatte. Zu Beginn seiner Kanzlerschaft erklärte Schröder ausgerechnet bei einem SPD-Europa-Parteitag in Saarbrücken im Beisein des frankophilen Lafontaine, Brüssel dürfe nicht weiter »das Geld Deutschlands verbraten«. Diese Worte zur Rolle Deutschlands als Nettozahler bezeichnet Schröder in seinen Memoiren als eine Bemerkung »aus der Mottenkiste der antieuropäischen Politik, die ich heute bedauere«.[12] Prononciert selbstbewusst gerierte sich Deutschland auch unter der finnischen EU-Präsidentschaft in der zweiten Hälfte des Jahres 1999. Da es während eines Gipfels auf der Arbeitsebene an Übersetzungen ins Deutsche mangelte, boykottierte Deutschland sogleich eine Reihe von Ratsarbeitsgruppen. Dies offenbarte eine verstärkt interessenorientierte Europapolitik.[13]

Auf der anderen Seite scheute Schröder weder multilaterale Bindungen noch internationale Verantwortung – und riskierte dafür später sogar sein Amt. Im Juni 2001 wandte sich der mazedonische Präsident an die NATO und bat um Hilfe bei der Entwaffnung der albanisch-mazedonischen UÇK. Die mazedonischen Sicherheitskräfte hatten diese bis dato nicht unter Kontrolle bringen können. Nun sollte die NATO die Waffen der UÇK-Truppen einsammeln. Schröder und Fischer zögerten nicht und plädierten für einen solchen Einsatz unter deutscher Beteiligung. Der Bundestag stimmte am 29. August 2001 zwar mit großer Mehrheit dafür, 500 Bundeswehrsoldaten zur Waffensammelaktion »Essential Harvest« zu entsenden. Die rot-grüne Koalition aber verfehlte klar die eigene Mehrheit. 497 Abgeordnete stimmten mit Ja, 130 mit Nein, es gab acht Enthaltungen. Gleich 19 Parlamentarier der SPD und fünf Grüne verweigerten ihre Zustimmung.[14] Mit Nein stimmten unter anderen die SPD-Abgeordneten Klaus Barthel, René Röspel, Sigrid Skarpelis-Sperk und Waltraud Wolff. Diese sollten sich in den folgenden Jahren immer wieder gegen den eigenen Kanzler stellen. Schröder fühlte sich düpiert. Intern klagte er über das schwache Erscheinungsbild der Koalition. »Alle müssten sich fragen, wo dieses Verhalten enden solle und könne. ... Mit einem solchen Abstimmungsverhalten lege man die Axt an die Regierungsfähigkeit dieser Koalition, und er betrachte dies als einen enorm ernsten Vorgang. Sollte dies so fortgesetzt werden, könne man keine solide Regierungsarbeit machen, und dies sei in den Wirkungen natürlich nicht zu unterschätzen.«[15] (in indirekter Rede, da aus Sitzungsprotokoll zitiert). Schröder wollte sich bei einer derart essenziellen außenpolitischen Entscheidung nicht noch einmal vorführen lassen.

Mit den Terroranschlägen vom 11. September 2001 begann ein neues außenpolitisches Kapitel. Die SPD ließ zunächst keinen Zweifel an ihrer Bündnistreue zu den Vereinigten Staaten von Amerika. Schröder verwandte das Wort von der »uneingeschränkten Solidarität«, das der Stimmung im Lande entsprach und über das Helmut Schmidt später sagte: »Da gab es das Wort von der uneingeschränkten Solidarität – Solidarität wäre ausreichend gewesen.«[16] Am 19. September 2001 beschloss der Bundestag in einem Entschließungsantrag, den USA beizustehen. Alle Fraktionen außer der PDS stimmten dem zu. Der Beschluss sicherte neben politischer und wirtschaftlicher Unterstützung »die Bereitstellung geeigneter militärischer Fähigkeiten zur Bekämpfung des internationalen Terrorismus« zu. Die USA wandten sich an die Vereinten Nationen, deren Sicherheitsrat sodann in seiner Resolution 1368 die Anschläge als »Bedrohung des Weltfriedens und der internationalen Sicherheit« definierte. Weiter ersuchte Washington die NATO um die Ausrufung des Bündnisfalls, wozu sich die Allianz erstmals in ihrer Geschichte am 4. Oktober 2001 entschied. Drei Tage später begannen die USA in Afghanistan ihre Operation »Enduring Freedom« (OEF). Bereits am 14. September 2001 war es zu einer Solidaritätskundgebung mit den USA am Brandenburger Tor gekommen. Daran nahmen 200000 Menschen teil, unter ihnen der US-Botschafter in Deutschland. Bundespräsident Rau äußerte sich hier skeptisch zu einem militärischen Vorgehen der USA. Schröder berichtet davon, »dass es im Anschluss an die Kundgebung zu einer Kontroverse zwischen Johannes Rau und mir kam«. In einem Fernsehinterview wies Schröder darauf hin, die Richtlinien der Politik würden vom Bundeskanzler und nicht vom Bundespräsidenten bestimmt.[17]

Schröder ließ keinen Zweifel an seiner Absicht, Deutschland müsse sich an der OEF-Mission in Afghanistan beteiligen. Die Koalition beantragte, 3900 deutsche Soldaten nach Afghanistan zu entsenden. Schröder aber war daran gelegen, diesen wichtigen Beschluss in dieser heiklen Phase mit eigener Kraft zu treffen. Um die Koalitionsfraktionen zu disziplinieren und die Kanzlermehrheit zu erreichen, verband Schröder die Sachentscheidung OEF-Einsatz mit der Vertrauensfrage. Sollte ihm dieses Vertrauen nun versagt werden, wollte er das Risiko von Neuwahlen eingehen. Schröder konnte einer solchen Neuwahl – vermutlich dann im Februar 2002 – gelassen entgegensehen. Nach den Terroranschlägen in den USA dominierte die Außenpolitik, von derartigen Krisen profitieren seit jeher die regierenden Parteien. Abgesehen davon besaß die Union noch keinen Kanzlerkandidaten. Schröder also sah sich in einer Lage, in der er nur gewinnen konnte. Doch er wusste ebenso: Sofern die Koalition einmal zuließe, in zentralen Fragen ohne eigene Mehrheit zu agieren, wäre diese Schleuse für immer geöffnet. Dennoch meldeten sich in den eigenen Reihen Kritiker zu Wort, die einen zu schnellen Griff zu militärischer Intervention ablehnten und die rechtliche Legitimation des Einsatzes bezweifelten. Um den Druck auf die Abgeordneten zu erhöhen, warnte Müntefering die »Abweichler«, sie müssten damit rechnen, Listenplätze für die nächste Bundestagswahl entzogen zu bekommen – eine unter demokratischen Gesichtspunkten fragwürdige und kaum ernst gemeinte Drohung. In namentlicher Abstimmung sprach die Koalition mit 336 Ja-Stimmen bei 326 Nein-Stimmen der Opposition Schröder das Vertrauen aus. Doch die Mehrheit des Kanzlers war äußerst knapp: Schröder erhielt nur zwei Stimmen mehr als die benötigte Anzahl. Rund 20 misstrauische SPD-Abgeordnete aber hatten aufgrund der Vertrauensfrage eingelenkt. Die Sozialdemokratin Christa Lörcher hingegen stimmte mit Nein und verließ ihre Fraktion.[18] Ende Dezember 2001 stimmte der Bundestag der Teilnahme von 1200 Soldaten der Bundeswehr an der Internationalen Sicherheitsunterstützungstruppe (ISAF) in Afghanistan zu.

Der Nürnberger SPD-Parteitag erteilte Schröder die Zustimmung für dessen Politik – nachdem der Kanzler in einer internen Sitzung mit Rücktritt gedroht hatte. Hier habe sich der Widerstand der Linken als »weitaus geringer« als erwartet erwiesen, schrieb Christoph Schwennicke. »Der Widerstand der Linken war stilisiert, kalkuliert und dosiert. Zum Teil war er mehr getragen von den bevorstehenden Vorstandswahlen, für die man eine Bewerbungsrede hielt, als von glaubhaften pazifistischen Überzeugungen.«[19] Schröder spricht gleichwohl bis heute von »organisierter Verantwortungslosigkeit« der »Abweichler«. Er habe in dieser Phase Neuwahlen erwogen. Vor dem Hintergrund der weltpolitischen Probleme und der weltwirtschaftlichen Schwierigkeiten sei ihm »eine solche Perspektive verantwortbar« erschienen. Die damalige Schwäche der Grünen aber hätte bei einer solchen Neuwahl wohl zu einer großen Koalition geführt, spekuliert Schröder. »Ich konnte und wollte einem äußerst loyalen Joschka Fischer einen solchen Schritt nicht zumuten«[20] – als wenn einer der beiden für den anderen jemals etwas riskiert hätte.

Der lustlose Kanzler

Zu Beginn des Jahres 2002 zeigte sich die rot-grüne Regierung in einer schlechten Verfassung. Etliche Minister hatten Schröders Kabinett aus den unterschiedlichsten Gründen verlassen. Neben Lafontaine, Müntefering und Hombach – drei Säulen des Wahlkampfes 1998 – war der nur ein Jahr regierende Verkehrsminister Klimmt in Folge einer Affäre um den Fußballclub Saarbrücken zurückgetreten. Ihn beerbte der unglücklich agierende Kurt Bodewig. Infolge der BSE-Krise hatten Landwirtschaftsminister Karl Heinz Funke (SPD), ein treuer Knappe Schröders aus niedersächsischen Zeiten, und Gesundheitsministerin Andrea Fischer (Grüne) Anfang 2001 ihre Sessel räumen müssen. Mit Funke ging der letzte Minister, der die traditionelle Landwirtschaftspolitik verkörpert hatte. Seine Nachfolgerin Renate Künast, eine grüne Großstädterin, symbolisierte einen Paradigmenwechsel, zumal ihr Ministerium fortan als »für Verbraucherschutz, Ernährung und Landwirtschaft« firmierte. Künast sollte dem Kabinett bis zum Ende der Regierung Schröder angehören. Über diese Zäsur hinaus ist gar Gesundheitsministerin Ulla Schmidt im Amt, die auf Andrea Fischer gefolgt war. Schmidt erwarb sich nach allerlei Missgriffen in ihrem schwierigen, von vielen Lobbygruppen umzingelten Ressort nach einiger Zeit parteiübergreifend Respekt.

Wie aber wollte die SPD in das Wahljahr 2002 ziehen? Die Projektion »Kohl muss weg« war längst erledigt, die eigene Bilanz war bescheiden, und mit Erfolgen in der Arbeitsmarktpolitik ließ sich nicht punkten. Verdiente die SPD also, wiedergewählt zu werden? Mäße man diese Frage an Schröders großspurigen Ansagen des Jahres 1998, hätte dies wohl kaum gegolten. Nun war die Weltwirtschaft zweifelsohne infolge des 11. September 2001 eingebrochen; Schröder und seine Partei wurden nicht müde, dies immer wieder als Begründung der schwierigen Lage anzuführen. Dennoch: War Schröders Versprechen, die Zahl der Arbeitslosen werde auf 3,5 Millionen sinken, nicht ein gefundenes Fressen für die Opposition in Wahlkampfzeiten? Union und FDP konnten immerhin darauf verweisen, dass Schröder dies ohne jede Bedingung oder Einschränkung als Zielmarke ausgegeben hatte.

Der Kanzler war erkennbar lustlos. Im SPD-Parteirat kritisierte er im Januar 2002, »dass immer, wenn Vorstellungen entwickelt und umgesetzt würden, gleich die nächsten Forderungen gestellt würden«. Man müsse nun das Erreichte erklären, und es gelte, sich mit den Schwächen der Konkurrenz auseinanderzusetzen. Schröder betonte stolz, doch zugleich mit einem Ansatz von Selbstkritik: »Mit dem, was die Bundesregierung bisher getan habe, sei ein weit höheres Maß keynesianischer Politik umgesetzt worden, als jemals zuvor.«[21] Mit seiner Modernisierungsrhetorik von 1998 aber hatte dies nichts zu tun.

Dem Wahlkampfmanager Müntefering blieb wenig anderes übrig, als gebetsmühlenartig auf die überschaubaren Erfolge zu verweisen, etwa auf die »Verstetigung der Investitionen«. Doch selbst hart gesottene Wahlkämpfer mochten nicht die Ergebnisse des »Job-Aqtiv-Gesetzes« oder des Arbeitsmarktprogramms »JUMP« deklinieren. Müntefering erkor somit die Hoffnung zur Verbündeten der Sozialdemokratie und beschwor beständig, mit der Konjunktur und den Umfragewerten der SPD werde es bald nach oben gehen. Die Zahl der Arbeitslosen und die Beliebtheitskurve der Union hingegen würden sinken, prophezeite er. Neue Maßnahmen oder gar Reformen lehnte Müntefering strikt ab. Es sei sinnlos, bei Ebbe Wasser ins Meer zu pumpen, begründete er sein Nein zu einem von der Parteilinken erwünschten Konjunkturprogramm. »Das permanente Nennen möglicherweise weiterführender Aktionen verwirre die Menschen eher, als dass es der SPD helfe«, sagte Müntefering während einer internen Sitzung. Er rate, »nun zunächst einmal die politische Konkurrenz mit deren Vorschlägen kommen zu lassen und diese dann auf Realisierbarkeit zu prüfen«. Müntefering also spielte Polit-Schach – anstatt zu regieren. Ausgerechnet der frühere Parteivorsitzende Scharping erklärte dem Protokoll jener Sitzung zufolge, alle warteten darauf, »wie die SPD mit erstmals steigenden Arbeitslosenzahlen umgehen werde. ... Seiner Meinung nach müsse der sanktionierende Teil der Arbeitsmarktpolitik stärker herausgestellt werden.«[22] Scharpings Rat verhallte allerdings.

Der Anlass für eine Reform der Arbeitsmarktpolitik aber kam. Im Februar 2002 bescheinigte der Bundesrechnungshof der Bundesanstalt für Arbeit gefälschte und geschönte Vermittlungsstatistiken. Über Jahre hinweg habe sich die BA hauptsächlich selbst verwaltet. Die Vermittlung von Arbeitslosen sei völlig vernachlässigt worden, hieß es in dem Bericht. »Dies war für uns ein riesiges Desaster«, blickt Walter Riester zurück. »Je mehr wir erfuhren, desto schlimmer wurde es. Wir befanden uns mitten in einem hurricane und mussten schnell handeln.«[23] Für das Kanzleramt kam der Bericht dennoch zur rechten Zeit. Die Regierungszentrale trug ein gehöriges Stück dazu bei, den Vermittlungsskandal aufzubauschen. Dabei handelte es sich längst nicht um den ersten Hinweis auf eine geringe Effizienz der Nürnberger Großbehörde. Schröder war deren Mangelverwaltung schon länger ein Dorn im Auge. Das Bündnis für Arbeit, das an der Sturheit von Gewerkschaften und Arbeitgebern gescheitert war, bot dazu einen perfekten zweiten Anlass für Schröder, sich eines großen Themas anzunehmen. Die Vorstellung einer dauernden Reformpolitik im Konsens hatte sich als Illusion erwiesen. Das Bündnis für Arbeit war nicht mehr als ein abschreckendes Beispiel nicht funktionierender Politik. Schröder drängte fortan darauf, die Vermittlung von Arbeitslosen und damit die BA zu reformieren. Wenig später tauschte die Bundesregierung den BA-Vorsitzenden Bernhard Jagoda, ein Überbleibsel der Regierung Kohl, durch den Sozialdemokraten Florian Gerster aus, der zuvor Sozialminister in Rheinland-Pfalz gewesen war. Doch auch dessen Berufung galt schnell als politischer Fehler.

Der Zauberer Hartz

Daneben öffnete Schröder den Vorhang für eine kaum endende Zaubervorstellung – mit der Überschrift »Hartz«. Schröder nutzte die desolate Lage der BA und die hohe Zahl der Arbeitslosen, um abseits der eigenen Partei abermals eine Kommission einzusetzen. Er sah darin eine Möglichkeit, der geringen Bereitschaft zu Reformen im Parlament wie im Volk zu begegnen. Nachdem sich die eigene Partei schon an der Rentenreform wund gerieben hatte, delegierte Schröder das Thema der Arbeitsmarktreform. Bei alldem erkannte der Kanzler in der Reform der Arbeitsverwaltung ein taugliches wie notwendiges Thema für den Wahlkampf. Der Kanzler wollte und musste Handlungsfähigkeit demonstrieren. Er benötigte eine plausible Antwort auf den Vermittlungsskandal, und dazu musste er zunächst die Meinungsführerschaft für dieses Thema erringen.

So richtete er unter Leitung des VW-Personalvorstands Peter Hartz die Kommission »Moderne Dienstleistungen am Arbeitsmarkt« ein. Darin sollten 15 Männer und Frauen Methoden entwickeln, um eine schnellere Vermittlung der arbeitslos Gemeldeten zu ermöglichen. Hartz galt damals als Magier. Er sollte die Republik von der Arbeitslosigkeit befreien und der SPD – selbstredend nebenher – mit den Erzeugnissen seiner Hexenküche einen erneuten Wahlsieg bescheren. Hartz, wie Schröder aus kleinen Verhältnisen stammend (und wie Lafontaine ein Saarländer), hatte mit der Vier-Tage-Woche und dem Modell »5 000 mal 5 000« innovative und radikale Reformen im Staatsbetrieb VW durchgesetzt. Der »Autokanzler« Schröder setzte darauf, dass die Patentrezepte, die bei Volkswagen gewirkt hatten, auch im Volk funktionieren. Die ursprüngliche Aufgabe der Hartz-Kommission war es dabei, keine Ideen für neue Jobs zu schaffen, sondern allein die Vermittlung zu optimieren. Dazu sollte die BA von einer Behörde zu einer privatwirtschaftlich orientierten Dienstleistungsinstitution umgewandelt werden.

Mehr mit glücklicher denn ruhiger Hand suchten Schröder, Riester und Hartz die Mitglieder der Kommission aus. Sie wandten sich nicht an die Organisationen von Arbeitgebern oder Gewerkschaften etwa, sondern direkt an Personen. Dabei entschieden sie sich nicht für die üblichen Verdächtigen, sondern für ideologisch nicht festgelegte Pragmatiker, so etwa die ver.di-Vertreterin Isolde Kunkel-Weber oder den Generalsekretär des Zentralverbandes des deutschen Handwerks, Hanns-Eberhard Schleyer, ein Mitglied der CDU. Quälgeister wie Reinhard Göhner, der Geschäftsführer des Bundesverbandes der deutschen Arbeitnehmer (BDA), oder die stellvertretende DGB-Vorsitzende Ursula Engelen-Kefer, die immerhin dem SPD-Vorstand angehörte, blieben außen vor. Gleiches galt für Florian Gerster, der als neuer Chef der BA der Kommission nur allzu gern angehört hätte. Hartz setzte einen Vertreter von McKinsey durch. Der Unternehmensberater Roland Berger kämpfte um eine Mitarbeit, durfte dann aber nur einen Mitarbeiter entsenden.[24] Das Bundesarbeitsministerium und der VW-Konzern arbeiteten der Kommission zu. Kurzum: Anstatt eine Parteikommission einzuberufen oder den Proporz zu pflegen, versammelten Schröder und Riester pragmatische Fachleute. Schröder wünschte sich am Ende einen Bericht, den die gesamte Kommission tragen sollte. Er wollte um jeden Preis einen Abschluss mit vielen Minderheitsvoten verhindern.

Hartz und seine Truppe hatten bei ihren sommerlichen Beratungen und bei dem späteren Bericht vollkommen freie Hand. Schröder vertraute dem Auto-Manager. Bald stellte sich heraus, dass die Kommission weit über die eigentliche Aufgabe hinaus schoss. Die Treffen der Kommission verliefen effizient und in einer guten Stimmung. Hartz gelang es stets, die Truppe zusammen zu halten. Manchem Vertreter der Bundesregierung standen bei den Sitzungen dennoch die Haare zu Berge. Die Fachabteilung des Bundesarbeitsministeriums verstand ob dieser Herangehensweise die Welt nicht mehr, der zuständige Minister Riester war längst nicht immer glücklich. Wirtschaft und Politik sind eben zwei Welten, und Peter Hartz machte wenige Anstalten, sich der politischen Welt anzupassen. Die Zutaten seines Zaubertranks wirkten wie von McKinsey entwickelt und hießen »Ich-AG«, »Bridge-System«, »Jobfloater« und »Quick-Vermittlung«. Die deutsche Politik, zumal die Sozialdemokratie, sollte sich über Jahre hinweg nicht scheuen, diese Begriffe immer wieder zu verwenden. Und zwar zumeist ohne Ironie. Riester hielt Hartz' PR-Begriffe für »nicht vermittelbar«. Er erinnert sich: »Ich fürchtete gar, sie könnten uns den Wahlsieg kosten. Schröder aber war davon angetan. Trotz einiger Vorbehalte aber blieben mein Haus und ich auf Linie. Wir konnten da keinen

Konflikt Bundesarbeitsminister gegen Kanzler aufbauen.«[25] Auch Müntefering ärgerte sich über die Sprache. Hartz' Selbstdarstellung ging ihm noch viel mehr auf die Nerven. In einem Punkt aber zeigte sich die Kommission allemal erfolgreich: Auf ihren Bericht einigte sie sich einstimmig. Dies war vor dem Hintergrund der dramatischen Lage alles andere als selbstverständlich.

Die Kommission hatte ihren Auftrag immer ausgreifender definiert. Längst ging es nicht nur um die Vermittlung von Arbeitslosen. In ihrem Bericht schlug die Kommission 13 »Module« vor, mit deren Hilfe die Arbeitslosigkeit massiv gesenkt werden sollte. Die Hartz-Kommission plädierte für eine Umwandlung des Arbeitsamtes zum Job-Center, das für alle erwerbsfähigen Arbeitslosen zuständig sein sollte. Eine frühzeitige Meldepflicht zum Zeitpunkt der Kündigung wurde verlangt, eine Reduzierung der Betreuungsquote und die Beweislastumkehr bei Ablehnung einer zumutbaren Arbeit. Das Arbeitslosengeld I (ALG I) sollte durch die BA finanziert werden, das ALG II durch den Steuerzahler. Das Beamtentum in der BA sei abzuschaffen, forderte die Kommission. »Profis der Nation« sollten dem »Modul 13« zufolge »dazu beitragen, dass Beschäftigung entsteht«.

Mit Pomp und Pathos präsentierten Hartz und seine Kommission ihre Ergebnisse – ausgerechnet in Berlins Französischem Dom. In der einstigen Heimstätte der Hugenotten posierte nun Peter Hartz und erläuterte den Mix seines Zaubertranks, der schon bald die Zahl der Arbeitslosen – man hörte und staunte – reduzieren sollte. Hartz sprach von »Modulen« und hatte die Ergebnisse seiner Kommission ganz innovativ auf eine CD-Rom brennen lassen. Diese überreichte er nun dem überglücklichen Kanzler. Hartz prognostizierte eine enorme Wirkung seiner Reform, die die Überschrift »Moderne Dienstleistungen am Arbeitsmarkt« trug: »Beginnend ab heute 11 Uhr wird die Zahl der Arbeitslosen in drei Jahren um zwei Millionen Arbeitslose reduziert sein«, kündigte er am 17. August 2002 an – »vorsichtig kalkuliert«. Hartz nannte die von der Kommission ins Auge gefassten Methoden den »Königsweg zur Halbierung der Arbeitslosigkeit«. Manch einen mochte das an Helmut Kohl und dessen haltlose Versprechungen in den neunziger Jahren erinnert haben. Thierse beansprucht dabei für sich, intern Hartz' Erwartungen angezweifelt zu haben. Mit diesem »Überschuss an Verheißungen« habe der Widerstand überwunden werden sollen. »Ich hielt diesen Gestus der Versprechen für problematisch und habe gewarnt: Macht nicht wieder solche Versprechen!«[26] Peter Hartz aber war in dieser Phase, im Sommer 2002, gar als Superminister für Wirtschaft und Arbeit im Gespräch. Es blieb allein fraglich, warum Hartz nicht auch als nächster Kanzler, Bundespräsident oder UN-Generalsekretär gehandelt wurde. Heute steht Hartz nur noch für Hohn und Spott, längst nicht nur wegen seiner Rolle in der VW-Affäre. Auch seine Rhetorik und seine PR-Begriffe wirken wie aus einer fernen Welt.

Schröder versprach immer wieder, die Ergebnisse der Hartz-Kommission würden »eins zu eins« umgesetzt. Damit offenbarte er ein merkwürdiges Politik- und Parlamentsverständnis, kam dies doch einer Selbstentmündigung der demokratischen Institutionen und seiner Partei gleich. Als sich wenig später sehr wohl Abweichungen herauskristallisierten, war Hartz ebenso entsetzt wie enttäuscht. Er konnte nicht verstehen, warum es dazu kam. Als Mann der Wirtschaft, der stets eine 100-prozentige Zielerreichung im Blick hatte, besaß Hartz kein Verständnis für das Wesen von Politik, das sich wenigstens in der Demokratie in einem Wort zusammenfassen lässt: Kompromiss. Für Hartz aber haftete diesem Wort der Ruch des Makels und des Schlechten an. Dabei spiegelt es doch nur die reale politische Wirklichkeit. Der Manager aber kam mit der politischen Praxis nicht zurecht; bei Kritik an seinem Wirken wurde Hartz nervös, mit öffentlichen Vorwürfen mochte er nicht umgehen. Kurzum: Hartz war und blieb ganz Manager.

Deutschland befand sich damals in der heißen Phase des Wahlkampfes. Ein höherer Druck auf Arbeitslose oder das Vorhaben, Arbeitslosengeld und -hilfe zeitlich zu befristen, hätte den sozialdemokratischen Wahlkampf gestört. BA-Chef Gerster bedauerte, dass der Bezug des Arbeitslosengeldes nach den Vorschlägen der Kommission nicht auf zwölf Monate begrenzt werden sollte. Gerster kritisierte, die Kommission habe der Mut verlassen, »weil die Gewerkschaften und die großen Volksparteien dazu nicht bereit waren«.[27] Der Unions-Kanzlerkandidat Stoiber suchte die Abgrenzung zur Hartz-Kommission, weil sie von Schröder einberufen worden war. Doch waren deren Ergebnisse nicht voll kompatibel mit den programmatischen Vorstellungen der Union? Stoiber mochte das, anders als Kurt Biedenkopf etwa, nicht zugeben.

Schröder, Müntefering und die gesamte SPD setzten parallel

ihre Kampagne Zweckoptimismus fort. In einem Brief an die Funktionäre seiner Partei schwärmte der Kanzler von einem ausgeglichenen Bundeshaushalt im Jahre 2006 und einer positiven Arbeitsmarktbilanz. Nun gelte es, »nachdrücklich über Erfolge« zu reden, appellierte Schröder in seinem Schreiben, das er schloss mit den Worten: »Wir in Deutschland sind auf einem guten und sicheren Weg in die Zukunft.«[28] Auf einem Wahlplakat der SPD hieß es voller Vorahnung: »Der Aufschwung kommt. Alles zeigt nach oben.« Woche für Woche kündigte Müntefering an, mit der deutschen Konjunktur gehe es bergauf – und zwar bald, künftig oder zeitnah. Spätestens aber im nächsten Quartal. Nach der für die SPD haushoch verlorenen Landtagswahl in Sachsen-Anhalt[29] versuchte Schröder, die Auseinandersetzungen des Wahlkampfes zwischen den Konzepten von Union und SPD, zwischen ihm und Stoiber zuzuspitzen. In der heißen Phase gehe es um die Frage: »Wollt ihr weiter den Bundeskanzler Gerhard Schröder oder den Stoiber?«[30] Jene Formel »Der oder ich« erwies sich nach der Demütigung von Magdeburg zumindest innerhalb der Partei als hilfreiche Kernbotschaft.

Müntefering sprach sich derweil intern für einen »Lagerwahlkampf« aus. Öffentlich verlangte er mehr »Zuspitzung«. Die Konzepte der Regierung wie von Union und FDP unterschieden sich, und dies gelte es herauszustellen. So bezeichnete Müntefering die Formel der Union von »dreimal 40« (für Staatsquote, Spitzensteuersatz und Sozialversicherungsbeiträge) als »Katastrophe für den Sozialstaat«. Doch hatte nicht die SPD selbst den Spitzensteuersatz auf 42 Prozent gesenkt? War es nicht ihre Absicht, die Sozialversicherungsbeiträge, mithilfe der Ökosteuer, auf 40 Prozent zu begrenzen? Eine Koalition mit der FDP, die für »dreimal 35« warb, schlossen Müntefering und Schröder sogar aus.

Mit der sich nähernden Wahl verschwand bei Schröder jegliche Modernisierungsrhetorik. Die schlechten Erfahrungen, die er mit dem Schröder-Blair-Papier gemacht hatte, ließen ihn jeden Reformansatz vermeiden. Die Lage von Wirtschaft, Haushalt und Sozialsystemen hätte einen Modernisierungswahlkampf erfordert, diesen aber wagte Schröder nicht. Er setzte vielmehr auf Nostalgie. Nun waren Marktskepsis und Genossensprech gefragt. »Globale Gerechtigkeit ist zu einer Überlebensfrage geworden – da hilft kein neoliberales Vertrauen auf ›die Märkte‹«, verkündete Schröder. Er beklagte: »Unkontrollierbare Märkte haben die Globalisierung zu einem Marktplatz der Ängste gemacht. Wer globale Sicherheit will, der braucht eine Agenda für globale Gerechtigkeit.«[31] Derartige Äußerungen hatte man in den Jahren zuvor allenfalls von Heidemarie Wieczorek-Zeul vernommen oder aber von Lafontaine.

Nun schmückte sich Schröder, der seine Lethargie ablegte und beherzt in den Wahlkampf zog, mit dieser Rhetorik. Sollte er etwa schon nach einer Legislaturperiode abgewählt werden? Diese Schmach war nur Ludwig Erhard und Kurt Georg Kiesinger widerfahren, den beiden »unwichtigen« Bundeskanzlern neben den »Großen« Adenauer, Brandt, Schmidt und Kohl. Nein, Schröder war hochmotiviert. Der Kanzler kämpfte schließlich immer dann am besten, wenn er kurz vor dem Abgrund stand. Das Wort Wahlkampf bestehe aus zwei Silben, aus Wahl und Kampf, hämmerte er seinen Parteifreunden ein. Der wirtschaftsskeptische Zungenschlag fiel ihm leicht. Der Zusammenbruch der New Economy, die ja mit der »Neuen Mitte« von 1998 durchaus korrespondiert hatte, war an Schröders privatem Umfeld nicht vorbeigegangen. Auch er kannte Menschen, die schlechte Erfahrungen mit Aktien gemacht hatten, nun entsprechend skeptisch waren – und wieder vertraute sozialstaatliche Töne hören mochten.

Diesen Wunsch sollte ihnen Schröder erfüllen. Gleichwohl beharrte er darauf, es sei zu einer Trendwende auf dem Arbeitsmarkt gekommen. »Die Zahl der Arbeitslosen ist seit 1998 um zehn Prozent gesunken. Und wir erleben jetzt das erste Mal, dass Deutschland nach einer Rezession nicht mit mehr, sondern mit weniger Arbeitslosen in den Aufschwung gestartet ist«, behauptete Schröder in seiner Rede auf dem außerordentlichen SPD-Parteitag am 1. Juni 2002. »Erneuerung und Zusammenhalt« lautete das Motto des Parteitages, und Schröder verkündete: »Die Trendwende ist geschafft. Die Talsohle ist durchschritten. Es geht wieder aufwärts.« Die erforderliche und begonnene Reform der BA werde selbstredend keine größeren Auswirkungen haben, versprach der Kanzler im Stammhotel der SPD, dem Berliner Estrel. Ein »Abbau grundlegender Arbeitnehmerrechte« komme nicht infrage: »Was es nicht geben wird, ist eine Absenkung der Arbeitslosenhilfe auf das Niveau der Sozialhilfe.« Schröder betonte: »Das Füreinander-dasein muss mehr zählen als das Stoßen von Ellenbogen.« Ein »Hire und Fire« sei mit deutschen Sozialdemokraten nicht möglich. Und allen Parteifreunden, die es noch immer nicht wussten, rief er zu: »Nur Reiche können sich einen armen Staat leisten.« In Anspielung auf Lafontaines jüngste Abrechnung mit der SPD – dessen Buch ›Die Wut wächst‹ – beendete Schröder seine Rede mit der hoffnungsvollen Prophezeiung: »Der Mut wächst.« Die über 500 Delegierten erhoben sich, applaudierten und jubelten Schröder zu. Schröder präsentierte etwa zwanzigmal das Victory-Zeichen. Der Parteivorsitzende und seine Partei waren glücklich vereint. Die Basis war zufrieden. DGB-Chef Michael Sommer rief der SPD wie ihrem Vorsitzenden zu: »Eure politischen Perspektiven sind gut, euer Spitzenkandidat ist Klasse … Glück auf, Gerhard!«

Das Wahlprogramm der SPD geriet unverbindlich: Botschaften oder gar Ziele waren diesem Werk nicht zu entnehmen. Der Reformstau sei aufgelöst, hieß es darin bereits im vierten Satz. Ab dem Jahr 2006 werde der Bund keine neuen Schulden mehr aufnehmen, behauptete man. Ziel der Beschäftigungs- und Arbeitsmarktpolitik sei die Vollbeschäftigung, wurde eine alte sozialdemokratische Formel wiederholt. Auf dem Arbeitsmarkt seien »weitere Maßnahmen« erforderlich, so etwa – längst bekannt – die Verzahnung von Arbeitslosen- und Sozialhilfe. Die SPD meinte versprechen zu müssen: »Deswegen wollen wir im Rahmen der Reform der Arbeitslosen- und Sozialhilfe keine Absenkung der zukünftigen Leistungen auf Sozialhilfeniveau.« Wolkig kündigte die SPD an: »Wir reformieren die Sozialhilfe mit dem Ziel, dass arbeitsfähige Sozialhilfeempfänger schneller und sicherer in Arbeit kommen …« Die rot-grüne Regierung habe in ihren ersten vier Jahren »den sozialen Frieden wiederhergestellt«, konstatierte man.[32] Ausdrücklich verwiesen wurde auf die Regelungen zu Kündigungsschutz, Lohnfortzahlung, Schlechtwettergeld und Entsendegesetz, die noch unter Lafontaines Regiment durchgesetzt worden waren. Ansonsten prägte die Herrschaft der Floskel das Programm. All jene Worthülsen waren zuvor »entstanden in einem fast kabarettreifen Feilschen der innerparteilichen Biotope um Ab- und Halbsätze«, erinnert sich Sigmar Gabriel.[33] Mit zwei Jahren Abstand sprach Gabriel treffend von einem »völlig schwammigen« Regierungsprogramm. Dieses habe gestanden »unter der Überschrift von Nina Ruge ›Alles wird gut‹. Danach mussten wir allerdings feststellen: Es wird nicht alles gut.«[34]

Prinzip Hoffnung

Den weich gespülten Unions-Kanzlerkandidaten Edmund Stoiber konnte sich nur die SPD-Wahlkampfzentrale »Kampa 02« als hartgesottenen, stets polarisierenden »Rechten« vorstellen. »Natürlich ist Stoiber rechts! Warum ist er sonst in der CSU?«, parierte Wahlkampfmanager Machnig die Frage, ob es nicht ein Fehler gewesen sei, Stoiber zu dämonisieren. Stoiber stehe für eine Politik, »die in Teilen sogar noch unsozialer ist, als die Politik von Kohl je war«.[35] Doch handelte es sich bei Stoiber nicht im Grunde vielmehr um einen verkappten Sozialdemokraten und bei dessen – von Schröder stets bewunderten – CSU um eine stark sozial profilierte Partei? Immer wieder jedenfalls versuchte Stoiber, die rot-grüne Regierung von links zu kritisieren. Die SPD war nervös, weniger wegen Stoiber als aufgrund von Pannen in den eigenen Reihen. So durchkreuzte Brandenburgs Ministerpräsident Manfred Stolpe Schröders Strategie, indem er für eine große Koalition nach der Bundestagswahl plädierte. Die Programme von SPD und Union lägen doch nahe beieinander. Schröder tobte intern, nannte den Vorstoß Stolpes öffentlich »schädlich« und appellierte an seine Parteifreunde: »Lasst euch nicht aufs Glatteis führen!«

Schröder übte sich während des Wahlkampfs in Selbstlob und Optimismus. »Der Reformstau ist aufgelöst worden. Wir gehen jetzt daran, die Arbeitsmarktreform voranzubringen«, verkündete er. Daneben zeigte sich Schröder – aus gutem Grunde – zurückhaltend gegenüber den allzu nassforschen Prognosen von Peter Hartz. So antwortete Schröder auf die Frage, ob er eine Halbierung der Arbeitslosenzahl verspreche: »Ich bin vorsichtig – auch angesichts weltwirtschaftlicher Entwicklungen, die nicht kontrollierbar und nicht voraussehbar sind –, mich auf Zahlen festzulegen.«[36] Im Juli 2002 gestand der Kanzler ein, die Nachrichten vom Arbeitsmarkt seien alles andere als erfreulich. Nach außen hin gab er sich weiter zweckoptimistisch: »Allerdings dürfen wir die deutlichen positiven Anzeichen nicht kleinreden, denn die wichtigsten Wirtschaftsdaten verbessern sich. ... Wir werden ein Wachstum von 1,75 Prozent haben.« Auf den Hinweis, dass die Reformen den Grünen nicht mutig genug waren, erklärte er mit einem aggressiven Unterton: »Ja, so etwas kann man gelegentlich von den Grünen hören. Das sind Profilierungsbemühungen. So etwas gibt es. Ich finde solches

Gerede dennoch unbegründet und zum Teil sogar unverantwortlich.«

Schröder sprach davon, seine Regierung habe »die Reformphase 1« hinter sich, »jetzt kommt die Reformphase 2«. Es gebe noch einige Punkte, die gelöst werden müssten, etwa in der Gesundheits- oder Europapolitik.[37] Von grundlegenden Sozialreformen wusste er nichts zu berichten. Auf die Frage des »Spiegel« kurz vor der Wahl, was die drei wichtigsten Projekte einer möglichen zweiten Amtszeit wären, antwortete Schröder abermals mit Verweis auf längst vertraute Projekte: »Wir werden in der nächsten Legislaturperiode drei große Reformbereiche angehen müssen. Auf dem Arbeitsmarkt wird umgesetzt, was die Hartz-Kommission vorschlägt.« Daneben plane man »massive Investitionen in die Kinderbetreuung« und nichts weniger als »eine Effizienzrevolution im Gesundheitssystem«.[38]

Abermals hatte Wahlkampfleiter Machnig mit seinem Team Räume außerhalb der SPD-Zentrale bezogen. Sie residierten nun für eine hohe Miete im Berliner Bezirk Mitte an der Oranienburger Straße, gegenüber der dortigen Synagoge, nur wenige Meter entfernt von der Wohnung Joschka Fischers. Machnig plante den Wahlkampf als »Remake« von 1998. Er setzte allein auf eine Polarisierung Schröder gegen Stoiber. Doch der Aufguss der legendären »Kampa« funktionierte unter den Bedingungen des Regierens nicht mehr. Dabei ließ sich dieser Wahlkampf weitaus besser planen als der vorherige, stand doch der Kanzlerkandidat fest. Es ging um den Titelverteidiger. Auch die Organisation erwies sich als besser. Machnigs Konzept aber zündete nicht mehr. Hinzu kamen inhaltliche und persönliche Differenzen mit Müntefering.

So hatte Machnig die Bedeutung des 11. September 2001 völlig unterschätzt. Am Nachmittag dieses Tages beriet das Wahlkampfteam. Plötzlich flimmerten die Bilder des einstürzenden World Trade Centers über die Fernseher. Die Teilnehmer der Runde waren schockiert. Sie waren mit ihren Gedanken kaum mehr bei Wahlwerbespots und Großflächenplakaten. Doch ihrer selbstverständlichen Erwartung, die Sitzung werde nun unterbrochen, mochte Machnig nicht folgen. Er wollte weiter den Wahlkampf planen und ließ damit jedes politische Gefühl vermissen. Es ist merkwürdig, wie blind wichtige Vertreter der so geschichtsbeladenen SPD in politisch einschneidenden Situationen sein können. Bei dem letzten großen Datum der Geschichte, während des Falls der Berliner

Mauer, war es zu einer ähnlichen Situation gekommen. An jenem 9. November 1989 tagte die Antragskommission für den Parteitag der SPD unter der Leitung von Anke Fuchs. Als die Nachricht am Abend die Runde erreichte, dachte Fuchs ebenso wenig daran, die Sitzung zu beenden. Man ließ sich vom Mauerfall nicht »irritieren« und plante stattdessen weiter den Parteitag.[39]

Die Terroranschläge aber führten einen Umschwung von Themen und Stimmungslage im Volk herbei. Bis Ende 2001 stand die SPD in Umfragen recht gut da. Nun rückten die Themen Wirtschaftslage und Arbeitslosigkeit nach vorn. Nach dem Frühstück von Wolfratshausen und der dortigen Nominierung Stoibers zum Kanzlerkandidaten der Union lag diese in den Umfragen beständig vor der SPD. Machnig wandte sich dagegen, den absehbaren Irakkrieg zum Wahlkampfthema zu machen, und isolierte sich so vollends. Es kam zu einem Konflikt mit Steinmeier. Müntefering entmachtete Machnig daraufhin und entriss ihm die Zuständigkeit für den Wahlkampf. Müntefering und Machnig kannten sich lange. Müntefering hatte über Machnigs erratischen Größenwahn lange hinweggesehen. Längst hieß es von Machnig, dieser versammle Berater bei sich, um diese zu beraten. Dennoch schätzte Müntefering die harte Arbeit und die guten Ideen seines Wahlkampfleiters. Dessen allzu selbstständiges Agieren und seine Selbstinszenierung aber missfielen Müntefering. Er hatte den Eindruck gewonnen, Machnig arbeite an ihm vorbei. Die strikte Loyalität im Hause Müntefering machte den Bruch unausweichlich. Machnigs Ermahnungen an Clement, dem er mangelnde Mobilisierungsfähigkeiten vorwarf, beschleunigten dessen Entmachtung. Kurz vor der Wahl begann Machnig plötzlich einen Mallorca-Urlaub, kehrte dann aber ebenso spontan zurück. Vom »Spiegel« zu seiner Degradierung befragt, teilte Machnig ungewöhnlich wortkarg mit: »Der Generalsekretär greift jetzt stärker ins operative Geschäft ein.«[40] Nun behauptete Machnig, er habe »im Juni 2002 eine für mich wichtige Entscheidung getroffen, dass ich aufhören will. Das ist mit Franz Müntefering und auch vor der Wahl mit Gerhard Schröder besprochen worden.«[41] Bedeutende Impulse aber gingen von der »Kampa« nicht mehr aus.

In dieser Phase, während des Sommers 2002, galt die Bundestagswahl in der SPD längst als verloren. Als weder Wirtschaft noch Wahlkampf in Schwung kamen, entschieden Schröder und Müntefering Ende Juli, die heiße Phase des Wahlkampfes vorzuziehen. Schröder selbst nahm den Wahlkampf in die Hand, flankiert von Steinmeier, Müntefering und dessen engstem Mitarbeiter Wasserhövel. Sowohl der Umgang mit dem Hartz-Konzept als auch die Planung des Wahlkampfauftakts in Hannover waren fortan Chefsache. Die Themen und die Logistik des Wahlkampfes wurden umgekrempelt. Wahlspots wurden neu gedreht, ein Wahlkampfteam Ost gebildet.

Müntefering appellierte an seine Mitstreiter, »den Helm fester zu schnallen«. In seiner geliebten Sprache der Fußballmetaphern kündigte Müntefering an: »Jetzt geht es darum, aus der Tiefe des Raumes über die linke Seite anzugreifen, in die Mitte zu flanken und das Ding reinzuköpfen.« Es müsse nun heißen: »Stürmen, stürmen, stürmen und nicht die erste Halbzeit analysieren.« Über Stoiber sagte Müntefering: »Wir brauchen kein Weichei als Kanzler.« Bei seinen legendären Wahlkampfauftritten rief Müntefering auf dem Marktplatz jeder größeren Stadt mit seinen kurzen Sätzen ins Publikum, Stoiber stehe »für mehr Atommüll«, »für Frauen an den Herd«, Stoiber sei »rechts« und Stoiber sei »falsch«. Müntefering behauptete gar, Stoiber »sucht Ressentiments ähnlich wie Möllemann«.[42] Der FDP-Politiker Möllemann hatte sich zuvor mit antisemitischen Parolen unmöglich gemacht.

Schröder hielt sich bezüglich konkreter Maßnahmen in einer weiteren, von ihm ohnehin kaum erwarteten zweiten Amtsperiode bedeckt. Auf die Frage, warum er die BA nicht früher habe reformieren lassen, blieb er eine Antwort schuldig. Seine Antwort nach dreifachem Nachhaken war bezeichnend. So sagte Schröder: »Das Problem ist, dass viele Menschen vor Veränderungen Angst haben, weil sie befürchten, es gehe ihnen danach nicht besser, sondern schlechter. Das Gegenteil ist richtig. Um diese Angst zu überwinden, brauchen Sie ein hohes Maß an Legitimation für Veränderungen.« Schröder hatte die Sorge vieler Menschen treffend wiedergegeben. Aber deutete er damit nicht auch an, dass er weitere Reformen plante? Oder wie war sein Hinweis auf das »hohe Maß der Legitimation« zu verstehen? Auf die Frage, ob er den Reformbedarf erst mit Bekanntwerden des Vermittlungsskandals bemerkt habe, antwortete Schröder: »Das war der Zeitpunkt, um den Veränderungsprozess mit Zustimmung möglichst vieler Betroffener weiterzutreiben.«[43]

Die Arbeitslosenzahlen verharrten während des Wahlkampfes weiter auf hohem Niveau. Über vier Millionen waren es im Juli 2002 – so viele wie im Juli 1998, zum Ende von Kohls Kanzlerschaft. Schröder kündigte abermals an: »Der Aufschwung kommt.« Das Bundesfinanzministerium prognostizierte ein Wachstum von 2,5 Prozent. Auf die Feststellung, die SPD habe zu lange auf einen Konjunkturaufschwung gesetzt, für den doch wenig spreche, meinte Müntefering im August 2002: »Er kommt, er kommt. ... Das zweite Halbjahr wird stärker sein als das erste, und es ist unbestritten, dass wir im nächsten Jahr noch einmal deutlich darüber liegen werden.«[44] Letztlich stagnierte die Wirtschaft im Jahr 2002. Im Jahr darauf driftete Deutschland gar in eine Rezession ab, das Bruttoinlandsprodukt sank um 0,2 Prozent. »Die Prognosen zum Wirtschaftswachstum laufen immer der Wirklichkeit hinterher«, meint Hans Eichel rückblickend. Gerade im Wahljahr 2002 aber übte das Kanzleramt offenbar recht harten Druck auf das Finanzressort aus. Ohnehin wolle der Finanzminister »immer eine vorsichtigere Prognose, während der Wirtschaftsminister aus psychologischen Gründen eher Optimismus verbreiten möchte. ... Im Wahljahr 2002 wollte auch das Kanzleramt bessere Prognosen, daher stand ich manchmal alleine da.«[45]

Zu diesem Zeitpunkt blieb es einzelnen Sozialdemokraten vorbehalten, ihre Partei zu mehr Mut für einen umfassenderen Modernisierungskurs aufzufordern. Zwar habe die Regierung seit 1998 bereits einen »Umbau des Sozialstaates« gewagt, dabei aber dürfe es nicht bleiben, schrieb der Abgeordnete Hubertus Heil. Für die SPD gelte: »Sie darf sich eben nicht mehr mit symbolträchtigen Forderungen (Ausbildungsplatzumlage, Vermögensteuer und dergleichen) begnügen, die zwar einem harten Kern eigener Anhänger das Herz wärmen mögen, ihrer ureigenen Sache dagegen nicht dienlich sind.« Die Arbeitsgesellschaft erfordere eine weitere Flexibilisierung, ob die SPD es wolle oder nicht.[46] Die Traditionalisten sahen nun die Chance für eine Politik von Investitionsprogrammen und Sozialwohltaten. »Natürlich gibt es eine sozialdemokratische Wirtschaftspolitik, da existiert eine klare Trennlinie zu Stoiber und Merz«, verkündete der kurzzeitige Fraktionschef Stiegler. Schröders gegenteilige Position aus dem Jahre 1995 sei »ein Standardsatz, der nicht zu Ende gedacht ist«.[47]

Der deutsche Weg

Endlich hatte Schröder im August 2002 einen Nachfolger für das große Wort von der »Neuen Mitte« aus dem Bundestagswahlkampf 1998 gefunden. Ab sofort beschworen der Kanzler und die Seinen den »deutschen Weg«. Es handelte sich in Schröders Augen um den einzig gangbaren Weg, fernab amerikanischer Fußstapfen. Schröder bezog jenes Wort nicht nur auf seine ablehnende Haltung zu einem möglichen Irakkrieg, sondern auf die deutsche Tradition etwa in der Sozial-und Arbeitsmarktpolitik. Auch auf diesem Feld wünschte er sich eine Abgrenzung gegen die Vereinigten Staaten und deren »Kapitalismus«.

Der »deutsche Weg« aber geriet zu der Vokabel, mit der Schröder die deutsche Beteiligung an einem Irakfeldzug – unabhängig von einem Votum der UNO – ausschloss. Diese Politik stellte gewiss einen Bruch mit der Tradition des Multilateralismus dar. Doch Schröder verstand sich eben als selbstbewusster Außenpolitiker, der nicht immer auf alle Partner Rücksicht zu nehmen gedachte. Zu Anfang seiner Zeit im Kanzleramt und zumal davor hatte er gegen »Brüssel« polemisiert. Dann plädierte die von ihm geführte Regierung für einen ständigen deutschen Sitz im Sicherheitsrat, und wenige Tage vor der Wahl brachte Schröder diese Überzeugung am 13. September 2002 im Bundestag auf den Punkt: »Über die existenziellen Fragen der deutschen Nation wird in Berlin entschieden und nirgendwo anders.«

Bereits im Frühsommer hatte Schröder mit Steinmeier, Müntefering, Beratern und Freunden Begriffe diskutiert. Schröder suchte eine Verständigung über eine Metaphorik, mit der ein Schwenk von der »uneingeschränkten Solidarität« gegenüber den USA zu einer Ablehnung eines Irakkriegs gelingen sollte. Der »deutsche Weg« wurde geboren; auch Steinmeier trug diesen geschichtsvergessenen Begriff mit. Schröder versuchte ihn auf das sozialstaatliche Modell zu beziehen. Doch die Zeit dieses Begriffes währte nicht lang. Schnell wurde der »deutsche Weg« mit einem »Sonderweg« gleichgesetzt, schon war von Rapallo die Rede. Joschka Fischer kommentierte jene merkwürdige Wortschöpfung außergewöhnlich kühl: »Forget it!«, riet der Außenminister. So geschah es. Enttäuscht äußerte sich darüber allein Egon Bahr, der vielleicht letzte nationale Denker in der SPD. »Ich habe es bedauert, dass Schröder den deutschen Weg schnell auf die Sozialpolitik verengte«, schrieb Bahr und verlangte: »Es ist an der Zeit, die Scheu vor dem deutschen Weg generell zu verlieren.«[48]

Als nachhaltiger und erfolgreicher aber erwies sich, abseits seiner Semantik, Schröders grundsätzliche Strategie. Lange bevor das Thema Irak weltpolitisch virulent wurde, nutzte Schröder den Wahlkampfauftakt seiner verzagten Partei am 5. August 2002 auf dem Opernplatz in Hannover, um recht grobschlächtig gegen einen – noch immer nicht ausgerufenen, aber möglichen – Irakkrieg aufzutreten: »Wir, so sage ich, sind zur Solidarität bereit, aber dieses Land wird unter meiner Führung für Abenteuer nicht zur Verfügung stehen ... Ich warne davor, ... über Krieg und militärische Aktionen zu spekulieren ... Druck auf Saddam Hussein ja. Wir müssen es schaffen, dass die internationalen Beobachter in den Irak können. Aber Spielerei mit Krieg und militärischer Intervention – davor kann ich nur warnen. Das ist mit uns nicht zu machen ... Für Abenteuer stehen wir nicht zur Verfügung, und die Zeit der Scheckbuchdiplomatie ist endgültig zu Ende ...«[49] Erhard Eppler weist bei alldem darauf hin, Schröder habe schon im Dezember 2001 eine deutsche Zustimmung zu einem Irakkrieg ausgeschlossen. Bei einem Abendessen zu Epplers 75. Geburtstag am 16. Dezember 2001 habe Schröder gesagt, die »uneingeschränkte Solidarität« schließe ein Nein nicht aus, sollten die USA den Irak angreifen: »Da spielen wir nicht mit.«[50] Ganz anders stellt Thierse den Ablauf dar. Er sagt: »Im Jahre 2002 zögerte Gerhard Schröder anfangs, sich gegen die Irakkriegspläne der USA zu wenden.« Thierse sagt von sich, er habe »auf Schröder eingeredet, sich klar gegen einen Krieg zu positionieren. Wir mussten deutlich machen, dass selbst eine entsprechende Entscheidung der Vereinten Nationen uns zu nichts verpflichtet. Heidemarie Wieczorek-Zeul beeinflusste in dieser Frage ebenfalls Gerhard Schröder.«[51]

Schröder nahm mit seiner überaus klaren Positionierung eine wichtige wie nachvollziehbare Haltung ein. Die Deutschen sollten es ihm danken, und vielleicht war das Nein zum Irakkrieg neben der Agenda 2010 des Folgejahres Schröders wichtigste historische Leistung. Die diplomatischen Kosten für seine Form der Absage aber waren hoch, zumal nach weiteren markigen Äußerungen Schröders im niedersächsischen Landtagswahlkampf: »Ich sage das hier jetzt ein Stück weitergehend als das, was ich in dieser Frage sonst formuliert habe: Rechnet nicht damit, dass Deutschland einer den Krieg legitimierenden Resolution zustimmt«, rief Schröder am 21. Januar 2003 seinen Zuhörern im Odeon-Theater in Goslar zu. Joschka Fischer war abermals entsetzt. Die CDU-Vorsitzende Merkel hingegen positionierte sich, schlecht beraten, als treue Anhängerin der amerikanischen Administration unter George W. Bush – anders als Edmund Stoiber, der sich hier zurückhaltender zeigte. »Schröder spricht nicht für alle Deutschen« war ein Namensbeitrag Merkels in der »Washington Post« überschrieben. Darin warf Merkel auf eher ungewöhnlichem Wege Schröder vor, er positioniere sich allein mit Blick auf den Wahlkampf. In Merkels Augen verlangte die EU von Berlin einen »ersten Kurswechsel« ihrer Irakpolitik.[52] »Ich fühle mich nicht sonderlich wohl, was die Regierung angeht, und das gilt auch für die Opposition«, bekannte Helmut Schmidt damals. Schmidt bestätigte indirekt den Vorwurf an Schröder, er habe die Deutschen in Sachen Irak unnötigerweise vorfestgelegt. »Jedenfalls ist die Tatsache, dass so ein Eindruck weltweit verbreitet werden kann, nicht gerade günstig. Und dadurch, dass der Eindruck entsteht, wird er eine Tatsache«, sagte Schmidt. Auf den »deutschen Weg« wollte der Altkanzler nicht eingehen.[53] Bei alldem war Deutschland indirekt am Irakkrieg beteiligt. Die USA nutzten dafür den deutschen Luftraum, Bundeswehrsoldaten sicherten die amerikanischen Militärstützpunkte. Daneben gibt es deutliche Indizien dafür, dass zwei BND-Beamte im Irak die Amerikaner mit Informationen versorgten.

Im SPD-Präsidium machte Schröder deutlich, eine Intervention im Irak sei nicht zu legitimieren. In seinen Erinnerungen schreibt er, die im Jahre zuvor erteilte Zustimmung zu einer deutschen Beteiligung an der amerikanischen Operation »Enduring Freedom« in Afghanistan hätte seine Regierung frei gemacht, »zum Irakkrieg nein zu sagen«.[54] Die Kritik der Opposition an seiner Haltung wollte der Kanzler nicht nachvollziehen: »Geradezu unverständlich fand ich die Reaktion der Opposition und einiger besonders bellizistisch agierender Medien, die es ungeheuerlich fanden, dass ich den Irak damit zum Wahlkampfthema gemacht hätte. Wie hätte ich wohl den Wahlkampf bestehen können, ohne eine klare Haltung zu diesem die Menschen bewegenden Thema zu zeigen?«[55] Schröder verschwieg nicht, dass seine zuspitzenden Worte in einem Zusammenhang mit der heißen Wahlkampfphase zu sehen waren. Er bilanzierte vier Jahre später: »Die klare Absage an die militärische Option … wirkte sich zweifellos auf den Ausgang der Bundestagswahl 2002 aus.«[56] Schröder sah es als seine Aufgabe in der Endphase des Wahlkampfs, mit einer zunehmenden Politisierung und Polemik Kurzentschlossene zu mobilisieren. Der Wahltag rückte näher, und angesichts der knapper werdenden Zeit benötigte er neue Ansatzpunkte, neue Hebel, um die Stimmung umzureißen.

Zum einen würden die Rahmenbedingungen des Wahlkampfes durch die schlechte Lage der Weltwirtschaft geprägt, bekannte der Kanzler intern. Zum anderen sei es für die SPD schwierig, erstmals nach über zwei Jahrzehnten Wahlkampf aus der Regierungsverantwortung zu führen. In Schröders Umfeld hieß es, es gehe eben nicht nur darum anzugreifen, sondern daneben eine Bilanz zu verteidigen, die wiederum nicht nur aus »Segnungen, sondern auch aus Fehlern« bestehe. Es wurde verwiesen auf den Zusammenbruch der New Economy; im Volk herrschten Zweifel an »Marktwirtschaft pur« und die spürbare Sehnsucht nach Geborgenheit. Nicht zuletzt: Umfragen zufolge lehnten zwei Drittel der Deutschen eine Beteiligung an einem Feldzug gegen den Irak ab. Auf all diesen Erkenntnissen baute Schröder seinen persönlichen Wahlkampf auf. In einem Anflug von Bescheidenheit erklärte Schröder (ebenso wie Fischer), er werbe für eine »zweite Halbzeit« der Regierung.

Das eigentliche Motto des Wahlkampfs, »Erneuerung und Zusammenhalt«, reichte Schröder nicht aus. Der Kanzler hatte den Eindruck, dieses Wort ziehe nicht und entschied sich auch deshalb für den »deutschen Weg«. Dieser Schwenk symbolisierte abermals die Stärke Schröders und die Schwäche der »Kampa«. Peter Glotz analysierte später, Schröder allein habe den Wahlkampf bestimmt. »Umgekehrt heißt das, dass der Wahlkampf der SPD nicht funktioniert hat«, schrieb Glotz damals: »Die Kampa war vom Kanzler und Spitzenkandidaten so weit weg, als sei sie in Murmansk eingerichtet worden. … Gewonnen hat der Bauch Schröders, nicht der Kopf der Partei. So etwas ist unwiederholbar.«[57]

Der Kanzler kämpfte im Grunde allein. Bei der sommerlichen Flutkatastrophe im Osten Deutschlands zeigte Schröder sogleich Präsenz. Mit Geistesgegenwart und in Gummistiefeln demonstrierte er Handlungsfähigkeit. Schröder gelang es, administrative Aktivitäten mit Selbstdarstellung zu verbinden. Er versprach den Flutopfern großzügige Hilfen: »Hier muss Cash in die Hand genommen werden.« Schröder verschob die letzte Stufe der Steuerreform und die damit verbundenen Entlastungen, um das »Flutopfersolidaritätsgesetz« finanzieren zu können. Dieses beinhaltete Hilfen in Höhe von neun Milliarden Euro. Viele Gelder davon versickerten, wie dies bei derartigen Mammutprojekten üblich ist. Für die Maastricht-Kriterien besaß Schröder ohnehin keinen Blick mehr. Der Kanzler aber hielt seine Versprechen gegenüber den Flutopfern ein. Ein Mann, ein Wort. Wenigstens im Zeichen von brechenden Dämmen, zerstörten Häusern und hilflosen Menschen. Sein Herausforderer Stoiber erkannte die Dramatik der Lage nicht. Er setzte währenddessen seinen Urlaub auf Norderney fort und reiste zu spät in die betroffenen Gebiete, wo er den Menschen hilf- und emotionslos begegnete. So wie die Flut Schröder strategisch zu Hilfe kam, versagte bei dem Bürokraten Stoiber jedes Frühwarnsystem.

Fallstricke auf den letzten Metern

In der heißen Wahlkampfphase vollzog sich der politische Niedergang Rudolf Scharpings: Der Verteidigungsminister geriet mit dubiosen Geschäften in Verbindung. Scharping, der im Jahre 1991 gegen eine zerstrittene CDU erstmals die Macht für die SPD in Rheinland-Pfalz erobert hatte, war einst als potenzieller Nachfolger Kohls im Kanzleramt gehandelt worden. Bei einer Urwahl unter den SPD-Mitgliedern setzte sich Scharping – gegen Schröder und Wieczorek-Zeul – im Jahre 1993 als Parteivorsitzender durch. Hier beerbte er Björn Engholm. Im Jahr darauf wurde er zum Kanzlerkandidaten gewählt, die SPD legte bei der Wahl zu, und nur ein Prozentpunkt weniger für Kohls Koalition aus Union und FDP hätte diese beendet. Scharping wurde Fraktionschef. Sein Abstieg begann 1995 mit dem Mannheimer Parteitag und setzte sich 1998 mit seinem (von Lafontaine und Schröder erzwungenen) Wechsel auf die Hardthöhe fort. Im Spätsommer 2001 fiel Scharping unangenehm auf, weil etliche Badefotos von ihm und seiner Freundin Kristina Gräfin Pilati just in jenen Tagen in der »Bunten« erschienen, als die Scharping unterstellten Bundeswehrsoldaten nach Mazedonien abkommandiert wurden. Nach diesem peinlichen Auftritt galt die Entlassung Scharpings als sicher. Die Causa

»Badeurlaub in Mallorca«, bis zum Nachmittag des 11. September 2001 Topmeldung in den Nachrichten, wurde sodann von den Terroranschlägen in den USA verdrängt. Intern wie öffentlich hatte Schröder Scharping damals verteidigt. »Es sei unerheblich, wie und wo jemand seinen Urlaub verbringe«, erklärte Schröder im Parteivorstand. Es habe »keine Flüge von Rudolf Scharping mit der Flugbereitschaft gegeben, die nicht den Richtlinien entsprochen habe, und es habe auch keine privaten Flüge gegeben. Es gebe nun den offensichtlichen Versuch der Union, Rudolf Scharping aus dem Amt zu bringen, und man werde diesen Versuch zurückweisen.« Schröder hatte nach den Verletzungen, die er Scharping gemeinsam mit Lafontaine zugefügt hatte, Hemmungen, diesen Minister abermals zu demütigen, zumal sich dieser am meisten selbst geschadet hatte. Scharping machte damals im SPD-Vorstand »deutlich, dass er den zeitlichen Zusammenhang bei der Veröffentlichung seiner Urlaubsfotos bedauere«. Er dankte Schröder, Müntefering und Struck und »bittet den Parteirat, die Gesamtheit seiner politischen Arbeit zu berücksichtigen«.[58]

Nachdem Scharping nun, ein knappes Jahr später, mit einem umtriebigen wie unseriösen PR-Manager auf ausgiebigen Einkaufsbummel gegangen war und von diesem hohe Honorarzahlungen für Vorträge und als Vorschuss für seine Memoiren erhalten hatte, platzte Schröder der Kragen. Seine »Beißhemmung« ließ Schröder jedoch zunächst zögern. Schröder trennte sich ohnehin ungern von Ministern, seine Personalpolitik war konservativ. Dabei war das Tischtuch zwischen den beiden Männern längst zerschnitten. Schon im Frühling galt eine erneute Berufung Scharpings in ein zweites Kabinett Schröder als unwahrscheinlich. Mögliche desaströse Auswirkungen auf die Wahl bedenkend, entließ Schröder schließlich Scharping. Mit einigen Jahren Abstand schrieb Schröder in seinen Erinnerungen über Scharpings Eskapaden mit scheinheiligem Unterton: »Ich finde es nach wie vor schade, dass er – nicht zu seinem Besten beraten – zunehmend ein Bild in der Öffentlichkeit abgab, das seine bis dahin so erfolgreiche Arbeit als Verteidigungsminister überlagerte. Es hat mich Überwindung gekostet, mich von ihm zu trennen. Er allein hätte es verhindern können, wenn er rechtzeitig gehandelt hätte.«[59]

Binnen weniger Stunden überredete Schröder seinen Landsmann Struck zur Übernahme des Verteidigungsressorts; es sollte eine längere Mission bleiben als nur bis zu der Wahl wenige Wochen später. Als eher kurz hingegen erwies sich der Verbleib Ludwig Stieglers an der Spitze der Fraktion. Stiegler, der Mann mit dem roten Pullunder und den dicken Zigarren, war immer wieder mit Verbalinjurien und misslungenen historischen Analogien aufgefallen. Er erregte sich über das »Professorengeschwätz« des Rentenexperten Bert Rürup. Stiegler warf Union und FDP vor, ihre Vorläuferparteien hätten Hitler an die Macht gebracht. Als Struck am 18. Juli 2002 auf seinen Stellvertreter Stiegler zuging und ihm den Fraktionsvorsitz antrug, antwortete der in seiner gewohnt derben oberpfälzischen Wortwahl: »Leckt's mich am Arsch«, ließ sich aber anschließend zum Nachfolger Strucks wählen. Ein Abgeordneter prognostizierte danach treffend, gemünzt auf die möglichen unterschiedlichen Szenarien nach der Bundestagswahl: »Stiegler ist danach weg – so, so oder so.«

Nach zwei Fernsehduellen zwischen Schröder und Stoiber holte die SPD bei der Sonntagsfrage wie der politischen Stimmung kräftig auf. Die Positionierung gegen eine Beteiligung an einem Irakkrieg brachte Schröder einen immer größeren Zuspruch. Der Abstand zwischen Union und SPD schmolz dahin. »Irak-Debatte: Die Stimmung kippt zu Schröders Gunsten«, titelte die »Welt« neun Tage vor der Wahl. Zumal im Osten Deutschlands blieb Stoiber unbeliebt. In dieser Phase entwickelte sich geradezu ein rot-grüner Wahlkampf. Schröder und Fischer traten, begleitet von der Kölner Rockgruppe »BAP«, in einer gemeinsamen Kundgebung am Brandenburger Tor auf. Schröder hatte dem kleinen Koalitionspartner zwar zuvor immer wieder subtile Hinweise auf andere Regierungskonstellationen gegeben, etwa indem er sich Zigarre rauchend mit dem FDP-Vorsitzenden Guido Westerwelle auf dem Balkon des Kanzleramtes zeigte. Längst aber hatte sich die SPD auf die Grünen als Partner festgelegt. Nun spielte man bewusst diese Karte und setzte auf einen gemeinsamen Sieg.

In den letzten Stunden vor der Wahl musste Schröder abermals Krisenmanagement betreiben. Seine Justizministerin Herta Däubler-Gmelin (Spitzname »Schwertgosch«) habe den amerikanischen Präsidenten George W. Bush mit Adolf Hitler verglichen, meldete das »Schwäbische Tagblatt« am Donnerstag vor der Wahl. Der Bericht aus Däubler-Gmelins Tübinger Heimatpostille ging im Nu um die Welt. Demnach hatte Däubler-Gmelin in kleiner

Runde Bush unterstellt, er plane einen Irakkrieg, um so von innenpolitischen Problemen abzulenken und ergänzt: »Das kennen wir aus unserer Geschichte seit Adolf Nazi.« Schröder zeigte sich alarmiert und verpflichtete seine Ministerin, am Folgetag, dem Freitag vor der Wahl, in der Bundespressekonferenz Rede und Antwort zu stehen. Hier redete sich die Ministerin um Kopf und Kragen. Als sie etwa gefragt wurde, was sie mit ihrer Bemerkung »Das kennen wir aus unserer Geschichte« gemeint habe, entfuhr ihr: »Eigentlich überhaupt nichts.« Schröder aber erschien es zu risikoreich, Däubler-Gmelin 48 Stunden vor der Wahl zu entlassen. Sie selbst hielt die Frage nach einem Rücktritt für »komisch« und ergänzte: »Vielleicht ist das das Schwäbische an mir.« Der Kanzler aber machte öffentlich klar, dass er nach einer gewonnenen Wahl Däubler-Gmelin nicht erneut ins Kabinett berufen werde. Gegenüber den verärgerten Amerikanern dürfte Schröder seine Absicht ein wenig deutlicher gemacht haben.

»Mehrheit ist Mehrheit«

In der Woche vor der Wahl gab sich Schröder – wie sollte es anders sein? – siegesgewiss. Im »Spiegel« verkündete er hinsichtlich der Union bereits: »Ich glaube, man hat sich zu früh gefreut. Die waren sich zu sicher.«[60] Schröder sollte mit dieser Aussage mehr politisches Gefühl denn nur Zweckoptimismus beweisen. Als Schröder am Wahlabend gegen 19.30 Uhr gemeinsam mit Ehefrau Doris die Partei-Party in der fünften Etage des Willy-Brandt-Hauses aufsuchte, zeigte er sich noch ungewöhnlich zurückhaltend. Die SPD müsse sich »nicht verstecken«, meinte er, um dann doch einen Befreiungsschlag zu wagen: »Mehrheit ist Mehrheit.« Zu jener Stunde hatte sich Herausforderer Stoiber bereits zum Wahlsieger ausgerufen. Die Demoskopen waren lange uneins ob des Ergebnisses, die ARD lieferte deutlich andere Zahlen als das ZDF. Nun aber lagen die beiden Parteien in etwa gleichauf, mal die Union vorne, mal die SPD. Beide kamen letztlich auf 38,5 Prozent. Dabei hatte die SPD mit 6000 Stimmen die Nase vorn. Zum dritten Mal stellten die Sozialdemokraten nach 1972 und 1998 die stärkste Fraktion im Bundestag. Dessen Präsident Thierse, der schon kräftig um sein Amt gebangt hatte, konnte sich nach Mitternacht zurücklehnen.

Zu dieser Stunde ließen sich Schröder und Fischer auf der SPD-Wahlparty feiern. Die Grünen hatten die Koalition gerettet, sie hatten 8,6 Prozent geholt und damit knapp zwei Prozentpunkte zugelegt. Die FDP war auf 7,4 Prozent gekommen. Der eigentliche Grund für einen erneuten Regierungsauftrag an SPD und Grüne aber beruhte darauf, dass die PDS den Einzug in den Bundestag verpasste und darin nur noch mit zwei direkt gewählten Abgeordneten vertreten war. Obgleich die Wähler Stoiber eine wirtschaftlich weitaus höhere Kompetenz zusprachen, konnte er sich nicht durchsetzen. Der Kanzler hatte schließlich die soziale Kompetenz wie die kulturelle Hegemonie auf seiner Seite. Schröders Antiamerikanismus und sein Flut-Engagement hatten sich zumal im Osten ausgezahlt. Stoiber trat sein Bundestagsmandat im roten, heidnischen Berlin erst gar nicht an – und zog sich in die bayerische Staatskanzlei zurück. Die doch, ganz zu seinem Trost, ohnehin viel größer war und mehr Mitarbeiter zählte als das bescheidene Berliner Bundeskanzleramt.

Anmerkungen

1 Siefken, Sven T.: Regierten die Kommissionen? Eine Bilanz der rot-grünen Bundesregierungen 1998 bis 2005. Zeitschrift für Parlamentsfragen, 37. Jg. (2006), S. 559–581, hier S. 561.
2 Bartels, Hans-Peter: Victory-Kapitalismus. Wie eine Ideologie uns entmündigt. Köln 2005, S. 147.
3 Ebd., S. 151.
4 Streeck, Wolfgang und Rolf G. Heinze: Wende am Arbeitsmarkt durch Erneuerung des »deutschen Modells«. Sozialwissenschaftliche Informationen 29. Jg. (2000), H. 1, S. 28–38, hier S. 29ff.
5 Schröder, Gerhard: Die zivile Bürgergesellschaft. Anregungen zu einer Neubestimmung der Aufgaben von Staat und Gesellschaft. Neue Gesellschaft/Frankfurter Hefte, 47. Jg. (2000), H. 4, S. 200–207.
6 Protokoll der Sitzung des SPD-Parteivorstandes am 3. Juli 2000.
7 Protokoll der Sitzung des SPD-Parteivorstandes am 29. Januar 2001, Willy-Brandt-Haus, Berlin.
8 Protokoll der Sitzung des SPD-Parteivorstandes am 9. Juli 2001, Willy-Brandt-Haus, Berlin.
9 Hans Eichel im Gespräch mit dem Verfasser am 16. Oktober 2008 in Berlin.
10 Lange, Christian: Kombilohn statt Stütze. Berliner Republik, 3. Jg. (2001), H. 3, S. 76–79, hier S. 76.

11 Schreiben Münteferings an die Mitglieder des Parteivorstandes, des Parteirates, die Vorsitzenden der SPD-Landesverbände, Bezirke und Unterbezirke sowie die Mitglieder der SPD-Bundestagsfraktion vom 18. Juli 2001.
12 Schröder: Entscheidungen, S. 326f.
13 Grünhage, Jan: Entscheidungsprozesse in der Europapolitik Deutschlands. Von Konrad Adenauer bis Gerhard Schröder. Baden-Baden 2007, S. 44.
14 Deutscher Bundestag: Plenarprotokoll 14/184 vom 29. August 2001.
15 Protokoll der Sitzung des SPD-Parteirates am 3. September 2001, Willy-Brandt-Haus, Berlin.
16 Schmidt, zitiert nach: Der Spiegel, 3. Februar 2003.
17 Schröder: Entscheidungen, S. 177.
18 Bei der mit der Vertrauensfrage verbundenen Abstimmung über den Einsatz in Afghanistan votierte eine SPD-Abgeordnete, Gudrun Roos, mit Nein. Ihre Fraktionskollegen Uwe Jens und René Röspel enthielten sich. Gleiches galt für vier grüne Parlamentarier. Vgl. Deutscher Bundestag: Plenarprotokoll 14/202 vom 16. November 2001.
19 Schwennicke, Christoph: Warten auf die Flut. Neue Gesellschaft/Frankfurter Hefte, 49. Jg. (2002), H. 1, S. 7–9.
20 Schröder: Entscheidungen, S. 180.
21 Protokoll der Sitzung des SPD-Parteirates am 21. Januar 2002 im Willy-Brandt-Haus, Berlin.
22 Protokoll der Klausursitzung des SPD-Parteivorstandes am 13./14. Januar 2002 im Willy-Brandt-Haus, Berlin.
23 Walter Riester im Gespräch mit dem Verfasser am 14. Februar 2008 in Berlin.
24 Weitere Mitglieder waren Norbert Bensel (Mitglied des Vorstandes der DaimlerChrysler Services AG und der Deutschen Bahn AG), Jobst Fiedler (Roland Berger), Peter Gasse (Bezirksleiter IG Metall NRW), Peter Kraljic (McKinsey), Klaus Luft (Market Access for Technology Services), Wilhelm Schickler (Präsident des Landesarbeitsamtes Hessen), Günther Schmid (Wissenschaftszentrum für Sozialforschung), der Leipziger Oberbürgermeister Wolfgang Tiefensee, Eggert Voscherau (Vorstand BASF AG), Heinz Fischer (Deutsche Bahn AG), Werner Jann (Universität Potsdam) und Harald Schartau, Arbeitsminister in NRW.
25 Walter Riester im Gespräch mit dem Verfasser am 14. Februar 2008 in Berlin.
26 Wolfgang Thierse im Gespräch mit dem Verfasser am 17. März 2008 in Berlin.
27 Gerster, zitiert nach: Welt am Sonntag, 18. August 2002.
28 Schreiben des SPD-Vorsitzenden Gerhard Schröder an Funktionäre seiner Partei vom 2. April 2002.
29 Die SPD kam nur noch auf 20 Prozent (1998: 35,9 Prozent), während die CDU mit 37,3 Prozent klar stärkste Partei wurde (1998: 22 Prozent). Die PDS erreichte 20,4 Prozent (19,6) und die FDP 13,3 Prozent (4,2). Eine Koalition aus CDU und FDP unter dem Ministerpräsidenten Wolfgang Böhmer (CDU) löste die von der PDS tolerierte Minderheitsregierung unter Reinhard Höppner (SPD) ab.
30 Schröder, zitiert nach: Die Welt, 23. April 2002.
31 Schröder, Gerhard: Das Zeitalter der Chancen. Sicherheit, Modernisierung

und Gerechtigkeit in der Globalisierung. Neue Gesellschaft/Frankfurter Hefte, 49. Jg. (2002), H. 5, S. 271–276, hier S. 275.
32 SPD-Parteivorstand (Hrsg.): Erneuerung und Zusammenhalt – Wir in Deutschland. Regierungsprogramm 2002–2006. Berlin 2002, S. 24 ff.
33 Gabriel, Sigmar: Wir können mehr! Berliner Republik, 6. Jg. (2004), H. 3, S. 22–34, hier S. 22.
34 Gabriel, zitiert nach: Neue Gesellschaft/Frankfurter Hefte, 51. Jg. (2004), H. 7–8, S. 87.
35 Machnig, zitiert nach: Die Welt, 1. Juni 2002.
36 Schröder, zitiert nach: Bild am Sonntag, 7. Juli 2002.
37 Schröder, zitiert nach: Der Tagesspiegel, 14. Juli 2002.
38 Schröder, zitiert nach: Der Spiegel, 16. September 2002.
39 Sturm, Daniel Friedrich: Uneinig in die Einheit. Die Sozialdemokratie und die Vereinigung Deutschlands 1989/90. Willy-Brandt-Studien, Band 1. Bonn 2006, S. 210 f.
40 Machnig, zitiert nach: Der Spiegel, 12. August 2002.
41 Machnig, zitiert nach: Die Tageszeitung, 1. September 2003.
42 Müntefering, zitiert nach: Die Welt, 24. Juni 2002.
43 Schröder, zitiert nach: Süddeutsche Zeitung, 13. August 2002.
44 Müntefering, zitiert nach: Der Spiegel, 12. August 2002.
45 Hans Eichel im Gespräch mit dem Verfasser am 16. Oktober 2008.
46 Stender, Carsten und Hubertus Heil: Der soziale Rechtsstaat und seine Feinde. Berliner Republik, 3. Jg. (2002), H. 4, S. 34–39, hier S. 35 ff.
47 Stiegler, zitiert nach: Die Welt, 3. August 2002.
48 Bahr, Egon: Der deutsche Weg. Selbstverständlich und normal. München 2003, S.138.
49 SPD (Hrsg.): Rede von Bundeskanzler Gerhard Schröder zum Wahlkampfauftakt am Montag, 5. August 2002, in Hannover (Opernplatz), S. 7 f.
50 Eppler, Erhard: Lernfähig und standhaft, in: Bissinger, Manfred und Heiko Gebhardt (Hrsg.): Gerhard Schröder. 60 Freunde zum Geburtstag. Hamburg, o. J. [2004], S. 30–31, hier S. 31.
51 Wolfgang Thierse im Gespräch mit dem Verfasser am 17. März 2008 in Berlin.
52 Merkel, Angela: Schroeder doesn't speak for all Germans. Washington Post, 20. Februar 2003. www.cducsu.de/upload/merkel_wpost_20030220.pdf [10. Oktober 2008]
53 Schmidt, zitiert nach: Der Spiegel, 3. Februar 2003.
54 Schröder: Entscheidungen, S. 85.
55 Ebd., S. 210 f.
56 Ebd., S. 296.
57 Glotz, Peter: Schröders Bauch statt Kampas Kopf. Neue Gesellschaft/Frankfurter Hefte, 49. Jg. (2002), H. 10, S. 580 f., hier S. 580.
58 Protokoll der Sitzung des SPD-Parteirates am 3. September 2001, Willy-Brandt-Haus, Berlin.
59 Schröder: Entscheidungen, S. 295.
60 Schröder, zitiert nach: Der Spiegel, 16. September 2002.

Die Kakophoniker lassen sich nicht stören
14. Dezember 2002

Gegen den Willen Bundeskanzler Schröders halten die Länder Niedersachsen und Nordrhein-Westfalen an ihrer Bundesrats-initiative zur Einführung der Vermögenssteuer fest.

III. Die zweite Chance

Stolpern nach dem Start

Die ausgiebige Siegesfeier in der Wahlnacht versetzt die SPD in eine Katerstimmung, die über Wochen hinweg nicht verschwindet. Kaum wurde die rot-grüne Koalition gegen die eigene Erwartung im Amt bestätigt, fallen die Sozialdemokraten in eine lang andauernde Depression. Die Konflikte mit den durch das Wahlergebnis gestärkten Grünen werden härter. Der stotternde Start nach dem Regierungswechsel 1998 steht den Akteuren als mahnendes, warnendes Beispiel vor Augen. Und doch verlaufen die nächsten Monate ähnlich chaotisch. Schließlich rechnete niemand mit einem Wahlsieg.

Eine veränderte Rhetorik nach dem Wohlfühl-Wahlkampf war dabei bereits am Tag nach der Wahl zu vernehmen. So kündigte Franz Müntefering wenige Stunden nach Schließung der Wahllokale an: »Ich glaube, dass wir besser als vor vier Jahren wissen, was an Reformen nötig ist. Wir haben große Aufgaben vor uns, und da müssen wir jetzt ran. Ganz vorn steht das Thema Beschäftigung ...« Er setzte auf rasche Koalitionsverhandlungen und eine baldige Regierungsbildung: »Es kommt jetzt darauf an, dass wir zügig und ohne schuldhaftes Verzögern zu Ergebnissen kommen.«[1]

Münteferings Vorstoß aber blieb unbeachtet. Kraftlos, unvorbereitet und desinteressiert starteten Schröder und seine Partei in die Koalitionsverhandlungen. Manch einer riet intern dazu, nicht gleich damit zu beginnen, »sondern 14 Tage Pause zu machen«, wie es Hans Eichel heute für sich beansprucht: »Nach dem Wahlkampf waren schließlich alle völlig ausgelaugt.« Schröder und Fischer aber lehnten das ab – und Eichel beklagt, die Verhandlungen hätten begonnen »nach dem Motto: Wir machen so weiter wie bisher.«[2] Das Willy-Brandt-Haus hatte zwar in den Wochen vor der Wahl drei Konzepte verfasst, jeweils für eine Koalition mit den Grünen, der FDP und der Union. Dennoch agierte die SPD planlos. Sie vermochte, anders als die Grünen und der gut präparierte Joschka Fischer, nicht über den Tag hinaus zu denken. Der Kanzler, der in den letzten Wochen des Wahlkampfes vor Witz und Charme gesprüht hatte, war müde, blass und abgekämpft. »Du bist so depressiv …«, entfuhr es Ludwig Stiegler in einem Gespräch mit Schröder. Er habe nach dieser Wahl »eine Phase der Erholung« gebraucht, stellte der Kanzler wenig später fest.[3] Doch Schröder war nicht nur müde. Es war viel schlimmer: Schröder besaß keine Idee, keine Vorstellung davon, wie es weitergehen sollte. Eine Problemlösungsstrategie oder ein Plan waren nicht einmal ansatzweise zu erkennen. Die Devise der Regierung lautete: weiterwursteln.

In dieser Schwächephase stieß Finanzminister Eichel in ein gefühltes Vakuum. Er wollte unter dem Diktum der knappen Kassen sogleich die Lage von Finanzen und Wirtschaft bereden. Eichel hatte über eine lange Zeit hinweg auf das Prinzip Hoffnung gesetzt und bei den Prognosen seines Hauses stets die obere Bandbreite zum Maßstab nehmen müssen, was immer wieder zu Enttäuschungen führte. Aus Vorsicht übersandte er im August erst gar keine aktualisierte Prognose des Defizit-Kriteriums nach Brüssel. Nun aber malte Eichel ein düsteres Bild der Situation. Eichel, der zu den Koalitionsverhandlungen im Gegensatz zu seinen Mitstreitern stets ausgeschlafen erschien, war der Ansicht, schmerzhafte Einschnitte gelte es gleich zu Beginn der Regierungszeit vorzunehmen. Doch der erkennbar genervte Müntefering mochte die Vorschläge in den Tagen nach dem rauschenden Wahlsieg nicht hören und widersprach Eichel heftig: »Hans, jetzt lass mal gut sein.« Während Eichel Änderungen in den Bereichen Rente, Arbeitsmarkt und Gesundheit verlangte, knurrte Schröder: »Da passiert erst mal gar nichts.«

Die Koalitionsgespräche wurden auf diese Weise zu anarchischen Haushaltsverhandlungen. Eichel verlangte ohne jede politische Botschaft Einsparungen. Sowohl bei der SPD als auch bei den Grünen war plötzlich von zusätzlichen Staatseinnahmen die Rede. Das Wort Steuererhöhung, während des Wahlkampfes zum Tabu erhoben, war inzwischen wieder erlaubt. Zwar mochte Schröder nicht über Steuererhöhungen sprechen. Doch er übernahm Eichels Semantik von »überflüssigen Steuerprivilegien« und »Subventionstatbeständen«. Dabei hatte der SPD-Parteitag jedwede Steuererhöhungen ausgeschlossen. Nun aber befahl der Kanzler, der sich um Parteitagsbeschlüsse eigentlich noch nie geschert hatte: »Alles muss auf den Tisch.« In Zeiten von Wachstum und New Economy hatte die rot-grüne Regierung Steuern gesenkt, Kohls zaghafte Reformen rückgängig gemacht und Leistungen für Familien erhöht. Nun sollten plötzlich Subventionen und Steuervergünstigungen, unter anderem das Ehegattensplitting, abgeräumt werden. Diese Pläne besaßen keine Aussicht auf Erfolg, stand doch der unionsdominierte Bundesrat voll dagegen. Abgesehen davon: Wieso sollte der Staat ausgerechnet in einer Phase der wirtschaftlichen Stagnation wieder mehr Steuern einnehmen? Franz Müntefering erinnerte an die Klage Stoibers darüber, wie gut die rot-grüne Regierung Unternehmen gestellt hatte. Lag es nicht nahe, hier auf zusätzliche Einnahmequellen zu setzen? Müntefering aber verfolgte die Koalitionsverhandlungen nahezu teilnahmslos. Intern gab er sich bereits skeptisch, ob die Regierung mit den ins Auge gefassten Maßnahmen über die Runden kommen kann.

SPD-Generalsekretär Olaf Scholz bezeichnete die Haushaltspolitik zwar als »Markenzeichen unserer Politik«. Nun aber gehe es um »neue Spielräume« und »gelockerte Vorgaben«. Auf Deutsch: Die Phase von Sparsamkeit und Haushaltskonsolidierung war vorbei. Geplant wurden Aktivitäten zur Belebung der Wirtschaft. Die Maastricht-Kriterien waren längst kein Dogma mehr. Hans Eichel sah dies ganz anders. Seine Mitarbeiter hatten ihrem Minister einen Aktenordner zusammengestellt, der rund 50 »Zumutungen« für den Steuerzahler enthielt. Über diese »Giftliste« eines »Steuervergünstigungsabbaugesetzes«, die auf den langjährig-legendären Haushaltsstaatssekretär Manfred Overhaus zurückging, hatten Eichel und seine Staatssekretäre bereits am Dienstag vor der Wahl beraten. Als der »Spiegel« dies meldete, dementierte das Bundesfinanzministerium die Nachricht. Tenor: Es gebe weder Anlass noch Daten für derartige Sparpläne. Eichel erging es hier ähnlich wie Heide Simonis, die acht Wochen vor der Wahl gar öffentlich Steuererhöhungen verlangt hatte, was sogleich von Schröder abgewürgt wurde. Nun, eine Woche nach der Wahl, war plötzlich von der Notwendigkeit eines Nachtraghaushalts die Rede. Dieses sprunghafte Vorgehen erinnerte an die zuweilen handwerklich miserable Gesetzgebungsarbeit der Koalition in ihrer ersten Amtsperiode. »Avanti dilettanti« sollte zum Motto manches Gesetzes werden – auch in der nun folgenden Legislaturperiode. Selbst die sozialdemokratischen Vertreter der Länder, die nur auf kleine Verwaltungen Zugriff hatten, zeigten sich zuweilen verwundert ob der miserablen Gesetze, die die Bundesregierung vorlegte und die im Vermittlungsausschuss zu beraten waren.

Das Leitungswasser, lautete nun ein Vorschlag von Eichels »Giftliste«, solle mit dem regulären statt dem ermäßigten Steuersatz versehen werden. Gleiches habe für Schnittblumen und Tierfutter zu gelten. Die Steuerfreiheit für die Auslandszuschläge der Mitarbeiter des öffentlichen Dienstes sollte entfallen. Mit seiner »Giftliste« mochten Eichel und sein Ministerium fiskalische Ungereimtheiten benannt haben. Steuersystematisch also mochten die Vorschläge durchaus sinnvoll sein. Politisches Gespür oder nur ein Blick für die Wirkung derartiger Diskussionen aber fehlte Eichel völlig. Die reine Lehre ist in der Politik eben selten umsetzbar. Eichels martialisches Vorgehen machte dabei all seine Pläne zunichte. Anstatt sich auf einzelne »Subventionstatbestände« zu konzentrieren, lieferte Eichel, angefeuert von Overhaus, gleich eine ganze Sammlung. Die Kräfteverhältnisse und die politische Umsetzbarkeit blendete er aus. Er agierte nicht als Finanzminister, sondern als Chef einer Truppe von Fiskalisten und Kameralisten. Dies kam einer politischen Selbstentmachtung gleich. Währenddessen redete eine Vielzahl von Lobbyisten auf die Regierung ein, sie möge diesen und jenen »Subventionstatbestand« nicht antasten. Zahlreiche Interessengruppen wandten sich an die soeben gewählten Abgeordneten.

Das »Steuervergünstigungsabbaugesetz« entwickelte sich in den Augen Schröders zur größten Panne seiner Regierung. Zudem verlor Eichel den Glanz vom »Eisernen Hans«. Noch in den Wahlkampfspots war Eichel als einziger Minister neben Schröder aufgetreten. Nun wurde aus dem sparsamen Finanzminister, der auf seinem Schreibtisch Sparschweine aufreihte, Anzüge von der Stange kaufte und für Billigmöbel von Ikea schwärmte, ein Buchhalter. Joschka Fischer, in Hessen unter Eichel Minister, verulkte seinen langjährigen Koalitionspartner während der Verhandlungen: »Sag mal, Hans, willst du deine Steuerprüfer eigentlich auch auf die Flohmärkte schicken?« Eichel antwortete im Brustton der Überzeugung, ohne einen Anflug von Ironie: »Natürlich mach ich das. Was glaubt ihr, wie viel da umgesetzt wird?« Der Finanzminister berichtete, er besuche oft Flohmärkte. Fast nirgendwo sei es dort möglich, eine Quittung zu erhalten. Noch heute echauffiert sich Eichel über dieses Thema. Joschka Fischer habe damals »den Schutzpatron der Flohmarkt-Händler gegeben«. Dies wiederum habe dazu geführt, dass das – mit der sogenannten Giftliste – geplante Kappen von Steuersubventionen »leider nicht durchsetzbar war«.[4]

Schröder stellte sogleich klar, ein regulärer Mehrwertsteuersatz auf Hunde- und Katzenfutter sei mit ihm nicht zu machen. »Diese Schlagzeile der Bild-Zeitung halte ich nicht durch«, argumentierte er. Massiv verärgert zeigte sich Schröder, als ihn ein Komödiant persiflierte und mit seinem »Steuersong« die Hitparade stürmte. »Ich erhöh euch die Steuern, gewählt ist gewählt, ihr könnt mich jetzt nicht mehr feuern«, hieß es darin. Die »suboptimale« (Schröder) Prägung der Koalitionsverhandlungen ließ die Opposition alsbald von »Wahlbetrug« sprechen. Die Union forderte dazu später gar einen Untersuchungsausschuss, der die »Wahlbetrüger« ermitteln und, so verlangte es jedenfalls der Rechtsexperte Norbert Geis (CSU), hinter Gitter verbannen sollte. Der Ausschuss kam, tagte und blieb wirkungslos.

Bei möglichen Ansätzen für Steuererhöhungen bewiesen die Koalitionspartner in den folgenden Monaten durchweg Fantasie: Die Grünen plädierten für eine weitere Erhöhung der Ökosteuer. Gesundheitsministerin Ulla Schmidt schlug vor, jede Zigarette um fünf Cent zu verteuern. In einer gemeinsamen Aktion machten sich die sozialdemokratischen Ministerpräsidenten Beck, Gabriel und Simonis dafür stark, die Erbschafts- und Vermögensteuer zu erhöhen. Gabriel, der im Februar 2003 vor einer Landtagswahl stand, plädierte dabei für den Begriff der »Reichensteuer«. Nun war die Vermögensteuer nach einem Urteil des Bundesverfassungsgerichts aus dem Jahre 1995 abgeschafft worden. Die Erträge der Erbschaftssteuer wiederum summierten sich auf gerade einmal drei Milliarden Euro, was einem Anteil von 0,6 Prozent des gesamten Steueraufkommens entsprach – ein weit geringerer Anteil als in den USA oder Frankreich. Gabriel verlangte daher: »Wir müssen eine Debatte führen über die gerechte Verteilung von Einkommen und Vermögen im Land.«[5] Der Vorstoß der Ministerpräsidenten, so hatte Schröder zunächst signalisiert, sei ihm recht, handelten sie doch aus eigenem Interesse. Ebenso äußerte sich Müntefering: »Wir gehen davon aus, dass auch die Länder sich bemühen, ihre Einnahmen zu erhöhen.«[6] Der ständige Ruf nach neuen Steuern, ob von Bundespolitikern oder Ministerpräsidenten, aber ließ Schröder umschwenken. Er verkündete plötzlich: »Diese Steuerdebatte ärgert mich sehr. Es scheint mir, dass da einige unterwegs sind, die schneller reden, als sie denken.«[7]

Copilot Clement

Die Personalentscheidungen Schröders verschlechterten die Stimmung in den eigenen Reihen. Nach der Wahl hatte Schröder die Vorsitzenden der großen Einzelgewerkschaften ins Kanzleramt eingeladen, um sich für ihre Unterstützung im Wahlkampf zu bedanken. Er konfrontierte sie hier mit dem Plan, die Ressorts von Wirtschaft und Arbeit zusammenzulegen. Die Gewerkschafter stimmten zwar murrend zu, legten aber Wert darauf, dass das Superministerium den Titel »... für Arbeit und Wirtschaft« trug, nicht etwa umgekehrt. Schröder aber entschied sich für einen Vorrang der Wirtschaft. Es war sein parteiloser Wirtschaftsminister Werner Müller, der ihm zuvor empfohlen hatte, die beiden Ministerien zu vereinigen. Müller, ein unabhängiger Kopf, der sich auf dem politischen Parkett mehr als nur bewährt hatte, wollte damit den Gegensatz von Wirtschaft und Arbeit aufheben. Als Schröder Müller auf die Konsequenz einer solchen Fusion hinwies (»Dann verlierst du aber deinen Job«), reagierte dieser in der ihm eigenen Gelassenheit. »Kann sein«, meinte Müller, »aber trotzdem ist es richtig. Du brauchst einen, der mehr roten Stallgeruch hat als ich.«

Am Tag darauf bot Schröder dem nordrhein-westfälischen Ministerpräsidenten Clement das Superministerium an. Gemeinsam mit Lafontaine hatte Schröder vier Jahre zuvor die Amtsübergabe von Rau zu Clement beschleunigt. Auf den Landesvater Rau war Clement, der sich als Vorstandsvorsitzender der NRW AG verstand, gefolgt. Clement galt schon bald als ein Mann, der Hunderte von Baustellen eröffnete, auf denen aber niemals Richtfest gefeiert wurde. Für den einstigen Journalisten zählten Aktionismus und die schnelle Schlagzeile. Clement schloss einen Wechsel von Düsseldorf nach Berlin zunächst aus. Bereits unmittelbar nach der Wahl hatten Clement und Müntefering, in gegenseitiger Abneigung verbunden, einen Wechsel Clements in das Kabinett erörtert. Sie kamen dabei zu dem Schluss, dies sei der SPD in NRW nicht zumutbar. Der Kanzler sah ebenso ein Risiko bei diesem Manöver. Ein Nachfolger Clements in Düsseldorf hätte sich schließlich einer geheimen Wahl im Landtag stellen müssen – die dortige rot-grüne Koalition aber besaß gerade einmal eine Mehrheit von zwei Stimmen.

Dennoch lockte Schröder Clement weiter. Er sah in dem dynamischen Clement eine Symbolfigur für einen Aufbruch, den doch die Regierung so dringend benötigte. Clement personifizierte eine wirtschaftsfreundliche Haltung, und er galt als durchsetzungsfähig. Außerdem wollte er Clement einbinden, nicht zuletzt, um der übermächtigen Publizität seines Außenministers etwas entgegenzusetzen. Während eines gemeinsamen Fluges nach Paris bat Schröder Clement, als sein »Copilot« nach Berlin zu wechseln. Da konnte Clement sich nicht mehr verweigern: »Unter normalen Umständen wäre ich nicht gekommen, aber die Situation ist außergewöhnlich.«[8] Als klar wurde, dass der wirtschaftsfreundliche Industriepolitiker Clement für die Bereiche Wirtschaft und Arbeit zuständig werden sollte, murmelte der saarländische Sozialstaatspolitiker Ottmar Schreiner kleinlaut: »Jedem seine Chance«. Clement ersetzte nun Müller und den bisherigen Arbeitsminister Riester, von dem sich Schröder nur schweren Herzens trennte.

Riester hielt die Fusion der Ministerien für »einen großen Fehler«, was er Schröder intern wissen ließ: »Mir schien es undenkbar, dass ein Minister, der die Nähe der Wirtschaft benötigt, die Lizenz erhält, das Arbeits- und Sozialrecht zu ändern. Das kann nicht funktionieren. Die Sprunghaftigkeit und Beratungsresistenz Wolfgang Clements haben diesen Konflikt dann noch zugespitzt.«[9] Riesters Bedenken aber verhallten. Die Ressorts für Wirtschaft und Arbeit wurden unter Clements energischer, zuweilen eruptiver Führung fusioniert. Dabei hatten die Mitarbeiter des bisherigen Arbeitsministeriums stets den Eindruck, im neuen Haus Menschen zweiter Klasse zu sein. Alle Rahmenbedingungen beruhten auf den Strukturen des vorherigen Wirtschaftsressorts. Selbst der Hausausweis des neuen Ministeriums orientierte sich daran.

Neben Fischer und Schily berief Schröder abermals die Minister Bulmahn, Eichel, Künast, Ulla Schmidt, Struck, Trittin und Wieczorek-Zeul. Brigitte Zypries ersetzte Herta Däubler-Gmelin als Justizministerin, und Renate Schmidt wurde Nachfolgerin von Christine Bergmann im Familienressort. Stolpe wurde neuer Minister für Verkehr, Bau und den Aufbau Ost. Steinmeier blieb Kanzleramtschef. Von einer Verjüngung konnte also keine Rede sein, das Durchschnittsalter in Schröders Kabinett betrug 57 Jahre; dies wurde nur noch übertroffen vom überalterten SPD-Präsidium, deren Mitglieder im Schnitt 60 Jahre alt waren. Ulla Schmidt profitierte wie Clement von dem neuen Zuschnitt der Ministerien, ihr Haus übernahm das »Soziale« aus dem bisherigen Bundesministerium für Arbeit und Sozialordnung, dessen Gros mit dem Wirtschaftsressort vereint worden war. Schmidt war somit für die Rentenpolitik zuständig. Mit dem Abgang Riesters war erstmals in einem sozialdemokratischen Kabinett kein Minister mehr mit Gewerkschaftsvergangenheit vertreten. Daneben gehörte seit der Wahl kein Vorsitzender einer Einzelgewerkschaft mehr der Bundestagsfraktion an.[10]

Neuer SPD-Fraktionsvorsitzender wurde Franz Müntefering, dem damit eine enorme Machtfülle zukam. Müntefering managte längst die Partei weit über seine Aufgabe als Generalsekretär hinaus. Schon bald regte sich in der Fraktion Unmut über Müntefering, der die Abgeordneten mit straffer Hand führte. Anders als Struck regte er keinerlei Debatten an, selten bat er Fachpolitiker um Einschätzungen. In kleiner Runde schwieg er zumeist. Bei Müntefering dominierte die Closed-shop-Mentalität. Seine Umgebung warnte bei jedem Ansatz von Kritik, bloß nicht »den Franz« zu beschädigen.

Die Inszenierung Clements als künftiger »Superminister«, durchaus vergleichbar mit der Verehrung Peter Hartz', stieß den Grünen sauer auf. Hatten sie nicht mit ihrem guten Wahlergebnis die Koalition gerettet? Bei den Koalitionsverhandlungen kam es immer wieder zu lautstarken Auseinandersetzungen mit den Grünen, etwa zwischen Otto Schily und Künast oder der Parteivorsitzenden Claudia Roth. Die Stirnfalten Joschka Fischers waren noch zerfurchter als gemeinhin. Der Außenminister trug nun nicht nur den Weltschmerz in sich, sondern zudem die rot-grünen Verstimmungen. Immer wieder konstatierten Sozialdemokraten wie Grüne in diesen Tagen: Wir merken nicht, dass wir schon vier Jahre lang gemeinsam regieren. Als die Grünen gar die wenig seriösen Finanzdaten Eichels infrage stellten, geriet die SPD außer sich. Nachdem Grünen-Sprecher Fritz Kuhn das Haushaltsdefizit für das Jahr 2003 auf 14,2 Milliarden Euro taxierte, also höher als von Eichel mit zehn Milliarden Euro angegeben, giftete SPD-Generalsekretär Scholz: »Ich weiß nicht, wie er auf diese Zahl kommt.« Vielleicht weil sich Kuhn schon lange mit Eichels schief liegendem Haushalt befasst hatte? Während die Grünen Reformen im Sozialbereich verlangten, setzte die SPD-Linke auf Sozialstaatskonservatismus.

Kakophonie

Der Koalitionsvertrag spiegelte die überhasteten, mühsamen und mutlosen Verhandlungen der beiden Regierungspartner wider. Das 88-seitige Werk unter der Überschrift »Erneuerung – Gerechtigkeit – Nachhaltigkeit« erwies sich als weder erneuernd noch nachhaltig und wurde mit der Agenda 2010 wenige Monate später Makulatur. Dieses unfertige Arbeitsprogramm bedurfte in den folgenden Jahren etlicher »Nachbesserungen«. In der Vereinbarung war von vielerlei Zukunfts-, Aktions- und Investitionsprogrammen die Rede, von der Energiewende bis zur Frauenemanzipation; zu den konkreteren Punkten zählte ein Milliardenprogramm für Ganztagsschulen. SPD und Grüne hatten damit einen Flickenteppich geknüpft, der aber kein Wort zu den Bedrohungen des Sozialstaates verlor.

Über Möglichkeiten, die Sozialversicherungsbeiträge zu senken, fanden sich im Koalitionsvertrag keine Hinweise. Dabei hatte es noch im SPD-Wahlprogramm geheißen: »Die Lohnnebenkosten werden verringert.« Nun hieß es: »Spielräume zur Senkung der Lohnnebenkosten werden wir konsequent nutzen – auch das trägt zu mehr Wachstum und Beschäftigung bei.« Doch die Beiträge zur Renten- und Arbeitslosenversicherung sollten zunächst einmal steigen. Der neue Superminister Clement gab sich wolkig, indem er darauf hinwies, die Arbeitslosenversicherungsbeiträge könnten wieder sinken, sollten die Reformen erst einmal greifen. In dem bekannten wie grundlosen Optimismus hieß es abermals: »Bis 2006 werden wir einen Bundeshaushalt ohne neue Schulden vorlegen.«

Eine Leitidee zur Wirtschafts-, Finanz- und Sozialpolitik fand sich im Koalitionsvertrag nicht. In der Arbeitsmarktpolitik verwies die neue Regierung abermals allein auf die Vorschläge der Hartz-Kommission. Die längst bekannte Zusammenlegung von Arbeitslosen- und Sozialhilfe wurde festgeschrieben, ohne sich aber auf ein Niveau festzulegen. Mit dem Ruf nach einer besseren Betreuung von Kindern wussten die Koalitionsparteien allenfalls in der Familienpolitik, in welche Richtung sie marschieren mochten. Sie hatten nicht zuletzt vor Augen, wie sehr die Union im Wahlkampf unter ihrem Familienbild vom berufstätigen Ehemann und der die Kinder daheim erziehenden Mutter gelitten – und wohl auch deshalb verloren – hatte.

Während das Wachstum für das laufende Jahr gegen null Prozent tendierte und die Ökonomen für das Folgejahr allenfalls einen Zuwachs von 0,4 Prozent prognostizierten, begaben sich SPD und Grüne zur Unterzeichnung der Koalitionsvereinbarung in die karge Neue Nationalgalerie. Freudlos tauschte man dort die rot-grün gefärbten Kladden aus. Dazu gab es Selters. Den Journalisten waren keine Fragen erlaubt. Diese Szenerie war symbolisch. Genau so begann die rot-grüne Regierung ihre zweite Legislaturperiode. »Der Start der 2. Regierungsperiode war schwierig, auch aus eigener Schuld«, bekannte wenig später Franz Müntefering.[11] Allein der neue Superminister und einige jüngere Abgeordnete wagten ihre Partei zu mehr Reformmut aufzufordern. Clement bilanzierte in seiner ihm eigenen Art: »Die wahre Lage ist dramatischer als die veröffentlichte Lage.«[12] Ein schnelleres Reformtempo sei gefragt, appellierten einige jüngere Parlamentarier an die SPD. »Wer morgen sicher leben will, muss heute für Reformen kämpfen«, stellten sie fest, sich auf Willy Brandt berufend. Die SPD wie Schröder sollten »unerschrocken und mit klarer Zielperspektive vorgehen« und »vielfältige Widerstände« überwinden.

Anders als bei seiner ersten Wahl zum Kanzler konnte sich Schröder am 22. Oktober 2002 im Bundestag nicht auf Stimmen aus der Opposition stützen. Die Mehrheitsverhältnisse waren knapp, Schröder erhielt 305 Ja-Stimmen. SPD und Grüne brachten es auf 306 Sitze. Der missmutige Kanzler, der den roten Faden für seine zweite Amtszeit noch immer nicht gefunden hatte, gab sich defensiv. Er kündigte an, das »mutige Mögliche« zu tun, er sprach von Machtbalance und Machbarkeit. Bislang sei die Koalition nur einen Schritt gegangen, nun deutete er weitere Pläne an: »Da muss mehr kommen«, sagte Schröder, blieb aber vorerst jede Konkretisierung schuldig.[13]

Für Schröders Regierungserklärung hatten sich seine Redenschreiber an Brandts Regierungserklärung von 1973 bedient. Schröder aber versprühte nichts von Brandts Euphorie nach der legendären 1972er »Willy-Wahl«. Die Menschen hätten sich entschieden, den Sozialstaat nicht abzubauen oder »wahllos Leistungen zu kürzen«, stellte er fest. Er sprach – anders als im Wahlkampf – davon, es gebe wenig Anlass zur Hoffnung auf eine kurzfristige Besserung der Weltwirtschaft, und kündigte an, den berühmten Ausnahme- und Subventionstatbeständen im Steuerrecht den Garaus zu machen. Dem Maastricht-Vertrag, längst aus den Augen verloren, gelte es, mit einer »konjunkturgerechten Ausgestaltung« zu begegnen.

»Vordringliche Aufgabe in der beginnenden Legislaturperiode ist nach unserer festen Überzeugung die Reform der Arbeitsmärkte«, wiederholte Schröder sein Credo und verwies auf die Vorschläge der Hartz-Kommission. Diese böten »ein schlüssiges Gesamtkonzept«, weswegen man sie ohne Abstriche umsetzen werde. Sie stellten damit die größte Arbeitsmarktreform seit Bestehen der Bundesrepublik dar. Nun sei ein langer Atem gefragt. Daneben ließ Schröder eine bislang nicht gekannte Rhetorik erkennen. »Es ist jetzt nicht die Zeit, neue Forderungen zu stellen«, sagte der Kanzler. »Wer nur seine Ansprüche pflegt, der hat wirklich noch nicht verstanden, worum es geht.« Er kündigte an, »bei bestimmten staatlichen Leistungen auch kürzerzutreten ... Zu Reform und Erneuerung gehört auch, manche Ansprüche, Regelungen und Zuwendungen des deutschen Wohlfahrtsstaates zur Disposition zu stellen.« Schröder konstatierte: »Auch wenn der Weg der Reformen mitunter beschwerlich ist – wir werden nicht nachlassen.«

Schröder wusste, was er von der Koalitionsvereinbarung zu halten hatte – nämlich nichts. Darin, sagte er nun, seien »für viele Bereiche wichtige Schritte benannt. Gelegentlich sind es erst bescheidene Schritte. Ich meine aber, in allen Punkten ist festzustellen, dass die Richtung stimmt.«[14] Hätte Schröder seine Regierungserklärung nicht als Gelegenheit nutzen können, das Reformthema zu intonieren? Hätte er nicht eine Art »new deal« vorschlagen können? Jetzt hatte er schließlich die Wahl gewonnen! Doch Schröder wagte abermals keine Realitätsoffenbarung. Er fürchtete, bei einem solchen Szenario aufgrund der knappen Mehrheitsverhältnisse nicht einmal zum Kanzler wiedergewählt zu werden. Bewusst also verzichtete Schröder auf eine Blut-, Schweiß- und Tränenrede. Stattdessen setzte er nach außen hin abermals auf die Konjunktur – und darauf, mit ihrer Hilfe um harte Einschnitte herumzukommen. Missmutig befand Schröders Umgebung, die Regierungserklärung müsse auf der Basis der als miserabel empfundenen Koalitionsvereinbarung stehen. Doch schon jetzt war von einem »zweiten Aufschlag« die Rede. Das Umfeld des Kanzlers war überzeugt: Wir müssen einen Neustart ins Auge fassen. Die Koalitionsvereinbarung trägt nicht, damit kommen wir nicht durch. Die Regierung offenbarte, dass sie mit ihrer Macht nichts anzufangen wusste. Dies wiederum beruhte darauf, dass Schröder lange nicht den Mut zu den nötigen Reformen besessen hatte. Er fürchtete den Widerstand seiner eigenen Partei und der Gewerkschaften. Schröder zögerte und zauderte, weil er ahnte, dass er einen schweren Gang riskierte.

In der Aussprache zu Schröders Regierungserklärung deutete Müntefering, vor allem aber Fischer Reformbereitschaft an. Nur Angsthasen leugneten Probleme, gab Müntefering zu und plädierte für eine bessere Behandlung älterer Arbeitnehmer. »55-Jährige gehören nicht in den Vorruhestand. Sie gehören an die Arbeit und können das auch«, stellte er fest. Eine Lebensarbeitszeit von 38 Jahren sei zu kurz. Daher müssten die Menschen früher ins Arbeitsleben hineinkommen und erst später aussteigen. Bei alldem gelte: »Das offizielle Renteneintrittsalter von 65 Jahren muss nicht erhöht werden. Wer wie Herr Merz das fordert, redet Unsinn.« Gut drei Jahre später sah Müntefering das anders. Fischer warb regelrecht um Reformen: »In der gegenwärtigen negativen wirtschaftlichen Entwicklung werden die Probleme und Schwachstellen in unserem Wirtschaftssystem und unserem Sozialsystem, die wir seit Langem mit uns herumschleppen, offen gelegt.« Der alte und neue Außenminister war von dem Koalitionsvertrag ebenso wenig überzeugt wie Schröder. Er ging auf die Reform des Arbeitsmarktes ein und äußerte seine Sorge, dass »die Arbeitslosigkeit die Reformen, die wir angepackt haben, aufzufressen droht oder bereits aufgefressen hat.« Die Einstellungsschwelle müsse deutlich gesenkt werden, meinte Fischer. Doch wie sollte dies geschehen? Mit einem Niedriglohnsektor? Mit einer Ausweitung der Zeitarbeit? Mit einem gelockerten Kündigungsschutz? Alldem hatte die Koalition eine Absage erteilt.

Schon wenige Tage später wies Eichel darauf hin, der Koalitionsvertrag sei »kein Gesetz«. Von der Umsetzung des Hartz-Konzeptes »eins zu eins« war schon längst keine Rede mehr. Der Namensgeber, als Mann der Wirtschaft bar jeden Verständnisses für politische Abläufe und Kompromisse, klagte: »Im Gesetzentwurf fehlen in der Tat wichtige Teile unseres Konzepts. Es wurde nicht eins zu eins umgesetzt.« Mit diesen Plänen werde »es jedenfalls nicht möglich sein, zwei Millionen Menschen einen neuen Arbeitsplatz zu verschaffen«.[15] Noch immer zeichnete sich kein Aufschwung ab. Die Lage im Herbst 2002 wurde vielmehr immer düsterer.

Der Anstieg der Rentenbeiträge von 19,1 auf 19,5 Prozent zerstörte jeden Ansatz einer Aufbruchstimmung. »Jetzt saugen sie uns richtig aus«, titelte die »Bild«-Zeitung und zeigte Eichel mit einer Vampir-Grimasse: »Langsam wird's gruselig! Wie ein Polit-Vampir saugt die rot-grüne Koalition uns Bürger bis aufs Blut aus.«[16] Dem erhöhten Rentenbeitragsatz stimmten 40 SPD-Abgeordnete nur mit schriftlich fixierten Bedenken in einer Erklärung zur Geschäftsordnung des Bundestages zu. Außerdem beschloss die Koalition eine Erhöhung der Beitragsbemessungsgrenze in der Rentenversicherung.[17] Gerade aus der Mittelschicht mussten sich viele SPD-Abgeordnete Klagen darüber anhören.

Die Forderung des Rentenexperten Bert Rürup nach einem höheren Renteneintrittsalter (Rente mit 67) verhallte hingegen ungehört. Nur wenige dachten vor. Es stelle sich die Frage, »ob angesichts der demografischen Entwicklung das jetzige Rentenniveau weiter garantiert werden kann«, schrieb der junge SPD-Haushaltspolitiker Carsten Schneider in einem gemeinsamen Papier mit Jörg Asmussen, Abteilungsleiter im Finanzministerium und bis vor Kurzem Büroleiter von Eichel. Darin hieß es weiter, die Rentner sollten ihre Krankenversicherungsbeiträge voll selbst finanzieren. Hinsichtlich der Politik der »ruhigen Hand« schrieben die beiden Autoren, es sei ein Fehler gewesen, »ein Jahr vor der Wahl die Modernisierungsstrategie beiseite zu legen«. Da der Staatshaushalt konsolidiert werden müsse, Investitionen in Bildung, Forschung und Infrastruktur aber nicht gekürzt werden dürften, gelte: »Die Ehrlichkeit gebietet es zu sagen, dass dies dann eine Kürzung der Sozialausgaben bedeutet.« Der Arbeitsmarkt sei zu flexibilisieren, der Kündigungsschutz stelle für ältere Arbeitnehmer keinen Schutz dar, »sondern praktisch ein Beschäftigungsverbot«.[18] Derart deutliche Worte sollte noch Jahre nach der Agenda 2010 kaum ein Sozialdemokrat wagen.

Neue Schulden, jüngst entdeckte Haushaltslöcher, absehbare Steuererhöhungen, ein Lavieren ohne roten Faden und ein matter Kanzler – das Kabinett wirkte schon zu Beginn seiner Regierungszeit ausgelaugt. Aus den Reihen der SPD musste sich der Kanzler Forderungen nach mehr Führung anhören. »Manchmal muss man auch mit der Faust auf den Tisch hauen«, verlangte Heide Simonis. Der saarländische SPD-Chef Heiko Maas warf Schröder vor, die Leitlinien sozialdemokratischer Politik seien »überhaupt nicht erkennbar«. Sigmar Gabriel diagnostizierte der Regierung ein »Erklärungsproblem«. Solch einen schwachen Start der Regierung habe er nicht für möglich gehalten. Und Kurt Beck schrieb dem Kanzler ins Stammbuch: »Man wählt niemanden, der selbst nicht weiß, wohin er will.«[19] Ohne Frage: Der Kanzler wusste nicht, wohin die Reise seiner Regierung gehen sollte. Die »Neue Mitte« war passé. Vom »Modernen Regieren« und dem »Dritten Weg« mochte er nichts mehr hören. Doch all diese Ansätze wurden allein durch ein großes Nichts ersetzt.

»Genosse Schröder. Von der Neuen Mitte zum Kanzler der Gewerkschaften« – unter dieser Überschrift zeigte der »Spiegel« vom 18. November 2002 auf seinem Titel Schröder in einem realsozialistischen Bild mit einer roten Fahne. Im Hintergrund waren dampfende Schlote zu sehen. Dieses Bild, dieses Image, diese Titelgeschichte verärgerten Schröder massiv. Manch einer sah darin gar den Ausgangspunkt der Reformoffensive wenige Wochen später.

Zunächst machten die Ministerpräsidenten Schröder zu schaffen. Im Dezember 2002 plädierte sein Nachfolger Gabriel für die Wiedereinführung der Vermögenssteuer: »1 Prozent Vermögenssteuer für 100 Prozent Bildung«, hieß es auf den SPD-Plakaten im niedersächsischen Landtagswahlkampf. Ehe Gabriel diese auf einer Pressekonferenz vorstellte, erhielt er einen Anruf Schröders. Ob diese Kampagne denn nötig sei, fragte der Kanzler. Gabriel bejahte diese Frage. Es kam zu einem lauten Disput. Schröder knallte den Hörer auf und beendete das Gespräch. Schröders Problem: Gabriel war nicht alleine. Beck und der neue nordrhein-westfälische Ministerpräsident Peer Steinbrück, nicht eben linke Ideologen, plädierten ebenso für die Einführung einer Vermögensteuer. Sie standen zu ihrem Vorhaben auch nach Schröders Positionierung. Gabriel wiederum mokierte sich über die Sturheit Eichels, der voll Schröders Linie vertrat und sich gegen zusätzliche Steuern wehrte. »Hans Eichel«, spottete Gabriel, »hat einen Sprachfehler – er kann nicht Ja sagen.«

Gabriel wies darauf hin, der Kanzler habe doch gegen den Vorstoß für eine Vermögensteuer lange nichts einzuwenden gehabt. Schröder habe dem Pferd »erst einen Klaps gegeben und es sodann erschossen«, klagte Gabriel. Schröder hatte Gabriel und seinen Kollegen in der Tat den Freibrief für eine entsprechende Initiative im Bundesrat gegeben. Nun aber wollte sich der Kanzler nach der

Debatte um die Eichel-Liste mit einem Befreiungsschlag von der Vermögensteuer – einer reinen Ländersteuer – distanzieren. Er musste den Eindruck vermeiden, direkt nach der Bundestagswahl an allen erdenklichen Steuerschrauben zu drehen.

Mit eigentümlichen Äußerungen lösten SPD-Generalsekretär Scholz und Fraktionschef Müntefering Diskussionen in der Koalition und darüber hinaus aus. Scholz wandte sich gegen jegliche Änderungen in der Rentenpolitik. Im Gegensatz zu den Überlegungen der – von der Regierung eingesetzten – Rürup-Kommission erklärte Scholz, vor dem Jahr 2010 gebe es »keinen Handlungsbedarf«. Ferner behauptete er: »Alle Rentenexperten sind der Ansicht, dass vor den Jahren 2010 oder 2015 keine strukturellen Reformen wirksam werden müssen.« Scholz' Fazit: »Viel spricht dafür, jetzt cool zu bleiben. Einen hektischen Handlungsbedarf gibt es nicht.«[20] Doch bewies nicht schon allein die immer geringer werdende Rücklage bei der Rente, wie viel Reformbedarf hier bestand? Die Grünen wie jüngere SPD-Politiker zeigten sich von Scholz' Worten entsetzt. »Jeder weiß, Reformen sind nötig«, sagte die grüne Fraktionssprecherin Katrin Göring-Eckardt. »Nur einer weiß es nicht: der Generalsekretär Olaf Scholz.« Die sozialdemokratische Finanzexpertin Nina Hauer meinte: »Wir lassen alles so, wie es ist – das kann nicht funktionieren.« Bei alldem beanspruchte Scholz für die SPD den Ruf einer Reformkraft. Man lasse sich von niemandem den »Modernisierungsschneid abkaufen« – weder von denen, die nicht regieren, noch von denen, mit denen man regiere. Dies war als Spitze gegen die Grünen zu verstehen. »Es gefällt uns überhaupt nicht, wenn uns jemand unterstellt, wir seien nicht reformfreudig.«[21] Aber bestand dazu nicht allerlei Anlass?

Ausgerechnet zu Beginn der Adventszeit gab Müntefering in einem Interview mit dem »Tagesspiegel« eine denkwürdige Argumentationslinie aus: »Weniger für den privaten Konsum – und dem Staat Geld geben, damit Bund, Länder und Gemeinden ihre Aufgaben erfüllen können.«[22] Bis heute können damalige Mitarbeiter Münteferings nicht erklären, wie ihrem Chef dieser Fauxpas unterlaufen konnte. Immerhin hatte Müntefering das Interview eigenhändig autorisiert. Doch entsprach die umstrittene Äußerung nicht ganz dem Denken Münteferings? Er war längst der Ansicht, die Steuern dürften nicht weiter sinken. Müntefering setzte stattdessen auf einen Ausbau der Infrastruktur. Insofern entsprach die

Forderung, dem Staat Geld zu geben, seiner politischen Linie, die aber damals nicht opportun war. Dies sollte erst mit der großen Koalition und deren Erhöhung der Mehrwertsteuer im Jahr 2005 der Fall sein. Schröder distanzierte sich sogleich von Münteferings Vorstoß. Es sei nicht weniger, sondern mehr privater Konsum nötig. Neue Steuern kämen nicht infrage. »Zur Zurückhaltung im Konsum aufzurufen – das wird nicht funktionieren«, wies Schröder Müntefering zurecht.[23] Schröder spottete über die »gelegentlich zu betrachtende Konsumzurückhaltung«. Zu Weihnachten aber möge jeder »seine Lieben reich beschenken«, wünschte sich der Kanzler mit leichtem Spott in der Stimme. Superminister Clement äußerte sich weniger charmant zu der Wortmeldung seines Widersachers Müntefering. »Der Staat in Deutschland ist nicht arm«, stellte Clement fest. Allerdings, setzte er nach, gebe der Staat »das Geld nicht durchweg an den richtigen Stellen aus«.

Der Kanzler wandte sich nun öffentlich gegen die »Kakophonie in den eigenen Reihen«. Im Parteivorstand wies er zuvor abermals darauf hin, mit Steuererhöhungen seien keine Wahlen zu gewinnen. »Das andauernde Stimmengewirr lasse ich mir nicht bieten«, sagte Schröder, unter anderem auf Gabriel und die Ministerpräsidenten zielend. Nachdem Müntefering die Kritisierten verteidigte, polterte der Kanzler: »Nicht die SPD hat die Bundestagswahl gewonnen – ich habe sie gewonnen. ... Wenn einer meint, es besser zu können, dann soll er es machen.« Die SPD-Linke reagierte demonstrativ gelassen auf Schröders Äußerungen. »Das habe ich vom Kanzler schon mindestens 30-mal gehört«, sagte Vorstandsmitglied Hermann Scheer. Ludwig Stiegler behauptete gar, diesen Satz »haben wir im Laufe der Zeit mindestens 100-mal gehört«. Öffentlich dementierte Schröder wenig später jede Rücktrittsabsicht: »Der Kanzler wird das Schiff nicht verlassen.«[24] Die vielen Pannen und die Widersprüchlichkeiten im Regierungsalltag ließen Schröder jedoch eine schlechte Kommunikation eingestehen. Sogar Müntefering erklärte, selbstredend in der Vergangenheitsform: »Wir hatten ein Problem mit der Darstellung.« In jener Sitzung der SPD-Spitze erhielt Clement den Auftrag, ein Papier zu weiteren Reformen zu erstellen. Der ungeduldige Clement (»Lieber Gott, gib mir mehr Geduld, aber schnell«) drängte die Regierung wenig später zu einem höheren Tempo. Sein zehnseitiges Konzept unter dem gewohnt bescheidenen Titel »Erneuerung der sozialen Marktwirtschaft«

sah vor, die Lohnnebenkosten zu senken, Arbeitsrecht wie Sozialsystem zu modernisieren und den Kündigungsschutz zu lockern. Unternehmen, besonders der Mittelstand, sollten mehr Spielraum bekommen. Clement war erst wenige Wochen im Amt, längst aber formierte sich in der Fraktion Widerstand gegen seine Politik. Als im Dezember 2002 die Gesetze zu den Minijobs verabschiedet wurden, stimmten 20 SPD-Abgeordnete nur unter schriftlich fixierten »erheblichen Bedenken« zu.

Die »Spiegel«-Reporter Matthias Geyer, Dirk Kurbjuweit und Cordt Schnibben sehen in der ersten Dezemberwoche des Jahres 2002 Schröders Wendung zu Reformen. Erstmals sei in dieser Woche der Wandel des Kanzlers deutlich geworden, schreiben sie in ihrem Buch ›Operation Rot-Grün‹.[25] Bewusst habe Schröder seither von Zumutungen statt Gefälligkeiten gesprochen. Vor dem Bundestag verwandte Schröder in der Tat die Formulierung von »weitergehenden Reformen«. Der Kanzler deutete an, Leistungen für die Gesundheit »auf das medizinisch Notwendige – aber dann für alle und nicht nur für Teile der Gesellschaft – reduzieren (zu) müssen«. Müntefering zeigte sich gegenüber derlei Vorstellungen zu diesem Zeitpunkt noch zurückhaltend. Er klammerte sich an den längst überholten Koalitionsvertrag, zitierte alte sozialdemokratische Weisheiten (»Nur Starke können sich einen schwachen Staat leisten«) und ließ weiter Sympathien für die Vermögensteuer erkennen. Er machte klar, dass die Ergebnisse der Rürup-Kommission nicht komplett umgesetzt werden. Sein Image als Reformverweigerer, als »Beton-Sozi«, störte ihn kaum: »Beton ist doch ein dankbarer Stoff, mit dem man viel machen kann«, pflegte Müntefering zu sagen. Müntefering und Scholz galten in dieser Phase als die Betonköpfe, die Traditionssozialdemokraten schlechthin. Diesem Ruf aber wollten sie nun selbst etwas entgegensetzen.

Der Kanzler galt weiter als geschwächt und die rot-grüne Koalition zwei Monate nach ihrem Start als verbraucht. Längst wurde über eine große Koalition unter einem Kanzler Clement spekuliert. Entsprechend belastet war das Verhältnis zwischen Clement und den Grünen, die dem Minister zudem in der Umweltpolitik einheizten. So kam es in der Frage des Emissionshandels zu einem heftigen Streit zwischen Clement und Trittin. Als die von Schröder beklagte »Kakophonie« noch immer nicht endete, wies Schröder erkennbar genervt darauf hin, er sei der Vorsitzende der SPD und nicht ihr Diktator. Selbst dafür erntete der Kanzler Widerspruch. Sigmar Gabriel ätzte: »Der Kanzler sagt, er sei nicht der Diktator der SPD. Manchmal hatte ich einen anderen Eindruck.« Gabriel blieb bei seinem Wahlkampfschlager Vermögensteuer und wies darauf hin, diese Steuer sei »keine Erfindung von Gabriel, sondern von Adenauer und Erhard«. Schröder ermahnte daraufhin Gabriel, das Motto »Erst das Land, dann die Partei« zu beachten, und sprach in diesem Kontext von »tatsächlichen oder vorgeblichen« Länderinteressen der Ministerpräsidenten.

Im Dezember 2002 titelte der »Spiegel«: »Schröders Wende«.[26] Der Kanzler hatte in seinem Kampf gegen die Vermögensteuer von Müntefering Loyalität eingefordert. Vor allem aber hatte er sich sowohl gegen Eichel als auch gegen Gabriel und die anderen Ministerpräsidenten durchgesetzt. Schröder ordnete die Parteiinteressen in der heißen Phase vor zwei wichtigen Landtagswahlen der Staatsräson unter. Er war nicht bereit, eine populäre, ihm aber sachlich nicht begründete Kampagne mitzutragen. Stattdessen setzte Schröder gegen große Teile seiner Partei eine Abgeltungssteuer durch, bei der Zinserträge einheitlich mit 25 Prozent besteuert werden sollten. Außerdem ließ er eine Amnestie für Steuerflüchtlinge beschließen. Die SPD-Linken schäumten vor Wut.

Steinmeiers Offensive

In dieser angespannten Lage wuchs im Kanzleramt die Einsicht, handeln zu müssen. Mehr und mehr setzte sich der Eindruck durch, die düstere Lage von Wirtschaft und Haushalt stelle das Ende eines über vier Jahrzehnte beschrittenen Weges dar: Die Rente lief aus dem Ruder, die Neuverschuldung stieg ebenso wie die Zahl der Arbeitslosen. Kanzleramtschef Steinmeier und seine Leute waren sich einig, dass ein »muddling through«, ein Durchwursteln, im gemeinsamen Untergang enden würde. Der Ärger über die missratene, erst wenige Wochen alte Koalitionsvereinbarung war groß. Schröder und Steinmeier verständigten sich, den ins Auge gefassten »zweiten Aufschlag« vorzubereiten.

Steinmeier beauftragte den Leiter seines Planungsstabes, Heiko Geue, ein Thesenpapier zu verfassen. Er wünschte sich nichts weniger als eine Neufundierung nach den Koalitionsverhandlungen.

Geue sollte kurz und bündig die ökonomische Lage analysieren und mögliche Instrumente benennen. Gewissermaßen suchte die Regierung wenige Wochen nach ihrem zweiten Start nach einer neuen politischen, ideologischen, ja philosophischen Grundlage ihrer Politik. Die Regierung also hatte wiedergewählt werden wollen, machte sich aber erst nach der Wahl Gedanken, wozu. Geue war beauftragt, eine Diagnose zu erstellen und eine Therapie vorzuschlagen. Parallel dazu empfing Steinmeier die Staatssekretäre der Fachministerien und lotete den Reformbedarf aus. Innerhalb der Koalition wurden Fischer und Clement über das Vorhaben des »zweiten Aufschlages« informiert.

Der Sozialstaat müsse umgebaut werden, wenn man ihn erhalten wolle, lautete der Tenor des Papiers unter dem Titel »Auf dem Weg zu mehr Wachstum, Beschäftigung und Gerechtigkeit«. Geues Konzept erwies sich als Gegenpapier zu der jüngst verabschiedeten Koalitionsvereinbarung. Es beschrieb die Ausgangssituation mit dem Verweis auf die tiefe weltweite Verunsicherung sowie die Vertrauens- und Wachstumskrise. Er problematisierte die mangelnde Binnennachfrage. Die sozialen Sicherungssysteme seien teilweise verkrustet und ineffizient und verlangten so immer mehr Ressourcen. Daher gelte: »Die an sich hervorragenden Systeme der sozialen Sicherung in Deutschland müssen grundlegend reformiert werden.« Nur auf diesem Weg sei die soziale Marktwirtschaft als wettbewerbsfähiges Modell zu erhalten. Grundlegende Reformen der sozialen Sicherungssysteme – eine solche Rhetorik war Ende des Jahres 2002 in der deutschen Politik abseits von FDP-Parteitagen nicht bekannt. Schon auf der ersten Seite des Papiers, bei der Beschreibung der Ausgangslage, wurde deutlich, dass das Kanzleramt ein in jeder Hinsicht neues Kapitel aufschlagen wollte. »Ohne grundlegende Reformen drohen Leistungskürzungen und/oder weitere Beitragsanhebungen«, hieß es darin.

Das Papier plädierte für mehr Investitionen und ein Sparen bei konsumtiven Aufgaben und Subventionen. Steuern und Lohnnebenkosten seien zu senken, die Bürokratie müsse abgebaut werden. Zwei Sätze brachen mit dem bisherigen sozialdemokratischen Sozialstaatsverständnis: »Der Königsweg für mehr Vertrauen und Beschäftigung ist eine Absenkung der Steuer- und Abgabenbelastung. … Lohnsteigerungen können moderater ausfallen, ohne dass dadurch der Konsum belastet würde.« Geue verwies darauf, Arbeitslose stünden bei einem Hinzuverdienst zuweilen vor der Situation, »in der das Nettoeinkommen fällt, wenn das Bruttoeinkommen steigt. ... Die Folge ist ein zunehmendes Abweichen in die Schwarzarbeit.« Arbeitslose dürften für die Aufnahme einer Arbeit nicht finanziell bestraft werden. Er schilderte den Fall einer fünfköpfigen Familie, in der ein Arbeitnehmer im Jahr 2001 einen Brutto-Niedriglohn von 1300 Euro erhielt. Das Nettoeinkommen einer solchen Familie betrage samt Kinder- und Wohngeld rund 1750 Euro. Die fehlenden Arbeitsanreize brachte das Papier klar auf den Punkt: »Dieselbe Familie besaß hingegen einen monatlichen Sozialhilfeanspruch in Höhe von rund 1850 Euro.«

Als »Faustformel« benannte das Papier eine Gleichung, auf die in ähnlicher Hinsicht die Arbeitgeberverbände immer wieder hinwiesen und die schon deshalb innerhalb der SPD wenig populär war: »1 Prozent mehr Sozialversicherungsbeiträge kostet im ersten Jahr rund 20000 und im dritten Jahr schon rund 100000 Arbeitsplätze.« In der Gesundheitspolitik wurde ein erweiterter Wettbewerb vorgeschlagen. Gefragt seien »Tarifoptionen mit Bonussystem« etwa. Beitragsrückerstattungen und Wahltarife seien einzuführen – wodurch sich die gesetzlichen Kassen kaum noch von Privatkassen unterscheiden würden. Doch heben Beitragsrückerstattungen nicht das Solidarprinzip auf? Gesundheitsministerin Ulla Schmidt hatte sich gegen eine solche Systematik bislang gewehrt. Die Kanzleramts-Mannschaft mochte sich daneben einen Seitenhieb auf den einstigen Konkurrenten Schröders und dessen Anhänger nicht verkneifen. Es gehe darum, Wachstumskräfte in Deutschland wieder zu entfesseln. Für die Regierung gelte: »Sie knüpft dabei an ihre erfolgreiche Politik der Zeit nach Lafontaine an ...«[27] Das Kanzleramt wollte nichts weniger, als den Trampelpfad der bisherigen Politik zu verlassen. Man zeigte sich überzeugt, dass die angespannte Lage weder durch mehr Geld noch durch höhere Alimentierungen zu bewältigen sei. Vielmehr war eine Strukturreform gefragt. Immer wieder wurde das Papier überarbeitet, etliche Fassungen kamen in Umlauf. Schröder war über diesen Fortgang der Arbeiten nicht immer im Bilde, hatte aber sein Einverständnis zu der grundsätzlichen Richtung gegeben. Das Willy-Brandt-Haus war über Ausmaß und Richtung des Papiers nicht informiert. Hier war allein bekannt, dass das Kanzleramt ein solches Konzept entwickelte.

Am 20. Dezember 2002 berichtete der Berliner »Tagesspiegel« über das »Thesenpapier«[28], das seither »Kanzleramtspapier« genannt wurde. Die Zeitung titelte: »Kanzleramt plant radikale Reformen«. Steinmeier dürfte das Papier zwei Redakteuren des »Tagesspiegel« übergeben haben, die ihn kurz zuvor aufgesucht hatten. Über die plötzliche Veröffentlichung informierte Steinmeier Schröder telefonisch erst kurz zuvor. Das Umfeld des Kanzlers war vom Zeitpunkt der Berichterstattung überrascht. Auch das Willy-Brandt-Haus erfuhr von dem Papier erst aus der Zeitung und reagierte entsprechend verärgert.

Schröder spielte das Papier zunächst nach außen als »vorläufige Gedankenskizze«, die auf der Arbeitsebene des Kanzleramtes entstanden sei, pflichtgemäß herunter. Was sollte er auch tun, als sich davon zu distanzieren? Einen Paradigmenwechsel könne er darin nicht erkennen, behauptete er. Das Konzept aber liefere Vorschläge für mittel- und langfristige Reformschritte. Schröder wusste um die Notwendigkeit einer inhaltlichen Neuorientierung. Längst gestand er das miserable Management nach der Bundestagswahl öffentlich ein. Zwar sei eine »Linie« immer »da« gewesen, sagte er, doch »sie war nicht immer gut zu sehen, das will ich gerne einräumen«.[29]

Nach einem kurzen Zögern legte sich Schröder fest: »Das ist mein Papier.« Der Kanzler entschied sich für diesen Ausfallschritt als einzige Chance. Er mutete seiner eigenen Partei viel zu – wohl wissend, dass er innerhalb der Sozialdemokratie derartige Überlegungen nicht ausdiskutieren konnte. Schröder ging also in die Offensive. »Uns war klar, dass wir die Legislaturperiode mit der Koalitionsvereinbarung nicht würden überstehen können«, schreibt der Altkanzler in seinen Memoiren. »Wir waren uns einig: Die Zeit war reif für ein offensives Reformprogramm, das weit über den Koalitionsvertrag hinausreichte.«[30] Das Kanzleramtspapier sollte deutlich machen, dass die Zeit der Trippelschritte vorbei war. Es sollte eine langfristige Strategie vermitteln – und aufrütteln.

In der SPD war der Aufschrei über das Papier laut, wenngleich das Ausmaß seiner Bedeutung nicht erkannt wurde. Die Parteilinke reagierte ablehnend, während der konservative Seeheimer Kreis und das reformorientierte Netzwerk das Papier als befreiend empfanden. Die beiden stellvertretenden Fraktionschefs Michael Müller und Gernot Erler forderten sogleich eine Grundsatzdebatte über das Papier. Müller verlangte eigentlich stets eine Grundsatzdebatte, sobald in der Politik ein neuer Gedanke aufkam. Erler drohte gar: »Es wäre riskant, die Fraktion nicht mitzunehmen.« Und Ludwig Stiegler, einer der letzten Jünger Oskar Lafontaines, sprach sich anstelle eines Modernisierungsprojektes nach den Vorstellungen des Kanzleramtes für ein »Investitionsprogramm à la Keynes« aus. Die »Erkennungszeichen sozialdemokratischer Politik« müssten wieder deutlich werden, mahnte Juso-Chef Annen an: »Das Strategiepapier weist in eine falsche Richtung. Aber in der SPD gelten die Beschlüsse des Parteitages und nicht Überlegungen von Bürokraten aus dem Kanzleramt.«[31] Der Sozialpolitiker Klaus Brandner wehrte sich gegen Wahlleistungen und eine größere Selbstbeteiligung in der Gesundheitspolitik – während Superminister Clement das Papier bloß als einen ersten Schritt bezeichnete, dem weitere Einschnitte folgen müssten. Thierse behauptet heute, die SPD-Spitze habe bereits eher als das Kanzleramt Reformerfordernisse gesehen. »Schon bevor das ›Kanzleramtspapier‹ verfasst wurde, war das SPD-Präsidium zu der Einschätzung gekommen: Wir müssen aus der wirtschaftlichen Entwicklung, der veränderten Wettbewerbssituation und der Belastung der Arbeitsplätze Konsequenzen ziehen.« Eine Debatte sei aber vor Schröders Regierungserklärung »selbst im Präsidium nicht möglich« gewesen, sagt Thierse. »Sie wäre durch die Medien sogleich bekannt geworden. Die mediale Hysterie hätte all diese Ansätze sogleich zermalmt und zerpflückt. Daher konnten wir die Reformen in der Partei erst nach der Agenda-Rede diskutieren.«[32] Zu belegen ist eine derartig frühe Positionierung des Präsidiums in der Reformfrage jedoch nicht.

Selbst Schröder war zu diesem Zeitpunkt noch nicht festgelegt, in welcher Weise er die Neujustierung seiner Politik offiziell verkünden sollte. Im Kanzleramt wurde nach einer geeigneten Veranstaltung gesucht. Ein Auftritt vor der SPD, der Friedrich-Ebert-Stiftung oder einem Verband wurde erwogen und dann wieder verworfen. Von einer Regierungserklärung war keine Rede. In der SPD aber hatte die jahrelange Debatte über die Reform des Sozialstaates in den Tagen vor Weihnachten 2002 begonnen. Die Union zeigte sich bei alledem konsterniert über Schröders Vorstoß, damit hatte sie nicht gerechnet. Dem Kanzler war es mit seinem Papier gelungen, die Aktionshoheit zu gewinnen. Schröder geriet erstmals nach dem Wahlabend wieder in die Offensive.

Anmerkungen

1 Müntefering, zitiert nach: Der Spiegel, Wahlsonderheft '02, 24. September 2002.
2 Hans Eichel im Gespräch mit dem Verfasser am 16. Oktober 2008 in Berlin.
3 Schröder, zitiert nach: Süddeutsche Zeitung, 24. Dezember 2002.
4 Hans Eichel im Gespräch mit dem Verfasser am 16. Oktober 2008 in Berlin.
5 Gabriel, zitiert nach: Der Spiegel, 7. Oktober 2002.
6 Müntefering, zitiert nach: Der Spiegel, 21. Oktober 2002.
7 Schröder, zitiert nach: Die Welt, 1. Oktober 2002.
8 Clement, zitiert nach: Der Spiegel, 14. Oktober 2002.
9 Walter Riester im Gespräch mit dem Verfasser am 14. Februar 2008 in Berlin.
10 Klecha, Stephan: Wenn wir schreiten Seit an Seit. Vorgänge, 46. Jg. (2007), H. 4, S. 76–85.
11 Politischer Bericht Münteferings zur Klausur der SPD-Bundestagsfraktion am 9./10. Januar 2003 vom 9. Januar 2003.
12 Clement, zitiert nach: Der Spiegel, 21. Oktober 2002.
13 Schröder, zitiert nach: Der Spiegel, 21. Oktober 2002.
14 Regierungserklärung Schröders vom 29. Oktober 2002.
15 Hartz, zitiert nach: Der Spiegel, 25. November 2002.
16 Brendlin, Ulrike und Christoph Schmitz: Jetzt saugen sie uns richtig aus. Bild-Zeitung, 1. November 2002.
17 Die Grenze der Beitragspflicht zur Rentenversicherung stieg zum 1. Januar 2003 von einem monatlichen Einkommen von 4 500 auf 5 100 Euro.
18 Asmussen, Jörg und Carsten Schneider: Haushaltskonsolidierung heißt Gerechtigkeit für kommende Generationen. Undatiertes [2002] Manuskript.
19 Beck, zitiert nach: Der Spiegel, 25. November 2002.
20 Scholz, zitiert nach: Die Welt, 2. Dezember 2002.
21 Scholz während der Pressekonferenz nach der Präsidiumssitzung der SPD am 9. Dezember 2002.
22 Müntefering, zitiert nach: Der Tagesspiegel, 1. Dezember 2002.
23 Schröder, zitiert nach: Die Welt, 3. Dezember 2002.
24 Schröder, zitiert nach: Die Welt, 12. Dezember 2002.
25 Geyer, Matthias; Kurbjuweit, Dirk und Cordt Schnibben: Operation Rot-Grün. Geschichte eines politischen Abenteuers. München 2005, S. 233 ff.
26 Der Spiegel, 16. Dezember 2002.
27 Chef des Bundeskanzleramtes, Arbeitsbereich Planung, Dr. [Heiko] Geue: Auf dem Weg zu mehr Wachstum, Beschäftigung und Gerechtigkeit. Thesenpapier für die Planungsklausur am 5. Dezember 2002.
28 http://arbeitnehmerkammer.de/sozialpolitik/doku/02_politik/agenda2010/2002_12_20_kanzleramtspapier.pdf [10. Oktober 2008]
29 Schröder, zitiert nach: Süddeutsche Zeitung, 24. Dezember 2002.
30 Schröder: Entscheidungen, S. 390.
31 Annen, zitiert nach: Die Welt, 4. Januar 2003.
32 Wolfgang Thierse im Gespräch mit dem Verfasser am 17. März 2008 in Berlin.

Abstieg in die Niederungen
29. April 2003

Bundeskanzler Schröder beginnt auf der ersten SPD-Regionalkonferenz in Bonn zur Agenda 2010 mit der Überzeugungsarbeit an der Basis.

IV. Einsicht und Umkehr

Der einsame Kanzler

Die Zahl der Arbeitslosen steigt, die Wirtschaftsforscher erwarten ein Wachstum von gerade einmal einem Prozent. Die EU-Kommission leitet ein Strafverfahren wegen des zu hohen Staatsdefizits ein. Bei der Landtagswahl in Hessen verliert die SPD gut zehn Prozentpunkte, in Schröders Heimat Niedersachsen muss sie nach einem Minus von fast 15 Prozentpunkten die Macht abgeben. Gerüchten zufolge steht Deutschland vor einer großen Koalition. Der Kanzler möchte die Oppositionsführerin treffen, sie aber weigert sich – wohl selten befindet sich die große Regierungspartei in einer derart prekären Lage.

Für die Koalition wie den Kanzler galt: Sie wussten weder ein noch aus. Nur wenige Monate nach der knapp gewonnenen Bundestagswahl durchschritt die SPD ein Tal der Tränen. Die Regierung schien instabiler denn je. Der »Spiegel« zeigte auf seinem Titel einen müde dreinblickenden Schröder mit einer nachrufähnlichen Überschrift: »Der einsame Kanzler. 4 Jahre und 100 Tage«.[1] Der Regierungswechsel in Niedersachsen, wo mit Christian Wulff (CDU) ein Mann in die Staatskanzlei einzog, der zweimal gegen Schröder verloren hatte und von dessen Umgebung als »Weichei« verspottet wurde, zeigte dem Kanzler den Weg auf: Schröder hatte mit der Niederlage seiner Partei unter dem nervös und sprunghaft agierenden Sigmar Gabriel zwar gerechnet, das Ausmaß der Verluste aber nicht geahnt. Wieder färbte sich ein Land schwarz ein. Die Mehrheit der Union im Bundesrat wuchs – und damit die Notwendigkeit einer informellen großen Koalition. Stärker denn je musste Schröder die christdemokratischen Ministerpräsidenten umgarnen. Deren Angebot zu einer Kooperation wollte Schröder »offensiv annehmen«.

Diese machtstrategische Notwendigkeit gedachte der Kanzler nun mit seinen Reformplänen zu verbinden. Dabei war ihm die Quelle eines sicher zu erwartenden Widerstandes innerhalb der eigenen Koalition durchaus bekannt. Schröder erkannte diesen

Widerstand vor allem in der eigenen Partei, bei der SPD-Linken – und weniger in den in dieser Hinsicht weitgehend umgänglichen Grünen, deren Wähler sich von Einschnitten im Sozialbereich kaum betroffen sahen. Er aber sah keine Alternative mehr zu einem klaren Reformkurs – ansonsten hätte es der Kanzler wohl weiter mit dem »muddling through« versucht.

Schröders Superminister Clement pflegte zu diesem Zeitpunkt längst eine Zusammenarbeit mit Teilen der Union. Clement setzte dabei vor allem auf Friedrich Merz (CDU) und kündigte an, der Umbau des Sozialstaates werde »viel weitergehen, als viele wahrhaben wollen«. Er werde mit Merz gemeinsam Beethovens Neunte hören und dabei weitere Kooperationen vereinbaren, äußerte sich Clement. Der Superminister nannte das deutsche Arbeitsrecht »verfestigt, verkrustet und verriegelt« und zog mit derlei Bemerkungen stets den Zorn vieler Parteifreunde auf sich. Im SPD-Vorstand brüllten sich Clement und seine Kabinettskollegin Wieczorek-Zeul, die Gralshüterin sozialdemokratischer Parteitagsbeschlüsse, bei einer solchen Gelegenheit an. Kaum im Amt, verknüpfte Clement sein eigenes Schicksal mit der verlangten Reform des Kündigungsschutzes: »Werden wir an diesem Punkt scheitern, dann werde ich scheitern.« Clement und Merz – diese beiden westfälisch-dickschädeligen Katholiken verband ein wirtschaftsaffines Politikverständnis mit einem schneidigen Auftreten. Die beiden Juristen verstanden sich bei alldem als pragmatisch agierende Weltökonomen. Sie hielten alle anderen Parteifreunde für minderbemittelt. Schröder aber setzte voll auf Clement und appellierte an seine Partei, diesen mit allen Kräften zu unterstützen. Doch die SPD-Linken misstrauten Clement, ihnen war der Superminister zu sehr ein Mann der Wirtschaft. Daneben beäugten die Grünen Clement skeptisch, sie verdächtigten ihn schließlich, eine große Koalition zu planen. Heftige Kritik an Clement kam zudem von den Gewerkschaften. Der DGB-Vorsitzende Michael Sommer warnte Clement vor »eisigen Zeiten«, sollte er seine Kooperation mit Merz vertiefen. Mit seiner zuweilen radikalen Reformrhetorik und den ihm eigenen emotionalen Eruptionen mobilisierte Clement dabei stets die Widerstände seiner Gegner – oftmals stärker, als nötig gewesen wäre. Heute gehört es zum guten Ton in der SPD, Clement zu attackieren. »Wolfgang Clements Übereifer und sein ständiger Ruf, die Reformen noch zu verschärfen, haben in der Bevölkerung

Ängste geschürt«, sagt etwa Thierse. »Da die Debatte ohnehin hochemotional war und wir uns von einigen Gewohnheiten ... zu verabschieden gezwungen sahen, forcierten derartige Forderungen Ängste und Widerstände. Ich hatte bei Clement stets den Eindruck, dass er, so wie er redete, auch sich selbst von alldem überzeugen musste, was er sagte und tat.«[2]

Die Gewerkschaften liefen gegen jegliche Reformpläne Sturm. DGB-Chef Sommer warnte vor einer »Enteignung« der Beschäftigten durch die angekündigten Sozialreformen. Die Gewerkschaft ver.di setzte die SPD-Abgeordneten unter Druck, als die Regierung nur verlängerte Ladenöffnungszeiten ermöglichen wollte – wenngleich erfolglos.

Innerhalb der SPD wie ihrer Bundestagsfraktion herrschte gar die Meinung vor, mit Programmen wie der Steuersenkung habe man sich verkalkuliert. Die Wirtschaft wie die Bürger hätten sich dafür kaum bedankt, weshalb sich die SPD nun wieder auf den Trampelpfad der Sozialstaatsexpansion zu begeben habe. Der Abgeordnete Hubertus Heil zählte zu den wenigen, die das anders sahen. Er war überzeugt: »Gerhard Schröder hat die Bundestagswahl gewonnen, obwohl der Union eine höhere Wirtschaftskompetenz zugetraut wurde – nicht weil dies so war.« Heil argumentierte, die politische Linke könne es sich nicht leisten, den Abbau von Bürokratie und »Regulierungswut« allein den »Neoliberalen« zu überlassen. »Die SPD muss höllisch aufpassen, nicht dauerhaft das Image des Reformverweigerers angeheftet zu bekommen. Ohne jeden Erneuerungsanspruch ... wird die SPD nicht mehrheitsfähig bleiben, sondern dauerhaft unter die 30-Prozent-Marke gedrückt«, warnte Heil. Er wünschte sich zwar eine Reform des Arbeitsmarkts, ließ aber nicht erkennen, woran er dabei dachte. Immerhin sollte sich eine Prophezeiung Heils rasch als zutreffend erweisen, wenn er im Januar 2003 konstatierte: »Wer glaubt, das Hartz-Konzept sei der Endpunkt sozialdemokratischer Reformpolitik auf diesem Gebiet, wird seinen Irrtum bald erkennen müssen – und zwar noch in der laufenden Legislaturperiode.«[3] Schröder wiederum provozierte seine Parteifreunde, etwa indem er zur Klausurtagung der SPD den Präsidenten des Deutschen Industrie- und Handelskammertages, Ludwig Georg Braun, einlud – und dies gar zu Beginn der heißen Wahlkampfphase in Niedersachsen und Hessen. Die Grünen setzten die SPD unter Druck. Fritz Kuhn etwa mahnte im Bundestag

»elementare Reformen« an. Nur so »können wir in Deutschland die Krise überwinden«. Er ergänzte und sprach einen Reformbremser direkt an: »Ich sage das auch an die Adresse unseres Koalitionspartners gerichtet, Herr Stiegler.«

Müntefering drängte nach der Veröffentlichung des Kanzleramtspapiers auf baldige Entscheidungen. Er wollte jeden Eindruck einer »ruhigen Hand« vermeiden. Das Profil der SPD sei verwässert, klagte Müntefering hinsichtlich des widersprüchlichen Bildes, das seine Partei in den Landtagswahlkämpfen abgegeben hatte. Müntefering machte sich zwar die Vorhaben des Kanzleramtspapiers nicht »eins zu eins« zu eigen. Aber er hatte längst erkannt, dass Koalitionsverhandlungen und -vertrag Stückwerk geblieben waren. Müntefering war mit der gesamten Richtung der Regierungsarbeit nicht zufrieden. Er sinnierte darüber, sich in der Mitte der Legislaturperiode aus dem politischen Geschäft zu verabschieden, zumal seine Frau Ankepetra schwer erkrankt war. Politisch war er überzeugt, die SPD dürfe nicht die Augen verschließen vor Globalisierung und Veränderungen. Er sah darin nun eine Notwendigkeit zum Überleben. Müntefering ist ein lernendes System. Wenn ihm Mitarbeiter etwas nahebringen wollen, hört er zu, studiert die entsprechenden Texte, verinnerlicht die Gedanken und präsentiert sie drei, vier Wochen später als »sein Ding«. Ganz auf Schröders Reformkurs war Müntefering jedoch noch nicht eingeschwenkt. Doch die Wandlung Münteferings vom Gralshüter zum Reformer setzte ein. Damit begann ein Prozess, der Politik ebenso spannend wie faszinierend macht.

Die Legislaturperiode sollte gerade einmal ein Vierteljahr alt sein, als Schröder die Kabinettssitzung am 29. Januar 2003 mit den Worten beschloss: »Es kommen schwere Wochen auf uns zu.« Es gelte bei alldem Disziplin zu wahren.[4] Schröder trug fortan den Gedanken aus dem Kanzleramtspapier – reformieren, um die »Substanz von Sozialstaat« zu erhalten – öfter vor. Was läge dabei näher als eine stärkere Zusammenarbeit mit der Opposition? Manfred Stolpe, der neue Verkehrsminister, hatte bereits als Ministerpräsident in Potsdam mit der CDU regiert. Er konstatierte abermals, öffentlich und mit Blick auf die informelle große Koalition auf Bundesebene: »Das ist nicht der Weltuntergang.«

Während das SPD-Präsidium ein vierseitiges Papier verabschiedete, in dem es hieß, 2003 werde »das Reformjahr«, formierte sich

Widerstand. Andrea Nahles, Sprecherin der Parteilinken, warnte vor einem »Weiter so« und verlangte einen »Kurswechsel in der Wirtschafts- und Finanzpolitik« – freilich eher in Richtung Lafontaine denn in Richtung Clement. Die südhessische SPD beantragte gar in ihrer traditionellen Weise einen außerordentlichen Bundesparteitag, um einen neuen Kurs zu bestimmen. Dessen Vorsitzender, der Gremienpolitiker Gernot Grumbach, schwärmte von alten Zeiten unter Lafontaine. Die Jusos in Südhessen forderten gar, Schröder müsse den SPD-Vorsitz niederlegen: »Der Kanzler hat das Vertrauen der Partei verspielt.« Die SPD-Linken verlangten, die Regierung solle mehr Geld ausgeben. Das Sparen lohne sich nicht, die durch den Vertrag von Maastricht vorgegebene Verschuldungsgrenze von drei Prozent werde ohnehin nicht eingehalten. Daher brauche man keine falsche Zurückhaltung zeigen. »Ein Kurswechsel in der Finanz- und Wirtschaftspolitik ist unabweisbar«, forderten sie – und wandten sich gegen »Schlagwörter wie ›mehr Eigenverantwortung‹«.[5]

Doch auch Fraktionschef Müntefering zeigte sich skeptisch gegenüber zu viel Reformfreude. Er stellte intern fest: »Der Fortschritt muss Sache der SPD bleiben, aber der Prozess muss das richtige Tempo haben. Man darf die Fahne nicht zu weit vor der Truppe hertragen.« Im Präsidium fragte Müntefering, für was denn das Wort »Reform« stehe. Dieser Begriff sei doch längst negativ besetzt, da die Menschen Angst vor dem Abbau von Arbeitsplätzen und Einschnitten im Sozialbereich hätten. Müntefering stänkerte gegen eine angebliche »Reformitis«. Er verwies nun stets darauf, die Menschen hielten das Wort Reform für diskreditiert – und hielten sogleich ihre Taschen zu, wenn sie es hörten. »Veränderungen sind unvermeidlich und wünschenswert«, schrieb Müntefering in einem Brief an seine Fraktion. »Aber die Qualität von politischen Reformen misst sich nicht an deren Rigorismus, sondern an ihrer Zielgerichtetheit.« Bis zum Sommer müssten die Projekte »skizziert« sein, verlangte der Fraktionschef und sprach den Abgeordneten doch wiederum Mut zu: »In einigen Monaten geht es uns wieder besser. Wir haben es in der Hand. In diesem Jahr entscheidet sich viel.«[6]

Clement, der mit dem Begriff »Rigorismus« indirekt angesprochen war, drückte aufs Tempo. Er verstand sich als ordnungspolitisches Gewissen der Regierung. Außerdem genoss er das Image eines sozialdemokratischen Tabubrechers. Für Schröder galt Clement als unantastbar, zudem wurde er immer populärer. Der »Spiegel« sah Clement auf Rang drei der Beliebtheitsliste der bedeutenden Politiker, Schröder musste sich mit dem achten Platz zufriedengeben. Nach Schily und Stolpe war Clement der drittälteste Minister des Kabinetts, zeigte sich aber juvenil und äußerst energiegeladen. Clement forderte immer wieder einen »Abschied von alten Gewohnheiten«, worauf ihm die Parteilinke vorwarf, er setze die Glaubwürdigkeit der SPD aufs Spiel. Mit seinem Ruf nach mehr Kooperation mit der Union (»Wir brauchen jetzt ein gutes Wegstück an Gemeinsamkeit«) machte sich Clement in den eigenen Reihen weiter unbeliebt. Der Minister ließ eine Expertengruppe Vorschläge zur Reform des Kündigungsschutzes ausarbeiten und verkündete, diese habe Symbolwirkung für die grundlegende Reformfähigkeit des Landes. Clement hatte mit dem Kündigungsschutz in der Tat ein emotionales und symbolträchtiges Thema gewählt. Bis heute gibt es zwischen SPD und Union eine spezifisch unterschiedliche Sichtweise auf den Kündigungsschutz. Die SPD möchte daran nicht rütteln, sie war und ist überzeugt, ein gelockerter Kündigungsschutz zeige keine Effekte und beschädige allein die Arbeitnehmerrechte. Die Union sieht in mehr Flexibilität ein Potenzial für mehr Jobs. Müntefering spürte die Unruhe in der Fraktion bei diesem Thema, zumal Clement den Eindruck erweckte, auf die vereinbarten Punkte stets noch etwas draufsatteln zu wollen.

Selbst ihm wohlgesinnte Parteifreunde zeigten sich entsetzt. Familienministerin Renate Schmidt kanzelte den Vorstoß als »Gespensterdebatte« ab. In einer Sitzung des Fraktionsvorstandes im März 2003 wurde Clements Lieblingsthema, ein flexiblerer Kündigungsschutz in Betrieben mit mehr als fünf Beschäftigten, zunächst verworfen. Müntefering teilte trocken mit, als »einfacher Abgeordneter« könne er Clements Plänen nicht zustimmen. Die von ihm geplanten Änderungen seien als »rein symbolisch« zu verstehen. Es bringe »nicht viel, daran zu drehen«. Er nannte das Thema Kündigungsschutz gar »abgearbeitet« – zum Ärger eines aufbrausenden Wolfgang Clement, der nun davon sprach, es gelte die Vorschriften für Sozialauswahl und Urlaub zu ändern. Erst Kanzleramtschef Steinmeier sollte es gelingen, einen Kompromiss zwischen Clement und Müntefering herbeizuführen – was auf eine hohe diplomatische Begabung schließen lässt. Der von Steinmeier entwickelte »Waffenstillstandsplan« sah vor, dass Betriebe mit bis zu fünf Mitarbeitern beliebig viele befristet Beschäftigte einstellen dürfen, ohne dass diese in den Kündigungsschutz »hineinwachsen«.

Agenda 2010

»Freiheit ist die Einsicht in die Notwendigkeit« – Gerhard Schröder bemühte gar Friedrich Engels, um seine Absicht eines großen reformpolitischen Wurfs zu begründen. Anlass dazu bot ein Brief, den Schröder ausgerechnet von dem FDP-Vorsitzenden Wolfgang Gerhardt erhielt. Gerhardt, der einst von seinem Parteifreund Jürgen Möllemann charmant als »gähnender Löwe von Wiesbaden« karikiert worden war, verlangte in seinem Schreiben eine Regierungserklärung zur Lage der Nation. Er drohte, sollte Schröder dazu nicht bereit sein, werde seine Fraktion eine entsprechende Generaldebatte verlangen. Gerhardt konstatierte eine »tiefe Verunsicherung in Deutschland« und verlangte eine »neue Politik mutvoller Reformen«, »einen wirklichen Kassensturz und einen neuen Aufbruch«. Daneben beklagte er eine »schwerwiegende Beschädigung des transatlantischen Verhältnisses«. Die »Isolierung Deutschlands« müsse beendet werden.[7] Wie aber sollte der Kanzler auf Gerhardts Initiative reagieren?

Schröders engstes Umfeld beriet dazu am 13. Februar 2003 nach einer Veranstaltung in Berlins Katholischer Akademie. Dort gewann jene Runde – neben Steinmeier Schröders Büroleiterin Sigrid Krampitz, Redenschreiber Reinhard Hesse und der stellvertretende Regierungssprecher Thomas Steg – die »Einsicht in die Notwendigkeit«. Sie sahen in Gerhardts Brief eine Chance, die Regierung aus der lähmenden Defensive zu befreien. Dazu aber bedurfte es eines kraftvollen Befreiungsschlages. War Schröder schließlich nicht immer dann besonders stark, wenn ihn alle für geschwächt hielten? Doch wie sollte Schröder auf Gerhardts Brief konkret reagieren? Sollte ihm der Kanzler eine formale Regierungserklärung versagen? Sollten an seiner Stelle Clement oder Eichel im Plenum reden?

Schröder und seinem Umfeld war klar: Der Kanzler konnte keine Regierungserklärung abgeben, die sich auf die Koalitionsvereinbarung und seinen ersten Auftritt nach der Wiederwahl stützte.

Dies wäre die denkbar schlechteste Lösung gewesen. Das Kanzleramtspapier war schließlich bereits öffentlich bekannt. Mit den verlorenen Landtagswahlen in Niedersachsen und Hessen war der Druck enorm gestiegen. Längst herrschte die Erwartungshaltung: Kommt da noch was? Schröder plädierte für eine Regierungserklärung in einer Sitzungswoche im März, also vor dem mutmaßlichen Beginn des Irakkrieges. Er terminierte die Rede für den 14. März 2003.

In dieser Phase formulierte Vize-Regierungssprecher Steg für den Kanzler ein außergewöhnliches Papier. Es widmete sich der Frage, wie die vorangegangenen Bundeskanzler historische Bedeutung erlangt hatten und welche Rolle in diesem Kontext die Innenpolitik spielte. Für das Interesse an der eigenen historischen Bedeutung war Schröder weniger bekannt als sein Vorgänger Kohl. Der hatte stets das »Geschichtsbuch« oder den »Mantel der Geschichte« im Blick. So wie sich Kohl als gelernter Historiker selbst überzeichnet hatte, kokettierte Schröder mit einem geschichtsvergessenen Image. Er stilisierte sich als jemand, dem der Eintrag in die Geschichtsbücher gleichgültig war. Auch dabei handelte es sich um eine Überzeichnung. Jeder Bundeskanzler muss im Umgang mit Staaten und Völkern ein Interesse, ein Gefühl für Geschichte besitzen. Das galt auch für Schröder. Stegs Papier kam zu dem Schluss, dass die »großen Kanzler« Adenauer, Brandt, Schmidt und Kohl in der Innenpolitik eher klein waren. Mit der Außenpolitik, hieß es, aber hatten sie historisches Gewicht erreicht. Schröder hatte sich im Zweifel immer mehr mit Schmidt als mit Brandt identifiziert. Nun aber orientierte er sich an Brandt, der mit einem innenpolitischen Programm als Kanzler gestartet war, dann aber mit seiner Ostpolitik reüssiert und dafür nicht zuletzt den Friedensnobelpreis erhalten hatte. Wollte Schröder also Friedens- oder Reformkanzler sein? Seine Umgebung riet, sich auf eine Sache zu konzentrieren. Am Ende müsse er sich entscheiden, beides sei nicht kommunizierbar, meinten seine Berater. Die Stimmungslage in der Bevölkerung war dabei unterschiedlich. Mit seiner Außenpolitik und dem Nein zu einer Beteiligung am Irakkrieg erntete Schröder über Parteigrenzen hinweg Zustimmung. Sein innen- oder reformpolitisches Programm aber polarisierte extrem – und dies quer zu den Parteigrenzen. Während die eigenen Leute zum erheblichen Teil verschreckt wurden, gab es aus dem sogenannten bürgerlichen

Lager Zustimmung. Was aber war Schröder wichtiger? Noch war er unentschieden, neigte aber zu den innenpolitischen Reformen. Er zielte auf einen Mentalitätswandel, der sich in den Jahren 2003 bis 2005 vollzog – wenngleich kaum endgültig, wie es sich mit der Reformrolle rückwärts durch die große Koalition erweist.

Schröder sollte schon in einem Monat seine groß angekündigte und mit Spannung erwartete Rede halten. Der Kanzler und sein Stab erlebten aufwühlende und anstrengende Wochen. Parallel zum Schreibprozess konsultierte Schröder in dieser Phase das eigene Haus, Interessenvertreter, Parteifreunde, Berater und Freunde. Er wollte Vorschläge und Erwartungen hören. Schröder ist ein auditiver Mensch, der in und mit Gesprächen lebt. Er schätzt zumal den Rat derjenigen, die sich ihm gegenüber loyal verhalten. Deren Einschätzungen und Hinweise machte sich Schröder viel mehr zu eigen als die zu erwartenden Aufrufe von Wirtschaft und Gewerkschaften, die nun Unmengen von Papier ins Kanzleramt schaufelten. Schröder beriet sich immer wieder mit Steinmeier, Clement, Müntefering und Scholz. Müntefering gab sich in diesen Runden als der Defensivste. Er war von Schröders Absichten längst nicht überzeugt. Er tat sich schwer, ihm zu folgen. Doch Schröder und Steinmeier redeten so intensiv auf Müntefering ein, bis dieser seine Bereitschaft erkennen ließ, die Pläne mitzutragen.

Steinmeier forderte die Ministerien auf, Ideen zu liefern, wie man Sparmaßnahmen mit Strukturveränderungen verbinden könne. Anders als gemeinhin üblich sollten die Ministerien nicht Textblöcke liefern, sondern nur Zahlen. Der Redenschreiber des Kanzlers, Reinhard Hesse, der schon Bücher für Schröder verfasst hatte, übernahm die Redaktion der Regierungserklärung. Bei deren Formulierung war Diplomatie gefragt. Um die Länder nicht zu verärgern, blieb das Thema Bildung außen vor. Der Appell zu genügend Ausbildungsplätzen wurde integriert, um die SPD-Linke zu befrieden. Die Generationengerechtigkeit flog am Ende heraus, dafür gab es mehr Platz für die Gewerkschaften.

Anfang März 2003 kündigte Schröder hinsichtlich seiner Rede an, es werde ein »Heulen und Zähneklappern« geben. Er wollte die Chance nutzen, nicht nach rechts und links gucken zu müssen, um so geradeheraus seine Reformvorstellungen zu benennen. Schröder wollte bei dieser Regierungserklärung konkret werden. Die Rede musste dem Duktus nach geprägt werden von seiner gern gewählten Formulierung »Ich will haben, dass …«. Steinmeier signalisierte bereits »unangenehme Reformen«, und Clement gab vor zu wissen, dass es sich bei dem Programm des Kanzlers um »keinen Spaziergang« handeln werde. Vorsorglich kündigte DGB-Chef Sommer seinen Widerstand an. Eine Woche vor der Rede stellte Schröder in größerer Runde auch dem Koalitionspartner sein grobes Konzept vor. Die SPD-Fraktion wurde von Schröder drei Tage vor seiner Rede informiert. Stiegler verlangte hier sogleich ein »positives Signal an die Gewerkschaften«, dabei hatte dieser – Renate Schmidt zufolge – intern »immer die Meinung vertreten, dass noch viel schlimmere Einschnitte auf uns zukommen, als wir uns vorstellen können. Stiegler sagte immer: Eines Tages werden wir einmal aufwachen.«[8] Die Parlamentarische Linke hatte Schröder bereits in einem siebenseitigen Brief den Titel »Mut zum Frieden und Mut zur sozialen Erneuerung« vorgeschlagen. Sie warnte darin vor einer »neoliberalen« Politik.

Schröder strich derweil nahezu alle erklärenden Elemente aus dem Entwurf der Rede heraus. »Die Presse will nicht Soße, sondern Maßnahmen«, begründete Schröder intern seine Entscheidung – ein folgenschwerer Fehler. So wurde der Zwang der Notwendigkeiten nicht erläutert. Dies führte wenig später dazu, dass weder Regierung noch SPD sprachfähig waren. Die fehlende Erklärung bewirkte, dass Schröder weite Teile seiner Partei nicht »mitnehmen« konnte. Der kalt-technokratische Begriff »Agenda Deutschland 2010« als Titel der Rede, den Doris Schröder-Köpf durchsetzte, erwies sich als weiterer Fehler. In der ersten Version hatte Schröders Rede noch den weitaus verträglicheren Titel »Neue Chancen für Deutschland« getragen. Steg erörterte den Titel der Rede und dessen mutmaßliche Wirkung gar mit einem Psychologen. Dieser wies darauf hin, es sei von »zweitausendzehn« zu sprechen und nicht von »zwanzigzehn«. Das nämlich klinge nach Halbierung – statt eine Perspektive zu eröffnen.

»Mut zum Frieden und Mut zur Veränderung« – hatte Schröder seine Regierungserklärung überschrieben, die als »Agenda-Rede« bekannt wurde. Das Plenum war an jenem Freitag, dem 14. März 2003, gut gefüllt, als Schröder zu Beginn der 32. Sitzung des Deutschen Bundestages in seiner 15. Wahlperiode an das Rednerpult trat. Eine Stunde und 25 Minuten lang sollte Schröder hier reden und den Kern seiner »Agenda zwanzigzehn«, wie er sagte, verkünden. Die 42 Seiten seines Manuskripts aber waren kein Masterplan, kein durchgängiges Konzept. Es handelte sich eher um eine lange Liste zum Teil wirrer Einzelmaßnahmen, gewissermaßen um einen Flickenteppich. Die Eckpunkte: Das Arbeitslosengeld für unter 55-Jährige soll nur noch zwölf Monate lang gezahlt, der Kündigungsschutz vorsichtig gelockert werden. Das Krankengeld wird aus der gesetzlichen Krankenversicherung genommen, und es gibt ein Investitionsprogramm im Umfang von 15 Milliarden Euro.

Schon nach wenigen Minuten sprach Schröder den entscheidenden Satz seiner Rede: »Wir werden Leistungen des Staates kürzen, Eigenverantwortung fördern und mehr Eigenleistung von jedem Einzelnen abfordern müssen.« Schröder gelang in seiner Regierungserklärung eine geschickte Verknüpfung außenpolitischer Positionen, so zum Irakkrieg, mit seinen innenpolitischen Plänen. Ihm war bewusst, dass er die unbequemen innenpolitischen Maßnahmen mit seiner populären, bis ins Populistische gehenden Außenpolitik verbinden musste, damit die Rede ein Erfolg wurde.

Der Kanzler sprach davon, es gelte, den Sozialstaat zu erhalten. Abermals verwendete er den aus dem Kanzleramtspapier bekannten Gedanken: »Entweder wir modernisieren, und zwar als soziale Marktwirtschaft, oder wir werden modernisiert, und zwar von den ungebremsten Kräften des Marktes, die das Soziale beiseitedrängen würden.« Der damalige CSU-Landesgruppenchef Michael Glos kommentierte den Satz mit dem mundartlichen Zwischenruf: »Das ist ein richtiger Schmarrn!«

Schröder verwies auf die Lohnnebenkosten, die zwischen 1982 und 1998 – also unter der Regierung Kohl und maßgeblich bedingt durch die falsch finanzierte Vereinigung Deutschlands – von 34 auf fast 42 Prozent gestiegen seien. Sodann listete er die Reformen seiner bisherigen Regierungszeit auf: Riester-Rente, Steuerreform, mehr Investitionen in die Forschung. Die desolate Haushaltslage veranlasste Schröder, die Maastrichter Stabilitätskriterien zu relativieren. Dieser Pakt dürfe »nicht statisch interpretiert werden«. Als Maßnahmen kündigte er an, die Kommunen von der Zahlung für arbeitsfähige Sozialhilfeempfänger zu entlasten. Für diese eine Million Menschen sollte künftig die Bundesanstalt für Arbeit zuständig sein. Schröder lieferte alles andere als eine Blut-, Schweiß- und Tränen-Rede. Der Kanzler, der von sich behauptete, er könne kein

Pathos, wirkte in weiten Teilen seiner Rede müde. Nur manchmal gab er sich kämpferisch.

Schröder stellte daneben die Zielgenauigkeit der milliardenschweren Sozialtransfers infrage: »Wir müssen auch über das System unserer Hilfen nachdenken und uns fragen: Sind die sozialen Hilfen wirklich Hilfen für die, die sie brauchen?« Es sei nicht zu akzeptieren, »dass Menschen, die arbeiten wollen und können, zum Sozialamt gehen müssen, während andere, die dem Arbeitsmarkt womöglich gar nicht zur Verfügung stehen, Arbeitslosenhilfe beziehen.« Daher müssten Arbeitslosen- und Sozialhilfe zusammengelegt werden – und zwar auf eine Höhe, »die in der Regel dem Niveau der Sozialhilfe entspricht«. Über diesen Punkt war zuvor intern heftig debattiert worden. Selbst Schröders enge Mitarbeiter zeigten sich über diese Festlegung verwundert. Warum wollte sich der Kanzler diese harte Regelung nicht von der Union abringen lassen? Doch hätte sich Schröder hier nicht derart festgelegt, hätte ihm vorgehalten werden können, die Diskussion sei doch schon viel weiter. Schröder ging es ohnehin längst nicht mehr um eine kleinteilige Parteitaktik. Er wollte jeden Punkt möglichst fest verankern. Er wollte den Vorwurf vermeiden, der da heißen könnte: Was will er denn genau? Schröder wollte konkret sein. Er wollte mit seiner Reform eine breite Zustimmung aus der Mitte der Bevölkerung erfahren. Der Kanzler hatte sich für eine produktive Mischung aus Charakterfestigkeit und Selbstinszenierung entschieden.

Zwar sollten Langzeitarbeitslose, die einen Job annähmen, nicht mehr sämtliche Transferansprüche verlieren, grundsätzlich müsse jedoch in Zukunft gelten: »Niemandem aber wird künftig gestattet sein, sich zulasten der Gemeinschaft zurückzulehnen. Wer zumutbare Arbeit ablehnt – wir werden die Zumutbarkeitskriterien verändern –, der wird mit Sanktionen rechnen müssen.« Den Kündigungsschutz gelte es, »besser handhabbar« zu machen, was vor allem für Kleinbetriebe mit mehr als fünf Mitarbeitern gelten solle. Wenn diese künftig weitere Beschäftigte einstellen wollen, sollen sie dies bis zu zwei Jahre lang unbefristet tun dürfen – so die von Steinmeier vermittelte Regelung. Unter den SPD-Abgeordneten regte sich an dieser Stelle keine Hand zum Beifall. Das Steuerrecht müsse für diese Firmen vereinfacht werden, sagte Schröder. Das Mitbestimmungsrecht aber werde nicht angetastet, kündigte der Kanzler nach dem jäh gescheiterten Bündnis für Arbeit an. Der

Beifall aus den eigenen Reihen war ihm gewiss, als er sich nach den sozialpolitischen Tabubrüchen den Verpflichtungen der Wirtschaft widmete. »Jeder Ausbildungsplatzsuchende muss einen Ausbildungsplatz bekommen«, rief Schröder ins Plenum. Er erwarte, dass die Wirtschaft diese Zusage einhalte. Als Schröder über die Rentenpolitik sprach und anmerkte, es gehe darum, »die Renten so sicher wie möglich zu machen«, blieb er weitgehend wolkig. Und entfernte sich nicht weit von Norbert Blüms Die-Rente-ist-sicher-Rhetorik. Von einer »Rente mit 67« war keine Rede.

Schröder kündigte an, auf Zinserträge werde eine Abgeltungssteuer eingeführt. Firmen sollten Gewinne aus Veräußerungen von Tochterunternehmen künftig besteuern müssen. Es sei nötig, »Ansprüche und Leistungen, die schon heute die Jüngeren über Gebühr belasten und unserem Land Zukunftschancen verbauen«, zu streichen. So werde das Arbeitslosengeld (ALG I) für unter 55-Jährige auf zwölf und für über 55-Jährige auf 18 Monate reduziert, stellte Schröder in aller konkreten Klarheit fest. Auf diese Weise bekäme man die Lohnnebenkosten in den Griff und schaffe Arbeitsanreize. Bislang erhielten Arbeitslose bis zu 32 Monate Arbeitslosengeld in Höhe von bis zu 67 Prozent ihres letzten Nettolohns. Die Arbeitslosenhilfe wurde unbefristet gezahlt und war meist sehr viel höher als die Sozialhilfe. Nun aber wollte Schröder schwer vermittelbaren Arbeitslosen nur noch Leistungen in Höhe der Sozialhilfe gewähren. Das eigene Vermögen sollte dabei stärker angerechnet werden. Mit dieser Reform wollte der Kanzler nicht zuletzt der Praxis von Unternehmern begegnen, die ältere Arbeitnehmer immer wieder über die Arbeitslosenversicherung in die Frühpension abschoben. Nach dieser Passage klatschten die SPD-Abgeordneten nur ausgesprochen verhalten, ja so leise, dass ihre Unions-Kollegen sie mit »Beifall! Beifall!«-Rufen zu einem lauteren Applaus ermunterten. Die meisten Sozialdemokraten waren von dem Inhalt der Rede völlig überrascht, nur einige wenige hatten am Abend zuvor Schröders Manuskript eingesehen. In der SPD aber stieß gerade das Thema ALG I auf große Skepsis. Viele Sozialdemokraten sahen ein elementares Gerechtigkeitsgefühl verletzt. Sie wollten nicht verstehen, dass derjenige, der drei Jahrzehnte lang Arbeitslosenversicherungsbeiträge gezahlt hat, ebenso schnell auf Sozialhilfeniveau abrutscht wie derjenige, der bloß ein oder zwei Jahre diese Beiträge entrichtet hat. Dieses Thema sollte die SPD gut vier Jahre später noch in eine heftige Auseinandersetzung treiben.

Nach der Rede verzeichnete das Bundestagsprotokoll »Langanhaltenden Beifall bei der SPD und dem Bündnis 90/Die Grünen«. Der Beifall aber entsprach mehr Pflichtgefühl als Zustimmung. Schröder hatte eine abgelesene, nicht mitreißende Rede vorgetragen. Doch auf die rhetorische Wirkung kam es auch nicht an. Vielmehr war jedes Wort wichtig. Dennoch: Die Abgeordneten der Regierungsfraktionen erhoben sich. Dies allerdings geschah nicht spontan, sondern war zuvor so verabredet worden.[9] Einige aber blieben demonstrativ sitzen, so Schröders frühere Justizministerin Däubler-Gmelin.[10] Andere hatten bereits vor dem Ende der Rede das Plenum verlassen: »Ich wusste, dass die Fraktion am Ende klatschen und aufstehen muss. Dieser Zwangslage wollte ich mich nicht aussetzen«, sagt etwa Ottmar Schreiner.[11] Der Abgeordnete René Röspel sah viele Fraktionskollegen »entsetzt«, er sagt rückblickend über die Rede: »Wir wussten: Die Ortsvereine werden damit Probleme haben, die Identität unserer Partei ist bedroht. Erst der Weggang Oskar Lafontaines, dann die Kriegseinsätze und nun die Agenda – die an den Köpfen und Herzen der Partei vorbeiging.«[12] Doch ebenso zeigte sich ein Teil der Fraktion begeistert von diesem Befreiungsschlag Schröders. In ihren Augen hatte Schröder den Stier bei den Hörnern gepackt. »Für uns war das ein Aufbruch«, sagt Klaas Hübner rückblickend. »Wir sagten uns: Endlich fangen wir zu regieren an.«[13] Erstmals hatte ein deutscher Bundeskanzler den Sozialstaat in seiner derzeitigen Prägung als eine der Ursachen für soziale, finanzielle und wirtschaftliche Fehlentwicklungen benannt. Schröder nahm Abschied von einem Bild des Staates als einer Vollkaskoversicherung, die – bei enormen Beiträgen – für alle Eventualfälle da ist und alle rundum versorgt. Er verabschiedete das Land vom vertrauten Motto »Weiter so, Deutschland« und läutete das Ende des Korporatismus ein. Von nun an trat ein anderer Schröder auf, ein Kanzler, der Tritt gefasst hatte.

Angela Merkel definierte die Zustimmung der Regierungsfraktionen in ihrer Erwiderung auf die Regierungserklärung als »Vernunftbeifall« und gab sich überzeugt: »Der große Wurf für die Bundesrepublik Deutschland war das mit Sicherheit nicht.« Schröder habe Bekanntes wiederholt und »vage Andeutungen« gemacht. »Wenn es noch eines Beweises bedurft hätte, dass Ihre Politik, Herr

Bundeskanzler, nicht aus dem Verwalten des Augenblicks herauskommt«, holzte Merkel, »aus dem Hetzen von Ereignis zu Ereignis, dann war es das Theater um diese Debatte.« Es stelle sich die Frage: »Wer soll hier eigentlich aus der Krise geführt werden? Sie persönlich oder die Bundesrepublik Deutschland?« Sie sei unsicher, ob sich Schröder »der Dimension der Krise, in der wir uns befinden, wirklich bewusst« sei. Deutschland müsse an die »Spitze Europas« und dazu bedürfe es »mehr als irgendeine Agenda«. Merkel ließ es an verbaler Verpackungskunst nicht mangeln. Sie sprach von einer »neuen sozialen Marktwirtschaft«, »zweiten Gründungsjahren der Bundesrepublik« und einem »Gründergeist«.

Ironisch ging Merkel ein auf Schröders Ankündigung während der Computermesse Cebit, wo der Kanzler verkündet hatte, von »Freitag« an, also dem Tag seiner Rede, werde es mit Deutschland wieder aufwärtsgehen: »Herr Bundeskanzler, ich kenne Sie. In einem halben Jahr werden Sie sagen, Sie hätten ja nicht gesagt, an welchem Freitag es sein sollte.« Als Merkel die Investitionsquote des Bundes auf einem »historischen Tiefpunkt« stehend beschrieb, rief SPD-Fraktionschef Müntefering ihr zu: »Das ist überhaupt nicht wahr! Sie haben keine Ahnung von den Zahlen! Das ist genau umgekehrt! Die Bundesinvestitionen sind höher als jemals zuvor! Das müssen Sie doch wissen!«[14]

Daneben lobte Merkel, durchaus konstruktiv, die Zusammenlegung von Arbeitslosen- und Sozialhilfe auf Sozialhilfeniveau. Wer eine bestimmte Arbeit nicht annehme, dem solle die Sozialhilfe um 25 Prozent gekürzt werden, verlangte die Oppositionsführerin und legte nach: »Wir sind auch der Meinung, dass das Arbeitslosengeld gekürzt werden sollte.« Merkel plädierte dafür, die Leistungen bei Zahnbehandlungen komplett privat zu organisieren. Ferner, streute sie Salz in die Wunden der »Modernisierer« in der SPD, sei es ein Fehler gewesen, den demografischen Faktor aus der Rentenversicherung abzuschaffen. In ihrem Fazit sprach Merkel von »punktuellen Antworten, die bei Weitem nicht ausreichen«. Merkel war ebenso wie Schröder bewusst: Große Reformen hatten beide Parteien jenseits der Großen Koalition stets gemeinsam verabschiedet. Dies galt so für alle Reformen der Alterssicherung bis in das Jahr 1997. Damals, mit Kohls Plänen zur Einführung des demografischen Faktors, aber hatte die SPD jenen traditionellen Konsens gekündigt.

Franz Müntefering hatte wohl vor allem seine eigene Fraktion im Blick, als er im Bundestag zur Regierungserklärung Schröders sprach. Er lieferte »eine rhetorische Glanzleistung, wie sie bei Müntefering selten vorkommt«, schrieb Eckart Lohse in der »FAZ« am Tag darauf.[15] »Herr Bundeskanzler, Sie haben die volle Unterstützung der SPD-Bundestagsfraktion für diese Politik«, rief Müntefering Schröder zu. Es sollte ein Satz sein, der ihn nun viele Jahre begleiten und viel Kraft kosten sollte. Müntefering wusste, dass es sich bei diesen Worten um eine kühne These handelte. Deswegen bedeutete sein Satz gleichermaßen: Bis hierhin, Herr Bundeskanzler, und nicht weiter. Der Fraktionsvorsitzende machte der Form und dem Inhalt nach deutlich, dass Schröders Pläne eine Grenze erreichten. Diese Pläne trug er nun zwar mit und gedachte sie durchzufechten. Doch die Unruhe in Partei und Fraktion war Müntefering präsent. In seinen Augen war Schröder mit der Fahne weit vorangeeilt. Er selbst aber musste nahe bei der Truppe bleiben und die geplanten Vorhaben exekutieren. Schröder konnte bei alldem kaum immer von Münteferings Standfestigkeit überzeugt sein. Doch Müntefering befasste sich mit Schröders Vorstellungen, in seiner gewohnten Art – schweigend und autodidaktisch. Er setzte sich mit Themen wie der Globalisierung, den internationalen Finanzmärkten und der Demografie auseinander. Müntefering nahm sich dafür viel Zeit, weitaus mehr als andere. Er wollte in seiner Reaktion auf diese Herausforderungen keinen Zweifel lassen.

Müntefering nannte es nun die Hauptaufgabe der Legislaturperiode, den Wohlstand zu sichern. Die Erledigung dieser Aufgabe »wird allerdings länger als vier Jahre dauern«, prognostizierte er. Kritik an der Rentenpolitik Norbert Blüms, speziell der Frühverrentung bei Anhebung der Arbeitslosenversicherungsbeiträge, verband Müntefering mit einer Absage an ein höheres Renteneintrittsalter, für das er gut zwei Jahre später nachdrücklich werben sollte. Müntefering, der Mann, der seit seinem 15. Lebensjahr Sozialversicherungsbeiträge gezahlt hatte, rief ins Plenum: »Nein, ein Mensch kann und muss auch noch mit 55, 60 oder 65 Jahren die Chance bekommen zu arbeiten.« Den Charakter der sozialdemokratischen Reformpolitik beschrieb Müntefering mit einem Bild: »Wenn wir zwei Schritte nach vorn gehen, gehen wir manchmal einen oder manchmal sogar zwei Schritte zurück. Aber wir lassen uns dabei nicht in die Knie zwingen.« Für die Oppositionsführerin hatte der SPD-Fraktionschef nur Spott übrig: »Ich will Ihnen noch einen Tipp geben, Frau Merkel. ... Alle Gesetze, die wir im Bundestag gemeinsam zustande bringen, bedeuten: Vorteil Merkel. Alles, was wir im Bundesrat bzw. im Vermittlungsausschuss erreichen, bedeutet: Vorteil Stoiber. Das ist doch auch ein schönes Argument. Denken Sie deshalb einmal darüber nach, wie Sie damit umgehen wollen!« Abermals klatschten die SPD-Abgeordneten frenetisch – und deutlich lauter als während der Rede ihres Kanzlers.

Kritik von allen Seiten

Mit seiner Agenda-Rede ging Schröder endlich in die Offensive. Schröder regierte wieder. Er zeigte sich hart gegenüber den Gewerkschaften und scheute sich nicht vor gewagten Thesen, etwa wenn er behauptete, nur ein Drittel der 4,6 Millionen Arbeitslosen sei arbeitswillig. Die Agenda, kündigte der Kanzler an, werde »Punkt für Punkt« – seit der Hartz-Diskussion mochte Schröder die Vokabel »eins zu eins« nicht mehr verwenden – »abgearbeitet«. Bei alldem höre er nichts, was ihn von seinem Kurs abbringen könne.

In den folgenden Monaten teilten sich die Kritiker in drei Lager. Da waren zum einen all jene Sozialdemokraten und Gewerkschafter, die die Reformpläne grundsätzlich ablehnten. Sie mochten das Wort von den »Zumutungen« nicht hören, es sei denn im Kontext mit neuen Belastungen für Unternehmen oder »Reiche«. Zum anderen musste sich Schröder Kritik gefallen lassen von jenen, die die Agenda zwar grundsätzlich befürworteten. Sie monierten aber, der Kanzler habe das Ziel der Agenda, den eigentlichen Zweck, nicht ausreichend beschrieben und sich stattdessen mit der Darstellung einzelner Maßnahmen verzettelt. Das dritte Lager, bestehend aus großen Teilen der Union, aus FDP, Wirtschaftsverbänden und vielen Medien, sah in der Agenda bestenfalls Stückwerk. Sie alle verlangten weit tiefere Einschnitte in das soziale Netz.

In der SPD-Spitze machten sich die Kritiker von Schröders Kurs recht rar. Vertreter der Parteilinken wie Wolfgang Thierse oder Heidemarie Wieczorek-Zeul hielten zwar von dessen Initiative wenig, doch sie hatten ihr nichts entgegenzusetzen und hüllten sich daher weitgehend in Schweigen. Thierse, immerhin stellvertretender SPD-Vorsitzender, mochte sich aber niemals zu einem überzeugten

Bekenntnis zu der Agenda durchringen. Formal setzte Schröder so seinen Agenda-Kurs in den Parteigremien ohne größere Probleme durch. Das SPD-Präsidium billigte Schröders Regierungserklärung einstimmig. Als der SPD-Vorstand am 24. März die Agenda beriet, regte sich nur vereinzelter Protest. So klagte die abwesende Ursula Engelen-Kefer in einem Brief: »Die Agenda des Bundeskanzlers ... ist ökonomisch und sozial unausgewogen.« Insbesondere Ältere würden »zunehmend aus dem Arbeitsmarkt ausgegrenzt«.[16] Als der Parteivorstand über den Reformkurs abstimmte, gab es neben 28 Ja-Stimmen vier Gegenstimmen. Sie stammten von Andrea Nahles, Ottmar Schreiner, Sigrid Skarpelis-Sperk und dem früheren baden-württembergischen SPD-Vorsitzenden Ulrich Maurer. Zuvor hatte Schröder seine persönliche Zukunft mit den Reformplänen verknüpft. Die Parteilinken zürnten. »Über der Partei schwebt das Damoklesschwert einer Erpressung, weil Schröder Sachdiskussionen mit der Vertrauensfrage verbindet«, befand der Juso-Vorsitzende Niels Annen.[17] Und Nahles meinte: »Schröder darf die Personalisierung nicht inflationieren.«

SPD-Generalsekretär Scholz kündigte daraufhin in nicht zu übertreffender Rhetorik an, die Parteispitze habe sich darauf verständigt, »dass wir nicht wackeln wollen«. Scholz verstieg sich daneben zu der gewagten These, die Agenda-Rede sei im Grunde das Ergebnis einer offenen Debatte an der Parteibasis. »Diese Agenda ist aus der SPD gewachsen«, behauptete Schröders treuer Diener Scholz. »Was der Kanzler vorgeschlagen hat, ist das Ergebnis einer langen Diskussion in der SPD. Das ist doch nicht vom Himmel gefallen.«[18] Davon aber konnte keine Rede sein. Der Öffentlichkeit zumindest war dieser Prozess, den Scholz kühn beschrieb, vorenthalten geblieben. »Im Turm des Kanzleramtes wurde einsam konzipiert«, kommentierte Christoph Schwennicke in der »Süddeutschen Zeitung«, »was Gerhard Schröder am 14. März als Regierungserklärung ausbuchstabierte. Notreparaturen an den Sozialsystemen wurden dabei zur Reformpolitik stilisiert und der Fraktion wie der Partei kalt diktiert.«[19]

Es lag auf der Hand, dass sich ein Parteitag der SPD dieses Reformprogramm nicht hätte abringen lassen. Noch wenige Monate zuvor hatten die Wahlkämpfer an den Ständen der SPD eine ganz andere Schallplatte angespielt als diejenige, die Schröder nun auflegte. Die Rückmeldungen, die das Willy-Brandt-Haus aus der

Partei erhielt, waren entsprechend katastrophal. Die Basis war verunsichert, und kaum noch ein Spitzenvertreter der SPD wagte dort aufzutreten. Das Problem aber war grundlegender. Die strategische Unwucht der Agenda lag darin, dass die Notlage der sozialen Sicherungssysteme nicht gut und ausführlich genug erklärt war. Das Feld war in keiner Hinsicht bereitet worden. Außerdem zeigte Schröder keine Perspektive auf, er beschrieb nicht das Ziel der mühsamen Wanderung unter seiner Führung. Es fehlte ein Versuch, die Umsteuerung transparent zu machen und eine »Erzählung« zu entwickeln. Kurzum: Schröder blieb die gesellschaftspolitische Begründung der Agenda schuldig.

Ein weiterer Grundfehler Schröders bestand darin, dass er sich nicht einmal mehr um Mehrheiten bemühte. Musste er nun nicht regelrecht für die Agenda – und um die Gunst von Partei, Parlament und Volk – werben? Schröder dachte gar nicht daran. Er erklärte nicht, dass seine Politik im besten Sinne sozialdemokratisch war. So bereitete er anderen den Raum für Interpretationen, ja letztlich für die Verwerfung der Agenda. Sie konnten nun der Agenda das Stigma einer »neoliberalen Wende« verpassen. Der SPD-Vorsitzende wandte sich gar gegen das Vorhaben eines Sonderparteitages zur Agenda – und ließ damit wenig Gefühl für die angespannte Lage erkennen. Schröder unterschätzte den Konflikt und übte sich in kommunikativem Wunschdenken. Vor allem aber: Er reichte der SPD nicht einmal symbolisch die Hand, er vermittelte ihr nicht einmal das Gefühl, dass es auf ihre Unterstützung ankäme. Dies wiederum machte es Schröders Kritikern einfach. Sie sahen sich moralisch nicht in der Pflicht, die Pläne mitzutragen. Sie waren gar überzeugt: Schröder will mich für seine Reformen gar nicht ins Boot holen. Entsprechend frei fühlten sie sich und konnten so ihre Fundamentalopposition gegen Schröders Pläne unverdrossen vortragen.

Der Bundeskanzler dachte nicht daran, das Tempo zu drosseln. Gleich in der nächsten Kabinettssitzung erteilte er den zuständigen Ministerien Arbeitsaufträge. Seine Pläne sollten bis zum Sommer umgesetzt werden. Müntefering appellierte an die Fraktion, geschlossen aufzutreten, und verwies auf die Grünen, auf die in dieser Frage Verlass sei. »Es liegt an uns Sozialdemokraten, ob wir das hinbekommen«, meinte Müntefering. Vom linken Parteiflügel aber kam erwartbare Kritik. Niels Annen beklagte, die – längst bekannte – Zusammenlegung von Arbeitslosen- und Sozialhilfe stehe »im klaren Widerspruch zum Regierungsprogramm und ist für uns nicht akzeptabel«.[20] Annen warf Schröder vor, er gehe mit der Partei nach dem Motto »Friss oder stirb« um. Das sei »hochproblematisch« und »wenig demokratisch«. Der Kanzler stehe für einen »mehrfachen Bruch von Parteitagsbeschlüssen und Wahlversprechen«.[21] Oskar Lafontaine klagte in der »Bild«-Zeitung: »Die SPD darf nicht tatenlos zusehen, wie Schröder ihr Haus einreißt und orientierungslos von Wortbruch zu Wortbruch stolpert.«[22] Heiner Flassbeck, Lafontaines einstiger Staatssekretär im Bundesfinanzministerium, behauptete kühn: »Alles schon mal da gewesen, alles nichts gebracht.« Er plädierte in traditioneller Manier für »eine weit offensivere Politik der Europäischen Zentralbank«.[23] Der ver.di-Vorsitzende Frank Bsirske meinte mit Blick auf Kohls Regierungszeit: »Nach 16 Jahren Umverteilung von unten nach oben wird uns jetzt gesagt, es war noch nicht genug Umverteilung.« Noch heute meint der zum linken Flügel zählende SPD-Bundestagsabgeordnete Klaus Barthel, Schröders Agenda-Rede sei »ein völliger Bruch mit der sozialdemokratischen Logik, mit dem Grundverständnis und der Denktradition der SPD« gewesen. Er beklagt zudem, weder Partei noch Fraktion hätten an jener Rede mitschreiben können: »Das blieb einigen Bürokraten im Kanzleramt vorbehalten.«[24] Schröder galt in großen Teilen der Partei als nicht mehr vermittelbar. Die – traditionell linke – Bremer SPD bestritt ihren Bürgerschaftswahlkampf ostentativ ohne auch nur einen Auftritt des Vorsitzenden.

Wie kein anderer stand Superminister Clement für Schröders Kurs. Clement beklagte »die durchregulierte Gesellschaft«, die sich in »unserer Bürokratie, unserem Anspruchsdenken, unserer mangelnden Einsicht in die Notwendigkeit von Reformen« offenbare. Gebetsmühlenartig wandte sich Clement gegen das traditionelle Sozialstaatsdenken und plädierte für geringere Lohnnebenkosten. »Wir müssen darüber reden, dass nicht die lange Dauer der Zahlung von Arbeitslosengeld oder Sozialhilfe darüber entscheidet, ob ein Gemeinwesen sozial ist oder nicht«, hämmerte Clement seinen Genossen ein: »Sozial ist, dafür zu sorgen, dass niemand 32 Monate ohne Arbeit ist.« Seine Reformrhetorik verband der Minister mit seiner Neigung, permanent unrealistische Zielvorgaben zu formulieren. So behauptete Clement in dem ihm eigenen Ton der

Überzeugung: »Wir müssen bis zum Jahr 2010 Vollbeschäftigung erreicht haben. Das ist das Ziel, und das ist auch erreichbar.«[25] Der Minister tat so, als werde es alsbald keine Langzeitarbeitslosen mehr geben. Er gab eine Vermittlungsquote vor, wonach ein Mitarbeiter der BA für 75 Arbeitslose zuständig sein sollte. Diese ist bis heute nicht ansatzweise erreicht. In den Agenturen für Arbeit betreut ein Arbeitsvermittler derzeit durchschnittlich 135 Kunden.[26]

Clements vollmundige Ankündigungen und verfrühte Erfolgsmeldungen verärgerten Schröder und Müntefering. Dieser warnte nun davor, sich auf Zahlen und Prozentzahlen einzulassen: »Man muss ja auch lernfähig sein.« Die Parteilinken hatten Clement längst abgeschrieben. Nachdem Clement erklärte, die Reformen müssten in der SPD notfalls mit einer »Konfrontation« durchgesetzt werden, reagierte Nahles mit den Worten: »Die Parteilinke wird diese Konfrontation eins zu eins beantworten.« Gemünzt auf Schröder und Clement meinte Nahles, die Führung nehme die Basis – für die sie meist zu sprechen beanspruchte – zu wenig ernst: »Der Fisch stinkt vom Kopfe her, nicht von der Flosse.«[27] Selbst treue Anhänger von Schröders Reformpolitik wie der einstige SPD-Generalsekretär Benneter bekennen heute freimütig: »Bei all den notwendigen Arbeitsmarktreformen war die Figur Clement immer wieder einmal das Problem. Häufig ging er ohne Fingerspitzengefühl vor, nach der Devise: Augen zu und durch.«[28] Diese Einschätzung Benneters dürfte dessen enger Freund Gerhard Schröder teilen, wenngleich er sie nicht offen äußert. Einige wenige Sozialdemokraten verteidigen Clement bis heute. »Er hat die Gesetze in der Fraktion immer wieder genau erklärt. Er hat auf jeden noch so absurden Zwischenruf reagiert«, sagt Klaas Hübner: »Daher verstehe ich nicht, warum er stets als arrogant beschrieben wurde. Clement gab sich wirklich Mühe. Er war hochgradig wichtig und einer unserer besten Minister.«[29] Selbst unter den Reformanhängern ertönt inzwischen eine recht massive Kritik an Schröders Vorgehen. Der Kanzler habe sich »darin gefallen«, seiner Partei etwas zu diktieren, sagt die frühere stellvertretende SPD-Vorsitzende Ute Vogt: »Er trat autoritär auf, er ließ keine strittige Debatte zu. Wenn sich in den Gremien bestimmte Leute nur meldeten, verzog Schröder sogleich das Gesicht. Schröder setzte auf Geschlossenheit als Erfolgsrezept. Leider schloss dies ein Diskussionsverbot ein.«[30]

Um die Ziele und Leitlinien in die Partei zu vermitteln, entschied sich die Spitze zu vier Regionalkonferenzen. Diese sollten in Bonn, Nürnberg, Hamburg und Potsdam stattfinden. 15 000 Funktionsträger der Partei wurden dazu eingeladen. Das Instrument von Regionalkonferenzen nutzen die Parteien immer wieder, um Unmut in den eigenen Reihen zu kanalisieren und aufzufangen. Die SPD hatte sich dieses Mittels nach ihren Wahlniederlagen 1999 bedient, die CDU im Kontext ihrer Spendenaffären. Die erste Regionalkonferenz nun hatte die Führung in Bonn, also in NRW, einberufen – »aus taktischen Gründen«, wie Ottmar Schreiner meint, denn: »Hier folgt die SPD immer besonders loyal ihrer Führung.«[31]

In Bonn nun trat Schreiner für die Kritiker auf und wurde bejubelt, als er in den Saal donnerte: »Handeln wir, wie wir reden und reden wir, wie wir handeln.« Schreiner forderte abermals Konjunkturprogramme und wandte sich gegen die Streichung des Krankengeldes. Er prognostizierte, die Agenda 2010 werde nicht zu weniger, sondern zu mehr Arbeitslosen führen. Die Versammlung spendete Schreiner kräftigen Applaus. Als Schröder ans Rednerpult trat, hielten ihm junge Parteifreunde mehrere Dutzend Pappschilder mit der Aufschrift »Wort halten, Gerd!« entgegen. Buhrufe und Pfiffe erklangen. Schröder aber machte in der Sache keine Zugeständnisse. Er appellierte, die SPD dürfe ihre »Regierungsmacht« nicht aufs Spiel setzen. Auch Schröder erhielt starken Beifall. Diese widersprüchliche Doppelresonanz der versammelten Sozialdemokraten zeigte: Inhaltlich standen sie voll hinter Schreiner und dessen Thesen, personell aber bewiesen sie Schröder ihre Loyalität.

»Wir sind die Partei«

Die überzeugten Kritiker von Schröders Agenda ließen aber nicht locker. Ausgerechnet am linken Parteiflügel in der sozialdemokratischen Diaspora entstand die Idee, die Pläne des Kanzlers mit einem Mitgliederbegehren zu kippen. Es war der Landesvorstand der bayerischen Jungsozialisten, der dieses Vorhaben entwickelte. Ein Mitgliederbegehren war seit 1993 in der Satzung der SPD verankert – kaum aber jemand wusste davon. Mit dem Erfolg eines solchen Projektes kann in der SPD ein Mitgliederentscheid herbeigeführt werden, der wiederum Beschlüsse aufheben oder verändern kann. Um darüber zu entscheiden, muss das Mitgliederbegehren von einem Zehntel der (damals rund 700 000) Mitglieder getragen werden.

Der bayerische SPD-Bundestagsabgeordnete Florian Pronold, der erst wenige Monate im Parlament saß, gewann für das Mitgliederbegehren elf Fraktionskollegen. Mit weiteren 17 Sozialdemokraten wurde das Projekt unter dem Titel »Wir sind die Partei« gestartet. Zu den Erstunterzeichnern zählten die hessische SPD-Vorsitzende Andrea Ypsilanti, der Vorsitzende der IG BAU, Klaus Wiesehügel, sowie der Alt-Linke Johano Strasser, der seit Jahrzehnten der Grundwertekommission der SPD angehörte. Pronold und seine Verbündeten beabsichtigten mit ihrer Initiative nichts weniger, als die Agenda 2010 zu kippen. Da die Koalition im Bundestag nur eine Mehrheit von vier Stimmen hatte, besaß das Mitgliederbegehren ein klares Bedrohungspotenzial, zumal viele Sozialdemokraten die Kritik an der Agenda teilten. In dem Aufruf, den im Wesentlichen der 30-jährige Pronold formulierte, hieß es: »Wir melden uns zu Wort, weil Korrekturen notwendig sind, um als SPD Erfolg zu haben und Arbeit und soziale Gerechtigkeit zu schaffen.« Intern verständigten sich die Kanzler-Kritiker darauf, den Aufruf nicht vor Ostern zu veröffentlichen. Doch just am letzten Sitzungstag des Bundestages vor seiner Osterpause, am Freitagmittag, wurde die Sache durch eine Vorabmeldung der »Bild«-Zeitung bekannt. In aller Eile sandte Pronold daraufhin am Nachmittag jenes 11. April den Wortlaut seines Aufrufes per Fax an das Büro des Parteivorsitzenden Schröder im Willy-Brandt-Haus und verabschiedete sich in den Urlaub. Müntefering begriff sofort die Bedeutung dieses Begehrens. Er sah nicht zuletzt seine Autorität als Fraktionschef beschädigt und rief noch am Nachmittag die Abgeordneten unter den Initiatoren an und bestellte sie zu einem Gespräch am folgenden Dienstag nach Berlin ein.

In ihrem Aufruf lehnten Schröders Kritiker gleich unter dem ersten Punkt einen zentralen Ansatz der Agenda ab. »Kürzungen bei Arbeitslosengeld, Arbeitslosenhilfe, Sozialhilfe und Krankengeld sind unsozial und führen zu einer gefährlichen Schwächung des Konsums.« In Kontinuität traditioneller Forderungen verlangten sie »einen angemessenen Beitrag der Großvermögen. Die Vermögenssteuer muss wieder eingeführt werden. Steuersenkungen für Reiche durch eine Zinsabgeltungssteuer und weitere Senkungen des Spitzensteuersatzes lehnen wir ab.« Die Autoren des Papiers wandten sich damit nicht nur gegen die Agenda, sondern auch gegen die – in der ersten Legislaturperiode – verabschiedete Steuerreform, deren dritte Stufe damals noch ausstand. Scheinheilig ergänzten die Initiatoren: »Wir Sozialdemokratinnen und Sozialdemokraten stehen zu unserer SPD-geführten Bundesregierung und unserem Bundeskanzler Gerhard Schröder.« Davon aber konnte kaum die Rede sein. »Aufstand in der SPD gegen Schröder!« titelte die »Bild«-Zeitung am 12. April 2003 durchaus treffend. Über eine offene Revolte gegen den Kanzler und einen in der Geschichte der SPD einmaligen Vorgang wurde berichtet.

Sechs der zwölf Bundestagsabgeordneten unter den Initiatoren stammten aus Bayern, mithin einem SPD-Landesverband, der sich seit Jahrzehnten durch Oppositionssehnsucht auszeichnet. Selbstredend wurden diese sechs Abgeordneten – neben Pronold handelte es sich um Klaus Barthel, Horst Kubatschka, Horst Schmidbauer, Fritz Schösser und Sigrid Skarpelis-Sperk – allesamt über die Landesliste in den Bundestag gewählt. So kühn wie Skarpelis-Sperk behauptete, sie sei »die Partei«, hätte sie auch formulieren können: »Ich repräsentiere ein ganzes Fünftel meiner Wählerschaft.« Bei der Bundestagswahl 2002 hatte Skarpelis-Sperk als erfolglose Kandidatin im Wahlkreis Ostallgäu ein Ergebnis von 21,8 Prozent der Erststimmen erzielt. Pronold hatte im Wahlkreis Rottal-Inn gerade einmal 17,7 Prozent der Stimmen geholt. Treffend stellt die einstige bayerische SPD-Vorsitzende Renate Schmidt fest: »Die Initiatoren des Mitgliederbegehrens waren geprägt von vielen Jahren in der Opposition. Sie waren machtentwöhnt.«[32] Schmidt kannte als leidgeprüfte Pragmatikerin ihre bayerischen Genossen. Der Abgeordnete Barthel widerspricht dem bis heute. Er mag sich die starke bayerische Präsenz nicht mit »Minoritätsgefühlen oder einer psychologischen Beseelung von der Opposition« erklären. Er und seine Mitstreiter waren schlicht davon überzeugt: »Die Agenda wird die SPD zerstören.«[33]

Bei den weiteren sechs Parlamentariern, die für das Mitgliederbegehren warben, handelte es sich um direkt gewählte Abgeordnete. Mit Götz-Peter Lohmann und Christina Lucyga (beide Mecklenburg-Vorpommern), Ottmar Schreiner (Saarland), Rüdiger Veit (Hessen) und Waltraud Wolff (Sachsen-Anhalt) repräsentierten sie – mit Ausnahme René Röspels (NRW) – durchweg traditionell linke SPD-Landesverbände. Der Mit-Initiator Barthel aus Bayern erklärt, die Fraktionskollegen aus Hamburg oder NRW hätten deshalb nicht mitmachen wollten, weil »sich die Parteifunktionäre schon weit von der Basis gelöst hatten. Viele Abgeordnete speziell aus NRW sind so selbstgefällig, dass sie alles mittragen, was die Führung ihnen serviert. Sie wissen aber nicht mehr, was an der Basis gedacht wird. Die Wahlniederlagen dort haben das ja später gezeigt. Die SPD in Bayern und im Saarland hingegen hat sich mit dem Mitgliederbegehren bis heute eher stabilisiert.«[34]

Nach der Bundestagswahl 2005 sollten dem Parlament immerhin sechs der zwölf Abgeordneten noch angehören. Dabei handelt es sich um Barthel, Pronold, Röspel, Schreiner, Veit und Wolff. Sie fielen während der großen Koalition unter Bundeskanzlerin Merkel in keiner Weise auf. Aufmerksamkeit erzielten sie nur unter der Voraussetzung der knappen Mehrheit Schröders. Damals wurden die zwölf Initiatoren zu wahren Medienstars. Bis dato und abgesehen von Schreiner allesamt unbekannt, tauchten sie plötzlich im »Spiegel« und den »Tagesthemen« auf. Sie wurden befragt und porträtiert, verwöhnt wie verachtet. Schon morgens durfte Sigrid Skarpelis-Sperk im Fernsehen weltwirtschaftliche Zusammenhänge schildern. Mit ihrer belehrenden Art hatte sie sich in der Fraktion über Jahre hinweg unbeliebt gemacht, nun gereichte dieser Auftritt nicht eben zum Erfolg des Mitgliederbegehrens, wie Mitinitiator Röspel sagt. Skarpelis-Sperks Art der Kritik habe auf »viele, besonders wenn sie intellektuell unterlegen waren, eher kontraproduktiv« gewirkt.[35] Die aufbegehrenden Abgeordneten hatten das Medienzeitalter schlichtweg verkannt. Mit dem Start ihres Mitgliederbegehrens ging es in den Medien nicht mehr um die Inhalte der Agenda, sondern allein um die Frage: Setzt sich Schröder durch oder nicht? Und: Was sagt Frau Skarpelis-Sperk dazu?

Für Müntefering war die Initiative aus den Reihen der von ihm geführten Fraktion eine Provokation. Er war fassungslos und wusste sogleich: Das ist kein Spaß. Hier geht es um alles. Damit steht die Regierungsfähigkeit auf dem Spiel. Diese Brisanz aber mochten die Initiatoren nicht erkennen. Müntefering hielt ihnen in einem Brief vor, ihr Vorgehen sei »ungewöhnlich und unfair gegenüber der Gesamtfraktion und auch mir gegenüber«. In einem Schreiben an alle SPD-Abgeordneten hielt Müntefering fest: »Das Begehren bringt uns an den Rand der Handlungsfähigkeit und gefährdet unsere Regierungsfähigkeit.« Müntefering also warnte öffentlich vor dem Verlust der Regierungsverantwortung. Sollte die Koalition keine eigene Mehrheit dafür aufbringen, wäre die Konsequenz, »dass wir dann nicht regieren können«. Der Vergleich zu dem schwindenden Vertrauen in Bundeskanzler Helmut Schmidt während der Endphase seiner Regierung lag auf der Hand. Schmidt war, entgegen sozialdemokratischer Legenden, nicht allein von der FDP gestürzt worden. Die eigene Partei hatte in der Frage des Nato-Doppelbeschlusses eine dezidiert andere Auffassung als ihr Kanzler und beschleunigte die Erosion seiner sozial-liberalen Regierung ganz erheblich.

Münteferings Einladung zu dem Gespräch folgte am 15. April, mitten in der Osterpause. Von dem aufsässigen Dutzend aber erschien nur die Hälfte: Dabei handelte es sich um die Abgeordneten Lucyga, Pronold, Röspel, Skarpelis-Sperk, Schreiner und Veit. Barthel etwa wollte dafür seinen Urlaub nicht unterbrechen, wehrte sich aber vor allem aus grundsätzlichen Erwägungen gegen das Gespräch. »Nachdem wir die Medienblockade mit dem Mitgliederbegehren just in der Osterpause durchbrochen hatten, war Müntefering plötzlich daran interessiert, mit uns zu reden«, klagt er noch heute. Zuvor seien all »meine Gesprächsangebote in den Wind geschlagen worden« und es habe stets geheißen, »Augen zu und durch, mit Querulanten schlagen wir uns nicht herum«. Barthel führt hier einen für ihn schlimmen Vergleich an: »Ich habe mir damals immer gedacht: So muss es wohl zu Kohls Zeiten in der CDU zugegangen sein.«[36]

Neben Müntefering nahmen dessen Stellvertreter Erler, Müller und Hans-Joachim Hacker an der Unterredung im Raum 1403 des Berliner Jakob-Kaiser-Hauses teil. Mitarbeiter waren nicht zugelassen. Der auf Etikette bedachte und ehrpusselige Fraktionsvorsitzende warf den Initiatoren formale Versäumnisse und inhaltliche Fehleinschätzungen vor. Die Tatsache, dass das Mitgliederbegehren über die Medien, ja ausgerechnet die »Bild«-Zeitung, bekannt geworden war, machte die Initiatoren moralisch angreifbar. Doch in der Sache blieben die sechs Abgeordneten im Gespräch mit Müntefering hart. Von einem Dialog war dieses Gespräch ohnehin weit entfernt, die Atmosphäre von Anfang an verhärtet. Ein beispielloser Vorgang gewann an Dynamik. Müntefering klagte über »konspirative Sitzungen« und einen »schweren Vertrauensbruch« der Abgeordneten. Er warf ihnen »Feigheit« vor.

Der Fraktionsvorsitzende hatte gerade selbst begriffen, dass viele angebliche Wahrheiten keine Wahrheiten mehr waren. Müntefering hatte die Reformerfordernisse inzwischen verinnerlicht. Er hatte einen Lernprozess durchlaufen von einem Vertreter des alten Schlags der Sozialdemokraten, die in den siebziger Jahren geprägt worden waren, zu den Modernisierern, die die Realität nicht mehr leugnen mochten. Daher gelang es Müntefering besser und glaubwürdiger als anderen, die Notwendigkeiten eines Umbaus des Sozialstaates zu schildern. Nun musste er fürchten, dass ihm eigene Abgeordnete von der Fahne gingen. Das konnte er nicht akzeptieren, und entsprechend hart trat er ihnen gegenüber auf. Skarpelis-Sperk wetterte gegen Münteferings »Denk- und Diskussionsverbote«. Schreiner beklagt bis heute: »Franz Müntefering spielte im Zusammenhang mit dem Mitgliederbegehren und der Agenda eine verheerende Rolle. Als Fraktionsvorsitzender hätte er integrieren müssen, er aber betrieb genau das Gegenteil.«[37] Sein Kollege Barthel bemängelt: »Diskussionen wurden regelrecht unterbunden. Es gab ein organisiertes Denk- und Diskussionsverbot.« Dies habe gar für die Parteitage gegolten. Hier sei stets gesagt worden, die Regierung dürfe nicht gefährdet werden, »jedes kritische Wort über den Kanzler ist grob schädlich. Führt bloß keine inhaltliche Diskussion.« Anträge seien auf Parteitagen nicht mehr diskutiert, sondern »mit dem schlichten Hinweis abgebügelt« worden, dies zerstöre die Regierungsfähigkeit. Barthel sagt bis heute: »Niemals diskutiert wurde jedoch die Frage, ob unsere Politik selbst nicht unsere Regierungsfähigkeit gefährdet.« Stattdessen sei »bis in die Ortsvereine hineinregiert« worden, »Angst wurde verbreitet, bestimmte Themen anzusprechen«.[38] Jenes vermeintliche Verbreiten von Angst wirkte aber kaum. So rief der Vorsitzende der IG Metall, Jürgen Peters, seine sozialdemokratischen Parteifreunde dazu auf, das Mitgliederbegehren zu unterschreiben. Die Dienstleistungsgewerkschaft ver.di – deren Vorsitzender Frank Bsirske den Grünen angehört – hielt es ebenso.

SPD-Generalsekretär Scholz hatte als Frühwarnsystem seines Vorsitzenden die Brisanz des Mitgliederbegehrens unterschätzt. Warum aber sollte sich Schröder nicht selbstbewusst einem Sonderparteitag stellen? Inzwischen hatten Protagonisten der Linken wie Stiegler dem Kanzler Loyalität zugesichert – und nach außen wahrte Stiegler Loyalität zu Schröder, doch ebenso ließ er als Förderer und väterlicher Freund Pronolds diesen gewähren. Nicht einmal ein Jahr später verschaffte der bayerische SPD-Vorsitzende Stiegler Pronold einen Posten als sein Stellvertreter. Während Pronold gar behauptete, sein Mitgliederbegehren »arbeitet daran, dass die SPD auch nach 2006 regierungsfähig ist«, verlangte Andrea Nahles nun: »Schröder muss Zugeständnisse machen.«[39] Der saarländische SPD-Vorsitzende Heiko Maas nannte die Pläne Schröders »sozial unausgewogen« und verlangte, Vermögende zur Kasse zu bitten. Ypsilanti warnte vor einem Abbau des Sozialstaates. Schon sprachen sich die Landesverbände Saarland und Schleswig-Holstein für einen Sonderparteitag aus.[40]

Der Kanzler aber zog die Zügel merklich an. Es könne nicht sein, »dass die Maas und Ypsilantis die Linien bestimmen«, sagte er in einer Telefonkonferenz der Parteispitze.[41] Die Agenda 2010 sei »ein Testfall für die Regierungsfähigkeit der Partei mindestens für dieses Jahrzehnt«, befand der Kanzler.[42] Schröder wollte sich nicht von erfolglosen Hinterbänklern unter Druck setzen lassen. Er mochte sich über die zwölf Abgeordneten ärgern und sie verachten, ernst nehmen wollte er sie nicht. Eine Verwässerung seiner Pläne oder gar eine Umkehr war für ihn ausgeschlossen. Auf Kritik reagierte Schröder gereizt. In einem Anflug von Größenwahn verlangte der abgewählte niedersächsische Ministerpräsident Gabriel in einem Aufsatz in der »Frankfurter Rundschau« etliche Änderungen an der Agenda. Er wandte sich etwa gegen die kürzere Zahlung des Arbeitslosengeldes.[43] Daneben sprach Lafontaine, damals noch Mitglied der SPD, von »Wahlbetrug« und verlangte einen Kurswechsel. Sein Zögling Heiko Maas argumentierte: »Wenn die SPD nur noch Wurmfortsatz der Regierung ist, hat nicht nur die Partei ein Problem, sondern auch der Kanzler. Ohne sie ist er ein Kaiser ohne Kleider.«[44] Schröder ging daraufhin noch weiter in die Offensive – und entschied sich entgegen bisheriger Absicht für einen Sonderparteitag zur Agenda.

Ausgerechnet in ein hessisches Museumsdorf lud der DGB am 1. Mai zu seiner zentralen Kundgebung. Der DGB-Vorsitzende Sommer bemühte sich um einen Ausgleich, während sich die Chefs etlicher Einzelgewerkschaften längst von Schröder abgesetzt hatten. Sommer galt gewerkschaftsintern als machtlos. Die starken Männer hingegen waren die Vorsitzenden der schlagkräftigen Einzelgewerkschaften IG Metall und ver.di, Peters und Bsirske. Sie waren zugleich heftige Kritiker des Kanzlers. Schröder also war zur zentralen DGB-Feier als Redner eingeladen – während der IG-BAU-Vorsitzende Wiesehügel den Kanzler als »asozialen Desperado« beschimpfte. Wiesehügel nannte die Agenda »zynisch« und sah in ihr gar einen Verstoß gegen die Menschenwürde. Der Vorsitzende der IG Metall, Peters, sprach von einem »Scheißdreck«. Bei einer Demonstration gegen einen Auftritt Münteferings schwenkten in Bochum Gewerkschafter Transparente, auf denen es hieß: »Gegen Schröders Sozialabbau«. Müntefering musste sich als »Arbeiterverräter« beschimpfen lassen. Als er darauf verwies, er gehöre seit 35 Jahren der IG Metall an, riefen die Demonstranten: »Judas« und »Geh nach Hause!«.[45]

Deutlich distanzierte sich die gesamte Gewerkschaftsbewegung vom sozialdemokratischen Partner. »Die einen – das waren bislang immer die Sozialdemokraten – wollten, dass wir weniger Arbeitslose haben. Die anderen wollen, dass die Arbeitslosen weniger haben«, klagte Hans-Joachim Schabedoth, Leiter der DGB-Grundsatzabteilung.[46] Dieses simple Schwarz-Weiß-Bild wurde im DGB plötzlich angezweifelt. Dabei empfanden die Gewerkschaften die Politik der Bundesregierung schon weit vor der Agenda als wenig sozial. So schrieb Schabedoth zwei Jahre nach Amtsantritt der Regierung Schröder: »Eine Serie von Wahlniederlagen bewies 1999 den handelnden Akteuren der SPD, wie ernst sie die verbreitete Enttäuschung in den Gewerkschaften und unter ihren Stammwählern nehmen muss.« Doch hatten die damaligen Wahlsiege der CDU, etwa in Hessen und dem Saarland, nicht eher mit der Unzufriedenheit über das dilettierende Agieren der Regierung Schröder zu tun gehabt? Schadeboth jedenfalls warnte bereits im Jahre drei vor der Agenda die SPD vor »Modernisierungsstrategen, die nur so heißen, im materiellen Kern aber nicht mehr bedeuten als soziale Tünche für einen Kapitalismus nach amerikanischen Leitbild«.[47] Doch wen hatte er, nach dem Abgang Hombachs, mit jenen »Modernisierungsstrategen« gemeint? Walter Riester? Hans Eichel? Oder Franz Müntefering?

Müntefering verstand sich inzwischen längst als mutiger Anwalt der Agenda. Er bezeichnete das unter Sozialdemokraten beliebte Adjektiv »neoliberal« intern als einen Kampfbegriff, mit dem er wenig anfangen könne. Den Kanzler und Müntefering bestärkten die Attacken aus den eigenen Reihen und aus den Gewerkschaften in ihrer Absicht, den als richtig erkannten Weg zu gehen. Seiner eigenen Rolle war sich Müntefering bei alldem sehr bewusst: »Eigentlich bin ich exemplarisch für das, was in der Partei stattfindet. Positionen, die ich noch bis ins letzte Jahr hinein hatte, habe ich verändert, weil ich glaube, dass es moralisch und ethisch verantwortbar ist.«[48]

In der Fraktion artikulierte sich massiver Widerstand gegen die zwölf Initiatoren des Mitgliederbegehrens, von »den Abweichlern« und einem »dreckigen Dutzend« war die Rede. Die Kronzeugen gegen die Regierungspolitik stilisierten sich als die letzten aufrechten Sozialdemokraten, die daheim in den Wahlkreisen stolz auf ihre Einlassungen zur Agenda verwiesen. Während Müntefering intern von einer »absoluten Sauerei« sprach, wandten sich ebenso Vertreter aller Fraktionsflügel gegen die zwölf. Der Linke Jörg Tauss sprach von einer »absolutistischen Arroganz«, der Pragmatiker Sascha Raabe fragte seine Kollegin Skarpelis-Sperk, warum er mit ihr kooperieren solle, wenn sie die Regierung ablösen wolle.[49] Der Abgeordnete Röspel spricht von »vielen Problemen« für die Initiatoren: »Wir wurden als Querulanten beschimpft, wir erlebten, was Entsolidarisierung bedeutet.«[50]

Das Mitgliederbegehren, im Wesentlichen onlinebasiert, verlief derweil im Sande. Viele seiner Adressaten dürften mit dem Internet nicht vertraut gewesen sein, ebenso wollten wohl manche Skeptiker der Agenda nicht einen Aufruf gegen Schröders Politik als Ganzes unterstützen. Gerade einmal 21 000 Sozialdemokraten hatten die Initiative innerhalb von zwei Monaten unterschrieben, nicht einmal ein Drittel des erforderlichen Quorums. Das Projekt wurde in aller Stille beerdigt.

Schröder wiederum drohte in dieser Phase dennoch mehrfach mit Rücktritt. Seine engste Umgebung – Steinmeier und Krampitz, aber auch seine Ehefrau Doris – rieten ihm von diesen Drohungen ab. Mussten sie nicht als inkonsequent gelten, sobald sie bekannt wurden? Auf Bitten und Appelle hin, er möge die Agenda und deren Ziele den Genossen wie dem Volk erläutern, reagierte Schröder abweisend. »Lyrik« sei nicht seine Sache, antwortete er in solchen Situationen. Als eine Gruppe jüngerer Abgeordneter eine Erklärung der Agenda einforderte, wies Schröder sie darauf hin, sie seien für die Vermittlung in der SPD zuständig. Schröder argumentierte, die SPD sei immer besonders stark gewesen, wenn sie sich kühne

Ziele gesetzt habe. Die Aufgabe, dafür dann Zustimmung zu organisieren, sei ihr zumeist gelungen. »Dem Mut zur Veränderung, der von uns gefordert ist, entspricht die Gefahr des Absinkens in die Bedeutungslosigkeit, wenn wir uns aus der Verantwortung stehlen …«, warnte Schröder seine Parteifreunde.[51]

Parallel zu Schröders Abschied von alten Gewissheiten wagten es einzelne Sozialdemokraten, Tabus zu brechen. Finanzminister Eichel bekannte im Mai nach langem Zaudern, ein ausgeglichener Haushalt sei für das Jahr 2006 nicht mehr zu schaffen. Gesundheitsministerin Ulla Schmidt erwog öffentlich ein Renteneintrittsalter mit 67 Jahren. Die Rürup-Kommission hatte dies ebenso wie einen Nachhaltigkeitsfaktor vorgeschlagen; Schmidt plädierte intern vergeblich für die Verabschiedung eines entsprechenden Gesetzes noch in dieser Legislaturperiode. Eine derartige weitere Reform mochten die Parteioberen sich selbst und ihren Leuten vorerst nicht zumuten.

Generalsekretär Scholz kam derweil die Aufgabe zu, die Parteilinke mit dem Kurs des Kanzlers zu versöhnen. Inhaltlich machte Scholz keinerlei Zugeständnisse. Er verteidigte Schröders Politik so konsequent, dass das eigenständige Profil der SPD infrage gestellt werden musste. Zwischen Schröder und Scholz passte wirklich kein Blatt Papier. Auf Pressekonferenzen betete Scholz die Regierungsrhetorik herunter. Aus dieser Zeit stammt sein Spitzname »Scholzomat«. Scholz, der einst seine politische Karriere am linken Rand der Hamburger SPD begonnen hatte, wurde zum Exekutor von Schröders Politik. »Das Sozialversicherungssystem ist kein Instrument zur Herstellung einer gerechten Verteilung«, schrieb Scholz in einem Strategiepapier unter dem Titel »Aufbruch für Neue Gerechtigkeit«. Er konstatierte darin: »Für viele Menschen ist der Zusammenhang von Leistung und Gegenleistung in unserem Sozialversicherungssystem nicht mehr erkennbar.« Der deutsche Sozialstaat gewährleiste zwar ein hohes Sicherheitsniveau, zugleich aber verkörpere er die »weitgehend vergangene Industriegesellschaft«. Halte die SPD am Status quo fest, schrieb Scholz, gerate sie in die »Situation von Schiffbrüchigen auf einer Eisscholle, die immer neue Menschen aufnehmen, während ihnen gleichzeitig der rettende Grund allmählich unter ihren Füßen dahinschmilzt«.[52]

In Schröders Auftrag legte Scholz ein Programm vor, das die Partei vereinen und ruhigstellen sollte. Scholz' Hang zur Ironie ging dabei so weit, dass er jenes Papier mit dem Titel »Innovation, Wachstum, Arbeit, Nachhaltigkeit« als »Iwan« abkürzen ließ. Schröder aber, ansonsten russischen Einflüssen gegenüber freundlich gesinnt, zeigte sich verärgert. So wurde aus »Iwan« das Programm »Inwa«. Die Reihenfolge der vier Begriffe lautete nun »Innovation und Nachhaltigkeit, Wachstum und Arbeit«. Unter diesem Namen sollte eine Arbeitsgruppe Vorschläge erarbeiten. Auf Scholz ließ Schröder ungeachtet aller öffentlichen Kritik nichts kommen. Er schätzte dessen Auffassungsgabe und wusste um seine Loyalität: »Franz Müntefering und Olaf Scholz waren und sind für mich die zuverlässigsten Verbündeten in dem Prozess der Durchsetzung der Agenda 2010«, sagte Schröder später.[53]

Als die Gewerkschaften am 24. Mai 2003 zu Protesten gegen die Regierungspolitik aufriefen, blieb das Echo gering: Am »Großkampftag« der Gewerkschaften (»Reformen ja, Sozialabbau nein danke«) nahmen gerade einmal 30 000 Menschen teil. Innerhalb der SPD aber kämpfte die Linke weiterhin für Konjunkturprogramme. Heiko Maas warnte, »rigides Sparen« würge die Konjunktur ab, ähnlich äußerte sich Andrea Ypsilanti, die auch ansonsten mit Kritik an der Agenda nicht geizte. Schröder mochte sich ihren Namen demonstrativ nicht merken und nannte sie nur »Frau XY«. Die Unionsparteien übten sich derweil in einer merkwürdigen Taktik: Sie kündigten an, alle Reformgesetze Schröders abzulehnen, und verlangten Zugeständnisse. So plädierte die CDU für eine Praxisgebühr. Außerdem sprach sich ihre Vorsitzende Angela Merkel, nach einem entsprechenden Votum einer CDU-Kommission unter dem früheren Bundespräsidenten Roman Herzog, für die Rente mit 67 aus. Die CSU hingegen lehnte eine Rente mit 67 ab. Die Regierung tat sich schwer, die Reformen zu erläutern, geschweige denn geschickt zu »verkaufen«. Es dauerte viele Monate, bis das Bundespresseamt die ersten Materialien zur Agenda 2010 lieferte. Das von Clement geführte Ministerium sah erst gar keine Veranlassung, die Reformen zu erklären.

Anders als vor der Bundestagswahl analysierte die SPD nun die Lage des Landes schonungslos. Die Arbeitslosigkeit steige, in absehbarer Zeit sei keine Änderung auf dem Arbeitsmarkt zu erwarten, hieß es im Leitantrag des Parteivorstandes zu dem Sonderparteitag, der am 1. Juni 2003 über die Agenda beschließen sollte.

Erstmals distanzierte sich die Partei, wenn auch nur indirekt, von einem Teil der eigenen Politik nach der Regierungsübernahme im Jahre 1998. Die Bundesregierung habe damals »für soziale Gerechtigkeit Sorge getragen«, hieß es zwar, und es folgte eine Auflistung von acht Punkten. Die umstrittenen Maßnahmen wie die Rücknahme des demografischen Faktors, der geänderte Kündigungsschutz und die Wiedereinführung des Schlechtwettergeldes wurden jedoch nicht mehr erwähnt. Nun hieß es dagegen fast beiläufig, die Rentenanpassungsformel solle »durch einen sogenannten ›Nachhaltigkeitsfaktor‹ modifiziert werden«. Die SPD löste sich so – unauffällig – von ihrem langjährigen Liebling Lafontaine und dessen sozialen Wohltaten.

Mit jenem Leitantrag musste es der SPD-Spitze gelingen, die Partei auf ihre Seite zu ziehen. Dies bedurfte einer philosophischen Erläuterung der geplanten Maßnahmen. So beschwor sie – das muss in jeder Lage helfen – Willy Brandt und dessen Mut zur Veränderung. Die SPD, die gerade ihren 140. Geburtstag beging, sei nur so alt geworden, weil sie sich beständig erneuert habe, hieß es. Selbst in einem Dokument der SPD tauchte nun der Grundgedanke des Kanzleramtspapiers auf: »Ungerecht ist … jeder statische, auf die Verwaltung und Zuteilung fixierte Gerechtigkeitsbegriff. Ungerecht wäre es, jetzt nichts zu verändern. Wer gerecht sein will, braucht den Mut zur Veränderung«, gab sich der SPD-Vorstand überzeugt. »Die Alternative ist eindeutig: Entweder wir modernisieren … oder wir werden modernisiert.« Die SPD sprach nicht mehr nur euphemistisch von einem »Umbau« des Sozialstaates, sondern bekannte sich zu einem »teilweisen Abbau sozialer Leistungen«. Dies war ebenso ein Paradigmenwechsel wie die Begründung jener Politik. Die sozialen Leistungen würden bestimmt vom Wirtschaftswachstum: »Denn wir können nur das verteilen, was wir vorher erwirtschaftet haben.«[54] Diese auf der Hand liegende Wahrheit war bis dato in der SPD umstritten. Unter den Linken gilt dies bis heute so – und Oskar Lafontaine würde gar im Brustton der Überzeugung das Gegenteil behaupten.

Deutlich distanzierte sich die SPD von der unter der Regierung Kohl beschlossenen Frühverrentung. Seit Mitte der achtziger Jahre hatte es für ältere Arbeitslose eine stufenweise Heraufsetzung der Bezugsdauer des Arbeitslosengeldes gegeben. Es könne nicht Sinn einer längeren Bezugsdauer von Arbeitslosengeld sein, dass Betriebe ältere Beschäftigte auf Kosten der Beitragszahler in den vorzeitigen Ruhestand schicken, hieß es nun. Die SPD konstatierte: »Es ist deshalb notwendig, die Bezugsdauer für das Arbeitslosengeld wieder auf zwölf bzw. achtzehn Monate für über 55-Jährige zurückzuführen.«[55] Eine an sich unpopuläre Maßnahme – die im Jahre 2007 zu dem Streit zwischen Beck und Müntefering führen sollte – wurde mit der Kritik an der Politik von Kohl und Blüm bemäntelt. Angriffe auf die Union und das Feindbild des »ewigen Kanzlers« Kohl schlossen schließlich stets die Reihen in der SPD. Aber hatte sich die SPD mit ihrem Sozialexperten Rudolf Dreßler in den achtziger und neunziger Jahren nicht stets mit Kritik an der angeblichen sozialen Kälte Kohls hervorgetan? Hatte sie nicht in dem Herz-Jesu-Sozialisten Blüm einen Verräter von Arbeitnehmerinteressen gesehen? Nun stellte die SPD fest: »Die Sozialversicherungsbeiträge haben eine Höhe erreicht, die für die Arbeitnehmerinnen und Arbeitnehmer zu einer hohen Belastung geworden ist.« Mit dem Regierungswechsel 1998 habe man zwar die Sozialversicherungsbeiträge auf 41,3 Prozent reduziert. Das aber reiche nicht aus. Euphorisch wie waghalsig proklamierte man nun: »Unser Ziel ist es, die Massenarbeitslosigkeit zu senken und 2010 Vollbeschäftigung zu erreichen.«

Schröder begründete den Leitantrag und verwies auf die hohen Zahlungen des Bundes für Sozialleistungen und Zinsen. Energisch rief er dazu auf, der jüngeren Generation geordnete Staatsfinanzen zu übergeben. Es gelte, den Wandel zu gestalten, statt darunter zu leiden. Resignation, Pessimismus und Trägheit im Denken seien die wahren Gegner. Gefragt sei ein Wandel der Mentalität und ein neues Denken. Mit Erhard Eppler schlug sich das moralische Gewissen der SPD auf die Seite Schröders. Ebenso warb Hans-Jochen Vogel mit einer Rede für dessen Pläne. Erwartungsgemäß stellte sich der SPD-Parteitag, abermals im Berliner Estrel-Hotel, klar hinter die Agenda. Dass aber gar 90 Prozent der Delegierten für die Agenda stimmten, so wie es Tagungspräsident Peer Steinbrück feststellte, hatte Schröder nicht erwartet. Die Mehrheit sei längst nicht so groß gewesen wie verkündet, monierten nun die Kritiker der Agenda, wie etwa der DGB-Vorsitzende Sommer. Schröder aber konnte auf eine breite Zustimmung zu seiner Politik verweisen – wenngleich die lautstarken Proteste und Demonstrationen gegen diese Gesetze erst ein Jahr später begannen.

In einer noch nie da gewesenen Klarheit versuchte das Willy-Brandt-Haus die eigene Basis von der Notwendigkeit der Reformpolitik zu überzeugen. »Die wirtschaftliche Situation in Deutschland hat sich seit September 2002 noch einmal verschlechtert«, hieß es gleich im ersten Satz einer Argumentationshilfe für die Funktionäre. Doch machte sich die SPD nicht unglaubwürdig, wenn sie allzu ehrlich zugab, bis zur Bundestagswahl die Situation stets schöngeredet zu haben? Dies wurde im Grunde in aller Deutlichkeit bestätigt: »Bis September 2002 sind wir ... davon ausgegangen, dass sich die deutsche Wirtschaft in der zweiten Jahreshälfte 2002 erholt und ein neuer Wirtschaftaufschwung kommt.« Die Parteizentrale traf Feststellungen, die man ohne Weiteres auch vor der Wahl hätte treffen können. So hieß es in dem Papier: »Die Arbeitslosigkeit steigt seit rund 30 Jahren mit jeder konjunkturellen Schwächephase, ohne dass die alten Werte jeweils wieder erreicht werden.« Die Beschäftigungsschwelle sei zu hoch, und Deutschland habe »mit rund 18 Prozent die höchste Sozialbeitragsquote«. Waren all diese Erkenntnisse just am Tag nach der Bundestagswahl zustande gekommen?

Die Reform des Arbeitsmarktes, gab die SPD-Zentrale vor, habe ein Ziel: Menschen schneller wieder in Arbeit zu bringen. Die geplante kürzere Bezugsdauer des Arbeitslosengeldes wurde gar historisch begründet: »Vor 1985 galt eine Bezugsdauer von 12 Monaten – auch unter sozialdemokratischen Regierungen.« Da sich die Lebensarbeitszeit aber auf 38 Jahre verkürzt habe, folgte man der Diktion Münteferings: »Mit der Absenkung der Bezugsdauer des Arbeitslosengeldes für Ältere auf 18 Monate wollen wir den Trend zur Frühverrentung umkehren. Die Unternehmen dürfen sich nicht auf Kosten der Steuer- und Beitragszahler sanieren.« Und für alle jene, die im Kontext der Agenda 2010 die Zusammenlegung von Arbeitslosen- und Sozialhilfe beklagten, stellte die SPD-Spitze zutreffend fest, dies »ist nicht neu ... stand schon im Regierungsprogramm der SPD«.[56] Kurzum, wollte die SPD betonen: Nicht alle guten Gedanken und neuen Einsichten waren erst in den Wochen nach der Bundestagswahl gereift.

Reformen zu Neuhardenberg

Um der Reformpolitik einen historischen Anspruch zu verpassen, lud Schröder im Juni 2003 zu einer zweitägigen Kabinettsklausur auf das Schloss Neuhardenberg. Die Idee war von Müntefering gekommen, Schröders Büroleiterin Krampitz suchte das Schloss aus. Die im Park unter freiem Himmel tagende Ministermannschaft sollte erinnern an das Bild von der Regierung Kiesinger/Brandt, die sich einst im Garten des Palais Schaumburg mit Sinn für Inszenierung versammelt hatte. Der Name des preußischen Reformers Hardenberg, der auf Schloss Neuhardenberg gelebt hatte, mochte der Agenda eine zusätzliche Würde verleihen. Doch nicht jeder Reformvorschlag stieß hier auf Gegenliebe. Familienministerin Renate Schmidt etwa scheiterte mit dem Vorschlag eines »Elterngeldes«. In Neuhardenberg zeigte sich: »Die eine Hälfte des Kabinetts war dagegen, die andere dafür. Die Kritiker bemängelten, es handle sich bei dem Elterngeld um ein absolutes Mittelstandsprojekt. Genau darum aber ging es uns doch!«[57]

Während im Kanzleramt weiter vom »Jahr der Zäsuren« die Rede war, drängte Müntefering bei den Reformen auf Tempo. Daneben sprach er zur Besänftigung der Linken das Thema Erbschaftssteuer an. Bei einem anderen Lieblingsprojekt der SPD, der Bürgerversicherung, zeigte sich Müntefering hingegen zurückhaltend. Er hielt sie für nicht realisierbar. Intern wies Müntefering darauf hin, er verwende lieber das Wort Krankenversicherung. Er gab sich überzeugt: »Meine Kasse heißt wohl auch künftig Deutsche Angestellten Krankenkasse.« Um ein positives Signal zum Beginn des Sommers an das Volk zu senden, entschied die Regierung, die letzte Stufe der Steuerreform zum 1. Januar 2004 vorzuziehen. Noch wenige Wochen zuvor hatte Schröder ein solches Steuergeschenk ausgeschlossen. Nun sollten die Steuerzahler um 25 Milliarden Euro entlastet werden, der Spitzensteuersatz sank somit auf 45 Prozent. Unter der Regierung Kohl und lauter liberalen Wirtschaftsministern hatte er 53 Prozent betragen. Während der Stabilitätspakt unbeachtet blieb, führte die Regierung auch ihr größtes finanzpolitisches Projekt konsequent inkonsequent, im Zickzackkurs, zu Ende. Die Steuerreform war als dreistufiges Modell beschlossen worden. Während die Stufe zwei – infolge der Flut – verschoben wurde, zog man nun die Stufe drei vor. Wieder einmal nahm der

Kanzler das Heft in die Hand. Die Opposition reagierte wortkarg. Was aber sollten Merkel und Stoiber auf diese Pläne entgegnen? Sie schrieben Schröder einen Brief und begrüßten die Steuersenkung. Großmütig verkündete Schröder wenig später: »Ich habe mich über den Brief gewundert, aber ihn gern empfangen und die Antwort selber entworfen.«[58] Als Schröder die Opposition wenig später zu einem »Reformgipfel« ins Kanzleramt einlud, reagierten Merkel und Stoiber zunächst nicht. Sie wussten, wie heikel Schröders Ansinnen war, trauten sie dem alten Fuchs doch alles zu. Sie aber wollten sich von Schröder weder vorführen noch einspannen lassen. So reagierte die Unionsspitze mit Sinn für Etikette: Man werde Schröder nicht zu einem »Reformgipfel« aufsuchen, wohl aber für ein »Spitzengespräch«.

Olaf Scholz versuchte, seine Partei auf Reformkurs zu halten. Er scheute sich nicht, selbst Lieblingsbegriffe der Linken wie die Verteilungsgerechtigkeit zu relativieren. »Wir brauchen einen umfassenderen Begriff von Gerechtigkeit«, verlangte der SPD-Generalsekretär. Der Sozialstaat habe »bereits ein sehr weitgehendes Niveau der Umverteilung materieller Ressourcen und Einkommen erreicht«. Daher seien Umverteilungsdebatten »nicht mehr von zentraler Bedeutung«.[59] Mit ähnlicher Intention äußerten sich die 38 im reformorientierten »Netzwerk« organisierten SPD-Bundestagsabgeordneten. Sie hatten die Agenda seit jeher im vollen Umfang unterstützt und konstatierten nun: »Weitere Schritte sind notwendig, um auch über das Jahr 2010 hinaus soziale Sicherheit für alle Generationen zu ermöglichen.« Die Gesamtlebensarbeitszeit sei zu verlängern, verlangten sie, wenngleich sie Signalbegriffe wie »Rente mit 67« – oder »Rente mit 70« – konsequent vermieden. Die Riester-Rente sei obligatorisch zu verankern, die Mehrwertsteuer zu erhöhen, versehen mit dem Hinweis, die Bezieher niedriger Einkommen seien davon unterproportional betroffen. Die Sozialversicherung solle stärker steuerfinanziert werden.[60] So viel Mut war selten.

Derweil bemühten sich die Grünen ebenso um eigene Akzente. Sie machten nun Druck in Richtung einer Bürgerversicherung. Selbst Joschka Fischer mischte sich in die Gesundheitspolitik ein, plädierte für dieses Projekt und führte der SPD immer wieder vor Augen, seine Partei könne eine drastische Reform des Sozialstaates ohne Weiteres ertragen. Die SPD gedachte, mit dem Projekt Bürgerversicherung in den Wahlkampf 2006 zu ziehen. Das Verhältnis zwischen SPD und Grünen kühlte sich derweil ab. Anlass für die schlechte Stimmung war nicht zuletzt die gute Verfassung der Grünen, die sich nach einer Schwächephase von 1998 bis 2002 nun erholten.[61]

Bei der bayerischen Landtagswahl holte die SPD mit 19,6 Prozent das mit Abstand schlechteste Ergebnis ihrer Geschichte.[62] Bayern war stets sozialdemokratische Diaspora gewesen, doch hatte die SPD sonst zumindest jeden vierten Wähler für sich gewonnen. Nun erreichte sie nicht einmal jeden fünften. Mühsam zog sich derweil die Gesetzgebungsarbeit der SPD hin. Bei einer Probeabstimmung über die Hartz-IV-Gesetze stimmten 13 Abgeordnete mit Nein. Damit war die eigene Mehrheit bedroht. Die Gesundheitsreform verfehlte im Plenum die Kanzlermehrheit und kam nur mit der Opposition zustande. Sechs Abgeordnete, unter anderem Schösser, Schreiner und Skarpelis-Sperk, stimmten gegen das Reformprojekt. »So erreicht ihr gar nichts, ihr schadet nur der Linken insgesamt«, wandte sich Andrea Nahles gegen die eigenen Leute. Nahles' Loyalität wurde sogleich belohnt: Schröder empfing die Sprecherin der Parteilinken im Kanzleramt. Müntefering beschimpfte die »Abweichler«. In deren Kreisen war wieder einmal von »Stalinismus mit sauerländischem Antlitz« die Rede. Es sei ein Fehler Münteferings gewesen, bei den Abstimmungen im Bundestag auf der eigenen Mehrheit zu bestehen, meint Schreiner bis heute. Die Regierung sei doch ohnehin auf den Bundesrat angewiesen, argumentiert er. In dieser Phase sei »auf die einzelnen Abgeordneten ein massiver Druck ausgeübt« worden, sagt Schreiner: »Es gab bis zu drei Fraktionssitzungen in der Woche. Hier wurden die potenziellen ›Abweichler‹ vorgeführt, so etwa durch bestellte Beiträge von Fraktionskollegen. Das war schwer erträglich. Wir haben damals gespottet über den ›Stalinismus ohne Gulag‹.«[63] Doch der Druck Münteferings zeigte Wirkung. Als am 17. Oktober 2003 im Plenum über die Hartz-IV-Gesetze (Zusammenlegung von Arbeitslosen- und Sozialhilfe, veränderte Zumutbarkeitsregelung) abgestimmt wurde, enthielt sich als einziger Abgeordneter der Koalition der Grüne Werner Schulz.

Der SPD-Parteitag im November 2003 feierte Franz Müntefering. Er verteidigte hier zwar abermals die Agenda, distanzierte sich aber feinsinnig und fast unbemerkt von der zuweilen in seinen

Augen mangelhaften Regierungsarbeit: »Fraktion gut, Partei gut, Glück auf«, rief Müntefering den Delegierten zu. Die Regierung also ließ er unerwähnt. Müntefering hatte sich mit seiner aufputschenden Rede und den abschließenden Worten dafür entschieden, das Parteivolk aus der Depression zu locken. Längst war Müntefering der starke Mann der SPD. Er führte de facto die Partei, er führte die Fraktion, und er war für die politische Strategie verantwortlich. Scholz und Clement, Schröders engste Verbündete, wurden hingegen mit miserablen Wahlergebnissen geschwächt. In jener fragilen Situation wandten sich die Delegierten mit dieser mangelnden Zustimmung nicht zuletzt gegen Schröder. Die Entfremdung zwischen Schröder und der SPD wurde irreversibel. Scholz wurde von den Delegierten mit gerade einmal 52 Prozent in seinem Amt bestätigt. Der Generalsekretär war der »bad guy« der Agenda. Ein Mitarbeiter des SPD-Parteivorstands hatte bereits Stimmzettel anfertigen lassen, auf denen der Name Sigmar Gabriel zu lesen war. Schröders eigener Landesverband hatte – neben den Hessen – intern gegen Scholz Stimmung gemacht. Zu später Stunde schnauzte Schröder daher seinen altbekannten Parteifreund und Umweltminister aus Hannoveraner Zeiten, Wolfgang Jüttner, an: »Euch mach ich fertig!« Clement erhielt als SPD-Vize 56 Prozent Zustimmung. Der Minister trat nach Bekanntgabe dieses Ergebnisses ans Mikrofon, sprach von einem »ehrlichen Ergebnis« und kündigte an, er selbst werde entsprechend ehrlich bleiben.

Nach dem Parteitag zeigte sich Schröder weitaus gelassener. Von einer Erhöhung der Erbschaftssteuer hielt er ebenso wenig wie von einer Ausbildungsumlage. »Ich bin mir mit dem Bundeswirtschaftsminister einig, dass es erst einmal um freiwillige Lösungen gehen muss«, meinte er nüchtern. Die Bürgerversicherung blieb ihm ebenso suspekt. Wer für eine Ausweitung der Rente auf Beamte und Selbstständige plädiere, müsse bedenken, dass jedes Einbeziehen Ansprüche mit sich bringe. Dies sei eine Frage der Abwägung. Vielleicht aber sei das bisherige System »sehr viel effektiver« als das neue. Daher gelte es, sich die Sache »unideologisch anzuschauen«, meinte Schröder.[64] Dies bedeutete: Wir lassen die Sache erst einmal liegen.

Nachdem der Bundesrat die Hartz-Gesetze mit den Stimmen der unionsregierten Ländern abgelehnt hatte, schmiedete der Vermittlungsausschuss in der Nacht vom 14. auf den 15. Dezember

2003 Kompromisse. Nach vielen Gläsern Rotwein wurden sich Regierung und Union nachts um halb vier einig. »Hartz IV« stand. Das Gesetzespaket wurde am 19. Dezember im Bundestag mit 581 Ja-Stimmen verabschiedet – ohne aber dass die Koalition ihre Kanzlermehrheit aufbrachte. Wenig später lebten in Deutschland sieben Millionen Menschen von »Hartz IV«. Dieses Gesetz zur Grundsicherung erwies sich als wahrer Paradigmenwechsel in der Geschichte des deutschen Sozialstaates. Erstmals mussten Arbeitslose nun jeden Job annehmen, selbst wenn es dafür nur einen geringen Lohn gab. Ansonsten drohten Sanktionen. Was als »Armut per Gesetz« und »sozialer Kahlschlag« von Kritikern bezeichnet wurde, verursachte enorme Mehrkosten. Wieder einmal war ein Gesetz der Schröder-Regierung, nicht zuletzt durch das Tauziehen im Vermittlungsverfahren, auf handwerklich mangelhafte Weise zustande gekommen. Außerdem hatte die Regierung abermals mit zu optimistischen Zahlen gerechnet. So hatten im Jahre 2006 gut anderthalb Millionen mehr Menschen Anrecht auf das ALG II als erwartet.

Rückblickend liegt die Frage auf der Hand, warum sich Schröder erst in seinem fünften Regierungsjahr zu der Anstrengung seines Reformkurses durchrang. Hätte er die Agenda nicht viel eher durchziehen müssen und können? Den Kanzler interessierten bei der Planung der Agenda vor allem zwei Fragen: Treffen Reformen auf Bereitschaft der Menschen? Und: Wie lange dauert es, bis Reformen wirken? Schröder war der Ansicht, dass derartige Reformen grundsätzlich am besten in einer Phase des Aufschwungs eingeleitet werden sollten. In den Jahren 1999/2000 aber hatte er diese Chance verpasst. Schröder sah auf der anderen Seite in diesen guten Zeiten wenig Bereitschaft zu grundlegenden Veränderungen: »Objektiv hätte man es da machen müssen«, gab sich Schröder überzeugt. »Aber durchsetzbar in einer pluralen Gesellschaft sind solche Eingriffe erst mit der Erfahrung, dass es um den Wohlstand geht.«[65]

Das Ausmaß des Reformbedarfs in der Innenpolitik habe ihn überrascht, bekannte Schröder Anfang des Jahres 2004. Er beharrte auf seiner Darstellung, vieles sei unvorhersehbar gewesen, was sein spätes Einschreiten begründen soll. Die beschlossenen Reformen aber stellten in seinen Augen keinen Schlusspunkt dar: »Das Wichtigste ist, nicht wieder zurückzufallen und sich der trügerischen Hoffnung auf eine hinreichende Dividende aus einem wirtschaftlichen Aufschwung hinzugeben. Die Strukturreformen dürfen nicht vernachlässigt werden.« Schröder stellte klar: »Man kann also nicht sagen: Jetzt ist die Agenda 2010 beschlossen und Ruhe im Karton.«[66] Ähnlich argumentierte Peer Steinbrück. Als der »Spiegel« feststellte, ihm reiche die Agenda 2010 kaum aus, antwortete Steinbrück schlicht: »Richtig.« Noch als nordrhein-westfälischer Ministerpräsident warnte er seine Partei: »Wenn die SPD ihren Reformansatz aufgibt oder auf die Bremse tritt, dann wird sie regierungsunfähig. Sie wird dann zu einer strukturkonservativen Partei.« Die SPD könne sich »nicht wegducken«, hämmerte Steinbrück den Seinen ein, sprach von Herausforderungen und verwies auf die Demografie: »Wir können gesellschaftliche Zustimmung nicht mehr durch Alimentation organisieren. Das ist für die SPD eine sehr schwierige Erkenntnis.« Altersversorgung, Gesundheitssystem, Föderalismus, Energieprogramm, Steuersystem – in diesen Bereichen sah Steinbrück Reformbedarf und stellte klar: »Was wir bislang gemacht haben zu diesen fünf Punkten, wird nicht ausreichen.«[67]

In dieser Phase waren sich viele in der SPD darüber einig, in den ersten vier Jahren an der Regierung habe man zwar einiges geschafft, grundsätzlich aber zu wenig gewagt. Schröder räumt dies freimütig ein, wenn er rückblickend feststellt: »Wir knüpften bei der Übernahme der Regierungsverantwortung … an die Bewusstseinslage der rheinischen Republik an, die sich im Schlagschatten der Weltpolitik ohne Aufhebens wegducken und unverdrossen ihre Außenhandelsbilanz verbessern konnte.«[68] Ähnlich argumentierte Müntefering: »Wir hätten in der vergangenen Legislaturperiode ein Konzept entwickeln müssen. Wir haben das verschleppt, haben immer in der Hoffnung auf eine konjunkturelle Erholung gelebt. … Ich habe bis zur Bundestagswahl 2002 immer noch gedacht: Wenn jetzt ein richtiger Schub kommt, dann ist wieder Geld da, und dann geht es auch voran.«[69] Wann genau aber wurde Müntefering klar, dass da eben kein »richtiger Schub« mehr kommen sollte? Er sprach von der Bundestagswahl 2002 als Zäsur, was recht treffend sein dürfte. Nun ist es üblich, dass regierende Parteien die Lage des Landes im Wahlkampf stets beschönigen, so wie die Opposition die Situation dramatisiert. Beide Seiten kamen dieser Aufgabe perfekt nach.

Anmerkungen

1 Der Spiegel, 3. Februar 2003.
2 Wolfgang Thierse im Gespräch mit dem Verfasser am 17. März 2008.
3 Heil, Hubertus und Carsten Stender: Ohne Wirtschaft ist alles nichts. Berliner Republik, 5. Jg. (2003), H. 1, S. 28–33.
4 Schröder, zitiert nach: Der Spiegel, 3. Februar 2003.
5 Nahles, Andrea; Maurer, Ulrich; Annen, Niels; Scheer, Hermann und Sigrid Skarpelis-Sperk: Zeit für einen Neuanfang. O.O., o.J. [Berlin, Februar 2003].
6 Schreiben Münteferings an die SPD-Bundestagsfraktion vom 4. Februar 2003.
7 Schreiben des FDP-Fraktionsvorsitzenden Wolfgang Gerhardt an Bundeskanzler Gerhard Schröder vom 5. Februar 2003.
8 Renate Schmidt im Gespräch mit dem Verfasser am 5. März 2008 in Berlin.
9 Goffart, Daniel: Prime-Time im Bundestag. Handelsblatt, 14. März 2003.
10 Wittke, Thomas: »Ich habe auch keine Begeisterung erwartet«. General-Anzeiger, Bonn, 15. März 2003.
11 Ottmar Schreiner im Gespräch mit dem Verfasser am 11. Februar 2008 in Berlin.
12 René Röspel im Gespräch mit dem Verfasser am 13. Februar 2008 in Berlin.
13 Klaas Hübner im Gespräch mit dem Verfasser am 13. Februar 2008 in Berlin.
14 Deutscher Bundestag: Plenarprotokoll 15/32 vom 14. März 2003.
15 Lohse, Eckart: Der Stabilitätspakt in der Regierung funktioniert. Frankfurter Allgemeine Zeitung, 15. März 2003.
16 Schreiben Ursula Engelen-Kefers an SPD-Generalsekretär Olaf Scholz vom 24. März 2003.
17 Annen, zitiert nach: Süddeutsche Zeitung, 30. April 2003.
18 Scholz, zitiert nach: Der Tagesspiegel, 30. März 2003.
19 Schwennicke, Christoph: Schröders Bewährung. Süddeutsche Zeitung, 24. April 2003.
20 Annen, zitiert nach: Frankfurter Allgemeine Zeitung, 18. März 2003.
21 Annen, zitiert nach: Der Tagesspiegel, 27. März 2003.
22 Lafontaine, zitiert nach: Bild-Zeitung, 17. März 2003.
23 Flassbeck, zitiert nach: Frankfurter Rundschau, 15. März 2003.
24 Klaus Barthel im Gespräch mit dem Verfasser am 18. Januar 2008 in Berlin.
25 Clement, zitiert nach: Der Spiegel, 14. April 2003.
26 Auskunft der Bundesagentur für Arbeit vom 17. November 2008.
27 Nahles, zitiert nach: Die Welt, 14. April 2003.
28 Klaus-Uwe Benneter im Gespräch mit dem Verfasser am 1. Februar 2008 in Berlin.
29 Klaas Hübner im Gespräch mit dem Verfasser am 13. Februar 2008 in Berlin.
30 Ute Vogt im Gespräch mit dem Verfasser am 3. März 2008 in Berlin.
31 Ottmar Schreiner im Gespräch mit dem Verfasser am 11. Februar 2008 in Berlin.
32 Renate Schmidt im Gespräch mit dem Verfasser am 5. März 2008 in Berlin.

33 Klaus Barthel im Gespräch mit dem Verfasser am 18. Januar 2008 in Berlin.
34 Ebd.
35 René Röspel im Gespräch mit dem Verfasser am 13. Februar 2008 in Berlin.
36 Klaus Barthel im Gespräch mit dem Verfasser am 18. Januar 2008 in Berlin.
37 Ottmar Schreiner im Gespräch mit dem Verfasser am 11. Februar 2008 in Berlin.
38 Klaus Barthel im Gespräch mit dem Verfasser am 18. Januar 2008 in Berlin.
39 Nahles, zitiert nach: Der Spiegel, 19. April 2003.
40 Maas, zitiert nach: Welt am Sonntag, 13. April 2003.
41 Bannas, Günter: Ja oder nein. Frankfurter Allgemeine Zeitung, 15. April 2003.
42 Schröder, zitiert nach: Der Spiegel, 19. April 2003.
43 Gabriel, Sigmar: Die SPD muss ihren Kompass neu ausrichten. Frankfurter Rundschau, 22. April 2003.
44 Maas, zitiert nach: Saarbrücker Zeitung, 14. April 2003.
45 Stern, 24. April 2003.
46 Schabedoth, Hans-Joachim: Spielen auf das eigene Tor. Neue Gesellschaft/Frankfurter Hefte, 50. Jg. (2003), H. 6, S. 33–37, hier S. 34.
47 Schabedoth, Hans-Joachim: Spannungsreiche Beziehungskiste. Gewerkschaften und Sozialdemokratie nach zwei Jahren Schröder-Regierung. Berliner Republik, 2. Jg. (2000), H. 4, S. 80–81, hier S. 81.
48 Müntefering, zitiert nach: Der Spiegel, 22. September 2003.
49 Bannas, Günter: Dissidenten in der SPD isoliert. Frankfurter Allgemeine Zeitung, 8. Mai 2003.
50 René Röspel im Gespräch mit dem Verfasser am 13. Februar 2008 in Berlin.
51 Schröder, Gerhard: Das Gestalten der Zukunft braucht den Mut zur Veränderung. Neue Gesellschaft/Frankfurter Hefte, 50. Jg. (2003), H. 5, S. 4–8, hier S. 5.
52 Scholz, zitiert nach: Der Spiegel, 19. Mai 2003.
53 Schröder, zitiert nach: Der Spiegel, 7. Juli 2003.
54 SPD-Parteivorstand (Hrsg.): Mut zur Veränderung. Leitantrag des SPD-Parteivorstandes zum Sonderparteitag am 1. Juni 2003 in Berlin. Berlin 2003.
55 Ebd., S. 19f.
56 SPD (Hrsg.): Willy-Brandt-Haus-Materialien. Agenda 2010: Unsere Argumente. O.O., o.J. [Berlin 2003].
57 Renate Schmidt im Gespräch mit dem Verfasser am 5. März 2008 in Berlin.
58 Schröder, zitiert nach: Der Spiegel, 7. Juli 2003.
59 Scholz, Olaf: Gerechtigkeit und Solidarische Mitte im 21. Jahrhundert. Neue Gesellschaft/Frankfurter Hefte, 50. Jg. (2003), H. 9, S. 15–20, hier S. 15ff.
60 Netzwerk Berlin: »Soziale Sicherheit gerecht und nachhaltig finanzieren.« Positionspapier vom 2. Juli 2003. Berliner Republik, 5. Jg. (2003), H. 4, S. 79–86.
61 Zwischen 1998 und April 2002 hatten die Grünen 17 Wahlen in Folge verloren.
62 Die CSU holte bei der bayerischen Landtagswahl am 21. September 2003 mit 60,7 Prozent ihr bestes Ergebnis seit 1974 und erzielte eine Zweidrittelmehrheit im Landtag. Die Grünen erzielten 7,7 Prozent, die FDP 2,6 Prozent.

63 Ottmar Schreiner im Gespräch mit dem Verfasser am 11. Februar 2008 in Berlin.
64 Schröder, zitiert nach: Der Spiegel, 24. November 2003.
65 Schröder, zitiert nach: Der Spiegel, 24. November 2003.
66 Schröder, zitiert nach: Der Spiegel, 5. Januar 2004.
67 Steinbrück, zitiert nach: Der Spiegel, 26. April 2004.
68 Schröder: Entscheidungen, S. 255.
69 Müntefering, zitiert nach: Der Spiegel, 14. Februar 2004.

Aber wir bleiben doch Freunde?
22. März 2004

Bundeskanzler Schröder gibt beim Sonderparteitag der SPD wie vereinbart den Parteivorsitz an Franz Müntefering ab.

V. Kanzlerdämmerung

Von Schröder zu »Franz«

Das Mitgliederbegehren bleibt erfolglos, die Gremien der SPD nicken die Agenda ab, ein Sonderparteitag ebenso. Dennoch gelingt es Gerhard Schröder nicht, die von ihm geführte Partei mit der Politik der von ihm geführten Regierung zu versöhnen. Schröder, der sich einst neben der Partei und deren Gremien profilierte, spürt seit jeher Vorbehalte der Parteifunktionäre gegen ihn. Der Kanzler ist sich wiederum zu fein, sich der Basis der SPD zuzuwenden. »Ich kann kein Pathos«, rechtfertigt er sich. Mit der Agenda nehmen die mühsamen internen Diskussionen zu. Während die Partei-Linke Beschäftigungsprogramme fordert, beklagt Schröders alter Kumpel Klaus Uwe Benneter, die Menschen redeten nur noch mit Verachtung über die SPD.

Obwohl Schröder als Person die Wahl 2002 für die SPD maßgeblich gewonnen hatte, sah er sich nicht weiter in der Lage, die älteste Partei Deutschlands zu führen. Dabei war ihm bewusst, dass Helmut Schmidt es stets als Fehler bezeichnet hatte, neben der Kanzlerschaft nicht den Parteivorsitz angestrebt zu haben. Waren nicht alle Bundeskanzler bis auf Schmidt (und zeitweise Erhard) Vorsitzende ihrer Partei gewesen? Was sollte es auslösen, wenn der Bundeskanzler Macht abgibt? Er tat dies schließlich nicht aus einer Position der Stärke heraus, sondern aus einer erkennbaren Defensive. Selbst diese Gedanken stimmten Schröder nicht um. Er hatte genau beobachtet, wie sehr Franz Müntefering die Herzen der Genossen zuflogen. Müntefering hatte sich zwar inhaltlich ebenso hinter die Agenda gestellt, er aber vermochte die Reformen an der Basis so zu vermitteln, dass ihm Zuneigung und Applaus gewiss waren. Für die Ortsvereinskassierer war Schröder stets Schröder – Müntefering aber war für sie »Franz«. Seit jeher adelt die SPD ihre besonders populären Spitzenpolitiker mit dem Vornamen. Das galt für »Willy« wie »Oskar«, während Helmut Schmidt Helmut Schmidt blieb. Münteferings Vorbild Wehner hieß »Onkel Herbert«, dessen Nachfolger Hans-Jochen Vogel aber wurde ebenso wenig wie Rudolf Scharping mit dem Vornamen genannt.

Um die SPD aus der Defensive zu befreien, plädierte Müntefering intern für eine Kabinettsumbildung. Schröder aber mochte sich nicht von einzelnen Ministern trennen, dies hatte er schon in Niedersachsen nur äußerst ungern getan. Er sah darin keine Gelegenheit, der schwierigen Lage zu begegnen. Außerdem hielt er es für weder ausreichend noch gerecht, mit Olaf Scholz allein seinen Generalsekretär auszutauschen. So setzte der Kanzler weiter auf sein Ansinnen, Müntefering den Vorsitz zu übergeben.

In einem abendlichen Vier-Augen-Gespräch im Kanzleramt einigten sich Schröder und Müntefering im Februar 2004 auf das Wagnis eines Staffeltausches. Sie vereinbarten darüber absolutes Stillschweigen. Schröder und Müntefering wussten, dass sie Dinge miteinander bereden konnten, ohne dass davon etwas nach außen drang. Die angestrebte Amtsübergabe sollte erst am darauffolgenden Montag oder aber noch eine Woche später dem Parteivorstand verkündet werden. Schon während des SPD-Parteitages im November 2003 in Bochum hatte Schröder Müntefering beiseitegenommen und ihm den Ämtertausch angeboten. Müntefering schlug jedoch die Offerte aus: »Das habe ich zur Kenntnis genommen, aber nicht kommentiert«, berichtete er später.[1] Doch sträubte sich Müntefering wirklich, das Amt des Parteivorsitzenden zu übernehmen? Er absolvierte seit vielen Monaten eine regelrechte Werbetour innerhalb der Partei. Immer wieder fanden landauf, landab Regionalkonferenzen mit Müntefering statt. Das Parteivolk huldigte hier dem »heiligen Franz der Mehrzweckhallen«. Müntefering sah genau, wie es Schröder zugleich misslang, einen Draht zur viel beschworenen Basis herzustellen. Über Jahre schon beobachtete er die vielen Aufs und Abs des Kanzlers, dessen Neigung, Dinge treiben zu lassen und sich zurückzulehnen. Dafür besaß Müntefering kein Verständnis. Ungeduldig betrachtete er die Schwächen Schröders, das »Sich hängen-lassen« verachtete der Sauerländer Katholik mit den preußisch-protestantischen Tugenden. Nun hatte Müntefering Ambitionen zeit seines Lebens nie offen artikuliert, geschweige denn an irgendwelchen Zäunen gerüttelt. Längst aber dürfte der Liebling der SPD mit dem Vorsitz der SPD geliebäugelt haben. Musste es für Müntefering nicht den Höhepunkt seiner politischen Karriere bilden, in die Fußstapfen

Bebels und Brandts zu treten – zumal er sich das Kanzleramt nicht zutraute? Hat Müntefering vielleicht gar Schröder geraten, den SPD-Vorsitz niederzulegen? Müntefering jedenfalls tat das, was er stets tat, wenn ihm ein Parteiamt angeboten wurde: Er griff beherzt zu. Das hatte schon für das Amt des Bundesgeschäftsführers gegolten, erst recht für das des Generalsekretärs. In dieser Funktion war er zudem bereits geschäftsführender Parteivorsitzender gewesen. Die Angebote, Minister zu werden – einst in Düsseldorf unter Rau, dann in Bonn unter Schröder –, hatten ihn weit weniger gelockt, auch wenn er sie schließlich annahm.

Kurz bevor die Öffentlichkeit von Schröders Rückzug erfuhr, bestellte dieser die fünf Stellvertreter in sein Büro ins Kanzleramt ein. Er trenne sich schweren Herzens vom Parteivorsitz, setzte Schröder an. Doch er schaffe es nicht, die SPD ausreichend zu bewegen und auf den notwendigen Reformkurs zu trimmen. Franz Müntefering hingegen könnte dies als Typ, mit seiner Biografie und der ihm eigenen Sprache emotional gelingen. Während Schröder sprach, verfinsterte sich das Gesicht Wolfgang Clements. Er sei nicht überzeugt, dass dieser Wechsel an der Spitze funktioniere, widersprach Clement als Einziger der Runde dem Kanzler. Jeder hier wusste: Die beiden Westfalen Clement und Müntefering verband eine gegenseitige Abneigung. Müntefering hielt Clement für übermäßig arrogant, und Clement offenbarte allzu deutlich seine Geringschätzung für Müntefering. Schröder bat nun Clement eindringlich, seine Entscheidung mitzutragen. Für Clement bedeutete der Wechsel im Parteivorsitz die schwerste politische Niederlage seines Lebens. Er, der doch selbst als »kanzlerabel« galt, fühlte sich von Schröder enttäuscht und zutiefst verletzt, da er nicht vorab informiert worden war. Zwischen den beiden Männern entstand in der Folge eine innere Distanz. Clement hatte den mühsamen Wettlauf mit seinem Intimfeind Müntefering um die Gunst Schröders verloren. Der Minister sei damals »zutiefst getroffen« gewesen, sagt ein hochrangiger Sozialdemokrat: »Kurz darauf trafen wir uns mit drei, vier Kollegen zu einem Abendessen mit Clement. Der eben noch so starke Minister war völlig von der Rolle. Er bedurfte regelrecht einer moralischen Stärkung.«

Noch am Abend zuvor war Clement bei Schröder zu Gast gewesen, doch der Kanzler verlor kein Wort über den längst geplanten Coup. Nun erfuhr der Superminister von dessen Entscheidung zur selben Zeit wie der Rest der Stellvertreter-Riege, also Beck, Thierse, Vogt und Wieczorek-Zeul. Clement aber verstand sich unter den stellvertretenden Parteivorsitzenden als Primus inter Pares. Offenkundig jedoch vertraute Schröder dem Superminister nicht voll, sonst hätte er ihn vorab informieren können. Schröder fürchtete, Clement würde den Ringtausch verhindern wollen, etwa indem er mit seinem Rücktritt als Superminister drohte. Clement hätte in der Tat vermutlich alles versucht, Müntefering als Parteichef zu verhindern. Schröders Misstrauen gegenüber Clement lag also auf der Hand, zumal dieser für seine offensive Pressepolitik bekannt war. Müntefering hielt Clement ohnehin für schwatzhaft.

Schröder beorderte ebenso Scholz ins Kanzleramt und bat ihn, sein Amt als Generalsekretär niederzulegen. Sosehr Schröder Scholz schätzte, insbesondere dessen Loyalität und seinen Humor, sah er keine andere Möglichkeit, auch auf diesem Posten einen Neuanfang zu wagen. Scholz wollte dabei unter keinen Umständen den Eindruck erwecken, er knicke vor dem Misstrauen einiger aufmüpfiger wie reformfeindlicher Landesverbände ein. Gleichwohl musste ihn die Sorge umtreiben, von Funktionären oder einzelnen parteiinternen Gruppierungen zum Rücktritt aufgefordert zu werden. Scholz' Ruf in der SPD war längst ramponiert. Er galt als »Regierungssprecher«. Für die Regierungspolitik aber hatten große Teile der Partei, zumal aus der mittleren Funktionärsebene, keinerlei Verständnis. Von den Linken in der SPD war immer wieder zu hören, Scholz sei ein »Apparatschik«. Sie unterschätzten dabei stets die intellektuelle Schärfe ihres Generalsekretärs.

»Ich habe, meine Damen und Herren, für morgen den SPD-Vorstand einberufen lassen«, erklärte Schröder dann vor der Bundespressekonferenz. »Ich werde ihm vorschlagen, auf einem Sonderparteitag Ende März Franz Müntefering als Parteivorsitzenden zu wählen.« Der »Spiegel« titelte am folgenden Montag: »Der halbierte Kanzler«.[2] Schröder betont seither, der Wechsel im Amt des SPD-Vorsitzenden sei nicht von Müntefering, sondern von ihm ausgegangen: »Ich bin zum Franz gegangen. Ich hab ihn überzeugt. Ich musste ihn aber auch überzeugen.« Als Müntefering nach seiner Nominierung durch den Parteivorstand erstmals an der Basis auftrat, sprach er von Reformen, die noch kommen müssten, von den vielen zu erledigenden Aufgaben in Renten- und Pflegeversicherung. Er beklagte, zahlreiche Genossen dächten noch immer, im Keller des Staates stehe ein Sack Geld – »aber das ist nicht so«. Ebenso sei die Vorstellung vom Wachstum als Naturgesetz ein Irrtum. Kurzum: Müntefering scheute sich nicht, der Partei weiterhin den Ernst der Lage zu schildern. Er malte ihr alles andere als eine rosarote Zukunft. Doch er umgarnte die Partei mit dem ihm eigenen Geschick. Den Parteivorsitz bezeichnete der Katholik Müntefering als »das schönste Amt neben Papst«. Geschickt schmeichelte Müntefering der verunsichert-verzagten Partei und schuf für sich das Image des treuen Parteisoldaten, des Kärrners, der – natürlich ohne jede Eitelkeit – die ihm aufgebürdeten Aufgaben erfüllte wie vor ihm nur Wehner oder Vogel.

»Weder Rechter noch Linker«

Müntefering war noch von dem SPD-Vorsitzenden Scharping zum Bundesgeschäftsführer ernannt worden, er diente in dieser Funktion ebenso unter Lafontaine. Bereits nach Lafontaines Rücktritt vom SPD-Vorsitz drängten ihn Parteifreunde zur Übernahme dieses Amtes. Auch Schröder hatte für diese Aufgabe Müntefering im Blick. Der aber stellte seinerzeit klar: »Gerd muss das machen.« Zu jenem Zeitpunkt war Müntefering in der Öffentlichkeit wenig bekannt; er zählte zu den Politikern, die zwar jahrzehntelang wirken, ohne aber ins Rampenlicht zu treten. Seitdem Müntefering dort steht, verweist er immer wieder darauf, bis zu seinem 50. Lebensjahr habe ihn im Grunde kaum ein Journalist gekannt oder beachtet.

Müntefering, geboren 1940 und damit gut vier Jahre älter als Schröder, wuchs als Einzelkind im Sauerland auf. Mit Selbstironie in der Stimme zitiert er später die »Volksschule Sauerland«, deren Besuch genüge, um etwa die Erfordernisse einer Rente mit 67 nachzuvollziehen. Münteferings Vater war Fabrikarbeiter, die Familie katholisch geprägt. »Ora et labora, bete und arbeite, so bin ich groß geworden«, berichtet Müntefering.[3] Als junger Mann wurde er Messdiener, bis heute kann er die lateinischen Gebete auswendig aufsagen. Er engagierte sich in der katholischen Pfarrjugend und als Anführer in der Fußballmannschaft. Von einer armen, aber sehr guten Kindheit und Jugend spricht er heute. Nach dem Besuch der Volksschule begann er mit 14 Jahren eine Lehre als Industriekaufmann. In einem Metall verarbeitenden Betrieb, der neben Gardinenstangen Muttern und Schrauben aus Messing, Eisen und Aluminium herstellte, plante Müntefering die Produktionsabläufe. Gewissermaßen war er also für die Effizienz zuständig, und er selbst verglich diese Aufgabe später immer wieder mit seinen politischen Funktionen. Mit 25 Jahren heiratete Müntefering seine Frau Renate. Aus der Ehe gingen zwei Kinder hervor.

Müntefering stieß sich an der geistigen Enge der sauerländischen Provinz. Der Antrieb für sein politisches Wirken lag weder in der Begeisterung für Brandts Ostpolitik noch in der Sozialpolitik. Müntefering missbehagte der »Mief«. Er erregte sich darüber, dass es in der Buchhandlung keine Rowohlt-Taschenbücher zu kaufen gab, weil dieser Verlag als links galt. Er mochte nicht verstehen, dass im Nachbarort Camus nicht gespielt werden durfte, nur weil dieser Kommunist war. Über die »Aktion Saubere Leinwand«, in deren Rahmen der örtliche Kinobesitzer Zuwendungen der Stadt erhielt, auf dass er keine unkeuschen Filme zeige, kann sich Müntefering noch heute echauffieren.

Um der geistigen Enge zu entkommen, führte der Industriekaufmann und Familienvater Müntefering in seinem Haus zu Sundern eine Art Doppelleben. Hier hörte er viel WDR 3, begriff dies als eine Art Heimvolkshochschule. Während sich seine Altersgenossen im Schützenverein zu engagieren begannen, las er Kafka, Dostojewski, Freud und Camus. »Ich gehöre nicht zu denen, die 1000 Bücher gelesen haben wollen. Ich will lieber 50 richtig gute Bücher immer wieder lesen«, sagt Müntefering.[4] Camus' ›Der Fall‹ wurde sein Lieblingsbuch und ist es bis heute. Mit Büchern erschloss sich Müntefering die Welt, distanzierte und emanzipierte sich vom Sauerland. Dieser Entwicklungsschritt begründet wohl die politischen und lebensweltlichen Differenzen zu seinem Parteifreund Kurt Beck, die Jahrzehnte später jedermann deutlich wurden. Müntefering und Beck verbindet auf den ersten Blick einiges – beide wurden in den 1940er-Jahren geboren, beide sind katholisch und wuchsen in der Provinz in kleinen Verhältnissen auf, beide konnten nicht studieren, hatten mit der Studentenbewegung keine Berührung und fanden doch den Weg in die SPD. Beck aber distanzierte sich niemals von seiner pfälzischen Heimat, sondern verinnerlichte vielmehr den lebensweltlichen Konservatismus. Viel gelesen hat er nie.

Im Jahre 1966 trat Müntefering der SPD bei. Es war auch die Bildungspolitik, die ihn dazu bewegte, und – Ironie der Geschichte – sein Protest gegen die in jenem Jahr gebildete Große Koalition. Müntefering wusste, dass er als Kind einer Arbeiterfamilie benachteiligt war. Er traf auf Mitschüler, die Abitur gemacht hatten und studierten. Er aber war aus der Schulzeit fest überzeugt: Besser als ich können die es auch nicht. Zehn Jahre lang saß Müntefering im Stadtrat von Sundern und bewarb sich parteiintern einmal erfolglos um eine Bundestagskandidatur. Im Jahre 1975 rückte er in den Bundestag nach, gab seinen Job auf und ist seither Berufspolitiker. Über Jahre hinweg tummelte sich Müntefering, weithin unbemerkt, auf dem Gebiet der Wohnungsbaupolitik. Bei den abendlichen Runden in der Bonner Kneipe »Provinz«, wo Schröder, Fischer und Clement tagten, wurde Müntefering nie gesehen. Müntefering nennt sich ohnehin einen »Alleiner«, einen Einzelgänger, der betont, er habe in seinem Leben nur einen richtigen Freund gehabt, der aber früh verstorben sei. »So richtig Freund, das mag er nicht. Dafür steht er nicht zur Verfügung. Franz ist vorsichtig«, sagt Gerd-Josef Plass, der mit Müntefering zur Schule ging und mit ihm bei Pfadfindern, Messdienern und der SPD engagiert war.

Für Leitungsfunktionen stand Müntefering jedoch immer zur Verfügung. Nachdem er sich jahrelang in der Bundestagsfraktion mit dem Thema Wohnungsbaupolitik befasst hatte, ließ er sich 1987 an die Spitze der einflussreichen nordrhein-westfälischen SPD-Bundestagsabgeordneten wählen. Der »ruhig und besonnen wirkende Sauerländer«, schrieb damals Alfons Pieper in der »Westdeutschen Allgemeinen Zeitung«, gelte in Bonn »weder als Rechter, noch als Linker«.[5] Müntefering war nicht festzulegen, er galt meist als »Zentrist«, und noch heute stellt er fest, jenes Etikett sei doch kein Schimpfwort. Müntefering, in seiner Fraktion zuweilen als der »kleine Franz aus dem Sauerland« belächelt, wollte es all jenen, die ihn unterschätzten, zeigen. Noch immer wurmte es ihn, dass Klassenkameraden, die besser situiert, aber nicht begabter waren als er, Abitur hatten machen und studieren können. Durch seine Kindheit hatte Müntefering einen sehr natürlichen Ehrgeiz entwickelt. Er wollte »denen« zeigen, dass er genauso gut oder besser war. Wurde er nun zuweilen, etwa aufgrund von Herkunft, Dialekt oder Sprechweise, nicht ernst genommen, ärgerte ihn dies auf eine ähnliche Weise. Mancher zog so zunächst an Müntefering vorbei; dessen große Stunde aber sollte noch kommen. Später sollte Müntefering seine einfachen Konstruktionen (»Ich kann nur kurze Sätze«) gar zum Markenzeichen machen.

Den Vorsitz im mächtigen SPD-Bezirk Westliches Westfalen übernahm Müntefering im Jahre 1992. In dieser Funktion erwies er sich als taktisch geschickt und pragmatisch. So verhinderte er ein Nein seines Bezirks zum parteiintern umstrittenen Asylkompromiss mit der Regierung Kohl. Zudem sprach er sich für eine deutsche Beteiligung an Blauhelmeinsätzen der UNO aus. Müntefering wurde im selben Jahr unter Johannes Rau Arbeits- und Sozialminister in NRW. Hier gab er das, was man von ihm erwartete: den klassischen Arbeiterführer mit gewerkschaftlichem Hintergrund, die Speerspitze der Sozialstaatspartei.

Im Jahre 1995 folgte der Wechsel zurück nach Bonn. Müntefering und seine erste Frau hatten sich inzwischen getrennt; in jenem Jahr heirateten Franz und Ankepetra Müntefering, die sich in der Fraktion kennengelernt hatten. Nun wurde Müntefering Bundesgeschäftsführer (»BGF«) unter Scharping, als Nachfolger Günter Verheugens. Dieses Amt behielt er unter Lafontaine – der Lohn dafür, dass er auf dem Mannheimer Parteitag bei der Kampfabstimmung zwischen Lafontaine und Scharping um den Parteivorsitz die Stimmabgabe der Delegierten aus seinem Bezirk Westliches Westfalen freigegeben hatte. Das war bemerkenswert in der Scharping-loyalen nordrhein-westfälischen SPD Johannes Raus; selbst Rau jedoch war inzwischen nicht mehr offensiv für Scharping eingetreten. Als »BGF«, vor allem aber als Wahlkampfmanager, wurde Müntefering zum Liebling der Basis, zum Übervater der Partei. Mit seinem 70er-Jahre-Haarschnitt, Modell Busfahrer, rotem Schal und roter Anstecknadel ließ er sich zu einer Kultfigur stilisieren. Plötzlich widmete sich Harald Schmidt in seinen Fernsehsendungen mit bewunderndem Spott Müntefering, der inzwischen gar einen Spitznamen (»Münte«) trug.

Nach der Bundestagswahl, als Verkehrsminister, bewies Müntefering weder Glück, noch hinterließ er hier Spuren. In diesem Amt fühlte sich Müntefering vielmehr äußerst unwohl. Unter seinem Wahlkampfmanagement hingegen wurde die SPD zweimal stärkste Partei. Die Fraktion führte er mit harter Hand, wenig Raum für Diskussionen und einer persönlichen Umgebung, die in der SPD als »closed shop« angesehen wurde. Es wäre vermessen,

Münteferings Wandel vom »Beton-Sozi« zum obersten Reformer des Landes erklären zu wollen. Müntefering gibt selbst Vertrauten immer Rätsel auf, er bleibt in gewisser Weise unerklärbar. Es zeigte sich aber, dass er von Schröders Reformplänen während der Phase um den Bochumer Parteitag 2003/2004 weit überzeugter war als noch bei Schröders Regierungserklärung zur Agenda einige Monate zuvor. Müntefering hatte sich bewegt, gewohnt still und leise. Müntefering verstand es zu schweigen. Ohnehin versucht er in mehrfacher Weise, seinem Vorbild Herbert Wehner nachzueifern. Wehner konnte angeblich zuweilen über Stunden hinweg an seiner Pfeife ziehen, ohne nur ein Wort zu sagen. Müntefering bevorzugt Zigarillos, mit denen er Rauchkringel in die Luft bläst. Sein Hang zum Schweigen und die keine Regung zeigenden, nichts verratenden Gesichtszüge ließen ihn zu einer »Sphinx des 21. Jahrhunderts« werden. Müntefering meinte einmal, es gebe Menschen, die sagten zehnmal so viel, wie sie wissen. Andere sagten nur ein Zehntel dessen, was sie wissen. Er zähle zu der zweiten Gruppe. Vorsicht und Erfahrung ließen ihn zurückhaltend agieren und, wie er sagt, die »Karte dicht am Mann führen, damit einem keiner reingucken kann«. Disziplin und Geschlossenheit in den eigenen Reihen ist für Müntefering – wie einst für Wehner – oberstes Gebot. Unter Nein-Stimmen aus den eigenen Reihen leidet Müntefering geradezu körperlich. Auch das sozialdemokratische Selbstverständnis verband Müntefering mit Wehner. »Macht muss man wollen«, hatte Wehner einst gesagt; Müntefering gab die gleiche Einstellung wieder mit den Worten: »Opposition ist Mist.«

Müntefering konnte bei alldem menschlich äußerst kühl wirken. Der Rückzug im Herbst 2007 mit dem Hinweis auf die Krankheit seiner Frau Ankepetra veränderte sein öffentliches Bild. Angesprochen, welche Schwächen er bei sich sehe, antwortete Müntefering einst: »Ich habe vielleicht zu wenig Wissen und Bildung mitbekommen. Da gibt es weiße Flecken. Ich verstehe von Außenpolitik immer noch zu wenig. … Gelassenheit ist meine größte Stärke und auch meine größte Schwäche. Wenn es richtig heiß wird, werde ich leicht ganz kühl.« Als der designierte Parteivorsitzende im Februar 2004 die erste Schaltkonferenz mit den Landes- und Bezirksvorsitzenden leitete, verlangte er sogleich mehr Disziplin und weniger Durcheinander. Den sich mit kritischen Äußerungen öffentlich zu Wort meldenden Funktionären bot er einen Empfang in Berlin an: »Ihr seid herzlich eingeladen, zu Wasser und Knäckebrot.«[6] Müntefering ließ intern verlauten, er wolle künftig über das Thema Bürgerversicherung diskutieren. Doch hatte er nicht oft genug deutlich gemacht, dass er von diesem Lieblingsprojekt der Partei-Linken allzu wenig hielt? Offenbar gedachte Müntefering, diesen Truppen nun – nachdem er die Peitsche gezückt hatte – Zuckerbrot zu reichen.

Am 21. März 2004 mit 95 Prozent zum Parteivorsitzenden gewählt, war Müntefering der mächtigste Mann in der SPD. Als Partei- und Fraktionschef hätte er Schröder in den Rücktritt treiben können, und manch einer in der SPD erwartete genau dies. Umgekehrt galt dies nicht. Müntefering besaß ebenso wenige Ambitionen auf das Kanzleramt, wie Schröder zu seinem Erfüllungsgehilfen wurde. Die beiden begegneten sich auf Augenhöhe. Als Schröder aus dem Amt des SPD-Vorsitzenden verabschiedet wurde, wachten die Manager des Willy-Brandt-Hauses mit Argusaugen über die korrekte Symbolik. Schröder sollte um keinen Preis rote Rosen überreicht bekommen. Wehner nämlich hatte im Jahre 1974 Willy Brandt und acht Jahre später Helmut Schmidt mit roten Rosen verabschiedet. Beide hatten in den Augen Wehners ausgedient – was jener Blumenstrauß in der SPD seither symbolisch verkörpert. So vermeidet man in der SPD, wenn denn Taktgefühl gewollt oder gekonnt ist, die Übergabe roter Rosensträuße. Dies galt sowohl für den Abschied Schröders im Jahr 2005 als auch den zeitweiligen Rückzug Münteferings Ende 2007. Als Schröder gut drei Jahre zuvor Münteferings Verdienste hervorhob und ihn als besten Mann für den Vorsitz pries, brandete Beifall auf. Einer aber auf dem Parteitagspodium klatschte demonstrativ nicht: Münteferings Intimfeind Wolfgang Clement. Der Abgeordnete Hubertus Heil, mit dieser Beobachtung konfrontiert, behauptete damals, auch er habe nicht geklatscht.

Im Amt des Generalsekretärs wurde Scholz durch Klaus Uwe Benneter ersetzt, der sich in den siebziger Jahren den Namen »Benni Bürgerschreck« erworben hatte und inzwischen selten ohne das Präfix »Kanzlerfreund« genannt wurde. Das sollte als Qualifikation für das Amt des Generalsekretärs reichen. Benneter war einst, aufgrund von Kungeleien mit dem Kommunisten, zeitweise aus der SPD ausgeschlossen worden. Insofern verstand er es als »Ironie der eigenen Lebensgeschichte«, dass er nun Generalsekretär wurde.[7]

Müntefering hatte an Benneter geschätzt, wie er den merkwürdigen Untersuchungsausschuss »Wahllügen« geleitet und sich nebenbei in der Fraktion stets reformfreudig positioniert hatte. Außerdem wollte Benneter nichts mehr werden. Der SPD-Abgeordnete Hans-Peter Bartels polemisierte daneben durchaus treffend, die Wahl Benneters symbolisiere das »letzte Aufgebot der Achtundsechziger«. Benneters Amtsführung erwies sich als wenig glücklich. Er musste im Willy-Brandt-Haus zwischen Müntefering und dessen Getreuen Wasserhövel agieren – ein schwieriges Unterfangen. Von dem neuen Generalsekretär kamen dabei keinerlei Impulse, rhetorisch blieb er stets blass. Dafür stand er stets geradezu bedingungslos loyal an der Seite Schröders.

Noch während der auslaufenden Amtszeit von Scholz gründete sich eine Gruppierung mit dem Namen »Initiative für Arbeit und soziale Gerechtigkeit«. Ehemalige Sozialdemokraten und Vertreter der mittleren Ebene der Gewerkschaftsfunktionäre verbündeten sich – in tiefer Ablehnung der SPD und ihres Reformkurses. Scholz wandte sich daher warnend an die Funktionäre der eigenen Partei und stellte klar: »Wer sich an diesen Aktivitäten beteiligt, schließt sich selbst aus der SPD aus.«[8] Die Dramatik und die weitreichenden Folgen, die von jenem politischen Biotop ausgehen sollten, konnte damals niemand voraussehen.

Daneben musste sich die Regierung abermals ein ausgeprägtes handwerkliches Missmanagement vorwerfen lassen. Berichte über eine »Putzfrauen-Kripo«, die schwarzarbeitende Haushaltshilfen auftun sollte, lösten Verunsicherung und Spott aus. Bei der Gesundheitsreform kam es zu Pannen. Die Einführung der Praxisgebühr von zehn Euro pro Quartal ließ Ärzte wie Patienten stöhnen, begleitet von dramatisierenden Berichten der Boulevardpresse. Deutschland, wurde hier zuweilen suggeriert, stehe wegen der Einführung der Praxisgebühr kurz vor dem Beginn eines Bürgerkrieges. Das Konsortium »Toll Collect«, bestehend aus DaimlerChrysler und der Deutschen Telekom, dilettierte bei der Einführung der Autobahnmaut wie zuvor das damit befasste Ministerium. Die schlechte Stimmung schlug voll auf die Basis der SPD durch. Als Gesundheitsministerin Ulla Schmidt in dieser Phase ankündigte, Kinderlose in der Pflegeversicherung stärker belasten zu wollen, schritt Schröder ein und sprach ein Machtwort: »Die Grenze der Belastbarkeit ist erreicht.«

Die Gewerkschaften machten weiter gegen die Reformpolitik mobil. Besonders die Vorsitzenden von IG Metall und ver.di, Peters und Bsirske, attackierten Schröder. Doch beiden ging es keineswegs darum, Stellschrauben der Agenda 2010 zu verändern. Sie wollten die Reformen in ihrer Gesamtheit kippen und scheuten sich ebenso wenig vor der Vorstellung, Schröder dabei aus dem Amt zu verjagen. Aus der Wirtschaft kam hingegen Unterstützung für den Sanierungskurs der Regierung. »Wer mutig ändert, was geändert werden muss, hat uns auf seiner Seite«, hieß es in einer Zeitungsanzeige, die die Präsidenten der Verbände von Arbeitgebern und Industrie, Dieter Hundt und Michael Rogowski, unterschrieben hatten. Diesem lobenden Wort schlossen sich unter anderem Bertelsmann-Chef Gunter Thielen und der Vorstandsvorsitzende von Porsche, Wendelin Wiedeking, an. Eine derartige Unterstützung aber beäugten weite Teile der SPD äußerst misstrauisch.

Nicht nur an der Basis der SPD, auch in ihrer Bundestagsfraktion hielt die Kritik am Kurs des Kanzlers an. Als der Abgeordnete René Röspel, der einst das Mitgliederbegehren unterstützt hatte, in einer Sitzung der nordrhein-westfälischen SPD-Abgeordneten Schröder fragte, ob das Erneuerungsprogramm nicht gebremst werden könne, rastete der Kanzler aus. »Viele von euch wollen doch gar keine Reformen, das sind genau die Leute wie du, die das alles ablehnen«, brüllte Schröder. An anderer Stelle klagte der Kanzler: »Partei und Fraktion kapieren es nicht.« Zu den beständigen Kritikern der Agenda zählte Bundestagspräsident Thierse, wenngleich sich dieser nie ganz aus der Deckung wagte, sondern seine zahlreichen Bedenken in Wortwatte kleidete. »Man wird im Einzelnen genau überprüfen müssen, ob die sozialen Aspekte der Reformpolitik richtig gesetzt sind und ob auch im Detail sozial gerecht ist, was insgesamt der Gerechtigkeit dienen soll«, befand Thierse.[9] Die SPD müsse sich der Debatte stellen, ob »falsche Belastungen« korrigiert werden könnten.

Der Kanzler blickte mit Verachtung auf die Funktionäre der SPD. Als Schröder einige Vertreter der reformorientierten »Netzwerker« im Kanzleramt empfing, stellte er über die eigene Partei fest: »Unsere Funktionäre sind doch einerseits Sozialromantiker, andererseits Leute, die Angst haben vor modernen Technologien.« Wolfgang Clement ließ sich von alldem nicht irritieren. Die Hoffnung Clements auf einen Aufschwung hatte inzwischen eine religiöse Komponente erreicht, indem er bekannte: »Man kniet hier schon fast täglich auf dem Boden und betet.« Als sich aber herausstellte, dass das Wachstum im Jahre 2004 höher lag als im Vorjahr, hatte dies unter anderem »kalenderbedingte« Gründe. Das Jahr 2004 verzeichnete schlicht einige Arbeitstage mehr als 2003. Clement aber wurde nicht müde, mit immer neuen Vorschlägen für ein schnelleres Reformtempo zu werben. So plädierte er zum Ärger vieler Parteifreunde für eine Senkung der Unternehmenssteuer. Clement wollte den Sparerfreibetrag ersatzlos streichen und Subventionen abbauen. Daneben bemühte er sich mit Vorschlägen wie einer Privatisierung der Autobahnen für Schlagzeilen. Bei diesen Ideen aber handelte es sich oftmals um thematische Eintagsfliegen. Mit nachhaltiger Politik hatten Clements Stakkato-Vorschläge wenig zu tun. Er inszenierte sich als letzter Vertreter von »Reformen pur«, immer öfter zum Ärger Schröders.

Bei Clement hatte sich nach Schröders Entscheidung für Müntefering als Nachfolger an der SPD-Spitze Frust aufgebaut. Clement begegnete dem Kanzler seither mit Misstrauen und Abneigung, wenngleich er dies – ganz unüblich für ihn – nicht auf der offenen Bühne inszenierte. Des Kanzlers Kooperation mit Müntefering missfiel Clement immer mehr. Er fürchtete, sein langjähriger Gegenspieler Müntefering könnte Schröder auf Dauer von dessen Reformkurs abbringen. Zeigte der Kanzler nicht schon selbst Zweifel an seiner Reformagenda? »Neue Wege führten uns in eine neue Mitte und haben die SPD zweimal nacheinander zur stärksten Partei Deutschlands gemacht«, hielt Clement in dem privaten Glückwunsch-Buch zum 60. Geburtstag Schröders fest: »Das sollte niemand vergessen, auch Gerhard Schröder selbst nicht.«[10]

Genossen und Gewerkschafter

Die massiven Proteste aus der eigenen Partei wie der Gewerkschaften mit den anschwellenden »Montagsdemonstrationen« ließen Schröder nicht kalt. Sollte er wirklich um jeden Preis an den Maßnahmen von Hartz IV festhalten? Oder deren Einführung nicht doch besser verschieben? Vielleicht gar aufgeben? Immer wieder beriet sich Schröder mit Müntefering, Clement und Steinmeier. Während sie alle sich gegen jegliche Änderungen aussprachen, zeigte sich Finanzminister Eichel zögerlich. Schröder aber entschied sich für: Durchhalten. Was aber gedachten die Gewerkschaften zu erreichen? Innerhalb weiter Teile der Gewerkschaftsführung hatte man dabei die rot-grüne Bundesregierung längst abgeschrieben. Klammheimlich hofften diese Gewerkschafter früher oder später auf eine neue Regierung aus Union und FDP. So hätte man einen »CDU-Staat«, einen »kalten Neoliberalismus« und möglicherweise eine Kanzlerin Angela Merkel als deutsche Margaret Thatcher würzig attackieren können. Das Feindbild wäre konturenreicher, als es die Gewerkschaften hinsichtlich der amtierenden Regierung mit ihrem Reformkurs konstruierten. Schröder blickte mit Verachtung auf führende Gewerkschafter. Schröder und der DGB-Vorsitzende Sommer hatten sich nichts mehr zu sagen. Sommer eröffnete seine Briefe an Schröder längst mit der Anrede »Sehr geehrter Herr Bundeskanzler«, einst hatte er »Lieber Gerd« geschrieben. In der Beziehung zwischen SPD und Gewerkschaften sah Sommer nun ein »Non-Verhältnis«. Der DGB-Chef hielt fest: »Niemand in den Gewerkschaften – und ich kenne wirklich niemanden – ist im Moment bereit, die SPD zu unterstützen.«[11] Bei einem Treffen im Kanzleramt hatte Schröder Sommer deutlich zu verstehen gegeben, er sei zu Änderungen an der Agenda 2010 nicht bereit. Im Gegenzug lud der DGB immer wieder Sozialdemokraten von den traditionellen Maikundgebungen aus. Als Sommer den Kanzler auf dessen Reise nach Afrika begleitete, standen beide beim Abschied auf dem Flughafen in Ghana nebeneinander. In dieser Situation deutete Schröder auf Sommer, wandte sich an den Präsidenten von Ghana und meinte: »Den können Sie hierbehalten, der ärgert mich nur in Berlin.«

Ebenso begehrten Teile der Fraktion gegen jede geplante Änderung auf. Nachdem gar der Parteitag in Bochum beschlossen hatte, das Rentenniveau schrittweise zu senken – der demografische Faktor sollte als Nachhaltigkeitsfaktor wieder eingeführt werden –, forderten Abgeordnete eine ausführliche Diskussion. Müntefering plädierte für eine gesetzlich verbindliche Ausbildungsumlage, wenn nicht ein freiwilliger Ausbildungspakt zustande kommt, und positionierte sich damit aus taktischen Gründen gegen Schröder und Clement. Schröder und Müntefering wiederum sprachen sich nun, entgegen eigener Überzeugung, für eine Bürgerversicherung aus, während Clement diese für »nicht ausgereift« hielt. Müntefering ging zu Clement auf Distanz, indem er erklärte, er möge das »Blut-Schweiß-und-Tränen-Gerede« nicht mehr hören. Daneben musste der Superminister wieder Angriffe aus der Parteilinken ertragen. Der saarländische Abgeordnete Ottmar Schreiner bezeichnete die Wirtschaftspolitik Clements kurzerhand für gescheitert.

Von einer konjunkturellen Aufhellung war im Frühling 2004 nichts zu spüren. Der machtvolle Haushaltsstaatssekretär Manfred Overhaus warnte infolge der schlechten Konjunktur und steigender Arbeitslosigkeit intern vor einer Abwärtsspirale und damit verbundenen Folgen für die Sozialsysteme. Sein Minister, Hans Eichel, aber wagte dieses Szenario in der Regierung nicht zu wiederholen. Längst war wiederum ein flexiblerer Umgang mit Schulden und Stabilitätspakt angesagt, während im Volk das »Angstsparen« zunahm. Eichels Sparrhetorik (»Eine neue Krawatte ersetzt manchmal einen neuen Anzug«) war nicht mehr zu vernehmen. Stattdessen sprach er von Milliardenprogrammen für Bildung und Innovation. Der einstige »Sparminator« Eichel erschien längst als glanzloser »Fiskalist«. Der Mann, der sich einst als potenzieller Nachfolger Schröders verstand, litt unter einem Popularitätsverlust im Volk – und einem Autoritätsverlust am Kabinettstisch.

Als ausgerechnet Franz Müntefering für mehr Zeit zu Diskussionen plädierte, meinten Mitglieder der Fraktion ihren Vorsitzenden nicht wiederzuerkennen. Müntefering sollte Diskussionen erlauben? Bislang hatte er sich damit nicht hervor getan, sondern einen Politikstil von oben nach unten gepflegt. Zuweilen verschanzte sich Müntefering regelrecht hinter seinem außergewöhnlich verschwiegenen Mitarbeiterstab. Nicht ohne Grund bezeichnete er Disziplin einmal als »elementare politische Voraussetzung für Erfolg«.[12] Die Kunst des Mäanderns verstand – abgesehen von Schröder – niemand so gut wie Müntefering. Im Sommer gab er den Reformskeptiker und positionierte sich so öffentlichkeitswirksam gegen Clement. Danach fühlte sich gar Lafontaine der SPD, der er damals noch angehörte, wieder näher. Der neue Parteivorsitzende brachte immer wieder zum Ausdruck, er wolle auf die sozial Schwachen achten. Lafontaine lobte Müntefering daher für dessen Kurs. Auf dem Landesparteitag der saarländischen SPD im Juni 2004 kam es sogar zu einem Handschlag zwischen »Oskar« und »Franz«. Doch Müntefering wählte dafür eine besondere Symbolik: Er betrat das Podium, reichte allen dort Sitzenden die Hand, auch Lafontaine. Der attackierte sodann in seiner Rede die Bundesregierung. Als Müntefering wieder aufbrach, reichte er abermals allen die Hand – außer jedoch Lafontaine. Dem Drängen einiger SPD-Linker, Müntefering solle Lafontaine ein »Versöhnungsgespräch« anbieten, dachte Müntefering nicht zu folgen. In dieser Phase habe er sich bemühen müssen, Lafontaine nicht zu verachten, sagte Müntefering später.

Mit der Bundesversammlung im Mai 2004 vollzog sich für die SPD ein weiterer Machtverlust. Die Tage von Johannes Rau im Schloss Bellevue waren gezählt. Rau strebte keine zweite Amtszeit an, er war gesundheitlich beeinträchtigt und wusste um die geringe Chance einer Wiederwahl. Alles sprach dafür, dass Union und FDP über Raus Nachfolger entscheiden sollten. Im Wohnzimmer des FDP-Vorsitzenden Westerwelle verständigte sich dieser mit Merkel und Stoiber auf Horst Köhler als gemeinsamen Präsidentschaftskandidaten.[13] SPD und Grüne waren durch die vielen verlorenen Landtagswahlen weit entfernt von einer Mehrheit in der Bundesversammlung. Mit der FDP wäre immerhin eine numerische Mehrheit möglich gewesen, weswegen Schröder und Müntefering Westerwelle anboten, dessen Parteifreundin Cornelia Schmalz-Jacobsen zu unterstützen. Die FDP aber lehnte dies ab. Westerwelle ging es um ein dezidiert schwarz-gelbes Signal. Schröder gewann sodann die Politikwissenschaftlerin und Sozialdemokratin Gesine Schwan als Kandidatin seiner Partei. Die Präsidentin der Europa-Universität Viadrina Frankfurt/Oder genoss hohes Ansehen und war dabei alles andere als eine Parteisoldatin. Im Streit um den richtigen Umgang mit den osteuropäischen Diktaturen hatte sie sich in den achtziger Jahren gegen die offizielle Linie ihrer Partei gewandt, die sich zuweilen vor einem Kuschelkurs mit den Kommunisten nicht scheute. Nachdem sie diese Politik kritisiert hatte, musste Schwan die Grundwertekommission der SPD verlassen.

Nun sollte Schwan Johannes Rau beerben, wenngleich ihre Chance aufgrund der Mehrheitsverhältnisse begrenzt blieb. Die Grünen unterstützten Schwans Kandidatur. In den folgenden Wochen und Monaten erwarb sich Schwan mit zahlreichen Auftritten und vielen Interviews enormen Respekt im Volk. Schwan kündigte an, die ihr am Herzen liegenden Themen – Vertrauen, Bildung, Reformen, Frauen, interkulturelle Kommunikation und Familien – immer wieder anzusprechen. Mit ihrer erfrischenden, eloquenten

Art gewann »Gesinchen« oder »die Schwänin«, wie ihre Studenten sie zuweilen nannten, Ansehen weit über das rot-grüne Lager hinaus. Den intellektuellen Wettbewerb mit ihrem Konkurrenten, dem spröde auftretenden Favoriten Köhler, entschied sie dabei klar für sich. An Charisma übertraf Schwan Köhler ohnehin. Sollte es sich daher in einem zweiten oder dritten Wahlgang nicht doch ergeben, dass Schwan mehr Stimmen auf sich vereinte als Köhler?

In der SPD hoffte man dies, um sich doch wieder vor Augen zu führen, dass die sich als künftige Regierungspartner fühlenden Parteien Union und FDP diese Gelegenheit einer machtpolitischen Demonstration kaum verstreichen lassen würden. So kam es dann auch. Doch Schwan sah sich selbst zu Recht nie als »Zählkandidatin«. Über SPD und Grüne hinaus stimmte manches Mitglied der Bundesversammlung für Schwan.[14] Horst Köhler erhielt im ersten Wahlgang zwar mit 604 Stimmen die absolute Mehrheit, Gesine Schwan aber gelang mit 589 Stimmen mehr als nur ein Achtungserfolg. Selbst wenn man unterstellt, dass alle Wahlleute von SPD, Grünen und PDS Schwan wählten, so hätten zehn Wahlleute aus dem Lager von Union, FDP und Sonstigen für Schwan votiert. Köhler wiederum versagten mindestens 18 Wahlleute von Union und FDP die Stimme. Schwan blieb somit Präsidentin – der Universität Frankfurt/Oder. Der Mai 2004 durfte ihr schon aus einem ganz anderen Grund in gutem Gedächtnis bleiben: Wenige Stunden vor der Bundesversammlung hatten sich Schwan und ihr Lebensgefährte Peter Eigen im engsten Familienkreis verlobt.

Bei der Europawahl im Juni 2004 brach die SPD regelrecht ein. Abermals hatten die Sozialdemokraten mit dem Irakkrieg Wahlkampf betrieben; sie warben mit der Parole »Friedensmacht Europa« für sich. Dieser Aufguss funktionierte jedoch nicht mehr. Sie holten mit nur noch 21,5 Prozent nicht einmal die Hälfte des Ergebnisses, das die Union einfuhr.[15] Dass der kleine Koalitionspartner seinen Stimmenanteil auf 11,9 Prozent steigerte, bereitete der SPD Verdruss. Die fröhliche Selbstinszenierung der Grünen als »Reformmotor« ärgerte die Sozialdemokraten schon lange. Nun honorierte der Wähler die Grünen gar für diese Rolle. Am selben Tag musste die SPD bei der Landtagswahl in Thüringen, von einer miserablen Ausgangsbasis kommend, weitere Verluste einstecken. Hier votierte nur noch jeder siebte Wähler für die SPD.[16] In dieser Phase kam es zur »Kanzlerdämmerung«. Schröder sei das Regieren leid, wurde berichtet. Bald werde er zurücktreten. Als mögliche Nachfolger Schröders waren damals Struck, Müntefering, Clement und der Bremer Bürgermeister Henning Scherf im Gespräch. Der Name eines Mannes tauchte dabei nicht auf: Kurt Beck. Er war bundespolitisch ohne Bedeutung und Ambition.

Müntefering sorgte sich in dieser desolaten Situation vor der Oppositionslust seiner Partei. In einem internen Papier wandte er sich massiv gegen derartige Stimmen. Über ein halbes Jahrzehnt nach der Regierungsübernahme bemühte er dabei noch einmal das längst verbleichende Feindbild Kohl, dessen Versäumnisse die SPD aufzuarbeiten habe: »Reformstau und Schuldenmacherei aus der Kohl-Zeit sind noch nicht aufgearbeitet. ... Wir wollen regieren. Das gilt jetzt und über 2006 hinaus. Die SPD ist sich nicht selbst genug; ihr Zweck ist es, zu regieren. ... Die Konservativen Merkel, Stoiber und Westerwelle sollen dieses Land nicht regieren. Sie können das nicht.«[17]

»Montagsdemonstrationen«

Im Sommer 2004 fanden die »Montagsdemonstrationen« immer mehr Zulauf. Die wahren Proteste gegen die Reformen also entzündeten sich weit nach der Verabschiedung der entsprechenden Gesetze. Schon der Name für jene Protestzüge wirkte wie ein Hohn. Zu »Montagsdemonstrationen« war es im Herbst 1989 in der DDR gekommen, als zunächst wenige mutige, dann mehr und mehr Menschen gegen die SED-Diktatur und deren Schönfärbereien protestierten. Nicht zuletzt waren diese Menschen wegen der schlechten wirtschaftlichen Lage auf die Straße gegangen. Sie alle protestierten für dringend notwendige Reformen. Nun formierten sich »Montagsdemonstrationen«, um dringend notwendige Reformen zu verhindern.

Der Leipziger Pfarrer Christian Führer, der in seiner Nikolaikirche im Jahre 1989 Geschichte geschrieben hatte, und später schon einmal Fürbitten für die Olympiabewerbung Leipzigs las, predigte nun, Hartz IV müsse weg. Während Schröder den 76 Millionen Euro teuren ICE-Bahnhof Wittenberge in der brandenburgischen Provinz eröffnete, flogen Eier. Eine aufgebrachte, aufgeputschte Menschenmenge brüllte und beschimpfte den Kanzler wie den neben ihm erschienenen Ministerpräsidenten Platzeck. Schröder war von der Szenerie entsetzt. Als der Kanzler in Wittenberge aufbrach, wurden gar Steine in Richtung seiner Wagenkolonne geschleudert. Das Auftreten des Pöbels und die emotional aufgeheizte Stimmung in Wittenberge beschäftigten den Kanzler. Derartige Proteste kannte Schröder nicht. Immer wieder fragte er Platzeck nach seiner Einschätzung der Lage. Schröder und Platzeck einigten sich darauf, nicht zurückzuweichen. Ein Verzicht auf öffentliche Auftritte konnte – Pöbeleien und Eierwürfe hin und her – keine Alternative sein. Schröder wusste zwar, dass es in dieser Phase weniger um ein rationales Gespräch als um Begründungen und Argumente ging. Daran war den »Demonstranten« nicht gelegen. Doch der Kanzler wollte mit einer vorgelebten Haltung Führung beweisen. Dies bedeutete: Flagge zeigen. Schröder entwickelte dabei eine ganz andere Rhetorik. Nun rief er nicht mehr rotzig »Basta«. Der nun gänzlich überzeugte Reformator Schröder folgte eher der lutherischen Diktion: Hier stehe ich, ich kann keine andere Politik.

Innerhalb der Union brach sich derweil der Populismus Bahn: Hermann-Josef Arentz, der von der Industrie gepäppelte Vorsitzende des CDU-Arbeitnehmerflügels, attackierte die – von seiner Partei mit beschlossenen – Regelungen zu Hartz IV als »Raubzug gegen Langzeitarbeitslose«. Edmund Stoiber sprach von einer »sozialen Schieflage«. Der sächsische Ministerpräsident Georg Milbradt (CDU), bis dato ein wirtschaftsliberaler Zahlenmensch, erwog öffentlich, an einer Montagsdemonstration teilzunehmen. Aus Angst vor dem Machtverlust polterte er kräftig und im ähnlichen Tonfall wie die PDS gegen Hartz IV.

Dabei betrafen die Leistungskürzungen durch Hartz IV in erster Linie Arbeitslose, die zuvor viel verdient hatten oder mit einem vermögenden Partner zusammenlebten. Niedrigverdiener mit Kindern und eine Million erwerbsfähige Sozialhilfeempfänger wurden durch die neuen Regelungen sogar besser gestellt – zum Ärger des Bundesfinanzministers. Letztlich verursachte Hartz IV enorme Mehrkosten. Ursprünglich sollte das Konzept sechs Milliarden Euro jährlich einsparen. Stattdessen musste der Finanzminister insgesamt über zwölf Milliarden Euro für Hartz IV berappen – ein gigantisches Konjunkturprogramm. Der zuständige Minister Clement soll, mit diesen Zahlen konfrontiert, dazu erklärt haben:

»Dann kann wenigstens keiner sagen, ich hätte die Konjunktur abgewürgt.«

In dieser Lage standen in Brandenburg und Sachsen Landtagswahlen ins Haus. Sollte die SPD gar noch ihre Bastion in der Potsdamer Staatskanzlei – und damit ihren Hoffnungsträger Matthias Platzeck – verlieren? Die FDP warb in Sachsen mit dem Slogan »Herz statt Hartz«. Die PDS, die zwei Jahre zuvor den Einzug in den Bundestag verpasst hatte, plakatierte »Hartz IV ist Armut per Gesetz«. Nun machte sie mobil gegen den »brutalstmöglichen Sozialabbau«. Die NPD entschied sich für ganz ähnliche Parolen: »Hartz IV – nicht mit mir«, hieß es bei den Rechtsextremen. Dabei lag auf der Hand, dass sich nicht nur die Wahlplakate von PDS und die NPD ähnelten. Man kann die PDS nicht mit der neonazistisch und stramm ausländerfeindlichen NPD gleichsetzen: Aber auch in der PDS, zumal unter den alten SED-Kadern, offenbarten sich ausländerfeindliche bis reaktionäre Haltungen.

Ausgerechnet im PDS-Blatt »Neues Deutschland« konstatierte der Wittenberger Theologe und Sozialdemokrat Friedrich Schorlemmer in dem ihm eigenen moralinsauren Ton: »Die SPD schaufelt sich ihr Grab.« Umfragen sahen die regierende SPD in Brandenburg auf Rang drei. Wie aber sollte der brandenburgische Ministerpräsident Platzeck in dieser Lage handeln? Es hätte nahegelegen, sich mit Rücksicht auf die eigene Wählerschaft von Schröders Reformkurs zu distanzieren, sich gewissermaßen zum Anwalt der Montagsdemonstrationen zu machen. Doch Platzeck hatte gesehen, dass eine wahlkampfbedingte Distanzierung von Berlin, wie sie Reinhard Klimmt im Jahre 1999 im Saarland und Sigmar Gabriel 2003 in Niedersachsen betrieben hatten, in erster Linie Hilflosigkeit dokumentiert. Platzeck unterlag nicht der populistischen Versuchung, er blieb standhaft. Selbst bei seinen Kundgebungen versprach er nichts, was nicht zu halten war. Der Kanzler, der den fröhlichen Potsdamer Regierungschef ohnehin schätzte, gewann mehr und mehr Respekt vor Platzeck und dessen Haltung.

Mit seinem mutigen Kurs gelang es Platzeck, Ministerpräsident zu bleiben und die von ihm geführte große Koalition fortzusetzen. Daneben konnte jeder Brandenburger Sozialdemokrat die Regelung zu Hartz IV im Schlafe deklinieren – und plausibel erklären. Die SPD musste zwar bei der Landtagswahl am 19. September 2004 Verluste einstecken, blieb aber stärkste Kraft.[18] Am selben

Tag erreichte die SPD in Sachsen ihr historisches Tief, nicht einmal jeder zehnte Wähler votierte für die Sozialdemokraten. Da die CDU jedoch ihre absolute Mehrheit verlor, wurde die SPD Juniorpartner in der Regierung Milbradt.[19] Im Saarland hatte die SPD zwei Wochen zuvor eine herbe Niederlage kassiert. Im Lande Lafontaines stürzte sie am 5. September 2004 regelrecht ab, während die CDU ihre absolute Mehrheit ausbaute.[20] Mit dem neuen SPD-Vorsitzenden Müntefering hatte zwar die Spannung innerhalb der SPD ein wenig nachgelassen, vom ersten Kapitel einer Erfolgsgeschichte »Münte führt die SPD« konnte dennoch keine Rede sein. Müntefering gelang es jedoch mit verbalen Pirouetten, den Wahlausgang als Erfolg zu verkaufen. Mit reichlich Chuzpe verwies er auf den »Sieg« in Brandenburg und die neue Funktion als Regierungspartei in Sachsen. Die SPD habe eine Trendwende erreicht, behauptete Müntefering. Der Parteivorsitzende wollte Erfolge um jeden Preis, und sei es, dass er sie herbeiredete. Einzelne Kommentatoren mochten toben: Müntefering wunderte sich selbst, wie wenig seine Beschreibung von der Trendwende in der Öffentlichkeit in Zweifel gezogen wurde.

Schröder gab derweil in einer internen Sitzung zu, auf die Globalisierung und den veränderten Altersaufbau hätten alle zu spät reagiert. Die Agenda 2010 sei nun aber die angemessene Reaktion auf diese Entwicklungen. Das Protokoll einer Parteiratssitzung gibt Schröders Worte gegenüber den SPD-Funktionären (in indirekter Rede) wieder. Demnach sagte Schröder: »Die These der Ungerechtigkeit dürfe nicht ständig aus den eigenen Reihen verstärkt werden … Er bitte darum, nicht so zu tun, als ob man nun noch mehr Geld ausgeben könne.« Müntefering stützte Schröder und verwies darauf, die SPD habe die Landtagswahlen in Hessen und Niedersachsen bereits vor Bekanntwerden der Agenda verloren. Der SPD-Vorsitzende baute seinen Kritikern allerdings eine Brücke: »Beim Agenda-2010-Prozess sei man in der didaktisch falschen Reihenfolge gewesen«, räumte er ein. Um sodann wiederum einzuschränken, einige in der SPD meinten, es gehe bei Gerechtigkeit ausschließlich um Verteilung. Dies sei aber nicht der Fall, und für die Durchsetzung von Hartz IV benötige Clement »die volle Rückendeckung« der Partei. Schröder wich keinen Millimeter zur Seite. Er setzte die Operation am offenen Herzen fort. Er scheute sich auch nicht davor, die Gesetze am 1. Januar 2005 in Kraft treten zu lassen – zwei

Monate vor der Wahl in Schleswig-Holstein und gut vier Monate vor der Wahl im größten Bundesland Nordrhein-Westfalen. Es wäre ein Leichtes gewesen, die Gesetze erst danach, etwa zum 1. Juli 2005, im Gesetzbuch zu verewigen. Doch Schröder stand.

Entsprechend deutlich meldeten sich die Reformkritiker zu Wort. Gernot Grumbach aus dem linken SPD-Bezirk Hessen-Süd verlangte dem Protokoll zufolge, die SPD »müsse länger darüber diskutieren, ob man mit einer 20-Prozent-Partei noch regieren könne. … Die Marke SPD sei beschädigt.« Björn Böhning äußerte, »die Krise sei noch nicht in vollem Umfang erkannt. … Ein ›Weiter so‹ könne es nicht geben.« Christoph Zöpel bemühte die Steuer- und Abgabenquote in Frankreich wie Skandinavien, die wesentlich höher sei als in Deutschland.[21] Parallel zu der internen Reformkritik verließen immer mehr SPD-Mitglieder ihre Partei. Den stärksten Rückgang ihrer Mitgliederzahlen erlebten die Sozialdemokraten dabei im Jahr 2004. Rund 45 000 Genossen kehrten der SPD den Rücken, noch etwas mehr als im Vorjahr. Das entsprach einem Verlust von knapp sieben Prozent der Mitgliedschaft.[22]

Im März fand das erste Treffen zur Gründung einer »Wahlalternative Arbeit & soziale Gerechtigkeit« (WASG) statt – nicht ohne Zufall im Berliner Haus des DGB. Im Juli 2004 gründete sich die WASG als Verein und verzeichnete von Anfang an einen deutlichen Zulauf vieler frustrierter früherer SPD-Mitglieder. Einer der Initiatoren, der frühere Sozialdemokrat Klaus Ernst, besaß beste Verbindungen zu den Gewerkschaften. Zahlreiche ihrer Funktionäre traten der WASG bei. Bedeutende Teile der Gewerkschaftsbewegung unterstützten die neue Partei personell, organisatorisch und finanziell. Schnell sollte sich herausstellen, dass die führenden Köpfe der WASG Gewerkschafter waren, die über Jahrzehnte hinweg das Parteibuch der SPD besessen hatten. Der Eindruck, bei der WASG handele es sich insbesondere um eine Vorfeldorganisation von ver.di und IG Metall, lag auf der Hand. Bei einer Sitzung des SPD-Gewerkschaftsrates im Juli 2004 bezeichnete Müntefering die WASG eine »ernsthafte Bedrohung«. Er erkundigte sich bei den Gewerkschaftern, ob sie diese unterstützten. IG-Metall-Chef Peters behauptete, seine Gewerkschaft stelle keine Infrastruktur zur Verfügung. Dies war zumindest eine Halbwahrheit. Auf der unteren und mittleren Ebene unterstützte die IG Metall längst die WASG überaus kräftig. Peters selbst sympathisierte mit der neuen Partei, die mit seinen Forderungen ja voll übereinstimmte. Gleiches galt für Bsirske, der ebenso von der Hilfe seines Hauses für die WASG wusste. Ohne die massive Unterstützung mit freigestellten Funktionären und den Ressourcen zahlreicher Gewerkschaftsbüros hätte die WASG nicht annähernd so erfolgreich agiert.

Intern feuerten Peters wie Bsirske ihre Gewerkschaftsfreunde an, Schröder benötige mehr Druck von links. Schröder und Peters kannten sich schon lange, Peters war während Schröders Amtszeit in Niedersachsen Leiter des DGB-Bezirks Hannover gewesen. Die beiden hatten sich noch nie etwas zu sagen. Auch deshalb drehte Peters nun gegen den Kanzler auf. Der schwache DGB-Chef Sommer zeigte sich hier weitaus zurückhaltender. Müntefering wandte sich brieflich an die Gewerkschaften und hielt fest, er betrachte deren Zusage als »besonders wichtig, Initiativen, Wahlbündnissen oder Parteien keinerlei logistische und infrastrukturelle Hilfe für Neugründungen zu geben, die gegen die bestehenden demokratischen Parteien gerichtet sind«. Trauen mochte Müntefering den Gewerkschaften aber nicht, weshalb er sie erneut aufforderte: »Lasst keine Missverständnisse entstehen.«[23]

Müntefering sah die Bedrohung seiner Partei durch die neue Gruppierung bereits früh. Andere in der SPD-Führung taten sich da weitaus schwerer. Wenn Peer Steinbrück etwa die Bedeutung der WASG zu relativieren suchte mit dem Hinweis, es gebe keinen Raum links von der SPD, so erinnerte dies an Helmut Schmidts Ignoranz während des Entstehens der Grünen, denen er damals ebenso wenig eine politische Relevanz zutrauen mochte. Insgesamt wurde die Brisanz, die in der Gründung der WASG lag, nicht erkannt. Viele Sozialdemokraten sahen in der WASG eine Ansammlung frustrierter K-Gruppen-Mitglieder. Doch sie verkannten, dass diese Partei logistisch durch PDS, IG Metall und ver.di unterstützt wurde. Damit war sie bedeutender, als man sich vormachte.

Die parteiinterne Kritik an den Reformen sollte die Initiatoren der WASG noch ermutigen. So monierte Andrea Nahles, bei Hartz IV hätte man sich nicht auf Leistungskürzungen beschränken dürfen, sondern ein »Konzept des Förderns« anbieten müssen. Die Sprecherin der SPD-Linken hatte sogleich das adäquate Feindbild parat: »Das war vor allem ein Versäumnis Wolfgang Clements.«[24] Franz Müntefering wiederum bemühte sich, den Parteilinken entgegenzukommen, vor allem jedoch den Gewerkschaften Terrain streitig zu machen. So platzierte Müntefering im August 2004 das Thema Mindestlohn. Der SPD-Chef richtete dazu eine Arbeitsgruppe beim Parteivorstand ein, der Politiker und Gewerkschaftsvorsitzende angehörten. Von diesen Gewerkschaftsvertretern konnte Müntefering fortan erwarten, dass sie auf ihre Organisationen hinsichtlich der Kritik an der SPD beruhigend einwirkten. Das IG-Metall-Mitglied Müntefering hatte bis dato stets das Hohelied der Tarifautonomie gesungen. Noch im April hatte Müntefering in einer internen Sitzung erklärt: »Die Einführung eines gesetzlichen Mindestlohns erscheint als unkalkulierbares Risiko.«[25] Nun aber drängte er plötzlich auf eine Änderung und machte seiner Partei entsprechende Hoffnungen. Die Gewerkschaften, die das Thema bislang weitgehend verschlafen hatten, folgten Müntefering. Im September 2004 sprach sich der DGB für gesetzlich garantierte Mindestlöhne aus.

Müntefering gelang es an der Parteispitze weit besser als Schröder, den linken Parteiflügel einzubinden – in der Hoffnung, ihn auf diese Weise einzuhegen. So schuf Müntefering eine Kommission zum Thema Bürgerversicherung und betraute Andrea Nahles mit deren Leitung. Schröder schätzte inzwischen die Integrationskraft Münteferings. Er bemühte sich nun sehr um eine enge Kooperation mit dem mächtigen Partei- und Fraktionschef und besuchte sogar dessen Heimatort Sundern im Sauerland. Die Symbolwirkung war mit Bedacht gewählt: Sie sollte deutlich machen, dass zwischen Schröder und Müntefering kein Blatt Papier passte, wenngleich man diese Wortwahl aus parteihistorischen Gründen vermied.

Schröder zeigte nun ebenfalls mehr Dialogbereitschaft mit den SPD-Linken. So lud er zuweilen deren Sprecher in der Fraktion, Michael Müller, zum Gespräch ins Kanzleramt ein. Müller fühlte sich dadurch überaus bedeutsam und derart geschmeichelt, dass er sich im Gegenzug bemühte, den linken Fraktionsflügel auf Kurs zu halten, was längst nicht immer gelang. Auf der anderen Seite stellte Schröder intern klar, es werde keinen Beschluss der Bundesregierung zur Erbschaftssteuer geben.[26] Er zeigte ferner festen Willen, an der für den Anfang des Jahres 2005 geplanten Absenkung von Eingangs- und Spitzensteuersatz (von 16 auf 15 Prozent beziehungsweise von 45 auf 42 Prozent) gegen heftigen internen Widerstand festzuhalten. Während sich noch immer kein Aufschwung abzeichnete und sich das Wachstum schwächer als erwartet erwies, machte Schröder jedoch deutlich, dass seine Partei keine weiteren Zumutungen in Form neuer Beschlüsse zu erwarten hatte.

Der »Heide-Mord«

Deutschland zählte 5,2 Millionen Arbeitslose. »Wann tut Ihr endlich was?« fragte die »Bild«-Zeitung mit großen Lettern. Es entstanden keine neuen Arbeitsplätze. Vielmehr gingen Tag für Tag 2000 sozialversicherungspflichtige Jobs verloren. Der Bundeshaushalt befand sich nur dank Privatisierungserlösen in einem verfassungsgemäßen Zustand. Noch nie gab es eine so lange Phase der wirtschaftlichen Stagnation in der bundesdeutschen Geschichte. Dreimal in Folge verfehlte die Bundesregierung das Maastricht-Ziel, die Neuverschuldung unter drei Prozent des Bruttoinlandsproduktes zu drücken. Ebenso dreifach verstieß sie gegen das Grundgesetz, wonach nicht mehr Geld für Schulden ausgegeben werden darf als für Investitionen. Finanzminister Eichel war erkennbar angeschlagen. Der SPD-Haushaltsexperte Carsten Schneider sprach von einer »beschissenen« Lage. Als Erfolg feierte die Regierung einen Rentenbeitrag von 19,5 Prozent und den durchschnittlichen Krankenkassenbeitrag, der durch eine »Effizienzrevolution« sage und schreibe um einen zehntel Prozentpunkt gesunken war. Kurzum: Die Lage des Landes war düster. Die Regierung befand sich in ähnlicher Stimmung.

Die prekäre finanzielle und wirtschaftliche Lage ließ die Regierung zuweilen zu kurz springen. Finanzminister Eichel folgte dem erfolglosen Beispiel seines Vorgängers Theo Waigel (CSU) und schlug vor, die Bundesbank solle einen großen Teil ihrer Goldreserven verkaufen. Schröder plädierte ohne politisches Gespür dafür, den 3. Oktober als Feiertag abzuschaffen, was zu einer Intervention von Bundespräsident Horst Köhler führte. Schnell ließ die Regierung diesen originellen Vorschlag fallen. Der Tag der Deutschen Einheit blieb ein Feiertag. Müntefering machte jedoch deutlich, im Jahr vor der Bundestagswahl sei keine Reformpause zu erwarten. Es gebe »kein Ausruhen auf der Reformbaustelle. Die Agenda 2010 ist die Geschichte dieses Jahrzehnts.«[27] Als die Union einen großkoalitionären »Pakt für Deutschland« vorschlug, wies Müntefering dies als »Zeichen von Verkommenheit und Verlogenheit« zurück.

Die Zahl von fünf Millionen Arbeitslosen hatte man in der SPD schon lange als Horrorszenario vor sich gesehen. Sie beruhte in erster Linie auf der zum 1. Januar 2005 geänderten Statistik. Bislang bezog sich die Arbeitslosenzahl auf die Bezieher von Arbeitslosengeld und -hilfe. Nun kamen Hunderttausende hinzu – die Bezieher von Arbeitslosengeld II, die zuvor Sozialhilfe bekommen hatten, sowie die erwerbsfähigen Angehörigen ehemaliger Arbeitslosenhilfeempfänger. Schon Monate zuvor drängte die SPD den eigenen Minister dazu, diese Statistik weiter parallel laufen zu lassen, um so die Horrorzahl der fünf Millionen Arbeitslosen zu vermeiden. Jede Analogie zur Weimarer Republik wollte man, zumal in einem Jahr mit wichtigen Wahlen, verhindern. »Mehrfach habe ich Wolfgang Clement gebeten, bei der Arbeitslosenstatistik darauf zu achten, dass die Umstellung und Einbeziehung der bisher nicht in der Statistik erfassten Sozialhilfe-Empfänger eindeutig und klar ersichtlich wird«, berichtet der damalige SPD-Generalsekretär Klaus Uwe Benneter. »Über Monate hinweg zeichneten sich bereits die fünf Millionen Arbeitslosen ab. Diese Zahl musste uns, zumal vor den Wahlen in Schleswig-Holstein und Nordrhein-Westfalen, das Genick brechen. Clement aber behauptete, er könne die Statistik nicht mehr ändern.«[28]

Bei der schleswig-holsteinischen Landtagswahl drohte der SPD die Macht in einem weiteren Land verloren zu gehen. Die SPD musste dann auch Einbußen hinnehmen und wurde von der CDU erstmals seit der Barschel-Affäre von 1987 überflügelt.[29] Weder die bisherige rot-grüne Regierung noch CDU und FDP besaßen im Kieler Landtag eine Mehrheit. Während die CDU die SPD zu einer großen Koalition aufforderte, setzte Ministerpräsidentin Heide Simonis (SPD) auf die Fortsetzung ihres rot-grünen Regierungsbündnisses, nunmehr unter Tolerierung durch den Südschleswigschen Wählerverband (SSW).[30] Ein entsprechender Vertrag wurde ausgehandelt. »Schleswig-Holstein wird skandinavisch«, titelte und fürchtete die »FAZ«.[31] Dazu aber sollte es nicht kommen: Bei der Wahl des Ministerpräsidenten im Kieler Landtag erreichten weder Simonis noch der CDU-Fraktionsvorsitzende Peter Harry Carstensen die notwendige Mehrheit. Selbst ein vierter Wahlgang brachte kein anderes Ergebnis. Ein Abgeordneter aus den Reihen von SPD, Grünen und SSW hatte Simonis die Stimme verweigert. Schnell war vom »Heide-Mord« (»taz«) die Rede. Die auf Machterhalt bedachte Simonis wurde als »Patex-Heide« verlacht. »Und was wird aus mir?«, fragte Simonis nach diesem Debakel entsetzt. Im Kanzleramt saßen zu jener Stunde Schröder, Müntefering, Merkel und Stoiber zusammen. Als Schröders Büroleiterin Sigrid Krampitz der Runde das Ergebnis des vierten Wahlgangs mitteilte, herrschte eisiges Schweigen. Schröder und Müntefering durften sich nicht zu erkennbar ärgern, Merkel und Stoiber konnten die Angelegenheit kaum in Schröders Kanzleramt feiern. Müntefering sprach später immer wieder vom »miesen Verrat« eines einzelnen Abgeordneten im Kieler Landtag, er sah in dem Vorgang eine enorme »Demoralisierung« seiner Partei. Abermals hatte die SPD unter seiner Führung eine Wahl verloren. Dies war kein gutes Signal für die im Mai bevorstehende Wahl im größten Bundesland Nordrhein-Westfalen. Nachdem sich der Kieler Landtag vertagt hatte, einigten sich CDU und SPD auf eine große Koalition im hohen Norden. Müntefering drängte seine Kieler Genossen dazu. Ende April wurde der in Berlin oftmals verspottete und als »Harry Peter« verulkte Peter Harry Carstensen zum Ministerpräsidenten einer großen Koalition gewählt.

Mit dem gescheiterten Versuch eines neuen rot-grünen Bündnisses in Kiel war die Geschichte der rot-grünen Koalitionen de facto beendet. Zwar regierte diese Konstellation noch im Bund und in Düsseldorf. In Nordrhein-Westfalen aber war es längst zu etlichen Auseinandersetzungen zwischen SPD und Grünen gekommen. Die Ministerpräsidenten Clement und Steinbrück liebäugelten stets mit einem sozial-liberalen Bündnis. Auf Bundesebene war das Verhältnis zwischen Schröder und Fischer durch das Vorgehen des Kanzlers in der Irakfrage angeschlagen. Fischer hielt dies zwar in der Sache für richtig, stieß sich aber an dem allzu polternden Agieren des Kanzlers. Schröder wiederum zeigte den Grünen allzu gern die kalte Schulter. Für ihn war die rot-grüne Koalition ohnehin – anders als für Fischer – kein Lebensprojekt.

Die von Müntefering beschriebene »Demoralisierung« der SPD und der Regierung zeigte sich auch auf anderen Feldern. Während der Parteivorstand im März 2005 tagte, erreichte die Runde die Nachricht, Superminister Clement halte an seiner Absicht einer Senkung der Unternehmenssteuer fest. Die Parteilinken waren höchst verärgert, Andrea Nahles meldete sich sogleich kritisch zu Wort, und Heidemarie Wieczorek-Zeul erklärte, sie sehe keine

Möglichkeit mehr, Solidarität mit ihrem Kabinettskollegen Clement zu üben. Müntefering und der Gewerkschaftsrat der SPD bauten derweil immer wieder eine Gegenposition zu Clements Ministerium auf; dies ließ Clement allerdings erst recht stur werden. Clement hatte den GAU der fünf Millionen Arbeitslosen unterschätzt. Er zeigte sich zunehmend genervt. In den Augen Münteferings schätzte der Minister die Stimmung an der Parteibasis falsch ein und ließ es an Sensibilität mangeln.

Derweil forderte die SPD-Linke beständig milliardenschwere Investitionsprogramme. Daneben geriet die Regierung, vor allem jedoch Außenminister Joschka Fischer, durch die »Visa-Affäre« in Bedrängnis. Fischer hatte eine umstrittene Vergabepraxis (»im Zweifel für die Reisefreiheit«) zugelassen und musste sich nun in einem eigens eingerichteten Untersuchungsausschuss den Fragen der Opposition stellen. Müntefering hatte darauf gesetzt, die Wahl in Schleswig-Holstein könnte – nach den von ihm herbeigeredeten Erfolgen im Vorjahr in Brandenburg und Sachsen – die wahre Trendwende mit sich bringen. Die Union leide nach wie vor an der Wahlnacht 2002 »und an der Wahlnacht Schleswig-Holstein«, schrieb Müntefering kurz danach (und noch vor Simonis' Desaster) in einem internen Brief. Aggressiv wie selten zuvor setzte er sich mit der CDU/CSU auseinander: »In den vergangenen Tagen haben sich Merkel/Stoiber und ihre Helfer bis zur Kenntlichkeit demaskiert. So sind sie. Sie haben den Kampf ums politische Konzept aufgegeben. Sie setzen auf Lüge und Verleumdung. Sie wollen die Macht. Total. Im Bund und in den Ländern. Mit welchen Mitteln auch immer.« Er warf der Union »Demagogie« vor und verwies – hinsichtlich des Wahlerfolges der NPD im Jahr zuvor in Sachsen – auf »die CDU-CSU-Nähe des größten Teils der NPD-Wähler«. Nachdem CSU-Generalsekretär Markus Söder, der in der politischen Arena keinen Fettnapf ausließ, Schröder indirekt für die Ermordung eines neunjährigen Jungen verantwortlich machte, reagierte Müntefering äußerst gereizt: »Stoiber lässt ihn (Söder) machen. Merkel schweigt. Das grenzt an moralische Verkommenheit. … Macht, die auf moralischer Deformation gründet, bringt dem Land keinen Segen. Was muss unsere Antwort sein? Wir lassen uns nicht verprügeln von den Merkels und Stoibers … Das gilt auch für den Wahlkampf in Nordrhein-Westfalen. Wahlkampf ist Wahlkampf, Sanftheit ist nicht gefragt.«[32]

Heuschrecken

Oft halten Grundsatzreden nicht das, was sie versprechen. Sie werden groß angekündigt, über ganz neue Ideen und Strategien wird gemunkelt, ein Paradigmenwechsel wird gar vermutet. Dann werden solche Reden mit Pomp inszeniert – und wenig später ist die Enttäuschung groß, weil es nur sattsam bekannte Fakten und Floskeln gab anstatt neuer Ideen. Franz Müntefering hingegen kündigte keine Grundsatzrede an, als er am 22. November 2004 vor der Friedrich-Ebert-Stiftung in Berlin sprach. Man kann sich glanzvollere Podien vorstellen. Die Rede war Teil der langlebigen und zähen Programmdebatte seiner Partei. Auch der Titel der Rede (»Freiheit und Verantwortung«) ließ nichts Neues erwarten. Müntefering aber bediente sich einer neuen Rhetorik. Im Grunde mochte er zwar die unselige Programmdebatte nicht führen; als Parteivorsitzender aber war er dazu qua Amt gezwungen. Und so war Müntefering überzeugt, das neue Programm der SPD bedürfe, Pragmatismus und Regierungshandeln hin oder her, eines kapitalismuskritischen Kerns. Er blickte längst auf die nächste Bundestagswahl. Der Autodidakt Müntefering befasste sich dafür mit der sozialen Gestaltung der Globalisierung und den internationalen Finanzmärkten.

Bei seinem Auftritt verwendete Müntefering ein Wort, mit dem er später Geschichte schreiben – und nebenbei die deutsche Semantik bereichern – sollte. So sagte Müntefering: »Wir müssen denjenigen Unternehmern, die die Zukunftsfähigkeit ihrer Unternehmen und die Interessen ihrer Arbeitnehmer im Blick haben, helfen gegen die verantwortungslosen Heuschreckenschwärme, die im Vierteljahrestakt Erfolg messen, Substanz absaugen und Unternehmen kaputtgehen lassen, wenn sie sie abgefressen haben. Kapitalismus ist keine Sache aus dem Museum, sondern brandaktuell.« Die gesamte Rede wie Münteferings Heuschrecken-Metapher aber verhallten unbeachtet. Auch der Abdruck des wörtlichen Redetextes in gleich zwei Readern der SPD zur Programmdebatte im Dezember blieb folgenlos.[33]

Mitte April 2005 wagte Müntefering einen neuen Versuch, seine Kapitalismuskritik erkennbar werden zu lassen. Wieder waren Titel, Anlass und Ort wenig originell gewählt. Nun sprach Müntefering auf dem 3. Programmforum der SPD zum Thema »Demokratie.

Teilhabe, Zukunftschancen, Gerechtigkeit« im Willy-Brandt-Haus. Müntefering beklagte hier, »bestimmte Finanz-Unternehmen« gefährdeten mit »forcierten Profit-Maximierungs-Strategien« auf Dauer die Demokratie: »Unsere Kritik gilt der wachsenden Macht des Kapitals und der totalen Ökonomisierung eines kurzatmigen Profit-Handelns.«[34] Wieder aber blieb seine Rede ohne größeres öffentliches Echo.

Das sollte sich bald ändern. Müntefering gab der »Bild am Sonntag« kurz darauf ein einigermaßen nichtssagendes Interview. Im Zuge der Autorisierung zwischen Ministerium und Redaktion wurden die Äußerungen Münteferings »nachgeschärft«. So fand ein Satz Eingang in die gedruckte Form des Interviews, der in dem Gespräch gar nicht gefallen war. Dieser Satz, Müntefering in den Mund gelegt, machte die bis dato verhallte Heuschrecken-Metapher erst populär: »Manche Finanzinvestoren verschwenden keinen Gedanken an die Menschen, deren Arbeitsplätze sie vernichten – sie bleiben anonym, haben kein Gesicht, fallen wie Heuschreckenschwärme über Unternehmen her, grasen sie ab und ziehen weiter.«[35] Gegen diese Form des Kapitalismus kämpfe die SPD. Damit konnte die »Heuschreckendebatte« ein halbes Jahr nach dem ersten Anlauf beginnen. Schon wenige Wochen später hatte der Begriff »Heuschrecke« in Deutschland eine andere Bedeutung. Müntefering hatte ein biblisches Bild modernisiert. Schon bald sollten selbst Wirtschaftsführer ohne jede Relativierung, gewissermaßen ohne Anführungsstriche, das Wort »Heuschrecke« in den Mund nehmen. Damit war dem SPD-Vorsitzenden ein enormer Erfolg gelungen. Eines Tages sollte gar mit Bundespräsident Horst Köhler ein früherer Chef des Internationalen Währungsfonds einen ähnlichen Begriff verwenden. Ausgerechnet Köhler bezeichnete die Finanzmärkte als »Monster« – und dürfte Münteferings »Heuschrecken« damit zum Vorbild genommen haben.[36]

Münteferings Attacke, deren Beachtung in den Medien und die darauf folgende Diskussion wirkten wie ein Befreiungsschlag für die SPD. Eine solch deutliche und prägnante Kapitalismuskritik hatte ein SPD-Vorsitzender schon lange nicht mehr gewagt. Vertreter von Gewerkschaften und Kirchen applaudierten. Müntefering erntete für sein kapitalismuskritisches Fanal in den eigenen Reihen viel Zustimmung, sieht man einmal ab von dessen Intimfeind Clement, der ironisch bemerkte, nach den Attacken gegen das Kapital sei nun bald etwas »gegen den Adel« zu unternehmen. Zu diesem Zeitpunkt war Clement aber bereits in großen Teilen der SPD »unten durch«. Der einstige Ministerpräsident von Nordrhein-Westfalen war selbst im dortigen Landtagswahlkampf de facto unerwünscht. Clement wurde nur noch geduldet, längst war der »Superminister« zur Spottbezeichnung geworden. Aus Opposition und Wirtschaft wurde heftige Kritik laut.

CSU-Generalsekretär Markus Söder warf Müntefering »billigen Populismus und dumpfe Pauschalkritik« vor. Dessen Kapitalismuskritik sei »Opium für linke SPD-Ideologen für die Zeit nach der Bundestagswahl 2006«.[37] Doch musste nicht auch die Union erkennen, dass die Kritik des SPD-Vorsitzenden an den Auswüchsen des globalen Kapitals der Stimmung weiter Teile der Bevölkerung entsprach? Der FDP-Vorsitzende Westerwelle charakterisierte Münteferings Worte als »Klassenkampfparolen« und sprach im Bundestag davon, Müntefering säe »Furcht vor der freien Marktwirtschaft«. Er behauptete: »Es droht nicht die freie Marktwirtschaft, es droht die bürokratische Staatswirtschaft.«[38] Arbeitgeberpräsident Dieter Hundt meinte: »Ich finde es zum Kotzen, was derzeit in dieser Republik abläuft.« Ausländische Investoren würden verschreckt, sagte Hundt. »Das ist doch unpatriotisch, schlimmer geht es doch gar nicht.«[39]

Linke und Pragmatiker in der SPD zollten Müntefering Beifall. Heidemarie Wieczorek-Zeul sprach der Partei aus dem Herzen: »Es ist doch ein weitverbreitetes Gefühl, dass die Wirtschaft entscheidet und die Politik nichts mehr zu sagen hat.«[40] Der niedersächsische Oppositionsführer Gabriel befand, die vom SPD-Vorsitzenden angestoßene Debatte sei überfällig. Gabriel, als Vertreter des VW-Landes Niedersachsen ein Anhänger der Staatswirtschaft, spitzte weiter zu, es gehe um die Frage, ob es zur Erneuerung der sozialen Marktwirtschaft komme oder zu »Merkels McKinsey-Gesellschaft«.[41] Selbst die wirtschaftsfreundliche baden-württembergische SPD-Vorsitzende Ute Vogt stellte sich voll hinter Müntefering. Sie überdehnte aber dessen Kritik, indem sie dazu aufrief, Produkte von Unternehmen zu boykottieren, die »im großen Stil Menschen rausschmeißen«.

Es zeigte sich, dass Müntefering der Partei wieder ein Gefühl vermittelt hatte. Er hatte Fehlentwicklungen prägnant und zutreffend beschrieben. Ihm war es damit zudem gelungen, in der

Partei tief sitzende Befindlichkeiten anzusprechen und auf diese Weise den SPD-Linken den Wind aus den Segeln zu nehmen. Nun schimpften alle auf die Unternehmer, ob sie nun »Heuschrecken«-Gestalt besaßen oder nicht. Dies geschah zu dem Preis, dass in der SPD nun viel vom Gestaltungsanspruch des Staates, aber wenig von Eigenverantwortung die Rede war. Müntefering hatte mit seiner Kritik an den »Heuschrecken« nichts weniger eingeläutet als den Wandel von eher wirtschaftsfreundlichen Zeiten, die auf dem Konsens der sozialen Marktwirtschaft beruhten, zu einer kapitalismuskritischen Phase in Deutschland. Bislang mochte seine Partei diesen Weg nicht gehen, zumal mit den notorischen Nörglern und Agenda-Kritikern die falschen Leute dafür warben. Nun aber sprach der Reformer Müntefering Tacheles. Eine christdemokratische Kanzlerin sollte ihm – mit erheblicher Verzögerung – auf diesem Pfad folgen.

Ein »Kabeljau« in Düsseldorf

Zu jenen, die Münteferings Worte begrüßten, zählte selbst Clements Nachfolger als nordrhein-westfälischer Ministerpräsident, Peer Steinbrück. Der wirtschaftsfreundliche Steinbrück scheute sich in der Endphase seines Wahlkampfes nicht, den »Raubtierkapitalismus« zu geißeln. Der Norddeutsche Steinbrück, anfangs in NRW fremdelnd, hatte hier inzwischen Boden unter den Füßen gewonnen. Die Rolle des Landesvaters konnte und mochte er zwar nicht ausfüllen, doch dies hatte schon für seinen Vorgänger Wolfgang Clement gegolten. Steinbrück pflegte sein norddeutsches Idiom und beschrieb sich selbstironisch: »Ich bin ein Kabeljau.« Steinbrück wusste um die Bedeutung der bevorstehenden Wahl, bei der ihn Jürgen Rüttgers, der frühere Bundesforschungsminister, herausforderte. Sollte die CDU gemeinsam mit der FDP erstmals nach fast vier Jahrzehnten wieder eine gemeinsame Mehrheit im Düsseldorfer Landtag bilden? In diesem Fall besäßen die unionsgeführten Länder eine Zweidrittelmehrheit im Bundesrat, die rot-grüne Koalition in Berlin wäre damit praktisch machtlos. Steinbrück erklärte öffentlich schon ein Jahr vor der Wahl, er habe Schröder wissen lassen: »Wenn wir hier die Wahl verlieren, haben wir ein Problem.« Dies festzustellen sei »keine Drohung, sondern das ist eine Banalität«. Kurzum: »Die Wahl in NRW hat eine strategische Bedeutung für die Politik und die Regierungsfähigkeit der SPD auch auf Bundesebene.«[42] Steinbrücks Botschaft war klar. Er sorgte sich vor dem Machtverlust wie vor der persönlichen Niederlage. Nicht zuletzt weil er nun, fast 60 Jahre alt, seinen ersten Wahlkampf führte.

»Kennen Sie den?«, hatte im Jahre 2002 das Kölner Boulevardblatt »Express« mit großen Buchstaben auf seiner Titelseite gefragt und daneben ein Porträtfoto von Steinbrück gezeigt. Dieser Mann sollte damals in die Fußstapfen von Heinz Kühn, Johannes Rau und Wolfgang Clement treten. Obwohl Steinbrück bereits seit vier Jahren in NRW Minister unter Clement war, kannte ihn die breite Öffentlichkeit noch nicht. Er hatte schließlich den großen Teil seines beruflichen Lebens im Hintergrund gewirkt, als Referent, Büroleiter und Staatssekretär. Geboren 1947 in Hamburg, stammt Steinbrück, anders als die meisten führenden Politiker seiner Partei, aus gutbürgerlichen Verhältnissen. Der Vater, geflohen aus Pommern, war Architekt und wählte die CDU. Sein jüngerer Bruder, Anwalt und Unternehmensberater, war über viele Jahre hinweg Mitglied der FDP.

Im Symboljahr 1968 legte Steinbrück sein Abitur ab, ohne sich für die Studentenbewegung zu begeistern. Schon als Schüler hatte er lieber Geld als Parkwächter auf dem Fischmarkt in St. Pauli oder auf dem Bau verdient, anstatt für Marx und Mao zu agitieren. Ausgerechnet bei der Bundeswehr, die Steinbrück anders als viele Genossen seiner Generation absolvierte, warb ihn ein Offizier für die SPD. Fasziniert von Brandts Ostpolitik, trat er ihr 1969 bei. Zum volkswirtschaftlichen Studium ging Steinbrück nach Kiel. Heimat Hamburg, Dienst bei der Bundeswehr, Studium der Volkswirtschaft – schon bei dem jungen Steinbrück schwang immer etwas Helmut Schmidt mit. Dessen Arbeitsethos, Pflichtgefühl und Regierungshandwerk bewundert Steinbrück bis heute. Stets nüchtern und ganz der Verantwortungsethiker, dem es auf das gut Gemachte ankommt und nicht auf das gut Gemeinte, sieht sich Steinbrück als Politiker vom Schlage Schmidts. Dessen Hang zu drastischen, zuweilen flapsigen Bemerkungen teilt Steinbrück.

Während des Studiums in Kiel lebte Steinbrück in einer WG, wenngleich er dies nicht als politisches Statement betrachtete. Diese Zeiten gingen schließlich bereits vorüber. Spott und Ironie prägten schon damals das Leben Steinbrücks und seiner Freunde. Bis heute liebt Steinbrück den sarkastischen Humor britischen Stils, Churchill-Witze erzählt er mit entsprechendem Akzent. Nach dem Diplom erhielt Steinbrück 1974, im Jahr, in dem Schmidt Kanzler wurde, einen Werkvertrag mit dem Bundesbauministerium. Steinbrück und seine Frau Gertrud zogen nach Bonn. Nach einer kurzen Phase der Arbeitslosigkeit, die seine Frau mit einer Assistentenstelle an der Universität überbrücken konnte, wechselte Steinbrück 1976 ins Bundesforschungsministerium. Hier war er 1977/78 Persönlicher Referent der sozialdemokratischen Minister Hans Matthöfer und Volker Hauff. Eine weitere Station machte Steinbrück im Bundeskanzleramt. In den achtziger Jahren arbeitete Steinbrück für die SPD-Bundestagsfraktion und das NRW-Umweltministerium. Ab Ende 1986 Büroleiter des Ministerpräsidenten Rau, teilte Steinbrück eine Weile eine Wohnung mit seinem Freund Clement. Dieser hatte eine ähnliche politische Karriere abseits der üblichen »Ochsentour« absolviert. Clement war lange Journalist, dann Chefredakteur, sodann Sprecher der SPD. Später arbeitete auch er für Rau und begann erst anschließend die eigene politische Karriere.

Mitte 1990 zog Steinbrück mit seiner Familie wieder nach Kiel; seine Frau, die als promovierte Genetikerin an einem Gymnasium Biologie und Politik unterrichtet hatte, ließ sich hier beurlauben. In der Regierung Engholm wurde Steinbrück Staatssekretär, zunächst im Umweltministerium, später im Wirtschaftsressort. Die neue Ministerpräsidentin Heide Simonis berief Steinbrück im Jahre 1993 zum Wirtschafts- und Verkehrsminister. Der zuweilen eruptive Steinbrück zettelte hier unter anderem eine Debatte um eine Fusion der norddeutschen Bundesländer (»Nordstaat«) an und zog den Zorn von Simonis wie vieler Kirch- und Leuchtturmpolitiker auf sich. Obgleich die FDP in Kiel in der Opposition saß, bemühte sich Steinbrück um gute Beziehungen zu den Liberalen. Mit dem Fraktionsvorsitzenden Wolfgang Kubicki traf er sich einmal, um Schnapsgläser über das Kieler Landeshaus zu werfen.

Auf Bitten seines Freundes Clement kehrte Steinbrück 1998 nach NRW zurück und beerbte in dessen Kabinett den in die Bundespolitik gewechselten Bodo Hombach als Wirtschafts- und Verkehrsminister. Eineinhalb Jahre später wurde er als Finanzminister Nachfolger Heinz Schleußers. Im Mai 2000, Steinbrück war inzwischen über 50 Jahre alt, ergatterte er erstmals ein parlamentarisches Mandat. Steinbrück plädierte für eine Wieder-Einführung der Vermögenssteuer, bis Bundeskanzler Schröder diese Diskussion unterband. Als Clement nach Berlin wechselte, entschied sich Steinbrück in gerade einmal fünf Minuten, dessen Nachfolge als Regierungschef anzutreten. Bei der Wahl zum Ministerpräsidenten Ende 2002 erhielt er neben den Stimmen der rot-grünen Koalition zwei Stimmen aus der Opposition. Nun residierte Steinbrück in Düsseldorf im zehnten Stock des futuristischen Glaskastens namens Stadttor. Er legte, Schröders Vorbild folgend, die Ressorts für Arbeit und Wirtschaft zusammen. Den SPD-Landesvorsitzenden Harald Schartau, der selbst gern Regierungschef geworden wäre, dem dazu aber ein Landtagsmandat fehlte, entschädigte Steinbrück, indem er ihn zu einem kleinen Superminister machte. Ein Ministerpräsident, meinte Steinbrück, müsse eine Mischung aus Tarzan, Einstein und Inge Meysel darstellen – und ohne Zweifel traute sich der überaus egostarke Steinbrück dies zu.

Schnell machte Steinbrück dem grünen Koalitionspartner deutlich, dass er ebenso gut mit der FDP regieren könnte. Schröder, wegen der Agenda 2010 unter Druck, wies Steinbrück jedoch sogleich in die Schranken. Von »Peer dem Schrecklichen« war in der SPD die Rede. Steinbrück scheute keine parteipolitischen Gräben. Er und der hessische Ministerpräsident Roland Koch (CDU) schätzten und schätzen sich. Ende 2003 schlugen beide gemeinsam vor, die Subventionen drei Jahre lang um jeweils vier Prozent zu kürzen. »Der Ärger wird laut sein – und zwar über alle Grenzen hinweg«, meinte Steinbrück. »Aber der Vorteil unseres pauschalen Vorgehens ist: Alle werden schreien. … Aber wir haben keine Angst vor breiter Empörung. Die ist immer noch besser auszuhalten als viele kleine Scharmützel.«[43] Eine Koalition mit der FDP schloss Steinbrück nicht aus; dem CDU-Finanzexperten Friedrich Merz bescheinigte er nach einer Diskussion: »In der Analyse der großen Probleme gab es zwischen uns keine Unterschiede.«[44] Klar wandte sich Steinbrück gegen einen Mindestlohn. »Einen gesetzlich festgelegten, einheitlichen Mindestlohn über alle Branchen und Regionen hinweg kann ich mir schlecht vorstellen«, sagte er noch im Frühling 2005.[45] Zuweilen gefiel sich Steinbrück darin, die eigene Partei zu provozieren. »Mein Ortsverein würde damit ziemlich erfolglos bleiben, wenn er beschließen würde: Ab dem 15. April um 7

Uhr 30 findet der internationale Wettbewerb nicht mehr statt«, verkündete Steinbrück immer wieder sogar auf Veranstaltungen seiner Partei. Vor der Landtagswahl machten Gerüchte die Runde, nach einer Niederlage könne Steinbrück Bundesfinanzminister werden und den glücklosen Hans Eichel ablösen. »Dieses Gerücht höre ich jetzt zum 225. Mal, seit ich Ministerpräsident bin«, kommentierte Steinbrück derlei Meldungen: »Ich nehme es mit Humor.«[46]

Stammland ist abgebrannt

Herzkammer der Sozialdemokratie, sichere Bastion, Stammland der SPD – so beschrieb man die Bedeutung Nordrhein-Westfalens für die SPD. Die Partei regierte seit Jahrzehnten das Land, über viele Jahre hinweg mit einer absoluten Mehrheit. Die meisten Rathäuser waren »rot«, abgesehen von Städten wie Münster und Paderborn. Jeder vierte SPD-Bundestagsabgeordnete stammte aus NRW. Die Minister Clement und Ulla Schmidt gehörten diesem Landesverband an, Müntefering hatte diesen einst selbst geführt. Nun standen Landtagswahlen an Rhein und Ruhr an, und die SPD befand sich in Bund und Land in einer miserablen Verfassung. Die jahrzehntelange Herrschaft hatte die SPD fett und träge gemacht, inhaltlich trat sie schon lange nicht mehr in Erscheinung. Die Gewöhnung an Macht wie Pfründe und der rote Filz ließen die SPD erstarren. Sie war machtbewusst, selbstzufrieden und unbeweglich geworden. In dieser Lage musste Peer Steinbrück seinen ersten Wahlkampf als Ministerpräsident führen. Die SPD wollte die ungeliebte Koalition mit den Grünen fortsetzen, ohne aber eine Idee von der Zukunft des Landes zu besitzen. Die Zahl von fünf Millionen Arbeitslosen dominierte jede Diskussion. Ausgerechnet das Debakel von Heide Simonis, in deren Kabinett Steinbrück einst gesessen hatte, verdüsterte die Stimmung zwischen Teutoburger Wald und Eifel.

In der Endphase von Wahlkämpfen pflegt die SPD stets, die »rote Fahne« zu hissen, um die eigene Klientel zu überzeugen, um zuzuspitzen und zu mobilisieren. Steinbrück nahm diese Aufgabe in den Wochen vor der Wahl besonders ernst. Der Exekutivpolitiker Steinbrück, der allzu gern über die Traditionalisten in den eigenen Reihen spottet und altbekannte Feindbilder wenig schätzt, wurde nun zum sozialdemokratischen Seelenversteher. Steinbrück sprach plötzlich davon, wie wichtig der »starke Staat« ist. Union und FDP hielt er vor, sie wollten »alle Lebensbereiche ökonomisieren. Das müssen wir verhindern.« Von Reformen mochte Steinbrück nicht mehr sprechen, wohl aber von den »Fliehkräften in unserer Gesellschaft«. Müntefering warf der von Norbert Blüm und dem Arbeitnehmerflügel geprägten CDU in NRW gar vor, sie wolle den Sozialstaat zerstören. Den Umfragen zufolge, die von der SPD zu Recht kritisch beäugt wurden, musste die Partei mit einem Debakel rechnen. Steinbrück setzte nun auf eine Strategie Schröders aus der Frühphase des Bundestagswahlkampfs 2002 und eine vermeintliche Schwäche seines Herausforderers Rüttgers. Der Ministerpräsident postulierte: »Er oder ich.«

Müntefering, Schröder und Steinbrück sahen sich im Wahlkampf von zwei Seiten bedrängt. Da war zum einen Clement, der weiter laut für eine Unternehmenssteuerreform trommelte – wo doch seine Partei in NRW alles mehr benötigte als »Geschenke« für Unternehmer. Clement sprach sich daneben für die Dienstleistungsrichtlinie der EU aus, erntete dafür Kritik selbst vom Kanzler und verteidigte sich unter Berufung auf Ludwig Erhard. Auf der anderen Seite drohte der linke SPD-Flügel mit einem seit Wochen für den Tag nach der Wahl geplanten neuen Vorstoß gegen Schröders Reformen. »Nach den Wahlen in Nordrhein-Westfalen wird es einen erneuten Versuch geben, den Kurs von Partei und Regierung an wichtigen Punkten zu korrigieren«, ließ Ottmar Schreiner seine Führung wissen und stellte klar, er habe neben dem SPD-Arbeitnehmerflügel einen »wachsenden Teil in Partei und Fraktion« auf seiner Seite.[47] Die Niederlage in NRW habe nicht ohne Folgen bleiben können, sagt Schreiner rückblickend: »Wir dachten schon Tage zuvor: Jetzt müssen einige aufwachen.«[48] Wohl niemand ersehnte eine Niederlage seiner Partei an Rhein und Ruhr so sehr wie Oskar Lafontaine. Er sah darin die Chance, Schröder zu einem Kurswechsel zwingen zu können. Im Gespräch mit einem hochrangigen SPD-Politiker sprach Lafontaine dies in aller Offenheit an. Ein Machtverlust in Nordrhein-Westfalen stelle die Regierungspolitik Schröders infrage, in solch einer Situation werde Schröder in die Enge getrieben, prognostizierte Lafontaine voller Vorfreude. Für sich sah er damit neue Perspektiven in der SPD.

Die SPD-Linken Annen, Jüttner, Nahles, Ypsilanti und Wieczorek-Zeul vereinbarten, am Tag nach der erwarteten Niederlage in

NRW »Ergänzungen« der Agenda zu verlangen. Mehrere Landesvorsitzende formulierten bereits einen Brief an den »lieben Gerd« wie den »lieben Franz«, der jedoch nie abgeschickt wurde. Darin war zu lesen: »Wir sind überzeugt, dass wir nach dem Regierungsverlust in der ›Herzkammer‹ der Sozialdemokratie nicht einfach zur Tagesordnung übergehen können. Der anhaltende Vertrauensverlust, der sich seit zwei Jahren in massenhaften Mitgliederverlusten und Wahlniederlagen manifestiert hat, kann nicht länger mit Durchhalteparolen beantwortet werden. Die Bundesregierung und die SPD müssen stattdessen gemeinsam den Mut aufbringen, ihre Politik einer Inventur zu unterziehen. Von heute an muss ein klares Signal für die Neuausrichtung in der Wirtschafts- und Sozialpolitik ausgehen.«[49] Schon am Wahlabend weilte Michael Müller, Sprecher des linken Flügels in der SPD-Fraktion, nicht in seiner Heimatstadt Düsseldorf, sondern hielt sich im Willy-Brandt-Haus auf, wo viele Journalisten zugegen waren. Müller wollte hier den Ruf nach einer Kursänderung verkaufen. Die Niederlage in NRW habe »der Parteiführung deutlich gemacht«, sagt Müller heute: »Jetzt muss ein anderer Kurs gefahren werden. Wir brauchten ein Zukunftsinvestitionsprogramm. Ich war außerdem dafür, die Gestaltung der Globalisierung zum Thema zu machen, also die Heuschreckendebatte auszuweiten.«[50] In der Parlamentarischen Linken sei »klar besprochen gewesen, dass die SPD nach einer verlorenen Wahl in NRW eine Diskussion um die Regierungspolitik zu führen hat«, berichtet der Abgeordnete Klaus Barthel: »Wir mussten auf Kurskorrekturen drängen.«[51]

Konkret gedachten die Parteilinken nach der Niederlage zu fordern, die Steuerfreiheit von Veräußerungsgewinnen müsse abgeschafft werden. Abermals verlangten sie eine Reform der Erbschaftssteuer und eine neue Pflegeversicherung. Sie wandten sich gegen die Ergebnisse des Jobgipfels wie die von Schröder geplanten Steuersenkungen. Stiegler warb erneut für ein klassisches Konjunkturprogramm. Eine Forderung hatte es besonders in sich: Das von Clement geführte und nach der Wahl von 2002 fusionierte Ministerium für Wirtschaft und Arbeit müsse wieder aufgeteilt werden. Diese Vielzahl von Forderungen war längst zu Müntefering und Schröder durchgedrungen. Lag damit nicht auf der Hand, dass das Weiterregieren nach einer Niederlage unmöglich wurde? Mit welcher Mehrheit sollte außerdem etwa eine reformierte Erbschaftssteuer im Bundesrat durchgesetzt werden? Dafür fehlte der SPD-Linken gleichfalls ein Konzept. Es zeichnete sich allzu deutlich ab, dass Müntefering Schröder keine Mehrheit im Parlament mehr garantieren konnte. Es lag nahe, dass der Machtwechsel in NRW die Bundestagsabgeordneten nervös werden ließ. Der Kanzler bekannte später, ihn zeichne stets ein guter Schlaf aus. Drei Krisenherde der Welt aber ließen Schröder nachts wachen: das Kosovo, Afghanistan – und Nordrhein-Westfalen.

Anmerkungen

1 Müntefering, zitiert nach: Der Spiegel, 14. Februar 2004.
2 Der Spiegel, 9. Februar 2004.
3 Müntefering, zitiert nach: Berliner Zeitung, 25. November 2006.
4 Müntefering, zitiert nach: Die Zeit, 16. September 2004.
5 Pieper, Alfons: In Sachen NRW in Bonn. Westdeutsche Allgemeine Zeitung, Essen, 24. April 1987.
6 Müntefering, zitiert nach: Der Spiegel, 16. Februar 2004.
7 Klaus Uwe Benneter im Gespräch mit dem Verfasser am 1. Februar 2008 in Berlin.
8 Scholz, zitiert nach: Der Spiegel, 15. März 2004.
9 Thierse, zitiert nach: Der Spiegel, 15. März 2004.
10 Clement, Wolfgang: Zum Geburtstag ein kräftiges Basta!, in: Bissinger, Manfred und Heiko Gebhardt (Hrsg.): Gerhard Schröder. 60 Freunde zum Geburtstag. Hamburg, o. J. [2004], S. 26f., hier S. 27.
11 Sommer, zitiert nach: Der Spiegel, 28. Juni 2004.
12 Müntefering, zitiert nach: Der Spiegel, 29. Mai 2004.
13 Langguth, Gerd: Horst Köhler. Biografie. München 2007, S. 211.
14 Die SPD besaß in der Bundesversammlung 2004 460 Wahlleute, die Grünen 89. Union (539) und FDP (83) hatten eine klare Mehrheit unter den 1205 Delegierten. Der PDS gehörten 31 Wahlleute an, ferner gab es drei Sonstige. Vgl. http://www.wahlrecht.de/lexikon/bundesversammlung-2004-zusammensetzung.html
15 Bei der Europawahl am 13. Juni 2004 verlor die SPD gegenüber der Europawahl am 13. Juni 1999: Damals hatte sie noch 30,7 Prozent geholt. Die Union erzielte 44,5 Prozent (1999: 48,7 Prozent). FDP und PDS erreichten jeweils 6,1 Prozent.
16 Die SPD holte in Thüringen 14,5 Prozent (1999: 18,5 Prozent), während die CDU mit 43 Prozent (1999: 51 Prozent) ihre absolute Mehrheit verteidigte. Die PDS erreichte mit 26,1 Prozent (1999: 21,3) fast doppelt so viele Stimmen wie die SPD.
17 Papier Münteferings »Zur Lage der SPD und zu unseren Aufgaben in der kommenden Zeit« vom 21. Juni 2004.

18 Die SPD erzielte in Brandenburg 31,9 Prozent (1999: 39,3 Prozent). Während die CDU nur noch auf 19,4 Prozent (1999: 26,5 Prozent) kam, reichte es für die PDS trotz ihres aggressiven Wahlkampfes und ihrer Zuwächse auf 28 Prozent (1999: 23,3 Prozent) nicht zur stärksten Partei.
19 Die Landtagswahl 2004 machte aus dem Drei-Fraktionen-Landtag in Dresden ein Sechs-Fraktionen-Parlament. Die SPD erzielte nur noch 9,8 Prozent (1999: 10,7 Prozent), die CDU holte 41,1 Prozent (1999: 56,9 Prozent). Die PDS kam auf 23,6 Prozent (1999: 22,2 Prozent). Der FDP gelang mit 5,9 Prozent (1999: 1,1 Prozent) ebenso der Sprung in den Landtag wie den Grünen mit 5,1 Prozent (1999: 2,6) sowie der NPD mit gar 9,2 Prozent.
20 Die SPD erzielte an der Saar nur noch 30,8 Prozent (1999: 44,4 Prozent), die CDU 47,5 Prozent (1999: 45,5 Prozent). Den Grünen gelang mit 5,6 Prozent (1999: 3,2 Prozent) ebenso wie der FDP mit 5,2 Prozent (1999: 2,6 Prozent) die Rückkehr in den Landtag.
21 Protokoll der Sitzung des Parteirats vom 21. Juni 2004 im Willy-Brandt-Haus, Berlin.
22 http://www.polwiss.fu-berlin.de/osz/dokumente/PDF/AHOSZ11.pdf
23 Schreiben Münteferings an die DGB-Gewerkschaften vom 16. Juli 2004.
24 Nahles, zitiert nach: Der Spiegel, 23. August 2004.
25 Protokoll der Sitzung des SPD-Parteirates vom 19. April 2004.
26 Protokoll der Sitzung des Parteirats vom 21. Juni 2004 im Willy-Brandt-Haus, Berlin.
27 Müntefering, zitiert nach: Der Spiegel, 10. Januar 2005.
28 Klaus Uwe Benneter im Gespräch mit dem Verfasser am 1. Februar 2008 in Berlin.
29 Die SPD kam bei der Wahl in Schleswig-Holstein am 20. Februar 2005 auf nur noch 38,7 Prozent (2000: 43,1 Prozent), die CDU erreichte 40,2 Prozent (2000: 35,2 Prozent). Die FDP kam auf 6,6 Prozent (2000: 7,6 Prozent), die Grünen auf 6,2 Prozent (2000: ebenso). Der SSW erzielte 3,6 Prozent (2000: 4,1 Prozent).
30 Der SSW ist als Partei der dänischen Minderheit bei den Landtagswahlen in Schleswig-Holstein von der Fünf-Prozent-Sperrklausel befreit. Er war durch die Wahl 2005 mit zwei Sitzen (zuvor: drei) im Landtag vertreten. Die CDU zählte 30 Abgeordnete, die SPD 29, FDP und Grüne jeweils vier.
31 Frankfurter Allgemeine Zeitung, 12. März 2005.
32 Schreiben Münteferings an die Mitglieder des SPD-Parteivorstandes, die Vorstände von Landesverbänden, Bezirken und Unterbezirken und die Mitglieder der SPD-Bundestagsfraktion vom 28. Februar 2005.
33 http://www.partei.spd.de/servlet/PB/show/1043150/221204_programmheft_1.pdfundhttp://www.partei.spd.de/servlet/PB/show/1047600/180405_Programmheft_2.pdf [20. Dezember 2007]
34 Pressemitteilung der SPD 167/05. Rede des SPD-Parteivorsitzenden Franz Müntefering auf dem 3. Programmforum der SPD »Demokratie. Teilhabe, Zukunftschancen, Gerechtigkeit« am Mittwoch, dem 13. April 2005, Willy-Brandt-Haus, Berlin.
35 Müntefering, zitiert nach: Bild am Sonntag, 17. April 2005.
36 Köhler, zitiert nach: Stern, 15. Mai 2008. Bereits drei Jahre zuvor hatte Köhler das Wort »Monster« verwandt, aber weniger konkret. So sagte er im »Spiegel« vom 13. Juni 2005: »Es geht mir nicht darum, den Kapitalismus

in Frage zu stellen. Globalisierung ist Realität. Aber sie kann zum Monster werden. Mit Globalisierung ist Entgrenzung verbunden …«

37 Söder, zitiert nach: Die Welt, 23. April 2005.
38 Westerwelle, zitiert nach: Deutscher Bundestag: Plenarprotokoll 15/172 vom 21. April 2005.
39 Hundt, zitiert nach: Berliner Morgenpost, 30. April 2005.
40 Wieczorek-Zeul, zitiert nach: Der Spiegel, 25. April 2005.
41 Gabriel, Sigmar: Wider die McKinsey-Gesellschaft. Der Spiegel, 25. April 2005.
42 Steinbrück, zitiert nach: Der Spiegel, 26. April 2004.
43 Steinbrück, zitiert nach: Der Spiegel, 14. Juli 2003.
44 Steinbrück, zitiert nach: Die Zeit, 12. Mai 2005.
45 Steinbrück, zitiert nach: Frankfurter Allgemeine Sonntagszeitung, 17. April 2005.
46 Steinbrück, zitiert nach: Bild am Sonntag, 6. März 2005.
47 Schreiner, zitiert nach: Der Spiegel, 30. Mai 2005.
48 Ottmar Schreiner im Gespräch mit dem Verfasser am 11. Februar 2008 in Berlin.
49 Entwurf eines Briefes der SPD-Linken an Schröder, zitiert nach: Der Spiegel, 30. Mai 2005.
50 Michael Müller im Gespräch mit dem Verfasser am 6. Februar 2008 in Berlin.
51 Klaus Barthel im Gespräch mit dem Verfasser am 18. Januar 2008 in Berlin.

»… wir haben zum Bundeskanzler vollstes Vertrauen.«
4. Juli 2005

Die Rede von SPD-Chef Müntefering bei der Vertrauensfrage des Bundeskanzlers sorgt für Verwirrung, denn er spricht diesem eindeutig das Vertrauen aus.

VI. Schröder rettet die SPD

»Das strukturelle Patt auflösen«

Als Schröder Anfang Mai 2005 Müntefering in seinem Privathaus in Hannover empfängt, lässt dieser den Kanzler wissen, nach einer Wahlniederlage in NRW könne er nicht garantieren, dass die Fraktion weiter zur Regierung stehe. Misstrauisch beobachtet Müntefering die Aktivitäten der WASG. Die permanente Kritik des saarländischen Bundestagsabgeordneten Schreiner lässt ihn vermuten, dieser werde bald seinen Parteiaustritt erklären. Hatte nicht so schon das Ende der Kanzlerschaft Helmut Schmidts begonnen, als die Abgeordneten Manfred Coppik und Karl-Heinz Hansen aus der SPD austraten, ihr Mandat aber behielten? Die beiden einstigen Sozialdemokraten hatten sich 1982 der linken Neugründung »Demokratische Sozialisten« angeschlossen. Schreiner aber versichert Müntefering, er werde die Sozialdemokratie nicht verlassen. Beruhigen kann das den auf Geschlossenheit und Disziplin pochenden wie misstrauischen Müntefering kaum, zumal Gerüchte die Runde machen, auch andere SPD-Abgeordnete dächten über einen Austritt nach.

Wer aber führte das Wort »Neuwahlen« zuerst im Mund? Hatte Müntefering diese Konsequenz seiner Äußerung, er könne für die Loyalität der Fraktion zur Regierung nicht mehr bürgen, selbst ins Spiel gebracht? Oder äußerte zuerst der Kanzler diesen Gedanken? Müntefering behauptet dazu: »Der Kanzler hat das irgendwann mal als eine Möglichkeit angesprochen – unter anderen, die wir ebenfalls erörterten.«[1] Schröder geht in seinen Memoiren auf diese Gespräche mit Müntefering nicht ein. Er schreibt, die verlorenen Landtagswahlen, die schwindende Unterstützung in den eigenen Reihen und die Abneigung vieler Bürger gegen die Reformpolitik »hatten mich zu Neuwahlen im Bund bewogen«.[2] Diese Schilderung schließt jedoch nicht aus, dass Müntefering der eigentliche Ideengeber dieser Initiative war. Viel spricht für eine Initiative Münteferings. Wie aber muss Schröder diesen Hinweis des mächtigen Partei- und Fraktionsvorsitzenden aufgefasst haben?

Als wohlmeinenden Hinweis, besorgt um Arbeit der Regierung und Ansehen des Kanzlers? Oder vielleicht doch versehen mit einem drohenden Charakter? Dafür gibt es keinen Beleg, zumal Müntefering keine Ambitionen besaß, Kanzler werden zu wollen. Dieses Amt traute er sich nicht zu. Daneben existiert die Theorie, Doris Schröder-Köpf habe ihren Mann auf die Idee der Vertrauensfrage gebracht. So schrieb es Ulrike Posche im »Stern«, woraufhin Schröder-Köpf beim Hamburger Landgericht eine einstweilige Verfügung gegen das Magazin erwirkte.

Knapp vier Jahre nach diesen Gesprächen zwischen Schröder und Müntefering ist ein abschließendes Urteil zu der Frage nach dem eigentlichen Ideengeber nicht möglich. Beide verbreiten öffentlich die Sprachregelung, wonach in ihrem Binnenverhältnis gegolten habe: Wenn einer anderer Meinung ist, wird es nicht gemacht. Gemäß dem gemeinsam verabredeten Plan war jedenfalls nichts nach außen gedrungen, sodass es bei jenem Überraschungseffekt am vorletzten Sonntag im Mai blieb. Wer bei welcher Gelegenheit was vorgeschlagen hat – dazu mögen sich Schröder oder Müntefering eines Tages noch einmal genauer äußern. Hinter der Frage, ob Schröder oder Müntefering den Anstoß zur Neuwahl gab, steht die Überlegung, wer von den beiden mächtiger war, wer »das Heft« in der Hand hielt. Doch auch diese Frage ist nicht klar zu beantworten. Das Machtzentrum befand sich mal im Kanzleramt, mal im Willy-Brandt-Haus. Lief es außenpolitisch gut, war Schröder der starke Mann. Galt es, die Agenda in den eigenen Reihen durchzusetzen, war Müntefering die Nummer eins. Nun aber, auf der Strecke bis zu den Neuwahlen, stand der Kanzler im Mittelpunkt. Schröder hatte die Agenda entwickelt. Er war es, der sagte, er »könne« keine andere Politik – und er musste nun das angestrebte Verfahren begründen.

Die hohen Hürden und die Schwierigkeit des Verfahrens sprechen dafür, dass neben Steinmeier, Steinbrück, Benneter und Außenminister Fischer auch Justizministerin Zypries in die Pläne eingeweiht waren. Zypries und Schröder pflegten ein freundschaftliches Verhältnis seit ihrer gemeinsamen Zeit in Hannover. Schröder und Benneter waren alte Freunde. Clement wiederum wurde von Schröder nicht eingebunden, wie schon im Jahr zuvor bei dem Wechsel im Parteivorsitz. Um die verfassungsrechtliche Lage einer angestrebten Neuwahl zu erörtern, suchte Steinmeier den früheren Bundesverfassungsrichter Ernst Gottfried Mahrenholz in Karlsruhe auf. Die beiden sozialdemokratischen Juristen diskutierten den Weg einer Auflösung des Bundestages nach Artikel 68 GG. Steinmeier konnte Schröder wenig später mitteilen, Mahrenholz halte das angestrebte Verfahren für verfassungsrechtlich möglich.

Eines steht allemal fest: Das Thema Neuwahl wurde in keinem Gremium diskutiert. In der Parteiführung wurde es zwar später formal beschlossen, dies aber kam einem Abnicken gleich. »Uns am offenen Kamin oder in großen Gremien zu beraten, war in dieser Lage nicht möglich«, sagte Müntefering später. Eine solche Diskussion wäre auch Münteferings Intention zuwidergelaufen, gab es doch in der Spitze der Koalition eine große Abneigung gegen eine vorgezogene Bundestagswahl. Entsprechend positionierte sich Steinmeier. Außenminister Fischer hielt davon nach eigener Darstellung ebenso wenig.

Unklar ist, welche Bedeutung den Überlegungen zukam, dass ein solcher Plan die Unionsparteien überraschen musste. Sie hatten schließlich noch keinen Kanzlerkandidaten ausgerufen. Zwar lief alles auf eine Kandidatur der CDU-Vorsitzenden Angela Merkel hinaus, doch hoffte nicht heimlich Edmund Stoiber auf eine zweite Chance? Er hatte seine Landtagswahl in Bayern gerade haushoch gewonnen. Daneben befand sich das linke Lager in einem völlig ungeordneten Zustand. Die Parteien PDS und die neu gegründete WASG waren kulturell heterogen. Doch sollte ein solches Manöver auch anderthalb Jahre früher gelingen? Mit dem Machtwechsel in NRW sah Schröder keine Möglichkeit mehr, ambitionierte Projekte durch den Bundesrat zu bugsieren. Zudem konnte er die Angriffe in den Medien nicht ignorieren.

Ein weiterer Grund für die Neuwahlen lag in der finanziellen und wirtschaftlichen Lage des Landes. Der Bundeshaushalt lief völlig aus dem Ruder. Eine bessere ökonomische Entwicklung war für das laufende Jahr nicht mehr zu erwarten. Bei einer Klausursitzung der Haushaltspolitiker war Müntefering zugegen und sagte, wie er es gern tat, kein Wort. Finanzminister Eichel schilderte die mittelfristige Finanzplanung. Es bestehe keinerlei Aussicht auf einen verfassungskonformen Haushalt, dozierte er. Eichel verwies auf ein strukturelles Defizit von 40 bis 50 Milliarden Euro und schlug daher eine Erhöhung der Mehrwertsteuer um vier Prozentpunkte vor. Nur so, argumentierte er, seien die totale Schieflage des

Haushalts und enorme Verstöße gegen die Maastricht-Kriterien zu verhindern. Er habe »im Frühjahr 2005 dafür plädiert, die Zahlen für 2006 auf den Tisch zu legen und die strukturellen Defizite für die Folgejahre aufzuzeigen«, berichtet Eichel heute. Die Mehrwertsteuererhöhung sollte zu je einer Hälfte in die Haushaltskonsolidierung und einen geringeren Arbeitslosenversicherungsbeitrag fließen: »Intern argumentierte ich, wenn die Opposition die Mehrwertsteuererhöhung ablehne, könne man sie nach ihrem Rezept fragen und im Wahlkampf darauf verweisen, dass sie nach der Wahl eine viel ungerechtere Lösung beschließen würde.« Zwei christdemokratische Ministerpräsidenten hatten Eichel für diesen Plan ihre Unterstützung signalisiert. Der Finanzminister war überzeugt, die großen Koalitionen in Berlin, Brandenburg und Bremen für dieses Vorhaben ebenso gewinnen zu können. »Gerhard Schröder aber lehnte diesen Plan und diese Strategie ab«, sagt Eichel: »Er empfand mein Vorhaben als halsbrecherisch.«[3] Müntefering erbleichte ob Eichels Darlegungen. Er wusste, dass es eines entsprechenden Kabinettsbeschlusses bedurfte, damit Eichel seinen Haushalt derart planen konnte. Die Union blockierte derweil immer wieder im Bundesrat Vorhaben der Regierung. Nicht einmal die Eigenheimzulage zu streichen war sie bereit. Eichel stand am Abgrund.

Münteferings und Schröders Umgebung waren von Eichels politischer Naivität entsetzt. »Du bist wohl verrückt«, schleuderte der Kanzler seinem Finanzminister entgegen. Schröder hatte erst ein Jahr zuvor entsprechende Pläne Eichels abgelehnt. Wollte der Finanzminister wirklich zu Beginn des Wahljahres 2006 die Mehrwertsteuer erhöhen? Die Hoffnung auf eine wirtschaftlich bessere Situation im Jahre 2006 wäre so im Keim erstickt worden – und die Wähler hätten sich mit Grauen von der SPD abgewandt. So zumindest sah es Schröder. Auf das Prinzip Hoffnung, auf mögliche Effekte der Reformen oder eine bessere Stimmung durch die in Deutschland stattfindende Fußball-Weltmeisterschaft, wollte der Kanzler aber ebenso wenig setzen.

Schröder sah keine andere Möglichkeit, als die politischen Verhärtungen mit einer Neuwahl aufzubrechen. Anstatt sich im Kanzleramt einzubunkern, entschied er sich für einen Befreiungsschlag. Hatte Schröder nicht stets bewiesen, dass er am erfolgreichsten kämpft, wenn er am Abgrund steht? Hatte Schröder nicht die Gabe, beim Zocken zu siegen? Und wäre nicht ein ehrenhafter Abgang nach einer Wahlniederlage aufgrund von allgemein anerkannt notwendigen, aber unpopulären Reformen wenigstens ein Trost? Und eine Garantie für einen würdigen Platz im Geschichtsbuch? »Die Neuwahl-Entscheidung war ein echter Schröder«, sagt einer seiner Minister. Schröder wollte es noch einmal wissen.

Am Nachmittag des 22. Mai 2005 empfing Schröder Müntefering und Fischer im Kanzleramt. »Wir haben NRW verloren« – sagte Müntefering zu Beginn des Gespräches mit Verweis auf die ersten Hinweise der Wahlforscher, durchaus erwartungsgemäß. »Weiß ich schon«, antwortete Schröder knapp. Jetzt fand auch Schröder nicht mehr jene Worte, die er zuvor bei Niederlagen gern verwendet hatte: »When the going gets tough, the tough gets going.« (Wenn es hart auf hart kommt, dann aber richtig.) Zu diesem Zeitpunkt lagen den Spitzen der Parteien die Stunden später, um 18 Uhr, veröffentlichten ersten Prognosen von ARD und ZDF bereits vor. Beide Fernsehanstalten taxierten die CDU auf 45 Prozent und die SPD auf 37,5 Prozent. Der Prognose zufolge sollten auf Grüne und FDP jeweils sechs Prozent der Stimmen entfallen. Das Endergebnis wich von dieser Voraussage nur wenig ab.[4] CDU und FDP besaßen eine komfortable Mehrheit im Düsseldorfer Landtag. Am späten Nachmittag, gegen 17 Uhr, informierte Müntefering die stellvertretenden SPD-Vorsitzenden, aber auch andere Funktionsträger der Partei, über die Neuwahl-Pläne. Als Einziger war Beck von dem Plan regelrecht begeistert; er sah in der rot-grünen Bundesregierung längst eine Gefahr für seine Landtagswahl im Frühjahr 2006. Wieczorek-Zeul war ebenso für die Neuwahl. Thierse sprach sich dagegen aus, begab sich aber einen Tag später auf Parteilinie. Besonders heftig reagierte Nahles.

Schröder und Müntefering hatten verabredet, das Wort Neuwahlen dürfe keinesfalls zuerst von der Opposition kommen. Müntefering sollte es zuerst verwenden, um deutlich zu machen, dass die Regierung das Heft des Handelns in der Hand behielt. Während die Fernsehkameras den Triumph von Rüttgers, Merkel und der CDU einfingen, trat Müntefering im Foyer des Willy-Brandt-Hauses um 18.28 Uhr vor die Presse. Er habe mit Schröder beschlossen, dem Präsidium der SPD am morgigen Montag Neuwahlen vorzuschlagen, verkündete er: »Wir suchen die Entscheidung. Es ist an der Zeit, dass in Deutschland die Verhältnisse geklärt werden. … Die Menschen sollen das strukturelle Patt zwischen Bundestag und

Bundesrat beantworten. Sie sollen sagen, von wem sie regiert werden wollen in diesem Land.« Die politische Öffentlichkeit war überwältigt. Schröder und Müntefering hatten ein Manöver begonnen – und keiner hatte vorher etwas erfahren. Fortan war nicht mehr von Rüttgers' Wahlsieg an Rhein und Ruhr die Rede. Binnen weniger Minuten rückten Berlin und die Bundespolitik ins Zentrum des Interesses. Müntefering hatte daneben mit seinem Auftritt den Kampfeswillen der Partei angesprochen. Unter den Funktionären und Mandatsträgern überwog jedoch die Skepsis.

Wie aber war Münteferings Wort vom Patt zu verstehen? Wie sollte das Patt zwischen Bundestag und Bundesrat aufgelöst werden, wenn nicht durch einen Wahlsieg der Union? »Irgendwie hörte es sich so an, als spreche Sigmund Freud aus Franz Müntefering. Vielleicht war es auch nur Realismus«, schrieb Christoph Schwennicke in der »Süddeutschen Zeitung«.[5] Die rot-grüne Regierung stand auf verlorenem Posten. Im Bundesrat sollten die SPD-geführten Länder nur noch 18 gegen 51 Stimmen aufbieten können, selbst im Vermittlungsausschuss befand sich Rot-Grün jetzt in der Minderheit. Ein halbes Jahr später gab Müntefering zu, er habe »vielleicht ein bisschen vorlaut über die Beendigung des strukturellen Patts zwischen Bundestag und Bundesrat gesprochen«.[6] Doch sein damaliges Wort deutete auf ein naheliegendes Ziel Münteferings hin: Ging es ihm nicht längst darum, seine Partei in eine große Koalition zu retten? Eine andere Machtperspektive war damals nicht erkennbar. Die meisten Genossen rechneten längst mit dem Gang in die Opposition. Das aber wollte Müntefering um jeden Preis verhindern.

Eine gute Stunde später, um 19.38 Uhr, meldeten die Nachrichtenagenturen, Schröder habe es offenbar versäumt, den Bundespräsidenten vorab über die Pläne für ein vorzeitiges Ende der Legislaturperiode zu informieren. Ein Sprecher des Präsidenten bestätigte der Deutschen Presse-Agentur diese Nachricht, indem er diplomatisch erklärte: »Köhler wird sich mit der Frage befassen, wenn sie an ihn herangetragen wird.« Später wies Schröder darauf hin, er habe das Staatsoberhaupt erfolglos zu erreichen versucht. Köhler berichtete später, er habe aus dem Fernsehen die Ankündigung einer angestrebten Neuwahl erfahren: »Dass der Bundespräsident in einer so wichtigen Frage überrascht wird, ist schon bemerkenswert.«[7] Zu einem Telefonat zwischen Schröder und

Köhler kam es am Wahlabend erst gegen 19.30 Uhr, eine Stunde nach Münteferings Ankündigung. Das ohnehin angeschlagene Verhältnis zwischen Kanzler und Präsident wurde damit auf eine neue Belastungsprobe gestellt. Offenbar traute Schröder Köhler nur bedingt, sonst hätte er ihn schon zuvor in einem Vier-Augen-Gespräch von seinen Plänen unterrichten können. Doch Schröder fürchtete, Köhlers Umfeld würde die Nachricht seines Vorhabens eigenständig verbreiten. Dies war gut nachvollziehbar.

Nach seinem Gespräch mit Köhler wandte sich Schröder um Punkt 20 Uhr an die Öffentlichkeit. Deutschland befinde sich in einem tief greifenden Veränderungsprozess, erklärte der Kanzler. Mit der Agenda 2010 seien entscheidende Weichen gestellt worden, erste Erfolge seien erkennbar. Bis sich die Reformen aber auf die Lebensverhältnisse aller Menschen positiv auswirkten, benötige es Zeit. Daher sei eine politische Unterstützung unabdingbar. »Mit dem bitteren Wahlergebnis meiner Partei in Nordrhein-Westfalen ist die politische Grundlage für die Fortsetzung unserer Arbeit infrage gestellt«, erklärte Schröder. Die klare Unterstützung der Regierung durch die Mehrheit der Deutschen halte er »gerade jetzt für erforderlich. Deshalb betrachte ich es als Bundeskanzler ... als meine Pflicht und Verantwortung, darauf hinzuwirken, dass der Herr Bundespräsident von den Möglichkeiten des Grundgesetzes Gebrauch machen kann, um so rasch wie möglich, also realistischerweise für den Herbst dieses Jahres, Neuwahlen zum Deutschen Bundestag herbeizuführen.« Die Nachrichtenagenturen überschlugen sich mit Eilmeldungen. »Schröder – Durch Niederlage in NRW politische Grundlage für Fortsetzung unserer Arbeit infrage gestellt«, hieß es um 20.01 Uhr bei der Agentur Reuters. Eine Minute später meldete Reuters: »Schröder – Bundespräsident soll so rasch wie möglich Neuwahl herbeiführen.«

»Das hat es noch nie gegeben, dass ein Kanzler sein Mandat den Wählern zurückgibt«, schrieb Bernd Ulrich wenig später in der »Zeit«, »weil er meint, nichts mehr für sie tun zu können, und weil er dem Land anderthalb verlorene Jahre nicht zumuten möchte.«[8] Doch die Niederlage der SPD in ihrem Stammland, wohl nur zu vergleichen mit einem Ende der CSU-Herrschaft in Bayern, war ein Einschnitt, auf den besonders zu reagieren war. Es offenbarte sich die normative Kraft des Mächtigen. Selbst Schröders Minister zeigten sich überwältigt, Familienministerin Schmidt war derart überrascht, dass sie zweifelte: Hatte Schröder das Gesagte ernst gemeint, oder hatte er sich versprochen? Schon regte sich erster Widerstand in der Koalition, deren Ende damit zu kommen schien. Der grüne Abgeordnete Werner Schulz fragte: »Wo steht im Grundgesetz, dass der SPD-Vorsitzende Neuwahlen ausrufen kann?« Dies war kaum zu beantworten, gleichwohl war klar: Mit der Ankündigung, Neuwahlen anzustreben, hatte der Bundestagswahlkampf begonnen. Jeder, der (wieder) in den Bundestag strebte, blickte nur noch auf den Wahlkampf. Die Regierung war fortan de facto nur noch geschäftsführend tätig. Vom Abend des 22. Mai an kämpfte jeder auf eigene Rechnung. Es galt das Motto: Rette sich, wer kann.

»Die größte Fehlentscheidung seit den Kriegskrediten«

»Neuwahlen! Kanzler will's wissen« – titelte die »Bild«-Zeitung am Tag nach dem Wahldebakel der SPD. Die Neuwahl solle über eine gescheiterte Vertrauensfrage und die Auflösung des Parlaments herbeigeführt werden, berichtete Regierungssprecher Béla Anda. Schröder habe, behauptete Anda, den Bundespräsidenten bereits vor Schließung der Wahllokale in NRW über seine Absicht informiert: Kanzler und Präsident hätten am Nachmittag des 22. Mai miteinander gesprochen. Dies aber entsprach nicht den Tatsachen.

Das SPD-Präsidium folgte einstimmig dem Antrag Münteferings auf Neuwahlen. Müntefering begründete das Vorhaben damit, es sei »fraglich gewesen, ob man in der Lage gewesen wäre, über 15 Monate den eigenen Laden zusammenzuhalten«.[9] Doch konnte man nicht ebenso auf eine Aufhellung der Konjunktur setzen? Sollte nicht zumal die Fußball-WM im Sommer 2006, kurz vor dem regulären Wahltermin, eine bessere Stimmung versprechen? Viele in der SPD dachten so, und mancher spekuliert noch heute: Was wäre gewesen, wenn ...? Thierse hängt diesen Gedanken bis heute nach, nicht zuletzt weil er um sein Amt als Bundestagspräsident (zu Recht) fürchtete. »Ich wandte mich gegen die Entscheidung einer Neuwahl des Bundestages, weil ich darin ein erhebliches Risiko für die SPD sah«, sagt Thierse. In dieser Situation »nun durchstarten zu wollen, hielt ich für geradezu abenteuerlich. Bis heute bin ich der Auffassung: Wir hätten bei einer regulären Wahl im Herbst 2006 von dem Rückgang der Arbeitslosigkeit und der positiven

Stimmung durch die Fußball-Weltmeisterschaft sicher profitiert.«[10] Thierse also wollte Politik durch Fußball ersetzen, er blieb aber in der Minderheit. Die Partei folgte ihrer Spitze und stimmte dem Neuwahlplan zu.

Am Nachmittag des 23. Mai suchten Schröder und Steinmeier Köhler auf. In diesem Gespräch, hieß es wenig später, habe Schröder seine Absicht einer Neuwahl erläutert und auf die knappe Kanzlermehrheit von nur drei Stimmen verwiesen. Der Kanzler berichtete, er sehe »ein erhöhtes Erpressungspotenzial in der Fraktion und in der Koalition« und seine Regierungsmehrheit sei »instabil«. Schröder erläuterte das angestrebte Verfahren einer Vertrauensfrage. Er vermutete, die unzuverlässigen Abgeordneten seiner Koalition würden ihm unter Umständen nicht das Misstrauen aussprechen, sodass er plane, seine Minister aufzufordern, sie mögen geschlossen gegen ihn stimmen.

Anders als beabsichtigt, sandten die linken Landesvorsitzenden in dieser Situation ihren zu einer Kursänderung auffordernden Brief an Schröder nicht ab. Wenige Stunden nachdem das Wort »Neuwahl« erstmals gefallen war, hieß es nun in ihren Reihen, mit der Agenda könne man keinen Wahlkampf bestreiten. Die von Schröder missachtete hessische SPD-Chefin Ypsilanti forderte ein »klares Signal für soziale Gerechtigkeit«. Andrea Nahles und Michael Müller äußerten sich ähnlich. Müller wollte zudem wissen, ob Schröder in seinem Gespräch mit Köhler von einem »erhöhten Erpressungspotenzial in der Fraktion und in der Koalition« gesprochen hatte. Müller führte die Parlamentarische Linke in der Fraktion und war Stellvertreter Münteferings; dieser Vorwurf also zielte auf die von ihm zu verantwortende Truppe. Die Linken aber setzten sich gegen den Verdacht zur Wehr, sie seien der Anlass für die Neuwahlentscheidung gewesen.

Zwei Tage nach der Neuwahl-Ankündigung kam es im SPD-Vorstand zu einem Schlagabtausch zwischen Schröder und den Linken, die nun – voraussichtlich wenige Monate vor einer Bundestagswahl – Korrekturen an der Agenda einforderten. »Gerd, wenn du schnell gehen willst, dann geh allein«, redete Andrea Nahles auf Schröder ein: »Wenn du weit gehen willst, dann geh mit den anderen zusammen.« Müntefering und Schröder aber wussten, wie man in Deutschland Wahlen gewinnt. Sie empfanden es als Zumutung, dass Teile der Partei, zumal aus der sozialdemokratischen Diaspora, ihnen diese Kenntnisse absprachen. Hatten sie ihr Wahlkampfgeschick nicht zweimal bewiesen? War nicht die SPD unter ihrer Führung zweimal stärkste Partei geworden? Müntefering und Schröder war klar, dass sie nicht mit der »Agenda pur« um Stimmen werben konnten. So versprachen sie, es werde »Ergänzungen« zur Agenda geben. Diese würden die Grundrichtung des Kurses aber nicht konterkarieren. Kurzum: Müntefering und Schröder kündigten an, die SPD werde im Wahlkampf wieder als Partei der sozialen Gerechtigkeit auftreten, möglicherweise gegen »Heuschrecken« polemisierend. In der Endphase, so viel war klar, werde man wieder die »rote Fahne« hissen, um die Stammklientel zu mobilisieren. Der Parteivorstand billigte die Entscheidung für Neuwahlen nach einer vierstündigen Diskussion bei einer Enthaltung und den Nein-Stimmen der beiden Partei-Linken Ulla Burchardt und Christoph Zöpel. Schröder sah deutlich: Auf die Fraktion, der beide angehörten, war wirklich kein Verlass.

Während Schröder im Gespräch mit den Fraktionsvorsitzenden Merkel (CDU/CSU), Wolfgang Gerhardt (FDP) sowie CSU-Landesgruppenchef Michael Glos der Opposition genug Zeit bis zur Neuwahl zusicherte, entfremdeten sich SPD und Grüne zusehends. Sie stritten über die Frage, welche Gesetze die Koalition noch anpacken solle. Joschka Fischer sprach stets distanziert von der Neuwahl. Er bezeichnete sie als eine »Entscheidung des Bundeskanzlers als Institution und als Person«. Fischer war enttäuscht. Er wusste, dass das »Projekt« Rot-Grün seinem Ende entgegenging. Er sah seine Tage im Auswärtigen Amt gezählt. Wie aber bloß sollten Deutschland, Europa und die Welt ohne Außenminister Joschka Fischer auskommen? SPD und Grüne lieferten sich in den kommenden Wochen weitere Gefechte, von einer gemeinsamen Regierungsarbeit war kaum noch etwas zu spüren. Die Grünen befanden sich fast ebenso stark in der Defensive wie die SPD. Fischer war durch die Visa-Affäre angeschlagen. Er trat in dieser Phase äußerst missmutig auf. Anders als im Jahre 2002 war klar, dass die Grünen ihren Zenit erreicht hatten – und die gemeinsame Regierung kaum abermals retten konnten. Die Visa-Affäre hatte schon die grünen Wahlkämpfer in Schleswig-Holstein und Nordrhein-Westfalen enorm belastet. So lieferte Fischer einen ganz persönlichen Beitrag zum vorzeitigen Scheitern des rot-grünen »Projekts«.

Weite Teile der SPD stimmten sich derweil auf den Gang in

die Opposition ein. Mit Hans-Jochen Vogel pries ein stets loyaler Parteisoldat, der selbst die SPD in der Opposition geführt hatte, bereits die damit verbundenen Aufgaben. Auf die Frage eines Journalisten des Deutschlandfunks, ob es der SPD möglicherweise guttue, sich bundespolitisch in der Opposition neu zu sammeln, antwortete Vogel ziemlich verzagt: »Also das würde ich nicht für das Nahziel erklären. Das Nahziel ist ein voller Einsatz in dem bevorstehenden Bundestagswahlkampf, und ich leugne auch nicht, dass es durchaus noch eine Chance gibt. Aber die Partei muss auch daran denken, dass sie in der Opposition eine wichtige Aufgabe für das Gemeinwesen hat.«[11] Die Demoskopen prognostizierten der SPD in dieser Phase teilweise Werte von 21 bis 25 Prozent, während der Union zuweilen gar eine absolute Mehrheit vorhergesagt wurde. Dies erschien reichlich absurd, wenngleich ein deutlicher Absturz der SPD der Stimmungslage entsprach. Bei der Europawahl im Jahr zuvor hatte sie auch gerade einmal 21 Prozent geholt. In dieser Phase begann Wasserhövel voller Arbeitseifer damit, den Wahlkampf vorzubereiten. Schröder und Müntefering segneten das Motto (»Vertrauen in Deutschland«) ab. Gleiches galt für das Konzept, das binnen weniger Tage entstanden war. Selbst in der Parteizentrale aber dominierte der Defätismus.

Etliche Sozialdemokraten attackierten derweil das ungeliebte Staatsoberhaupt. »Wir müssen langsam die Auseinandersetzung mit dem Bundespräsidenten suchen«, verlangte Michael Müller. Er verdächtigte das Umfeld des Bundespräsidenten der Indiskretion hinsichtlich des Gesprächs mit Schröder. Köhler streue »so gezielt Informationen, dass die vertrauensvolle Zusammenarbeit gefährdet ist«.[12] Müntefering versuchte erfolglos, Müller zu bremsen, der aber wiederholte seine Vorwürfe. Auch die beiden weiteren stellvertretenden Fraktionsvorsitzenden Ludwig Stiegler und Gernot Erler hetzten gegen Köhler. Münteferings Aufforderung, die Angriffe auf Köhler zu beenden, blieb wirkungslos. Müntefering räumte ein, seine Autorität sei »zumindest eingeschränkt, das ist ganz klar«.[13] Stiegler erklärte: »Herr Köhler ist leider parteipolitisch nicht so zurückhaltend wie alle seine Vorgänger.« Erler warf Köhler vor: »Das ist schon übelster politischer Stil, dass so gearbeitet wird mit versteckten Karten, ohne dass jemand genannt wird.« Der Sprecher des Seeheimer Kreises, Johannes Kahrs, legte in der ihm eigenen Lautstärke nach: »Köhler ist ein Präsident, der seiner Aufgabe nicht gewachsen ist und sein Amt mit Parteipolitik verwechselt.« Das Agieren Köhlers erweise sich als eine »Schmierenkomödie der billigsten Art – aber der Mann ist eben so.«[14] Als der unter Autoritätsverlust leidende Müntefering abermals erfolglos verlangt hatte, die Angriffe auf Köhler einzustellen, griff Schröder ein. »Ich habe volles Vertrauen in die Überparteilichkeit des Herrn Bundespräsidenten«, erklärte der Kanzler, um eine Befriedung der Lage bemüht. »Das gilt auch für die Wahrung der Vertraulichkeit unserer Gespräche.« Seine Parteifreunde mögen »andere Ansichten ... unverzüglich einstellen«.

»Flucht in den Kampf. Wie Schröder einem Putsch seiner Partei zuvorkam« – titelte der »Spiegel« Ende Mai 2005. Der Kanzler war erkennbar angegriffen, er vertraute kaum noch jemandem. In der mächtigen SPD-Landesgruppe NRW regte sich Widerstand gegen die Neuwahlen. Die Sozialdemokraten im einstigen Stammland befanden sich in einer tiefen Depression. Gerade hatten sie eine Wahl haushoch verloren – und nun sollten sie abermals einen Wahlkampf führen?

Die Partei war ohnehin über die Neuwahlentscheidung bestürzt. Andrea Nahles sprach intern gar von der »größten Fehlentscheidung seit dem Ja der SPD zu den Kriegskrediten«. Sie bemängelte, die SPD habe weder ein neues Programm noch neues Personal. Die vorgezogene Wahl bedrohe die SPD in ihrer Substanz als Volkspartei. Schröders Plan entspreche einem »Egotrip hoch drei«. Er wolle sich als der an der eigenen Partei gescheiterte Reformkanzler inszenieren: »Schröder verkauft die SPD, um selbst den sterbenden Schwan spielen zu können«, sagte Nahles nach der Neuwahlentscheidung. Schröder habe »befürchten müssen, dass die Fraktion das Ruder in die Hand nimmt und ihn zu Kurskorrekturen zwingt«, meint der linke SPD-Abgeordnete Barthel: »Insofern war sein Wort vom Erpressungspotenzial zutreffend. Genau aus diesem Grund hat er sich zu der Neuwahl entschieden – so blockte er diese Diskussion sogleich ab.«[15] Sein Fraktionskollege Röspel, auch er einst Initiator des Mitgliederbegehrens »Wir sind die Partei«, sagt bis heute: »Die Neuwahl des Bundestages war eine grandiose Fehlentscheidung. Längst zeichnete sich ein Aufschwung ab.«[16] Warum, fragten die Parteilinken, folgte Müntefering in dieser Frage dem Kanzler? Schröder nehme die SPD »in den Schwitzkasten«, hieß es, und Müntefering lasse dies zu. Diese Interpretation der Lage war originell. Schließlich hatte die SPD-Linke den Kanzler immer wieder »in den Schwitzkasten« genommen. Sie hatte doch längst dem Kanzler das Vertrauen entzogen. So wenig die Kritiker Schröders die Neuwahlen begrüßten, so unterstützten ihn die Reformer. Renate Schmidt etwa verteidigt die Entscheidung bis heute ohne jeden Zweifel: »Wir waren doch schon vor der Wahl in Nordrhein-Westfalen in weiten Teilen gelähmt. Ohne die Neuwahl wäre es uns 2006 nicht gelungen, die große Koalition zu erreichen. Wir wären mit Aplomb in der Opposition gelandet.«[17]

Intern hatte die SPD-Spitze debattiert, in welcher Form Schröder die Vertrauensfrage stellen solle. Wollte er sie als »einfache« Vertrauensfrage formulieren oder – wie schon bei dem Afghanistan-Einsatz im Jahre 2001 – mit einer Sachfrage verknüpfen? Gerüchte machten die Runde, Schröder plane eine Verkopplung mit der Unternehmenssteuerreform, die bei der SPD-Linken so unbeliebt war, dass das erwünschte Scheitern der V-Frage absehbar gewesen wäre. Schon vor der Wahl in NRW hatte Schröder dafür plädiert, die Vertrauensfrage mit einem Votum über die Agenda 2010 zu verbinden. Müntefering aber sah darin die Gefahr einer Zerrissenheit der Fraktion – und damit ein Problem für den Wahlkampf. So wurde entschieden, dass Schröder eine »einfache« Vertrauensfrage im Bundestag stellte. Müntefering »lud« die Abgeordneten dazu ein, sich bei der Vertrauensfrage zu enthalten. Man könne, so das gewagte Konstrukt Münteferings, Schröder »auch dadurch das Vertrauen aussprechen, dass man sich bei der Vertrauensfrage enthält«. Der Fraktionsvorstand billigte dieses Vorhaben bei vier Gegenstimmen. Der Ukas verwirrte und verärgerte viele SPD-Abgeordnete. Einige stellten sogleich klar, sie blieben bei ihrem Ja. Sie argumentierten, stets Schröder vertraut zu haben und dies nun deutlich signalisieren zu wollen. Indem sie also Schröder ihr Vertrauen aussprechen wollten, wandten sie sich gegen die Fraktionsspitze. Die Uhren in der Sozialdemokratie tickten im Sommer 2005 ziemlich verkehrt.

Schröder selbst kündigte an, sich enthalten zu wollen. Ebenso sollten sich die Minister mit Bundestagsmandat verhalten. Wenige Tage vor der Abstimmung behauptete Müntefering, dass »Gerhard Schröder als Bundeskanzler das Vertrauen der SPD-Bundestagsfraktion hat«. Das zeigte einen offenen Dissens zwischen Schröder und Müntefering. Zudem offenbarte es einen Widerspruch zu Münteferings vorherigen internen Äußerungen. Die Wortmeldung war kaum nachvollziehbar. Vielleicht wollte der ehrpusselige Müntefering schlicht ausdrücken, dass ein Ende der Kanzlerschaft Schröders nicht an seiner mangelnden Autorität liege. Fehlendes Vertrauen der SPD-Abgeordneten in ihren Kanzler hätte natürlich ein mindestens ebenso großes Misstrauen in ihren Fraktionsvorsitzenden offenbart. Müntefering jedenfalls irritierte seine Partei – zumal der grüne Abgeordnete Schulz bereits fünf Tage nach der NRW-Wahl eine Verfassungsbeschwerde gegen eine Neuwahlentscheidung angekündigt hatte. Musste Köhler den Hinweis Münteferings nicht als Beleg verwenden, um die angestrebten Neuwahlen zu verhindern?

Der zweite Händedruck

Oskar Lafontaine verkündete am 24. Mai 2005, nach zahlreichen öffentlichen Ankündigungen, seinen Austritt aus der SPD. Er hatte auf die Wahlniederlage seiner Partei gesetzt und in solch einer Situation die Chance gesehen, die Regierung und den Kanzler zu einem Kurswechsel zu zwingen. Die Neuwahlentscheidung aber vereitelte Lafontaines Chance, innerhalb der SPD auf Rache zu sinnen. So war es durchaus konsequent, wenn Lafontaine nun verkündete: »Wenn die SPD mit Hartz IV und der Agenda 2010 in die Bundestagswahl geht, kann ich sie nicht mehr unterstützen. Das heißt also, meine Mitgliedschaft ist beendet.« Sogleich zeigte Lafontaine seine Bereitschaft, sich in dem geplanten Linksbündnis aus PDS und WASG zu engagieren und auf einer gemeinsamen Liste gegen die SPD anzutreten. Zuvor hatte SPD-Generalsekretär Benneter Lafontaine – nach neuerlichen Attacken in dessen Kolumne in der »Bild«-Zeitung – zum Austritt aus der SPD aufgefordert. In der Erklärung Benneters hieß es in verzweifelter Form: »Oskar, geh jetzt! Oskar, hör auf mit dem eitlen Rumgerede! Oskar, hör auf, der SPD zu schaden! Oskar, sei ehrlich: Geh jetzt!« Längst versuchten viele in der SPD, Lafontaine zu ignorieren. Am stärksten geriet noch der frühere SPD-Vorsitzende Hans-Jochen Vogel in Wallung, wurde er mit Lafontaines Namen konfrontiert. Von »Revanchebedürfnissen« und »Egozentrik« sprach Vogel dann mit bebender Stimme und davon, dass Lafontaine den Parteivorsitz »wie ein dreckiges

Hemd weggeworfen« habe. Lafontaines Namen aber versuchte Vogel zu vermeiden. Wurde Vogel eine entsprechende Frage gestellt, leitete er seine Antwort stets ein mit den Worten: »Der von Ihnen eben genannte …« Die SPD-Linke war von Lafontaines Parteiaustritt entsetzt. Der Abgeordnete Schreiner macht dafür bis heute die SPD-Führung und Müntefering persönlich verantwortlich. Die SPD habe den Wechsel Lafontaines zur Linkspartei verhindern können, wenn sie gewollt hätte, argumentiert Schreiner: »Franz Müntefering hat es versäumt, mit Lafontaine zu reden. Dieses Gespräch zu verweigern, entsprang einer extrem bornierten Haltung. Mit einem Angebot an Lafontaine, etwa EU-Kommissar oder deutscher Botschafter in Paris zu werden, hätte man ihn in der SPD halten können. Dies hätte den Erfolg der Linkspartei deutlich begrenzt.«[18]

Der langjährige PDS-Vorsitzende Lothar Bisky, Gregor Gysi und ihr neuer Genosse Lafontaine ließen keinen Zweifel, dass sie auf einen Erfolg ihres historisch verbrämten Projekts setzten. Auf die Neuwahlankündigung Schröders reagierten sie schnell, die organisatorischen Voraussetzungen für die Kandidatur bei der Bundestagswahl wurden sogleich getroffen. Mit der WASG, die sich erst im Januar als Partei konstituiert hatte, verabredete die Linkspartei, nicht in Konkurrenz um Wähler zu treten. Dies war auf Landesebene zuvor durchaus geschehen und kam auch noch nach der Bundestagswahl vor, etwa in Berlin. Bei der nordrhein-westfälischen Landtagswahl waren PDS und WASG separat angetreten. Mit einem Ergebnis von 0,9 beziehungsweise 2,2 Prozent hatte sich das getrennte Marschieren als schwerer Fehler erwiesen. Im Jahr darauf scheiterte die WASG bei ihrer Kandidatur zur Wahl des Berliner Abgeordnetenhauses.

»Nichts ist mächtiger als eine Idee, deren Zeit gekommen ist« – mit diesem Zitat Victor Hugos zog Lafontaine, reichlich pathetisch, für seine neue Partei in den Bundestagswahlkampf. Immer wieder war die Rede davon, zwischen den beiden Partnern, alter PDS und junger WASG, klaffe ein tiefer Graben, ja, jenem Bündnis wohne eine Sprengkraft inne. In der Tat hatte die WASG enttäuschte einstige PDS-Mitglieder aufgenommen. Zudem beteiligte sie sich an Protesten gegen Sparmaßnahmen der rot-roten Landesregierungen in Berlin und Mecklenburg-Vorpommern. Zwischen den Vertretern beider Parteien existierten Querelen und gegenseitige Abneigungen, weshalb die Fusion für die Zeit nach der Bundestagswahl avisiert wurde. Nun aber galt es, auf dem Weg zur Bundestagswahl ein Wahlbündnis zu schmieden. Die gemeinsamen Gegner – mehr der Reformer Schröder als die »neoliberale« Merkel – erleichterten dies. Gemeinsam gelang es dem bunten Mix von grauen SED-Altkadern, langjährigen DKP-Mitgliedern, ostdeutschen PDS-Reformern und enttäuschten ehemaligen Sozialdemokraten eine Lücke im deutschen Parteiensystem zu schließen. »Bei uns gibt es noch viele, die vor euch Angst haben«, rief der WASG-Initiator Klaus Ernst seinen Mitstreitern von der PDS zu: »Aber deswegen müsst ihr doch nicht Angst vor uns haben.« Gemeinsam bewältigten alte PDS und neue WASG ihre Angst. Mit ihrem Bündnis schufen sie so etwas wie eine westeuropäische Normalität.

Alle Akteure wussten, zumal nach dem Scheitern der PDS bei der Bundestagswahl 2002, dass es nun auf einen Erfolg ankäme. Die Wut der »Montagsdemonstranten« und die demagogische Kraft Lafontaines, gepaart mit den Strukturen der PDS, unterstützt von weiten Teilen der Gewerkschaften, machten den ersehnten Erfolg möglich. Schröders Agenda 2010 und das zum Kampfbegriff mutierte Etikett »Hartz IV« hatten dabei ihren kaum zu überschätzenden Anteil. Die WASG blieb zwar vorerst als eigenständige Partei erhalten, verzichtete aber auf eine eigene Kandidatur. Die Linkspartei wiederum nominierte Vertreter der WASG auf ihre Landeslisten zur Bundestagswahl. Mit dieser Konstruktion wollten beide Parteien die institutionelle Hürde des Wahlsystems, die Fünf-Prozent-Sperrklausel, überspringen. Gysi und Lafontaine übernahmen gemeinsam die Spitzenkandidatur. Der absehbare Erfolg bei der Bundestagswahl 2005 wiederum sollte die Grundlage für die Fusion von Linkspartei und WASG im Juni 2007 zur Partei Die Linke schaffen. Die Aufteilung des Vorsitzes auf das einstige SED-Mitglied Bisky und den früheren SPD-Vorsitzenden Lafontaine entsprach Kräfteverhältnissen und Parteigeschichte.

Die Szene atmete Symbolik und war mit Bedacht gewählt: Nach seiner Rede auf dem Wahlparteitag der Linkspartei im August 2005 eilte der ehemalige SPD-Vorsitzende Oskar Lafontaine dem einstigen SED-Bezirkschef Hans Modrow hinterher. In seiner Rede hatte Lafontaine den Ehrenvorsitzenden der Linkspartei als einen »alten Partner« gelobt. Nun trat er ihm gegenüber, und die beiden Männer tauschten einen Bruderkuss aus. Fast sechs Jahrzehnte nach der Vereinigung von KPD und SPD zur SED, nach dem Händedruck durch Wilhelm Pieck und Otto Grotewohl, wollte sich die Linkspartei inszenieren als gemeinsame Kraft von Kommunisten und Sozialdemokraten. Als Sozialdemokrat schließlich bezeichnete sich Lafontaine weiterhin, er beanspruchte in der ihm eigenen Bescheidenheit, ein »wahrer« Sozialdemokrat zu sein – anders als Schröder, Müntefering und die SPD-Führungsleute. So albern und überzogen diese Masche war: Der Bruderkuss des Jahres 2005 wurde in der SPD beklommen und in der Linkspartei mit tiefer Genugtuung wahrgenommen. »Seit der Gründung der USPD ... als Gegenkraft zu einer kriegsbejahenden Mehrheits-SPD hat es das in diesem Lande nicht mehr gegeben: eine starke Linke jenseits von KPD und SPD«, schwärmte der intellektuelle Kopf der PDS, Michael Brie.[19]

Vertrauen qua Misstrauen

»Mehr Demokratie wagen« – mit diesem Wort aus seiner Regierungserklärung von 1972 hatte Willy Brandt Geschichte geschrieben. Jenes Wort stammte aus dem Manuskript seines Redenschreibers Klaus Harpprecht. Ein Dritteljahrhundert später formulierte der inzwischen 78-jährige Harpprecht auf Bitten Schröders einen Entwurf für dessen Rede zur Begründung der Vertrauensfrage. Kämpferisch und ohne jeden Hauch eines Abschieds sollte die Rede erscheinen, lautete der Auftrag an Harpprecht. Sein Manuskript erfüllte zwar alle hohen Ansprüche an Sprache und Stil. Doch den Ton hatte Harpprecht im fernen Südfrankreich nicht getroffen. Die Rede sollte die Situation, nicht aber das Scheitern Schröders beschreiben. Außerdem durfte sie die Partei nicht in Lethargie entlassen. Sie hatte zu berücksichtigen, dass Schröder trotz allem abermals als Spitzenkandidat seiner Partei antreten wollte. Die Regierungserklärung musste also gewissermaßen aus zwei Ansprachen bestehen. Die Rede wurde zunächst von Steg und Steinmeier, später von Schröder selbst einem Feinschliff unterzogen. Für das Manuskript galt, was für die Vertrauensfrage am 1. Juli und die Zeit danach galt: Schröder wollte die Macht über den Fortgang der Ereignisse in der Hand behalten. Er setzte auf Instinkt und Intuition.

Inzwischen hatte sich herausgestellt, dass Angela Merkel die Kanzlerkandidatin der CDU/CSU war. Kurz vor seiner Regierungserklärung suchte Schröder mehr aus formalen Gründen denn aus Überzeugung die Grünen-Fraktion auf. Keine zehn Minuten lang erläuterte er hier unmittelbar vor Beginn der Plenarsitzung die Gründe für seinen Wunsch nach Neuwahlen. Schröder wusste, dass es sich um einen Abschiedsbesuch handelte. Von Wehmut aber ließ er bei dieser Zusammenkunft nichts spüren. Längst verband die beiden Koalitionspartner eine gegenseitige Abneigung. Manch ein Grüner erinnerte sich an den Wahlkampf 1998: Hatte Schröder nicht damals voll auf eine große Koalition gesetzt? Hatte er nicht viel eher in Volker Rühe als in Joschka Fischer einen Partner gesehen?

Zur Begründung seiner Vertrauensfrage trat der Bundeskanzler kämpferisch auf. Er erschien viel stärker als etwa bei seiner Agenda-Rede gut zwei Jahre zuvor. Schröder hielt, im Beisein seiner Mutter Erika Vosseler auf der Besuchertribüne, eine seiner besten Bundestagsreden. Der Kanzler sagte, er habe ein »ganz unmissverständliches Ziel« – nämlich dem Bundespräsidenten die Auflösung des Bundestages und die Anordnung von Neuwahlen vorzuschlagen. Schröder verwies auf den Ausgang der Landtagswahl in NRW. Dieser habe »negative Auswirkungen für die Handlungsfähigkeit« der von ihm geführten Regierung: »Die Agenda 2010 mit ihren Konsequenzen schien zum wiederholten Male ursächlich für ein Votum der Wählerinnen und Wähler gegen meine Partei. Wenn diese Agenda fortgesetzt und weiterentwickelt werden soll – und das muss sie –, ist eine Legitimation durch Wahlen unverzichtbar.«

Die Agenda 2010 habe zu Streit in den Parteien und zu inneren Spannungen wie Konflikten innerhalb der Regierungsfraktionen geführt, argumentierte Schröder. Die SPD habe darunter besonders gelitten und einen hohen Preis gezahlt. Es gehe bei diesem internen Streit »um die Frage, ob die Reformen der Agenda 2010 überhaupt notwendig sind oder ob sie nicht gar zurückgenommen werden sollten«. SPD-Mitglieder drohten, sich einer linkspopulistischen Partei anzuschließen, hob Schröder hervor und ergänzte, »an die Spitze jener Partei hat sich ein ehemaliger SPD-Vorsitzender gestellt«. Zu seinen eigenen Überlegungen am Tag der Düsseldorfer Landtagswahl sagte er: »Am 22. Mai lag die Frage offen auf dem Tisch, ob bei diesem Wahlausgang eine volle Handlungsfähigkeit für mich und meine Politik noch gegeben war ...« Die Koalition besitze nur noch eine Mehrheit von drei Stimmen, sagte Schröder. Dabei seien längst »vermehrt abweichende, jedenfalls die Mehrheit gefährdende Stimmen laut geworden«. Die Bundesratsmehrheit übe sich derweil in »destruktiver Blockadehaltung«. Schröder benannte mit dem EU-Beitritt der Türkei sowie den Beziehungen zu Russland und China koalitionsintern umstrittene Themen. Er verwies also auf der einen Seite auf außenpolitische Fragestellungen, betonte aber auf der anderen Seite, ganz auf die Innenpolitik gemünzt: »Die Reformen dulden keinen Aufschub.« Wollte er zum absehbaren Ende der gemeinsamen Koalition mit der Auflistung der außenpolitischen Themen die Grünen und deren Gesinnungsethiker ein wenig vorführen? Provozieren ließen sich die Abgeordneten der Koalition jedenfalls nicht. SPD und Grüne erhoben sich nach der Rede und erwiesen somit dem Kanzler ihren Respekt und ihr Vertrauen.

In weit schlechterer Verfassung als Schröder trat eine Frau ans Rednerpult, die doch eigentlich aufgeräumter und viel besserer Gemütslage sein müsste als der Kanzler: Angela Merkel. Der Oppositionsführerin unterliefen in ihrer Antwort auf Schröder zwei amüsante Versprecher. Merkel sprach so eingangs von »quälenden Auseinandersetzungen aus Gründen rot-grüner Handlungsfähigkeit« – und meinte doch die rot-grüne Handlungs*un*fähigkeit. Sie lobte die Agenda, anders als direkt nach deren Verkündung, als »richtigen Schritt in die richtige Richtung«. Merkel warf Schröder vor, den Bürgern nicht die Notwendigkeit der Reformen erklärt zu haben. Dadurch blieben diese Reformen »Stückwerk«. Merkel redete das Wort für eine »Politik, bei der Arbeit unbedingte Vorfahrt hat«. Außerdem versprach sie unter einer von ihr geführten Regierung klare Reformmaßnahmen. »Ich sage Ihnen, dass wir eine Politik machen werden, mit der wir die soziale Marktwirtschaft so erneuern wollen, dass ...« – an dieser Stelle rief Müntefering dazwischen: »Nichts übrig bleibt« – »... wir die Chancen für die Zukunft des Landes schaffen.« Merkel kündigte an, mit »klaren Verhältnissen im Bundestag und im Bundesrat durchregieren« zu wollen. Sie sprach von »Politik aus einem Guss«, begleitet von ständigen Zwischenrufen aus den Regierungsfraktionen. Zum Ende ihrer Rede unterlief ihr der zweite Fehler, den Merkel heute als politische Weitsicht verkaufen könnte. Rot-Grün und die PDS dürften dieses Land nicht regieren, sagte sie. »CDU und CSU gemeinsam mit der

SPD«, verhaspelte sich Merkel, um sodann neu anzusetzen: »CDU und CSU gemeinsam mit der FDP – ich sage es noch einmal für alle verständlich –, wir können, wir müssen und wir wollen Verantwortung für unser Land übernehmen.«

Müntefering ersparte es Merkel nicht, auf diese offenkundige Freud'sche Fehlleistung einzugehen. Wenn sie das Wortprotokoll ihrer Rede redigiere, müsse sie »mindestens an einer Stelle aufpassen, wo Sie etwas über potenzielle Koalitionspartner gesagt haben«. Müntefering appellierte an die Oppositionsführerin: »Stellen Sie das klar! Das vermasselt mir den ganzen Wahlkampf, wenn nicht klargestellt wird, was Sie dazu sagen.« Der SPD-Fraktionsvorsitzende attackierte seine Kollegin mit heftigen Worten: »Frau Merkel, Sie sind keine Reformpolitikerin. Sie sind da nicht besser als Ihr Vorbild Helmut Kohl.« Müntefering rief in den Saal: »Mit Ihnen, Frau Merkel, wird es kalt in Deutschland. … Frau Merkel, Sie werden sich nicht verstecken können. Rüttgern geht in Berlin nicht.« Inhaltlich mochte Müntefering sich zu der Vertrauensfrage kaum äußern. Er sagte, bereits nach der missglückten Wahl Heide Simonis', also schon vor der Landtagswahl in Nordrhein-Westfalen, habe er »Sorge gehabt um die Handlungsfähigkeit meiner Partei und Fraktion und damit letztlich der Bundesregierung«. Seine Äußerung, die Fraktion stehe hinter Schröder, wiederholte er ebenso wenig, wie er des Kanzlers prägnantes Wort von der »Erpressbarkeit« verwandte.

Mit einer rhetorischen Glanzleistung übte sich Joschka Fischer – von Schröders Plänen zerknirscht – in Häme über Merkel. Der Außenminister hielt der Kanzlerkandidatin vor, mit ihren guten Umfragewerten komme sie ihm vor »wie ein wunderbar anzuschauendes Soufflé im Ofen … Wir werden sehen, was von der Größe in den letzten drei Wochen tatsächlich übrig bleibt, wenn der Souverän da hineinpiekst.« Fischer ließ erkennen, wie wenig er von dem Neuwahl-Projekt hielt. Seine Fraktion habe sich gewünscht, den Wählerauftrag voll zu erfüllen, argumentierte Fischer, um doch Loyalität gegenüber Schröder walten zu lassen. Schröder war von der kämpferischen Rede Fischers bei allen aktuellen Vorbehalten begeistert. Der Kanzler bewunderte die Kampfkraft und die rhetorische Brillanz seines Außenministers in der Debatte. Und so versprach er den eigenen Abgeordneten in der Fraktionssitzung nach der Vertrauensfrage seinen vollen Einsatz im Wahlkampf: »Ich komme in eure Wahlkreise und mach euch den Fischer!«

Um kurz nach elf Uhr war Schröder am Ziel: Mit 151 Ja-Stimmen, 296 Nein-Stimmen und 148 Enthaltungen hatte er die Vertrauensfrage verloren.[20] Dabei waren die Ja-Stimmen in den Plänen Münteferings nicht vorgesehen gewesen. Die Abgeordneten der Koalition sollten schließlich Schröder das Vertrauen aussprechen, indem sie es ihm ausdrücklich – durch Enthaltung – verweigerten. 151 Bundestagabgeordnete aber, 105 aus der SPD-Fraktion und 46 der Grünen, sprachen dem Kanzler mit einem klaren »Ja« ganz direkt und ohne Umwege das Vertrauen aus. Ausgerechnet die Mehrheit der »Abweichler«, die Schröder zu jener Vertrauensfrage genötigt hatten, stimmte nun derart für ihn.[21] Damit täuschten sie ihr Vertrauen in Schröder vor, wollten sie doch nicht als Sündenböcke einer abgewählten Regierung herhalten. »Die härtesten Gegner des Kanzlers in der eigenen Fraktion versicherten ihm ihr uneingeschränktes Vertrauen«, zeigte sich Peter Glotz irritiert.[22] Union, FDP und die Fraktionslosen stimmten geschlossen mit »Nein« – so wie die Opposition schon bei den Vertrauensfragen 1972 und 1982 im Bundestag gestimmt hatte. Ein »Ja« zu dem jeweiligen Kanzler war der Opposition nicht möglich. Das Enfant terrible der SPD-Fraktion, Sigrid Skarpelis-Sperk, war der Abstimmung fern geblieben. Sie halte Schröders Vorgehen für »verfassungsrechtlich problematisch«, gab sie in einer Persönlichen Erklärung zu Protokoll. Nicht erschienen waren ebenso die SPD-Abgeordneten Herta Däubler-Gmelin und Uwe Küster sowie der Grüne Werner Schulz.

Oppositionswahlkampf in Regierungsverantwortung

Obwohl der Bundespräsident noch längst nicht den Bundestag aufgelöst hatte, begann einer der merkwürdigsten Wahlkämpfe der deutschen Geschichte. Dabei führten die Sozialdemokraten, die nunmehr fast sieben Jahre das Land regierten und den Kanzler stellten, als Regierungspartei einen Oppositionswahlkampf. Der amtierende Bundeskanzler regierte einerseits nach bekanntem Stil, seine Reformpolitik verteidigend – und führte andererseits eine nahezu klassenkämpferische Kampagne. Schröder wünschte sich eine Bestätigung der Agenda 2010 durch das Volk und konterkarierte sogleich seine eigene Reformpolitik. Wieder einmal hatte sich Gerhard Schröder für eine Operation am offenen Herzen entschieden.

Die SPD setzte im Wahlkampf voll auf die Person Schröders, um mit dessen Autorität zu punkten. Sie inszenierte Schröder als Garanten von Führungsqualität und Krisenfestigkeit. Zudem entwickelten die Sozialdemokraten eine Kampagne gegen »Schwarz-Gelb«. Sie kehrten also ihre Rollen um. Die Regierungspartei SPD führte einen Angriffswahlkampf gegen die oppositionelle Union und die FDP. Diese wiederum erweckten den Eindruck, als seien sie längst als gemeinsame Regierung vom Volke gewählt. Die CDU hielt einen Parteitag ab, der als eine Krönungsmesse Merkels inszeniert war. Dies wirkte bildlich und kommunikativ so, als sei die Wahl längst entschieden. Union und FDP waren derart besoffen selbstbewusst, dass der sozialdemokratische Oppositionswahlkampf funktionierte. Der SPD fiel es leicht, sich von der Union und deren Kanzlerkandidatin abzusetzen, während diese ihren demoskopischen Höhenflug fortsetzte. CDU/CSU wurden in den Umfragen stets bei über 40 Prozent taxiert, zuweilen war von einer absoluten Mehrheit die Rede. Derweil dümpelte die SPD nach den Erkenntnissen der Meinungsforscher bei einer Zustimmung von unter 30 Prozent. Schröder zog in eine Wahl ohne eine erkennbare Machtperspektive.

Die SPD trat mit einem »Wahlmanifest« an; Schröder bezeichnete dieses als »Regierungsprogramm«. Müntefering hielt den Begriff »Wahlmanifest« sprachlich für aktiver als ein statisch erscheinendes »Regierungsprogramm« oder eine »Plattform«. Zusammen mit Wasserhövel verfasste er das Manifest als ein klar formuliertes, komprimiertes Papier. Müntefering schrieb das Eingangskapitel daheim auf seiner »Erika«. Er wollte schließlich kein »Gremienpapier«, in dem sich viele Menschen mit allerlei Spiegelstrichen austobten. Gleichwohl legte der Parteivorstand noch Hand an. Sozialer Fortschritt, Linie der Vernunft, Wohlstand für alle – so lauteten die Schlagworte des Wahlmanifests, das sich für kostenfreie Kindergartenplätze, eine Angleichung des Arbeitslosengeldes II in Ost und West sowie ein Elterngeld aussprach. Die Linken in der SPD, die nun immer wieder höflich im Kanzleramt empfangen wurden, waren vom »Wahlmanifest« begeistert. Selbst jene, die Schröder beinahe um sein Amt gebracht hatte, bewarben sich wieder um einen Sitz im Parlament. »Für mich war es keine Frage, ob ich 2005 noch einmal für den Bundestag kandidiere«, sagt etwa Klaus Barthel. Er habe schließlich »ein dickes Fell« und eine »langfristige Perspektive stets im Blick«. Sogleich weist er darauf hin, die meisten seiner Ortsvereine rund um seine Heimat Kochel am See hätten keine Schröder-Plakate mehr geklebt.[23] Dennoch gelang dem Willy-Brandt-Haus das Ziel einer Mobilisierung der Partei, massenhaft wurde das »Wahlmanifest« nachgedruckt. Kurt Beck und Klaus Wowereit, zwei der fünf letzten sozialdemokratischen Regierungschefs in den Ländern, hingegen fragten intern: Wer soll denn bitte all diese Versprechen bezahlen? Sie fürchteten Zusagen auf Kosten Dritter, nämlich der eigenen Landeskasse und der der Kommunen.

Das Wahlmanifest enthielt ferner die Forderung nach Mindestlöhnen – zum Verdruss Clements. Daneben setzten die Linken den Ruf nach einer Reichensteuer durch. Dabei hatte erst jüngst die dritte Stufe der Steuerreform gegriffen, die den Spitzensteuersatz sinken ließ. Darum aber ging es nicht mehr, nun waren Symbolik und Abgrenzung gefragt. Clement und Eichel mochten verärgert sein, das Willy-Brandt-Haus aber fuhr die Kampagne »wir oder die«. Das »neoliberale Modell« wurde ebenso abgelehnt wie eine zu starke Anpassung an die USA.

Die Forderung der SPD-Linken nach Korrekturen der Hartz-Gesetze wurde nicht in das Wahlmanifest aufgenommen. Gleiches galt für eine Steuer auf Veräußerungsgewinne. Integriert wurde dafür die Forderung nach einem Elterngeld, wenn auch gegen den starken Widerstand von Müntefering und Wasserhövel. Sie argumentierten, das Elterngeld widerspreche der sozialdemokratischen Position, nicht mehr auf Transferzahlungen zu setzen, sondern allein auf eine verbesserte Infrastruktur. Vor allem aber hielten sie das Elterngeld zu sehr für ein Projekt zugunsten von »Mittelschichtsmüttern«. Längst aber waren weite Teile der SPD davon überzeugt, dass zusätzliche Leistungen für »Prekariats«-Eltern nicht unbedingt deren Kindern zugute kommen. Das Elterngeld hingegen, im Jahre 1985 erstmals von der oppositionellen Abgeordneten Renate Schmidt im Bundestag beantragt, setzte auf eine Förderung von Müttern und Vätern, die einer regulären Arbeit nachgingen und durchschnittlich verdienten. Kanzleramtschef Frank-Walter Steinmeier war ein überzeugter Anhänger dieses Projekts. Er setzte das Elterngeld gewissermaßen in letzter Minute durch.

»Für die Bürgerversicherung. Gegen die Kopfpauschale«, »Für den Frieden. Gegen blinde Gefolgschaft« – mit diesen Parolen auf ihren Plakaten zog die SPD in den Wahlkampf. In der Endphase zeigte man zudem ein Konterfei Schröders mit der Botschaft »Kraftvoll. Mutig. Menschlich«. Im Wahlkampf der SPD herrschte durchweg eine Rhetorik, die mit der eigenen Reformpolitik wenig zu tun hatte. Daneben machten die Parteilinken weiter mobil gegen die Agenda, etwa wenn Andrea Nahles im »Spiegel« verkündete: »Für die Agenda kriegen wir vielleicht irgendwann einmal den Ehrenpreis für aufrichtige Reformen, doch eine Wahl gewinnen wir so nicht.« Gefragt sei nun »eine andere Finanz- und Wirtschaftspolitik«, bei der die SPD »mehr Einnahmen organisieren« müsse.[24] Egon Bahr, der für seine Partei manchen Wahlkampf organisiert hatte, rief nach Maßnahmen, »bei denen die Reichen schreien«.[25] Der Juso-Vorsitzende Böhning blickte schon im Wahlkampf drohend auf die Zeit danach: »Wir werden uns nach der Wahl entscheiden müssen, was wir künftig sein wollen, entweder Volkspartei oder 28-Prozent-Partei.«[26]

Anders als noch im Bundestagswahlkampf 2002 kam es nun, ohne jede Machtperspektive, zu keinem rot-grünen Wahlkampf. Weder SPD noch Grüne nahmen auf den Koalitionspartner Rücksicht. Es gab keine gemeinsame Strategie mehr. Besonders Kurt Beck und Sigmar Gabriel polemisierten gegen die Grünen. Sie stilisierten die Grünen zu Arbeitsplatz vernichtenden Ökofundamentalisten. Die Grünen wiederum warnten vor einer großen Koalition. »Wer Rot-Grün will, muss Grün wählen«, hatten sie im Jahre 2002 plakatiert. Nun hieß es bei ihnen: »Wer Merkel nicht will, darf nicht SPD wählen.« SPD wie Grüne wussten in jeder Phase des Wahlkampfes: Zu einer gemeinsamen Mehrheit wird es nicht mehr reichen. Die SPD spielte, verunsichert wie sie war, nicht mehr auf Sieg.

Wenn Schröder intern über die Agenda sprach, bemühte er sein einstiges Lieblingswort von den »Nachbesserungen«, wandte sich aber gegen jede generelle Abkehr. Sein Duell mit Angela Merkel umschrieb er, diesmal gehe es – anders als 2002 – nicht um die Frage »er oder sie?«, sondern darum, wer die notwendige »Härte, Entschiedenheit, Standfestigkeit« besitze. Ein bisschen Macho-Gehabe musste schon sein, wenn Schröder von einer Frau herausgefordert wurde. Mit Merkel drohe ein »radikal unsoziales Land«, schrieb Schröder in einem Brief an das Wahlvolk. In dieser

Phase stellte Merkels einstiger Gegenspieler Stoiber öffentlich fest, Merkel müsse bei der Wahl mindestens ein Ergebnis von »42 bis 45 Prozent« holen; Stoiber selbst hatte im Jahre 2002 38,5 Prozent erzielt. Merkels Umgebung fluchte auf Stoiber, der seinerseits mit weiteren Entgleisungen Aufmerksamkeit erzielte. Er akzeptiere nicht, rief Stoiber bei einem Bierzelt-Auftritt im bayerischen Deggendorf, »dass der Osten bestimmt, wer in Deutschland Kanzler wird. Die Frustrierten dürfen nicht über Deutschlands Zukunft bestimmen.«[27] Leider habe man in Deutschland »nicht überall so kluge Bevölkerungsteile wie in Bayern«, konstatierte der CSU-Vorsitzende zudem. Stoiber hatte seine Niederlage 2002 offenkundig nicht verdaut, argumentierte er doch gar, in den alten Ländern hätte er die Wahl damals gewonnen. Die Rede Stoibers wurde von einem lokalen Radiosender ausgestrahlt, seine Attacke gegen »die Frustrierten im Osten« verbreitete sich über das Internet – und wurde in der heißen Wahlkampfphase fast so populär wie später Stoibers »Transrapid-Rede«. Merkel schäumte vor Wut. Sie nannte Stoibers Wählerbeschimpfung »das Falscheste, was wir brauchen« – während Schröder sich an dem gefundenen Fressen delektierte und Stoiber vorwarf, er schade der Einheit Deutschlands.

Während Merkel mit den Ungeschicklichkeiten ihres »Schatten-Finanzministers« Paul Kirchhof erstmals in die Defensive geriet, witterte Schröder Morgenluft. Kirchhof, der sich als größter Fehlgriff Merkels erweisen sollte, hatte öffentlich angekündigt: »Alle 418 Subventionen und Ausnahmezustände im Einkommens- und Körperschaftssteuerrecht werden so weit als möglich abgeschafft.«[28] Er weigerte sich jedoch, diese beabsichtigte Streich- oder »Giftliste« vorzulegen. Beim SPD-Wahlparteitag, wieder einmal im Berliner Estrel-Hotel, wirkte Schröder zu Beginn seiner Rede fahrig. Mit der Außenpolitik vermochte er nicht mehr zu punkten. Als er sich aber der Innenpolitik zuwandte, geriet jeder Satz zu einem Treffer. Schröder präsentierte eine geradezu unglaubliche Performance. Immer wieder löste er sich vom Manuskript. Als der Kanzler Kirchhof und dessen Steuerpläne attackierte, war Schröder ganz bei sich. Er stellte den früheren Verfassungsrichter, der sich auf der politischen Bühne reichlich trottelig bewegte, als einen kalten Zahlenmann dar, der den Sozialstaat abzuschaffen gedenke. Schröder karikierte Kirchhof in seiner eineinhalbstündigen Rede als »Professor aus Heidelberg«, als »Mann der Kälte« und »merkwürdige Gestalt«. Fortan waren Kirchhof und der CDU-Finanzexperte Friedrich Merz neben Merkel und Westerwelle die Lieblingsfeinde der SPD, gegen die sich bequem Front machen ließ. Der »Professor aus Heidelberg« wurde zum geflügelten Wort. »Diese Gesellschaft, die Frau Merkel und Herr Westerwelle wollen, ist kalt, ist unsolidarisch, und sie ist damit auch unmenschlich«, verkündete Schröder. In einer Mischung aus Autosuggestion, Selbstbewusstsein und Kampfeskraft gab Schröder bei dieser Rede noch einmal alles. »Ich sage: Nichts ist entschieden. Lasst euch nicht ins Bockshorn jagen«, rief er seinen bis dato verzagten wie verunsicherten Genossen zu.[29] Die glaubten das und spendeten Schröder einen fulminanten, zwölf Minuten dauernden Beifall. Die Wahlkampfmaschine Schröder lief wieder einmal auf Hochtouren.

Pausenlos thematisierte die SPD in ihrem Wohlfühl-Wahlkampf tatsächliche und angebliche Vorhaben von CDU und CSU: Kopfpauschale, Mehrwertsteuererhöhung (»Merkelsteuer wird teuer«), Abschaffung der Pendlerpauschale, Studiengebühren. Die Union hatte ein straffes Programm veröffentlicht, das in Wahlkampfzeiten allerlei Ehrlichkeit offenbarte. Kirchhof wurde dabei zu einem wahrhaften Wahlkampfschlager der SPD. »Merkel/Kirchhof: Radikal unsozial!«, hieß es auf einem Plakat – und auf einem anderen wurde aufgelistet: »Sie trifft der Kirchhof-Kahlschlag: Familien, Kranke, Behinderte, Ehrenamtliche, Arbeitnehmer, Berufspendler, alle Steuerzahler«. Die SPD attackierte die Union und warb mit einem recht defensiven Motto (»Vertrauen in Deutschland«) für sich selbst. Münteferings treuer Mitarbeiter, SPD-Bundesgeschäftsführer Karl-Josef Wasserhövel, managte den Wahlkampf vom Willy-Brandt-Haus aus. Die Zeiten der legendären »Kampa« waren dabei längst vorbei. Müntefering und Wasserhövel wurden von Teilen der Partei verspottet für die von ihnen ausgesuchte neue Farbe, die nun Plakate und Hintergrundwände schmückte: »Umbra«. Die Niedersachsen Sigmar Gabriel und Hubertus Heil verweigerten die Plakate aus der Zentrale und ließen in den Design-Hauptstädten Salzgitter und Peine eigene Plakate entwerfen. Heil erschien die Berliner Kampagne zu zurückhaltend, etwa weil das Willy-Brandt-Haus eine Unterschriftenaktion gegen eine Erhöhung der Mehrwertsteuer nicht organisieren mochte. So startete der junge Abgeordnete sie aus eigener Initiative.

Die Zurückhaltung der SPD-Zentrale in Bezug auf die Mehrwertsteuererhöhung war bigott. Einerseits machte man mit Parolen wie »Nein zur Erhöhung der Mehrwertsteuer« dagegen mobil, die SPD agitierte mit Plakaten und Aufklebern gegen Merkels Pläne, in nahezu jeder Wahlrede wurden diese gegeißelt. Durch die »Merkelsteuer« würden Computer um 17,22 Euro und ein Glas Bier um drei Cent teurer, hatten die mathematikstarken Kampagneros ausgerechnet. Dabei war man sich auch in der SPD – hinter vorgehaltener Hand – längst über den Sinn einer Mehrwertsteuererhöhung einig. So wurde diese im »Wahlmanifest« nicht grundsätzlich ausgeschlossen, jenes Wort tauchte in diesem Programm nur einmal auf. Hier verwies man wiederum allein auf konjunkturelle Risiken, indem konstatiert wurde: »Eine Anhebung der Mehrwertsteuer würde angesichts der derzeit schwachen Binnennachfrage in die falsche Richtung weisen und die sich abzeichnende wirtschaftliche Erholung gefährden.«[30]

Zum einen, hieß es seit Jahren in der Sozialdemokratie, sollten die indirekten Steuern und die Verbrauchssteuern erhöht werden, die Lohnzusatzkosten gelte es im Gegenzug zu senken. Schon im europäischen Vergleich, zumal mit Blick auf die sozialdemokratischen Musterreformländer im Norden, müsse die Mehrwertsteuer erhöht werden. Entsprechend hatte sich Heide Simonis bereits im März 2004 geäußert, als sie gar einen »Zehn-Punkte-Plan« vorstellte. Kernpunkt: Mehrwertsteuer auf 19 Prozent erhöhen, Lohnzusatzkosten senken. Auch Eichel, Gabriel und Steinbrück hatten zuweilen für eine höhere Mehrwertsteuer geworben. Und Berlins Finanzsenator Thilo Sarrazin hatte gar einen Satz von 20 Prozent ins Gespräch gebracht.[31] Finanzminister Eichel erregte sich intern über die Angriffe gegen die von der Union offensiv vorgebrachte Ankündigung einer Mehrwertsteuererhöhung. Während des Wahlkampfes untersagte er es, in seinem Wahlkreis die entsprechenden Flugblätter der SPD gegen diese Pläne zu verteilen.

Während Schröders Re-Traditionalisierung im Oppositionswahlkampf der SPD sahen dessen Minister einen einzigen Hoffnungsschimmer am Horizont: die Bildung einer großen Koalition. Darüber im Wahlkampf öffentlich zu sprechen, war natürlich tabu. Als umso erstaunlicher entpuppten sich die Äußerungen Müntefering zu einem solchen Regierungsmodell. »Es ist keine Sünde, aber nichts, was ich suche«, erklärte der SPD-Vorsitzende vier Monate vor der Wahl. Das war eine neue Rhetorik. Entscheidend sei eine

Grundsatzfrage: »Ich bin für das Regieren, das ist gar keine Frage. Opposition sein ist Mist.«[32] Müntefering setzte intern voll auf ein Bündnis mit der Union. Er nannte die rot-grüne Regierung, einst von vielen seiner Parteifreunde als »Projekt« oder gar »Epoche« gefeiert, eine »zufällige Konstellation«. Schröder hatte die Grünen in seiner eineinhalbstündigen Parteitagsrede nicht einmal erwähnt. Müntefering wusste, dass eine Verbannung seiner Partei in die Opposition zu einem Prozess der Selbstzerfleischung führen musste. Dabei beherrschte er das Spiel des Traditionalismus bestens. Als er im Wahlkampf auf das Thema Rente mit 67 angesprochen wurde, befand Müntefering: »Was für ein Quatsch.« Der Durchschnittsdeutsche gehe mit 60,5 Jahren in Ruhestand, daher müsse man »näher an die 65 ran«. Es gebe aber jetzt überhaupt keinen Grund, das Renteneintrittsalter von 65 auf 67 zu erhöhen.

Andere in der SPD hatten noch nicht begriffen, dass die Rolle als Partner einer großen Koalition der letzte Strohhalm war, an den sich die SPD klammern konnte. Berlins Regierender Bürgermeister Wowereit, der mit der PDS regierte, gab sich überzeugt: »Eine Große Koalition wäre ein GAU.« Ein solches Bündnis »würde innerparteilich nicht leicht zu bewältigen sein« – eine sicherlich zutreffende Feststellung. Doch wäre denn der Gang in die Opposition »leicht zu bewältigen«? Wowereit war der Auffassung, die SPD müsse im Bund nicht um jeden Preis regieren. So dachte manch Landespolitiker der SPD, der auf einen eigenen Wahlkampf gegen eine schwarz-gelbe Bundesregierung hoffte. Dies galt etwa für den saarländischen SPD-Vorsitzenden Heiko Maas. Daneben positionierte sich Wowereit als überzeugter Anhänger der Reformpolitik Schröders. Die Agenda 2010 »war nicht konsequent genug«, befand Wowereit: »Man hätte noch mutiger sein müssen. ... Es ist vor allem versäumt worden, radikal Subventionen abzubauen und von lieb gewonnenen Traditionen Abschied zu nehmen. Der Kanzler ist teilweise sehr mutig nach vorn gegangen – aber die Truppen hätten ihm auch folgen müssen.«[33] Wenig später argumentierte Wowereit entgegengesetzt und stilisierte sich als Agenda-Kritiker.

Bei aller demonstrativen Kraft Schröders: In dieser Phase hieß der starke Mann der SPD Franz Müntefering. Schröder hingegen besaß kein Parteiamt mehr, war einfaches Mitglied der SPD oder Vertreter der Basis, wie er selbstironisch sagte. Die Ministerriege erwies sich als schwach: Clement und Eichel waren erkennbar angeschlagen, Bulmahn verdankte ihr Amt allein Schröders Verbundenheit aus alten niedersächsischen Zeiten. Stolpe war ein Schatten seiner selbst. Selten war die alte Tante SPD älter als in jenem Wahlkampf. In der »schmucken Riege« der Ministerpräsidenten waren nur Beck und Platzeck bundespolitisch präsent, doch auch sie nur mit begrenztem Ehrgeiz für die Berliner Bühne. In der Fraktionsführung arbeitete mit Stiegler und Müller ein »Kartell der Mittelmäßigkeit«, wie Schröder die Fraktion zehn Jahre zuvor bezeichnet hatte. Kurzum: In der SPD herrschte ein demokratischer Zentralismus, der voll auf Müntefering zugeschnitten war. Müntefering war Vorsitzender der SPD, er war deren Fraktionsvorsitzender, er nahm die Aufgaben des Generalsekretärs Benneter wahr und organisierte (über Wasserhövel) den Wahlkampf. Müntefering wollte im November 2005 wieder als Parteichef antreten. Längst beherrschte das System Müntefering die SPD, in seiner Allmacht der Helmut Kohls vergleichbar, wenngleich nicht von dessen Dauer, wie sich bald zeigen sollte.

Seit der Vertrauensfrage hatte der Bundespräsident drei Wochen lang geprüft, geprüft und noch einmal geprüft, ob er den Bundestag auflösen könne. Am 21. Juli 2005 erläuterte Horst Köhler dann das allseits erwartete Ergebnis. Mit ernster Miene, großen Augen und einer Staatsnotstandsrhetorik wandte sich Horst Köhler an das Fernsehvolk und verkündete: »Ich habe heute den 15. Deutschen Bundestag aufgelöst und Neuwahlen für den 18. September angesetzt. Unser Land steht vor gewaltigen Aufgaben. Unsere Zukunft und die unserer Kinder stehen auf dem Spiel.« Millionen Menschen seien arbeitslos. Die öffentlichen Haushalte befänden sich in einer nie da gewesenen kritischen Lage. Außerdem gebe es zu wenige Kinder, »und wir werden immer älter«. In dieser ernsten Situation brauche das Land eine Regierung, »die ihre Ziele mit Stetigkeit und mit Nachdruck verfolgen kann«. Loyalitätsbekundungen aus den Reihen der Koalition »hält der Bundeskanzler vor dem Hintergrund der zu lösenden Probleme nicht für dauerhaft tragfähig«. Er sehe keine andere Lagebeurteilung als die des Kanzlers, die verfassungsrechtlichen Voraussetzungen für die Auflösung des Bundestags seien gegeben. Selten wirkte der Bundespräsident derart verunsichert, selten machte sich Horst Köhler so angreifbar wie mit dieser Ansprache. Steht die Zukunft der Kinder nicht stets auf dem Spiel? Werden wir nicht »immer älter«? Muss eine Regierung nicht immer »ihre Ziele mit Stetigkeit und Nachdruck verfolgen«? Köhlers Erläuterungen wirkten wenig überzeugend. Damit ließen sich Neuwahlen fortan jederzeit rechtfertigen. Auf die Erklärung des Bundespräsidenten folgte eine ebenso erwartete Reaktion des Kanzlers. Zur überschaubaren Überraschung der meisten Beobachter gab Schröder bekannt, er werde abermals als Spitzenkandidat der SPD antreten: »Ich tue dies in der Gewissheit, dass die von mir begonnenen Reformen – ob in der Gesundheitspolitik, bei der Rente oder auf dem Arbeitsmarkt – richtig und notwendig sind.«

Derweil befanden sich PDS und WASG längst im Wahlkampf. Lafontaine stand dafür ebenso in den Startlöchern wie der langjährige, erfolglose einstige SPD-Fraktionsvorsitzende im baden-württembergischen Landtag, Ulrich Maurer. IG-Metall-Chef Peters attackierte Schröder erneut. Dessen Agenda habe »die soziale Kompetenz der SPD ruiniert«, die Regierungsarbeit habe »die politische Substanz der SPD zerstört«. Peters hatte dabei an der Zerstörung der politischen Substanz der SPD kräftig mitgewirkt, und er sah keinen Grund, von diesem Kurs abzuweichen. So hielt er den Ministern Schröders vor, in ihrem Kabinett herrsche eine »neoliberale Denke, die Ungleichheit zum Ziel hat und die Spaltung der Gesellschaft in Kauf nimmt«.[34]

Die SPD setzte derweil ihren Oppositionswahlkampf konsequent fort. Fraktionsvize Stiegler, der immer wieder mit schiefen historischen Analogien Aufmerksamkeit erzielte, verglich den Unions-Slogan »Sozial ist, was Arbeit schafft« mit den Worten »Arbeit macht frei«, die am Eingang des Konzentrationslagers Auschwitz zu lesen waren. Im Wahlkampf schien so etwas erlaubt. Auch Merkel wurde Opfer der sozialdemokratischen Polemik. Während Schröder – kaum allen Ernstes – behauptete, Merkel habe nicht die Führungskraft, Stoiber in die Schranken zu verweisen, spitzte Müntefering zu: »Die Frau kann es nicht.«[35] Um die eigenen Anhänger zu ermutigen, erklärte er ferner: »Die Sache ist noch nicht gelaufen, Geld darf nicht die Welt regieren. Die Merkel ist nicht geeignet als Kanzlerin.«[36] Schon zuvor hatte Müntefering erklärt, er traue Merkel eine Kanzlerschaft nicht zu. »Angela Merkel führt nicht. … Frau Merkel ist eine gute zweite Figur, aber für das Amt ganz vorn nicht geeignet.«[37] Selbst Kanzlergattin Doris Schröder-Köpf mischte sich nun ein. »Frau Merkel verkörpert mit ihrer Biografie nicht die Erfahrungen der meisten Frauen«, sagte Schröder-Köpf.[38] Die Union schlug zurück. Der thüringische Ministerpräsident Dieter Althaus, ein Verbündeter Merkels, thematisierte die Zahl von Schröders Ehen. Als Müntefering im SPD-Präsidium ankündigte, nun beginne der harte, unangenehme Teil des Wahlkampfes und zum Polarisieren aufrief, meldete sich sogleich Inge Wettig-Danielmeier. Die Symbolfigur der Sozialdemokratie der siebziger Jahre verkündete: »Angela Merkel ist nicht die frauenpolitische Hoffnungsträgerin, als die sie sich in diesen Tagen präsentiert.« Was in den Augen Wettig-Danielmeiers sicher daran lag, dass Frau Merkel derzeit keine Funktion in der Arbeitsgemeinschaft sozialdemokratischer Frauen ausübte und noch nicht einmal einen Doppelnamen trug.

Merkel selbst rückte derweil nur ganz vorsichtig von ihrer Reformrhetorik ab. Die auf dem Leipziger Parteitag der CDU beschlossenen Grundsätze galten weiterhin, an Mut also mangelte es der Union nicht. Merkel wollte den Bürgern etwas abverlangen: »Es wird nicht bei einer einmaligen Kraftanstrengung bleiben können«, verkündete sie.[39] Spätestens am Wahlabend dürfte Merkel diese Ehrlichkeit, ja diesen Übermut bereut und sich geschworen haben, vor Wahlen nie wieder derart ehrlich Zumutungen anzukündigen.

Schröder gelang es mithilfe der beiden Fernsehduelle Wähler zu mobilisieren. Diese direkten Auseinandersetzungen zwischen Kanzler und Herausforderin stießen auf das Interesse von 20 Millionen Zuschauern. Jeder dritte Wähler schaute also zu. Schröder war bei den Duellen zwar besser als Merkel, doch weniger gut als erwartet. Dennoch: Die SPD stieg in der Gunst der Wähler, während die Union an Zustimmung verlor. Wenige Tage vor der Wahl sahen die Demoskopen für Union und FDP erstmals keine Mehrheit. Innerhalb der SPD nahm die Hoffnung zu, das Wahlergebnis könnte doch noch für eine große Koalition reichen. Einige Sozialdemokraten wie etwa Steinbrück, bislang ohne Amt oder Mandat, sprachen sich bereits vor der Wahl indirekt dafür aus. »Ich glaube, dass eine Gesellschaft wie die Bundesrepublik Deutschland in einigen zentralen Fragen auch eine Kooperation über Parteigrenzen hinaus braucht – gerade, wenn es sich um wegweisende und wirklich langfristige Vorhaben handelt.« Die Menschen wollten Lösungen haben »und nicht parteipolitische Rituale, mit denen man sich nur voneinander abgegrenzt«.[40] Hintergrund von Steinbrücks Einwurf: Der abgewählte Ministerpräsident von NRW empfahl sich für Berlin – und sah in einer großen Koalition eine gute Profilierungsmöglichkeit. Längst galt ein Minister Steinbrück im Falle einer großen Koalition als »gesetzt«. Und schon war die Rede davon, Steinbrück könne Vizekanzler unter einer Bundeskanzlerin Angela Merkel werden.

»Wir müssen doch auch mal die Kirche im Dorf lassen«

Die Union weitaus schlechter als erwartet, SPD und FDP deutlich besser – so lauteten die ersten Einschätzungen der Meinungsforscher am frühen Nachmittag des Wahltages am 18. September 2005. Im Willy-Brandt-Haus saßen Schröder, Müntefering, Steinmeier, Clement und Benneter zusammen. Auf Basis der sich konkretisierenden Zahlen entwickelten sie den Fahrplan für die Zeit nach 18 Uhr: Sie verabredeten, früher als üblich vor die Kameras zu treten, um Schröders Kanzlerschaft zu reklamieren. Die SPD musste dabei ihre Verluste ebenso relativieren wie die Tatsache, dass die Union trotz eines unerwartet schlechten Ergebnisses stärkste Partei geworden war. Schließlich galt es, Augenhöhe herzustellen. Außerdem wollte die Führungsspitze der SPD die zweifellos angeschlagene Angela Merkel unter Druck setzen.

Anders als drei Jahre zuvor, als den ganzen Abend über unklar blieb, ob Sozial- oder Christdemokraten stärkste Kraft geworden waren (und letztlich die SPD mit 6000 Stimmen mehr die Nase vorn behielt), erschien nun die Union als stärkste Partei. Die inzwischen übermütigen Genossen aber hielten nun alles für möglich und hofften gar das Undenkbare – nämlich zum dritten Mal in Folge die stärkste Fraktion im Deutschen Bundestag bilden zu können. Vergebens. Die Union holte 35,2 Prozent; das war ihr drittschlechtestes Ergebnis nach 1949 und 1998; Stoiber hatte im Jahre 2002 (ebenso wie die SPD) 38,5 Prozent erzielt. Die Sozialdemokraten erreichten mit 34,2 Prozent ebenfalls ihr drittschlechtestes Ergebnis. Sie erlebten damit jedoch einen gefühlten Sieg, während der Last-Minute-Swing zulasten der Union ausgefallen war.[41] Die SPD hatte in zwölf Bundesländern die Nase vorn, CDU/CSU in vier Ländern. Klarer Sieger der Wahl war die FDP, auf die 9,8 Prozent (2002: 7,4 Prozent) entfielen, sowie das Wahlbündnis von Linkspartei und WASG unter dem Kürzel »Die Linke« mit 8,7 Prozent. Damit war fortan eine

Kraft links von der SPD im Parlament vertreten; die PDS war 2002 an der Sperrklausel gescheitert und nur mit zwei direkt gewählten Abgeordneten in den Bundestag eingezogen. Nun erhielt sie 53 Mandate, die Mehrzahl aus den westdeutschen Ländern. Gut jedes fünfte Fraktionsmitglied, nämlich elf ihrer Parlamentarier, verwies im eigenen Lebenslauf auf die einstige Mitgliedschaft in der SPD. Unspektakulär schnitten die Grünen bei der Bundestagswahl ab. Sie blieben mit 8,1 Prozent (2002: 8,6 Prozent) relativ stabil.

Von 20 Uhr an lieferte Gerhard Schröder seinen denkwürdigen Auftritt in der »Elefantenrunde«. Dabei hatte Schröder an dieser Runde gar nicht teilnehmen mögen. Er wollte vielmehr Müntefering dort sehen und begründete dies mit dem Hinweis, es handele sich um eine Einladung an die Parteivorsitzenden. Müntefering weigerte sich jedoch und sprach davon, es seien die Spitzenkandidaten gefragt. So machte sich Schröder auf den Weg.

Der Kanzler war zornig auf viele illoyale Journalisten und euphorisiert vom erzielten Ergebnis. Schröder hatte mit dem Wahlkampf eine enorme Kraftanstrengung hinter sich gebracht. Nun gab er die Hoffnung noch nicht auf, seine Partei könnte doch noch stärkste Fraktion werden, möglicherweise mithilfe von Überhangmandaten. Kurz bevor Schröder vom Willy-Brandt-Haus zum ARD-Studio aufbrach, titelte »Spiegel online« auf seiner Homepage: SPD vor Union. Diese Meldung gab Schröders Büroleiterin Sigrid Krampitz dem Kanzler mit auf den Weg. Schröders verblüffender Auftritt, längst eine populäre Video-Sequenz im Internet,[42] beruhte abgesehen von allerlei politischen Implikationen schlicht auf der Erschöpfung des Wahlkämpfers. Er hatte sich gewissermaßen auf den Gipfel gekämpft – und nun konnte er erstmals durchatmen. Schröder übertreibt kaum, er lässt gewissermaßen die Kirche im Dorf, wenn er später darauf so zurückblickt: »In diesen sieben Wochen bis zum Wahltag am 18. September habe ich den außergewöhnlichsten Wahlkampf meines Lebens durchgestanden. Ich bin an die Grenze des körperlich Möglichen gegangen.«[43]

Inzwischen ist Schröders legendärer Auftritt bei der »Berliner Runde« sogar Gegenstand wissenschaftlicher Untersuchungen. Die Frage Schröders an die Fernsehmoderatoren »Glauben Sie im Ernst, dass meine Partei auf ein Gesprächsangebot von Frau Merkel bei dieser Sachlage einginge?«, verbunden mit dem Hinweis »Wir müssen die Kirche doch auch mal im Dorf lassen«, analysiert die

Linguistin Emel Cetin (Universität Duisburg/Essen) so: Schröder setze damit »sein unkooperatives Verhalten fort, indem er Frau Merkels Machtanspruch mehr als deutlich zurückweist. Zudem schließt er aus, dass *seine Partei*, die SPD, überhaupt auf ein Gesprächsangebot einginge, wenn Frau Merkel den Anspruch, Kanzlerin zu werden, vertrete. Hier zeigt er zu wenig Achtung und Respekt vor dem Image von Merkel. Mit seiner flapsigen Formulierung *Ich mein', wir müssen die Kirche doch auch mal im Dorf lassen* zieht er den Machtanspruch der CDU/CSU ins Lächerliche.«[44] Schröder inszenierte und stilisierte sich als Halbstarker. So archaisch, wie er im Wahlkampf aufgetreten war (»die oder wir«), setzte er diesen Stil am Wahlabend fort. Viele Vertreter der Union zeigten sich abermals entsetzt von diesem Kanzler, der sich, unverschämt wie er nun einmal war, nicht wie ein Hund vom Hof jagen ließ. Schröder hatte all jene Christdemokraten, die ihn seit eh und je so wenig mochten, weil er für sie eben kein »echter Sozi« war, sondern ein Parvenü, erneut provoziert. Bei alldem: Schröders Auftritt, den Frank Schirrmacher als das »Gespenstischste«, was man jemals im Fernsehen gesehen habe, beschrieb,[45] wirkte sich voll auf die politischen Verhandlungen der Folgetage aus. Schröders rüpelhafte Eruption in der »Elefantenrunde« rettete Merkel die Kanzlerschaft – und machte aus der SPD einen starken Partner.

Der einstige »Medienkanzler« Schröder pflegte seine Theorie, er und seine Partei hätten gegen eine Front von übel meinenden Zeitungen, Magazinen und Sendern einen Wahlkampf führen müssen. Am Wahlabend rief er seinen Anhängern im Willy-Brandt-Haus zu: »Liebe Freunde, wir haben Wahlkampf geführt gegen vermachtete Medien, wie es das noch nie gegeben hat.« Einem »Spiegel«-Reporter drohte Schröder bei diesem Anlass gar: »Ihre Zunft muss aufpassen.« In seinen Memoiren behauptet Schröder, bei der Fernsehrunde sei ihm klar gewesen, »dass es auf eine Große Koalition hinauslaufen würde. Mir schien es wichtig, sofort und eindeutig klarzustellen, dass ohne oder gegen die SPD keine Regierungsbildung möglich sein würde.«[46]

Die anderen haben verloren, wir haben gewonnen – diese Parole gab Müntefering am Tag nach der Wahl in einer Schaltkonferenz mit den Landes- und Bezirksvorsitzenden aus. Ihm ging es darum, der SPD Selbstachtung zuzusprechen. Schröder hatte in aussichtsloser Lage einen Sieg errungen, während Merkel einen sicher geglaubten Sieg in eine Niederlage verwandelt hatte, lautete die Sprachregelung der SPD. Und: Die Menschen wollen Schröder als Kanzler behalten. Doch waren die Unionsparteien nicht von 400 000 Bürgern mehr gewählt worden als die SPD? Schröder und seine SPD setzten nach außen auf eine »Ampel«-Koalition mit FDP und Grünen. Der FDP-Vorsitzende Westerwelle schloss ein solches Bündnis aber umgehend aus – auf die Gefahr hin, zum dritten Mal in Folge in der Opposition zu landen. Eine Koalition aber, also eine Rettung der abgewählten rot-grünen Regierung, war für Westerwelle ein zu hohes Risiko. Im Gegenzug lehnten die Grünen eine »Jamaika«-Koalition aus Union, FDP und Grünen ab. Ein solches Bündnis soll Merkel, anders als Stoiber, zeitweise als ernsthafte Option angesehen haben.

Vor allem aber setzten Schröder und Müntefering auf eine große Koalition. Als Union und SPD Ende September ihre Sondierungsgespräche in der »Parlamentarischen Gesellschaft« gegenüber dem Reichstagsgebäude begannen, wollte Merkel zunächst über Personal und erst danach über Inhalte sprechen. Für diese ungewöhnliche Reihenfolge besaß Merkel einen ebenso guten wie naheliegenden Grund. Sie konstatierte: »Die Union stellt den Kanzler, und die Union will, dass ich es werde.« Dieses Ziel hatte Merkel innerhalb ihrer eigenen Reihen bereits durchgesetzt. Während noch am Wahlabend im Unionslager zu hören war, das miese Wahlergebnis beruhe auf Merkels schlechter Performance (»Sie kann es eben nicht«), schloss Schröders Attacke in der Fernsehrunde die Reihen ihrer Gegner. »Wir haben Merkel in die Arme der CDU getrieben«, gab dazu etwa Kurt Beck intern kritisch zu bedenken. Ein drittes Mal in Folge hatte die Union ein Ergebnis von unter 40 Prozent erzielt, CDU/CSU konnten kaum mehr die Rolle als geborene Regierungsparteien für sich beanspruchen. Merkel aber ließ sich sogleich als Vorsitzende der Unionsfraktion bestätigen und sicherte damit ihre Macht ab. Entsprechend gestärkt, beharrte sie auf ihrem Anspruch auf die Kanzlerschaft. Darauf aber wollte sich die SPD zu diesem Zeitpunkt nicht festlegen. Sie hielt formal an der Kanzlerschaft Schröders fest. Die Sozialdemokraten übten sich zunächst in einer Verzögerungstaktik und verwiesen auf die – durch den Tod eines NPD-Direktkandidaten notwendig gewordene – Nachwahl im Dresdner Wahlkreis 160. Aus Respekt vor den dortigen Wählern, hieß es etwas hochtrabend, könne die Kanzlerschaft derzeit noch nicht erörtert werden. Müntefering erklärte, die SPD setze auf eine »stabile Regierung, die von Gerhard Schröder geleitet wird«. Die öffentliche Meinung hielt dies für möglich. So spekulierte der »Spiegel« Ende September 2005: »Bliebe Schröder Kanzler, wäre Angela Merkel eine Frau ohne politische Zukunft. Die eigenen Parteifreunde würden ihr innerhalb kürzester Zeit auch den Partei- und Fraktionsvorsitz entreißen. ... Mit ihrem ›Ehrlichkeitswahn‹, so würde sie es wahrscheinlich für alle Historiker formulieren, habe sie gegen den großen und zuweilen eben auch skrupellosen Staatsschauspieler Schröder keine Chance gehabt.«[47]

Wie immer die Regierungsbildung auch ausgehen mochte – das rot-grüne »Projekt« war beendet. Während Schröders rhetorischer Taschenspielertricks in der »Berliner Runde« zeigte sich Joschka Fischer mit angewidertem Gesichtsausdruck. Fischer suchte Schröder am Tag darauf zu einer Art Abschiedsvisite auf. Fischer hatte mit der Politik abgeschlossen. Ganz Realist, kündigte er am Dienstag nach der Wahl in der Fraktion seinen Rückzug an. Den Journalisten rief Fischer mit gewohnt knarziger Stimme ein »Ciao, Ragazzi« zu. Schröder hingegen brachte an diesem Tag ein ganz neues Regierungsmodell vor. Er plädierte für eine Rotation im Kanzleramt. Alsbald war in Berlin fast wie selbstverständlich von der »israelischen Lösung« die Rede. In Israel haben sich Likud und Arbeitspartei immer wieder die Amtszeit des Ministerpräsidenten aufgeteilt. Dieses Modell schlug Schröder nun mit der ihm eigenen Chuzpe vor. Schröder und Müntefering hielten dies zwar nicht für ein ernsthaftes Modell. Sie sahen in derartigen Diskussionen jedoch eine gute Gelegenheit, ihren Machtanspruch aufrechtzuerhalten. In Schröders Umfeld spekulierte man zudem womöglich darauf, eines Tages käme jemand zur SPD und böte an, die CDU/CSU nominiere einen anderen Kandidaten für das Kanzleramt als Merkel. Wäre es nicht ein weiterer, womöglich letzter Erfolg des Kanzlers Schröder, nebenher noch Angela Merkel in den politischen Abgrund gezogen zu haben? Schröder setzte offenbar auf Stoiber als Partner. Er bewunderte seit jeher die CSU und deren Erfolg mit ihrem Spagat zwischen Konservatismus und sozialem Profil. Das Gerücht, der Kanzler habe einen »Emissär« zu Stoiber entsandt, um ihm eine geteilte Kanzlerschaft anzubieten, hält sich nach wie vor. Es ist die Rede davon, dabei habe es sich um Franz Beckenbauer gehandelt. Der aber bestreitet dies ebenso wie Stoiber. Doch würde dieser Versuch nicht gut zu Schröder passen? Schröder selbst mag dazu keine Stellung beziehen. In der SPD aber gibt es nach wie vor einzelne Stimmen, die überzeugt sind, eine »israelische Lösung« sei durchsetzbar gewesen.

Die SPD sah sich offenbar noch inmitten des Wahlkampfes, als Müntefering nun vorschlug, die Geschäftsordnung des Bundestages zu ändern. Er drohte, die Fraktionsgemeinschaft von CDU und CSU – die der Bundestag stets zu Beginn der Legislaturperiode genehmigt – zu verhindern. Ist nicht gar im offiziellen Verzeichnis der Abgeordneten, im »Kürschner«, stets separat das Wahlergebnis von CDU und CSU ausgewiesen? Wenn der Fraktionsverbund von CDU und CSU hätte gesprengt werden können, hätte die SPD die stärkste Fraktion im Bundestag gestellt. Daran aber war nicht zu denken. Müntefering beendete zwar bald dieses – kaum ernst gemeinte – Manöver, verwies aber immer wieder auf die Union als Existenz zweier Parteien – was bei allerlei inhaltlichen Unterschieden zwischen CDU und CSU durchaus realistisch beschrieben war. Zumal wenig später im Koalitionsausschuss explizit die Vorsitzenden der drei Parteien vertreten waren.

Müntefering bot Merkel bei den ersten Gesprächen den Zugriff auf drei Ministerien ihrer Wahl an, sofern Schröder Kanzler bleiben sollte. Dies aber konnte sie nur ablehnen und bot daher ihrerseits der SPD zwei Ressorts an. Weil der CSU-Vorsitzende Stoiber bereits als Superwirtschaftsminister gesetzt schien, verzichtete Merkel automatisch auf das Finanzressort und bot der SPD so gleich drei Häuser an. Später beanspruchte Müntefering das Auswärtige Amt, das Arbeits- und das Finanzministerium. Wie ernst aber war Schröders Absicht, Kanzler zu bleiben? Schon hieß es, bei einem dritten Wahlgang im Bundestag genüge für den Kanzler auch die einfache Mehrheit. Indem Berlins Regierender Bürgermeister Wowereit sich als Erster aus der Deckung wagte und eine Zukunft ohne Schröder als möglich beschrieb, freilich nur »unter Umständen«, erntete er Attacken aus dem eigenen Lager. »Wowereit ist ein Dampfplauderer«, erregte sich ausgerechnet Ludwig Stiegler. Stiegler griff ebenso Kurt Beck an, weil dieser zuvor über eine große Koalition spekuliert hatte. »Wenn du mein Anwalt wärst, würde ich dich wegen Parteienverrats verklagen. So wird die Autorität des Kanzlers beschädigt«, giftete Stiegler gegen Beck: »Du hast unsere Verhandlungslinie durchbrochen.«[48]

Müntefering zieht die Reißleine

In den letzten Septembertagen, also noch vor der Nachwahl in Dresden, begann ein weiteres Kapitel im langen Roman über den Abschied Gerhard Schröders von der Macht. Schröder selbst gab am 26. September im Präsidium die Parole aus: »Es geht nicht um Personen, sondern um den Machtanspruch der Partei.« Zwei Tage darauf erklärte auch er öffentlich, nach den Sondierungen mit der Union gelte es, personelle Fragen zurückzustellen und stattdessen über »Inhalte und Herausforderungen« zu reden. Just an diesem 28. September war parallel in drei Zeitungen zu lesen, Müntefering komme als Vizekanzler in Betracht – auf Kosten von Schröders Kanzlerschaft.[49] Müntefering tat am selben Tag so, als setze er nach wie vor nur auf Schröder als Kanzler: »Wir haben eine klare Zielsetzung: eine Koalition auf Augenhöhe – mit Gerhard Schröder als Kanzler ...« Auf die Nachfrage, ob dies ein Ziel oder eine Bedingung sei, antwortete Müntefering spitzfindig: »Wir wollen mit Schröder an der Spitze regieren.«[50] Müntefering war zu der Erkenntnis gelangt, Schröder sei in dieser Lage, bei dieser öffentlichen Meinung und der erklärten Position Merkels nicht durchsetzbar. Ihm ging es nur noch darum, Parität und Augenhöhe zu gewinnen, aber nicht mehr um Schröders Kanzlerschaft.

Die Meldung in den drei Zeitungen irritierte Schröders Umfeld, denn eines war klar: Neben einem Vizekanzler Müntefering konnte es keinen Kanzler Schröder geben. Steinmeier war über die Nachricht völlig überrascht, und als aus der SPD-Zentrale kein Dementi folgte, war klar, was sich hinter dem Manöver verbarg: Müntefering sah die Zeit von Schröders Abgang gekommen. Entsprechend verärgert reagierte Schröder im Parteivorstand: Es sei für ihn »nicht zumutbar, Verhandlungsmasse« zu sein, klagte Schröder und kündigte an: »Ich lass mich nicht zum Kasper machen.« Der Traum von der »israelischen Lösung« war ausgeträumt, weil Müntefering nicht mehr dahinterstand. »Wir hätten länger daran festhalten können«, heißt es bis heute in Schröders Umfeld: »Doch es gab in der SPD eben unterschiedliche Interessen.«

Die von der SPD immer wieder angeführte Nachwahl im Wahlkreis Dresden brachte der Union am 2. Oktober ein weiteres Mandat. Ihre Fraktion besaß somit vier Sitze mehr als die der Sozialdemokraten. Am selben Abend relativierte Müntefering Schröders

Anspruch auf das Kanzleramt auch öffentlich. »Wir sind dafür, dass Gerhard Schröder Kanzler ist, aber es wird in diesen Verhandlungen über die Gesamtkonstellation zu sprechen sein«, sagte Müntefering. Auf die Frage, wie sicher er sei, dass Schröder Kanzler bleibe, gab sich Müntefering ungewohnt zurückhaltend: »Das ist im Moment ungeklärt.« Der SPD-Vorsitzende hatte bereits in den Tagen zuvor Schröders Führung einer großen Koalition nicht mehr als Bedingung, sondern nur noch als Ziel formuliert. Auch davon rückte Müntefering nun ab und kam damit der Union entgegen. Sie verlangte, die SPD müsse ihren Anspruch auf das Kanzleramt vor Beginn formaler Koalitionsverhandlungen aufgeben. Müntefering setzte auf baldige Verhandlungen mit der Union. Schröder beugte sich binnen weniger Stunden dem Willen des mächtigsten Mannes der SPD, obgleich Müntefering behauptet, zunächst habe Schröder seine Kanzlerambitionen aufgegeben und erst daraufhin habe er die große Koalition angestrebt. Das aber ist zweifelhaft. Müntefering kooperierte schließlich längst eng mit Merkel, die somit diesen Prozess indirekt beschleunigte. Merkel und ihre mächtige Büroleiterin Beate Baumann hatten schon unmittelbar nach der Bundestagswahl einen direkten Draht zu Müntefering und dessen engstem Vertrauten Kajo Wasserhövel aufgebaut. Sie sahen längst das Machtzentrum bei Müntefering – und nicht etwa noch im Kanzleramt. Schröders Leute im Kanzleramt versuchten nach außen den Eindruck zu vermitteln, als sei dies selbstverständlich, redeten doch mit Merkel und Müntefering die beiden Parteivorsitzenden miteinander. Doch hatte Müntefering nicht noch am Wahlabend Schröder in die Fernsehrunde geschickt mit dem Hinweis, hier träten die Spitzenkandidaten auf? Diese Unterscheidung wollte Müntefering nun nicht mehr vornehmen. Längst hatte er, gemeinsam mit Merkel, Fakten geschaffen.

Am 3. Oktober, um 15.44 Uhr, meldete die Nachrichtenagentur Reuters: »Schröder zu RTL – Werde jede Entscheidung der SPD über Führungsanspruch in Regierung akzeptieren«. Eine Viertelstunde später berichtete die Nachrichtenagentur AP, Schröder wolle einer stabilen Regierung nicht im Wege stehen, und zitierte aus ihrem Interview mit dem Kanzler: »Es geht nicht um meinen Anspruch und schon gar nicht um meine Person. Es geht um den politischen Führungsanspruch meiner Partei, und darüber kann nur die Parteiführung befinden.« Als Müntefering später gefragt wurde, wann ihm klar geworden sei, dass Schröder als Bundeskanzler nicht mehr durchsetzbar war, antwortete er: »Ich kann Ihnen nicht Datum und Uhrzeit sagen.« Dieser Satz spricht für die Annahme, dass Müntefering in der SPD über den Zeitpunkt des Endes von Schröders Kanzlerschaft entschied – und nicht mehr Schröder selbst. Müntefering aber versuchte diesen Eindruck zu relativieren. Im selben Interview sprach er davon, die SPD habe nach der Wahl auf eine »Ampel« gesetzt. Dabei hatte Müntefering kaum an ein Bündnis mit Guido Westerwelle und Claudia Roth geglaubt. Eine weitere Aussage Münteferings ist ebenso zu bezweifeln: »Als klar war, dass es mit dem Kanzleramt nicht klappen würde, hat Gerhard Schröder für sich eine Entscheidung getroffen.« Er sei mit Schröders Wissen als Vizekanzler ins Gespräch gekommen, behauptete Müntefering: »Das haben wir in jeder Phase miteinander besprochen. … Wir haben miteinander geredet, persönlich entschieden hat Gerhard Schröder für sich.« Hat Schröder möglicherweise die letzte Entscheidung, Müntefering hingegen die erste, wirklich relevante Entscheidung getroffen? Müntefering wollte davon nichts wissen: »Nein, diese Situation hat es nicht gegeben.«[51]

Noch Tage nach dem Manöver von Müntefering und Schröder übten sich führende Sozialdemokraten in Treueschwüren. Obgleich die sozialdemokratischen Minister ganz auf eine große Koalition setzten, in der Hoffnung, ihre Arbeit fortsetzen zu können, äußerten sie sich weiterhin zurückhaltend. Als Entwicklungshilfeministerin Wieczorek-Zeul etwa gefragt wurde, ob sie sich eine Wahl Merkels zur Kanzlerin vorstellen könne, antwortete sie drei Wochen nach der Bundestagswahl noch immer mit rhetorischen Schablonen: »Ich möchte, dass Gerhard Schröder Kanzler bleibt – zumal unser Wahlkampf gegen Frau Merkel und ihr neoliberales Programm ausgerichtet war.« Wieczorek-Zeul sprach von einer »gesamtgesellschaftlichen linken Mehrheit«[52], womit sie die Addition der Ergebnisse von SPD, Grünen und der Linken meinte. Grüne und Linke wurden von ihr einfach zur SPD »hinzugerechnet«. Just in dieser Phase aber setzten sich führende Sozialdemokraten von der »Linken« ab mit dem Hinweis, diese Parteien seien eher konservativ bis reaktionär und somit alles andere als links.

Nachdem sich die Verhandlungsrunde von Schröder, Müntefering, Merkel und Stoiber bereits in der »Parlamentarischen Gesellschaft« getroffen hatte, brachte Schröder am darauffolgenden 10. Oktober seinen beabsichtigten Abschied stärker denn je zur Sprache. »Schröder zieht sich aus der Regierung zurück«, meldete daraufhin die Agentur Reuters. Auf eine Rolle als Vizekanzler angesprochen, kündigte Schröder im SPD-Vorstand Teilnehmern zufolge seinen Rückzug aus dem Kabinett an.[53] Damit war die Wahl Merkels zur künftigen Bundeskanzlerin so gut wie sicher. Am folgenden Abend, am 11. Oktober 2005, konkretisierte Schröder seine Absichten. Mit Blick auf die neue Regierung verkündete er: »Ich werde daran mitarbeiten, dass das gut wird.« So verstehe er die Aufgaben, »die man auch dann noch hat, wenn man der nächsten Regierung nicht mehr angehört«.[54] Für das klare Wort, er werde der neuen Regierung »definitiv nicht« angehören, hatte er sich eine adäquate Umgebung ausgesucht: Den offiziellen Rückzug nach seiner siebenjährigen Kanzlerschaft gab er auf dem Gewerkschaftstag der ihm stets recht freundlich gesinnten IG Bergbau, Chemie, Energie (IG BCE) bekannt, in seiner Heimatstadt Hannover.[55] Mit Tränen in den Augen.

An der Nominierung der sozialdemokratischen Kabinettsmitglieder nahm Schröder formal noch teil. Die treibende und handelnde Kraft aber war Müntefering, der mit einer klaren Vorstellung in die Verhandlungen ging. Zuvor hatte Schröder gemeinsam mit Merkel, Stoiber und Müntefering die Ressortverteilung geklärt. Müntefering war es gelungen, den Posten des Kanzleramtschefs, nunmehr mit Ministerrang, als ordentliches Ressort zu deklarieren. Durch diesen Trick handelte er für die eigene Partei einen Ministerposten mehr heraus, als die Unionsparteien erhielten. Der SPD standen acht Ministerien zu, während die Union neben dem Kanzleramt und dem Kanzleramtsminister nur sechs Ressorts führen sollte. Nun gab es in der SPD zwei Verhandlungspositionen. Im Parteivorstand setzten die SPD-Linken darauf, die Wohlfühl-Ressorts wie Familie, Bildung und Entwicklungshilfe zu bekommen und die Häuser mit schwierigen Aufgaben, etwa das »schlimme« Bundesfinanzministerium, der Union zu überlassen. Sie wollten für Wohltaten zuständig sein und sich gewissermaßen dem Regieren entziehen. Müntefering aber dachte genau umgekehrt. Er strebte, unterstützt von Schröder, die schwierigen Gestaltungsressorts an, um Handlungsfähigkeit zu beweisen. Müntefering wollte unbequeme Entscheidungen in den ersten zwei Jahren des Regierens durchsetzen, und hoffte auf das Lob des Wählers zwei Jahre später. So sicherte er sich unter den klassischen Ressorts das Auswärtige Amt sowie die Bundesministerien der Finanzen und der Justiz. Er setzte die Aufteilung der drei Jahre zuvor selbst betriebenen Fusion des Wirtschafts-und Arbeitsressorts durch und reklamierte den Bereich Arbeit und Soziales für sich. Daneben erhielt die SPD die Ressorts für Gesundheit, Umwelt, Verkehr und Entwicklungshilfe. Die Union hingegen sicherte sich das Bundesministerium des Innern und der Verteidigung sowie die Ressorts für Wirtschaft, Bildung, Familie und Verbraucherschutz. Auch nach dem plötzlichen Rückzug Stoibers aus Berlin behielt die CSU die Zuständigkeit für Wirtschaft und Verbraucherschutz.

Die pure Anwesenheit des scheidenden Kanzlers spiegelte sich in der Personalpolitik Münteferings wider. Schröders Erbe konnte fortgesetzt werden. So sollte Schröders engster Mitarbeiter, Kanzleramtsminister Steinmeier, künftig das Auswärtige Amt führen. Der bisherige Innenminister Schily, der mit der Führung des Auswärtigen Amtes geliebäugelt hatte, blieb bei Münteferings Plänen außen vor. Zuvor hatte Platzeck die Offerte, Außenminister und Vizekanzler zu werden, abgelehnt. Schröder und Müntefering sahen in ihm einen Mann, der einmal in der Spitze der SPD mitwirken sollte. Später erklärte Platzeck, er verstehe sich als »Landei« und sei somit für dieses Amt nicht geeignet – ein ungewöhnlicher Vorgang in der Politik. Platzeck dürfte der Einzige gewesen sein, der das Angebot eines Kabinettspostens nicht annahm.[56] Müntefering nominierte mit Brigitte Zypries eine weitere alte Bekannte Schröders aus Hannoveraner Zeiten. Sie sollte Justizministerin bleiben. Mit dem designierten Finanzminister Peer Steinbrück benannte Müntefering einen weiteren Reformpolitiker, den er mit seiner ökonomischen und finanzpolitischen Kompetenz für ein »Kaliber« hielt, auf das die SPD nicht verzichten konnte. Steinbrück löste den zuletzt glücklosen Hans Eichel ab.

Franz Müntefering selbst konnte in das Kabinett eintreten, da Peter Struck sich bereit erklärte, wiederum Fraktionsvorsitzender zu werden. Dieses Amt hatte er schon von 1998 bis 2002 innegehabt. Müntefering, der bislang die Fraktion geführt hatte, war über Strucks keineswegs selbstverständliche Entscheidung erleichtert. So konnte er Bundesminister für Arbeit und Soziales werden. Sein Intimfeind Clement, der auf eine erneute Berufung gehofft hatte, war schon allein damit außen vor. Für Müntefering war eine Nominierung Clements außerhalb jeder Vorstellung. Clement wurde mit seiner Nicht-Berufung und der rückgängig gemachten Fusion seines »Superministeriums«, die als ein Eingeständnis von Erfolglosigkeit verstanden werden konnte, doppelt gedemütigt. Neben Steinbrück und Müntefering durfte die ebenso aus NRW stammende Gesundheitsministerin Ulla Schmidt ihre Arbeit fortsetzen. Für dieses undankbare Ressort hielt sich die Zahl der Bewerber ohnehin in überschaubaren Grenzen. Schmidt hatte sich jedoch nach allerlei Pannen ihres Hauses inzwischen in dem Haifischbecken der Gesundheitspolitik bewährt. Während mit Entwicklungshilfeministerin Wieczorek-Zeul der linke Parteiflügel im Kabinett repräsentiert werden sollte, suchte Müntefering für die Ressorts Umwelt und Verkehr zwei sozialdemokratische Nachwuchshoffnungen. Das Umweltministerium übernahm Sigmar Gabriel, der zwar seine einzige Landtagswahl als niedersächsischer Ministerpräsident verloren hatte, aber von Müntefering als »political animal« geschätzt wurde. Nachfolger des glücklosen Stolpe als Minister für Verkehr, Bau und Aufbau Ost wurde der Leipziger Oberbürgermeister Wolfgang Tiefensee. Dieser hatte sich nach der Wahl 2002 einer Berufung durch Schröder noch widersetzt. Nun wurde Tiefensee als einziger Ostdeutscher sozialdemokratisches Kabinettsmitglied.

Der »74er« an Schröders Seite

Mit Steinmeier stellte die SPD erstmals seit fast vier Jahrzehnten wieder den Außenminister. Letzter Sozialdemokrat in diesem Amt war Willy Brandt gewesen, bevor er 1969 zum Bundeskanzler gewählt worden war. Die Karriere Steinmeiers war unmittelbar verknüpft mit dem politischen Lebensweg Schröders. Seit dem Jahre 1991 war Steinmeier in dessen Umfeld tätig, die letzten Jahre als einer der engsten Mitarbeiter. Selbst die regionale Herkunft teilten sich Steinmeier und Schröder. Steinmeier wurde 1956 in Detmold geboren und wuchs im lippischen Brakelsiek auf, gerade einmal 15 Kilometer entfernt von Schröders Heimat. Er stammt aus einfachen, aber erheblich besseren familiären und finanziellen Verhältnissen als Schröder. Der Vater war Tischler, die Mutter arbeitete in einer

Pinselfabrik. Als Erster in seiner Familie absolvierte Steinmeier das Abitur. Heute ist Steinmeier verheiratet mit der Verwaltungsrichterin Elke Büdenbender; das Paar hat eine Tochter.

Als sein »politisches Erweckungserlebnis« bezeichnet Steinmeier das Misstrauensvotum gegen Willy Brandt im Jahre 1972. Er hatte es damals in der Schulaula am Fernseher verfolgt.[57] Hinter dem Eisernen Vorhang, einige hundert Kilometer weiter östlich, zog dieses Ereignis ebenso eine junge Schülerin in ihren Bann. Ihr Name: Angela Kasner, heute Merkel. Auch sie verfolgte die Übertragung der Bundestagssitzung, wenngleich heimlich, wie ihr Generationsgenosse Steinmeier aber mit Sympathie für Brandt. Steinmeier leistete seinen Dienst bei der Bundeswehr und trat während dieser Zeit, im Jahre 1975, der SPD bei. Anschließend studierte er Jura und Politik in Gießen. In dieser Phase lebte Steinmeier in einer WG, mehr jedoch aus Nützlichkeitserwägungen denn aus politisch-soziokultureller Überzeugung. Ein 68er war Steinmeier schon wegen seines Alters nicht, er nennt sich mit Bezug auf das Jahr seines Abiturs zuweilen einen »74er«. Nach den beiden Staatsexamina wandte er sich einer Dissertation zu, die er im Jahre 1991 abschloss. Im Jahr darauf erschien sie unter dem Titel ›Bürger ohne Obdach – Zwischen Pflicht zur Unterkunft und Recht auf Wohnraum‹. In seiner Promotionsschrift plädierte Steinmeier für eine »Pflicht des Staates zum Bau und Erhalt preisgünstigen Wohnraums für breite Bevölkerungskreise als Verfassungsauftrag«.[58]

Während seiner Promotionsphase war Steinmeier als Wissenschaftlicher Mitarbeiter am Lehrstuhl für Öffentliches Recht und Politikwissenschaft tätig. In dieser Zeit lernte er eine Frau kennen, die ihn noch viele berufliche Jahre begleiten sollte: Brigitte Zypries. Sie gilt als die »Entdeckerin« Steinmeiers. Inzwischen, seit dem Jahre 1990, war Schröder niedersächsischer Ministerpräsident, Zypries zählte zu dessen Stab – und schlug ihm Steinmeier als Mitarbeiter vor. Direkt von der Universität kommend, wechselte er so als Referent für Medienrecht und Medienpolitik in Schröders Staatskanzlei. »Du passt zu uns«, sei Schröders knapper Befund gewesen, berichtet Steinmeier, »nach fünfminütigem Kennenlernen im Frühjahr 1991, als die erste rot-grüne Koalition von Niedersachsen gerade in Schwung kam«.[59] Uneitel, fleißig, nicht an Selbstdarstellung interessiert, gut informiert – so wurde Steinmeier damals beschrieben. Doch ähnelten sich Steinmeier und Schröder in vielerlei

Hinsicht. Beide agierten pragmatisch, beide hielten Visionen für weltfremd, beide mokierten sich über entsprechende Beschlüsse von SPD-Parteitagen. Und beide teilten den trockenen Humor des Weserberglands.

Steinmeier stieg unter Schröder schnell auf. Er wurde Leiter von dessen persönlichem Büro, dann Leiter der wichtigen Abteilung für Richtlinien der Politik und Ressortkoordinierung. Ab 1996 führte Steinmeier die Staatskanzlei im Range eines Staatssekretärs. Wenn Schröder wieder einmal keine Lust hatte, sich in komplexe Sachverhalte zu vertiefen, übernahm Steinmeier diese Aufgabe. Wurde Schröder von Ministern oder Abgeordneten auf Probleme aufmerksam gemacht, verwies er sie allzu gern auf Steinmeier. Steinmeier war Schröders »Mein Mach-mal«.

Nach der Bundestagswahl 1998 folgte Steinmeier als Teil der »Maschsee-Mafia«, Schröders engster hannoverscher Umgebung, diesem nach Bonn. Im Kanzleramt aber hatte er allerdings zunächst das Nachsehen gegenüber Schröders Vertrautem Hombach, der – anders als Steinmeier – den Vorteil besaß, über sein eigenes Bundesland hinaus vernetzt zu sein. Hombach wurde Chef des Bundeskanzleramtes (»Chef BK«), und Steinmeier firmierte zunächst als »Staatssekretär im Bundeskanzleramt und Beauftragter für die Nachrichtendienste«. Steinmeier litt unter Hombachs chaotischem Arbeitsstil, setzte aber auf den Faktor Zeit. Schon in der letzten Phase der Amtszeit Hombachs hatte Steinmeier den Wettbewerb um den besten Draht zu Schröder gewonnen. »Meine enge Umgebung besteht aus zwei Leuten. Und die reden nicht«, sagte Schröder immer wieder. Einer der beiden war Steinmeier, und Schröder wusste, dass für Hombach oftmals das Gegenteil galt.

Nach Hombachs Abgang lag die Nachfolgeregelung auf der Hand. Zum 1. Juli 1999 wurde Steinmeier »Chef BK«. Schröder hatte ihm gar eine Aufwertung zum Minister angeboten. Dieser aber lehnte das ab unter Hinweis auf die vielen notwendigen öffentlichen Auftritte, die dies mit sich brächte. Im siebten Stock des Kanzleramtes koordinierte Steinmeier nun das Bündnis für Arbeit und die Atomkonsensgespräche, er kümmerte sich um die Steuerreform, die Rinderseuche BSE und vieles mehr. Im Bundestagswahlkampf 2002 kam es zu Spannungen zwischen Kanzleramt und SPD-Zentrale. Steinmeier und der später suspendierte »Kampa«-Chef Matthias Machnig gerieten aneinander. Machnig warf Steinmeier vor, er wolle allein einen Wahlkampf mit Bilanzen bestreiten, außerdem sei seine Vorstellung von der Partei nicht realitätstauglich. Steinmeier wiederum hatte nicht vergessen, wie sträflich Machnig die Terroranschläge des 11. September 2001 unterschätzt hatte. Ohnehin griff Steinmeier mehr und mehr in die Außenpolitik ein. Schon mit den Krisen im Kosovo und in Afghanistan war er befasst gewesen. Als sich nun der amerikanische Botschafter Daniel Coats im August 2002 bei ihm über Schröders Kritik an der Irakpolitik Washingtons beklagte, wies Steinmeier darauf hin, die SPD müsse das Thema diskutieren – und kündigte gar noch eine wahlkampfbedingte Zuspitzung an. Nach der Bundestagswahl 2002 schuf Steinmeier eine Europaabteilung im Kanzleramt, die naturgemäß als Konkurrenz zum Auswärtigen Amt gesehen wurde. Er reiste im Auftrag Schröders nach Moskau, verhandelte diskret mit Israel und regelte mit Libyen die Entschädigung der Opfer des Terroranschlags auf die Berliner Diskothek La Belle.

Steinmeiers Bedeutung im Kontext der Agenda 2010 kann nicht hoch genug eingeschätzt werden (siehe Kapitel IV). Daneben offenbarte der Kanzleramtschef sogar regierungsintern diplomatische Fähigkeiten, etwa als es ihm gelang, im Streit zwischen Clement und Trittin über die Förderung erneuerbarer Energien zu vermitteln. Steinmeier brillierte derart, dass Schröder ihn, »spaßeshalber natürlich, aber hartnäckig«, wie Jürgen Leinemann schrieb, immer wieder als Nachfolger ins Gespräch brachte. Über einen Bundeskanzler Steinmeier sagte Schröder: »Der könnte das.«

Anmerkungen

1 Müntefering, zitiert nach: Der Spiegel, 30. Mai 2005.
2 Schröder: Entscheidungen, S. 487.
3 Hans Eichel im Gespräch mit dem Verfasser am 16. Oktober 2008 in Berlin.
4 Die CDU kam in NRW auf 44,8 Prozent (2000: 37 Prozent). Die SPD büßte 5,7 Prozentpunkte ein und landete erstmals nach drei Jahrzehnten mit 37,1 Prozent hinter der CDU. Jeweils 6,2 Prozent entfielen auf Grüne (2000: 7,1 Prozent) und FDP (2000: 9,8 Prozent).
5 Schwennicke, Christoph: Letzte Einsätze im Kanzlerkasino. Süddeutsche Zeitung, 27. Mai 2005.
6 Rede des (scheidenden) SPD-Vorsitzenden Franz Müntefering auf dem SPD-Bundesparteitag am 14. November 2005 in Karlsruhe. Pressemitteilung der SPD 915/05 vom 14. November 2005.

7 Köhler, zitiert nach: Der Spiegel, 6. Juni 2005.
8 Ulrich, Bernd: Gerechtigkeit für Schröder. Die Zeit, 30. Juni 2005.
9 Müntefering, zitiert nach: Der Spiegel, 30. Mai 2005.
10 Wolfgang Thierse im Gespräch mit dem Verfasser am 17. März 2008 in Berlin.
11 Vogel, zitiert nach: http://www.dradio.de/dlf/sendungen/interview_dlf/379817 [20. Oktober 2008]
12 Müller, zitiert nach: Handelsblatt, 8. Juni 2005.
13 Müntefering, zitiert nach: ARD, Tagesthemen, 8. Juni 2005.
14 Kahrs, zitiert nach: Handelsblatt, 9. Juni 2005.
15 Klaus Barthel im Gespräch mit dem Verfasser am 18. Januar 2008 in Berlin.
16 René Röspel im Gespräch mit dem Verfasser am 13. Februar 2008 in Berlin.
17 Renate Schmidt im Gespräch mit dem Verfasser am 5. März 2008 in Berlin.
18 Ottmar Schreiner im Gespräch mit dem Verfasser am 11. Februar 2008 in Berlin.
19 Brie, Michael (Hrsg.): Die Linkspartei. Ursprünge, Ziele, Erwartungen. Berlin 2005, S. 7.
20 An der Abstimmung zur Vertrauensfrage nahmen 600 Abgeordnete teil. Die Kanzlermehrheit lag bei 301 Stimmen, wobei die Koalitionsfraktionen über 303 Abgeordnete verfügten. Die Enthaltungen stammten von 140 SPD-Abgeordneten und acht Grünen. Das Vertrauen verweigerten Schröder 246 Parlamentarier der Union, 47 der FDP und drei Fraktionslose.
21 So bejahten die Vertrauensfrage u. a. Klaus Barthel, Horst Kubatschka, Christine Lucyga, René Röspel, Horst Schmidbauer, Fritz Schösser und Rüdiger Veit.
22 Glotz, zitiert nach: Der Spiegel, 4. Juli 2005.
23 Klaus Barthel im Gespräch mit dem Verfasser am 18. Januar 2008 in Berlin.
24 Nahles, zitiert nach: Der Spiegel, 6. Juni 2005.
25 Bahr, zitiert nach: Der Spiegel, 20. Juni 2005.
26 Böhning, zitiert nach: Der Spiegel, 27. Juni 2005.
27 http://www.spiegel.de/flash/0,5532,11712,00.html [10. Oktober 2008]
28 Kirchhof, zitiert nach: Frankfurter Allgemeine Sonntagszeitung, 21. August 2005.
29 http://www.spd.de/show/1687985/310805_Rede_Wahlparteitag_Schroeder.pdf [10. Oktober 2008]
30 SPD-Parteivorstand (Hrsg.): Vertrauen in Deutschland. Das Wahlmanifest der SPD. [Berlin 2005], S. 58. Siehe auch www.spd.de/040705_Wahlmanifest.pdf
31 Der Spiegel, 15. August 2005.
32 Müntefering, zitiert nach: Der Spiegel, 30. Mai 2005.
33 Wowereit, zitiert nach: Der Spiegel, 1. August 2005.
34 Peters, zitiert nach: Der Spiegel, 25. Juli 2005.
35 Müntefering, zitiert nach: Welt am Sonntag, 17. Juli 2005.
36 Müntefering, zitiert nach: Der Spiegel, 1. August 2005.
37 Müntefering, zitiert nach: Bild am Sonntag, 19. Juni 2005.
38 Schröder-Köpf, zitiert nach: Die Zeit, 1. September 2005.
39 Merkel, zitiert nach: Der Spiegel, 25. Juli 2005.
40 Steinbrück, zitiert nach: http://www.stern.de/politik/deutschland/545879.html

41 Hilmer, Richard und Rita Müller-Hilmer: Die Bundestagswahl vom 18. September 2005: Votum für Wechsel in Kontinuität. Zeitschrift für Parlamentsfragen, 37. Jg. (2006), H. 1, S. 183–218, hier S. 200ff.
42 http://www.youtube.com/watch?v=9d7os_HakPY [10. Oktober 2008]
43 Schröder: Entscheidungen, S. 497.
44 http://www.linse.uni-due.de/linse/esel/arbeiten/ZP_Cetin.pdf [10. Oktober 2008]
45 Schirrmacher, Frank: Aufputscher. Frankfurter Allgemeine Zeitung, 20. September 2005.
46 Schröder: Entscheidungen, S. 504.
47 Der Spiegel, 26. September 2005.
48 Stiegler, zitiert nach: Der Spiegel, 3. Oktober 2005.
49 Es handelte es sich um die Süddeutsche Zeitung (»Rückzug Schröders im Gespräch«), die Westdeutsche Allgemeine Zeitung (»Müntefering statt Schröder ins Kabinett«) und die Rheinische Post (»Müntefering als Vizekanzler im Gespräch«).
50 Müntefering, zitiert nach: Bild-Zeitung, 28. September 2005.
51 Müntefering, zitiert nach: Der Spiegel, 24. Oktober 2005.
52 Wieczorek-Zeul, zitiert nach: Der Spiegel, 10. Oktober 2005.
53 Meldung Reuters, 10. Oktober, 14.23 Uhr.
54 Schröder, zitiert nach: Meldung DPA, 11. Oktober, 20.38 Uhr.
55 Eilmeldung AP, 12. Oktober, 12.56 Uhr.
56 Bannas, Günter: Baustein auf Baustein. Frankfurter Allgemeine Zeitung, 14. Oktober 2005.
57 Steinmeier, zitiert nach: Süddeutsche Zeitung, 26. Oktober 2007.
58 Steinmeier, Frank-Walter: Bürger ohne Obdach – Zwischen Pflicht zur Unterkunft und Recht auf Wohnraum. VHS-Verlag Soziale Hilfe, Bielefeld 1992, S. 394f.
59 Steinmeier, Frank-Walter: Fünfzehn gemeinsame Jahre. Vorwärts 12/2005–1/2006, S. 18f.

Rückkehr der Stammpatientin
11. April 2006

Neuer Schock für die SPD: Nach nur fünf Monaten legt der Parteivorsitzende Matthias Platzeck sein Amt aus gesundheitlichen Gründen nieder. Nachfolger soll der rheinland-pfälzische Ministerpräsident Kurt Beck werden.

VII. Im Schatten des Vizekanzlers

Die Suche nach Augenhöhe

Die in der großen Koalition vereinbarte Ressortverteilung wie Personalbesetzung stößt in Partei und Fraktion auf wenig Begeisterung. Müntefering habe stur traditionell verhandelt, kritisieren selbst Anhänger des Parteivorsitzenden. Mit den Ressorts für Finanzen und Arbeit sei wenig zu gewinnen. Der Finanzminister müsse eine unpopuläre Politik vertreten und Müntefering werde mehr Arbeitslosenminister denn Arbeitsminister sein, heißt es. Die Zukunftsthemen wie Bildung und Familie habe Müntefering dagegen leichtfertig der Union überlassen. Die SPD-Linke sieht sich im Kabinett zu schwach vertreten, was aber, außer von dem erkennbar frustrierten Michael Müller, der sich schon als Umweltminister sah, kaum thematisiert wird; schließlich macht sich manch einer noch Hoffnungen auf einen Posten als Staatssekretär. So bleibt das Klagen dem Juso-Vorsitzenden Böhning überlassen, der trocken konstatiert: »In der Regierung Schröder hat man gesehen, was passiert, wenn sich ein Kabinett völlig von der Partei absetzt.«[1] Müntefering tritt im Herbst 2005 als Parteivorsitzender zurück und wird als Bundesarbeitsminister und Vizekanzler Merkels Partner auf Augenhöhe. Den Nachfolgern an der Spitze der SPD, Matthias Platzeck und Kurt Beck, gelingt es aber nicht, aus dem Schatten Münteferings zu treten.

Verglichen mit den Ministern der Union genossen die meisten sozialdemokratischen Ressortchefs rasch eine hohe Reputation. Merkel musste bei ihrer Personalpolitik auf die Ansprüche zahlreicher Rivalen Rücksicht nehmen. Nur zähneknirschend akzeptierte sie Horst Seehofer (CSU) als Kabinettsmitglied. Dessen Parteifreund Michael Glos sollte sich im Wirtschaftsressort rasch als heillos überfordert erweisen. Mit begrenzter Begeisterung machte Merkel Wolfgang Schäuble zum Innenminister. Der Hesse Franz Josef Jung wurde Verteidigungsminister, was nur als Gegengabe an Koch zu erklären war. »Franz Josef Jung hat außer der Tatsache, dass er bei der Bundeswehr als Rekrut gedient hat, nie etwas mit

Verteidigungs- und Sicherheitspolitik zu tun gehabt. Insofern ist er der lebende Beweis dafür, dass man in der Politik fast jeden zu allem machen kann«, urteilte dazu der Politikwissenschaftler Gerd Langguth.[2] Die Berufung der – schnell reüssierenden – Familienministerin Ursula von der Leyen ging auf Merkel zurück, ebenso wie die Nominierung von Bildungsministerin Annette Schavan.

Erst eine Woche nach der Konstituierung des Bundestages und der Wahl des CDU-Politikers Norbert Lammert als Nachfolger Thierses zum Bundestagspräsidenten begannen die Koalitionsverhandlungen, die durch 16 Arbeitsgruppen für die Spitzenrunde vorbereitet wurden. Diese beriet erstmals am 24. Oktober.[3] Nach dem Rückzug Schröders war Müntefering erst recht der starke Mann der SPD. Er übte sich in Tiefstapelei und meinte hinsichtlich seiner künftigen Aufgaben: »Ich sehe für mich keine qualitative Veränderung, allenfalls einen anderen Arbeitsplatz.« Inzwischen hatte er die Fraktionsführung Struck überlassen. Er selbst übernahm neben dem Ressort für Arbeit und Soziales das Amt des Vizekanzlers. Dieser Posten ist zwar allein von symbolischer Bedeutung, das Grundgesetz kennt einen Vizekanzler nicht. Doch Müntefering wurde nun offiziell zu Merkels Partner, außerdem erhielt er für sein »Vizekanzleramt« 19 Stellen im Ministerium. Viele davon besetzte er mit vertrauten Mitarbeitern aus der Parteizentrale. Müntefering besaß damit ein strategisch agierendes Machtzentrum, das ihm zuarbeitete und fortan die sozialdemokratisch geführten Ressorts koordinierte. Damit nahm Müntefering schnell die Rolle des »Stubenältesten« unter den sozialdemokratischen Ministern ein.

Nun waren Merkel und Müntefering Partner auf Augenhöhe. Müntefering wurde Merkels wichtigster Partner. Zwischen der ostdeutschen Naturwissenschaftlerin und dem sauerländischen Industriekaufmann gab es vordergründig wenige Gemeinsamkeiten. Sie entstammen zwei völlig unterschiedlichen Sphären. »Müntefering verkörpert in Merkels Augen das westdeutsche Eckkneipenmilieu, wo man beim Pils von den alten Zeiten schwärmt und darüber die Zukunft vergisst«, schrieb der »Spiegel« damals, und: »Er wiederum hält Merkel für eine Vertreterin der McKinsey-Generation, die das Land allein nach Effizienzgesichtspunkten organisieren will.«[4] Nicht zuletzt hatte Müntefering Merkel im Wahlkampf kräftig attackiert (»Die kann es nicht«). Auf den zweiten Blick aber sind sich Merkel und Müntefering durchaus ähnlich – sie verbindet in Arbeitsstil und Herangehensweise viel mehr als etwa Schröder und Müntefering oder Merkel und Stoiber. Beide pflegen einen vergleichbaren Modus Operandi. Sie umgeben sich jeweils mit einem kleinen, verschworenen Kreis, in dem Klartext gesprochen wird. Hier herrscht ein hohes Maß an Vertraulichkeit. Für Außenstehende, geschweige denn Journalisten ist dieses Umfeld kaum zu knacken. Auch das strategische Verständnis ähnelt sich bei Merkel und Müntefering. Beide fragen stets, verbunden mit einer ordentlichen Portion Pragmatismus: Wo will ich am Ende stehen? Hinzu kommt, dass Kanzlerin wie Vizekanzler mit ihrem – arg vordergründigen – uneitlen Image gut leben. Merkel und Müntefering berieten sich nun mehrfach täglich. Ihre Büros im Bundestag waren durch eine von außen nicht erkennbare Treppe verbunden. Dies ermöglichte eine enge, von außen nicht sichtbare Kommunikation. Doch auch in der Öffentlichkeit steckten Merkel und Müntefering immer öfter die Köpfe zusammen.

Müntefering war längst in der großen Koalition angekommen, schnell hatte er sich von seiner Wahlkampfrhetorik verabschiedet. Alle Rufe nach einer Expansion des Gemeinwesens wies er nun zurück. Man wolle »einen handlungsfähigen Staat«, sagte Müntefering und schränkte sogleich ein: »Unser Land ist, bei einer Steuerquote von ungefähr 21 Prozent, an der Grenze seiner Handlungsfähigkeit.« Auf die Frage nach einer – noch im Wahlkampf stur abgelehnten – Steuererhöhung blieb er zurückhaltend. »Sich vorher festzuklopfen wäre unvernünftig.« Nur in einem Punkt blieb Müntefering vorerst noch konsequent. Eine Verlängerung der Lebensarbeitszeit schloss er mit deutlichen Worten aus: »Der demografische Faktor ist gut eingestellt; da liegt nicht das Problem. Wir haben alle Entscheidungen getroffen, die eine älter werdende Gesellschaft erfordert …«[5] Wenige Wochen darauf aber setzte Müntefering den von der Union vorgebrachten Beschluss der Koalition zur Rente mit 67 in der SPD im Alleingang durch.

Revolution am Reformationstag

Am 31. Oktober 2005 war es in Berlin politisch ruhig wie selten in den Wochen zuvor. In einigen Bundesländern wird am Reformationstag nicht gearbeitet, für die katholisch geprägten Gegenden gilt dies am Tag darauf anlässlich von Allerheiligen. Obwohl die Berliner an diesem wie am folgenden Tag arbeiten müssen, herrscht an solchen Tagen in den politischen Redaktionen meist Nachrichtenflaute. Die Republik ruht. So auch am 31. Oktober. Wenigstens bis in die Nachmittagsstunden. An jenem Tag kam der SPD-Vorstand zusammen. Müntefering wollte während dieser Sitzung den SPD-Bundesgeschäftsführer, seinen engsten Vertrauten Kajo Wasserhövel, zum Generalsekretär der Partei nominieren lassen. Auf dem Parteitag drei Wochen später in Karlsruhe sollte Wasserhövel dann gewählt werden. Gegen Wasserhövel kandidierte eine Frau, die ebenfalls in hohem Maße über Jahre hinweg von Müntefering gefördert worden war: Andrea Nahles.

Am Nachmittag platzte die sensationelle Nachricht in die quasi feiertägliche Ruhe: Nahles hatte mit 23 Stimmen gegen Wasserhövel, den Kandidaten des SPD-Vorsitzenden (14 Stimmen), gewonnen – und Müntefering kündigte umgehend seinen Rücktritt an. Inmitten der Koalitionsverhandlungen geriet die SPD in eine Krise. Ihr eben noch so starker Mann war beschädigt und zog darauf sogleich seine Konsequenz. Nach einem Moment der Ungewissheit teilte Müntefering jedoch mit, dass er für die SPD weiter verhandeln wolle, dass er also »nur« den Parteivorsitz aufgab. Abermals, gewissermaßen nebenbei, war der SPD ein Vorsitzender abhandengekommen – der siebte nach Willy Brandt. Binnen zwei Jahrzehnten nach dessen Rücktritt im Jahre 1987 hatten sich an der Spitze der Sozialdemokraten sieben gestandene Spitzenpolitiker aufgerieben: Hans-Jochen Vogel (1987–1991), Björn Engholm (1991–1993), Johannes Rau (1993, übergangsweise), Rudolf Scharping (1993–1995), Oskar Lafontaine (1995–1999), Gerhard Schröder (1999–2004) – und nun Franz Müntefering (seit 2004).

Wie war es zu diesem Debakel, das neben Müntefering ebenso Nahles und Wasserhövel beschädigte, gekommen? Bereits kurz nach der Bundestagswahl hatte Müntefering im Präsidium angedeutet, er denke an eine straffer geordnete Parteispitze, und bat, darüber nachzudenken. Sogleich wurde diese Initiative öffentlich bekannt. Wenig später erkor Müntefering in seinem autoritären Führungsstil Wasserhövel ohne jede Diskussion zum Kandidaten. Handstreichartig, im letzten Zehntel eines »Spiegel«-Interviews schlug Müntefering (»Ich mache keine Solo-Nummern«) seinen Kandidaten vor – und zwar erst, nachdem er gezielt gefragt worden war, was denn künftig aus Wasserhövel werde. Dazu erklärte Müntefering sodann: »Er kann auch Generalsekretär. Ich werde ihn dafür vorschlagen.«[6] So erfuhr der Parteivorstand vom autokratischen Ansinnen seines Vorsitzenden. Müntefering suchte als Nachfolger Benneters einen Statthalter im Willy-Brandt-Haus, dem er voll vertrauen konnte. Er wünschte sich jemanden, der ihm den Rücken frei hielt. In Wasserhövel hätte Müntefering einen von ihm abhängigen Generalsekretär gefunden, der seit jeher den Willen seines Herrn exekutierte. Müntefering wollte einen Mann des Apparates auf einen politischen Posten setzen.

Wasserhövel war der am längsten und am engsten für Müntefering wirkende Mitarbeiter. Der aus dem westfälischen Bocholt stammende Wasserhövel (Jahrgang 1962) hatte seine politische Karriere bei den Jungsozialisten in seiner Universitätsstadt Münster begonnen. Hier studierte er Geschichte und zählte zu den am linken Rand der Jusos agierenden »Stamokaps«, die den SPD-Nachwuchs jahrzehntelang dominierten. Als sich Wasserhövel nach seinem Examen um das Amt des Juso-Jugendbildungsreferenten im Parteibezirk Westliches Westfalen bewarb, lernte er Müntefering kennen. Nach vier Jahren wurde Wasserhövel Redenschreiber des Düsseldorfer Arbeitsministers. Als Müntefering wenig später Bundesgeschäftsführer der SPD wurde, wechselte er Ende 1995 als dessen Persönlicher Referent mit nach Bonn. Der fleißige und wortkarge Wasserhövel, der sich gegenüber Dritten niemals eine Bemerkung gegen seinen Chef herausnahm, leitete Münteferings Büro während dessen Zeit als Bundesverkehrsminister(1998/99), SPD-Generalsekretär (1999 bis 2002) und Fraktionsvorsitzender (2002 bis 2004). Unter dem SPD-Vorsitzenden Müntefering wurde Wasserhövel Bundesgeschäftsführer. Er folgte hier auf Franz-Josef Lersch-Mense, der unter Scholz gedient hatte. Wasserhövel war nun für die Führung der Parteizentrale verantwortlich. Er koordinierte die strategische Parteiarbeit und managte den Bundestagswahlkampf 2005. Von Wasserhövel und Müntefering hieß es intern, die beiden »denken synchron«. Über den stets verschwiegenen Müntefering war daneben immer wieder zu hören, entweder wisse niemand, was dieser denke – oder aber nur Wasserhövel habe davon eine Ahnung. Wer nun Wasserhövel zum Generalsekretär wählte, schätzte ihn entweder mehr als Andrea Nahles – oder wollte schlicht dem Willen des Parteivorsitzenden folgen, um Müntefering einen Gefallen zu tun. Letzteres dürfte für die loyalen Vertreter des konservativen Seeheimer Kreises ausschlaggebend gewesen sein. Nach seiner Niederlage sollte Wasserhövel abermals Müntefering folgen; er wurde wenig später Staatssekretär im Arbeitsministerium.

Andrea Nahles war von Heidemarie Wieczorek-Zeul als Generalsekretärin vorgeschlagen worden. Die Sprecherin der Partei-Linken gehörte seit der Bundestagswahl wieder dem Parlament an. Bei der vorherigen Wahl im Jahre 2002 war sie – nach vierjähriger Zugehörigkeit zum Bundestag – knapp gescheitert. Nahles' Unterstützer im Parteivorstand schätzten diese – oder wünschten sich eine Generalsekretärin an Münteferings Seite, die eigenständig arbeiten sollte und nicht in einem Ergebenheitsverhältnis zu dem Vorsitzenden stand. Für Nahles sprachen sich sowohl die SPD-Frauen als auch die Linken aus. So warb der Alt-Linke und ehemalige Bremer SPD-Vorsitzende Detlev Albers für Nahles mit den Worten: »Die Generalsekretärin muss gerade in Zeiten einer Großen Koalition durch eine eigenständige Persönlichkeit gekennzeichnet sein.« In Nahles' Umfeld hieß es mit indirektem Bezug auf Wasserhövel, der Posten des Generalsekretärs sei »keine nachgeordnete Verwaltungsstelle«. Es gehöre ein politischer Kopf, der für eine Perspektive stehe, in dieses Amt. Dabei wurde Nahles ebenso von den pragmatischen Netzwerkern unterstützt. »Wir wollen als Generation zusammenhalten«, begründete etwa die Abgeordnete Nina Hauer ihr Plädoyer für Nahles. Eine formale Vereinbarung zwischen Linken und Netzwerkern für Nahles' Wahl gab es jedoch nicht. Wohl aber empfahlen die Netzwerker ihren Parteivorstandsmitgliedern, Nahles zu wählen. Der Sprecher des Netzwerks, Hubertus Heil, initiierte unter dem Codewort »Morgenröte« einige Telefonkonferenzen, bei denen für die Wahl von Nahles getrommelt wurde. An diesen soll auch Matthias Machnig teilgenommen haben. Bei der Wahl zwischen Nahles und Wasserhövel ging es also nicht um links oder rechts. Es ging vielmehr um Emanzipation oder Gehorsam der Partei – und, jedoch nachrangig, um alte, nun zu begleichende Rechnungen.

Konservativ und unbefangen

Warum aber löste Andrea Nahles derlei Emotionen und Diskussionen aus? Lag es daran, dass Oskar Lafontaine sie einst ein »Gottesgeschenk« genannt hatte? Oder war es die Erinnerung an die oft sehr schrill auftretende Vorsitzende der Jungsozialisten, die Gerhard Schröder als »Abrissbirne sozialdemokratischer Programmatik« bezeichnet hatte – und dies ein Jahr vor dessen Wahl zum Kanzler?

Andrea Maria Nahles, geboren 1970, wuchs in dem konservativ geprägten 500-Einwohner-Eifeldorf Weiler auf. Die Tochter eines Maurermeisters und einer Finanzamtsmitarbeiterin bezeichnet ihr Elternhaus als unpolitisch. Das Interesse für Politik weckte der Deutsch- und Geschichtslehrer. Andrea Nahles hat sich mit ihrer Heimat nie überworfen, hat weder Spießigkeit noch Mief in der katholisch-konservativ geprägten Eifel beklagt und ist niemals aus dieser Umgebung geflohen. Dies verbindet sie mit Kurt Beck und unterscheidet sie von Franz Müntefering. Mit neun Jahren, direkt nach der Erstkommunion, wurde Nahles Messdienerin – als eines der ersten Mädchen in Weiler. Ihr Vater leitete lange Jahre den örtlichen Kirchenchor, das Haus der Familie steht neben der Kirche. Bis heute lebt Nahles in ihrem Heimatdorf Weiler in einem umgebauten Bauernhof, den sie von ihren Urgroßeltern geerbt hat. Andrea Nahles war schon als junge Frau gesundheitlich geschwächt. Bereits mit 16 Jahren erlitt sie einen Sehnenabriss an beiden Hüften, monatelang lag sie in einer Klinik. Wenig später überlebte Nahles einen Autounfall während eines Urlaubs in Schweden nur knapp.

In Weiler gründete Nahles einen SPD-Ortsverein, dessen Vorsitz sie sogleich übernahm. Vier Jahre nach Beginn ihres Germanistikstudiums in Bonn ließ sie sich in den Gemeinderat ihres Dorfes wählen – war also immer wieder zuhause. Hier und nicht in der Universitäts- und Bundeshauptstadt Bonn baute Nahles ihre machtpolitische Basis aus, die sie über den rheinland-pfälzischen Juso-Vorsitz im Jahre 1995 zur dritten weiblichen Chefin der Jungsozialisten nach Heidemarie Wieczorek-Zeul und Susi Möbbeck machte. Unaufgefordert hatte sie zuvor ihren Lebenslauf samt Kandidatenprofil und Anschreiben in einer Klarsichthülle an viele Zeitungsredaktionen geschickt. Für Journalisten sollte die junge Frau fortan stets zu sprechen sein.

Nahles weckte die Jusos aus dem Schlaf und machte sie kampagnenfähig. Dies gelang ihr besser als ihren Vorgängern, da sie zu keinem der traditionellen Flügel zählte und daher auch schon einmal darauf hinwies, Karl Marx sei im Jahre 1883 verstorben. Das mochten bei den Jusos nicht alle hören. An Selbstbewusstsein aber mangelte es ihr nie, sie selbst beschreibt sich seit jeher als ehrgeizig. Zu den führenden Kräften in ihrer Partei ging sie, wie es sich für ihr Amt gehörte, auf Distanz. »Ich traue Scharping nicht viel zu, aber mehr als Schröder«, verkündete Nahles nach ihrer Wahl. Schröder stehe dabei für einen »gewissen Rechtsdrall«.[7] Nach dem Verschleiß etlicher Vorsitzender aber dürfe die »mehr als bedenkliche« Lage der SPD nicht nur dem Parteichef Scharping angelastet werden, ließ sie verlauten. Wenig später schlug sich Nahles auf dem Mannheimer Parteitag für Oskar Lafontaine als neuen SPD-Vorsitzenden in die Bresche und wandte sich damit gegen ihren Landsmann und einstigen Ministerpräsidenten Scharping. Auf diesem Parteitag attackierte Nahles Schröder und Scharping, ermahnte aber auch Lafontaine. »Ich spreche ganz klar in Richtung von Gerhard Schröder: Wir brauchen keine Politmachos, und wir brauchen auch nicht eine Verherrlichung von Wirtschaftslobbyismus in dieser Partei, ebenfalls keinen Rechtspopulismus«, rief Nahles: »Genauso wenig reicht es mir allerdings auch, wenn der amtierende Parteivorsitzende heute morgen in seiner Rede mehr oder weniger auch keine klaren Prioritäten nennen konnte … Das war mir ein bisschen zu viel ›Lirum, larum, Löffelstiel‹, Rudolf.« An Lafontaine gewandt, sagte sie vor dem Parteitagsplenum: »Genauso wenig reicht es allerdings, lieber Oskar, sozialpolitisch die Parole auszugeben, wir müssten jetzt alle den Gürtel enger schnallen.«[8] Nahles' Appell sollte Lafontaine befolgen. Von jener Rede an sollte er nie wieder vom Volk verlangen, den Gürtel enger zu schnallen. Lafontaine dankte seiner treuen Verbündeten die Unterstützung in Mannheim.

Nahles hatte sich gegen Scharping schon zu dessen Amtszeit in Mainz gewandt. Als im Jahre 1993 in der SPD eine Urwahl über den Parteivorsitz stattfand, votierte Nahles für Heidemarie Wieczorek-Zeul, nicht also für Scharping oder gar Schröder. Als sich Nahles im Jahre 1995 für rot-rote Bündnisse aussprach, richtete sich dies ebenso gegen den rigiden Kurs Scharpings, der sich gegen derlei Koalitionen wandte. Nahles aber meinte: »Die PDS muss ihre Politikfähigkeit beweisen – die SPD sollte sie daraufhin testen.«[9]

In den folgenden Jahren verhielt sich Nahles stets loyal zu Lafontaine und stets kritisch zu Schröder. Gebetsmühlenartig forderte sie die Einführung von Erbschafts- und Vermögensteuer sowie einer Ausbildungsumlage. »Wer nicht ausbildet, wird umgelegt«, skandierte Nahles nicht nur auf dem Jugendparteitag der SPD in Köln im Jahre 1996 – bei dem sich Oskar Lafontaine Techno tanzend gezeigt hatte. Schröder hingegen warnte, von einer Ausbildungsplatzumlage solle die SPD »besser die Finger lassen«. In ihrer offenen, unbefangenen, zuweilen etwas lauten Art machte Nahles nie einen Hehl aus einem positiven Verhältnis zu Macht und Einfluss. Dabei besaß sie schon als Juso-Vorsitzende längst das Gefühl, welche Worte wo gut ankommen. »Wir nehmen Drogen und machen Drogenpolitik«, ließ sie als 26-Jährige zwei gleichaltrige Interviewer der »taz« wissen.[10]

Im Jahre 1998 wurde Nahles erstmals in den Bundestag gewählt – wie es sich für eine SPD-Linke gehört, über einen Platz auf der Landesliste. Hier hob sie das »Forum Demokratische Linke 21« in der SPD aus der Taufe – und übernahm nach bekanntem Muster dessen Vorsitz. Der verpasste Einzug in den Bundestag bei der Wahl 2002 war für Nahles, sieben Jahre nach dem Einstieg in die Berufspolitik, ein Schock. Nahles war niedergeschlagen. Mit Scharping übte ein alter Widersacher Rache. Obwohl er durch einige politische Peinlichkeiten bedrängt wurde, dachte Scharping später gar nicht daran, sein Bundestagsmandat abzugeben – wohl auch, weil damit Nahles von der rheinland-pfälzischen Liste der SPD ins Parlament nachgerückt wäre.

Nach dem verfehlten Einzug in den Bundestag dauerte es jedoch nur wenige Wochen, bis der IG-Metall-Vorsitzende Klaus Zwickel Nahles einen Job im Berliner Büro seiner Gewerkschaft anbot. Bald trat sie diese Stelle an. Ausgerechnet die Phase der rot-grünen Sozialreformen musste Andrea Nahles in außerparlamentarischer Wartestellung verfolgen. Schröders Politik der Agenda 2010 nannte sie umso lauter »konzeptlos, instinktlos und perspektivlos«. Als Nahles Schröder in dieser Phase im Herbst 2003 vorwarf, durch seine Reformen habe die SPD ihre Kernkompetenz in der sozialen Frage verloren, attackierte der Kanzler seine junge Kritikerin intern als »Kronzeugin der anderen Seite«. Auch Schröder wusste, welche Worte Nahles treffen. Nahles aber blieb stur. Es gebe keinen Fehler, den Schröder bei der Agenda nicht ausgelassen habe, klagte sie.

Nahles' Kritik und ihre eruptiven Äußerungen aber schadeten ihr nicht. Gerade Müntefering schätzte Nahles' Gefühl für die Seelenlage der Partei. Es war Müntefering, der Nahles im Dezember 2003 einen Platz im Präsidium der SPD organisierte. Nahles besaß damit Sitz und Stimme im höchsten Führungsgremium der SPD.

Als Nahles über mögliche Rücktritte von Schröders Ministern öffentlich spekulierte (»ich wüsste mehrere, die fällig sind«[11]), zog sie wiederum den Zorn Schröders und Münteferings auf sich. Dies aber ließ Müntefering letztlich unbekümmert. Er sah in Nahles eines der großen Talente der SPD und betraute sie mit einem für die Partei wichtigen Symbolprojekt. Andrea Nahles leitete ab Mai 2004 die Arbeitsgruppe »Bürgerversicherung«. Auch als außerparlamentarische Anführerin der Linken zählte Nahles dank Münteferings Unterstützung zum Establishment der SPD. Müntefering wollte wenigstens im kleinen Stil Nachwuchsförderung betreiben und Nahles eine Bewährungsaufgabe übergeben. Daneben ging so der um Profil ringende Kölner Gesundheitsökonom Karl Lauterbach, den Müntefering belächelte (»Habt Ihr schon mal einen Vernünftigen mit Fliege gesehen?«), leer aus.

Durch derlei Liebkosungen konnte Müntefering Nahles Gegenleistungen abverlangen. So gab sie ihre ursprüngliche Idee, für die Krankenkassenbeiträge sollten auch Mieteinkünfte herangezogen werden, flugs auf. Mit ihrem langjährigen Vorbild Lafontaine aber mochte Nahles noch immer nicht brechen. »Oskar hat viel geleistet für die SPD, und er hatte seit seinem Abgang 1999 auch nicht in jedem Punkt unrecht«, sagte Nahles Mitte des Jahres 2004.[12] Seitdem Nahles die Arbeitsgruppe »Bürgerversicherung« leitete, beäugten sie und Gesundheitsministerin Ulla Schmidt sich äußerst kritisch. Schmidt sprach im kleinen Kreis von »dieser jungen Frau«, die von Sozialpolitik so wenig verstehe. Nahles wiederum hält Schmidt für politisch naiv. Ihr gelang es, mit Lauterbach einen langjährigen Schmidt-Berater auf ihre Seite zu ziehen. In dieser Phase kündigte Nahles ihre Stelle bei der IG Metall. Sie wollte sich fortan auf ihr Thema »Bürgerversicherung« konzentrieren und daneben ihre Bonner Dissertation beenden. Vom Thema ihrer Doktorarbeit (›Funktionsweisen identifikatorischer Lektüre am Beispiel des historischen Romans‹) sprach sie schließlich bereits seit Jahren. Bis zur Bundestagswahl 2006 sollten beide Projekte beendet sein, dann hätte sie sich voll in den geliebten Wahlkampf stürzen können.

Doch alles kam anders. Die Neuwahl des Bundestages machte Nahles einen Strich durch die persönliche Lebensplanung.

Eine strategische Kooperation verabredete Nahles mit ihrem Ministerpräsidenten Kurt Beck, von dem sie etwa so viel hielt wie von Scharping, den sie aber öffentlich kaum angreifen mochte. Ihre Umschreibung Becks als »Buddha mit Sprengsatz«, bereits einige Jahre alt, war bei alldem doch recht schmeichelhaft. Es gab bösere Worte über Beck. Der wiederum wusste, dass er an Nahles nicht vorbeikam, er kannte ihre parteiinterne Macht. So unterstützte er im Jahre 2005 ihre Bundestagskandidatur – und schon rückte Nahles auf den sicheren vierten Listenplatz vor. Anhänger wie parteiinterne Gegner Nahles' beschreiben durchaus bewundernd, wie gut diese in der SPD »verdrahtet« sei. Nahles habe allerorten Ansprechpartner und eigene Truppen. Das ist das Ergebnis einer langjährigen Netzwerkarbeit aus der Erkenntnis daraus, dass die Macht in der SPD die Macht in den Gremien ist. Stets trifft sie der Neid von Gleichaltrigen, wenn diese beobachten, wie Nahles vor Kameras und Mikrofonen »Hof hält«. Dies galt – bislang – zu keiner Phase mehr als im Herbst 2005.

Bereits am Vorabend der entscheidenden Sitzung kam das SPD-Präsidium zu einem außerordentlichen Treffen zusammen. Münteferings Helfer warben derweil telefonisch für Wasserhövel. Doch Nahles' Truppe zeigte sich weitaus aktiver. Müntefering offenbarte bei dem Treffen eine gewisse, für ihn völlig untypische Nervosität. Längst musste er ahnen, dass Nahles gegen Wasserhövel obsiegen dürfte. Nachdrücklich warb er daher für Wasserhövel und sprach davon, zwischen Parteivorsitzendem und Generalsekretär müsse ein besonderes Vertrauensverhältnis bestehen.

Müntefering hatte bei alldem schon in der Phase vor dem Reformationstag 2005 erkannt, wie hier zwei Züge aufeinander zurollten. Die zwei Kandidaten, beide dem linken Lager entstammend, kannten sich lange und gut. Plötzlich aber grüßten sie sich nicht mehr. Müntefering musste ebenso Nahles' Sympathiewerte kennen – und mindestens das Bedürfnis der Partei spüren, eine eigene Rolle zu spielen, zumal in ihrer neuen Situation in der großen Koalition. Müntefering und Nahles sprachen in dieser Phase durchaus oft miteinander. Während der Koalitionsverhandlungen begegneten sich die beiden in der Arbeitsgruppe Arbeit und Soziales fast täglich. Nur das eine, das entscheidende Thema, die »Sache GS«, sparten beide während ihrer Vier-Augen-Gespräche aus. Zu diesem Thema schwieg Müntefering. Damit ließ er die Zuspitzung der Situation und die beiden Kandidaturen zu. Er suggerierte, er werde jede Entscheidung akzeptieren. In dieser Präsidiumssitzung warnte Müntefering Nahles und deren Unterstützer allein mit den Worten: »Ihr dreht da ein großes Rad.« Und: Ihm sei die Sache »wirklich wichtig«. Immer wieder ist zu vernehmen, Müntefering habe Nahles das Amt des Generalsekretärs gar selbst einmal angetragen. Aus dem Umfeld Münteferings ist zu hören, dem sei nicht so.

Schon zuvor hatte Müntefering Nahles einmal gesagt, sie habe doch für ihr Alter schon viel erreicht. Nahles aber ließ sich von derlei Hinweisen nicht beeindrucken und blieb hart. »Die Leute haben das Top-down-Verfahren gründlich satt«, erklärte sie in einer internen Sitzung. Nahles argumentierte, der Generalsekretär müsse eine eigene Rolle spielen und dürfe nicht als Sprecher des Parteivorsitzenden fungieren. Die 35-Jährige hatte zuvor bereits Münteferings Angebot abgelehnt, Parlamentarische Staatssekretärin in seinem künftigen (Arbeits-)Ministerium zu werden. Nahles wollte sich nicht als Dienerin in Münteferings Administration aufreiben lassen. Wieczorek-Zeul zählte in dieser Phase zu den Kritikern Münteferings. Sie warf ihm vor, mit der Nominierung seines »Vasallen« Wasserhövel ein Solospiel zu betreiben. Das alles aber focht Müntefering nicht an. In den linken Landesverbänden, die mit Nahles ohnehin sympathisierten, wuchs parallel die Begeisterung über das Spiel »Junge Frau gegen älteren Mann«. Es sei doch bewundernswert, hieß es hier, dass Nahles es »dem Alten einmal zeigt«. Einige wünschten zudem einen Bruch mit der von Müntefering exekutierten »Basta«-Politik. Sie wollten Müntefering zwar nicht schädigen, wohl aber zähmen. Eine Niederlage seines Kandidaten zogen sie ins Kalkül. Nahles verbreitete derweil die Sprachregelung, ihre Bewerbung stelle »keine Kampfkandidatur« dar und ihr gehe es um eine »einvernehmliche Lösung«. Eine solche aber war längst unmöglich geworden. Der Parteivorsitzende wiederum ließ seine Leute umherziehen und die Vorstandsmitglieder warnen, sie dürften bloß nicht »den Franz« beschädigen, sie müssten kurzum Wasserhövel wählen. »Der Franz« also setzte voll auf seine Autorität. Müntefering zeigte sich in den Stunden und Tagen vor der Sitzung über Nahles' Kandidatur moralisch empört. Am Sonntagnachmittag vor der Wahl rief er Nahles an und fragte sie, wie sie auf eine Niederlage reagieren werde. Nahles stellte klar, in diesem Fall werde sie sich auf dem Parteitag nicht zur Wahl stellen, eine »Zerreißprobe« wolle sie verhindern. Über die Möglichkeit, dass Nahles gewinnen könnte, sprach Müntefering nicht.

In der entscheidenden Sitzung bat Müntefering beide Kandidaten sich vorzustellen, obgleich sie diesem Kreis weitgehend bekannt waren. Nahles sprach in ihrer gewohnt lebhaften Art, appellierte an das soziale Gewissen, das die SPD in der großen Koalition nicht aufgeben dürfe. Eher westfälisch dröge und zurückhaltend stellte sich Wasserhövel vor. Er rechnete längst mit einer Niederlage. In der Tatsache, dass Nahles ihre Kandidatur aufrechterhielt, sah er ein Indiz, dass sie ihr »Ticket« zusammenhatte. In der anschließenden Debatte sprach sich die scheidende Familienministerin Renate Schmidt für Nahles als Generalsekretärin aus. Ulla Schmidt, der designierte niedersächsische SPD-Chef Garrelt Duin und der Europapolitiker Martin Schulz plädierten für Wasserhövel. Edelgard Bulmahn, Präsidiumsmitglied Bärbel Dieckmann, Klaus Wowereit und der Außenpolitiker Christoph Zöpel wiederum warben für Nahles. Thierse attackierte Wasserhövel, indem er ihm absprach, eine Talkshow bestehen zu können. »Du wirst immer der Bote von Franz Müntefering bleiben«, rief der thüringische Landesvorsitzende Christoph Matschie Wasserhövel zu. Andere bezeichneten diesen als »Apparatschik«. Thierse verteidigt heute sein damaliges Eintreten für Nahles mit dem Hinweis, die SPD müsse »gerade als Regierungspartei in einer großen Koalition sichtbar bleiben und ihren Eigensinn leben können«. Damit die SPD »nicht Schaden nimmt«, habe dies personifiziert werden müssen. Daher habe er Nahles unterstützt. »Sie wäre sicherlich gegenüber Müntefering hinreichend loyal gewesen. In meinen Augen war Münteferings Adlatus Kajo Wasserhövel als Generalsekretär nicht geeignet. Er wäre aus seiner persönlichen Loyalität zu Müntefering allein der verlängerte Arm des Vizekanzlers geworden.«[13]

Benneter wies darauf hin, der Parteivorsitzende müsse sich auf die Loyalität des Generalsekretärs verlassen können. Ein Debakel offenbar ahnend, verließen Müntefering und Schröder den Sitzungssaal und berieten sich. Sigmar Gabriel versuchte nun im letzten Moment, den gordischen Knoten zu durchschlagen, und schlug vor, Heidemarie Wieczorek-Zeul möge zugunsten von Nahles auf das Amt der stellvertretenden SPD-Vorsitzenden verzichten. Diese wiederum mochte ihr Amt partout nicht räumen und bewegte sich keinen Millimeter: Eher trete sie als Ministerin zurück, als dass sie das Amt als Parteivize abgebe, sagte Wieczorek-Zeul. Nahles wollte keinesfalls gegen ihre Verbündete Heidemarie Wieczorek-Zeul antreten. In Nahles' Umfeld betrachtete man Gabriels Vorschlag als »Gehässigkeit«, habe er doch Nahles gegen Wieczorek-Zeul ausspielen wollen. Bevor der Wahlgang sodann eröffnet wurde, mahnte der scheidende Kanzler Schröder, alles zu tun, »um Franz zu stärken«. Dies sei gerade in dieser Phase der Verhandlungen mit der Union von Bedeutung. Müntefering wies in seinem Schlusswort darauf hin, für ihn sei die Sache »wichtig«. Dann wurde gewählt. Um 14.50 Uhr stand das Ergebnis fest: 23 Stimmen für Nahles, 14 für Wasserhövel.

Die Partei hatte einen gesunden Reflex gezeigt, der sich dagegen wehrte, vom Apparat regiert zu werden. Müntefering unterbrach sogleich die Sitzung, berief das Präsidium ein, erklärte seinen Rücktritt und informierte die Bundeskanzlerin. Als einige Mitglieder des Parteivorstandes Müntefering anschließend in seinem Büro aufsuchten, machte er auf sie einen »aufgeräumten Eindruck«. Wie selbstverständlich berichtete er von seinem Anruf bei Merkel. Anschließend widmete er sich wieder den Koalitionsverhandlungen. Selbst einstige Vertraute Münteferings können bis heute dessen Agieren nicht erklären. Einer sagt dazu: »Franz Müntefering hat geglaubt, dass seine Autorität ausreicht. Das ist ein unerklärlicher Fehler.« Zuweilen heißt es, in jener Phase sei Münteferings an Krebs erkrankter Ehefrau Ankepetra eine neuerlich verschlechterte Diagnose gestellt worden. Daher sei Müntefering zuweilen innerlich abwesend gewesen; er habe es aus diesem Grund als unmöglich aufgefasst, den Parteivorsitz weiter auszuüben.

Der Rückzug Münteferings vom Amt des SPD-Vorsitzenden löste eine Kettenreaktion aus. Nahles wie Wasserhövel traten zurück ins Glied. Für einen Augenblick schienen die Koalitionsverhandlungen in Gefahr. Andrea Nahles' Sieg führte gar zu Entscheidungen auf ganz anderer Ebene: Edmund Stoiber nahm Münteferings Schritt zum Anlass, die politische Bühne in Berlin fluchtartig zu verlassen. Er beging – unter einem Vorwand, letztlich wollte er doch nicht unter Merkel dienen – wohl den schwersten Fehler seines Lebens und läutete einen zweijährigen politischen Herbst ein. Die in München mit den Hufen scharrenden potenziellen Nachfolger Stoibers, Günther Beckstein und Erwin Huber – die nur kurzfristig als Ministerpräsident Bayerns bzw. Parteivorsitzender der CSU amtieren konnten –, mussten sich nun zwei weitere Jahre in Geduld üben. Ihre Autorität erodierte. Nur, weil Andrea Nahles im SPD-Vorstand gewonnen hatte.

Müntefering offenbarte seinen autokratischen Führungsstil dabei selbst während seiner vierminütigen Erklärung, die er im Anschluss an die Krisensitzung zu seinem Rückzug gab und bei der er keine Fragen zuließ. »Ich hatte für mich die Planung«, berichtete er hier, »dass in den nächsten vier, fünf Jahren die Erneuerung und Verjüngung der Partei an den verschiedenen Stellen stattfinden würde und sollte. Das geht nun ein bisschen schneller. Das muss nicht schlecht sein.« Müntefering also hatte bis dato die Verjüngung der SPD-Spitze allein abhängig von seiner »Planung« verstanden, gar nur von einer »Planung für mich«. Diese Planung sah diesen Prozess – so behauptete er nun – für die »nächsten vier, fünf Jahre« vor, also bis zum Ende des Jahres 2010; zu diesem Zeitpunkt wäre Müntefering 70 Jahre alt. Dabei muss man Müntefering zugute halten, dass er sich zumindest mehr als Schröder um den politischen Nachwuchs gekümmert hatte. Dieser blickte nämlich vorwiegend auf seine eigene Generation, das Kabinett seiner Kanzlerschaft offenbarte dies stets allzu deutlich.

Einer fehlte bei dem Showdown jener Stunden: Kurt Beck war der Vorstandssitzung fern geblieben. Er verbrachte derweil seinen traditionellen Herbsturlaub in Andalusien, was Müntefering ihm noch lange verübeln sollte. Bis heute spottet Münteferings Umfeld über Becks »viele Urlaube im Funkloch«. Müntefering hätte in Beck dabei durchaus einen Verbündeten gehabt, Beck war schließlich an einem Aufstieg Nahles' wenig gelegen. Er beäugte deren politische Auffassungen mit Skepsis, und sie galt in seinen Augen seit dem Mannheimer Parteitag als gefährliche, unsichere Kantonistin. Müntefering wiederum schrieb nach seinem Rückzug an die Mitglieder seiner Partei: »Gleichzeitig Partei zu sein und zu regieren, ist nicht leicht.«[14] Dies zeigte sich fast zwei Jahre später an keinen anderen zwei Personen zugespitzter als bei Franz Müntefering und Kurt Beck.

»Unser Messias heißt Matthias«

Mit Münteferings Rücktritt nach einem Jahr, sieben Monaten und zehn Tagen an der Spitze der Partei drohte der SPD eine Führungskrise. Ihre Spitze aber wusste, dass sie sich gerade jetzt kein politisches Vakuum erlauben konnte. Für die Nachfolge Münteferings kamen nur zwei Männer infrage, die beide ein Land führten: der brandenburgische Ministerpräsident Matthias Platzeck (Jahrgang 1953) und sein rheinland-pfälzischer Amtskollege Kurt Beck (Jahrgang 1949). Beck brach unmittelbar nach Münteferings Rücktritt seinen Urlaub in Andalusien ab. Binnen weniger Stunden einigten sich Platzeck und Beck darauf, Platzeck solle in die Fußstapfen Münteferings treten. Beck war über dessen Bereitschaft erkennbar erleichtert, stand er doch im März 2006 vor einer Landtagswahl und musste seine sozial-liberale Koalition im Mainzer Landtag in einer für die SPD schwierigen Lage verteidigen. Das über vier Jahrzehnte lang christdemokratisch geführte Rheinland-Pfalz war dank Becks unangefochtener Popularität das letzte westdeutsche Flächenland, das die SPD regierte. In Berlin wie in Potsdam wusste man, welche Wirkung es gehabt hätte, sollte die Mainzer Machtbastion wenige Monate nach Beginn der großen Koalition fallen. Platzeck ließ sich nur widerwillig in die Pflicht nehmen. Er kannte die SPD längst nicht so gut wie Beck etwa, geschweige denn Müntefering. Der Westen Deutschlands war der »alten Ostsocke«, wie Platzeck sich zuweilen nannte, in weiten Teilen fremd. Mit Händen und Füßen wehrte sich seine Lebensgefährtin dagegen, dass er den Parteivorsitz übernehme, berichtete Platzeck intern. Platzeck aber sah keine Möglichkeit, sich diesem Himmelfahrtskommando zu verweigern. Den Vorsitz auszuschlagen wäre ihm wie ein Verrat vorgekommen, argumentierte er. Zudem war allen Beteiligten klar: Eine führungslose Partei während Koalitionsverhandlungen ist nicht handlungsfähig. So willigte Platzeck ein.

Mit Platzeck trat ein völlig neuer Typ an die Spitze der SPD. Der Ministerpräsident gehörte den Sozialdemokraten gerade einmal zehn Jahre lang an. Platzeck stammt aus einem Potsdamer Arzthaushalt, anders als Schröder, Müntefering oder Beck also aus »bürgerlichen Verhältnissen«. Seine Mutter war Tochter einer Pastorenfamilie, Platzecks Groß- und Urgroßvater waren Sozialdemokraten. In der DDR zählte der Protestant Platzeck zur Minderheit derer, die sich konfirmieren ließen. Dennoch machte er Abitur und absolvierte den Wehrdienst in der Nationalen Volksarmee. Platzeck war kein Widerständler und hat dies nie für sich in Anspruch genommen – nicht nur hier ähnelt er seiner Duzfreundin Angela Merkel, die aus einem brandenburgischen Pfarrershaus stammt, dennoch Abitur machte und studieren durfte. Nicht zuletzt um Konflikte mit dem Staat zu umgehen, entschied sich Platzeck für ein ingenieurwissenschaftliches Studium. Ein systemnaher Beruf wie Lehrer oder Anwalt kam für ihn in der DDR nicht infrage.

Als Mitarbeiter am Chemnitzer Institut für Lufthygiene erhielt Platzeck erste Einblicke in die Luftverschmutzung im Süden der DDR. In der zweiten Hälfte der achtziger Jahre engagierte er sich in der Umweltbewegung und gründete eine Potsdamer Bürgerinitiative. Nach dem Mauerfall wurde er Gründer und Sprecher der Grünen Liga in der DDR. Es folgte die Arbeit am Runden Tisch. In der Übergangsregierung unter Ministerpräsident Hans Modrow amtierte Platzeck für die Grüne Partei als Minister ohne Geschäftsbereich. Im März 1990 wurde er in die Volkskammer gewählt, wo er unter anderem mit Marianne Birthler, Joachim Gauck, Günter Nooke und Werner Schulz der kleinen, quirlig-sympathischen Fraktion »Bündnis 90« angehörte. An der Seite von Birthler und Nooke wechselte er im Oktober 1990 in den brandenburgischen Landtag. In der Potsdamer »Ampel«-Koalition berief ihn der neue Ministerpräsident Manfred Stolpe (SPD) zum Umweltminister. Während des Oderhochwassers im Sommer 1997 wurde Platzeck, der inzwischen Mitglied der SPD geworden war, bundesweit als »Deichgraf« bekannt. Ihm war es gelungen, den Ruf eines erfolgreichen Krisenmanagers zu erwerben – durchaus vergleichbar mit der Popularität und dem dann folgenden Aufstieg des Hamburger Innensenators Helmut Schmidt während der Elbeflut über drei Jahrzehnte zuvor.

Im Jahre 1998 verließ Platzeck die Landespolitik und wurde Oberbürgermeister seiner geliebten Heimatstadt Potsdam, um auf diese Weise den Wahlsieg eines PDS-Kandidaten zu verhindern. Seit Juni 2002 führt er die große Koalition in Brandenburg. Im Herbst 2005 lehnte der bescheiden auftretende Platzeck Schröders Offerte, Außenminister zu werden, ab. Potsdam und Pritzwalk statt Paris und Peking lautete seine Entscheidung. Nicht einmal der Titel des Vizekanzlers konnte Platzeck locken. Bislang war geplant gewesen, dass Platzeck beim SPD-Parteitag Ende 2005 stellvertretender SPD-Vorsitzender werden sollte. Dieses Amt hätte er als Vertreter des Ostens längst beanspruchen können, doch Platzeck hatte sich dafür nicht verkämpft.

»Platzeck, Potsdam«, stellt sich dieser stets vor, wohl wissend, dass sein Gegenüber genau weiß, wem er gerade die Hand schüttelt. Platzeck verkörperte einen neuen Politikstil. Kungelrunden, in denen seit Jahrzehnten parteipolitische wie parteiinterne Feindbilder gepflegt werden, waren ihm fremd. Der Naturwissenschaftler Platzeck beanspruchte für sich, »rationale« Politik zu machen. Dies hieß nicht, dass er stets verständnisvoll oder sensibel mit sämtlichen Parteifreunden umging. Das tut ein Mann mit Macht eben auch dann nicht, wenn er als der gute Mensch von Potsdam gilt. Eine Gier nach Ämtern aber kann man Platzeck ebenso wenig nachsagen wie eine schablonenhafte Politik. Das Poltern und Polemisieren mag Platzeck nicht, er trumpft nicht auf. Schon wurde er verglichen mit dem einstigen SPD-Vorsitzenden Björn Engholm, dem Schöngeist aus Lübeck, der so gern über Stil und Ästhetik parlierte, politisch aber scheiterte.

Platzeck pflegt internationale Kontakte nach Osteuropa. Die führenden politischen Köpfe in Polen oder Ungarn kennt er zumeist aus persönlichen Begegnungen. In Weißrussland etwa trifft er sich ebenso mit Machthabern wie mit Oppositionellen. Das Milieu der Bürgerrechtler, deren Vorstellungen und deren zuweilen mangelhaftes politisches Geschick sind ihm aus eigener Anschauung in der DDR vertraut. Bei alldem zeigte sich bald, dass Platzeck zuweilen Konflikte unterschätzte oder die Notwendigkeit für die – in der Parteipolitik sehr wohl erforderlichen – »Kungelrunden« nicht richtig einzuschätzen vermochte. So offenbarte Platzeck wenige Tage vor dem Bundesparteitag der SPD in Karlsruhe keinerlei Interesse daran, interne Absprachen zu treffen.

Platzeck schwärmt mit Begeisterung für sein in weiten Teilen noch immer gebeuteltes Land Brandenburg. Er wirbt dafür, die wenigen Erfolgsgeschichten aus der DDR nicht aufzugeben – ohne aber in den Verdacht zu geraten, die DDR zu verklären. Dafür kennt Platzeck seine eigene Geschichte und das Leiden vieler Oppositioneller gut genug. Platzeck ist alles andere als beratungsresistent, er hört zu und lernt rasch. Zuweilen wirkt seine Rhetorik etwas naiv. Wenn er etwa, angelehnt an George W. Bushs Projekt »No Child

Left Behind«, ohne aber diese Quelle zu nennen, davon spricht, »kein Kind darf zurückgelassen werden«, muss er sich fragen lassen: Ist dies bei aller vernünftigen Zielvorstellung, gewissermaßen als Vision, in der Praxis nicht doch alltagsfremd? Kann und darf der Staat suggerieren, er könne es erreichen, dass wirklich »kein Kind zurückgelassen wird«? Oder ist es nicht schlicht gegeben, dass manches Kind in derart schlechten Strukturen und derart benachteiligt aufwächst und der Staat daran wenig ändern kann? Bezogen auf solche Vorstellungen erscheint Platzecks Denken ein wenig preußisch-etatistisch.

Platzeck gelang vor seiner Wahl zum SPD-Vorsitzenden auf dem Karlsruher Parteitag Mitte November 2005 eine aufrüttelnde, erfrischende und rhetorisch brillante Rede. Er verstand, die Seele der Partei anzusprechen, ohne aber eine sozialdemokratische Musterrede zu halten. Außerdem vermochte Platzeck, nicht nur die parteitagserfahrenen Delegierten emotional zu ergreifen. Er verwendete dabei eine Rhetorik, die auf SPD-Parteitagen eher fremd ist – und reüssierte doch. So sprach Platzeck vom Glücksgefühl der deutschen Einheit und rief in den Saal: »Ich möchte mein Land, unser Deutschland, gegen kein anderes Land der Welt eintauschen.« Daneben gelang es ihm, mit dem »neuen Unten« ein Thema zu setzen, das wenig später in der »Prekariats«-Debatte wieder aufgegriffen wurde. Schon mit seiner Kandidatenrede wurde deutlich, dass der neue Vorsitzende die Buchstaben SPD anders buchstabierte als seine Vorgänger. Platzeck brachte Erfahrungen aus der Ökologiebewegung mit, das Thema Bürgerrechte lag ihm durch seine Erfahrung mit dem Leben in einer Diktatur stärker am Herzen als anderen. Die technokratische Wortwahl, die die SPD etwa in NRW so schätzt, ist ihm hingegen fremd wie das politische Biotop der Sozialdemokratie in weiten Teilen des Westens. Das ist nicht Platzecks Welt.

Wenn Platzeck über »Gerechtigkeit« redet, ist damit auch »Generationengerechtigkeit« gemeint. Dies war für ihn, anders als etwa lange für Müntefering, niemals ein Unwort. Der brandenburgische Ministerpräsident spricht bis heute eben nicht nur von dem stets bemühten 58-jährigen Dachdecker, er spricht ebenso von dem Hochschulabsolventen oder der Verkäuferin. Platzeck nutzte seine Parteitagsrede als Gelegenheit, die Linkspartei massiv zu attackieren. »Die Linkspartei ist populistisch, rückwärtsgewandt und in großen Teilen vorgestrig – nur links, das ist sie mit Sicherheit nicht.« Als Vorsitzender der SPD, versprach er, »die Füße fest am Boden zu behalten«. Mit 99 Prozent erhielt Platzeck ein Rekordergebnis, von dem Schröder nicht hätte träumen können. Wenig später kommentierte Platzeck diese Zustimmung in einer Mischung aus Bescheidenheit und Ironie: »Einer der ostdeutschen Genossen sagte, ›gräm dich nicht, die Zahl erinnert an alte Zeiten …‹ Aber dieses Ergebnis ist wohl regulär zustande gekommen.« Platzecks Rede, sein Wahlergebnis und die Euphorie seines Umfeldes schürten übermäßig hohe Erwartungen an den neuen Parteichef, die ihm schon bald Probleme schaffen sollten. »Wir brauchen keinen Messias, wir haben einen Matthias«, verkündete etwa Hubertus Heil, den Platzeck zum neuen Generalsekretär vorgeschlagen hatte. Platzeck aber war über diesen Satz – und die damit verbundenen hohen Erwartungen – wenig glücklich.

Netzwerker und Strippenzieher

Der gerade einmal 33-jährige Bundestagsabgeordnete Heil löste nun Klaus Uwe Benneter ab, einen Mann, der ein Vierteljahrhundert älter war als er. Mit nur 26 Jahren war Hubertus Heil in den Bundestag gewählt worden, er vertritt hier den niedersächsischen Wahlkreis Gifhorn/Peine. Kurz nach der Wahl ins Parlament gründete Heil mit einigen anderen Bundestagsnovizen in seinem Bonner Büro das »Netzwerk«. Darin schlossen sich vornehmlich jüngere SPD-Abgeordnete zusammen, die sich weder dem linken Flügel noch dem konservativen Seeheimer Kreis anzuschließen gedachten. Deren Marsch durch die Institutionen läuft seither ruhig und alles andere als polternd ab, zuweilen jedoch auch erfolglos, denkt man etwa an die einstigen Nachwuchshoffnungen Kurt Bodewig oder Ute Vogt. Heil wurde Mitglied des Wirtschaftsausschusses und befasste sich mit der Liberalisierung des Telekommunikationsmarktes. Die »Abteilung Attacke«, für die Heil nun als Chef des Willy-Brandt-Haus tätig war, lag ihm schon zuvor am Herzen. »Man muss die Regeln kennen«, befand er bereits mit Ende 20: »Regel Nummer eins: Tue Gutes und rede darüber. Regel zwei: Du kannst sicher sein, dass deine politischen Gegner alles daransetzen werden, es wieder schlechtzureden. Regel drei: Versuche das letzte

Wort zu haben.« Heil ist ein Mann des Wortwitzes und der Sprachgewalt. Die Geschichte der SPD kennt er ebenso wie zahlreiche Anekdoten über Brandt, Wehner, Schröder – oder Müntefering. Zudem liebt er es, Politikerkollegen, Parteifreunde und Figuren der Zeitgeschichte zu imitieren.

In jungen Jahren mokierte sich Heil immer wieder über die eigene Partei. »Was passiert, wenn die SPD die Sahara regiert?«, fragte der Hinterbänkler Heil im kleinen Kreis und gab sogleich die Antwort: »Ein paar Jahre gar nichts. Und dann wird der Sand knapp.« Heil warnte die SPD vor dem Image der Reformverweigererin. Er widersetzte sich, als er sich gegen das Modell der Bürgerversicherung wandte und in einem Beitrag für die »Welt« konstatierte: »Das Kopfpauschalensystem ist gerechter, weil es die Rahmenbedingungen für mehr Erwerbsarbeit verbessert.«[15] Denkverbote und ideologische Abgrenzungen missfallen Heil. Schon als politisch neugieriger Schüler wollte Heil einmal die damalige Bundeshauptstadt Bonn besuchen. Ausgerechnet mit einem Schulfreund, der der Jungen Union angehörte, trat der Juso Heil die Reise an. Kaum war die Mauer gefallen, fuhr Heil in die DDR und traf sich hier mit Vertretern der neu gegründeten Sozialdemokratie.

Als Heil erstmals die SPD seines Heimatortes aufsuchte, verdächtigte man den jungen Mann – stets gekleidet mit Hemd und Sakko – dort als Spion der Jungen Union. Auch als junger Abgeordneter trug er gern einen schwarzen Anzug, ein weißes Hemd und eine rote Krawatte. Kollegen lästerten dann zuweilen, er sehe viel älter aus, als er ist (»sein eigener Onkel«). Da er immer wieder Ehrgeiz erkennen ließ, spotteten sie über seine »Staatssekretärsallüren«. Staatssekretär aber sollte Heil gar nicht werden – dank seiner Potsdamer Kontakte. Schon während seines Politikstudiums in Potsdam hatte Heil für die brandenburgische SPD zu arbeiten begonnen. Hier lernte er Platzeck kennen. Der damalige Minister wurde auf den Studenten Heil aufmerksam und verlor ihn seither nicht mehr aus den Augen.

Heil hatte sich in der Auseinandersetzung Wasserhövel versus Nahles voll auf die Seite von Nahles geschlagen. Obgleich Heil und die einstige Juso-Vorsitzende sich misstrauisch beäugten, sah Heil in ihr eine Garantin für die Unabhängigkeit der Partei. In Telefonkonferenzen warb Heil kräftig für Nahles, was Franz Müntefering nicht entgehen sollte. »Ich wähle Hubertus Heil«, bekannte

Müntefering dennoch zwischen seinem Rücktritt und der Neuwahl der Parteiführung, bei der nun Heil statt Nahles als Kandidat für das Amt des Generalsekretärs antrat. Einen kleinen Seitenhieb hatte er aber dennoch für Heil parat. Heil sei seinem neuen Amt gewachsen, prognostizierte Müntefering und fügte sogleich an, er hoffe, dieser habe künftig »keine Zeit mehr für Schaltkonferenzen und Netze knüpfen«.

Bei seiner Kandidatenrede auf dem Karlsruher Parteitag wirkte Heil wenig überzeugend. Er klammerte sich an ein rhetorisches Geländer, das daraus bestand, zwei Dutzend Mal die »Genossinnen und Genossen« anzusprechen. Ansonsten sprach er von »eigenen Fehlern« im Kontext des Reformationstages zwei Wochen zuvor und widmete sich dem Thema Rechtsextremismus. Da durfte er wenig Widerstand erwarten. Während seiner Rede verließen viele Delegierte den Saal, etliche unterhielten sich. Schatzmeisterin Inge Wettig-Danielmeier, der letzte Betonkopf in der SPD-Führung, verfolgte die Rede Heils mit verkniffener Miene. Heils Umgebung gab zu, sie erwarte kein gutes Wahlergebnis für »Hubi«, wie er von seinen Freunden genannt wird. Die Parole lautete, ein wenig zu bescheiden: »Mehr als Olaf«, erinnernd an die Wahl von Olaf Scholz zum Generalsekretär und dessen Ergebnis zwei Jahre zuvor. Scholz hatte damals 52,6 Prozent geholt. Heil und die Seinen hofften eher auf 70 Prozent, doch der Parteitag gewährte ihm nur 61,7 Prozent.

Die geringe Zustimmung dürfte unter anderem auf Heils Engagement zugunsten von Andrea Nahles beruht haben. Manch einer unter den Delegierten, zumal aus Münteferings Landesverband Nordrhein-Westfalen, wollte die »Königsmörder« abstrafen und verpasste so neben Heil auch der stellvertretenden SPD-Vorsitzenden Ute Vogt einen Denkzettel. Diese hatte sich wenige Stunden nach dem Rückzug Münteferings in den abendlichen »Tagesthemen« äußerst ungeschickt verhalten und den Eindruck einer kaum zu überbietenden politischen Naivität hinterlassen. Die Riege der Stellvertreter Platzecks erwies sich bei alldem als ohnehin völlig ungleichgewichtig. Während Beck als Erster unter Gleichen galt und Peer Steinbrück durch seine starke Stellung im künftigen Kabinett viel Eigengewicht besaß, galten Vogt, die Bonner Oberbürgermeisterin Bärbel Dieckmann sowie die saarländische Bundestagsabgeordnete Elke Ferner als Leichtgewichte.

Die drei Frauen waren in der »Bundesliga« ohne Bedeutung. Nicht zuletzt Beck sah in ihnen eine Fehlbesetzung.

Neben der Wahl der neuen Führung mussten die Delegierten den Koalitionsvertrag absegnen. Da SPD-Parteitage zuweilen unberechenbar sind, hatten sich Schröder, Müntefering und Platzeck in einem gemeinsamen Brief an alle SPD-Mitglieder gewandt. Darin machten sie sich für das ungeliebte Bündnis mit der Union stark. Die drei Männer ärgerte, dass die Partei nicht sehen mochte, was sie in den Koalitionsverhandlungen durchgesetzt hatten. »Wir müssen gestalten und die Probleme des Landes lösen«, hieß es in diesem Appell an das staatspolitische Verantwortungsbewusstsein der Deligierten. Keiner warb dabei so euphorisch für die große Koalition wie Müntefering. Er sprach von schweren Niederlagen, vielen kritischen Fragen und einer anstrengenden Phase – meinte damit aber die Phase nach der Neuwahlentscheidung und nicht etwa die Zukunft oder gar die eigene Befindlichkeit. Nachdrücklich plädierte Müntefering für die große Koalition, die er fortan als »Lebensabschnittspartnerschaft« mit den Unionsparteien charakterisierte. Mit diesem Wort und dem Hinweis, es handele sich keineswegs um eine »Liebesheirat«, baute er den Funktionären der eigenen Partei abermals eine Brücke. Die eigene Situation nach seinem Rückzug schien an Müntefering kaum zu nagen. »Ich werde damit umgehen können«, sagte er nüchtern. Längst sah sich Müntefering als Bundesminister für Arbeit und Soziales, als Vizekanzler der Bundesrepublik Deutschland. Sehr zum Ärger Platzecks ließ Müntefering auf dem Parteitag einen separaten Antrag einbringen und abstimmen, der seine Funktion als Vizekanzler bekräftigte.[16]

Die SPD war für Müntefering ein Stück Vergangenheit, zumal er sich von Platzecks Truppe gedemütigt sah. Müntefering war auf dem Parteitagspodium – gewollt und äußerst ungeschickt – ganz weit außen platziert worden. Das verstärkte seinen Groll auf Platzecks Leute. Daneben handelte es sich um alles andere denn Selbstverleugnung, als Müntefering ins Parteitags-Plenum rief: »Ich freue mich auf die weitere Zusammenarbeit mit Andrea Nahles.« Müntefering wusste, dass Nahles erst einmal als einfache Abgeordnete Buße tun musste. Für alle sichtbar, auf dem Parteitagspodium, streichelte Müntefering Nahles die Wange. Er habe ihr signalisieren wollen, die Sache sei jetzt in Ordnung und er sei da ohne Arg, sagte Müntefering später.

»Mit Mut und Menschlichkeit«

Mit gerade einmal einem Dutzend Gegenstimmen billigte der SPD-Parteitag den Koalitionsvertrag, dessen 191 Seiten überschrieben waren mit dem Motto »Gemeinsam für Deutschland – mit Mut und Menschlichkeit«. Deutlicher konnte sich die Union von ihrem »kalten« Wahlkampf kaum abgrenzen. Längst war Paul Kirchhof, jener »Professor aus Heidelberg«, Geschichte. Der Koalitionsvertrag von Union und SPD war doppelt so lang wie der der rot-grünen Koalition von 2002 – und 14-mal so umfangreich wie der von Helmut Kohls erster Regierung aus Union und FDP.[17] Der Politikwissenschaftler Uwe Thaysen charakterisierte die Regierungsbildung der großen Koalition zu Recht als »Dissens-Management«[18]. Genau so war der Vertrag konstruiert. Die führenden Sozialdemokraten erleichterten ihren Funktionären die Zustimmung, indem sie mit schmerzverzerrtem Gesicht von »bitteren Pillen« und »Zumutungen« jener Koalitionsvereinbarung sprachen, um dieses Werk dann doch als wegweisend zu charakterisieren. Die Union hielt es nicht anders. Der scheidende Bundeskanzler aber hatte für alle Verdrossenen in seiner Partei einen Trost parat: Schon den letzten, rot-grünen Koalitionsvertrag habe er nicht gelesen, bekannte Gerhard Schröder. Mit dem neuen Papier werde er es ebenso halten.

Als die Koalitionsvereinbarung unterschrieben war, kündigte die designierte Kanzlerin an, ihre Regierung werde »mit Fröhlichkeit und Leidenschaft« vier Jahre lang gemeinsam erfolgreich Politik machen. Angela Merkel gab sich dabei bescheiden. Die Menschen sollten am Ende der Regierungszeit sagen, »dass es ihnen ein Stück besser geht als 2005«. Müntefering formulierte das so: »Milch und Honig werden nicht fließen. Gesundes Brot und ordentlicher Aufstrich werden aber da sein.« Die SPD hatte schon vor Beginn der Koalitionsverhandlungen durchgesetzt, dass die Steuerfreiheit auf Sonn-, Feiertags- und Nachtzuschläge nicht angetastet wurde. Gleiches galt für die Tarifautonomie. Ebenso wurde der Kündigungsschutz kaum verändert. Beim Atomausstieg blieb es. Dieses weitgehend sozialdemokratische Programm sah ferner eine Mehrwertsteuererhöhung zum 1. Januar 2007 um drei Prozentpunkte vor – nachdem die Union im Wahlkampf eine Erhöhung von zwei Punkten (zum 1. Januar 2006) gefordert und die SPD dagegen polemisiert hatte. Der Erlös dieses höheren Satzes sollte den

Arbeitslosenbeitrag sinken und die Investitionen in Forschung und Entwicklung steigen lassen. Auch die »Reichensteuer«, eigentlich eine sozialdemokratische Schnapsidee aus dem Wahlkampf, wurde Teil der Koalitionsvereinbarung. Außerdem wurde ein Investitionsprogramm in Höhe von 25 Milliarden Euro beschlossen. »Weniger für den privaten Konsum – und dem Staat Geld geben, damit Bund, Länder und Gemeinden ihre Aufgaben erfüllen können« hatte Franz Müntefering drei Jahre zuvor verlangt und dafür kräftig Prügel eingesteckt. Nun wurde dieser Satz offizielle Regierungspolitik. Eichels Fiskalpolitik wurde von seinem Nachfolger Steinbrück nicht fortgesetzt.

Erst gut zwei Monate nach der Wahl wählte der Bundestag Angela Merkel zur Bundeskanzlerin. Bis zu jenem 22. November 2005 waren 66 Tage vergangen – nur Helmut Schmidts Wahl im Jahre 1976 hatte sich länger hingezogen.[19] Für Merkel votierten 397 Parlamentarier, 51 Koalitionsabgeordnete versagten ihr die Unterstützung. In der Union machte sich Freude über Merkels Wahl breit. Etliche Christdemokraten aber befriedigte das Ende der Kanzlerschaft Schröders mehr als der Erfolg seiner Nachfolgerin. Die hohe Zahl von »Abweichlern« bei der Wahl der Kanzlerin ging daneben völlig unter, konnte sich die Koalition doch auf eine Mehrheit von 140 Mandaten stützen. Anders als zu rot-grünen Zeiten war der einzelne Abgeordnete machtlos. Jene SPD-Abgeordneten, die Schröder das Leben schwer gemacht hatten und nun wieder im Parlament saßen, waren unter der Kanzlerschaft Merkels ohne jede öffentliche Bedeutung. Schröder legte bereits am 24. November 2005 sein Bundestagsmandat nieder, ganz anders als sein Vorgänger Kohl, der sich würdelos noch Jahre nach seiner Regierungszeit im Plenum in den Reihen der Abgeordneten langweilte. Schröder erhielt daraufhin Büroräume, die jedem Altbundeskanzler im Bundestag zustehen. Die Ironie der Geschichte sollte Schröder dabei begleiten: Er bezog im Bundestagsgebäude Unter den Linden 50 ausgerechnet die Räume, in denen zuvor seine nicht wiedergewählte Fraktionskollegin Sigrid Skarpelis-Sperk gegen ihn agitiert hatte.

Sonnendeck und Maschinenraum

Von einer »Koalition der neuen Möglichkeiten« sprach Angela Merkel während ihrer ersten Regierungserklärung als Bundeskanzlerin am 30. November 2005. Ihre Botschaft war klar und bezeichnend: Merkel setzte weit weniger als im Wahlkampf auf Reformen und wirtschaftliche Liberalisierungen. Sie thematisierte soziale Sicherheit und Solidarität. Dabei handelte es sich nicht allein um ein Zugeständnis an den sozialdemokratischen Koalitionspartner. Merkel hatte gelernt. Merkel hatte erlebt und erlitten, wie ihr wirtschafts- und reformfreundlicher Wahlkampf sie beinahe um die Kanzlerschaft gebracht hätte. Das wird ihr nicht noch einmal passieren. Die Bundeskanzlerin agierte fortan geschickt und weniger verbindlich als zuvor. Sie suchte Formelkompromisse. Sie moderierte. Wenn sie in ihrer Regierungserklärung das Wort »Mehr Freiheit wagen« verwendete, so diente dies als Botschaft an zwei Gruppen. Zum einen richtete es sich an die Sozialdemokraten, an deren – mit Namen erwähnten – Bundeskanzler Willy Brandt erinnernd, der einst in seiner Regierungszeit »Mehr Demokratie wagen« wollte. Zum anderen wandte sie sich an diejenigen in den eigenen Reihen, die unter Freiheit vor allem wirtschaftliche Freiheit verstanden.

Merkel erwarb sich in den folgenden Wochen und Monaten bei den Sozialdemokraten einen enormen Respekt. Dabei verstand sie es, selbst einfache Abgeordnete geschickt zu umgarnen. Immer wieder erhob sie sich im Bundestagsplenum von ihrem Platz auf der Regierungsbank und bewegte sich auf die Reihen der SPD-Fraktion zu. Hier schüttelte sie Hände, gratulierte sozialdemokratischen Parlamentariern zu Reden und Geburtstagen. Zuweilen fragte sie gezielt nach einzelnen Zahlen, die Abgeordnete zuvor in einer Rede verwendet hatten. Eine solche Nachfrage schmeichelt, eine solche Nachfrage hinterlässt Eindruck und schafft Loyalität. Nicht anders ging Merkel mit ihren Kabinettskollegen um. Sigmar Gabriel hatte sich wenige Monate vor der Regierungsbildung von seinem Kanzler, Landsmann und Genossen Schröder anhören müssen: »Abnehmen und Klappe halten!« Die christdemokratische Kanzlerin hingegen sandte ihrem sozialdemokratischen Umweltminister eine Gratulationsbotschaft per SMS, nachdem er sich bei einer internationalen Konferenz gut geschlagen hatte. Entsprechend freundlich äußerte sich Gabriel fortan über Merkel. Doch auch ein raubeiniger Sozialdemokrat wie Peter Struck lobte die neue Regierungschefin: »Das ist keine erzkonservative Frau, sondern eine Pragmatikerin mit hohem analytischem Verstand«, sagte Struck. Merkel sei »sehr sachkundig«, sie werde »international ... die Interessen Deutschlands selbstbewusst und angemessen vertreten«.[20] Nicht zuletzt zahlte sich aus, dass Angela Merkel in den Bundestagswahlkämpfen 2002 und 2005 auffallend freundlich mit dem sozialdemokratischen Personal umgegangen war. Was nur in wenigen Fällen auf Gegenseitigkeit beruhte.

Doch die Euphorie während der ersten Monate der großen Koalition war schnell passé. In der SPD verstärkte sich der Eindruck, man bewege sich eben doch nicht auf Augenhöhe mit der Union. Die national wie international wachsende Reputation der Kanzlerin missfiel den Sozialdemokraten – und sie erlebten, was die bundesdeutsche Kanzlerdemokratie bedeutet, nicht zuletzt für das tägliche Regierungsgeschäft. Sie nämlich lässt sich zusammenfassen mit den Worten: »Auf die Kanzlerin kommt es an.« In der SPD wuchs die Sorge, sowohl die präsidial agierende Kanzlerin als auch die von der Union gestellten Minister könnten sich der eher bequemen und angenehmen Themen bedienen, während Sozialdemokraten – etwa mit dem defizitären Staatshaushalt und den Arbeitslosen – für die unangenehmen Aufgaben zuständig waren. Anlässlich der 100-Tage-Bilanz prägte SPD-Generalsekretär Heil das Bild, es gehe nicht an, dass sich die Union auf dem »Sonnendeck« aufhalte, während seine Partei im »Maschinenraum« schwitze. Diese Metapher wiederholten in den folgenden Wochen mehrere Sozialdemokraten, nicht nur der Parteivorsitzende Platzeck. Die SPD tat sich schwer damit zu akzeptieren, dass Merkel – also die Frau, die es aus Wahlkampfsicht der SPD »nicht kann« – nun geschickt agierte. Die Sozialdemokraten mochten am liebsten selbst die große Regierungspartei stellen, daneben aber setzten viele in der SPD darauf, ebenso die Rolle der großen Oppositionspartei einzunehmen. Die Aufgabe des kleineren Regierungspartners gefiel ihnen jedenfalls nicht. Rhetorisch wurde diese ohnehin mit dem stets vorgetragenen Verweis auf die vermeintliche »Augenhöhe« mit der CDU/CSU abgelehnt.

Platzeck erlebte zu Anfang des Jahres 2006, welch anspruchsvolle Aufgabe er sich mit dem Parteivorsitz aufgebürdet hatte. Er selbst machte selten seinen Führungsanspruch deutlich. Die Sitzungen des SPD-Präsidiums habe er nicht vorbereitet, sagen Kritiker Platzecks bis heute. Dessen Umgebung habe sich schlichtweg als überfordert erwiesen. Die ersten internen Widersacher wagten sich in dieser Phase aus der Deckung. So verlangte Berlins Regierender Bürgermeister Wowereit von Platzeck, dieser solle ins Kabinett wechseln und seine Kanzlerkandidatur – für die Wahl im Herbst 2009 – erklären. Ausgerechnet Wowereit forderte Platzeck auf, er müsse »das Profil der SPD darstellen und schärfen«.[21] Wowereit war bis dato weder innerhalb der Sozialdemokratie noch in der Berliner Landespolitik durch programmatische Schärfe aufgefallen, eher durch das Gegenteil. Eine Vorstellung von dem, wo Berlin einmal stehen soll und wie den wirtschaftlichen Defiziten der deutschen Hauptstadt begegnet werden kann, hat Wowereit bis heute nicht entwickelt. Es griffe zu kurz, ihm das längst überstrapazierte Klischee des »Regierenden Partymeisters« anzuhängen. Doch Wowereit vermag für seine Alltagspolitik (mit immerhin beachtlichen Einsparungen) keinen Überbau zu finden – ein eigentlich dramatischer Befund für das Oberhaupt der Bundeshauptstadt. Gleiches gilt für die Rolle Wowereits innerhalb der Sozialdemokratie. Hier versucht sich Wowereit als »Linker« zu etablieren, Verbündete um sich zu scharen und entsprechende Truppen zu sammeln. Was aber macht das angeblich linke Profil Wowereits aus, abgesehen davon, dass er eine rot-rote Koalition anführt?

Bei alldem war und ist das Verhältnis zwischen Platzeck und Wowereit angespannt. Durch die Nachbarschaft und die Kooperation von Berlin und Brandenburg in vielen Bereichen – zwei Jahrzehnte nach der Vereinigung Deutschlands soll allmählich ein gemeinsamer Flughafen entstehen – müssen Platzeck und Wowereit einen engeren Kontakt pflegen als andere Ministerpräsidenten. Eine Freundschaft aber ist daraus, entgegen vieler Berichte, nicht entstanden. Platzeck hält Wowereit für einen politischen Luftikus. Dem wiederum ist der Ostdeutsche Platzeck fremd, er zählt ihn zu den misstrauisch beäugten Modernisierern in der SPD. Im Grunde haben sich die beiden Männer nichts zu sagen, auch wenn Wowereit in seiner Autobiografie schreibt: »Mit Matthias Platzeck … verstand ich mich auf Anhieb prächtig. … (Wir) haben uns in den letzten Jahren wirklich schätzen gelernt. Wir haben ohne langen Anlauf einen sehr freundschaftlichen Umgang gefunden. … Bei vielen Themen ticken wir ähnlich. Die Dogmen-Huberei ist uns beiden fremd. ... So ein gutes Verhältnis ist in der Politik eher ungewöhnlich ...«[22]

Niemand aber machte Platzeck das Leben so schwer wie sein Vorgänger an der Spitze der SPD, Franz Müntefering. Der Bundesminister für Arbeit und Soziales und Vizekanzler der Bundesrepublik Deutschland war von Platzeck enttäuscht. Müntefering war überzeugt, dass eine große Koalition mehr Führung verlangt als eine kleine Koalition. Diese Führung sah er bei Platzeck nicht. Schon nach den ersten Monaten im Amt charakterisierte Müntefering ihn als schlichtweg überfordert. Im Präsidium kritisierte Müntefering im Februar 2006, die SPD stehe nicht hinter dem Koalitionsvertrag. Abermals zweifelte er an ihrer Regierungsfähigkeit. Intern fragte Müntefering: Wollen wir wirklich regieren? Wer von uns sagt: »Das ist unsere Regierung«? Müntefering spitzte zu, indem er im Parteivorstand erklärte: »Wir wollen eine erfolgreiche Bundeskanzlerin.« Er warb für die Gestaltungspolitik und wandte sich gegen die Sehnsucht nach der kuscheligen Opposition.

Müntefering spürte, wie sehr seine gut funktionierende Achse zu Schröder fehlte. Ohne Platzecks Arbeit als SPD-Vorsitzender beim Namen zu nennen, fand Müntefering für das Diskussionsniveau in der Parteispitze ein vernichtendes Wort aus seiner Fußballsprache: »Das ist Kreisliga.« Müntefering hielt Platzeck für zu weich, zu bürgerlich und zu konfliktunfähig. »Müntefering nimmt Platzeck nicht für voll«, sagte einer aus der Parteispitze. In Münteferings Augen ließ sein Nachfolger das Profil der SPD nicht deutlich genug erkennen. Platzeck kämpfte ihm zu wenig und gab sich zu larmoyant-defensiv. Kritiker Platzecks sprechen davon, er habe sich intern stets zu unklar positioniert und Diskussionen ohne Zielrichtung laufen lassen – ganz anders also als Müntefering. »Der konnte es nicht von der ersten Minute an. Da musste Müntefering irgendwann ausflippen. Mit dem Wort von der Kreisliga sagte er etwas, was viele dachten«, blickt ein Präsidiumsmitglied zurück. Hinzu kam, dass Müntefering Platzecks engen Mitarbeitern wenig zutraute.

Müntefering verdächtigte Platzeck zudem, er wolle sich von der Reformpolitik distanzieren. Davon aber konnte keine Rede sein. Noch dazu musste es Müntefering ärgern, wie euphorisch Platzeck in den Medien gefeiert wurde. Wasserhövel war indigniert, da Platzeck selbst seine offene Kommunikation hervorhoben und einen neuen Stil beschworen hatte. Sicherlich war dies als indirekte Kritik am Vorgänger zu verstehen – wenngleich auf eine durchaus zutreffende Weise. Platzeck wiederum klagte über Münteferings Brutalität. Müntefering sei eben ein einsamer Wolf und überaus misstrauisch, sagte er. Das werde sich kaum mehr ändern. Von modernem Führen und einem Mindestmaß an Kommunikation halte Müntefering nichts, hieß es in Platzecks Umfeld.

Doch war Müntefering an einem scharfen Profil der SPD in dieser Phase überhaupt interessiert? Dies darf getrost bezweifelt werden. Müntefering nämlich war längst für eine andere Aufgabe zuständig, der eine stets um Profil bedachte, starke, ja aggressive SPD nur im Wege stünde: Müntefering wollte den Erfolg der Regierung. Müntefering war die Regierung. Und Müntefering wusste, dass ein Erfolg der Regierung nur dann zu erreichen war, wenn die von ihm einst geführte SPD Zugeständnisse machte, sich auf Kompromisse einließ, kurzum leicht zu nehmen war. Er selbst war vom Kampagnero zum staatstragenden Stellvertreter Angela Merkels geworden. »Ich glaube, dass sie als Mensch und Politikerin es doch kann«, sagte Müntefering nun hinsichtlich von Merkels Kanzlerschaft.[23]

Müntefering lobte nun die Kanzlerin, sie habe das Talent, Probleme rechtzeitig zu analysieren. Er pflege mit ihr einen mitteleuropäischen Umgang und berichtete: »Ich könnte Ihnen auch ihre Handynummer aus dem Kopf aufsagen.«[24] Gern zeigte er sich Seit an Seit mit der Kanzlerin – beständig lächelnd. An der SPD-Basis und in der Parteizentrale wunderte und ärgerte man sich zuweilen über die jüngste, nahezu Schilyeske Wandlung Münteferings. Für das Management des Willy-Brandt-Hauses, die Kampagnenfähigkeit, die Koordination von Wahlkämpfen, die Mitgliederwerbung – für all dies war Müntefering eben nicht mehr zuständig. Für all dies fühlte er sich nicht mehr zuständig. Das war jetzt Aufgabe von Platzeck und Heil. Als Fraktionschef hatte Müntefering viele Gesetze durchgeboxt, als Parteivorsitzender hatte er den Laden zusammengehalten. Und da Müntefering wusste, wie gut er einst all diese Aufgaben bewältigt hatte, war er davon überzeugt, Platzeck und dessen Leute seien ihnen nicht annähernd so gewachsen. Noch wenige Wochen zuvor hatte er im Wahlkampf über Angela Merkel gesagt: »Die kann es nicht.« Nun dachte er über Platzeck:

»Der kann es nicht.« Hinzu kam, dass Müntefering noch immer über seine Partei verärgert war. Der SPD-Vorstand war ihm in der Frage des Generalsekretärs nicht gefolgt; diese Enttäuschung trug er der Partei nach. In den Parteigremien zeigte er sich übelgelaunt, den Feierlichkeiten zum 130. Geburtstag der Parteizeitung »Vorwärts« blieb Müntefering demonstrativ fern – was ein Jahr zuvor noch undenkbar gewesen wäre.

Auf die Wahlkämpfer in den Ländern, unter ihnen Beck, nahm Müntefering keine Rücksicht. Er prügelte die Rente mit 67 ohne jede interne Absprache schnell durch das Kabinett – noch bevor SPD-Linke und Gewerkschaften aufbegehren konnten. »Da muss man kein Mathematiker sein, da reicht Volksschule Sauerland, um zu wissen: Wir müssen da irgendetwas machen«, schleuderte Müntefering seiner Partei entgegen. Im Eiltempo beschloss die Regierung, das Renteneintrittsalter ab 2012 jeweils um einen Monat pro Jahr zu erhöhen, ab 2024 um zwei Monate pro Jahr. Erst im Jahre 2029 ist dann das gesetzliche Renteneintrittsalter mit 67 erreicht. Betroffen sind davon die Geburtsjahrgänge ab 1964. In der SPD führte die – nur sehr zögerlich greifende – Neuregelung zu hoher Unzufriedenheit. Für Beck und die anderen Wahlkämpfer aber setzte Müntefering das Gesetz zum denkbar ungünstigsten Zeitpunkt durch. »Der macht uns den ganzen Wahlkampf kaputt«, tobte der sichtlich angespannte Beck in einer internen Sitzung. Selbst überzeugte Befürworter der Rente mit 67, etwa Renate Schmidt, sprechen von einer »überfallartigen Einführung« und einem »nicht besonders gelungenen« Vorgehen Münteferings.[25] Der wiederum war der Überzeugung, unbequeme Aufgaben seien gleich zu Beginn der Regierungszeit anzupacken. Und steht nicht ohnehin immer irgendwo eine Landtagswahl ins Haus?

Müntefering wollte die Rente mit 67 durchziehen und zeigte sich hart – in der Erwartung, diese Entscheidung dürfte die nächste Bundestagswahl kaum mehr beeinflussen. Er war überzeugt, dass die Union bei neuralgischen Punkten wie der Rente mit 67 nicht kompromissbereit war. Doch sollte die Union die SPD in dieser Frage nun vor sich hertreiben? Müntefering war bereit, diese Kröte sogleich zu schlucken, wissend darum, dass die Union ebenso der SPD entgegengekommen war – etwa beim Thema Kündigungsschutz. Bestand eine große Koalition nicht eben aus dem Prinzip von Geben und Nehmen? Außerdem sah er die sachliche

Notwendigkeit des Schrittes und scheute sich nicht, für eine gute Politik einzutreten, selbst wenn diese unpopulär sein sollte. Müntefering argumentierte, wenn etwas nicht populär sei, müsse man es eben populär machen. Platzeck war von Münteferings Agieren anfangs nicht angetan, wagte dann aber einen Schritt nach vorn und trug den raschen Beschluss zur Rente mit 67 mit. Die Partei aber akzeptierte und kommunizierte den Beschluss zur Rente mit 67 niemals. Sie mäkelte vielmehr beständig daran herum. Müntefering argumentierte intern, Politik sei harte Arbeit und diene nicht der Selbstverwirklichung. Es reiche zudem nicht, allein für die Mühsamen und Beladenen etwas durchzusetzen. Ein allgemeiner Gestaltungswille müsse stets erkennbar sein, meinte er, indirekt auf Platzeck zielend. Müntefering sah das Land in schwierigen Zeiten. Er wollte innerhalb der großen Koalition etwas bewegen und umsetzen – ohne sich »alle drei Minuten entschuldigen zu müssen«. In seinen Augen führte Unentschiedenheit ins Dilemma, und er war verärgert über das permanent schlechte Gewissen, das in der SPD ob der eigenen Politik herrschte.

Platzeck beschrieb die Beziehung zwischen ihm, dem Fraktionsvorsitzenden Peter Struck und Vizekanzler Müntefering euphemistisch als »gut funktionierendes Dreieck«. Doch dabei lag die Frage auf der Hand: War das von Platzeck beschriebene Dreieck gleichschenklig? Müntefering jedenfalls beanspruchte, etwa mit seinem Vorstoß zur Rente mit 67, die Spitze des Dreiecks darzustellen. Sein Verständnis von Entscheidungsprozessen hatte sich dabei gar nicht gewandelt: Er vermied Diskussionen. Wenn sich diese nicht vermeiden ließen, dann diskutierte zunächst Franz Müntefering mit Franz Müntefering. Sofern dies noch immer nicht reichte, diskutierte Müntefering mit seinen Getreuen hinter der geschlossenen Tür seines Ministerbüros, im »closed shop« des Vizekanzleramtes. Der SPD-Vorsitzende musste da das Nachsehen haben.

Derweil fand Platzeck das Einvernehmen mit der ihm biografisch verbundenen Kanzlerin – viel mehr als mit weiten Teilen seiner Partei. Die Gespräche zwischen Merkel und Platzeck liefen recht harmonisch ab. Platzeck erschien der Kanzlerin wesentlich näher und sympathischer als der CSU-Vorsitzende Stoiber. Doch an Führung in der SPD, die Platzeck in ihrer ganzen (westdeutschen) Breite eben längst nicht vertraut war, ließ er es mangeln. Er fremdelte, wenn er den Traditionsbataillonen der Ruhrgebiets-

Sozialdemokratie begegnete oder wenn er die oppositionsvernarrten Truppen in der bayerischen SPD erlebte. Die vielen Parteitermine am Wochenende missfielen ihm ohnehin. Platzeck sah seine Priorität ganz klar in Potsdam, bei den ihm vertrauten Mitarbeitern in der Staatskanzlei. Hier hängen in den Büros Kalender von niedlichen Katzen, hier geht man um 11.30 Uhr »zu Tisch«, hier ist es gemütlich. Berlin scheint weit weg zu sein. Platzeck liebt sein Potsdam. Er konnte und kann sich nicht vorstellen, woanders zu leben.

Unter Platzecks Führung bestand die SPD jedoch ihren ersten Bewährungstest: Als im März 2006 die Landtage in Baden-Württemberg, Rheinland-Pfalz und Sachsen-Anhalt gewählt wurden, kam die SPD dabei gut weg. Ute Vogts zweiter Anlauf in Stuttgart geriet zwar zu einem Desaster; dieses Land aber hatte die SPD ohnehin längst für sich aufgegeben. Das Willy-Brandt-Haus hatte vielmehr die zwei anderen Länder in den Blick genommen. Rheinland-Pfalz, das letzte sozialdemokratisch regierte Flächenland im Westen, galt dabei als die wahre Herausforderung. Kurt Beck holte hier gar die absolute Mehrheit und konnte, nein musste, fortan ohne die von ihm geschätzten Liberalen regieren – eine enorme Leistung in der ansonsten depressiven SPD. In Sachsen-Anhalt, dem politisch höchst volatilen Bindestrich- und Kunstland, endete das Intermezzo einer CDU/FDP-Koalition. Der väterlich und überparteilich agierende Ministerpräsident Wolfgang Böhmer (CDU) führte fortan eine große Koalition mit der SPD. Platzecks Verbündeter, der sachsen-anhaltinische Fraktionsvorsitzende Jens Bullerjahn, wurde Finanzminister und stellvertretender Regierungschef in Magdeburg.

Als Platzeck am 10. April 2006 im »Spiegel« seine Vorstellungen vom neuen Grundsatzprogramm der SPD schilderte, erschien das wie ein Paradigmenwechsel. Platzeck wollte seine Partei Abschied nehmen lassen von traditionellen Vorstellungen und jeder Oppositionsrhetorik. Er verordnete der SPD mehr Bernstein und weniger Kautsky. »Unser Leitbild ist der vorsorgende Sozialstaat, der weitaus stärker als das bisherige Sozialstaatsmodell in die Menschen und ihre Potentiale investiert«, schrieb Platzeck in seinem Aufsatz im »Spiegel«. Der Sozialstaat habe »Partner, nicht Verwalter der Menschen« zu sein. Er müsse die Menschen aktivieren, »damit sie ihr Leben in eigener Verantwortung gestalten können«. Es gelte, sich einzugestehen: »Die neuen sozialen Fragen, vor allem die Bekämpfung von Armut und Ausschluss lassen sich mit dem Sozialstaat alter Prägung nicht bewältigen.« Die SPD wolle »keinen abgemagerten Sozialstaat, sondern einen besseren«.[26] Seit Oskar Lafontaine hatte sich kein SPD-Vorsitzender programmatisch stärker hervorgetan. Platzeck wagte es nun, neue Wege zu beschreiten. Doch er brach zu keiner langen Wanderung auf.

Platzecks Rückzug

Noch vor dem Erscheinen seines »Spiegel«-Aufsatzes, am Sonntagabend, bat Platzeck die SPD-Spitze ins Willy-Brandt-Haus. Er kündigte für den nächsten Tag seinen Rücktritt an – aus gesundheitlichen Gründen. Unter Tränen, emotional ergriffen wie physisch angeschlagen, berichtete Platzeck von dem dringenden ärztlichen Appell zum Rückzug, den er lange, viel zu lange, überhört hatte. Offen zählte er auf, wie oft er in den vergangenen Wochen zusammengebrochen war. Betroffen hörte die Führungsspitze ihrem Vorsitzenden zu. Nach nur 147 Tagen war die Geschichte des Hoffnungsträgers Matthias Platzeck beendet. Wieder musste ein neuer Parteivorsitzender gefunden werden. Nun traf es Kurt Beck – und diesmal sagte er, zwei Wochen nach seiner haushoch gewonnenen Landtagswahl, zu. Platzeck fühlte sich aber auch Angela Merkel verpflichtet und berichtete der Kanzlerin von seinem absehbaren Rücktritt. Die Kanzlerin war enttäuscht, persönlich und politisch getroffen. Sie hatte in Platzeck einen sympathischen Partner gefunden, der ihr darüber hinaus politisch nicht ins Gehege gekommen war. Sie wusste, dass sich die persönliche wie politische Beziehung zu Kurt Beck, dem rheinland-pfälzischen Ministerpräsidenten aus dem äußersten Westen der Republik, nicht annähernd so reibungslos gestalten würde.

Erst am Montagmorgen machte die Nachricht von Platzecks Rückzug in Berlin die Runde. Der sichtlich geschwächte Platzeck trat wenig später mit Beck im Willy-Brandt-Haus vor die Presse. Er schilderte, warum er den Parteivorsitz niederlegen muss, und verwies auf den ärztlichen Rat. Mit belegter Stimme berichtete Platzeck, er habe in den vergangenen Monaten zwei Hörstürze sowie einen Kreislauf- und Nervenzusammenbruch erlitten: »Ich habe meine Kräfte überschätzt.« Er sprach von der »mit Sicherheit schwierigsten Entscheidung meines bisherigen Lebens«. Nachdem er zuweilen ärztlichen Rat nicht befolgt habe, leide er nun unter einem »erheblichen Verlust des Hörvermögens«. Es habe für ihn keine andere Entscheidung gegeben, »als dies nicht weiter auf die Spitze zu treiben und einen Strich zu ziehen«. Ministerpräsident jedoch werde er bleiben.

Das SPD-Präsidium beschloss, der 57-jährige Beck solle Nachfolger Platzecks werden. Er wurde damit der neunte SPD-Vorsitzende seit dem Rücktritt Willy Brandts. Sogleich wurde Beck mit der Frage der Kanzlerkandidatur konfrontiert. »Die SPD-Vorsitzenden haben immer den ersten Zugriff auf diese Kandidatur. Aber er es gibt keinen Grund für eine Debatte, die Bundestagswahl findet im Herbst 2009 statt«, antwortete Beck, wohl kaum ahnend, dass er diese Frage von nun an täglich beantworten musste. »Freudige Gefühle wollten sich allerdings nicht einstellen«, schrieb Beck gut zwei Jahre später über seinen gemeinsamen Auftritt mit Platzeck: »Ich wusste, es würde hammerhart werden.«[27]

Beck kündigte an, er wolle den »neuen, guten Stil« Platzecks fortsetzen. Nachfolger Becks als Parteivize wurde auf Becks Wunsch Jens Bullerjahn, der designierte Magdeburger Finanzminister.[28] Der ebenso bereit stehende und mit den Hufen scharrende Berliner Bürgermeister Wowereit hatte das Nachsehen. Beck wollte eine weitere Karriere Wowereits verhindern. Ebenso gedachte er nicht, einen seiner Stellvertreter hervorzuheben. Er selbst war unter Platzeck »erster« stellvertretender Vorsitzender gewesen. Diese Funktion des Primus inter pares gab es unter Becks Führung nicht. Etwas großspurig kündigte Beck an, seine Partei öffnen zu wollen. Er sprach von Ingenieuren, Ärzten und Rechtsanwälten, die in der SPD eine Heimat finden müssten. Bei alldem setzte er vor allem auf »Kontakt mit den Menschen«.

Saumagen und Blutwurst

Wie aber war es zu Becks Aufstieg gekommen? »Nein«, hatte Beck nicht einmal ein Jahr zuvor behauptet, »das Amt des SPD-Vorsitzenden kommt für mich nicht infrage.« Damals war die Neuwahl zum Bundestag ausgerufen worden und die Sozialdemokraten wähnten sich vor einer heftigen Niederlage. Müsse dann nicht ein neuer Vorsitzender her? Beck mochte damals nicht nur nicht über einen Wechsel nach Berlin spekulieren, er schloss ihn sogar aus. Stattdessen schwärmte er von der Pfälzer Weinstraße, von der Schönheit der Landschaft an Rhein, Mosel und Nahe. Er erzählte von seinen Wanderungen, dem herrlichen Wein, von Saumagen, den Blut- und »Lewwerworschtbroten«. All das gebe es doch gar nicht in Berlin. »Was soll ich da also?«, fragte Beck. Weiteres Nachbohren versuchte er abzuwehren: »Ich hab's dementiert, klarer kann man es nicht dementieren« – um sogleich deutlich zu machen, dass ihm die Gerüchte über seinen Wechsel an die Spitze der SPD keineswegs missfielen: »Ich betrachte es nicht als ehrenrührig, ich schäme mich nicht, als Nachfolger von Willy Brandt gehandelt zu werden.«

Beck hatte sich nach Ämtern niemals gedrängt, nutzte aber jede Gelegenheit zuzugreifen, wenn die Situation danach war. Sprosse für Sprosse erklomm Beck auf einer politischen Karriereleiter. Die Schritte waren zwar nicht geplant, erschienen aber doch erwartbar. Die heimatliche Scholle verließ Beck dabei nie. Steinfeld lautet der Name dieser Scholle, die ihm stets wichtiger war als Mainz oder gar Berlin. In dem 1800-Einwohner-Ort im Landkreis Südliche Weinstraße lebt Beck seit seiner Kindheit. Hier wurde er groß, hier baute er ein Haus, errichtet gleich hinter dem des Vaters. Hier war Beck ehrenamtlicher Bürgermeister, hier hält er noch heute Bürgersprechstunden ab, wie eh und je unter vier Augen.

Die Südpfalz war stets das Zentrum von Becks Leben. Nur wenige Kilometer weiter, in Bad Bergzabern, wurde er im Jahre 1949 geboren. Becks Vater war Maurer, seine Mutter machte den Haushalt. »Mecki«, so Becks Spitzname, wurde Messdiener, so war das üblich hier. Mit 14 Jahren verließ Beck die Volksschule und begann eine Lehre als Elektromechaniker. Ein Studium blieb Beck versagt, zuweilen schimmert bei ihm bis heute eine deutliche Distanz gegenüber Akademikern durch. In dieser Zeit heirateten Kurt und Roswitha Beck. Im Jahr darauf, Beck war gerade einmal 20 Jahre alt, kam mit einem »ungeplanten« Sohn das einzige Kind des Ehepaares zur Welt.

Beck arbeitete inzwischen als ziviler Angestellter bei der Bundeswehr. Statt für Mao und Marx entschied er sich 1969 für die Gewerkschaft Öffentliche Dienste, Transport und Verkehr (ÖTV). Parallel dazu besuchte er die Abendschule, um einen Realschulabschluss zu erlangen. Im Jahre 1972 trat Beck der SPD bei; politischer aber wurde sein Leben vor allem durch die Wahl zum hauptamtlichen Personalratsvorsitzenden. Schon ein Jahr darauf saß er für die Sozialdemokraten im Kreistag Südliche Weinstraße. Becks politische Sozialisation also beruhte auf dem Wirken für die örtlichen Vereine, für den Ausbau von Straßen oder die Ansiedlung von Gewerbe. Dies sollte seinen Politikstil bis in höchste Ämter prägen.

In dieser Phase begegnete der spätere Hamburger Bürgermeister Klaus von Dohnanyi dem jungen Beck. Von Dohnanyi hatte in den siebziger Jahren seine politische Heimat in Rheinland-Pfalz. Er lernte Beck als »ungewöhnlich pragmatischen und sozial entschlossenen Menschen« kennen und drängte ihn im Jahre 1979 zur Kandidatur für den Mainzer Landtag.[29] Auch für den Abgeordneten Beck blieben die Sportfreunde Steinfeld und der Musikverein Concordia seine Welt. Er machte in Mainz Karriere, wurde Parlamentarischer Geschäftsführer seiner Fraktion und hielt so dem Fraktionsvorsitzenden Rudolf Scharping den Rücken frei. Nach dem Wahlsieg im Jahre 1991 wurde Scharping Ministerpräsident, Beck folgte ihm erwartungsgemäß an die Spitze der Fraktion. Der nach außen stets in sich ruhend und gelassen wirkende Beck wurde im Mainzer Landtag, bei Mitarbeitern wie Abgeordneten, zuweilen ganz anders erlebt: als Choleriker, der in Zornesausbrüchen fluchte und brüllte. Der schimpfte und Schuldige suchte. Der autoritär agierte. Der nie einen eigenen Fehler zugab und der sich beleidigt sah, wenn er nur kritisiert wurde, was in seiner Landespartei längst niemand mehr wagte. Eine gewisse pfälzische Derbheit war Beck nicht nur bei seinen Kalauern eigen.

Als Vorsitzender der großen Regierungsfraktion zeigte sich Beck fleißig und sachkompetent, verbindlich, doch ohne jedes Charisma oder Visionen, dafür aber mit Fortune. Von einem »aufgeräumten Arbeitsstil« sprach Beck, wenn er sein politisches Wirken beschrieb. So wie er einst am Ende des Tages die Werkbank aufzuräumen hatte, besaß er nun den Anspruch, erst dann zu gehen, wenn die Aufgabe erledigt war. Beck also wollte den eigenen Schreibtisch, den andere füllen, leer räumen. Es war nicht seine Absicht, Ideen zu entwickeln, Programme zu formulieren, geschweige denn andere mit politischen Großentwürfen zu missionieren.

Mit Scharpings Wechsel nach Bonn, Ende 1994, wurde Beck

zum Ministerpräsidenten gewählt. Sein Ziel war es, »das gut bestellte Haus in Ordnung zu halten«. Misstrauisch beäugte er das Wirken seines Amtskollegen Schröder. Der sei mit seinen ständigen Quertreibereien »so etwas wie der Strauß der SPD geworden«, klagte Beck.[30] Als er gefragt wurde, ob der SPD-Vorsitzende Scharping etwas falsch mache, meinte Beck: »Ich glaube nicht, dass man sagen kann, er macht etwas falsch. Es ist sicher so, dass die Holperstrecke in Bonn größer ist als die in Rheinland-Pfalz.«[31] Hier wiederum funktionierte das »System Beck« perfekt. Beck umgarnte den liberalen Koalitionspartner und beherrschte die eigene Partei. Nach den Landtagswahlen 1996 und 2001 setzte Beck seine sozial-liberale Regierung fort. Zuweilen brachte er jenes Regierungsmodell als Option für den Bund ins Spiel. Er verwies auf die programmatischen Überschneidungen von Sozialdemokratie und Liberalismus, etwa in der »Außenpolitik, in Migrationsfragen, in der Bildungspolitik ohnehin, in der Rechtspolitik«.[32]

Generell aber wagte sich Beck nur äußerst zögerlich auf das bundespolitische Parkett. Die soziale Balance der Agenda 2010 hielt Beck für nicht ausgewogen. Er monierte dies intern, riskierte aber keine öffentliche Auseinandersetzung mit Schröder. Beck übte sich in unbedingter Loyalität, die er von den Seinen ebenso einforderte. Darin offenbarte er einen zutiefst autoritären Zug. Erst Ende 2003, als es nur noch wenige sozialdemokratische Ministerpräsidenten gab, wurde Beck stellvertretender SPD-Vorsitzender. Über die vorgezogene Bundestagswahl freute sich kaum jemand so sehr wie Kurt Beck: Auf diese Art und Weise verlor seine Landtagswahl im März 2006 nämlich die Funktion als Testwahl für eine reguläre Bundestagswahl im Herbst 2006. Offen bekannte Beck, damit erhöhten sich die Chancen der SPD in seinem Land um ein Drittel.

Beck nutzte die Endphase der rot-grünen Koalition in Berlin, um sogleich die Grünen zu attackieren und ihnen mangelhafte Zuverlässigkeit zu attestieren. Seine Partei dürfe »keinen Mopsfledermauswahlkampf« führen, verlangte Beck. Unter dem neuen SPD-Vorsitzenden Platzeck wurde Beck Primus inter pares. Durch seinen Verzicht auf den Chefposten sicherte er sich die neu geschaffene Funktion eines ersten Stellvertreters. Abermals legte die SPD unter Becks Führung bei der Landtagswahl zu, abermals musste die völlig desolate CDU Federn lassen. Beck gelang in der äußerst schwierigen Lage der Sozialdemokratie das Unvorstellbare:

Er holte die absolute Mehrheit – und wurde damit zum wichtigsten sozialdemokratischen Ministerpräsidenten und natürlichen Nachfolger Platzecks. Wer sonst hätte diesen beerben können?

Wieder einmal traf sich die SPD in dem ihr leidlich bekannten Estrel-Hotel in Berlin-Neukölln zu einem Parteitag. Ein halbes Jahr nach der Wahl Platzecks wurde am 14. Mai 2006 Kurt Beck zu dessen Nachfolger bestimmt. Björn Engholm, Rudolf Scharping, Oskar Lafontaine, Gerhard Schröder – etliche Vorgänger Becks fehlten bei dessen Wahl, ein jeder für sich aus einem anderen Grund. Beck benannte bei seiner Antrittsrede die Arbeitsmarktpolitik, eine höhere Durchlässigkeit des Bildungssystems und den angestrebten Schulterschluss mit den Gewerkschaften als große Themen seiner Führung. Daneben brachte er die Rolle der SPD in der großen Koalition auf die Formel, »verlässlich« und doch »erkennbar« bleiben zu wollen. Beck verwies auf sein Verständnis von Politik, »nah bei den Menschen« sein zu wollen. Er zitierte Johannes Rau und Günter Grass, er dankte Platzeck. Der Verweis auf die Notwendigkeit von Sozialreformen fiel sehr zurückhaltend aus, eine weitaus höhere Bedeutung wies er in seiner Rede Solidarität, Zusammenhalt und dem Ehrenamt zu. »Junge, das ist eine große Baustelle«, zitierte Beck seinen 84-jährigen Vater, der so die neue Aufgabe seines Sohnes zweifelsohne treffend charakterisiert hatte. Becks Rede aber fiel alles in allem schwach aus, nicht nur gemessen an Platzecks Auftritt im Jahr zuvor. Beck ist kein guter Redner, aber auch inhaltlich versprach die Rede wenig.[33] Mit 95,1 Prozent erhielt Beck dennoch ein sehr gutes Ergebnis. Was aber war denn auch die Alternative? Die an Beck gerichteten gedämpften Ansprüche wirkten – nach den Messias-Erwartungen gegenüber Platzeck – geradezu wohltuend. Die SPD hoffte, mit dem robusten Beck endlich, die »asthmatischen Zustände« (Hans-Jochen Vogel) an der Spitze der SPD zu beenden.[34] Dies galt inzwischen als ein Wert an sich.

Beck reklamierte sogleich einen deutlichen Machtanspruch für sich. »Schon mal eine Wahl gewonnen zu haben, ist sicher kein Nachteil«, antwortete Beck auf die Frage, was denn die Voraussetzung für einen Kanzlerkandidaten sei.[35] Steinmeier, Steinbrück, Müntefering, Gabriel – sie alle hatten noch keine Wahl gewonnen, machte Beck indirekt deutlich. Im Willy-Brandt-Haus setzte Beck auf Teamarbeit und Teamfähigkeit. Er lobte Generalsekretär Hubertus Heil für dessen »hervorragende Arbeit«. Heil blieb ebenso wie

Bundesgeschäftsführer Martin Gorholt im Amt – obgleich beide von Platzeck berufen worden waren. Beck also kam ohne eine eigene Truppe nach Berlin. Der unbestrittene SPD-Vorsitzende, mit einer absoluten Mehrheit im eigenen Land ausgestattet, entschied sich dagegen, ein eigenes Kraftzentrum in Berlin aufzubauen. »Ich fand eine SPD und eine SPD-Zentrale vor, die zutiefst erschrocken war, erneut einen Vorsitzenden verloren zu haben«, begründet er später seine Entscheidung. Er wende sich gegen eine »Philosophie des Hire and Fire … In der Sozialdemokratie darf sie erst recht nicht Platz greifen.« Im Übrigen habe er »auch einen Blick auf die Parteikasse halten« müssen, versucht Beck seine Entscheidung zu erklären.[36] Beck also wollte ohne ein systematisches Umfeld arbeiten, ohne eine Umgebung mit inhaltlicher, struktureller und personeller Unterstützung. Selbst Wolfgang Wiemer, sein Büroleiter in der SPD-Zentrale, stammte nicht aus dem eigenen Umfeld. Wiemer hatte lange für die SPD-Bundestagsfraktion gearbeitet, unter anderem für Egon Bahr. In dieser Funktion hatte er noch im Spätsommer 1989 die deutsche Zweistaatlichkeit als »Chance für uns« bezeichnet.[37] Unter Bundestagspräsident Thierse leitete der kommunikationsscheue Wiemer das Pressezentrum des Parlaments. Nun stand er dem Büro des Parteivorsitzenden Beck vor und sollte zu dessen Niedergang erheblich beitragen. Wie aber wollte Beck ohne eigene Vertraute in Berlin ein Management über die Tagespolitik hinaus meistern? Wie wollte er ein Profil gegenüber der Union entwickeln?

Beck spielte zunächst mit dem Gedanken, seinen Vorsitz der SPD in Rheinland-Pfalz abzugeben. Er sei in keiner Weise festgelegt, weder so noch so, sagte er zunächst – um sich dann doch dafür zu entscheiden, an dem Amt festzuhalten. Er wollte schlichtweg keinen Kronprinzen ausrufen. Mit einem solchen, da erinnerte sich der misstrauische Beck an das Verhältnis von Rau und Clement, bestünde schließlich die Gefahr, dass an seinem Stuhl in der Staatskanzlei gesägt würde. Der Fall, dass ein SPD-Vorsitzender zugleich einen Landesverband der Partei führte, war ungewöhnlich. Platzeck hatte es auch so gehalten, wollte aber einen Nachfolger an der Spitze der Landespartei benennen, wozu es dann vor seinem Rückzug aus Berlin aber nicht mehr kam. Beck jedoch fiel es schwer, sich von Ämtern zu trennen und Prioritäten zu setzen.

Binnen weniger Monate absolvierte Beck einen bundespolitischen Crashkurs. Er zeigte Präsenz in Partei, Koalitionsrunde und Fraktion. Er absolvierte viele Interviews und Medienauftritte. Meist reiste Beck sonntagnachmittags nach Berlin, abends traf er sich mit Ministern oder der Parteispitze. Am Montag tagten die Parteigremien, außerdem besprach er die Themen der Woche in einer Runde mit Fraktionschef, Generalsekretär und Vizekanzler. In den Sitzungswochen des Bundestages blieb er zuweilen bis dienstags, um an der Fraktionssitzung teilnehmen zu können. Mittwoch und Donnerstag waren feste Tage für Mainz und das Land. Den Freitag hielt er disponibel, einmal monatlich tagte schließlich der Bundesrat. Gelegentlich kamen in Berlin auch die ZDF-Gremien zusammen; Beck hat seit vielen Jahren den Vorsitz in dessen Verwaltungsrat inne. Dazu handelte er am Vorabend mit den sozialdemokratischen Länderkollegen im Weinkeller seiner Landesvertretung die Tagesordnung ab. In der Koalitionsrunde machte Beck zunächst eine starke Figur. Merkel wusste um seine starke Stellung. Bei strittigen oder komplizierten Fragen in dieser Runde hatte sie während Platzecks Vorsitz stets auf Müntefering geblickt, nun richtete sie ihre Augen auf die Gesichtszüge Becks. Merkel war klar, dass Beck seine Partei kannte und in ihr – zunächst – unumschränkt herrschte. Zu jener Zeit war Beck mit seiner absoluten Mehrheit ausgestattet und neu im Amt des SPD-Vorsitzenden eine Respektsperson, nicht nur für die Kanzlerin.

»Man kann die Bundesrepublik nicht so beackern wie ein einzelnes Bundesland – aber sehr viel anders ist es auch nicht«, meinte Beck damals und schien dabei die Klassenunterschiede zwischen Mainz und Berlin nicht erfasst zu haben.[38] Hatte er nicht zehn Jahre zuvor ganz anders und durchaus präzise die Unterschiede zwischen Bundes- und Landespolitik beschrieben? In Berlin wohnte Beck in seiner kleinen Wohnung in der Landesvertretung in den Ministergärten, direkt angrenzend zum Holocaust-Mahnmal. Der Balkon seiner Wohnung gewährt nicht nur einen guten Blick auf Reichstag und Brandenburger Tor – sondern auch auf das Kanzleramt. Beck wusste, dass das Berliner Parkett weit rutschiger ist als das in Mainz, dem ihm bestens vertrauten Vier-Millionen-Land mit dem ihm freundlich gesinnten Südwestrundfunk und den vier Regionalzeitungen. Doch das Ausmaß an medialer Ruppigkeit und internen Intrigen in Berlin unterschätzte er dennoch. Anders als Partei und Fraktion in Rheinland-Pfalz begegneten ihm in Berlin längst nicht nur Wohlmeinende, sondern zahlreiche Skeptiker und – meist hinter vorgehaltener Hand – etliche Kritiker. Beck meinte, das Willy-Brandt-Haus so vernachlässigend führen zu können, wie er es mit der Mainzer Landesgeschäftsstelle seiner Partei tat. Er übersah, dass in der SPD-Zentrale 150 Menschen arbeiten, die viel telefonieren und von denen sich rund zwei Dutzend im ständigen Gespräch mit Journalisten befinden. Daneben erlebte Beck eine durchaus selbstbewusste Bundestagsfraktion. Als diese etwa bei der Föderalismusreform die Zustimmung zum mit der Union ausgehandelten Kompromiss verweigerte, musste Beck beim Koalitionspartner um Zugeständnisse »betteln«. Wenig später wurde Beck in der Fraktion laut, solch einen »Gang nach Canossa« werde er nicht noch einmal auf sich nehmen. Viele SPD-Abgeordnete ließ das unbeeindruckt. Dies war für Beck eine neue Erfahrung, widersprach sie doch so vehement dem politischen Alltag in Mainz, wo die Fraktion der verlängerte Arm seiner Regierung ist. In Berlin aber ließen sich die Abgeordneten weder durch Schulterklopfen noch durch einen autoritären Auftritt beeindrucken.

Für die Kritiker der Gesundheitsreform brachte Beck ebenso wenig Verständnis auf. Der Gesundheitsexperte Karl Lauterbach nannte die Vereinbarungen »enttäuschend«, Juso-Chef Böhning warf der eigenen Gesundheitsministerin vor, »schlecht verhandelt« zu haben, und nannte die Kanzlerin gar »verhandlungsunfähig«.[39] Im Präsidium stimmten Andrea Nahles und (die aus Nordrhein-Westfalen stammende Krankenkassenlobbyistin) Birgit Fischer gegen den Kompromiss. Sie alle ließen sich von Beck nicht ansatzweise einschüchtern, ihre Kritik verstand der Vorsitzende auch als gegen sich gerichtet.

Doch Beck gelang es daneben, politisch Boden zu gewinnen, etwa in der ihm bislang weitgehend unbekannten Außenpolitik. Im Kontext der Libanon-Krise ging Beck im Sommer 2006 in die Offensive und brachte eine »seeseitige Absicherung« der libanesischen Küste durch die Bundesmarine ins Gespräch. Merkel dachte derweil – während ihres Urlaubs und zu Gast bei den Wagner-Festspielen in Bayreuth – noch nach, Stoiber zauderte wie gewohnt. Wenig später folgte die Koalition Becks Vorschlag. Beim Allgemeinen Gleichbehandlungsgesetz (»Antidiskriminierungsgesetz«) und der Reichensteuer erwies sich Beck als harter Verhandlungspartner der Union. Auch die ersten Landtagswahlen unter Becks Führung –

in Berlin und Mecklenburg-Vorpommern – gingen zu dessen Zufriedenheit aus. In Berlin blieb der Regierende Bürgermeister Klaus Wowereit im Amt. Darüber war Beck ebenso glücklich wie über die Tatsache, dass Wowereits Bäume mit dem Zuwachs von einem Prozentpunkt auf 30,8 Prozent nicht in den Himmel wuchsen.[40] Eher verständnislos beobachtete Beck, dass Wowereit an seinem rot-roten Regierungsbündnis festhielt, anstatt eine rot-grüne Koalition zu wagen. Dies wäre aus Sicht der SPD-Zentrale ein gutes Signal für die Bundesebene gewesen, gab es doch mittlerweile in keinem Land mehr eine rot-grüne Regierung. In Mecklenburg-Vorpommern verteidigte der stoisch-spröde Harald Ringstorff ebenso sein Amt, wenngleich mit erheblichen Verlusten.[41] In Schwerin wechselte die SPD ihren Koalitionspartner, nach den rot-roten Jahren verwaltet hier nun eine große Koalition den Mangel.

Leistung, Unterschicht und Prekariat

»Leistung muss sich wieder lohnen« überschrieb Beck einen Aufsatz in der »Welt am Sonntag«.[42] Er beklagte darin die Herkunftsabhängigkeit von Bildungschancen und konstatierte, Deutschland habe sich zu einer »Dreidrittelgesellschaft« entwickelt. Demnach lebe ein Drittel mit Chancen und Sicherheit, das zweite Drittel müsse mit schlechten und befristeten Jobs in Unsicherheit zurechtkommen, neben dem dritten Drittel der ohnehin Ausgeschlossenen. Beck äußerte mit seinem Beitrag nicht nur Wünsche, er beschrieb Realität und machte deutlich, dass er jede Fixierung seiner Partei allein auf das dritte Drittel vermeiden wollte. Becks Plädoyer für eine bessere Anerkennung von Leistung war dabei nicht neu, er hatte darüber bereits fünf Jahre zuvor geschrieben. Damals verwies er auf die Leistung von Menschen in Blaumann und weißem Kittel; außerdem schrieb er, zu Leistung zählten auch »soziale Grundtugenden wie Pünktlichkeit, Höflichkeit und Fleiß«.[43]

Nachdem Beck mit seinem Vorschlag für Mitarbeiterbeteiligungen für Schlagzeilen gesorgt hatte, trat er die sogenannte »Unterschichten-Debatte« los. In einem Interview mit der »Frankfurter Allgemeinen Sonntagszeitung« thematisierte Beck abermals die in vielen Studien belegte unzureichende gesellschaftliche Durchlässigkeit. »Es gibt viel zu viele Menschen in Deutschland, die keinerlei

Hoffnung mehr haben, den Aufstieg zu schaffen«, beklagte Beck. »Sie finden sich mit ihrer Situation ab. Sie haben sich materiell oft arrangiert und ebenso auch kulturell.« Früher habe es in Familien, auch in seiner eigenen, stets geheißen, die Kinder sollten es einmal besser haben. Dieses Streben aber gehe verloren, formulierte Beck noch zurückhaltend und ergänzte: »Deutschland hat hier ein zunehmendes Problem. Manche nennen es ›Unterschichten-Problem‹.«[44] Beck sprach damit eine unangenehme Wahrheit aus. Sogleich positionierte sich Müntefering, der sich noch immer für den besten SPD-Vorsitzenden des 21. Jahrhunderts hielt, gegen Beck. Der Vizekanzler verstieg sich zu der Behauptung, es gebe keine »Schichten«. Müntefering sprach von einem Begriff »lebensfremder Soziologen«. Später mokierte er sich, »manche erfinden wieder Unterschichten und Klassen«.[45] Er hingegen »teile unsere Gesellschaft nicht in Schichten auf«.[46] Müntefering mochte den Teufelskreis aus Armut, mangelnder Bildung, schwindenden Erwerbschancen, Sozialtransferkarrieren, Mutlosigkeit und einem weiteren Motivationsverlust offenbar nicht zur Kenntnis nehmen. Viel mehr aber ärgerte ihn, dass Beck in seinen Augen pausenlos Themen ansprach, ohne jedoch daraus ein Handeln abzuleiten oder Vorschläge zu unterbreiten. Beck blieb stur und wies Münteferings Kritik ausgesprochen deutlich zurück: »Ich habe das insofern anders gesehen, als ich glaube, dass wir einfach benennen müssen, was ist.«[47] Rückendeckung erfuhr Beck dabei durch seinen Vorgänger Platzeck, der von Münteferings Ignoranz ebenso entsetzt war. »Diese Diskussionen haben zum Teil bizarre Züge getragen«, befand Platzeck. »Und sie gingen zumeist an dem wichtigen Kern dessen vorbei, was Kurt Beck da angesprochen hatte.«[48]

Becks Befund wurde – kaum zufällig – von einer Studie der Friedrich-Ebert-Stiftung flankiert, die den Titel »Gesellschaft im Reformprozess« trug, aber vielmehr als »Prekariatsstudie« bekannt wurde. Demnach empfindet nahezu jeder Zweite (46 Prozent) sein Leben als »ständigen Kampf« und sieht sich »vom Staat allein gelassen« (44 Prozent) – die klassische Klientel für die SPD und ein enormes Potenzial, durchaus auch volkswirtschaftlich. Das sogenannte »abgehängte Prekariat«, bestehend aus Arbeitslosen, Arbeitern und Verschuldeten, bildet dabei acht Prozent der gesamten deutschen Bevölkerung. Im Osten stellt dies gar die größte Gruppe dar, jeder vierte Einwohner der neuen Länder zählt dazu.

Der soziale Status dieser Menschen ist »niedrig«, viele erlebten einen gesellschaftlichen Abstieg, verbunden mit starker Unzufriedenheit. Kurzum: Die Betroffenen empfinden ihre gesamte Lebenssituation als »ausgesprochen prekär«. Sie schotten sich gegenüber Ausländern ab und stehen der Idee des Sozialismus prinzipiell eher positiv gegenüber.[49] Auch diese Debatte störte Müntefering. Seiner Überzeugung nach reichte es nicht, das Thema »Prekariat« anzusprechen, ohne aber eine sozialdemokratische Antwort oder ein Ergebnis zu formulieren – was Beck nicht tat. Der Vizekanzler gab intern gar zu erkennen, dass er in der Diskussion ein Mobilisierungsprogramm für die Linkspartei sah.

»Immer mal langsam mit de Leut!«

Nichts trieb Beck derart zur Weißglut wie eine Wortmeldung des nordrhein-westfälischen Ministerpräsidenten Jürgen Rüttgers (CDU), der sich als Speerspitze der Sozialpolitiker, ja als »Arbeiterführer« an Rhein und Ruhr verstand. Vor dem Dresdner Bundesparteitag der CDU Ende 2006 plädierte Rüttgers dafür, die – von der rot-grünen Koalition beschlossene – Bezugsdauer des Arbeitslosengeldes I wieder zu verlängern. Rüttgers also gab, während sich die Wirtschaftslage ein wenig aufhellte, den Populisten und verlangte die Rücknahme eines zentralen Bausteins von Schröders Reformpolitik. Die CDU beschloss sogleich Rüttgers' Modell, das die Bezugsdauer von der Dauer der Beitragszahlung abhängig machen sollte.[50]

Beck und Müntefering waren fassungslos. Nachdem sich die Sozialdemokratie mühsam zu derartigen Einschnitten entschlossen hatte, Mitglieder- und Machtverlust in Kauf nehmend, wollte der Sozialpopulist Rüttgers leichten Herzens diese Reform zurückdrehen. Entsprechend pointiert reagierte Beck. »Der Vorschlag von Rüttgers ist in hohem Maße ungerecht, systematisch falsch, kurz: Er ist eine Zumutung.« Der SPD-Vorsitzende ätzte: »Ich habe noch nie eine solche Mogelpackung gesehen wie diesen Vorschlag von Herrn Rüttgers.« Beck wies völlig zu Recht darauf hin, in der Arbeitslosenversicherung werde ein Risiko abgesichert, es handele sich nicht um eine Anspar-Versicherung. Es gehe darum, den Menschen zu helfen, eine bestimmte Zeit zu überbrücken, in der sie so schnell wie möglich wieder Arbeit finden sollen. Beck betonte, neben diesen grundsätzlichen Erwägungen sei »entscheidend, dass wir nicht wieder in die Vergangenheit zurückfallen, als die lange Bezugsdauer des Arbeitslosengeldes dazu führte, dass immer mehr Arbeitnehmer auf Kosten der Sozialkassen in die Frühverrentung geschickt wurden«. Auf die Frage, ob er fürchte, dass Rüttgers die SPD links überhole, was er ja mit diesem Vorschlag längst schon getan hatte, gab sich Beck gewiss: »Nein … Wir werden argumentieren. Und wenn klar wird, dass dieser Kaiser keine Kleider anhat, dann wird das zu einem Problem. Und zwar für die Union.« Abermals betonte er: »Was man nicht klärt, holt einen ein. Es gibt Nebensächlichkeiten, bei denen man nicht immer recht haben muss. Aber hier geht es ums Grundsätzliche. Und da gilt für mich das Wort von Gerhard Schröder, dass klar sein muss, wer Koch ist und wer Kellner.«[51] Müntefering äußerte sich ähnlich klar: »Ich komme nun zu Rüttgers und seiner Sauerei«, rief er in einer SPD-Sitzung. »Ich halte das für blanke Heuchelei, was die da veranstalten, und deshalb – liebe Genossinnen und Genossen – ich kann nur empfehlen: Auf sie mit Gebrüll.«[52] Müntefering beschwor nicht zuletzt die eigene Partei immer wieder, die unter Schröder begonnenen Reformen fortzusetzen. »Rüttgers' Pläne sind handwerklich schlecht, unsozial – und nähren Illusionen«, konstatierte Müntefering.[53]

Der Vorstoß Rüttgers' und der entsprechende Beschluss der CDU verstörte die SPD zutiefst. Die einst als »neoliberal« verbrämte CDU relativierte die Reformanstrengungen der rot-grünen Regierung. Und die CDU-Vorsitzende, die ehedem die Agenda 2010 als »Stückwerk« kritisiert hatte, ließ diese Entwicklung zu. Vorwiegend hilflos beobachtete die Sozialdemokratie, wie Rüttgers den Rückwärtsgang einlegte. Zwar nannte SPD-Generalsekretär Heil den Düsseldorfer Regierungschef fortan einen »Sozialschauspieler«, dies aber mochte die eigene Basis kaum beruhigen. Sie nämlich war angetan von der Kehrtwende der CDU. Und verlangte eine solche in der eigenen Partei lauter und überzeugter denn je. Die SPD-Spitze entschied sich vorerst dafür, Rüttgers' Populismus nicht mit Populismus zu begegnen. Sie argumentierte vernünftig, ja staatstreu, indem sie auf den Sinn der Regelung verwies und auf die Mehrkosten einer zurückgedrehten Reform. Kurt Beck aber verfolgte diese Diskussion genau. Er hatte schließlich schon bei seiner Parteitagsrede eine andere Rhetorik verwendet als der

Modernisierer Platzeck, erst recht als der Reformer Müntefering. Dieser Unterschied sollte sich noch verstärken.

Als Platzeck sich ein halbes Jahr nach dem Rückzug von der Parteispitze erstmals wieder programmatisch äußerte, beäugte Beck dies ebenso genau wie skeptisch. In einer Rede und in einem gemeinsamen Aufsatz mit Parteivize Bullerjahn empfahl Platzeck der SPD abermals seine Modernisierungsthesen. »Sozialpolitik will nicht nur reparieren und in Notfällen einspringen, sondern vorausschauend gestalten«, schrieben die beiden ostdeutschen Sozialdemokraten.[54] Sie waren der Auffassung, der »nachsorgende und überwiegend beitragsfinanzierte Sozialstaat Bismarckscher Prägung« biete »keine sozialdemokratischen Perspektiven mehr. Wir haben keinen Grund, nostalgisch weiter an ihm festzuhalten.« Platzeck bewies damit ein Gefühl für die Stimmungslage in der »erwerbstätigen Mitte«, deren Angehörige in ihren eigenen Augen im Vergleich mit den Leistungen des Sozialstaates zu hohe Abgaben zahlten. Diese Menschen fühlten sich als »der überladene Lastesel der Nation«. Ebenso brach Platzeck mit der traditionell sozialstaatlichen Politik der SPD, die über Jahrzehnte hinweg dafür plädiert hatte, das Kindergeld zu erhöhen. Im Bundestagswahlkampf 1998 war dies noch ein Wahlkampfschlager der SPD gewesen. Bald wurden die Versprechungen umgesetzt – und wenig später wuchs in der Partei die Einsicht, dass es vielleicht doch nicht sinnvoll war, allen Eltern immer mehr Bargeld in die Hand zu drücken. Hatten die Besserverdienenden diese Zahlungen eigentlich nötig? Vor allem aber: Musste die Politik sich nicht eingestehen, dass Teile von Angehörigen der Unterschicht, des »Prekariats« etwa, das Kindergeld eher für Alkohol und Videospiele ausgeben, anstatt es den Kindern zugutekommen zu lassen? Platzeck jedenfalls plädierte dafür, anstatt das Kindergeld zu erhöhen, diese Gelder in Betreuung zu investieren. Hinsichtlich des »Rituals, alle paar Jahre das Kindergeld zu erhöhen« bekannte Platzeck: »Ich sage an dieser Stelle: Schluss damit!«[55] Platzeck stand somit früher und deutlicher als die meisten in seiner Partei für einen Paradigmenwechsel, der vorsah, auf einen Ausbau der Infrastruktur zu setzen, anstatt individuelle Transferleistungen beständig zu erweitern.

Kurt Beck war in dieser Phase längst der Ansicht, dass es Wichtigeres gab als eine Modernisierung des Sozialstaates. Er begann angesichts der miserablen Zustimmung zur SPD und den internen

Diskussionen mit dem – zunächst alleinigen – Rückzug von der Reformpolitik. Mehr und mehr sah er seine Partei in einer Zange zwischen Linkspartei und Union, zwischen sozialpolitischem Utopien und einer geschickt agierenden Bundeskanzlerin. Da sich nun die Union gar noch von den Reformen distanziert hatte, hielt Beck es für unmöglich, dass die SPD als einzige Partei auf Reformkurs blieb, zumal die Grünen ebenso zurückruderten, während von der FDP, die die Opposition im Bundestag anführen sollte, nichts zu vernehmen war. »Ich glaube aber, dass wir in der Republik auch erkennen müssen, dass wir den Bogen in der sozialen Frage arg gespannt haben«, verkündete Beck im Dezember 2006 in einem Interview in der »Welt«. Was notwendig sei, müsse gemacht werden, »aber wir müssen auch sehen, dass es Grenzen der Belastbarkeit gibt«. Als gewissermaßen nachweihnachtliches Präsent überreichte Beck dem (Partei-)Volk eine lupenreine Distanzierung von jeglichen weiteren Reformanstrengungen: »Ich kann nur raten, diese Grenzen nicht zu überschreiten. Immer mal langsam mit de Leut! Menschen müssen das auch verarbeiten und verkraften können, was an Veränderungen notwendig ist.«[56] Kurt Beck, nach Johannes Rau vielleicht der letzte prominente Vertreter einer Partei, die sich als Schutzmacht der kleinen Leute verstand, offenbarte damit, was er als seinen Auftrag verstand: Er wollte die SPD retten. Selbst zu dem Preis, dass sie von ihrer eigenen Politik abwich, sich davon distanzierte und den Marsch in Traditionalismus und Vergangenheit begann.

Anmerkungen

1 Böhning, zitiert nach: Der Spiegel, 17. Oktober 2005.

2 Langguth, Gerd: Angela Merkel. Aufstieg zur Macht. München 2007, S. 331.

3 Der »Großen Verhandlungskommission« gehörten für die SPD an: Edelgard Bulmahn, Sigmar Gabriel, Andrea Nahles, Renate Schmidt, Ulla Schmidt, Gerhard Schröder, Peer Steinbrück, Frank-Walter Steinmeier, Ludwig Stiegler, Peter Struck, Wolfgang Thierse, Wolfgang Tiefensee, Heidemarie Wieczorek-Zeul, Brigitte Zypries und im Wechsel einer der sozialdemokratischen Ministerpräsidenten. So Thaysen, Uwe: Regierungsbildung in der Bundesrepublik Deutschland: Daten zum Start der Regierung Merkel 2005/2006. Zeitschrift für Parlamentsfragen, 37. Jg. (2006), H. 3, S. 470–480, hier S. 475.

4 Kurbjuweit, Dirk; Hujer, Marc; Knaup, Horand; Nelles, Roland; Neukirch, Ralf; Pfister, René und Christoph Schult: Die Zähmung der Tiger. Der Spiegel, 17. Oktober 2005.
5 Müntefering, zitiert nach: Der Spiegel, 24. Oktober 2005.
6 Ebd.
7 Nahles, zitiert nach: Der Tagesspiegel, 3. August 1995.
8 Vorstand der SPD (Hrsg.): Protokoll Parteitag Mannheim 14.-17. November 1995. Bonn 1995, S. 112.
9 Nahles, zitiert nach: Die Zeit, 10. November 1995.
10 Nahles, zitiert nach: Die Tageszeitung, 1. April 1997.
11 Nahles, zitiert nach: Frankfurter Allgemeine Sonntagszeitung, 1. August 2004.
12 Nahles, zitiert nach: Der Spiegel, 23. August 2004.
13 Wolfgang Thierse im Gespräch mit dem Verfasser am 17. März 2008 in Berlin.
14 Schreiben Münteferings an die Mitglieder der SPD vom 1. November 2005.
15 Heil, Hubertus: Gesund und gerecht. Die Welt, 31. Juli 2003.
16 Der Initiativantrag A 2, Ziffer 3, lautete: »Der Bundesparteitag unterstützt den Vorschlag, dass Franz Müntefering in der Bundesregierung die Funktion des Vizekanzlers wahrnehmen soll.« Er wurde mit einer Gegenstimme angenommen. Vgl. SPD-Parteivorstand (Hrsg.): Protokoll Bundesparteitag Karlsruhe, 14. bis 16. November 2005, Berlin, o.J. [2005], S. 109.
17 Stüwe, Klaus: Informales Regieren. Die Kanzlerschaften Gerhard Schröders und Helmut Kohls im Vergleich. Zeitschrift für Parlamentsfragen, 37. Jg. (2006), S. 544–559, hier S. 549.
18 Thaysen, Uwe: Regierungsbildung 2005: Merkel, Merkel I, Merkel II? Zeitschrift für Parlamentsfragen, 37. Jg. (2006), S. 582–610, hier S. 599.
19 Kohl war zuletzt, im Jahre 1994, 31 Tage nach der Wahl zum Kanzler gewählt worden, Schröder ebenso – 1998 und 2002 – nur 31 Tage später.
20 Struck, zitiert nach: Der Spiegel, 5. Dezember 2005.
21 Wowereit, zitiert nach: Bild am Sonntag, 5. Februar 2006.
22 Wowereit: Gut so, S. 136f.
23 Müntefering, zitiert nach: Die Zeit, 1. Dezember 2005.
24 Ebd.
25 Renate Schmidt im Gespräch mit dem Verfasser am 5. März 2008 in Berlin.
26 Platzeck, Matthias: Ein besserer Sozialstaat. Der Spiegel, 10. April 2006.
27 Beck, Kurt: Ein Sozialdemokrat. Die Autobiografie, München 2008, S. 129.
28 Bullerjahn wurde wenige Tage später in der großen Koalition in Magdeburg Finanzminister und stellvertretender Ministerpräsident. SPD-Vize jedoch sollte er nun anderthalb Jahre lang sein. So wie er Beck im April 2006 in diesem Amt beerbte, wurde er für dieses Amt zum Bundesparteitag im Oktober 2007 nicht wieder von Beck nominiert.
29 Klaus von Dohnanyi im Gespräch mit dem Verfasser am 26. Mai 2006.
30 Beck, zitiert nach: Frankfurter Allgemeine Sonntagszeitung, 20. August 1995.
31 Beck, zitiert nach: Stuttgarter Zeitung, 12. August 1995.
32 Beck, zitiert nach: Die Welt, 24. Dezember 2004.
33 http://www.kurt-beck.de/menu/1677122/index.html
34 Hans-Jochen Vogel im Gespräch mit dem Verfasser am 14. Mai 2006 in Berlin.

35 Beck, zitiert nach: Der Spiegel, 15. April 2006.
36 Beck: Sozialdemokrat, S. 133.
37 Sturm: Uneinig, S. 196.
38 Beck, zitiert nach: Frankfurter Allgemeine Sonntagszeitung, 23. Dezember 2007.
39 Böhning, zitiert nach: Die Welt, 5. Juli 2006.
40 Die CDU erzielte bei dieser Wahl in Berlin am 17. September 2006 21,3 Prozent (23,8 Prozent fünf Jahre zuvor), Wowereits Koalitionspartner, die Linkspartei, kam nur noch auf 13,4 (22,6) Prozent. Die Grünen erreichten 13,1 (9) Prozent und die FDP 7,6 (9,9) Prozent.
41 Die SPD kam bei der Wahl in Mecklenburg-Vorpommern am 17. September 2006 auf 30,2 Prozent, vier Jahre zuvor waren es 40,6 Prozent gewesen. Die CDU erreichte 28,8 (31,4) Prozent, die Linkspartei 16,8 (16,4) Prozent. Auf die FDP entfielen 9,6 (4,7) Prozent, auf die NPD 7,3 (0,8) Prozent.
42 Beck, Kurt: Leistung muss sich wieder lohnen. Welt am Sonntag, 20. August 2006.
43 Beck Kurt: Leistung. Was sich wieder lohnen muss, in: Schächter, Markus (Hrsg.): Was kommt. Was geht. Was bleibt. Freiburg, Basel und Wien 2001, S. 218–219, hier S. 219.
44 Beck, zitiert nach: Frankfurter Allgemeine Sonntagszeitung, 8. Oktober 2006.
45 Müntefering, zitiert nach: Die Zeit, 6. Juni 2007.
46 Müntefering, zitiert nach: Die Zeit, 19. Oktober 2006.
47 Beck, zitiert nach: Süddeutsche Zeitung, 11. November 2006.
48 Platzeck, Matthias: Mehr Lebenschancen für mehr Menschen. Rede vor der Friedrich-Ebert-Stiftung, Potsdam, 6. November 2006.
49 Neugebauer, Gero: Politische Milieus in Deutschland. Die Studie der Friedrich-Ebert-Stiftung. Bonn 2007.
50 Das Modell sah vor: Wer 15 Jahre eingezahlt hat, soll das ALG I 15 Monate lang bekommen. Wer 25 Jahre Beiträge geleistet hat, hat ein Anrecht auf eine Zahlung von 18 Monaten. Nach 40 Beitragsjahren steigt der Anspruch gar auf 24 Monate.
51 Beck, zitiert nach: Süddeutsche Zeitung, 11. November 2006.
52 Müntefering, zitiert nach: Der Tagesspiegel, 15. November 2006.
53 Müntefering, zitiert nach: Die Welt, 18. November 2006.
54 Bullerjahn und Platzeck, zitiert nach: http://www.perspektive21.de/P21_Heft_33_Platzeck_Bullerjahn.pdf
55 Platzeck, zitiert nach: Die Welt, 10. November 2006.
56 Beck, zitiert nach: Die Welt, 27. Dezember 2006.

Harter Kampf um die Wohlfühl-Trophy
27. Oktober 2007

Mit der Nachbesserung des Arbeitslosengeldes I versucht Kurt Beck, in der öffentlichen Zustimmung zu Kanzlerin und Union aufzuschließen.

VIII. Kurt Beck oder Vom Ende der Zumutungen

Die sozialdemokratische Kanzlerin

Mit dem Elterngeld tritt am 1. Januar 2007 ein Gesetz in Kraft, das die SPD in den höchsten Tönen lobt, über das sie sich aber ebenso ärgert. Fortan kann ein Elternteil bis zu zwölf, der andere Partner zwei weitere Monate lang zwei Drittel seines letzten Einkommens vom Staat bekommen, maximal 1800 Euro, wenn sie oder er sich um die Erziehung seines Kindes kümmert. Das Interesse an dem Elterngeld ist enorm; auch viele Väter entscheiden sich, daheim zu bleiben. Sogar die Geburtenrate steigt wieder leicht an. Kurzum: Die große Koalition hat ein Gesetz geschaffen, das Wirkung zeigt und im wahrsten Sinne des Wortes in die Zukunft führt. Aus parteitaktischer Sicht aber versteht die SPD das Elterngeld als Desaster, gilt es doch als Erfolg der populären Familienministerin Ursula von der Leyen. Und die ist nun einmal Mitglied der CDU. Von der Leyen mangelt es zwar nicht an innerparteilichen Kritikern, besonders in den Reihen älterer, konservativer, katholischer, süddeutscher Männer. Die Tochter des einstigen niedersächsischen Ministerpräsidenten Ernst Albrecht (CDU) und Mutter von sieben Kindern aber gilt als der eigentliche Star im Kabinett. Sie hat sich nicht nur mit einem zukunftsträchtigen Thema erfolgreich und geschickt in Szene gesetzt, sie hat in Angela Merkel zudem eine starke Verbündete. Von der Leyen, so das »Lob« der SPD, setze die sozialdemokratische Familienpolitik Renate Schmidts erfolgreich fort. In der Tat hatte Renate Schmidt die Idee des Elterngeldes entwickelt. Die Umsetzung dieses Projekts aber gelang ihr unter Schröder nicht. Schröder und Eichel sahen dafür keine Notwendigkeit.

Im Wahlkampf hatte die CDU das Elterngeld noch abgelehnt. Von der Leyen äußerte sich damals nicht zu diesem Thema. Davon abgesehen musste die SPD ebenso familienpolitische Versäumnisse eingestehen. Die von ihr lange regierten Länder Niedersachsen und NRW bilden die Schlusslichter beim Kitabetreuungsangebot für unter Dreijährige. Beide Länder bieten Plätze nur für acht Prozent der jeweiligen Jahrgänge. Nun nahm sich eine christdemokratische

Ministerin des Themas Elterngeld beherzt und mit allerlei Elan und Energie an. Den im Mai 2007 beschlossenen Rechtsanspruch auf einen Krippenplatz ab dem Jahr 2013 begrüßte die Ministerin lautstark, während die SPD diesen eigenen Erfolg mit schmerzverzerrtem Blick verfolgte. Geschickt entwanden Merkel und von der Leyen der SPD ihre Kernkompetenz Familienpolitik. Die SPD erlebte, wie Merkel die Familienpolitik für ihre Partei nach dem Prinzip »Nixon goes to China« kaperte. Dieses Prinzip bedeutet, dass nur »Unverdächtige« in der Lage sind, eine bestimmte, neue Politik durchzusetzen. Nixon war unverdächtig, mit den chinesischen Kommunisten zu kungeln – und erzielte gerade dadurch Erfolge. Kohl war einst unverdächtig, Honecker zu umgarnen – und konnte ihn daher mit rotem Teppich in Bonn empfangen und für die Menschen in der DDR Reiseerleichterungen erreichen. Der grüne Außenminister Fischer konnte den Kosovokrieg unterstützen, die SPD durfte den Spitzensteuersatz senken – sie alle gingen nach »China«. Nun ging eben von der Leyen nach »China«. Und der SPD blieb nichts anderes übrig, als darauf hinzuweisen, dass Renate Schmidt einst in ihrer Schublade einen Plan für das Elterngeld aufbewahrt hatte. Das Grunddilemma der großen Koalition verband Union und SPD: Beide Parteien hatten die große Koalition nicht gewollt. Nun aber regierte man gemeinsam. Da die Union jedoch die Kanzlerin stellte, war es vor allem die SPD, die einen permanenten Futterneid erkennen ließ. Um von der Leyen etwas entgegenzusetzen, zog Beck einmal gleich mit vier Parteifreunden vor die Bundespressekonferenz – ein fatales Signal.

Die SPD tat sich daneben schwer, ein eigenes Thema zu entdecken – und fand dies im Jahre 2007 im Mindestlohn. Kurt Beck hatte diesen zwar bereits früh intoniert, als er etwa in seinem eigenen Landtagswahlkampf Anfang 2006 erklärte: »Ich halte einen Mindestlohn für überfällig … Wer vollschichtig arbeitet, muss davon auch leben und seine Familie ernähren können.«[1] Im Koalitionsvertrag aber war der Mindestlohn nicht verankert worden. Zum eigentlichen Profilierungsthema geriet der Mindestlohn erst, nachdem sich Gewerkschaften wie Linkspartei seiner angenommen hatten. Nun war es mehr Müntefering denn Beck, der dafür kämpfte, nicht zuletzt innerhalb der Koalition. Müntefering war dabei der Auffassung, hier habe die Union der SPD entgegenzukommen, wo er sich doch für die SPD koalitionsloyal (und zum

Preis erheblicher Sympathieverluste in den eigenen Reihen) bei der Rente mit 67 verhalten hatte. Das Thema Mindestlohn, das als Erster ausgerechnet der ver.di-Vorsitzende Bsirske im Rahmen seiner Fundamentalkritik an den Hartz-Reformen im Sommer 2002 angesprochen hatte, entwickelte sich zum populärsten Thema der SPD in der großen Koalition.

Die Mehrheit in den Gewerkschaften hatte sich lange gegen einen Mindestlohn positioniert. So hielten IG Metall und IG Bergbau, Chemie und Energie mit ihren stolzen Tarifverträgen wenig von staatlich verordneten Lohnuntergrenzen. Die in dieser Hinsicht vergleichsweise schwache Dienstleistungsgewerkschaft ver.di, um Profilierung bedacht, kämpfte für Mindestlöhne. Im Bundestagswahlkampf 2005 forderte die SPD »existenzsichernde Löhne«. Die große Koalition vereinbarte eine Arbeitsgruppe, die eine »Neuregelung des Niedriglohnsektors« prüfen sollte. Parallel dazu wurde die Branche der Gebäudereiniger in das Entsendegesetz aufgenommen – für die Marktradikalen ein Sündenfall, den die Union zuließ. Selbst Müntefering zögerte lange hinsichtlich eines gesetzlichen Mindestlohns. Auf dem DGB-Bundeskongress im Mai 2006 wandte er sich gegen die »einfache Lösung 7,50 Euro für alle«.[2] Große Teile seiner Partei aber sahen das ganz anders. Bei diesem Thema offenbarte sich erneut ein Zwiespalt der SPD. Müntefering kämpfte – etwa hinsichtlich der Gebäudereiniger erfolgreich – für ein erweitertes Arbeitnehmerentsendegesetz. Weite Teile seiner Partei hingegen plädierten für einen gesetzlich fixierten Mindestlohn und hofften darauf, dieser möge ihnen als Wahlkampfthema erhalten bleiben – und dies zwei Jahre vor der nächsten Bundestagswahl. Erwarteten die Anhänger der Regierungspartei SPD aber nicht, dass diese ihre Forderungen rasch ins Gesetzbuch bringt? Sie wollten doch eine möglichst umgehende Umsetzung der Forderungen. Ihnen ging es doch kaum darum, der SPD zwei Jahre lang ein Wahlkampfthema zu bewahren. Viele Funktionäre in der SPD aber hofften darauf, mittels einer Salami-Taktik alle zwei Monate eine neue Branche für den Mindestlohn zu gewinnen, um so das Thema möglichst lange am Kochen zu halten. Der Frage, wie die SPD wohl agierte, besäße sie die absolute Mehrheit, stellten sich diese Sozialdemokraten nicht. Einige träumten schließlich von der Opposition.

Mit dem Begriff der »guten Arbeit« wurde in der SPD nicht nur eine neue Semantik deutlich. Anfang 2007 verwies Müntefering auf zehn Branchen, für die ein Mindestlohn gelten sollte, unter ihnen Zeitarbeiter, Friseure und Fleischer. Die Union sperrte sich dagegen. Vorerst jedenfalls. Als die SPD-Spitze in dieser Phase darüber nachdachte, wie sie die Veranstaltungen und Kundgebungen am 1. Mai möglichst ohne das Reizthema Rente mit 67 bewältigen könnte, wurde eine Kampagne vereinbart. »Lohndumping verboten – für Mindestlöhne« hieß es auf Plakaten und Buttons der Sozialdemokraten. Mit ihrem gelben Hintergrund erinnerten diese an die Protestaufkleber der Gewerkschaften aus den achtziger Jahren. Eine Unterschriftensammlung wurde gestartet, ein eher ungewöhnliches Instrument einer Regierungspartei, die den Bundesarbeitsminister stellte. Dafür zählte dieser zu den ersten Unterzeichnern. In einer Nachtsitzung des Koalitionsausschusses kam es im Sommer 2007 zum Showdown zwischen Merkel und Müntefering. Zwar gelang es Müntefering, das Entsendegesetz auf zwei weitere Branchen auszuweiten. Auf eine gesetzlich fixierte Lohnuntergrenze, von der Müntefering kurz zuvor selbst nichts gehalten hatte, aber mochte sich die Union nicht einlassen. »Armselig« nannte dies der Vizekanzler. Erstmals war das gute Verhältnis zwischen Kanzlerin und Vizekanzler erkennbar angeschlagen. Münteferings Mitarbeiter berichteten, schrieb Günter Bannas, noch nie hätten sie erlebt, dass der Vizekanzler »so zuschlägt«.[3] Schon kam das Gerücht auf, Müntefering könne zurücktreten.[4] Wenig später gelang es der SPD, gegen den Willen der Union einen – recht hoch veranschlagten – Mindestlohn für die Postbranche durchzusetzen.[5] Dadurch wurde die Monopolstellung der Deutschen Post AG gesichert.

Die SPD sah sich mit diesem Erfolg plötzlich einer ganz anderen Sorge ausgesetzt: Weite Teile der Partei fürchteten regelrecht, die Union könne beim Thema Mindestlöhne weiteres Entgegenkommen zeigen. Abermals war es der SPD gelungen, der Kanzlerin ein Stöckchen hinzuhalten, über das sie, nach einigem Zögern, sprang. Die meisten Genossen aber fühlten sich durch diesen Sprung getäuscht, gelinkt, ja einer Idee beraubt. Als Merkel wenig später allzu hohe Managergehälter kritisierte und gar noch der Bundespräsident in diesen Chor einfiel, verstand die SPD dies nicht als Erfolg ihrer jahrelangen Überzeugungsarbeit. Nein, sie sah sich im Gegenteil als Verliererin dieses gesellschaftlich-politischen Meinungsumschwungs, an dessen Spitze sich Merkel und Köhler zu setzen versuchten.

Koalition als Opposition

Die Erfolge der großen Koalition konnte die SPD kaum für sich darstellen, während der Kanzlerin – zumal als Präsidentin von EU und G-8 – glänzende internationale Auftritte gelangen. Die »Profilierungsthemen« der SPD waren dabei zumeist erwartbar wie bekannt: Müntefering verwies penetrant auf die Erfolge des von ihm geliebten Programms zur energetischen Gebäudesanierung, über das in der Partei längst gespottet wurde. Gabriel pries den – bereits unter Rot-Grün vereinbarten – Atomausstieg. Vor allem aber attackierte die SPD den Koalitionspartner: Struck wetterte gegen den »überforderten« Wirtschaftsminister Glos, und Heil verlangte im Wochentakt ein Machtwort Merkels, darauf verweisend, die Union stehe für nichts – weil sie inzwischen für alles stand. Was ja vor allem ein Problem der Sozialdemokratie war.

Dabei waren die bescheidenen Erfolge der SPD etwa auf dem Gebiet der Arbeitsmarktpolitik durchaus vorzeigbar: Die SPD hatte einen, ab 1. Juli 2006 geltenden, in Ost und West einheitlichen Satz beim Arbeitslosengeld II von 347 Euro durchgesetzt. Der Beitrag zur Arbeitslosenversicherung sank zum 1. Januar 2007 von 6,5 auf 4,5 Prozent, wobei der Rentenbeitrag von 19,5 auf 19,9 Prozent stieg. So gelang es, die Sozialversicherungsbeiträge wieder auf unter 40 Prozent zu drücken.[6] Zum 1. Januar 2008 wurde der Arbeitslosenbeitrag gar auf 3,3 Prozent reduziert – was die SPD jedoch kaum vorantrieb, während die Union in den Wochen zuvor geschickt eine Diskussion um immer tiefere Untergrenzen geführt hatte. Die anfänglichen schweren Fehler bei Hartz IV waren inzwischen behoben. Der Bundestag verabschiedete auf Initiative Münteferings ein Gesetz zur Verbesserung der Beschäftigungschancen Älterer (»Initiative 50 plus«). Da konnte man gut darüber hinwegsehen, dass die mit Aplomb von Clement beschworenen »Personal-Service-Agenturen« bis Ende 2005 nur von 50 000 Arbeitnehmern beansprucht worden waren – während er eine Zahl von 500 000 pro Jahr angestrebt hatte.

Die Reform des Föderalismus gelang, wenn auch bescheiden, der großen Koalition ebenso, nachdem sie im Jahre 2004 noch grandios gescheitert war. Die SPD konnte darauf verweisen, dass der Steuerfreibetrag für Abfindungen abgeschafft worden war. Die in dem von Oppositionsrhetorik geprägten SPD-Bundestagswahlkampf 2005 geforderte »Reichensteuer« wurde unter Angela Merkel ebenso Gesetz: Seit dem 1. Januar 2007 müssen Alleinverdiener ab einem Jahresgehalt von 250 000 Euro und Ehepaare ab 500 000 Euro einen dreiprozentigen Zuschlag auf die Einkommenssteuer zahlen. Das brachte zwar wenig Geld in die Staatskasse, hatte aber im Wahlkampf als wichtiges Symbolthema gegolten. Nun mochte die SPD von diesem Erfolg nicht mehr reden.

Die SPD übernahm dabei nun auf mehreren Ebenen die anspruchsvolle Rolle, Opposition in der Regierung zu spielen. Etliche Abgeordnete wandten sich gegen zentrale Gesetzeswerke der großen Koalition, etwa die Gesundheits- oder Unternehmenssteuerreform, während der große Teil der Parlamentarier diese mittrugen, wenngleich teilweise zähneknirschend. Diese Zerrissenheit wurde symbolisiert durch den stetigen gegenseitigen Widerspruch zwischen dem wichtigsten Sozialdemokraten in der Regierung, Vizekanzler Müntefering, und dem wichtigsten Sozialdemokraten außerhalb der Regierung, dem Parteivorsitzenden Beck.

Die von den Sozialdemokraten als »Jahrhundertreform« gepriesene Gesundheitsreform wurde im Februar 2007 mit den Gegenstimmen von 20 SPD-Abgeordneten (und 23 der Union!) beschlossen. Ein Zehntel der Abgeordneten in den Koalitionsfraktionen also stand hier im klaren Gegensatz zur Regierungspolitik. Da sich die große Koalition jedoch auf eine breite Mehrheit stützt, stellten 40 oder gar 60 Abgeordnete anders als noch anderthalb Jahre zuvor kein »Erpressungspotenzial« dar. Es zeigte sich jedoch, dass eine breite Mehrheit im Parlament zu widerspenstigem Verhalten geradezu ermuntert. Doch ist eine Fraktion dauerhaft handlungsfähig, wenn stets ein Zehntel, ein Fünftel oder gar ein Drittel ihrer Abgeordneten gegen die Mehrheit stimmt? Müssen sich diese Abgeordneten nicht viel eher fragen lassen, warum es ihnen zuvor offenbar misslungen war, sich fraktionsintern durchzusetzen? Der Abgeordnete ist nur seinem Gewissen verantwortlich, daran will niemand rütteln. Doch bei der Gesundheitsreform oder der Rente mit 67 etwa ging es – anders als bei der Stammzellforschung oder Auslandseinsätzen der Bundeswehr – kaum um Gewissensentscheidungen. Kurzum: Der Abgeordnete ist frei, aber er ist nicht freischaffend. Der Bundestag ist ein Fraktionen-Parlament, anders ist die demokratische Vertretung eines 82-Millionen-Volkes nicht zu organisieren. Schon die Frankfurter Paulskirchenversammlung hatte aus Fraktionen bestanden. Und der einzelne Abgeordnete ist in den meisten Fällen nicht seines Charmes wegen gewählt worden, sondern als Vertreter einer Partei. Deren Sichtbarkeit, deren Profil aber leidet nicht nur unter dem hektisch-widersprüchlichen Agieren ihrer Führung, sondern ebenso an der Tendenz zur Opposition in der Fraktion. Darin gefiel sich die SPD in der großen Koalition.

Trotz aller internen Widerstände trat die Gesundheitsreform zum 1. April 2007 in Kraft. Sie schuf eine Versicherungspflicht für alle Bürger und ermöglichte mit der Einführung des Basistarifs etwas mehr Wettbewerb zwischen den Kassen. Daneben wagte die Koalition durchaus weitreichende Beschlüsse: Unter deutscher Führung vereinbarten die G-8 in Heiligendamm, die globalen Treibhausgasemissionen bis zum Jahre 2050 mindestens zu halbieren. Der Anteil der erneuerbaren Energien an der Stromerzeugung soll bis 2020 auf 25 bis 30 Prozent steigen. Im Wärmesektor soll der Anteil im gleichen Zeitraum auf 17 Prozent erhöht werden. Anders als während der rot-grünen Koalition, wo man das Thema Ökologie teilweise ideologisch besetzte und monatelang über das Dosenpfand stritt, setzte die deutsche Regierung nun hohe internationale Standards durch. Und wieder einmal war die SPD enttäuscht, obschon sie stolz sein durfte. Anstatt ihren umtriebigen Umweltminister zu feiern, fixierte sich der neidvolle Blick der SPD wieder einmal auf das Agieren der Kanzlerin. Diese hatte sich bei der Gesundheitsreform intern ihren Ministerpräsidenten gebeugt, worauf ihr aus der SPD »Feigheit« vorgeworfen wurde. Merkel kannte zwar oft jedes Detail, sah aber keine großen Linien. Damit konnte die Kanzlerin gut leben. Die Sozialdemokraten mussten sich dabei eingestehen, dass Merkel geschickter und vor allem geschmeidiger agierte als ihr Amtsvorgänger. Lust am Regieren aber stellte sich für die SPD nicht ein. Selbst im fast wahlfreien Jahr 2007 ließ sie sich von Umfragewerten beeindrucken. Erschöpft und frustriert von den Anstrengungen der Agenda 2010, die viele am liebsten vergessen machen wollten, blickte ein großer Teil der sozialdemokratischen Funktionäre und Mandatsträger mit düsterer Miene in die Zukunft.

Außenpolitische Akzentuierungen

In ihrer Außenpolitik stimmten Union und SPD weitgehend überein, die gegensätzliche Haltung etwa in der Frage eines türkischen EU-Beitritts blieb mit einem Formelkompromiss im Koalitionsvertrag ungeklärt. Daneben wurden unterschiedliche Akzentuierungen aus Profilierungsgründen zu überaus starken Differenzen stilisiert. Die Außenpolitik war dabei insofern eine Machtfrage, als Kanzlerin wie Außenminister hier ihren Einfluss geltend machen wollten. Keiner kannte die außenpolitischen Begehrlichkeiten des Kanzleramtes dabei so gut wie Frank-Walter Steinmeier. Ihm war es als Chef des Kanzleramts einst gelungen, dort eine eigene Europaabteilung einzurichten – zum Verdruss des damaligen Außenministers Joschka Fischer.

Hält man sich die außenpolitischen Vorstellungen der Union und SPD bis zum Jahre 2005 vor Augen, war der beiderseitige Wandel durch Annäherung allemal enorm. Dabei hatte die Kanzlerin ein leichtes Spiel, die durch Schröders allzu rabiates Vorgehen entstandenen Verstimmungen im deutsch-amerikanischen Verhältnis zu beseitigen. Auf dieser Basis wiederum fiel es Merkel kaum schwer, in Washington das Thema Guantanamo kritisch anzusprechen. Ob George W. Bush die mahnenden Worte der Angela Merkel ernst nahm, steht auf einem anderen Blatt. Die unkritische Politik ihres Vorgängers gegenüber Russland konnte Merkel ebenso leicht mit wenigen Worten ins Lot bringen. Anstatt mit Putin Schlitten zu fahren oder »Wladimir« zu bescheinigen, er sei »ein lupenreiner Demokrat«, sprach Merkel in Moskau Menschenrechtsverletzungen an und traf sich öffentlichkeitswirksam mit Oppositionsgruppen. Daneben vermied es Steinmeier, obgleich einst engster Verbündeter Schröders, dessen Russlandpolitik unverändert fortzusetzen. So traf sich auch Steinmeier in der russischen Hauptstadt mit Vertretern der Opposition – eine Idee, auf die Schröder nie gekommen wäre. In Anlehnung an Egon Bahrs einstige Formel »Wandel durch Annäherung« sprach Steinmeier nun hinsichtlich Russlands von einem »Wandel durch Verflechtung«. Merkel wiederum machte im ersten Halbjahr 2007 als Präsidentin von EU und G-8 eine gute Figur, wie die SPD anerkennen musste. Ihr blieb es vorbehalten, in beleidigtem Ton eine stärkere innenpolitische Präsenz der Kanzlerin einzufordern, Merkel gewissermaßen vom roten Teppich zu holen.

Die Auslandseinsätze der Bundeswehr waren zwischen den Koalitionspartnern unumstritten. Von 1992 an waren deutsche Soldaten in Kambodscha, Somalia, Bosnien, dem Kosovo, Mazedonien, Afghanistan, am Horn von Afrika, im Kongo und dem Libanon aktiv. Nun war die Bundeswehr mit rund 7800 Soldaten im Ausland präsent. Nur auf den Kontinenten Amerika, Australien und der Antarktis waren keine Bundeswehrsoldaten im Einsatz. Ein Widerstand aus den Reihen der beiden Koalitionsfraktionen gegen diese Art »Gemeinsamer Außen- und Sicherheitspolitik« war nicht erkennbar. Eher mangelte es an einer parteiinternen wie öffentlichen Diskussion über die Fortentwicklung der deutschen Außenpolitik. »In außenpolitischen Fragen wirkt der Dialog mit den Wählern stets ein bisschen so, als müsse man Kinder schonend auf die harten Realitäten des Lebens vorbereiten«, schrieb Eric Gujer, einst Korrespondent der »Neuen Zürcher Zeitung« in Berlin. Treffend konstatierte er: »In der Außenpolitik wurde eine ›Agenda 2010‹ nie geschrieben. ... In der Sicherheitspolitik greifen auch Vertreter der Volksparteien gern zu frommen Sprüchen.«[7]

So beschränken sich die außenpolitischen Unterschiede im Wesentlichen auf Akzentuierungen. Einen solchen Fall lieferte Merkels »privater« Empfang des Dalai Lama im Kanzleramt im Sommer 2007. In diesem Zusammenhang warf Steinmeier der Kanzlerin vor, »Schaufensterpolitik« zu betreiben. Dies wiederum äußerte Steinmeier auf jenem SPD-Parteitag, der ihn zum stellvertretenden Parteivorsitzenden wählte, ihm somit erstmals ein Amt in der SPD verschaffte und gewissermaßen zum Parteipolitiker machte. Nun dachte Merkel nicht daran, die Ein-China-Politik aufzugeben. Sie wagte aber eine Konfrontation mit Peking aus der Einschätzung heraus, dass die gegenseitigen wirtschaftlichen Verflechtungen und Interessen groß genug waren, ein gemeinsames Foto mit dem Dalai Lama in der Regierungszentrale zu überstehen. Peking reagierte äußerst pikiert, so wurde etwa eine Reise Sigmar Gabriels ins Reich der Mitte abgesagt. Merkel musste sich wenigstens fragen lassen, ob es nicht geschickt gewesen wäre, den Empfang des Dalai Lama während ihrer Chinareise kurz zuvor offensiv anzukündigen – oder ihn wenigstens dem Außenminister zu signalisieren. Über diese Informationspolitik klagte Steinmeier. Außerdem ärgerte ihn die parteipolitische Aufladung des Besuches, hatte doch der hessische Ministerpräsident Roland Koch

(CDU) den Dalai Lama nach Berlin gelotst und gar am Empfang im Kanzleramt teilgenommen.

Steinmeier und seine Parteifreunde störte der öffentliche Eindruck, die Menschenrechtspolitik sei allein ein Thema der Union. Doch hatte nicht Merkels Ziehvater Helmut Kohl einst der chinesischen Volksbefreiungsarmee einen Besuch abgestattet? Dies wiederum war lange her, und Schröders zuweilen rücksichtslose Außenpolitik wie seine Geringschätzung oppositioneller Kräfte in Diktaturen plagte etliche Sozialdemokraten. Schröder hatte schließlich im Jahre 2004 gemeinsam mit seinem Freund Jacques Chirac die Aufhebung des EU-Waffenembargos gegen China verlangt, um sich Rüstungsaufträge zu sichern. Dies geschah just in einer Zeit, in der China Taiwan einen Krieg androhte. Das Waffenembargo gegen China war wiederum im Juni 1989 nach den Panzereinsätzen gegen protestierende Studenten und der blutigen Niederschlagung der Demokratiebewegung auf dem Platz des Himmlischen Friedens vereinbart worden. Schröder berief sich, reichlich links und frei, auf Willy Brandt und das Konzept vom Wandel durch Annäherung. Für die Grünen war diese Position damals nicht nachvollziehbar, große Teile der SPD-Fraktion stellten sich ebenso dagegen. Woraufhin Schröder konstatierte, Außenpolitik werde von der Bundesregierung gemacht, nicht vom Parlament. Schröders allzu freundliche Russlandpolitik und die Kumpanei mit Putin stießen in der SPD ebenso auf wenig Freunde, wenngleich kaum jemand wagte, den Kanzler zu kritisieren. Fröhlich hatte Schröder im Jahre 2004 eine Pressekonferenz Putins auf Schloss Gottorf verfolgt. Hier erklärte der russische Präsident, über kritische Journalisten völlig aufgebracht, unbeherrscht auf Deutsch: »Es gibt seit drei Jahren keinen Krieg mehr in Tschetschenien, ist schon vorbei. Die Leute können ruhig nach Hause gehen, frohe Weihnachten.« Von seiner Formel vom »lupenreinen Demokraten« Putin wich Schröder nicht ab. Er folgte der Politik Egon Bahrs, nach der nichts so wichtig ist wie Stabilität. Er erweiterte sie gar noch um wirtschaftliche Interessen, die der Etatist Bahr so nicht im Blick hatte. Jedenfalls musste die Einforderung von Menschenrechten hintenanstehen. Nun war es der in einer Diktatur aufgewachsenen Kanzlerin Merkel – und teilweise ebenso Steinmeier – vorbehalten, diese Prioritätensetzung zu relativieren.

Schröder wiederum sollte sich an ein eigenes Versprechen gegenüber der großen Koalition nicht halten: »Ich werde diese Regierung nicht kritisieren, weder im Inland noch im Ausland«, hatte er während seiner letzten Tage als Kanzler verkündet.[8] Ausgerechnet von China aus aber wandte sich Schröder mit deutlichen Worten gegen Merkels Empfang des Dalai Lama. Über diesen Verstoß gegen den politischen Komment ärgerte sich auch Steinmeier. Da er aber den Altkanzler nicht brüskieren wollte, blieb er diplomatisch.

Die russlandfreundliche Tendenz innerhalb der SPD wurde auch deutlich bei der Diskussion um den amerikanischen Raketenschutzschild, der in Polen und Tschechien installiert werden sollte. Es war ja durchaus richtig und sinnvoll, vor einer »Rüstungsspirale« zu warnen. Die Semantik des Protestes aber, der sich ja mehr gegen Washington als gegen Warschau wandte, erinnerte doch stark an die achtziger Jahre. Während jeder SPD-Unterbezirk die politischen Peinlichkeiten der Bush-Regierung lautstark geißelte, war ein Protest gegen den Kreml-Imperialismus nicht zu vernehmen. Eine sozialdemokratische Äquidistanz zu Washington und Moskau war jedenfalls nicht gegeben. Selbst die Worte der deutschen EU-Präsidentschaft gegenüber Moskau hinsichtlich des russischen Umgangs mit Estland nach der Versetzung eines sowjetischen Kriegsdenkmals blieben merkwürdig leise.

Doch gelang der SPD durchaus manch außenpolitischer Erfolg. Die frühe Bereitschaft Becks zu einer deutschen Beteiligung an einer »seeseitigen Absicherung« im Libanonkrieg wurde bereits erwähnt. Zudem erwies sich Steinmeiers Bemühen um Syrien als wegweisend. Seine Reise nach Damaskus, mit dem Ziel, Syrien aus dem Bündnis mit dem Iran zu lösen, wurde ein Erfolg – entgegen allen Einwänden Bushs. So nahm Syrien an der Nahost-Konferenz in Annapolis Ende 2007 teil.

Vizekanzler versus Parteichef

Zwischen Müntefering und Beck entwickelte sich ein stetiger Streit über die grundsätzliche Linie wie über höchst unterschiedliche Themen. Müntefering, der als Parteivorsitzender einst in Beck seinen Nachfolger gesehen hatte, misstraute diesem immer mehr. Er sah die SPD zwei Verführungen ausgesetzt. Zum einen beobachtete er, wie das nie besonders stark ausgeprägte Bedürfnis schwand, das

Land zu reformieren. Er wähnte die SPD auf dem Weg in den Sozialstaatskonservatismus. Müntefering aber war der Ansicht, dass seine Partei (wie das Land) den Reformeifer nicht verlieren und nicht zurückfallen darf. »Wer glaubt, man kann soziale Standards dauerhaft durch Stillstand erreichen«, sagte Müntefering, »der irrt sich.« Er war der festen Überzeugung: Stillstand ist Rückschritt. Zum anderen fürchtete Müntefering die ihm vertraute Oppositionsmentalität seiner Genossen. Die hatte sich schon unter der rot-grünen Regierung gezeigt; in der großen Koalition verschaffte sich dieses Phänomen immer mehr Raum. Viele Sozialdemokraten, selbst viele sozialdemokratische Mandatsträger, mochten eben gar nicht regieren. Sie schätzen die Opposition, in der sich so wunderbare Forderungen formulieren lassen, in der man so wohlfeile Reden halten kann, in der schlicht das Programm gilt. Müntefering aber hämmerte seiner Partei ein: »Man muss das Land regieren wollen.«

Er wehrte sich zudem gegen die in der SPD gängige Auffassung, sie sei nur für Sozialtransfers und Subventionen verantwortlich, nicht zu vergessen für die Entwicklungshilfe. Da war Müntefering dezidiert anderer Auffassung, wie er mit dem Zugriff etwa auf das Finanzministerium nach der Bundestagswahl deutlich machte. So verlangte er nun: »Man muss das Land regieren wollen, und zwar nicht aus dem Rotkreuzwagen, der die Mühseligen und Beladenen auflädt.« Das alles müsse zwar auch sein. »Aber die SPD muss sagen: Wir machen das Ganze besser. Nicht nur: Wir machen Sozialpolitik besser.«[9]

Beck wiederum fürchtete um das Profil seiner Partei in der Regierung und unter der allmächtigen Bundeskanzlerin. Der Parteivorsitzende hatte die Koalitionsvereinbarung nicht mit verhandelt, ebenso wenig hatte er die sozialdemokratischen Minister nominiert. Dies hatten noch Schröder und Müntefering getan. Schon aus formalen Gründen also stand Beck Programm und Personal der großen Koalition fern. Außerdem verstand er die Arbeit Münteferings erst in zweiter Linie als Garantie sozialdemokratischer Politik. In erster Linie begriff er Teile von Münteferings Politik und dessen Rhetorik als eine Gefährdung der Sozialdemokratie. Dies war nicht unbedingt Becks tiefe persönliche Überzeugung, er war seit jeher ein Exekutivpolitiker, der wusste, »was geht«. Weite Teile der Partei und »die Menschen« aber redeten diese Sorge ihrem Vorsitzenden ein und malten das Bild einer profillosen, vom Regierungsgeschäft absorbierten SPD. Beck selbst litt nicht nur unter dem Konkurrenzverhältnis zu Müntefering. Ihm fehlten zudem die bundespolitische Erfahrung und eine entsprechende programmatische Aufladung, um hier ausreichend präsent zu sein. Auch aus dieser Schwäche heraus waren seine vielen Vorstöße zu unterschiedlichsten Themen zu erklären.

Der Interessenkonflikt zwischen Müntefering und Beck spitzte sich zu, als die beiden über zahlreiche Themen zu streiten begannen. Becks Distanzierung von Münteferings Prozedere, die Rente mit 67 inmitten seines eigenen Landtagswahlkampfs anzukündigen, wurde bereits erwähnt. Beck aber zweifelte an dem Vorhaben zur Gänze. Er könne keinem Dachdecker erklären, warum er bis zum 67. Lebensjahr arbeiten müsse, sagte Beck und nannte den gebetsmühlenartig angeführten Dachdecker längst sein »Lieblingsbeispiel«. So forderte er in dieser Frage Ausnahmeregelungen. Müntefering aber wollte das Projekt nicht verwässern. Bei alldem galt die Rente mit 67 gar nicht für all jene, die 45 Jahre lang entsprechende Beiträge leisten sollten. Zu einem weiteren Konflikt kam es im Kontext der Erbschaftssteuerreform. Als die Union diese entgegen Absprachen nicht mehr reformieren mochte, stellte dies in Becks Worten sogleich einen »casus belli« für die Regierung dar – einen Kriegsgrund also. Der SPD-Vorsitzende drohte somit indirekt mit dem Ende der Koalition, ganz zum Missfallen Münteferings, der dies für eine Überreaktion hielt. »Ich kann Latein nur aus meiner Zeit als Messdiener, da kam ›casus belli‹ nicht vor«, konterte Müntefering spitz. Während Beck sich abermals für ein Verbotsverfahren gegen die NPD aussprach, wandte sich der Vizekanzler dagegen und verwies auf das grandiose Scheitern bei dem letzten Versuch. Als Beck Koalitionen seiner Partei mit der Linkspartei im Westen ausschloss, erklärte Müntefering, darüber entschieden allein die Landesverbände: »Man kann ihnen einen Rat geben, aber sie sind frei zu entscheiden.« Beck wies den Widerspruch Münteferings deutlich zurück. Daneben ließ Beck immer wieder erkennen, wie wenig er von Münteferings Reformvorstellungen hielt. »Es ist übersehen worden bei all den Diskussionen, dass das Wort ›Reform‹ für die meisten Menschen zum Schreckgespenst wurde«, sagte Beck und fügte hinzu: »Reform ist nicht gleichbedeutend mit Verzicht.«[10] In einem Aufsatz in der »Frankfurter

Allgemeinen« konstatierte der SPD-Vorsitzende: »Seit eineinhalb Jahrzehnten erleben wir, wie sich elementare Spielregeln der Sozialen Marktwirtschaft mehr und mehr auflösen.« Mehrfach verwendete er hier den Begriff des vorsorgenden Sozialstaates[11], von dem er aber wenig später nichts mehr wissen mochte. Um Müntefering zu provozieren und sich von der großen Koalition zu distanzieren, sprach Beck immer wieder von »Meseburg«, wenn er Meseberg meinte, jenen Ort also, in dem die Regierung im Jahre 2007 zu ihrer sommerlichen Klausurtagung zusammenkam. Manchmal kann schon ein Buchstabe Distanz beweisen und Verdruss bereiten. Meseberg hatte Müntefering schließlich auserkoren, um hier für die SPD »Goodies« durchzusetzen, mit Maßnahmen zum Thema Leiharbeit etwa. Die Achse aber zwischen Vizekanzler und Parteichef funktionierte nicht. Längst war die Zeit vorbei, als es Schröder und Müntefering gelungen war, Regierung und Partei aufeinander abzustimmen und im Gleichschritt zu laufen. Dieser seit Ende 2005 fehlende Gleichschritt wurde zum größten Problem der SPD. Die Regierung mit ihren acht sozialdemokratischen Ministern war kein Teil der SPD. Da konnten die Minister eine noch so gute Arbeit leisten.

Müntefering zweifelte zunehmend an den Fähigkeiten des Parteivorsitzenden Beck. Das »Vizekanzleramt« versuchte dabei immer stärker, die Arbeit des Willy-Brandt-Hauses zu beeinflussen. Misstrauisch blickte man dort auf das Wirken von Münteferings Statthalter Kajo Wasserhövel wie auf das des einstigen Bundesgeschäftsführers Matthias Machnig, der inzwischen Staatssekretär unter Sigmar Gabriel war. Daneben beäugte Becks Umfeld skeptisch die Kooperation zwischen Steinmeier und Platzeck. Als Steinmeier intern sein Interesse an einem Bundestagsmandat anmeldete, besorgte ihm Platzeck umgehend einen brandenburgischen Wahlkreis. Müntefering konnte bei alldem nicht erkennen, dass Beck auch nur zu einem einzigen Bundesministerium einen engen Draht besaß. Er hielt Becks Arbeit für unprofessionell und ungeschickt – und er hatte nicht vergessen, dass Beck am Reformationstag 2005, als ein neuer Generalsekretär nominiert werden sollte, in der andalusischen Sonne weilte. Becks nachträgliche Entschuldigung, er hätte seinen Urlaub gar nicht erst angetreten, wenn er von der Brisanz der »Sache GS« gewusst hätte, mochte Müntefering nicht akzeptieren.

Vollends freien Lauf ließ Müntefering seiner Missachtung für Beck, als der konservative Seeheimer Kreis in der SPD zur traditionellen Spargelfahrt auf dem Wannsee einlud. Vor 600 Sozialdemokraten ergriff an jenem 9. Mai 2007 zunächst Beck das Wort. Der SPD-Vorsitzende nahm erstmals in seinem Leben an dieser traditionsreichen Fahrt teil.[12] Beck hatte sich zu einem knappen Grußwort entschieden, er sprach vor allem über den Spargel und die Spargelkönigin. Kurz ging er auf die Bürgerschaftswahl in Bremen ein. Das Rumoren und Tuscheln auf der »MS Paloma« war längst unüberhörbar, als Beck über die Rolle der Leistungsträger sprach und den Seinen versicherte, dass die »Menschlichkeit über allem stehen muss« und seinen obligatorischen »Dank an die Küche« aussprach. Die Stimmung an Bord war depressiv, mancher übte sich in Sarkasmus.

Dann trat Müntefering ans Mikrofon. Er war entschlossen, dem schlappen Auftritt Becks vor einer frustrierten Zuhörerschaft etwas entgegenzusetzen. Müntefering entschied sich gegen eine normale Rede und für eine rhetorisch glänzende, aufmunternde Attacke: »Wenn man eine Politik macht, die richtig ist, aber nicht populär, dann muss man kämpfen, dass sie es wird«, rief er. An wen bloß richtete sich dieser Appell? Die SPD dürfe sich von Umfragewerten nicht entmutigen lassen, sie müsse kämpfen, sich »gerade aufstellen« und die »Ellenbogen ausfahren«. Müntefering erinnerte an den Wahlkampf 1972, die damals schon verloren geglaubte Wahl, die zum größten Erfolg der Sozialdemokratie wurde. Hinsichtlich des Wahlkampfes im Jahre 2009 gab sich Müntefering überzeugt: »Das können wir, das haben wir ein paar Mal bewiesen, die werden sich wundern, was dabei herauskommt.« Auf dem Schiff war es mucksmäuschenstill. Müntefering hatte Beck brüskiert, ja blamiert. Der Parteivorsitzende hatte ein weinfestadäquates Grußwort gesprochen, das Traditionsbewusstsein anklingen ließ. Der Vizekanzler aber wandte sich mit einer kämpferischen, inhaltlich fundierten und aufputschenden Rede an das Publikum. Beck musste sie, neben Müntefering stehend, verfolgen wie ein Schuljunge, dem der Lehrer seine Defizite aufzählt. »Das war eine Katastrophe, vorsichtig formuliert«, brachte ein hochrangiger Sozialdemokrat die Szene auf den Punkt. »Der hat's nicht leicht«, meinte ein Bundesminister anschließend wortkarg über den Parteivorsitzenden. Müntefering sah eben keine Veranlassung, es Beck »leicht« zu machen. Er wollte nicht zuletzt die eigenen Leute aus der Depression locken.

Müntefering und Beck – die beiden Männer verbindet Herkunft wie Lebensweg. Beide entstammen der katholisch geprägten Provinz, beide haben ohne Abitur eine glänzende Parteikarriere absolviert. Und doch sind ihr Lebens- und Arbeitsstil grundverschieden. Der karge, trocken sauerländisch, zuweilen fast ausgemergelt erscheinende Müntefering versteht Politik als ein anstrengendes Geschäft. Müntefering besitzt eine preußisch-protestantische Arbeitsethik. Morgens, unter der kalten Dusche, zähle er stets bis 100, berichtet Müntefering gern. In seiner knappen Freizeit treibt er gar noch Sport. In Sitzungen ist Müntefering verschwiegen, selbst engen Mitarbeitern gegenüber tritt er zwar stets freundlich auf, doch immer distanziert. Müntefering brüllt niemals. Er schweigt lieber. Was für Mitarbeiter nicht angenehmer sein muss. Kurt Beck ist ein Kind seiner Heimat, der südlichen Pfalz. Hier geht es fröhlich und weinselig zu, immer auch etwas derb. Die Witze sind zuweilen frivol. Beck ist gesellig, er liebt es zu unterhalten und unterhalten zu werden. Er geht auf Menschen zu, schüttelt ihre Hände, umarmt sie. Er redet viel; zuweilen palavert er. Für ihn ist ein Abend bei Saumagen und gutem Wein die Belohnung eines harten Arbeitstages. Längst nicht nur im Stadion des 1. FC Kaiserslautern, auf dem Betzenberg, gibt sich Beck volkstümlich. Müntefering ist diese volkstümelnde Art zuwider. Er hat, anders als Beck, ein gebrochenes Verhältnis zu seiner Heimat, die er als eng und spießig erlebt hat. Das wirkt nach. Beck bemühte sich dabei lange, alle Differenzen mit Müntefering zu relativieren: »Als Menschen sind wir unterschiedlich, unser Arbeitsstil ist es auch. Beides aber wirkt sich nicht negativ auf unsere Kooperation aus.«[13] Damit lag Beck messerscharf neben der Realität. Und er war sich dessen klar bewusst.

Als der »Spiegel« Beck im September 2007 fragte, wie er sein Verhältnis zu Müntefering sehe, antwortete Beck so: »Sachlich, auf einer guten Basis. Und im internen Gespräch so offen und fair, wie sich das gehört.«[14] Beck hätte auch antworten können: Müntefering und ich haben uns rein gar nichts zu sagen. Manchmal müssen wir ja miteinander reden. Das ist furchtbar, aber immerhin brüllen wir uns nicht an. Das kann der Franz ja schließlich nicht. Beck aber wahrte die Form, er sprach von einem »guten Arbeitsklima«. Das hörte sich an wie ein Euphemismus aus einem Arbeitszeugnis.

Und er meinte gar betonen zu müssen: »Ich schätze die Arbeit von Franz Müntefering sehr.« Das war ebenso wenig wahr, wie wenn Müntefering behauptet hätte, er schätze Becks Arbeit. Was Müntefering aber nicht sagte. Auch das unterschied die beiden. Beck hatte gerade einmal ein Jahr zuvor, im Mai 2006, Müntefering bei dessen Ehrung zur 40-jährigen Mitgliedschaft in der SPD in seiner Heimat in Sundern aufgesucht. »Wenn du Verantwortung übernimmst«, rief Beck da während seiner Laudatio Müntefering zu, »fühle ich mich gut aufgehoben.«

Bei alldem sind sich Beck und Müntefering auf mancherlei Weise ähnlich. Beide sind auf ihre Weise unberechenbar. Vorgezogene Neuwahlen, große Koalition, das Durchpeitschen der Rente mit 67, Verlängerung des Arbeitslosengeldes I, Wortbruch nach der hessischen Landtagswahl – Beck wie Müntefering neigen zu einsamen Entschlüssen, die sie, meist über die Medien, unter das Volk bringen, ohne sie zuvor in Parteigremien zur Diskussion gestellt zu haben. Beide agieren also durchaus autoritär. Müntefering aber erwies sich bei seinen autokratischen Alleingängen stets geschickter als der tapsig vorgehende Beck.

Beck ordnet die Partei

Ein machtpolitisches Meisterstück lieferte Beck mit seiner Nominierung der stellvertretenden SPD-Vorsitzenden ab. Nach den Wechseln an der Führungsspitze, vollzogen mit zahlreichen Sonderparteitagen im Berliner Estrel-Hotel, wollte die SPD im Oktober 2007 ihr neues Grundsatzprogramm verabschieden und die Führung komplett neu wählen. Beck war dabei als Vorsitzender trotz aller Zweifel an seinen Fähigkeiten mangels Alternative unumstritten. Er entschied sich dabei sehr früh für sein Führungstableau. Die SPD sollte nicht länger fünf stellvertretende Vorsitzende haben. Bis zum Jahre 1988 hatte sie schließlich nur zwei »Vize« gekannt. Nach Einführung der Frauenquote auf dem Parteitag in Münster 1988 kam Herta Däubler-Gmelin als Stellvertreterin dazu, im Zuge der Vereinigung Deutschlands 1990 dann Wolfgang Thierse. Um weiteren Proporzvorstellungen gerecht zu werden, wurde 1993 der Posten eines fünften Stellvertreters geschaffen, den sodann Heidemarie Wieczorek-Zeul einnahm. Nun stand Peer Steinbrück für den mächtigen Landesverband NRW, später Jens Bullerjahn für den Osten. Die Frauenquote wurde mit drei Vertreterinnen erfüllt, die wiederum eine weitere Gruppe repräsentierten: Elke Ferner die SPD-Linke, die Bonner Oberbürgermeisterin Bärbel Dieckmann die Kommunalpolitiker und Ute Vogt den Süden. Die stetige Vergrößerung der Stellvertreter-Riege aber war längst einher gegangen mit einer fehlenden Wahrnehmbarkeit der Personen in ihrer Funktion. Mutig, entschlossen und auf Empfindlichkeiten keine Rücksicht nehmend, entschied sich Beck im Mai 2007 zur Verkleinerung der Parteispitze auf drei Stellvertreter. Beck wollte an der Spitze der SPD »mehr Schlagkraft«. Der Einspruch der Betroffenen blieb überschaubar, allein der erst im Jahr zuvor berufene Stellvertreter Bullerjahn machte aus seiner Enttäuschung keinen Hehl. Seine Funktion als Parteivize war weiten Teilen von SPD und Öffentlichkeit jedoch ohnehin verborgen geblieben.

Außer an Steinbrück hielt Beck an keinem seiner bisherigen Stellvertreter fest. Beck entschied sich vielmehr neben Steinbrück für Außenminister Frank-Walter Steinmeier und für Andrea Nahles, die bisherige Sprecherin der Linken. Demonstrativ verweigerte Beck Berlins Regierendem Bürgermeister Wowereit abermals diesen Posten. Der hatte sein Interesse immer wieder bekundet, nicht zuletzt mit dem (auf Proporzdenken zielenden) Hinweis, Berlin sei ein Teil Ostdeutschlands. Der Osten aber sollte in der neuen Parteispitze unter Beck erst gar nicht vertreten sein. Er hatte ja genau dieses Proporzdenken beenden wollen! Wowereits Werbetour außerhalb Berlins, so im linken SPD-Bezirk Südhessen oder in der linken saarländischen SPD, blieb also ohne Erfolg. Beck gab Wowereit einen Korb. Seinem Vorgänger Platzeck hingegen hatte Beck einen Stellvertreter-Posten angeboten; der aber schlug diese Offerte aus. Mit Steinbrück, Steinmeier und Nahles nominierte Beck drei Schwergewichte als seine Stellvertreter. Anstatt schwache Figuren um sich zu versammeln, entschied er sich für das Gegenteil. Er machte damit deutlich, dass die SPD neben ihm mit Steinmeier einen zweiten potenziellen Kanzlerkandidaten besaß. Mit dieser Beförderung aber band Beck zugleich diese drei starken Personen ein; er versuchte, sie auf sich zu verpflichten.

Steinmeier und Steinbrück wurden innerhalb der SPD bald »die Stones« genannt. Die beiden Männer traten oft gemeinsam auf, sie verband ein ähnliches Politikverständnis. Beide sind geprägt von jahrelanger Regierungserfahrung: Steinbrück war schon als junger Mann in der Bundesregierung unter Schmidt tätig, dann in unterschiedlichen Positionen in der Landesregierung in Nordrhein-Westfalen, später als Staatssekretär und Minister in Kiel. Steinmeier diente stets unter Schröder, zunächst in der Staatskanzlei Hannover, dann im Bundeskanzleramt. Mit Nahles wiederum war die Parteilinke an der Spitze vertreten – zweifelsohne mit ihrer stärksten Figur. Daneben nominierte Beck abermals den zum Reformflügel zählenden Generalsekretär Heil, in dem manche in der Partei mehr einen Vertrauten Platzecks (und Steinmeiers) denn Becks sahen.

Ein zweites machtpolitisches Meisterstück, das weder Schröder noch Müntefering und Platzeck gelungen war, präsentierte Beck mit der Berufung der neuen Schatzmeisterin Barbara Hendricks. Hendricks, seit 1998 Parlamentarische Staatssekretärin im Bundesfinanzministerium, stand seit Jahren für den Posten zur Verfügung, mochte aber an einen Wechsel ins Willy-Brandt-Haus schon nicht mehr glauben. Die bisherige Schatzmeisterin Inge Wettig-Danielmeier (Jahrgang 1936) hatte ihren Posten schlichtweg nicht räumen wollen. Schröder, Müntefering und Platzeck waren an deren Beharrungskraft an der Spitze ihrer Partei ebenso verzweifelt wie gescheitert. Die Herrin der Parteikasse arbeitete zwar durchaus erfolgreich, betrieb dies aber, stets gemeinsam mit ihrem Ehemann Klaus Wettig, auf Basis merkwürdiger Parallelstrukturen. Ihr Mann, ja ihre Familie, publizierte gar Bücher in SPD-Verlagen. Wettig-Danielmeier, die gefürchtete »Inge« mit der Vorliebe für frauenpolitische Thesen aus den siebziger Jahren, hätte ungeachtet ihres Alters gern weiter amtiert. Beck aber entriss ihr den Posten und schuf Platz für Barbara Hendricks. Selbst die härtesten Kritiker Becks bekundeten Respekt für diesen Kraftakt, bei dem er Wettig-Danielmeier Härte und Entschlusskraft hatte spüren lassen.

Becks Neuordnung der Parteispitze wurde in den Medien freundlich kommentiert. Doch dieser Frühling währte nicht lange. Alsbald wurden wiederum Zweifel an Becks Befähigung laut. Schon war von »Kurt Scharping« die Rede, so etwa im »Spiegel«. Über den Vorsitzenden ohne jedes Charisma wurde gespottet, die positiven Attribute für Beck (»authentisch, bodenständig, jovial«)

blieben in dieser Phase völlig außen vor. Der Meinungsforscher Manfred Güllner, der es mit Beck nicht eben gut meinte, konstatierte, kaum jemand kenne Beck, selbst die SPD-Anhänger bevorzugten Merkel. Beck sei daher ohne jede Chance auf die Kanzlerschaft. Beck selbst klagte, längst stehe die Berichterstattung in Berlin unter dem Motto »Haut den Beck«. Berlin war ohnehin ein Ortsname, der Beck zur Weißglut trieb. Fragten ihn Journalisten, ob er sich inzwischen mit Berlin angefreundet habe, sah sich Beck sogleich kritisiert. Er begriff eine solche Frage als Provokation – und antwortete sogleich, er verstehe »diese Diskussion« nicht. Sodann wetterte Beck gegen Zentralismus und Chauvinismus, ganz so, als dominiere Berlin den Rest der Republik. »Wenn ich mich jeden Tag nur in Berlin bewegen würde, könnte sich mein Blick vielleicht ein Stück weit verengen«, sagte Beck dann schon einmal.[15] Er kehre eben gerne »heim«. Beck fremdelte mit der kargen, zuweilen herben und schmuddeligen Hauptstadt. Er mochte diese Stadt nicht. Beck hielt sich lieber »daheim« auf. Die Empfänge in der Bundeshauptstadt mit all den Eitlen und Wichtigtuern waren Beck regelrecht zuwider. Am wohlsten fühlt er sich eben beim Fahrradurlaub an der Mosel. Richtig ins Schwärmen geriet Beck, wenn er von seinem Lieblingslokal »Zur Krone« im südpfälzischen Herxheim sprach.

Becks mangelnde innerparteiliche Popularität zeigte sich immer stärker. Zwar wünschten selbst seine Kritiker nicht schon wieder einen neuen Parteivorsitzenden. Doch umso heftiger zeigten sie ihren Unmut über »Kurt«. Plötzlich war wieder von dem »Pfälzer Weinbauern« die Rede. Seine schlechte Rhetorik wurde kritisiert, jeder Ansatz von Charisma vermisst – durchaus zu Recht. Beck hatte sich angewöhnt, viele Sätze nicht zu beenden, etliches blieb unverständlich. Selbst anlässlich von Kundgebungen im Kommunalwahlkampf führte er Wortungetüme wie den »Morbiditätsausgleich« im Munde. Beck sprach in Reden stets ein Sammelsurium von Themen an. Er widmete sich der »Weiterentwicklung der Vorbereitung der beruflichen Reife« oder beklagte die »Vergesslichkeitsgesellschaft«. Als Beck einmal vor der Fraktion vom »bündischen Prinzip« sprach – und wohl das Bundesstaatsprinzip meinte –, raunte Struck: »Kurt, das musst du mal erklären!« Auf die ihm immer wieder gestellte Frage nach der Kanzlerkandidatur behauptete Beck nun, er habe diese Entscheidung längst getroffen und dies gar schon, kurz nachdem er den Parteivorsitz übernommen habe. »Ich habe damals viele Gespräche geführt, mir Gedanken über diese Frage gemacht und für mich Klarheit geschaffen«, behauptete Beck nun.[16] Parteifreunde bezweifelten dies derweil und machten zum Teil auch öffentlich keinen Hehl aus ihrer mangelnden Sympathie für Beck.

»Ein neues Sofa muss her«

Als Platzeck, Steinbrück und Steinmeier im September 2007, nur sechs Wochen vor dem Hamburger Parteitag, ein gemeinsames Buch vorstellten, in dem sie selbst neben vielen weiteren Autoren die SPD zu mehr Reformfreude aufriefen, fasste Beck dies als Affront auf. Zwar hatte Beck gemeinsam mit Heil ebenfalls im parteieigenen »Vorwärts«-Verlag ein Buch zur Programmdebatte herausgegeben, und auch die Linken hatten es mit Andrea Nahles so gehalten. Für Nahles' Buch aber hatte mit Heidemarie Wieczorek-Zeul nur eine Ministerin einen Beitrag verfasst; in dem Werk von Platzeck und den »Stones« nun meldeten sich fünf Bundesminister und ein Ministerpräsident zu Wort. Es besaß also eine andere Dimension. Zudem beanspruchten die Autoren mit dem Titel ›Auf der Höhe der Zeit‹ die Deutungshoheit in der Partei und sprachen sie den anderen so indirekt ab. Zudem wurde das Buch bei einem Hintergrundgespräch mit zahlreichen Korrespondenten vorgestellt. Hier drehte insbesondere Finanzminister Steinbrück auf. Er beschrieb seine Partei mit ihren lieb gewonnenen, aber überholten Vorstellungen als ein altes »Sofa«, das nach vielen Jahren schon nach seinem Besitzer rieche. Trotz Rotweinflecken und »Katzenfusseln«, trotz der Sprungfeder, die sich längst aus dem Sofa bohre, schätze aber der Besitzer sein Sofa, mokierte sich Steinbrück über die Funktionäre der Partei und verlangte: »Ein neues Sofa muss her.«

In dem Vorwort ihres Buches spendeten Platzeck, Steinbrück und Steinmeier ostentativ Lob für ihren Parteivorsitzenden (»Kurt Beck hat völlig recht ...«). Der Grundtenor des Werks aber, in dem Platzeck gegen »Sozialstaatskonservatismus« wetterte und sich Steinmeier gegen diejenigen wandte, die so taten, als wäre alles besser ohne die Agenda 2010, missfiel Beck umso mehr. Beck ärgerte sich also über das Buch an sich, dessen Autorenteam, den Grundtenor, das Briefing der Journalisten – und gar die Präsentation des Werkes. Dafür hatten die ›Auf der Höhe der Zeit‹ befindlichen Autoren mit dem früheren SPD-Vorsitzenden Vogel eine taktisch kluge Wahl getroffen. Vogel war in der SPD, anders als während seiner Amtszeit als Vorsitzender, weithin geschätzt. Er hatte Wochen zuvor zugesagt, wirkte aber wenige Tage vor der Buchvorstellung über diese Entscheidung unzufrieden. Der Wirbel um das Buch schon vor dessen Präsentation und die naheliegende Vermutung einer Verärgerung Becks ließen Vogel zweifeln. Er hatte schließlich selbst oft genug erfahren, wie es ist, von Parteifreunden herausgefordert zu werden. Selbst eine veritable Erkältung hielt den Pflichtmenschen Vogel dennoch nicht davon ab, das Buch in Berlin zu präsentieren.

Eindeutig wandte er sich hier aber, den Autoren widersprechend wie Beck flankierend, gegen die Aufgabe des Begriffs vom »demokratischen Sozialismus«.[17] Der Katholik Vogel argumentierte allen Ernstes unter anderem mit dem Verweis auf das Zentralkomitee der deutschen Katholiken, das doch wegen des in Misskredit geratenen Begriffs »Zentralkomitee« von seinem Eigennamen ebenfalls nicht abrücke. Selten wurde der »demokratische Sozialismus« derart defensiv wie originell verteidigt. An der Buchvorstellung, zu der rund 300 Gäste das Foyer des Willy-Brandt-Hauses belagerten, nahm auch Müntefering teil, was Beck natürlich sogleich »gemeldet« wurde.

Als zeige sich die SPD wenige Wochen vor ihrem Parteitag, auf dem sie ein neues Grundsatzprogramm beschließen wie eine neue Führung wählen wollte, nicht unruhig genug, legte Steinbrück nach. Er attackierte die Funktionäre seiner Partei in der »Frankfurter Rundschau« als »Heulsusen«. Steinbrück liebte es, der eigenen Partei Realitätsverlust und Naivität vorzuhalten. Die Spitzenvertreter der SPD-Linken rächten sich wenig später, indem sie Steinbrück in die Nähe des inzwischen weitgehend unbeliebten Clement rückten und davon sprachen, Steinbrück sei ein »Parteirechter«. Im Gegensatz zum Begriff »links« ist das Etikett »rechts« in der SPD höchst unbeliebt. Es taucht als Selbstbeschreibung in keiner demokratischen Partei auf. In der SPD gilt der Begriff »rechts« – anders als die Zuschreibung »konservativ«, »gewerkschaftsnah« oder »traditionell« – sogar als Schmähung.

Parallel dazu stänkerten selbst Sozialdemokraten aus der ersten Reihe zwar hinter vorgehaltener Hand, doch vernehmbar über das schlechte Management Becks und dessen Themen-Hopping. Becks mangelnde Ausstrahlung führe dazu, »dass wir bei Frauen ein echtes Problem haben«, bemängelte etwa ein sozialdemokratischer Minister, wissend um die entsprechenden Erfolge Schröders bei Wählerinnen. Wie Beck denn überhaupt einen Wahlkampf zu organisieren gedenke, fragte ein anderer. Dem Parteivorsitzenden blieb diese zuweilen mit vielen Fragen bemäntelte Kritik nicht verborgen. Musste er nicht fürchten, dass schon bald an seinem Stuhl gesägt werde? Es gehe nicht an, erklärte er öffentlich, wenn Leute aus der »dritten oder vierten Reihe« hinter den Büschen säßen und abfällige Bemerkungen machten. Beck dürfte dabei Kritik aus der »dritten oder vierten Reihe« kaum stören. Er wusste genau, dass diese Kritik aus der ersten Reihe kam. »So einen Scheiß lasse ich mir nicht bieten«, brüllte er auf einer Sitzung des Parteirats im September 2007. Selbst der Altbundeskanzler sah sich genötigt, Beck zu verteidigen. Schröder zählte sicher nicht zu Becks Fans. Nun aber, während einer Wahlkundgebung in Bayern, rief Schröder, mit einer kleinen Portion Häme: »Wir haben nicht mehr so viele Leute ... Also schießt nicht auf den Klavierspieler – es könnte sein, wir haben sonst keinen mehr.« Beck fühlte sich bedrängt. Die offene Kritik Münteferings und das Buch der Modernisierer ärgerten ihn massiv. Hinzu kam eine mehrtägige Sommerreise Steinmeiers durch seinen künftigen Wahlkreis in Brandenburg, bei der der Außenminister, stets im Gespräch als potenzieller Kanzlerkandidat, von vielen Journalisten begleitet wurde. Steinmeier erfuhr hier ein schmeichelhaftes Medienecho, während die Resonanz auf Becks Sommertour verhalten bis negativ ausfiel. Beck war höchst alarmiert, zumal durch entsprechende öffentliche Mutmaßungen. »Es ist ein stiller Putsch, der gegen Beck vorbereitet wird«, behauptete etwa der Journalist Hans-Ulrich Jörges im »Stern«.[18]

Rumpelnd im Rückwärtsgang

Selten wohl löste eine kleine Meldung eine derart große Lawine aus wie diejenige, die der »Spiegel« am 1. Oktober 2007 veröffentlichte. »SPD will Agenda 2010 korrigieren«, lautete die Überschrift. Bei einer Sitzung der Landes- und Bezirksvorsitzenden der SPD habe

Kurt Beck, hieß es im Text, dafür plädiert, die Kürzung des Arbeitslosengeldes I zurückzunehmen. »Wir haben beim Arbeitslosengeld I ein Glaubwürdigkeitsproblem«, wurde Beck zitiert. »Wir sollten noch einmal darüber nachdenken.« Der SPD-Chef brachte sogleich das sogenannte Stufenmodell des DGB ins Gespräch, das für ab 45-Jährige eine Zahlung über 15 Monate und für ab 50-Jährige eine Bezugsdauer von maximal 24 Monaten vorsah. Die Runde der Funktionäre war begeistert, es gab keinen Widerspruch. Die im Rahmen der Agenda 2010 verkürzte Zahlung (von 32 auf 12 Monate, für über 55-Jährige auf 18 Monate) war von den Gewerkschaften stets heftig attackiert worden. In jener Runde aber gab die nordrhein-westfälische SPD-Vorsitzende Hannelore Kraft sogleich zu bedenken: »Das ist doch das, wofür ich Rüttgers beschimpfe.« Kraft hielt Becks Vorstoß zwar für inhaltlich richtig, strategisch aber schwer vermittelbar. Dennoch schlug sie sich umgehend auf dessen Seite. Beck bat am Ende der Sitzung um Diskretion – und aus der Runde drang, das war äußerst ungewöhnlich für eine solch große Gruppe, fast eine Woche lang nichts nach außen.

Als Becks Vorstoß bekannt wurde, zählte Oskar Lafontaine zu den Ersten, die diesen begrüßten. Er verwies sogleich auf einen entsprechenden, längst vorliegenden Antrag seiner Fraktion im Bundestag, dem die SPD ja sogleich zustimmen könne. Sein Kollege Gregor Gysi sprach davon, nun erweise sich die SPD für die Linkspartei als koalitionsfähig. Seit an Seit mit Lafontaine wie Gysi und ebenso euphorisch äußerte sich der nordrhein-westfälische Ministerpräsident Jürgen Rüttgers (CDU).

Kritik an Beck kam hingegen – aus der SPD. Wolfgang Clement sah Beck mit seinem Vorschlag auf dem »Holzweg«. Clements Worte verhallten ungehört, er besaß in der SPD inzwischen weder Amt noch Einfluss. Der scheidende SPD-Vize Jens Bullerjahn gab zu bedenken: »Wir können die Linkspartei niemals links überholen.« Solle mehr Geld in den Arbeitsmarkt investiert werden, müsse man nicht primär den Lebensstandard älterer Männer absichern, wandte sich die Finanzpolitikerin Nina Hauer gegen Becks Vorstellungen. Doch die Sprecherin des reformorientierten Netzwerks blieb selbst in dessen Reihen eine Minderheit. Hinter Beck versammelte sich eine breite Mehrheit der eigenen Partei. Noch bevor er an die Öffentlichkeit gegangen war, war es ihm gelungen, den Fraktionsvorsitzenden Struck auf seine Seite zu ziehen. Struck musste dem Parteichef Loyalität beweisen und die Gefahr eines neuerlichen Rücktritts ausschließen. Sollte er Beck etwa im Regen stehen lassen? Dafür war Struck zu sehr Stratege. Er wollte um jeden Preis einen abermals schwachen Parteivorsitzenden verhindern. Mit Strucks Positionierung konnte sich Beck zurücklehnen. Der entscheidende Schachzug im Spiel um die innerparteiliche Macht war ihm gelungen. Gleiches sollte alsbald für Becks Kommunikationsstrategie gelten, die da lautete: Müntefering ist isoliert.

An jenem Montag, an dem der »Spiegel« mit der Nachricht erschien, kam das Präsidium turnusgemäß zusammen. Beck sprach die Causa ALG I kurz an. Sogleich äußerte sich Müntefering ablehnend zu Becks Vorstoß. »Ich halte das inhaltlich und strategisch für einen Fehler«, sagte der zuständige Arbeitsminister. Darüber müsse noch geredet werden. Dabei hatte Müntefering zwei Jahre zuvor noch selbst für eine Änderung beim Arbeitslosengeld plädiert. So klagte er im Juli 2005: »Die (Unionsparteien) haben mal eben die verlängerte Zahlung des Arbeitslosengeldes abgelehnt. Das merkt aber keiner draußen.«[19] Doch daran mochte Müntefering nicht mehr erinnert werden. Nun setzte er klar auf die Fortsetzung von Schröders Reformpolitik und empfahl, diesen Weg weiterzugehen.

Beck aber ließ sich von Müntefering nicht irritieren. Er hatte zuvor von seinen Besuchen in Betrieben und bei Gewerkschaften berichtet und argumentiert, er sehe die SPD auf dem Wege, Kontakt zur »Lebenswirklichkeit« zu verlieren. Dabei hatte Beck die Regelungen zum ALG I stets kritisch gesehen, dies allerdings immer nur intern geäußert und keinerlei Änderungen verlangt. Nun zog Beck die Präsidiumssitzung geschäftsmäßig durch. Peer Steinbrück und Frank-Walter Steinmeier befanden sich in einer Zwickmühle. Beide Minister standen Becks Vorstoß skeptisch gegenüber. Beide aber wollten auf dem Parteitag in vier Wochen als stellvertretende SPD-Vorsitzende gewählt werden – und dies mit respektablen Ergebnissen. Beide waren von Beck nominiert worden, Steinmeier trat gar erstmals an. Steinmeier, ganz Diplomat, bemühte sich daher im Präsidium um eine Vermittlung zwischen Beck und Müntefering. Dies hatte er schon zuvor, am Tag der deutschen Einheit, versucht, war jedoch erfolglos geblieben. Für sein Unterfangen existierte keine »road map« – und beide Konfliktparteien zeigten keinerlei Interesse an einer Konsenslösung. Struck scheiterte mit einem Schlichtungsversuch, den er ohnehin für nicht aussichtsreich gehalten hatte, ebenso. Bei einem Treffen zwischen Beck, Müntefering und Struck im Gästehaus der Mainzer Landesregierung kam es zu keiner Annäherung. Die Atmosphäre war hier äußerst angespannt. »Die Luft war wie zum Schneiden«, sagt einer, der an dem Gespräch teilnahm. Struck schlug sich abermals auf Becks Seite. Müntefering vertrat die Minderheitsmeinung. Ein offenes und vertrauliches Gespräch zwischen Beck und Müntefering hatte es zuvor nicht gegeben.

Der stets loyale Olaf Scholz, als Parlamentarischer Geschäftsführer an Strucks Seite, drehte ebenso bei, obgleich auch er Rüttgers' Vorschlag einst verdammt hatte (»Das ist das Schlimmste an unseriöser Politik, was man machen kann.«). Steinbrück wiederum verbrachte gerade seinen Herbsturlaub auf Mallorca, er nahm daher an der entscheidenden Präsidiumssitzung nicht teil. Der Modernisierer Platzeck war ebenso im Urlaub, auch er schwieg. Und Generalsekretär Heil begrüßte den Vorstoß Becks.

Der Parteivorsitzende eröffnete mit seinem Vorschlag die Operation »regierungsinterne Opposition« – Beck distanzierte sich von der Politik der großen Koalition wie noch nie zuvor. Er ging zugleich zur rot-grünen Vorgängerregierung auf Abstand. Und er suchte ganz bewusst einen Konflikt mit Müntefering. Dessen möglichen Rücktritt nahm er dabei in Kauf. Schon in den Monaten zuvor hatte Beck immer wieder bei Themen aus Münteferings Zuständigkeitsbereich interveniert. Dabei handelte es sich um die Rente mit 67, die Erwerbsminderungsrente, die Leiharbeit und nun eben das ALG I.

Mochte Beck aber seiner Partei mit diesem Vorstoß wirklich noch das Motto »Kraft der Erneuerung« zumuten? Beck blickte nicht auf den Globalisierungsdruck, der stetige Reformen verlangt. Die erkennbaren Erfolge der verkürzten Bezugsdauer des Arbeitslosengeldes I ließ er außer Acht. Beck ging es vor allem um die Stimmung innerhalb der SPD und sodann um eine verbesserte Stimmungslage für die SPD insgesamt. Im Gegenzug wollte er der erstarkenden Partei Die Linke Wasser abgraben. Becks Vorstoß war in erster Linie als machtpolitische Offensive zu verstehen. Noch zu Jahresanfang hatte Beck rhetorisch und ein wenig moralinsauer gefragt: »Wie häufig streiten wir denn wirklich hart in der Sache, und wie häufig streiten wir nur, weil es um Prinzipien und Machtfragen geht?«[20] Nun aber schlug der medial verprügelte, intern belächelte, von Müntefering gedemütigte Parteichef zurück. Beck mochte nicht mehr der Mann sein, über den sich die SPD mokierte, wenn er sich an einem verregneten Sommertag am Straßenrand gemeinsam mit dem traurig-zotteligen Hund seines Hoteliers fotografieren ließ. Er wollte die Gewerkschaften auf seine Seite ziehen. Er wollte Oskar Lafontaines Feldzug verhindern. Er wollte stark und mächtig erscheinen. Er wollte in wenigen Wochen als Parteivorsitzender mit einem respektablen Ergebnis wiedergewählt werden. Er wollte hier nicht nur 70 oder 75 Prozent holen, denn das hätte die Führungsfrage offen gestellt. Er wollte mehr. Der tief frustrierte und gekränkte Beck wollte der geliebte Chef sein. Er wollte derjenige sein, der für die SPD im Koalitionsausschuss das Sagen hat. Dazu benötigte er die Funktionäre, die vielen frustrierten Delegierten, von denen doch so viele schon seit 1985 auf Bundesparteitagen saßen. Genau diese Leute hatte Beck im Blick. Außerdem suchte er sich gezielt ein Profilierungsthema aus dem Zuständigkeitsbereich Münteferings, den er innerparteilich niederringen wollte. Müntefering hatte ihn schließlich oft genug provoziert.

Die Zahl derjenigen, die von einer längeren Zahlung des Arbeitslosengeldes profitierten, wurde zu dieser Zeit auf rund 50 000 geschätzt. Eine weitere Senkung des Arbeitslosenbeitrags aufgrund der Überschüsse der Bundesagentur für Arbeit würde sich hingegen bei 27 Millionen sozialversicherungspflichtig Beschäftigten bemerkbar machen. So treffend Becks Beobachtung sein mochte, nach der viele Angehörige der Mittelschicht sich vor einem sozialen Abstieg sorgten: Beck sprach in erster Linie für 50 000 von 80 Millionen. Beck stilisierte also ein Minderheitenthema zum Symbol. Er wusste um die Zustimmung zu seinem Vorstoß in den – ansonsten von ihm als »Kaffeesatzleserei« verschmähten – Umfragen. Doch abseits aller darin erkennbaren Zustimmung: War den Befragten dieses Thema wirklich wichtig? Und was verbarg sich hinter Becks Vorstoß? Der SPD-Vorsitzende offenbarte damit eine Geisteshaltung, derzufolge derjenige etwas mehr vom Kuchen abbekommt, der laut und beständig trommelt. Beck dachte also in Beständen, nicht in Potenzialen. Mit derartigen »Zückerchen« hielt er die Fußtruppen bei Laune, brachte Ordnung in die Partei, disziplinierte, sicherte die eigene Macht ab. Ohne aber auch nur ein Stück nach vorn zu weisen.

Beck hatte mit seinem binnenfixierten Blick die Antragslage zu dem Parteitag vor Augen. Die traditionell linke SPD in Hessen-Süd hatte längst eine Initiative zum ALG I angekündigt. Zahlreichen Gliederungen war die gesetzliche Regelung ebenso ein Dorn im Auge. Beck wiederum mochte nicht gegen all diese Wünsche und Träume der Basis argumentieren, so wie er zu müde war, sich gegen den »demokratischen Sozialismus« zu wenden. Beck war alles andere als ein Fan des »demokratischen Sozialismus«, doch er sah keinen Lohn darin, gegen dieses merkwürdige Theoriegebäude in die Schlacht zu ziehen. Beck war ebensowenig ein linker Reformverweigerer. Aber er hielt es nun für opportun, mit dieser Politik Schröders (und Münteferings) zu brechen.

Dabei sprachen die Zahlen voll für den Erfolg der Arbeitsmarktreformen, gerade die Änderungen beim Arbeitslosengeld I. So lag die Zahl der Arbeitslosen Anfang 2005 noch bei 5,2 Millionen. Im September 2007 waren nur noch 3,5 Millionen Menschen arbeitslos – so wenig wie zuletzt in den neunziger Jahren. Von ihnen bezogen gut eine Million ALG I. Die Zahl der Beschäftigten stieg. Aus beiden Entwicklungen ergab sich: Im Jahr 2006 verzeichnete die Bundesagentur für Arbeit einen Überschuss von gut elf Milliarden Euro, im Jahr 2007 betrug dieser mehr als sechs Milliarden Euro. Die Hartz-Reformen bewirkten bei Arbeitslosen die raschere Annahme eines Jobs. Nicht zuletzt war es bei diesen Reformen darum gegangen, ältere Arbeitnehmer nicht weiter auf Kosten der Allgemeinheit in den Vorruhestand zu schicken. Entsprechend stieg seither die Beschäftigungsquote der über 55-Jährigen. »Noch nie gab es einen Aufschwung, von dem die Älteren so stark profitiert haben«, analysierte Ulrich Walwei, Vize des zur Bundesanstalt zählenden Instituts für Arbeitsmarkt und Berufsforschung (IAB).[21] Der Zusammenhang zwischen der Bezugsdauer und dem Bemühen von Arbeitslosen, sich eine neue Stelle zu suchen, lag dabei ohnehin auf der Hand.

Müntefering schwieg zunächst öffentlich, machte in den folgenden Tagen aber keinen Hehl aus seiner tiefen Ablehnung von Becks Vorstoß. Er nannte ihn erst einen »Fehler«, um dann im »Spiegel« richtig auszuholen. Münteferings harte Worte zeigten seine abgrundtiefe Verachtung des Vorhabens ebenso wie seine eigene zum Himmel schreiende Machtlosigkeit: »Irgendwann werden wir uns alle zusammen mit der PDS treffen, gemeinsam alte Lieder singen und sagen: So, jetzt ist alles in Ordnung. Aber ich sage Ihnen, das ist falsch.«[22] Noch nie hatte Müntefering seinen Parteivorsitzenden derart schroff öffentlich abgebügelt. Abermals warb Müntefering für seine mühsam selbst gewonnenen Erkenntnisse: Soziale Gerechtigkeit bemisst sich nicht an Verteilung. Die Arbeitslosenversicherung ist keine Ansparversicherung. Populäre Politik muss nicht gute Politik sein. Müntefering nannte Rüttgers in diesem Zusammenhang einen »Oberpopulisten« – und beschimpfte so indirekt Beck mit demselben Fluch. Auch Merkel enttäuschte Müntefering. Die Kanzlerin habe ihm, als Rüttgers Ende 2006 die Debatte auslöste, prophezeit, diese werde sich »totlaufen« und Rüttgers' Vorschlag werde politisch nicht konkret. Dann aber habe sich Merkel dem nicht entgegengestellt. »Sie blieb CDU-Vorsitzende, wo sie Kanzlerin hätte werden müssen«, monierte Müntefering später: »Sie hat nicht gekämpft. Das war schlau, aber nicht klug.«[23] Maßlos hatte sich Müntefering schon zuvor geärgert über Unions-Politiker wie den thüringischen Ministerpräsidenten Dieter Althaus, Seehofer und Stoiber, die zuletzt behauptet hatten, das ALG II anheben zu wollen – verbunden mit dem Hinweis auf gestiegene Butterpreise.

Während Beck zu seinem traditionellen Andalusien-Urlaub aufbrach, verteidigte Müntefering die eigene Haltung vor der Fraktion. Für seine flammende Rede erhielt er einen demonstrativ lautstarken Applaus. Müntefering verkürzte die eigene Position wie die von Beck, indem er davon sprach, Beck sei ja mehr für das Fördern, er hingegen »mehr für Fordern«. Doch ging es Müntefering nicht ebenso um das Fördern? Und bestand der Ansatz der Reformen nicht darin, beides zu wollen? Hier griff der Vizekanzler mit seinem immer wieder einmal auftauchenden binären Denken reichlich kurz. Müntefering mokierte sich über Becks Urlaub, indem er davon sprach, dieser sei ihm »gegönnt«. In der anschließenden Aussprache besaßen die Anhänger Münteferings die Überhand. Während die *Partei* mit dem Herzen auf der Seite Becks stand, stimmte die *Fraktion* mehrheitlich Müntefering zu. So wandte sich der frühere Arbeitsminister Riester gegen Becks Vorstoß. Als sich zu viele Fraktionsmitglieder derartig äußerten, bat Struck einen treu ergebenen Abgeordneten, sogleich das Ende der Debatte zu beantragen. Der niedersächsische SPD-Vorsitzende Garrelt Duin folgte umgehend dem Auftrag seines Herrn. Die Debatte wurde beendet, ohne aber beendet zu sein. Die verkürzte Zahlung des Arbeitslosengeldes I habe er »stets für einen Fehler gehalten«, rechtfertigt sich Duin. Daher habe er in der Fraktionssitzung »guten Gewissens interveniert«. Die Wortmeldungen zuvor seien »im Ton sehr scharf gewesen und richteten sich voll gegen Beck … Ich stand inhaltlich auf Becks Seite und fürchtete eine Demontage des Parteivorsitzenden.« So schlug Duin das Ende der Debatte vor.[24] Etliche Abgeordnete sind überzeugt, bei einer Abstimmung hätte Müntefering die Mehrheit der Fraktion für sich gewonnen. Der Parlamentarische Geschäftsführer Scholz unterstrich nun seine Loyalität zu Beck und Struck nach Münteferings Beitrag mit einer eigenartigen Satzkonstruktion. Scholz sagte: »Alle wünschen sich, dass der Minister dem Parteivorsitzenden dabei hilft, eine Einigung zu finden.« Doch wie sollte dies gelingen?

Beck verteidigte sich in den folgenden Tagen damit, sein Plan stelle eine »Weiterentwicklung« der Agenda dar. Er wies darauf hin, Politik könne nicht »statisch« sein – und wollte dabei doch statische Politik gerade etablieren. Hektische Telefonate zwischen Beck und Müntefering, zwischen Andalusien und Berlin, verschärften den Ton. Die beiden Männer faxten sich Papiere zu, die nichts Neues enthielten. Beide agierten stur und stoisch. Steinbrück und Steinmeier ließen weiter erkennen, wie wenig sie von Becks Plänen hielten, scherten aber nicht aus der Reihe. »Wir brauchen Reformen«, lautete Steinbrücks rhetorische Gratwanderung. »Aber man kann von der SPD auch keinen kollektiven Selbstmord erwarten.«[25] Von einem echten Plan Becks konnte jedoch keine Rede sein. Beck hatte sich schlicht das Modell des DGB eins zu eins zu eigen gemacht. Er wollte ein Signal an die noch immer frustrierten und beleidigten, stetig Zuspruch und Mitglieder verlierenden Gewerkschaften senden.

Die SPD aber war angetan vom Wirken ihres Vorsitzenden, der in die Vergangenheit driftete und die Traditionsbataillone befriedigte. Die Landesverbände standen voll hinter Beck. Im Parteivorstand stimmten nur Bullerjahn und die Parlamentarische Staatssekretärin im Gesundheitsministerium, Marion Caspers-Merk, gegen Becks Vorschlag. Steinbrück enthielt sich. Sigmar Gabriel stützte Beck, er hatte zuvor in seinem traditionellen Facharbeiter-Lobbyismus schon gegen die Rente mit 67 opponiert. Andrea Nahles erklärte nun: »ALG I war nie der Kern der Agenda. Der Kern war Hartz IV«.[26] Natürlich plädierten auch die beiden sachverständigen Ökonomen Thierse und Wowereit für eine längere Zahlung, während Heil gar behauptete, in dem Zoff zwischen Beck und Müntefering gehe es um eine »Sachfrage«, es handele sich dabei um keinen Prinzipienstreit. Die SPD-Linke war von dem Vorsitzenden regelrecht verzaubert. »Kurt Beck müht sich sehr um Integration. Er hat ein Gefühl für die Partei und die Sorgen der Basis«, schwärmte Ottmar Schreiner: »Die verlängerte Zahlung des Arbeitslosengeldes I ist ein erster Schritt zu mehr Gerechtigkeit.«[27] Der linke SPD-Abgeordnete Röspel sieht es ähnlich, auch er verstand Becks Vorstoß nur als Anfang: »Mit der Verlängerung des ALG I hat Kurt Beck ein wichtiges Symbolthema gesetzt. Nun muss die Rente mit 67 flexibilisiert werden. Wir müssen auch die Bürgerversicherung wieder thematisieren.«[28]

Ausgerechnet Schröder distanzierte sich mitten in dieser Debatte von seiner eigenen Reformpolitik: »Die Agenda 2010 sind nicht die Zehn Gebote, und niemand, der daran mitgearbeitet hat, sollte sich als Moses begreifen. Er ist es nicht.« Nun mag man Schröder die theologische Halbbildung nachsehen – Moses hat die Zehn Gebote keineswegs verfasst, sondern entgegengenommen. In der Sache aber wandte er sich so nicht nur gegen Müntefering, sondern ebenso gegen seinen Zögling Steinmeier. Im Grunde versetzte er Müntefering demonstrativ einen Tritt. Tat Schröder dies vielleicht, um sich für Münteferings Agieren nach der Bundestagswahl zu rächen? Schröder hatte ein gutes Gedächtnis. Sein Grußwort auf dem Ende Oktober 2007 stattfindenden Bundesparteitag bot dann für jeden etwas. Die Anhänger Becks erfreuten sich an dem Satz, die Agenda stelle ein Instrument, aber kein Ziel dar und sei daher veränderbar. Die wenigen Kritiker Becks berauschten sich an Schröders Formulierung: »Das Bessere ist des Guten Feind – aber eben das Bessere, nicht nur das Populäre.«

Beck jedenfalls hatte sich durchgesetzt. Er leitete mit seinem Vorhaben eine Wende ein, mit der die Politik von »Zumutungen« absah und stattdessen »Wohltaten« verteilte. »Immer mal langsam mit de Leut« sollte zum Motto der großen Koalition werden, die zwei Jahre zuvor mit dem Wort »Mehr Freiheit wagen« angetreten war. Das Muster sah dabei so aus: Linkspartei und Gewerkschaften hielten die Stöckchen hin, Union und SPD sprangen sogleich darüber, die Grünen ebenso. Die FDP, die eigentlich die Opposition führen und den Oppositionsführer stellen sollte, mochte nicht einmal mehr das Stöckchen erkennen. Sie schwieg stattdessen. Oskar Lafontaines Siegeszug hingegen hielt an. Sein größter Feind, Gerhard Schröder, hatte bereits die politische Arena verlassen. Der von ihm stets belächelte wie bekämpfte Franz Müntefering war nun politisch ebenso entmachtet. Schon erklang der Ruf nach weiteren sozialen Wohltaten. Die hessische SPD-Vorsitzende Ypsilanti verlangte einen höheren Hartz–IV-Satz, und wollte sogleich die Rente mit 67 aufweichen. Der SPD-Parteitag war noch nicht beendet, als sich der Sozialpopulist Rüttgers für ein höheres Schonvermögen für Hartz-IV-Empfänger aussprach.

»Nah bei den Menschen«

Der Hamburger SPD-Parteitag erwies sich in jeder Hinsicht als ein Desaster. In der Berichterstattung der Medien nahm mit der Forderung nach einem Tempolimit von 130 Stundenkilometern ein Nebenkriegsschauplatz viel Raum ein. Einen entsprechenden Antrag hatten die Delegierten just zum richtigen Zeitpunkt für die Redaktionen der Sonntagszeitungen verabschiedet. Umweltminister Gabriel hatte sich zuvor gegen den Antrag gestellt – und andere mussten später beruhigend darauf hinweisen, das Tempolimit sei seit 1986 Beschlusslage der SPD. Fünf sozialdemokratische Bundesverkehrsminister von Müntefering bis Tiefensee aber hatten es nicht durchsetzen wollen. Außerdem verlangten die Delegierten, das Kindergeld solle wieder bis zum 27. Lebensjahr gelten, nachdem die Koalition beschlossen hatte, es nur noch bis zum 25. Lebensjahr zu zahlen. Warum plädierte die SPD eigentlich nicht gleich für eine Alimentierung bis zum 35. oder 40. Geburtstag? Die wirklich wichtigen Entscheidungen, die Verabschiedung des neuen Grundsatzprogramms und das Plazet des Parteitags zu Becks ALG-Vorstoß, gingen neben diesen Symbolforderungen völlig unter.

Kurt Becks machtvoller Auftritt korrespondierte auf diesem Parteitag mit einer miserablen Rede, bei der sich der Vorsitzende von Allgemeinplatz zu Allgemeinplatz hangelte und im Wesentlichen den Status quo beschrieb. Beck widmete sich der Kernspaltung, während im Plenum laut getuschelt wurde. Er lobte das Lottowesen, während viele Delegierte den Saal verließen. Er zitierte den

Sozialstaatskonservativen Rudolf Dreßler, während selbst mancher auf dem Parteitagspodium mit dem Schlaf kämpfte. Beck wollte wieder »nahe bei den Menschen« sein. 54-mal verwendete er die Vokabel »Mensch«. Becks Menschen, schrieb Bernd Ulrich in der »Zeit«, »sind klein, hilfsbedürftig, rechtschaffen, man muss ihnen genau zuhören, denn sie sprechen sehr leise, weil sie so klein sind.«[29] Ganz anders als Beck selbst. »Wer eine Standortbestimmung vornimmt, um von da aus in die Zukunft zu gehen, muss auch die Kraft haben, die Sollseite zu betrachten«, rief der SPD-Vorsitzende ins Plenum. Doch was sollte eine derartige Aneinanderreihung von Wörtern bedeuten? Der Begriff »Agenda 2010« tauchte in Becks Vortrag von Versatzstücken nicht auf. Beck präsentierte keinen großen Bogen, keine Linie, er lieferte keine überwölbende Idee, er definierte kein Ziel. Den jüngst stets bemühten Begriff der »solidarischen Mehrheit« war er nicht in der Lage, inhaltlich auszufüllen. Er blieb so eine leere Floskel. Und trotz dieser schlappen Vorstellung ging Beck gestärkt aus diesem Parteitag hervor. Viele Delegierte hatten gar an seiner Rede nichts auszusetzen. Ebendiese Delegierte, von denen viele von den sozialpolitischen Papieren der Partei aus alten Zeiten träumten oder schon zwei Jahrzehnte zuvor das Tempolimit beschlossen hatten, wollte Beck ansprechen. Doch genau dies offenbarte das Problem: Becks Binnenwahrnehmung. War nicht die große Parteitagsrede des SPD-Vorsitzenden zu wichtig, um sie derart in den Sand zu setzen? Musste er dabei vor allem nicht mehr und andere Menschen ansprechen als ohnehin schon Überzeugte, mittlere Funktionäre, verdiente Mandatsträger, hauptamtlich bei der SPD Beschäftigte?

Platzeck hatte da knapp zwei Jahre zuvor eine ganz andere Rede gehalten. Eine Rede, die außerhalb der Sozialdemokratie vermittelbar und auf ein enormes Echo gestoßen war. Nun aber beschränkte und begnügte sich Beck damit, die eigenen Truppen anzusprechen. Da die strukturellen Rahmenbedingungen für die SPD im 21. Jahrhundert aber kaum besser wurden, hätte die SPD über die gewohnte soziale, kulturelle, demografische Wählerklientel hinaus attraktiv werden müssen. Der Begriff der »solidarischen Mehrheit« wäre dafür ein Ansatzpunkt gewesen – wäre er denn mit Leben gefüllt worden. Der Grundimpuls des Gestaltens fehlte Beck. Er versteht sich, ob in Rheinland-Pfalz oder in der SPD, als der treue und gütige Hausvater, den die streitenden Kinder aufsuchen und der dann eine Lösung herbeiführt – im Zweifel, indem er ihnen Geld zusteckt. Dafür verlangte er Liebe und Respekt.

Nicht zufällig im krassen Gegensatz zu Beck präsentierte sich auf dem Parteitag Müntefering, der kraftstrotzend und ohne Jackett hier die beste Rede hielt. Er begeisterte die Delegierten mit seinen klaren, aber doch gar nicht so beliebten Botschaften in kurzer Müntefering-Manier (»Globalisierung ist da«). Müntefering gab sich kämpferisch, schilderte seine Bemühungen um den Mindestlohn, zeigte sich nachdenklich wie humorvoll. Der Vizekanzler hob nicht Dreßler hervor, sondern Walter Riester, den man doch einmal zu den Reformen fragen solle. Ohne dabei zu erwähnen, dass Riester Becks ALG-I-Coup für grundfalsch hielt. Kurzum: Müntefering lieferte ein rhetorisches Meisterstück ab und versprach nach den – nur angedeuteten – Gefechten mit Beck, in Anlehnung an Wehner: »Ich bin noch nicht ausgetrocknet.« Die Herzen der Delegierten flogen einmal mehr Müntefering zu.

Die Widersprüchlichkeit des SPD-Parteitags zeigte sich bei den Wahlen zur Führungsspitze. Während ein Linkstrend eingeläutet und ein eher traditionelles Programm verabschiedet wurde, stützte die Partei die neue Führung. Beck erreichte 95,5 Prozent der Delegiertenstimmen, darin spiegelte sich sein jüngstes Machtwort in Bezug auf das ALG I wider. Ohne diesen Vorstoß wäre sein Wahlergebnis vermutlich schlechter ausgefallen. Steinmeier aber, der ihm in dieser Frage zögernd folgte, erreichte bei seiner ersten Kandidatur mit 85,5 Prozent sogleich ein sehr gutes Ergebnis. Und selbst Steinbrück, der seine Partei immer wieder provozierte, schnitt mit 75,4 Prozent leicht besser ab als Andrea Nahles (74,8 Prozent), die sich aber inhaltlich voll durchgesetzt hatte. Nun war Steinmeier die Nummer zwei in der SPD – sein rasanter Aufstieg vom Kanzleramtsminister zum Außenminister und beliebtesten Politiker Deutschlands setzte sich fort. Steinmeier nutzte seine Chance und demonstrierte Präsenz. Er distanzierte sich von der Kanzlerin, mit der er zu Beginn der gemeinsamen Regierungszeit noch so intensiv kommuniziert hatte. Nun geißelte er ihren »privaten« Empfang des Dalai Lama im Kanzleramt. Der Außenminister eignete sich einen innenpolitisch härteren Ton an. Wenig später bezeichnete er das neue CDU-Programm als »Kaufhausmusik« oder »Wünsch-Dir-was-Veranstaltung«. Engagiert trat Steinmeier als Redner in den Landtagswahlkämpfen auf.

Der Rücktritt Münteferings war das wohl dramatischste Ereignis in der kurzen Geschichte der großen Koalition. Während seiner Rückfahrt vom Hamburger Parteitag rief ihn seine Frau Ankepetra an. Bereits vier Krebsoperationen lagen hinter ihr, nun war die Krankheit wieder da, und so musste sie ihm von neuen Komplikationen berichten. Nach allerlei Terminen reiste Müntefering am Tag darauf nach Bonn, wo das Ehepaar nach einigen Berliner Jahren wieder wohnte. Müntefering beriet sich mit seiner Frau, sprach mit Ärzten und beschloss, dass sein Ministeramt und die Sorge um seine Frau nicht länger zusammenpassten. Zwei Tage vor seinem Rücktritt besprach er sich abermals mit seiner Frau, er berichtete seinen Töchtern und den Kindern seiner Frau von seinem Vorhaben. Außerdem beriet er mit seinem Vertrauten Kajo Wasserhövel. Am folgenden Montagnachmittag suchte er Beck im Willy-Brandt-Haus auf und kündigte seinen Rücktritt an.

Wenige Stunden später kam es zu einer merkwürdigen Situation: Als wäre nichts gewesen, nahm Müntefering an der Sitzung des Koalitionsausschusses teil. Er ließ kein Wort von einem Rücktritt fallen. Es ging hier um den Post-Mindestlohn, ein Thema Münteferings. Man tagte ab 19.30 Uhr, doch Union und SPD mochten sich nicht einigen. Um 2.30 Uhr traten Beck, der CSU-Vorsitzende Huber und die Fraktionschefs vor die Kameras. Beck sprach von einem »Wortbruch«, der Unions-Fraktionsvorsitzende Volker Kauder von »Quatsch«. An der anschließenden nächtlichen Rotweinrunde im Kanzleramt nahm nur einer nicht teil: Müntefering. Spätestens hier hätte er sagen müssen, was er fünf Tage zuvor für sich beschlossen hatte – seinen Rücktritt als Bundesminister für Arbeit und Soziales und nebenbei als Vizekanzler.

Wenige Stunden später, gegen sieben Uhr, war Müntefering im Gespräch mit Elke Durak im »Deutschlandfunk« zu hören. Das Interview am Tag nach dem Koalitionsgipfel war lange geplant gewesen. »Aufgeben tun wir nie«, verkündete Müntefering hier und beschloss das Gespräch mit den Worten: »Die Hoffnung stirbt zuletzt, heißt es, glaube ich, oder so ungefähr.«[30] An diesem Dienstag um kurz nach acht Uhr rief Müntefering wenige Vertraute in seinem Ministerbüro zusammen und berichtete ihnen von seiner Entscheidung. Er meldete sich zu einem Gespräch bei Kanzlerin Merkel an, verkündete ihr seinen Entschluss und bat bis zum Nachmittag um Diskretion. Merkel war entsetzt. Die Geschäftsgrundlage der großen Koalition schien plötzlich infrage zu stehen. Merkel wusste um die Bedeutung Münteferings für die Koalition und bot ihm eine Auszeit von sechs oder sieben Wochen an. Dieses Angebot schlug Müntefering aus, er sah darin keine Perspektive. In den folgenden Stunden informierte Müntefering seine Staatssekretäre, sein Büro, seine Mitarbeiter in Bundestag und im Wahlkreis. Außerdem verfasste er einen Brief an die Partei. »Dies ist also kein Abschied und kein Ausstieg. Ich hoffe, wir sehen uns alle bald mal wieder«, hieß es darin.[31] Am Nachmittag erschien er vor der SPD-Fraktion. Fassungslosigkeit auch da, die Abgeordneten erhoben sich, Tränen flossen. Gegen 16.30 Uhr trat Müntefering vor die Bundespressekonferenz. In seiner gewohnten Kurz-Satz-Sprache eröffnete er die Veranstaltung mit den Worten »Ich habe was Neues«. Müntefering begründete seinen Schritt und zog eine Bilanz seines politischen Wirkens: »Ich habe etwas erreicht, bin ganz zufrieden, hat Spaß gemacht.« Wie denn seine Frau und Angela Merkel auf seinen Entschluss reagiert hätten, wurde Müntefering gefragt – und er antwortete ebenso knapp wie präzise: »Meine Frau findet das gut – die Kanzlerin nicht.« Wenig später würdigte Merkel ihren wichtigsten Minister mit den Worten: »Er stand für Vernunft in der SPD. Aber es gibt im Leben Wichtigeres als Politik.« Müntefering flog nach der Pressekonferenz direkt zu seiner Frau nach Bonn, fuhr zur dortigen Uniklinik, bezog ein zweites Bett im Zimmer seiner Frau und legte sich hin.[32]

Am 21. November 2007 empfing Müntefering zum letzten Mal die sozialdemokratischen Bundesminister zu der am Mittwochmorgen üblichen Runde vor dem Kabinett. Müntefering erklärte hier, schrieb Günter Bannas, die SPD könne die Bundestagswahl 2009 gewinnen – wenn denn eine Voraussetzung erfüllt werde, die da laute: Beck und Steinmeier, Struck, Steinbrück und Nahles müssten einander vertrauen.[33] Auf dem Abschiedsempfang im Ministerium rief Müntefering seinem treuen Diener Wasserhövel zu: »Kajo, du musst jetzt alleine laufen.« Damit war das Abhängigkeitsverhältnis zwischen Müntefering und Wasserhövel ebenso treffend wie brutal beschrieben. Nicht einmal ein Jahr später sollte Müntefering Wasserhövel wieder ins Willy-Brandt-Haus holen.

Auf Müntefering folgte Olaf Scholz. Der bisherige »PGF« hatte sich in den Augen Becks profiliert, nicht zuletzt hinsichtlich seiner Loyalität in der Frage des ALG I. Davon abgesehen wurde ein Arbeitsrechtler Bundesminister für Arbeit und Soziales. Als

Fachanwalt hatte sich Scholz über Jahre mit arbeitsrechtlichen Fragen befasst; recht oft verwies und verweist er auf diese Tätigkeit. Wasserhövel blieb unter Scholz Staatssekretär, verlor aber schnell an Einfluss. Parallel dazu bemühte sich Wasserhövel um eine Bundestagskandidatur, zunächst erfolglos in Nordrhein-Westfalen, dann in Berlin. »Kajo, ich habe gehört, Du willst Abgeordneter werden«, raunte der Fraktionsvorsitzende Struck in dieser Phase Wasserhövel zu. »Aber du weißt ja, wenn du Abgeordneter bist: Immer schön hinten anstellen.«

Mit Münteferings Rückzug war der Posten des Vizekanzlers neu zu besetzen. In internen Gesprächen wandte sich Beck zunächst dagegen, dass der Außenminister diesen Posten übernähme – obgleich dies vor Müntefering so gehalten worden war. Joschka Fischer war unter Schröder Vizekanzler, Klaus Kinkel unter Helmut Kohl. Beck erwog vielmehr, neben der Kanzlerin eine Vizekanzlerin zu installieren: Heidemarie Wieczorek-Zeul. Beck begründete dies mit dem Senioritätsprinzip, Wieczorek-Zeul war das älteste sozialdemokratische Kabinettsmitglied. Zudem war sie die dienstälteste Ministerin; sie war mit der Bildung der rot-grünen Regierung im Jahre 1998 ins Amt gekommen. Teil dieser Überlegung war, dass Wieczorek-Zeul – anders als eben Steinmeier – keine Ambitionen auf weitere, höhere Ämter hegte. Dies begriff Beck als Vorteil.

Hier verwies er intern auf die von ihm herbeigeführte Lösung in seinem rheinland-pfälzischen Kabinett, wo der älteste (Innen-)Minister Karl Peter Bruch zugleich stellvertretender Ministerpräsident war. Beck aber wurde bedeutet, sein Plan von Wieczorek-Zeul als Vizekanzlerin sei der Öffentlichkeit nicht zu vermitteln. Und was sollte denn dagegen sprechen, Steinmeier protokollarisch herauszustellen? Beck entschied sich um, und nun durfte sich der Außenminister mit dem begehrten Titel Vizekanzler schmücken. Fortan koordinierte das Auswärtige Amt die sozialdemokratisch geführten Bundesministerien, dafür wechselte mit Heinrich Tiemann der bisherige Staatssekretär im Arbeitsministerium ins Auswärtige Amt. Tiemann hatte einst als Abteilungsleiter beim SPD-Vorstand, dann im Kanzleramt und sodann als Staatssekretär im Gesundheitsministerium gearbeitet. Steinmeier erhielt einige zusätzliche Stellen und Mitarbeiter, wenngleich das bisherige »Vizekanzleramt« einen großen Teil seiner strategischen Köpfe behielt.

In der SPD mochte man den Verlust Münteferings nicht fassen

und tröstete sich damit, dass er wenigstens sein Bundestagsmandat behielt. Nicht nur viele Sekretärinnen und Mitarbeiter, die unter Müntefering gewirkt hatten, vergossen manche Träne. Das galt selbst für den Bundespräsidenten. Horst Köhler hielt es münteferingisch kurz, als er diesem die Entlassungsurkunde überreichte und mit belegter Stimme bekannte: »Sie werden mir fehlen.« Kurt Beck hingegen hatte sich bewusst gegen einen Eintritt in das Kabinett Merkel entschieden. Mit diesem Verzicht wurde der Parteivorsitzende Beck zugleich zum Oppositionsführer. Beck erschien nach außen hin noch stark. Doch es mangelte ihm an Strategie, Weitblick und guten Beratern. Seine eigene Schwäche war Beck dabei nicht bewusst.

Anmerkungen

1 Beck, zitiert nach: Frankfurter Rundschau, 4. März 2006.
2 Borstel, Stefan von und Philipp Neumann: Der lange Weg zum Mindestlohn. Welt am Sonntag, 6. Januar 2008.
3 Bannas, Günter: Kontrollierter Ausbruch. Frankfurter Allgemeine Zeitung, 20. Juni 2007.
4 Zylka, Regine: Architekt oder Untermieter? Berliner Zeitung, 18. Juni 2007.
5 Der Post-Mindestlohn beträgt ab dem 1. Januar 2008 im Westen 9,80 Euro, im Osten 9 Euro. Diese Beträge wurden von der Gewerkschaft ver.di und dem – von der Deutschen Post AG dominierten – Arbeitgeberverband Postdienste vereinbart. Er liegt somit weit höher als die Tarife der Konkurrenten der Deutschen Post AG.
6 Am 1. Januar 2005 lag der Rentenbeitrag bei 19,5 Prozent, der durchschnittliche Krankenversicherungsbeitrag bei 13,74 Prozent, der Arbeitslosenversicherungsbeitrag bei 6,5 Prozent und der zur Pflegeversicherung bei 1,7 Prozent. Dies entspricht einer Gesamtlast von 41,44 Prozent. Zwei Jahre später waren für die Rentenversicherung 19,9 Prozent zu zahlen, zur durchschnittlichen Krankenversicherung 13,9 Prozent, die Beiträge für Arbeitslosen- und Pflegeversicherung lagen bei 4,2 beziehungsweise 1,7 Prozent. Dies entspricht einer Gesamtlast von 39,68 Prozent.
7 Gujer, Eric: Schluss mit der Heuchelei. Deutschland ist eine Großmacht. Hamburg 2007, S. 42f.
8 Schröder, zitiert nach: Der Spiegel, 14. November 2005.
9 Müntefering, zitiert nach: Süddeutsche Zeitung, Magazin, 13. April 2007.
10 Beck, zitiert nach: Der Spiegel, 26. Mai 2007.
11 Beck, Kurt: Das soziale Deutschland. Frankfurter Allgemeine Zeitung, 11. Juni 2007.
12 Auskunft des Sprechers des Seeheimer Kreises, Johannes Kahrs, vom 7. Oktober 2008.

13 Beck, zitiert nach: Die Welt, 24. September 2007.
14 Beck, zitiert nach: Der Spiegel, 10. September 2007.
15 Beck, zitiert nach: Westdeutsche Allgemeine Zeitung, 1. Dezember 2007.
16 Beck, zitiert nach: Der Spiegel, 10. September 2007.
17 Siehe auch Vogel, Hans-Jochen: Was heißt es heute, auf der Höhe der Zeit zu sein? Perspektiven ds, 24. Jg. (2007), H.2, S. 7–12.
18 Jörges, Hans-Ulrich: Der stille Putsch. Stern, 19. Juli 2007.
19 Müntefering, zitiert nach: Welt am Sonntag, 17. Juli 2005.
20 Beck, zitiert nach: Der Spiegel, 15. Januar 2007.
21 Walwei, zitiert nach: Die Zeit, 11. Oktober 2007.
22 Müntefering, zitiert nach: Der Spiegel, 8. Oktober 2007.
23 Müntefering, Franz mit Tissy Bruns: Macht Politik! Freiburg im Breisgau 2008, S. 10f.
24 Garrelt Duin im Gespräch mit dem Verfasser am 14. März 2008 in Berlin.
25 Steinbrück, zitiert nach: Der Spiegel, 15. Oktober 2007.
26 Nahles, zitiert nach: Berliner Zeitung, 4. Oktober 2007.
27 Ottmar Schreiner im Gespräch mit dem Verfasser am 11. Februar 2008 in Berlin.
28 René Röspel im Gespräch mit dem Verfasser am 13. Februar 2008 in Berlin.
29 Ulrich, Bernd: Der Mensch als Ideologie. Die Zeit, 31. Oktober 2007.
30 Müntefering, zitiert nach: http://www.dradio.de/dlf/sendungen/interview_dlf/695297/
31 Brief Münteferings »An die Mitglieder der Sozialdemokratischen Partei Deutschlands« vom 13. November 2007.
32 Dausend, Peter: Klare Kante und Schluss – wie Müntefering Abschied nahm. Welt am Sonntag, 16. März 2008.
33 Bannas, Günter: Der Strenge. Frankfurter Allgemeine Sonntagszeitung, 23. März 2008.

Kampf um den Wackel-Dackel
31. Mai 2008

Vor dem SPD-Zukunftskonvent in Nürnberg stellt Generalsekretär Heil ein Positionspapier vor, das die SPD in die Mitte rücken soll und stark von Parteivize Steinmeier geprägt ist.

IX. Jenseits jeder Führung

Hessische Verhältnisse

»Ypsilanti, Al-Wazir und die Kommunisten stoppen!« – mit diesem Slogan warnt die hessische CDU im Endspurt zur Landtagswahl im Januar 2008 vor einem Bündnis aus SPD, Grünen und Linkspartei. Die CDU druckt die ausländisch anmutenden Familiennamen der Spitzenkandidaten von SPD und Grünen (Andrea Ypsilanti und Tarek Al-Wazir) auf ihre Plakate. Sie präsentiert eine tot geglaubte politische Rhetorik, indem sie vor »den Kommunisten« warnt. Für einen zimperlichen oder auch nur zurückhaltenden Wahlkampf waren die hessische CDU und ihr Ministerpräsident Roland Koch noch nie bekannt. Nun rechnet die CDU mit dem Verlust ihrer absoluten Mehrheit im Wiesbadener Landtag und dreht erst recht auf. In den letzten Wochen des Wahlkampfes deuten Umfragen gar darauf hin, selbst zu einer Koalition von CDU und FDP könnte es nicht mehr reichen.

Die SPD witterte, anders als in den Monaten zuvor, eine realistische Chance für die Rückeroberung der Wiesbadener Staatskanzlei. Fünf Jahre nach ihrem schlechtesten Wahlergebnis bei einer hessischen Landtagswahl erschien gar eine rot-grüne Mehrheit in Reichweite – ganz anders als in Niedersachsen, wo am selben Tag gewählt werden sollte. Hier saß Ministerpräsident Christian Wulff mit seiner CDU/FDP-Regierung fest im Sattel. Wulff gab, im Gegensatz zum Polarisierer Koch, den liebevollen Landesvater, der den Konsens schätzt. Mit seinem Wohlfühl-Wahlkampf bot er wenig Angriffsflächen. Wulffs Herausforderer Wolfgang Jüttner (SPD) wiederum agierte mit einem verzagt-sozialtraditionellen Wahlkampf auf verlorenem Posten. In beiden Ländern stellte sich jedoch eine Frage, deren Antwort als maßgebend für die politische Entwicklung Deutschlands eingeschätzt wurde: Sollte der Linkspartei der Einzug in den Landtag eines westdeutschen Flächenlandes gelingen? Oder sollte sie gar in beide zur Wahl stehenden Landtage einziehen? Bislang hatte die Linke bei einer westdeutschen Landtagswahl erst einmal die Fünf-Prozent-Hürde übersprungen. Das war geschehen im Mai

2007 im kleinsten Land Bremen, das von einem linken Milieu und von sozialen Problemen geprägt ist. Sollte die Linke einen solchen Erfolg im Industrie- und Dienstleistungsland Hessen oder im agrarisch geprägten Niedersachsen wiederholen können? Die SPD, insbesondere die linke Sozialdemokratin Ypsilanti, musste sich immer wieder fragen lassen, ob sie denn mit der Linken gemeinsame Sache mache, sofern dieser der Sprung in den Landtag gelinge. Ypsilanti wies diese mehrfach gestellte Frage stets brüsk zurück und erklärte: »Es gibt keine wie auch immer geartete Zusammenarbeit mit der Linken.« Einige in der SPD sahen schon in jener Frage eine Verleumdung. Der SPD-Vorsitzende Kurt Beck setzte darauf, die Linke aus den westdeutschen Landtagen herauszuhalten. Außerdem schloss er rot-rote Koalitionen in den westdeutschen Ländern und im Bund aus. Dafür setzte Beck die offizielle Linie – wonach die Landesverbände der SPD über Koalitionen im Land entscheiden und nicht etwa die Bundespartei – außer Kraft. In dieser Frage hatte sich Beck wenige Monate zuvor in einer Auseinandersetzung mit Müntefering durchgesetzt. Müntefering war zwar kein Anhänger rot-roter Bündnisse, wollte diese Frage aber aus prinzipiellen Gründen wie gehabt den Landesverbänden überlassen.

Trotz der großen Koalition in Berlin erlebte Hessen einen polarisierten Wahlkampf. Amtsinhaber Koch gab sich abermals als konservativer Hardliner, während seine Herausforderin Andrea Ypsilanti das Gegenbild – Frau, links, unverbraucht – pflegte. Anders als in Niedersachsen funktionierte der hessische SPD-Wahlkampf gut. Immer wieder traten Bundespolitiker hier auf. So absolvierte selbst Außenminister Steinmeier mehrere Kundgebungen und zeigte sich angetan von der guten Stimmung in Hessen. Sollte die SPD mit ihrer knappen internen Entscheidung zugunsten Ypsilantis – und gegen den moderaten Reformer Jürgen Walter – vielleicht doch die Weichen richtig gestellt haben? Ypsilanti setzte voll auf ihr Image als glaubwürdige Alternative zu Koch. Die Frau, die sich einst in der SPD als Kritikerin der Agenda 2010 einen Namen gemacht und die Gerhard Schröder nur »Frau XY« genannt hatte, profitierte zudem von der kapitalismuskritischen Grundströmung im Land. Die Verfehlungen von Wirtschaftsmanagern spielten ihr dabei in die Hände. Systemkritik war schon lange nicht mehr so gefragt wie nun.

Roland Koch bangte um sein Amt. Im Gegensatz zum Wahlkampf 1999, als er Unterschriften gegen die doppelte Staatsbürgerschaft sammeln ließ, hatte er in diesem Wahlkampf offenbar kein Ass im Ärmel. Mit einem Wahlkampf gegen Berlin mochte er sich nicht profilieren. Koch aber war und ist ein Typ, ein Haudegen, ein »political animal«, zu dem jeder eine Meinung hat – und ihm war daran gelegen, dass dies so blieb. In der Phase zwischen Weihnachten und dem Jahreswechsel 2007 fand er doch noch sein Thema: In der Münchner U-Bahn hatten zwei junge Männer, ein 20-jähriger Türke und ein 17-jähriger Grieche, am 20. Dezember einen 76-jährigen Deutschen nahezu totgetreten. »Wir haben zu viele junge kriminelle Ausländer«, überschrieb die »Bild«-Zeitung eine Woche später ein Interview mit Koch. »Nach dem brutalen Angriff auf einen Rentner spricht der erste Politiker Klartext«, hieß es in großen Lettern. Koch echauffierte sich: »Wir haben zu viele kriminelle junge Ausländer. Niemand darf sich hinter seinem ›Migrations-Status‹ verschanzen.« Wer sich als Ausländer nicht an unsere Regeln halte, sei »hier fehl am Platze«.[1] Koch verlangte ein schärferes Jugendstrafrecht und attackierte Justizministerin Brigitte Zypries (SPD): »Sie ist das personifizierte Hindernis.«[2]

Als Jurist wusste Koch – ebenso wie Schröder, der einst Sexualstraftäter »wegsperren« wollte, »und zwar für immer« – natürlich, dass er dummes Zeug redete. Außerdem war er als Ministerpräsident stets für den Strafvollzug in Hessen verantwortlich gewesen. Zunächst schien es, als sei es Koch gelungen mit seiner Kampagne in die Offensive zu gehen. Die SPD aber wandte sich klar gegen Kochs zweifelhafte Parolen. Beck warf Koch »Rechtspopulismus« vor. Bei der jährlichen Klausurtagung der SPD im Januar 2008 trat Gerhard Schröder auf. Mit wenigen Worten spießte er Kochs bigottes Wahlkampfmanöver auf. Koch, sagte Schröder, habe doch selbst 1 000 Stellen bei der Polizei gestrichen. Daher solle »dieser merkwürdige Mensch da … vor der eigenen Tür kehren«. Die SPD war begeistert vom Auftritt und den prägnanten Worten des Altkanzlers. Hatte die Unterschriftenkampagne gegen die doppelte Staatsbürgerschaft Koch im Jahre 1999 noch den Wahlsieg beschert, so schadete ihm seine neue Aktion mehr, als dass sie ihm nutzte. Zu offenkundig handelte es sich um ein Ablenkungsmanöver. Als Koch noch einen »Warnschussarrest« für unter 14-Jährige forderte[3] – während es an Arrestplätzen in Hessen mangelte –, schien er sich verkalkuliert zu haben. Mit einer anständigen Portion Selbstverleugnung stellte sich

Kanzlerin Merkel hinter Kochs Kampagne, während es in der CDU brodelte. Wulff und Hamburgs Bürgermeister Ole von Beust, der im Februar 2008 vor einer Wahl stand, äußerten ihr Missbehagen. Von Beust und weitere CDU-Politiker taten dies gar mit einem offenen Brief in der »Zeit«.

Die Kampagne der CDU trieb die Polarisierung Koch versus Ypsilanti auf die Spitze – zugunsten der SPD. Koch wie Ypsilanti schlossen eine große Koalition aus. Wohl in keinem anderen Land stehen CDU und SPD politisch und kulturell derart weit auseinander wie in Hessen. Ypsilanti träumte von einer rot-grünen Koalition. Immer wieder war auch von einer »Ampel« aus SPD, FDP und Grünen die Rede. Die Liberalen wiederum dienten sich der CDU an und schlossen eine Koalition mit der SPD aus. Kochs Kampagne verstärkte die wahlkampfbedingten Hakeleien innerhalb der großen Koalition in Berlin. So behauptete der SPD-Fraktionsvorsitzende Peter Struck, Koch habe sich über den Überfall in der Münchner U-Bahn »von Herzen« gefreut. Die Union forderte daraufhin eine Entschuldigung. Struck wiederum reagierte darauf mit dem Satz: »Die kann mich mal.« Dieses »Die kann mich mal« war zwar auf die Union gemünzt. Struck aber hatte einkalkuliert, dass es ebenso auf Kanzlerin Merkel bezogen werden konnte. Während einer Wahlkundgebung wetterte Struck in seiner raubeinigen Art gegen »die Schwarzen« und rief ins Publikum: »Die Merkel muss auch weg im nächsten Jahr, meine Damen und Herren!«[4]

Struck personifizierte damit die Widersprüche innerhalb der Koalition, in der Union und SPD gegeneinander polemisierten, während sie im täglichen Geschäft kooperierten. Beim Neujahrsempfang seiner Fraktion sagte Struck wenige Tage nach seiner »Die kann mich mal«-Attacke, er freue sich über die Anwesenheit seines Unionskollegen Volker Kauder und des CSU-Landesgruppenchefs Peter Ramsauer. Als die Kanzlerin auf Strucks Satz angesprochen wurde, reagierte sie norddeutsch knapp. »Jeder pflegt seinen eigenen Stil«, sagte Merkel – und ergänzte nach einer Pause: »Und ich sehe mir das an.«

Am letzten Wochenende vor der hessischen Landtagswahl attackierte der frühere Bundeswirtschaftsminister Wolfgang Clement seine langjährige Kritikerin Ypsilanti. Clement kritisierte in einer Kolumne in der »Welt am Sonntag« das energiepolitische Programm der hessischen SPD. Inzwischen hatte Clement der

Politik den Rücken gekehrt und war unter anderem Aufsichtsrat des Energieriesen RWE Power geworden, der das Atomkraftwerk Biblis betreibt. Nun schrieb er über die hessische Wahl: »Deshalb wäge und wähle genau, wer Verantwortung für das Land zu vergeben hat, wem er sie anvertrauen kann – und wem nicht.«[5] Clement konnte Ypsilanti und deren Berater Hermann Scheer, über den sich schon Clements einstiger Chef Johannes Rau mokiert hatte, schlichtweg nicht ertragen, dies ließ er seine Parteifreunde auf die ihm eigene Art wissen. Er verachtete sie seit ihrer vehementen Kritik an der von ihm durchgesetzten Agenda 2010. Daneben hegte Clement Groll gegen seine eigene Partei: Kanzler Schröder hatte ihn einst weder vorab wissen lassen, dass er den Parteivorsitz an (Clements Widersacher) Müntefering übergeben werde, noch hatte er ihn über seinen Plan zu Neuwahlen informiert. Außerdem hatte Clement vergeblich darauf gehofft, der großen Koalition als Minister anzugehören.

In der SPD war der Ärger über Clements Kolumne groß. Beck und Struck widersprachen ihrem Parteifreund. Der SPD-Vorsitzende konstatierte: »Da hat der Lobbyist eines großen Stromkonzerns gesprochen.« Beck versuchte jedoch zugleich die Wogen zu glätten, indem er erklärte, er habe Clements Kritik »zur Kenntnis genommen, eingeordnet und abgeheftet«. Besonders heftig wetterte der Alt-Linke Scheer, der unter Ypsilanti Minister werden wollte, gegen Clement. 13 SPD-Gliederungen, unter anderem Clements Ortsverein in Bochum, beantragten gar dessen Parteiausschluss. Die Bochumer SPD aber rügte den einstigen Protagonisten von Schröders Arbeitsmarktreformen allein. Gegen diese Rüge legten sowohl die Ortsvereine als auch Clement Berufung ein – woraufhin die Causa Clement einige Monate später der SPD ein wahres Sommertheater bescheren sollte.

Bei der hessischen Landtagswahl gewann die SPD kräftig hinzu, während die CDU stark verlor.[6] Kochs durchsichtiger Versuch, mit der Jugendgewalt ein Thema zu setzen, mündete in einen Verlust von zwölf Prozentpunkten. Während des Wahlabends lag die SPD in den Hochrechnungen stets knapp vor der CDU. Um 23.18 Uhr aber wendete sich das Blatt: Es stellte sich heraus, dass die CDU in Hessen stärkste Partei blieb. Mit 3 500 Stimmen lag sie vor der SPD. Beck wurde dies sogleich übermittelt. Beck ärgerte sich, wusste er doch, was dieses Ergebnis bedeutete: Die Linke, die es knapp in den Landtag geschafft hatte, sollte zu einer Option Ypsilantis werden. Und die Autoritätsfrage wurde virulent.

Im neuen Hessischen Landtag besaßen weder CDU/FDP noch SPD/Grüne eine parlamentarische Mehrheit. Obgleich sich die SPD nach ihrem schlechtesten Abschneiden im Jahre 2003 stabilisiert hatte, war Ypsilantis Wahlsieg sehr relativ: Die SPD lag nicht nur hinter der CDU, sie erzielte zudem das zweitschlechteste Ergebnis bei einer hessischen Landtagswahl. Ypsilanti und ihre Anhänger aber erlebten einen »gefühlten Sieg«. Bis heute spricht Ypsilanti davon, sie habe die Wahl gewonnen, während sie Koch als Wahlverlierer bezeichnet.

Ernüchternd fiel das Ergebnis der SPD in Niedersachsen aus. In der politischen Heimat von Schröder, Struck, Gabriel und Heil verlor die SPD – von einem niedrigen Niveau kommend – abermals. Sie erzielte ihr schlechtestes Ergebnis aller Zeiten.[7] Intern wurde sogleich Kritik an dem monothematischen Wahlkampf laut, den SPD-Spitzenkandidat Jüttner unter das Motto »Gerechtigkeit kommt wieder« gestellt hatte. Obgleich die CDU Verluste einsteckte, wurde Wulffs konservativ-liberale Regierung im Amt bestätigt. Die Linken zogen locker in den niedersächsischen Landtag ein. Während in Hannover die Regierung erwartungsgemäß gebildet wurde, erwies sich die Lage in Hessen als unübersichtlich.

Am Abend der Wahl und an den folgenden Tagen wiederholten Beck und Ypsilanti die übliche Sprachregelung: Es gibt keine Koalition mit der Partei Die Linke – jener Truppe aus Gewerkschaftern, Sektierern, K-Gruppen-Leuten, die nun mit ihrem Spitzenmann Willi van Ooyen im Landtag von Wiesbaden saß. Am Tag nach der Wahl reiste Ypsilanti nach Berlin. In der Sitzung des SPD-Präsidiums verkündete sie, die Hälfte der Abgeordneten der Linken sei politisch verrückt. Mit ihnen könne sie nicht zusammen arbeiten. Beck offenbarte, wie sehr er den Erfolg der Linken in Niedersachsen und Hessen unterschätzt hatte. Bislang hatte er argumentiert, die Linke ließe sich – wie im vertrauten Rheinland-Pfalz zwei Jahre zuvor – aus den westdeutschen Landtagen heraushalten. Nun sprach Beck intern davon, der Einzug der Linken in die beiden Landtage sei kein Automatismus für deren Erfolg in anderen Ländern oder dem Bund. »Wir können die kleinkriegen«, war Beck überzeugt.[8] Öffentlich sprach Beck weiter von der »sogenannten« Linken. Bei dieser handele es sich um »eine populistische Kraft, die nicht in der Lage ist, im Westen an einer Regierung beteiligt zu sein«. Beck attackierte die Linke, ihr gehe es allein darum, Protestwähler von »ganz rechts außen« und »ganz links außen« zu umgarnen. Sein Wort von der »sogenannten« Linken aber strotzte vor Hilflosigkeit. Beck versäumte es zu erklären, warum die Linke mit ihrem Besitzstandskonservatismus, ihrer Sozialromantik und dem Nationalstaatsdenken alles andere als links war. Beck zeigte daneben, dass er die Linke nicht ernst nahm – obgleich diese längst zu einer Bedrohung der SPD geworden war. Der Ausgang der Wahlen in Hessen und Niedersachsen führte schließlich vor Augen, dass ein prononcierter Linkskurs der SPD einen Erfolg der Linken eben nicht verhindert. Das historische Beispiel des Erfolgs der Grünen wiederholte sich. In den achtziger Jahren hatte die – intern umstrittene und schließlich teuer bezahlte – Öffnung der SPD zur Friedensbewegung oder ihr Nein zur Atomkraft den Erfolg der Grünen nicht unterbunden. Wer sich damals eine grüne SPD wünschte, wählte im Zweifel doch das Original. Währenddessen verlor die SPD in der Mitte.

Beck verkündete nun, Ypsilanti werde außer der Linken alle Parteien zu Gesprächen einladen: »Ich würde es genau so machen wie Andrea Ypsilanti. Ich würde mit allen das Gespräch suchen, nur die sogenannte Linke ist für uns kein Gesprächspartner.«[9] Ypsilanti stelle sich im Landtag nur zur Wahl, sofern sie über eine eigene Mehrheit ohne die Linke verfüge, gab sich Beck überzeugt. Ja, er schloss gar aus, dass sich Ypsilanti ohne Koalitionsgespräche zur Ministerpräsidentin wählen lasse. Es werde keine Duldung einer SPD-Minderheitsregierung geben, stellte Beck klar: »Wir werden uns nicht mit Leuten abgeben, die sich da ganz links austoben.« Beck zielte auf eine Koalition mit der FDP und verwies die Liberalen auf die staatsbürgerliche Pflicht, eine Regierung zu bilden. Die SPD-Spitze stützte diesen Kurs. Becks Stellvertreterin Andrea Nahles verkündete: »Für uns Sozialdemokraten gilt auch nach diesem Wahlsonntag: keine Bündnisse mit der Linkspartei. Ich bezweifle nicht, dass sich auch Andrea Ypsilanti daran halten wird.«[10] Und Peer Steinbrück betonte: »Mit einem Anpassungskurs nach links gewinnt man deutlich weniger Stimmen, als man in der Mitte der Gesellschaft verliert.«[11]

Die gesamte Republik schaute nun auf die »hessischen Verhältnisse«. In der hessischen SPD, die das Land 49 Jahre lang regiert hatte,[12] herrschte eine geradezu übermütige Stimmung. In den folgenden Wochen und Monaten zeigte sich, welche Folgen ein »gefühlter Sieg« haben kann. Ypsilanti und die hessische SPD sollten hier jeden Verstand ausschalten. Dabei agierten sie geradezu sektenhaft, überzeugt von sich selbst und stets weit ab von der politischen Realität. So wie manche in der CDU ihre Partei für die geborene Regierungskraft hielten, beanspruchte die SPD nun wie selbstverständlich das Amt des hessischen Ministerpräsidenten. Dabei war die SPD nicht einmal stärkste Partei geworden! Von der Fähigkeit, eine Regierung zu bilden, war Ypsilanti noch weiter entfernt. Eine Koalition mit CDU und Linken hatte sie ausgeschlossen. Nun lehnte die SPD formelle Gespräche mit der CDU weiter ab und Ypsilanti willigte allein in ein »persönliches Gespräch« ein. Ohne Frage: In der SPD war Koch verhasst. Eine von ihm geführte große Koalition wäre der hessischen Sozialdemokratie nicht vermittelbar gewesen. Ypsilanti aber versäumte es, die CDU dazu zu bringen, auf Koch zu verzichten. Hätte nicht Verteidigungsminister Franz Josef Jung (CDU), in Berlin ohnehin unglücklich, nach Wiesbaden wechseln können? Noch öfter war die Rede von der Frankfurter Oberbürgermeisterin Petra Roth, eine liberale Christdemokratin, die daher eine Außenseiterrolle in der von Alfred Dregger und Manfred Kanther geprägten hessischen »Stahlhelm«-CDU innehatte. Steinbrück und Steinmeier aber sahen die Option Jung oder Roth. Ypsilanti jedoch bemühte sich nicht, Koch auf diese Weise loszuwerden. So blieb als letzte Möglichkeit ein Bündnis mit FDP und Grünen. Die Liberalen, die einen Wahlkampf an der Seite der CDU betrieben hatten, wiesen ihrerseits die Bildung einer »Ampel« stets zurück. In der Wirtschafts- und Sozialpolitik standen sich SPD und FDP diametral gegenüber. Hinzu kamen persönliche Unverträglichkeiten.

Ypsilanti wollte Ministerpräsidentin werden, ohne aber um die Liberalen zu werben. Anstatt die FDP immer wieder zu Gesprächen zu laden und Angebote wie Posten zu unterbreiten, blickte sie längst auf die ihr viel genehmere Partei Die Linke. Einzelne SPD-Politiker aus Bund und Ländern bemühten sich, diese Neuorientierung zu flankieren. So gab sich die Vorsitzende der Jusos, Franziska Drohsel, überzeugt, Koalitionsfragen dürften »nicht ideologisiert werden … Die SPD sollte ihre pauschale Abgrenzung unterlassen. Wir müssen zu einem praktischen und sachlichen Umgang mit der Linkspartei finden.«[13] Ähnliche Lockerungsübungen betrieben, ihre eigenen Wahlen im Blick, die SPD-Landesvorsitzenden Heiko Maas (Saarland) und Ralf Stegner (Schleswig-Holstein). Berlins Regierender Bürgermeister Klaus Wowereit wusste zu berichten: »Was der SPD jedoch nicht weiterhilft, sind Tabus.«[14] Wowereits Berater, das SPD-Vorstandsmitglied Björn Böhning, sagte: »Ich glaube, dass jene, die vor einem Linksruck warnen, einen Rechtsruck vorbereiten ...«[15] Der frühere SPD-Sozialpolitiker Rudolf Dreßler ließ seine Partei ausgerechnet im »Neuen Deutschland« wissen: »Es gibt eine gesellschaftliche und parlamentarische Mehrheit ohne CDU und FDP, und Sozialdemokraten wollen sie nicht. Das muss die SPD jenen erklären, von denen sie gewählt werden will.«[16]

Der Wortbruch

Während Koch SPD, Grüne und FDP zu Gesprächen über eine Regierungsbildung einlud, bereitete Ypsilanti ihr rot-rot-grünes Abenteuer vor. Bereits zwei Wochen nach der Landtagswahl suchte Ypsilanti ein Vier-Augen-Gespräch mit Beck. Dazu kam es am 11. Februar 2008 im Berliner Willy-Brandt-Haus. Ypsilanti schilderte Beck, wie wenig ihr bescheidenes Werben um die FDP fruchte. Sollte sich die FDP weiter einer Regierung mit SPD und Grünen verweigern, wolle sie sich am 5. April mit den Stimmen der Linken zur Ministerpräsidentin wählen lassen. Ein solches Angebot hatten diese zuvor formuliert. Zum Erstaunen Ypsilantis äußerte Beck keine Gegenwehr zu ihrem Plan. Beide vereinbarten Stillschweigen. Zufrieden reiste Ypsilanti nach Wiesbaden.

Genau eine Woche später hielt sich Beck in Hamburg auf. Hier stand die Bürgerschaftswahl bevor. Für die SPD trat als Spitzenkandidat der einstige Kulturstaatsminister und »Zeit«-Herausgeber Michael Naumann an. Naumann schloss eine Koalition mit der Linken aus – ebenso wie es Ypsilanti zuvor getan hatte. Nach einer Wahlkundgebung kamen Beck, Naumann und seine Ehefrau, der Literatur-Nobelpreisträger Günter Grass, dessen Ehefrau Ute Grunert sowie einige Mitarbeiter und fünf Journalisten zu einem Abendessen zusammen. So belanglos die ersten Gespräche während jenes Essens im Restaurant »Parlament« im Keller des Hamburger Rathauses erschienen, so weitreichende Folgen zeigte dieser

Abend. Als sich die Runde niederließ, entfernte sich Grass demonstrativ von Beck. Er war verärgert, dass Beck nicht mit ihm sprach. Grass ließ die Journalisten ungefragt wissen, wie wenig er von Beck halte und dass er sich eine Kanzlerkandidatur Steinmeiers wünsche. Steinmeier habe ihn schließlich zu seinem 80. Geburtstag besucht, begründete Grass seine Präferenz.

In den späten Stunden des 18. Februar wurde der SPD-Vorsitzende auf die »hessischen Verhältnisse« angesprochen. Beck plädierte abermals für den Versuch, in Wiesbaden mit FDP und Grünen eine regierungsfähige Mehrheit zusammenzubekommen. Ohne Umschweife ergänzte er, sollte dies scheitern, gebe es keinen Grund, Ypsilanti als Spitzenkandidatin zurückzuziehen. Ypsilanti solle und müsse sich am 5. April im Landtag selbstbewusst zur Wahl zur Ministerpräsidentin stellen. Die SPD könne es sich nicht leisten, dabei nicht mit einem eigenen Kandidaten anzutreten, argumentierte Beck vor seinen verdutzten Zuhörern. Der »Schub« für die SPD, den die Wahl in Hessen im Januar ausgelöst habe, dürfe nicht verloren gehen. Außerdem könne die SPD nicht zusehen, wie Koch weiterregiere. Beck verwies auf die Geschäftsordnung des Landtages und den Charakter einer geheimen Wahl. Eine Koalition mit der Linken strebe die SPD nicht an – doch bei der geheimen Wahl des Ministerpräsidenten sei ohnehin nicht zu klären, woher die Stimmen kämen. Kurzum: Plötzlich willigte Beck halb-öffentlich einen anderen Umgang mit den Linken ein. Vermutlich sah er darin zu diesem Zeitpunkt ein kleineres Übel als später. Beck verwies so in internen Runden auf die Landtagswahl im Saarland, die kurz vor der Bundestagswahl stattfinden sollte. Hier gedachte Lafontaine als Spitzenkandidat der Linken anzutreten – und manch einer in der Saar-SPD setzte längst auf ein rot-rotes Bündnis, notfalls gar mit Lafontaine an der Spitze.

Kurz darauf war in verschiedenen Zeitungen zu lesen, Beck lasse Ypsilanti für die Regierungsbildung freie Hand. Ypsilanti werde im Landtag als Ministerpräsidentin kandidieren und setze dabei auf die Abgeordneten der Fraktion Die Linke, zitierten »Hannoversche Neue Presse« und »Wiesbadener Kurier« Parteikreise. »Andrea Ypsilanti wird sich zur Wahl stellen. Als Ministerpräsidentin kann sie Neuwahlen nach vier oder fünf Monaten machen. So sieht das auch Kurt Beck«, wurde berichtet.[17] In der SPD-Führung werde damit gerechnet, eine Neuwahl sei aus dem Amt der Ministerpräsidentin leichter zu führen als aus der Opposition, hieß es weiter. Ohnehin sei »nicht zu vermitteln, wenn man auf SPD-Seite darauf verzichte, die Spitzenkandidatin zur Wahl zu stellen«. Entgegen diesen Berichten verweisen andere Teilnehmer des Abendessens darauf, die Möglichkeit von Neuwahlen in Hessen sei hier nicht erörtert worden.

»Hessens SPD geht auf die Linke zu«, meldete der »Tagesspiegel« am folgenden Tag.[18] Es solle ein Treffen zwischen SPD und Linken geben, bei dem eine Wahl Ypsilantis zur Nachfolgerin Kochs erörtert werden solle, hieß es in dem Bericht. Der Plan der hessischen SPD sah dabei vor: Fraktion und Landesvorstand, beide von Ypsilantis Truppen dominiert, geben dieser den Auftrag, mit der Linken über ihre Wahl zur Ministerpräsidentin zu verhandeln. Generös verkündete der Fraktionschef der Linken, van Ooyen: »Wenn sie [Ypsilanti] sich am 5. April zur Wahl stellt, bekommt sie unsere Stimmen.«[19]

Doch hatte Ypsilanti nicht stets das Gegenteil verkündet? Es war ebenso naheliegend wie zutreffend, Ypsilanti einen Wortbruch vorzuhalten. Sie wies diesen Vorwurf in der Sache nicht zurück, argumentierte aber geradezu abenteuerlich, sie habe weitere Wahlversprechen gegeben – eine bessere Schulpolitik oder mehr Windräder –, und wenn sie diese nicht einlöse, käme dies ebenso einem Wortbruch gleich. Ypsilanti vergaß dabei den Hinweis, dass ihre inhaltlichen Versprechen stets verbunden waren mit der Bedingung, regieren zu können. Oder hatte sie den Bau der Windräder selbst für den Fall versprochen, dass Koch weiterregierte? Hinzu kam, dass jenes grundsätzliche Versprechen – niemals mit der Linkspartei – höher anzusiedeln war als die Spiegelstriche ihres Wahlprogramms.

Jede Kooperation mit der Linken war von Ypsilanti ausgeschlossen worden, etwa indem sie am 17. Januar erklärt hatte: »Es bleibt definitiv dabei: Mit der Linkspartei wird es keine Zusammenarbeit geben – weder so noch so.«[20] Wenige Tage zuvor hatte sie ferner verkündet: »Die Linken sind für uns keine zukunftsfähige Partei, deswegen wird es keine wie auch immer geartete Zusammenarbeit in Hessen geben.«[21] Hätte Ypsilanti vor der Wahl erklärt, sie strebe eine Koalition mit der Linken nicht an – oder aber sie könne sich etwas Besseres vorstellen –, wäre ihr ein Wortbruch nicht vorzuwerfen gewesen. Doch nun erlitt Ypsilanti einen enormen Glaubwürdigkeitsverlust, gerade weil sie stets für eine »andere politische Kultur« geworben und das mangelnde Vertrauenskapital Kochs betont hatte.

Die Berichte über Becks abendliche Äußerungen im Hamburger Rathausrestaurant lösten ein mittleres politisches Erdbeben aus. Beck dementierte diese nicht, sondern entschied sich nun zu einem neuen Ukas, der die Verwirrung noch vergrößerte: »Es wird keinerlei aktive Zusammenarbeit mit der Linken geben«, verkündete er nun. Fortan also war Verbalakrobatik gefragt – eine Disziplin, die Beck nicht besonders beherrschte. Generalsekretär Hubertus Heil blieb die undankbare Aufgabe zu bekräftigen, die SPD strebe keine Koalition und keine Duldung durch die Partei Die Linke an. In der wöchentlichen Schaltkonferenz der SPD-Spitze, die den Hauptbotschaften der Partei diente, mochte Beck über Hessen nicht sprechen. Er gab allein die Parole aus, es gelte sich vom »Radau« nicht verunsichern zu lassen. Heil ergänzte, es gebe keine Koalitionen und keine Duldung durch die Linke – »und wenn wir gefragt werden, ob die Andrea sich denn von den Linken mitwählen lassen darf, sagen wir nix«.[22] Heil wollte wohl selbst kaum glauben, dass eine solche »Strategie« hält.

Der Seeheimer Kreis und das Netzwerk in der SPD zeigten sich über den Kurswechsel ihres Vorsitzenden entsetzt. Für Steinbrück und Steinmeier galt dies gleichfalls; sie schwiegen öffentlich. »Fassungslosigkeit in der SPD über Kurt Beck«, titelte die »FAZ«.[23] Keiner aus der Führungsriege der Sozialdemokraten wusste oder ahnte etwas. Noch am Tag nach dem legendären Abendessen war Beck in der Bundestagsfraktion aufgetreten, ohne aber zur Causa Hessen nur ein Wort zu verlieren. Hamburgs SPD-Spitzenkandidat Naumann sah sich plötzlich in der Defensive. In einer sympathischen Mischung aus Macht- und Ratlosigkeit schwur Naumann, er werde sich »beim Leben meiner Kinder« nicht mit den Stimmen der Linken zum Bürgermeister wählen lassen. Naumann argumentierte, es gebe aus politischen und charakterlichen Gründen für die Hamburger SPD keine Möglichkeit, mit der Partei Die Linke zu kooperieren.

Die Ungläubigkeit und das Kopfschütteln in der SPD über Beck zeigte sich fortan vor allem darin, dass deren führende Vertreter nun darauf hinwiesen, sie »gingen davon aus«, das Wort von Beck und Ypsilanti von vor der Wahl gelte, wonach jede Kooperation ausgeschlossen sei. Ausgerechnet Beck hatte die – von ihm selbst vorgegebene – Kleiderordnung verletzt. Er agierte ohne jede Strategie. Der Mann, der einst als Integrator angetreten war, polarisierte plötzlich. Dabei hatte Beck doch die Abgrenzung zu den Linken, »diesen Leuten«, wie er sagte, bewusst betrieben! Während Beck die eigene Partei auf einen linken Kurs trimmte, hatte er jegliche Koalitionen im Westen der Republik von Berlin aus untersagen wollen. In seinem Land wurde die Linke vom Verfassungsschutz observiert. Während des Wahlkampfes hatte er die »sogenannte Linke« attackiert, indem er an Mauer, Stacheldraht und das Stasi-Gefängnis in Bautzen erinnerte. Beck handelte wie ein Getriebener, was wohl darauf beruhte, dass er in den vergangenen Monaten allenfalls Pyrrhussiege errungen hatte. Der Hamburger Parteitag hatte kein Signal nach vorn ausgerichtet – und dies trotz des teuer erkauften Sieges im Machtkampf mit Müntefering. Die verlängerte Zahlung des Arbeitslosengeldes I und die von Beck betriebene Revision der Agenda 2010 – als wenn man diese unvergessen machen könnte! – zeigte keine positive Wirkung für die SPD. Das Schlagwort von der »Solidarischen Mehrheit« taugte kaum als Nachfolger von Schröders Neuer Mitte. In Niedersachsen hatte die SPD abermals verloren, in Hamburg war keine eigene Mehrheit in Sicht. Beck misslang es, die SPD zu profilieren. Er selbst stellte keine Alternative zur weitgehend sozialdemokratisch agierenden Kanzlerin dar. Trotz all seiner Schwächen führte Beck die SPD ohne jede Beratung und ohne strategisches Zentrum. Er war zwar die Nummer eins in der SPD, doch dies lag allein daran, dass keine Alternative erkennbar war. So gab Beck einen schwachen Vorsitzenden ab, wie ihn die SPD wohl noch nie erlebt hatte.

Becks Verhalten zeigte überdies, was er von der Großen Koalition hielt – nämlich nichts. Mit seinem Tabubruch von Hessen läutete Beck den Wahlkampf ein. Nun lag auf der Hand, dass sich die Linke an einer im Bund regierenden SPD gesundstoßen konnte. Was aber war die Konsequenz daraus? Der Langzeit-Exekutivpolitiker Beck ließ keinen klaren Kurs erkennen, er mochte sich zwischen Regieren und Opponieren nicht entscheiden. Beck meinte vielmehr, beide Rollen einnehmen zu können. Zudem ließ er in den eigenen Reihen an seiner Führungskraft zweifeln. Steinbrück, Steinmeier und Heil standen im Widerspruch zu Becks Linkskurs und trugen diesen nur widerwillig mit. Die Partei Die Linke wiederum sah sich durch jeden Kurswechsel der SPD bestätigt und bestärkt. Geradezu lustvoll bot Lafontaine Beck immer wieder an, ihn zum Kanzler zu wählen. Dabei wäre niemand erschrockener als Lafontaine, ginge die SPD auf diese Offerte ein. Lafontaine hatte seine Partei schließlich auf Oppositionsmentalität und Fundamentalismus getrimmt. Die pragmatische Linke, die im Berliner Senat seit vielen Jahren mitregierte, verabscheute er.

Franz Müntefering trieb der Dilettantismus in der SPD-Führung um. Er weilte zu jener Zeit oft bei seiner Frau in Bonn, daneben absolvierte er seine Pflichten als Abgeordneter. Die Debatten im Familienausschuss des Bundestages, dem er neuerdings angehörte, verfolgte er aufmerksam. Nun aber mochte Müntefering sich nicht mehr zurückhalten. Auf seiner »Erika« verfasste er einen Brief an Beck, dessen drei Stellvertreter, Hendricks und Heil. Jenes Papier mit dem Titel »Die Verantwortung der Sozialdemokratie – Hessen und die Konsequenzen« faxte er am 24. Februar 2008 morgens um 5.52 Uhr von seiner Bonner Wohnung ins Willy-Brandt-Haus. »Der Fehler ist gemacht«, hielt Müntefering darin fest. Nun gelte es, den Schaden zu begrenzen. »Nach diesem Vorlauf kann es keine optimale Lösung geben. Der Zeitpunkt der Debatteneröffnung macht die Sache noch fataler.«[24] Er rief dazu auf, das eigene Regierungshandeln nicht zu dementieren – ein Hieb auf Beck, der sich in Berlin doch zu gern als Oppositionsführer gerierte. In internen Gesprächen rief Müntefering die eigene Partei dazu auf, aus der Defensive herauszukommen, eine eigene Agenda zu formulieren, anstatt sich an den Linken abzuarbeiten. Es gelte Themen zu besetzen. In seinem Papier positionierte sich Müntefering gar hinsichtlich der Frage nach dem Kanzlerkandidaten. Er votierte indirekt – und wenig verwunderlich – für Steinmeier, indem er verlangte, die SPD solle für die Bundestagswahl eine Zusammenarbeit mit der Linken ausschließen: »Das muss sich auch in den Personalentscheidungen der SPD klar abzeichnen.« Der Defätismus und die Oppositionsrhetorik Becks provozierten den früheren SPD-Vorsitzenden. Öffentlich erinnerte er an sein Wort, wonach Opposition Mist sei – und artikulierte seinen Wunsch, nach der Wahl 2009 sagen zu können: »Ich bin nicht auf dem Misthaufen gelandet.« Als Beck auf das Schreiben Münteferings angesprochen wurde, reagierte er für seine Verhältnisse überaus wortkarg. Er sagte: »Ich habe den Brief gelesen.«[25]

Am Nachmittag der Hamburg-Wahl Ende Februar 2008 kam die engere Führung der SPD in Becks Büro im Willy-Brandt-Haus zusammen. Steinbrück nannte den Schwenk in Hessen hier einen »schweren Fehler«. Damit sei jedwede Glaubwürdigkeit passé. Struck attackierte Ypsilantis politische Naivität. Steinmeier beklagte, diese habe sich zu wenig um die FDP bemüht. Seine innerparteilich angeschlagene Autorität ließ Beck an diesem Abend geradezu nassforsch-brutal vorgehen. Auf diese Art und Weise hatte er sich bereits Münteferings entledigt. Nun bot Beck dafür ein weiteres Beispiel. Die SPD in Hamburg hatte nur wenig zugelegt, und Bürgermeister von Beust konnte die erste schwarz-grüne Koalition auf Landesebene bilden. Wiederum war der Linken der Sprung in ein westdeutsches Parlament gelungen.[26] Die Positionierung Becks bezüglich der Pläne Ypsilantis war hoch umstritten. Um diesem Eindruck entgegenzutreten, drängte Beck die Parteispitze an jenen Abend dazu, sich im Foyer des Willy-Brandt-Hauses hinter ihn zu stellen und Beifall zu spenden. Steinbrück weigerte sich zunächst, ließ sich aber von Steinmeier umstimmen. Später sagte Steinbrück, er habe sich für den Auftritt im Willy-Brandt-Haus »geschämt«. Beck wollte ein harmonisches Bild seiner Führung präsentieren, was jedoch kaum gelang. Erkennbar missmutig ließen sich Steinbrück und Steinmeier auf jenes Symbolfoto ein. Auch Heil und Hendricks blickten – anders als Nahles – ein wenig traurig auf ihren erratisch agierenden Vorsitzenden. »Wir sind auf einem richtig guten Weg«, rief Beck hier aus. Spitzenkandidat Naumann sah das ganz anders. Er verweigerte sich am Tag nach der Wahl einem gemeinsamen Auftritt mit Beck vor der Presse und wollte schon gar keine Blumen von Beck in Empfang nehmen.

In der Sitzung des SPD-Präsidiums attackierte Naumann Becks Wortbruch. Wenig später wurde ein Brief Naumanns an Beck bekannt, in dem er schrieb: »Deine Bemerkungen haben nicht nur meine eigene Glaubwürdigkeit, sondern auch die der Hamburger SPD aufs Spiel gesetzt. Der gesamte Vorgang ... hat ... uns womöglich den Wahlsieg gekostet. ... Du hast aus riskantem Kalkül und zum falschen Zeitpunkt das Tor für die Linkspartei in Westdeutschland geöffnet.« Naumann hielt Beck vor: »Was die SPD über fast anderthalb Jahrhunderte als älteste sozialdemokratische Partei der Welt zusammengehalten hat, waren in letzter Instanz die schöneren Schwestern von Parteidisziplin namens ›Solidarität‹

und ›Loyalität‹. Was mich persönlich betrifft, hast Du diese beiden Urtugenden auf die Probe gestellt.«

Am folgenden Tag beschloss der SPD-Parteivorstand offiziell den von Ypsilanti und Beck begangenen Wortbruch. Die Menschen in Hessen wollten einen »Wechsel von Stil und Inhalt der Politik«, lautete der entsprechende Beschluss. Darin hieß es weiter, der SPD-Vorstand »begrüßt und unterstreicht die Haltung der SPD-Hessen«, Gespräche mit anderen Parteien zu führen. Sodann konstatierte man: »Sollte es nicht zu einer Koalition kommen, wird die SPD-Hessen entscheiden, ob und wann sich Andrea Ypsilanti im Landtag zur Wahl stellt.« Es folgten wohlfeile Worte zur Verantwortungslosigkeit der Linken »im Bund«. Ein Satz fehlte hingegen in dem Beschluss – und dieser lautete: »Deshalb kommt für uns einen Kooperation mit der Linkspartei nicht infrage.« Das Papier wurde angenommen – bei einer Gegenstimme des niedersächsischen SPD-Vorsitzenden Garrelt Duin. Mit dieser Festlegung kehrte die SPD nebenbei zum Status quo ante zurück. Dieser lautete: Allein die Landesverbände entscheiden über Koalitionen.

Ohne Strategie und Instinkt

Von einem Strategiewechsel konnte keine Rede sein. Die SPD vollzog unter Becks Führung eine Kehrtwende mit einem Makel, dafür jedoch ohne Weitsicht und Instinkt. Der Parteivorsitzende setzte sich abermals durch. Um Beck nicht zu beschädigen, wurde kein Widerspruch laut. Dies führte die Schwäche seiner Stellvertreter Steinbrück und Steinmeier vor Augen, ebenso die des Fraktionsvorsitzenden Struck und des Generalsekretärs Heil. Sie alle missbilligten das Agieren Ypsilantis, dies jedoch nur still und leise. Die »Stones« hatte Beck schon beim Hamburger Parteitag gedemütigt. Nun standen sie wieder auf verlorenem Posten. Demonstrative Rückendeckung erhielt Beck von Nahles und den linken Landesvorsitzenden Kraft, Maas und Stiegler. Sie alle verband ein Schicksal: Eine fehlende Machtperspektive im eigenen Land – zumindest so lange, wie ihnen eine Koalition mit der Linken untersagt blieb.

Steinmeier musste an jenem Montag gar die Sitzung der Parteigremien leiten, da Beck wegen einer Erkrankung alle Termine abgesagt hatte. Zuvor hatte Beck hinsichtlich des hessischen Wortbruchs von »Irritationen« gesprochen. Zu seiner eigenen Rolle erklärte er in diesem Kontext: »Wenn ich einen Beitrag dazu geleistet habe, dann bedaure ich das.« Beck gab damit zu erkennen, dass er nicht den Kurswechsel oder den Wortbruch von der Sache her bedauerte, sondern allein die Art und Weise, wie es dazu gekommen war. Der SPD-Vorsitzende fiel nun krankheitsbedingt aus. Steinmeier überreichte den Blumenstrauß an Naumann. Am 29. Februar 2008 veröffentlichte die SPD eine ihrer ungewöhnlicheren Pressemitteilungen. Darin hieß es: »Kurt Beck wird aufgrund einer hoch fiebrigen Virusgrippe und einer eitrigen Mandelentzündung auf Anraten seines behandelnden Arztes, Dr. Günter Gerhardt, alle Termine bis voraussichtlich Ende nächster Woche absagen.«

Beck war so krank, dass er erstmals als Abgeordneter eine Sitzung des rheinland-pfälzischen Landtages auslassen musste. Es wurde berichtet, er sei gar zum Sprechen zu schwach. Die »Bild am Sonntag« berichtete derweil, Roswitha Beck koche ihrem Mann daheim Hühnersuppe.[27] Während der Abwesenheit Becks machten Gerüchte von einem Putsch gegen den Vorsitzenden die Runde. »Schmeißt SPD-Chef Beck hin?«, fragte die »Bild«-Zeitung. Eine Woche darauf titelte sie: »Stürzt Beck?«[28] Schon war von einem Übergangsvorsitzenden Müntefering die Rede. Der »Spiegel« berichtete von einer Absprache zwischen Müntefering, Platzeck, Steinmeier und Steinbrück, wonach Beck nicht Kanzlerkandidat werden dürfe.[29] Dementis folgten sogleich.

Als Anfang März 2008 Parteirat und Bundestagsfraktion über die Lage in Hessen berieten, offenbarte sich abermals die Spaltung der SPD. In dem von der SPD-Linken dominierten Parteirat plädierte die Mehrheit der Redner für einen rot-rot-grünen Versuch in Hessen. Steinmeier, der erneut die Sitzung leitete, nannte die Selbstdarstellung der SPD »alles andere als glücklich«. Er rief Ypsilanti dazu auf, Gespräche auch mit der CDU zu führen. Sie entgegnete, über ihr weiteres Vorgehen habe sie noch nicht entschieden. Steinbrück und Struck schwiegen. In der Fraktion verwies Steinmeier auf den Bundestagswahlkampf und die skeptische Haltung in der Bevölkerung, ob den Schwüren der SPD gegen eine rot-rote Koalition noch zu glauben sei. Hier blieb die Mehrheit skeptisch. Die Abgeordneten Duin, Hauer und Wend lehnten Ypsilantis Pläne ab; deren südhessische Verbündete Wieczorek-Zeul sprach sich dafür aus. Mit Parteirat und Fraktion hatten im Grunde zwei unterschiedliche Parteien getagt. Was aber bedeutete dies? Allen war bewusst, dass Beck mit seiner Kursänderung wieder einmal durchkam. Becks Machtworte besaßen schließlich einen ganz anderen Charakter als einst die Machtworte Schröders: Sie dienten immer der Mehrheit unter den Funktionsträgern in der Partei. Beck ließ dabei mehr dekretieren als debattieren, seine Stellvertreter schob er beiseite. Steinbrück und Beck kommunizierten kaum miteinander. Beide Seiten hatten daran kein Interesse. Steinmeier wiederum hatte sich in einem entscheidenden Punkt geirrt: Er hatte gedacht, es ließe sich auf Andrea Ypsilanti einwirken.

Während die Fraktion an jenem 4. März zusammengekommen war, meldete die erste Nachrichtenagentur um 14.01 Uhr, Ypsilanti wolle mit der Fraktion Die Linke über ihre Wahl zur Ministerpräsidentin verhandeln. Andrea Ypsilanti wollte ihr sozialpopulistisch-ökosozialistisches Programm zur Regierungspolitik in Hessen machen. In der Linken sah sie dafür einen guten Partner, um »neue gesellschaftliche Projekte« zu definieren oder »das neoliberale Gesellschaftsbild« abzuschaffen. Dabei besaß Ypsilanti keinen Plan, wie SPD und Grüne mit der Linken handelseinig würden hinsichtlich eines Kabinetts, geschweige denn des Haushaltes. Schon verkündete Linken-Fraktionschef van Ooyen, er erwarte, dass sich Ypsilantis Kabinett seiner Fraktion vorstelle. Ypsilanti, selbstüberzeugt und ohnehin stets mehr an Wünschen als an der Wirklichkeit orientiert, war der Ansicht, die eigene Fraktion stehe geschlossen hinter ihr. Sie gedachte den Weg Holger Börners zu gehen. Der frühere Ministerpräsident Börner hatte die Grünen einst mit einer Dachlatte versohlen wollen, um mit ihnen sodann eine Koalition zu bilden. Während Börner für diesen Wandel aber mehrere Jahre benötigt hatte, meinte Ypsilanti, ihn binnen weniger Tage absolvieren zu können.

Am Abend des 6. März rief die erstmals gewählte SPD-Landtagsabgeordnete Dagmar Metzger Ypsilanti an. Metzger, Jahrgang 1958, Markenzeichen blonde Turmfrisur und roter Lippenstift, hatte in Darmstadt ein Direktmandat geholt und dort Kochs überforderte Kultusministerin Karin Wolff (CDU) abgelöst. Metzger war, in Berlin aufgewachsen, eine echte »Seeheimerin« mit entsprechenden familiären Wurzeln. Ihr Schwiegervater Günther Metzger hatte die »Seeheimer« mit initiiert, außerdem war er in den siebziger Jahren stellvertretender Vorsitzender der SPD-Bundestagsfraktion gewesen. Ihre Familie pflegte noch immer Kontakte zu Helmut Schmidt und Hans-Jochen Vogel. Zur DDR hatte Metzger ein mehr als nur distanziertes Verhältnis: Der Bau der Mauer hatte ihre Familie in Berlin zerrissen, ihr Schwiegervater war in der DDR verfolgt worden und dann in den Westen geflohen.

Metzger teilte Ypsilanti mit, sie werde sie bei der Wahl im Landtag nicht unterstützen, sollte sie eine Tolerierung durch die Linke ins Auge fassen. Metzger berief sich dabei auf ihr Gewissen und sagte, sie sei sich aller Konsequenzen bewusst. Auch in einem Gespräch mit dem Landesvorstand blieb Metzger stur. Sie könne ihr Wahlversprechen, mit der Linken nicht zusammenzuarbeiten, nicht brechen. »Für mich ist in erster Linie meine Glaubwürdigkeit entscheidend«, sagte Metzger: »Auch Politiker sind Vorbilder. Sie sollten sich an das halten, was sie vor der Wahl versprechen. ... Meine Entscheidung steht.« Auf die Frage, ob sie weitere Abgeordnete kenne, die den Weg Ypsilantis nicht unterstützt hätten, antwortete sie knapp: »Könnte sein.« Metzger spielte mit offenen Karten. Sie hätte ihrem Gewissen ebenso gut erst in der geheimen Wahl folgen und Ypsilanti insgeheim scheitern lassen können. So hatte es ein Abgeordneter, vermutlich der SPD, bei der Wahl Heide Simonis' drei Jahre zuvor gehalten.

Ohne Metzgers Stimme aber besaß Ypsilantis Traumkonstellation von SPD, Grünen und Linken gerade einmal eine Stimme mehr, als es die Wahl des Ministerpräsidenten verlangte. Drei Tage nach ihrer lauten Ankündigung, gegen den amtierenden Ministerpräsidenten Koch anzutreten, gab Ypsilanti am 7. März auf. »Ich werde mich am 5. April nicht zur Wahl stellen«, verkündete sie nun. Intern klagte sie, alles wäre sicherlich ganz anders gelaufen, wenn sie ein Mann wäre. Ypsilantis Agieren blieb dabei geradlinig grotesk. Nach ihrer Rückzugsankündigung machten Gerüchte die Runde, die Abgeordnete Metzger könne ihr Mandat zurückgeben. Daraufhin spielte Ypsilanti erneut mit dem Gedanken an eine Kandidatur. Erst als der mögliche Nachrücker Metzgers darauf hinwies, auch er werde Ypsilanti nicht mit den Linken wählen, ruderte diese zurück. Die SPD-Spitze in Berlin war erst einmal erleichtert. Generalsekretär Heil nannte Ypsilantis Schritt konsequent und verantwortungsbewusst. Die Erleichterung durfte sich Heil dabei nicht anmerken lassen; er schluckte sie ebenso hinunter wie all den Ärger zuvor. Parteivize Steinbrück brachte seine Einschätzung über die Lage der SPD bei der Bundestagswahl 2009 mit einem kargen Bild auf den Punkt: »Wir haben der Merkel doch den Teller fein sauber geleckt.«

»Ich lenke«

Mit einem Auftritt vor der Bundespressekonferenz zelebrierte Beck seine Rückkehr vom Krankenbett, das er zwei Wochen lang gehütet hatte. Seine Botschaft an jenem 10. März 2008 aber war nicht neu. Sie lautete: Ich räume Irritationen ein – und alles ist vergessen und vorbei. Selbstkritik jedenfalls äußerte Beck nicht. »Ich kann nicht erkennen, dass ich mein Wort gebrochen habe«, behauptete Beck. Gleichwohl treffe ein »gewisses Maß an Kritik« zu. In diesem Kontext sprach er von »einem gewissen Galopp in den Abläufen«. Trotzig und geradezu abgebrüht benannte er »unüberbrückbare Gegensätze« zur Partei Die Linke. Er verwies dabei auf Kandidaturen von DKP-Mitgliedern auf deren Listen und die Haltung zur Nato.

Später rechtfertigte Beck sich noch viel offensiver: »Ich habe in diesem Hintergrundgespräch in Hamburg eigentlich eine Selbstverständlichkeit gesagt. ... Es wäre sicher besser gewesen, zu einem späteren Zeitpunkt eine geordnete Debatte anzustoßen.«[30] Vor der Fraktion gab Beck zu, Müntefering habe mit seiner Linie recht gehabt, den Landesverbänden freie Hand zu lassen. In dieser Sache leiste er daher »Abbitte«. Vertreter des linken SPD-Flügels begrüßten Becks Tölpeleien geradezu. So meinte Wowereit über Becks Plauderei in Hamburg: »Ich wundere mich, dass das als Schaden empfunden wird.«[31] Es gehe doch darum, »endlich mal dieses blöde Tabu wegzukriegen«. Doch hielt Wowereit jenen Zeitpunkt tatsächlich für richtig gewählt? Bundestagsvizepräsident Thierse offenbarte abermals politische Sehschärfe, indem er verkündete: »Dass Kurt Beck einen Fehler gemacht hat, würde ich nicht sagen.«[32] Und Andrea Nahles gab sich überzeugt: »Ich sage voraus, dass ihm [Beck] die strategische Öffnung noch gedankt werden wird. Er hat der SPD neue Handlungsoptionen eröffnet.«[33] Andere Vertreter des linken Flügels der SPD sahen sich längst der Linken näher als ihren eigenen Leuten. Sie hofften auf eine baldige Realisierung der rot-roten Option im Bund. »Dauerhaft sehe ich die

Chance einer Mehrheit links von der Mitte«, sagt so der Bundestagsabgeordnete René Röspel. »Wenn gewisse Personen abgetreten sind, liegt das Thema Rot-Rot-Grün im Bund auf der Hand.«[34]

Das Chaos in der SPD begründete Beck mit einem »Katz-und-Maus-Effekt«. Auf Nachfragen sprach er davon, die Mäuse tanzten »etwas lebendiger«, wenn die Katze aus dem Haus sei. Beck suggerierte damit, er, der Vorsitzende, sei die Katze – doch wer sollten die Mäuse sein? Steinbrück und Steinmeier? Nein, es gebe keine Kommunikationsprobleme mit seinen Stellvertretern, behauptete Beck und betonte, wie fest er im Sattel sitze. »Sie können davon ausgehen: Ich lenke«, verkündete er selbstgewiss. Was den Umgang mit der Linken betraf, so hoffte Beck weiter, diese Partei aus den Landtagen zu halten. Er präsentierte ein »Weiter so« und verkleisterte den Wortbruch als Weiterentwicklung. Recht deutlich aber riet Beck Ypsilanti von einem neuen Versuch einer Kandidatur im Landtag ab. Man solle »nicht mit dem gleichen Kopf gegen die gleiche Wand« rennen, meinte Beck – und zog damit schon bald den Groll der hessischen Partei auf sich. Die inhaltliche Neuformierung der SPD kündigte Beck nun für eine Funktionärskonferenz Ende Mai in Nürnberg an.

Beck stilisierte das nächste Sachthema zu einer Machtfrage. Zunächst hatte er dafür plädiert, das Thema »Bahnreform« – ein gefälligeres Wort für die umstrittene Privatisierung des Staatsunternehmens – auf die Zeit nach dem Parteitag zu verschleppen. Becks Umfeld meinte allen Ernstes, die SPD ließe dies mit sich machen. Nach einer Weile aber war er überzeugt worden, das Thema offensiv anzugehen. Nun sprach er davon, die Privatisierung der Bahn sei Chefsache – und wieder einmal debattierte die SPD wochenlang ein eminent wichtiges Thema unter dem ständigen Hinweis, der Parteivorsitzende dürfe nicht beschädigt werden. Der Fingerzeig auf negative Folgen von Privatisierungen wurde ignoriert. Jedwedes Argument gegen die beabsichtigte Teilprivatisierung der Bahn wurde als Kritik an Beck begriffen und sogleich zurückgewiesen. Die SPD übte sich in verwunderlicher Loyalität zu dem Bahn-Vorstandsvorsitzenden Hartmut Mehdorn, den einst schon Schröder umgarnt hatte. Nachher war es nicht Beck, sondern Steinmeier, der den parteiinternen Kompromiss herbeiführte. Er vermittelte zwischen den SPD-Linken und Steinbrück. Wie bei der Bahnreform schwang bei den Themen Rentenerhöhung, Haushaltskonsolidierung oder Schuldenbremse stets die Frage mit: Stärkt dieser oder jener Beschluss Beck? Schwächt er ihn abermals? Und was bedeutet das für Steinmeier? Stets also mussten die angekratzte Autorität des Parteichefs und mögliche Auswirkungen auf die Kanzlerkandidatenfrage bedacht werden.

Als sich die »Agenda«-Rede Schröders Mitte März zum fünften Mal jährte, wagte die SPD-Spitze dieses Jubiläum nicht zu begehen. Allein Steinmeier stellte sich selbstbewusst hinter jenes Reformwerk, das die damalige Oppositionsführerin Merkel als »keinen großen Wurf« bezeichnet hatte – und das nun unter ihrer Führung abgewickelt wurde. So passte es ins Bild, dass Arbeitsminister Scholz den im Jahre 2004 eingeführten »Riester-Faktor« fallen ließ. Dieser hatte die regelmäßig im Juli anstehende Rentenerhöhung um rund 0,6 Prozentpunkte gekürzt. Der Riester-Faktor sollte nun nach dem Willen von – Münteferings Nachfolger – Scholz für 2008 und das Wahljahr 2009 ausgesetzt werden. So stiegen die Bezüge der Rentner im Jahr 2008 um mehr als ein Prozent. Abermals rückte die große Koalition von Reformen der rot-grünen Regierung ab. Die Folge: Die Rentenbeiträge von derzeit 19,9 Prozent können nicht wie geplant sinken.[35] Das sollte erst später geschehen, in den Jahren 2012 und 2013. Doch sollte das voraussichtliche Wahljahr 2013 nicht ebenso dazu verführen, die Senkung erneut zu strecken? Abgesehen davon: Das Thema Rente wurde durch Scholz' Initiative Gegenstand von Tagespolitik und parteipolitischer Gemengelage. Jahrelang hatten sich SPD-Abgeordnete bemüht, den verärgerten Rentnern in ihren Wahlkreisen zu vermitteln, Rentensteigerungen könnten nicht einfach »beschlossen« werden. Stets hatten sie darauf verwiesen, die Renten seien nach einer objektiven Formel an die Lohnentwicklung gekoppelt. Dies galt nun nicht mehr. Die Regierung suspendierte mit ihrer Politik einmal gemachte eigene Vorgaben. Durchaus treffend sprach Kanzlerin Merkel davon, bei diesem von ihrer Regierung getroffenen Beschluss handele es sich um »kein ordnungspolitisches Meisterstück«. Steinbrück sah das ebenso und sagte: »Ordnungspolitisch ist die Rentenerhöhung kritisch zu sehen.«[36] Beck und Scholz, Rüttgers und dessen Sozialminister Karl-Josef Laumann hingegen jubelten. Müntefering ließ in kleiner Runde durchblicken, was er von diesem Manöver hielt: nämlich nichts. Er verwies auf die Mehrbelastungen für den Bundeshaushalt von 2,5 Milliarden Euro. Scholz hingegen behauptete von sich, er setze Münteferings »Linie fort und entwickle sie weiter. Der wesentliche Unterschied ist: Ich bin ein paar Jahre jünger …«[37] Ganz ähnlich wie beim Arbeitslosengeld I hatte die große Koalition sich entschieden, beschlossene Reformen zu verwässern. Ein Verständnis für die Notwendigkeit von Reformen gelang mit einem derartigen Zickzackkurs nicht.

Trotz derlei Beschlüssen gelangte die SPD nicht in die Offensive. Die Stimmung blieb vielmehr schlecht. Immer wieder offenbarte Beck seinen Zorn – gern auch bei der eigens für ihn konzipierten SPD-Veranstaltungsreihe »Nah bei den Menschen«, die nun bundesweit anlief. »Ich habe die Fähigkeit, Dinge herunterzuschlucken«, verkündete Beck hier etwa in Rendsburg. Nach seinen fast 14 Jahren als Regierungschef habe er gedacht, es könne nicht mehr schlimmer kommen. »Aber in den zwei Jahren als Parteivorsitzender ist das noch einmal um eine Potenz gestiegen. Was soll's? Mein Magen hält es noch aus.«[38] Beck lobte immer wieder das Hamburger Grundsatzprogramm. Die inhaltlichen Debatten hielt er für geführt. Sein Stellvertreter Steinmeier, der nun immer öfter als Kanzlerkandidat gehandelt wurde, parierte eine entsprechende Frage ganz anders als Beck: »Erst müssen die Inhalte geklärt werden, mit denen wir ins Wahljahr gehen wollen. Die Personalfragen folgen dann.« Steinmeier verlangte, die SPD müsse »den Menschen deutlicher sagen, wohin unser Kurs geht« – und er wandte sich gegen »Experimente mit der Linkspartei«.[39]

Arg optimistisch blickte Beck nach Hessen. Ypsilanti habe »die Möglichkeiten ausgelotet und wird nun im Landtag die geschäftsführende Restregierung Koch mit sozialdemokratischer Politik stellen«, gab sich Beck überzeugt.[40] Dabei war das Gegenteil der Fall: Das Drama um Ypsilanti setzte sich fort. »Ich schließe auf Dauer keine Option aus, auch nicht die einer rot-grünen Minderheitsregierung mit den Stimmen der Linken«, stellte diese klar.[41] Sie behalte sich diesen Weg »zu gegebener Zeit« vor, rief Ypsilanti ihrem Landesparteitag in Hanau Ende März zu – und die Delegierten applaudierten daraufhin frenetisch. Mit überwältigender Mehrheit befürwortete jener Parteitag gemeinsame parlamentarische Initiativen mit der Linkspartei und schloss eine große Koalition im Wiesbadener Landtag aus. So hatte es der Landesvorstand in einem Leitantrag zuvor formuliert. Der Flügel um Ypsilantis Stellvertreter und internen Opponenten Jürgen Walter, der sich einem Bündnis mit der CDU nicht generell versagen wollte, erfuhr eine Niederlage. Wie tief die Gräben innerhalb der hessischen Sozialdemokratie waren, ließ sich dabei schon an Accessoires, Gesichtsausdruck und Klatschverhalten deutlich erkennen. Die Mehrheit der Anhänger Ypsilantis trug Buttons mit dem Buchstaben Y in roter Farbe, jubelte ihrer Heldin zu und buhte, pfiff oder hantierte mit Trillerpfeifen, sobald abweichende Meinungen geäußert wurden. Just in dem Bemühen also, um jeden Preis die Regierungsmacht zu erringen, gab sich die Ypsilanti-Truppe rhetorisch und im Habitus oppositionsgeprägt. Ihre wenigen Skeptiker wiederum verzichteten auf das Y, verzogen das Gesicht, wenn Ypsilanti redete, und klatschten nur, wenn es sich gar nicht vermeiden ließ. So wirkte es wie ein Hohn, wenn Ypsilanti in ihrer Rede »Geschlossenheit« und »Selbstvertrauen« ihres Landesverbandes beschwor. Der Beifall der rund 350 Delegierten aber war Ypsilanti fast immer sicher. Als sie feststellte, manch einer hätte in den vergangenen Wochen besser geschwiegen, war der Applaus besonders laut. Hier verwies Ypsilanti auf Clement, doch ebenso dürfte ihr Kritiker Walter angesprochen gewesen sein. Der war just bei dieser Redepassage in seine Unterlagen vertieft.

Ypsilanti sah in Hessen eine »gesellschaftliche Mehrheit« für ihre Überzeugungen. »Koch muss weg, und mit ihm seine ganze konservative Regierungsmannschaft«, rief sie in den Saal. Ypsilanti verwendete eine in der SPD unübliche Sprachregelung, wenn sie davon sprach, der Linkspartei gehörten »viele Sozialdemokraten und sozialdemokratische Gewerkschafter« an. Unter starker Zustimmung schloss Ypsilanti eine große Koalition mit dem Hinweis aus, diese widerspreche dem Wählerauftrag. Hier applaudierte auch eine Frau, die als Ministerin gemeinsam mit der Union recht unbeschwert regierte: Heidemarie Wieczorek-Zeul. Die Landtagsabgeordnete Metzger war dem Parteitag ferngeblieben, um eine Eskalation zu vermeiden, wie sie sagte. Derweil löste ein neuer Zungenschlag Ypsilantis unter wenigen Abgeordneten Verunsicherung aus: Mehrfach sprach sie nämlich von der Möglichkeit von Neuwahlen. Sie habe »überhaupt keine Angst, mit dieser großartigen hessischen SPD noch einmal anzutreten«. Der Saal tobte vor Freude.

Der wütende Vorsitzende

Keiner sollte sagen, Kurt Beck könne seine Partei nicht begeistern und zu Beifallsstürmen animieren. Beck konnte das. Etwa wenn er sich über die braunen Horden der NPD echauffierte. Wenn er das Verbot der NPD forderte. Wenn er an den Mut der SPD erinnerte, als sie vor 75 Jahren gegen das »Ermächtigungsgesetz« gestimmt hatte. Oder wenn er treffend schilderte, dass sich die CDU im Jahre 1990 schamlos zwei DDR-Blockparteien einverleibt hat. Kurt Beck musste also gegen Rechtsextremisten wettern oder die Geschichte bemühen, wollte er sich der Zustimmung der Sozialdemokratischen Partei Deutschlands sicher sein. Bei Themen der Gegenwart oder gar der Zukunft aber misslang es ihm, die eigenen Truppen hinter sich zu versammeln. Vor allem gelang es Beck nicht, Themen zu setzen. Stattdessen machte er mit Peinlichkeiten von sich reden.

Über eine »Wutrede von SPD-Chef Kurt Beck« berichtete die »Bild«-Zeitung im April 2008 auf ihrer Titelseite. Im Parteivorstand hatte sich Beck beklagt, er werde als Provinzler bezeichnet, der niemals über den Stadtrat hinausgeguckt habe. Daher fühle er sich manchmal »ein bisschen allein gelassen«. Diese Feststellung traf durchaus zu. Längst gehörte es zum guten Ton in der SPD, über Becks Unzulänglichkeiten und Fehler zu spotten. Wer hingegen etwa im Frühjahr 2008 einen Politiker suchte, der eine Stunde lang nur gut über Kurt Beck sprechen mochte, musste den stellvertretenden FDP-Fraktionsvorsitzenden Rainer Brüderle treffen. »Kurt Beck ist verlässlich, korrekt und anständig«, sagte der Mann, der mit ihm lange in Rheinland-Pfalz gemeinsam regierte – und der auf einen Ministerposten unter einem Bundeskanzler Beck erpicht gewesen sein dürfte. »Beck hat ein Gespür dafür, was Menschen empfinden«, nahm Brüderle Beck in Schutz: »Er handelt nah am Volk, ohne Ideologie. Mit diesem Pragmatismus hat er Erfolg. Ihm sind Ideologen und Traumtänzer suspekt. Beck ist kein Schauspieler oder Wichtigtuer. Arroganz kann er nicht leiden.«[42]

Beck wiederum attackierte gern die Medien. Die CDU erfahre »publizistische Unterstützung« und für die SPD gelte das Gegenteil, behauptete der ZDF-Verwaltungsratsvorsitzende Beck. Wenn etwa der »Bericht aus Berlin« SPD-Mitglieder zeigte, die sich kritisch über Beck äußerten, nannte er diesen Fernsehbeitrag nicht objektiv. Wenn ein Streit in der Parteispitze, wo es an Neid und

Eifersüchteleien nicht mangelte, nach außen drang, bezeichnete Beck diese Darstellungen als »überhöht und aufgeblasen«. Das Unbehagen in der SPD-Bundestagsfraktion, wo viele Abgeordnete längst um ihr Mandat nach der nächsten Wahl zitterten, ignorierte er hingegen stets tapfer.

Immer öfter verfiel Beck in Zynismus. Immer wieder wählte er scheinbar freundliche Worte, lächelte breit und fletschte doch vor allem die Zähne. Stellvertretend für die »vielen Freundinnen und Freunde«, die Beck beim Parteitag der NRW-SPD im März 2008 in Düsseldorf begrüßte, nannte er Franz Müntefering. Wo doch jeder wusste, dass sich die beiden wenig mögen. Müntefering beherrscht normalerweise das Pokerface, und doch erstarrte sein Antlitz zu einem Granitgesicht. Als Beck wenig später in Berlin eine Tischlerei besuchte, bediente er sich abermals dieses Tons. Beck begutachtete, wie Auszubildende Holzhämmer verleimten. Einer der jungen Männer reichte Beck einen solchen Hammer, er dankte freundlich und wog ihn in der Hand. Als ein Reporter Beck fragte, ob er diesen Holzhammer in der SPD benötige, verneinte er das mit voller Inbrunst. Er lächelte und behauptete mit betont ruhigem Tonfall: »Die Partei ist eine ganz angenehme, gut zu führende und lebendige Organisation.«

»Nah bei den Menschen« wollte Beck sein, und unter diesem Leitthema reiste er durch das Land. »Deutschland-Dialog« nannte die SPD diese Veranstaltungsreihe. Abermals erfuhr Beck, dass die hessischen Verhältnisse die SPD enorm diskreditierten. Als Beck »Nah bei den Menschen« in Berlin-Lichtenberg weilte, attackierte gleich die zweite Fragestellerin, von der Regie der Partei ausgewählt und keine Vertreterin der Medien, ihren Vorsitzenden: Sie sprach vom »Debakel« des Führungsteams nach der Hessenwahl. Die 150 Genossen hörten gespannt zu. Dann rief die junge Frau, nur wenige Meter von Beck entfernt, per Mikrofon in den Saal: »Wenn Herr Beck sagt, er würde Kanzlerkandidat, dann schwinden unsere Chancen noch weiter.« Einige Menschen klatschten. Beck machte sich Notizen. Er leitete seine Antwort mit den Worten »vielen herzlichen Dank« ein und sprach von der »erwartbaren Frage« zu Hessen. Um sich sodann »der berühmten und hoch geschriebenen Kanzlerkandidatenfrage« zu widmen, über die er sich wundere. Etwas Neues dazu sagte er nicht.

Dafür, dass die Frage, wer Angela Merkel herausfordern sollte, angeblich nur »hoch geschrieben« war, schenkte Beck ihr allerlei Aufmerksamkeit. Mit Missgunst betrachtete er lange die Popularität des sozialdemokratischen Außenministers. Bei einem Besuch der Sektkellerei der Firma Henkell und Söhnlein, ausgerechnet in Wiesbaden, das zur Chiffre für die Krise der SPD geworden war, verkündete Beck über Steinmeier: »Ich halte ihn für einen sehr erfahrenen Mann und bin ganz sicher, dass er auch Wahlen gewinnen kann!« Und weiter: »Die Tatsache, dass man es noch nicht gemacht hat, ist ja nicht gleichzusetzen damit, dass man es nicht kann.« Der beißende Spott des Mannes, der drei Landtagswahlen gewonnen hatte und gar mit einer absoluten Mehrheit regierte, war nicht zu überhören.

Bitter beklagte sich Beck über die Bildung der schwarz-grünen Koalition in Hamburg und machte den Grünen, über die er sich zeit seines Lebens mokiert hatte, Vorwürfe. Der Partner von einst suche »eiskalt Machtperspektiven« und vollziehe »Umfallereien«, zürnte Beck. Die SPD führe sich auf wie eine beleidigte Leberwurst, konterte die Grünen-Fraktionschefin Krista Sager durchaus treffend. Das Verhältnis zwischen beiden Parteien befand sich auf einem Tiefpunkt. Einst koalierten Sozialdemokraten und Grüne. Nun koexistierten sie – und dies recht unfriedlich. Nur noch im kleinsten Bundesland, in Bremen, regierten sie gemeinsam.

Immer wieder warf Beck den Medien Häme vor, echauffierte sich über »diese ganzen Geschichten von den Pfälzern, die ohnehin zu nichts nutze sind, weil sie ein eigenes Idiom sprechen. Und diese Geschichten von den ländlich Unbedarften, die an den Mauern einer Großstadt geradezu zerschellen.« Sogleich lieferte er Stoff für neue entsprechende Berichte, indem er feststellte: »Wir Pfälzer wissen sogar, wie man ein Taxi besteigt. … Meine Großmutter hatte mit Sicherheit mehr Lebenserfahrung als viele von denen, die Politik im Sandkasten machen.«[43] Zuvor schon hatte ein Porträt Becks im »Spiegel« viele Sozialdemokraten amüsiert, doch ebenso entsetzt. Gleich zu Beginn des Textes wurde ein Auftritt Becks in einem pfälzischen Weindorf geschildert. Nach seiner Rede erhielt Beck hier eine Schüssel voller Schweineschnauzen hingehalten. »Wie alle Männer vor ihm seiht Beck mit der Kelle durch die Brühe und sucht: ›Wo sind die Schnüffel?‹«, schilderte Christoph Schwennicke die Szene und stellte fest: »Wer Beck noch nie in heller Freude gesehen hat, muss ihn sich vor einer Schüssel voller Schweineschnauzen vorstellen. ›Schnüffel!‹, ruft er, fündig geworden, während er eine wabbelnde, zerschnittene Schweinenase auf seinen Teller hievt, das sei das Beste an der Wutz, wenn sie gut gemacht ist. Nicht zu weich und nicht zu hart dürfen ›de Schnüffel‹ sein, eben genau richtig. Dabei macht er mit gestrecktem Zeige- und Mittelfinger eine Handbewegung in Richtung seiner Nasenlöcher, so wie man einen Stecker in die Steckdose steckt.«[44]

Immer wieder offenbarte Beck gerade im Umgang mit den Medien einen Mangel an Professionalität. Als ungeschickt erwies sich Beck auch auf der 1.-Mai-Kundgebung in Mainz. Auf die Frage, ob er sich seinen Bart abrasieren lassen würde, verkündete er: »Für eine Million Euro, für einen guten Zweck.« Später fügte er hinzu: »Es muss seriös sein, darf kein Spektakel werden. Die Aktion muss wirklich Hilfsbedürftigen helfen.«[45] Mehrere Tage lang wurde daraufhin in den Medien über die Zukunft von Becks Bart spekuliert.

Offenkundig unfreiwillig setzte Beck ein Thema, als er im Mai 2008 ein Steuerkonzept der SPD ankündigte. Die CSU hatte kurz zuvor ein solches vorgelegt. Wegen der bevorstehenden bayerischen Landtagswahl brach sich in der CSU ein enormer Populismus Bahn. Sie verlangte neben niedrigeren Steuersätzen die Wiedereinführung der alten Pendlerpauschale und ein Konjunkturprogramm. SPD-Generalsekretär Heil attackierte noch an einem Montagmorgen das Steuerkonzept der CSU und wies darauf hin, es gebe »keine steuerpolitischen Handlungsnotwendigkeiten«. Wenige Stunden später kündigte Beck gewissermaßen nebenbei und vor einer Kamera des Fernsehsenders n-tv an, die SPD lege bis Ende Mai ein Steuerkonzept vor. Man werde »einen eigenen Weg deutlich machen«, sagte Beck. In der Präsidiumssitzung an jenem Tag war dazu kein Wort gefallen. Der Finanzminister wurde von Becks Vorstoß ebenso überrascht wie die Fachleute der Fraktion. Das hielt Beck nicht davon ab zu behaupten, es gebe einen Vorschlag, den Peer Steinbrück und er gemacht hätten. Steinbrück tobte. Beck weckte mit dem Wort vom »seriösen Konzept« Erwartungen. Später war von »Orientierungspunkten« die Rede, hernach von »Leitplanken« oder von »Äußerungen zu aktuellen Fragen«. Neuigkeiten gebe es nicht, fing Tage später der Parlamentarische Geschäftsführer der SPD-Fraktion, Thomas Oppermann, Becks Zwischenruf ein. Seither galt wieder die Sprachregelung, nach der die SPD zunächst auf eine Senkung der Sozialversicherungsbeiträge setzte. Als Beck in den folgenden Tagen auf seine Pläne angesprochen wurde, machte er deutlich, dass er an Steuersenkungen gar nicht dachte. In dieser Legislaturperiode ohnehin nicht. Dann komme die Haushaltskonsolidierung, dann seien Zukunftsinvestitionen gefragt. Gebe es dann noch Spielraum, müssten die Sozialbeiträge sinken. Gebe es dann noch Spielraum ... ja, dann könne man »Entlastung schaffen«. Der brandenburgische Finanzminister Rainer Speer (SPD), ein Freund Platzecks, kommentierte das Theater um Becks Steuerkonzept so, wie etliche in seiner Partei darüber dachten: »Der Beck hat manchmal einen Aussetzer, und da hatte er wieder einen.«[46]

Becks Missmanagement verstärkte die Vermutung, Steinmeier werde im Herbst 2009 als Kanzlerkandidat der SPD ins Rennen gehen. Immer wieder wurde über einen angeblichen »Putsch« berichtet. Um entsprechenden Meldungen entgegenzutreten, verfassten Beck und Steinmeier einen gemeinsamen Aufsatz zur Arbeitsmarktpolitik. Dieser stammte vor allem aus der Feder von Mitarbeitern Steinmeiers. Beck und Steinmeier ließen sich im Garten des Café Einstein in der Berliner Kurfürstenstraße fotografieren, das sollte Einigkeit demonstrieren. Als Anfang Mai 2008 berichtet wurde, die Kanzlerkandidatenfrage sei zugunsten Steinmeiers entschieden, reagierten Beck und Steinmeier mit einer Pressemitteilung der eher ungewöhnlichen Art. Sie umfasste zwei Sätze und lautete: »Es ist richtig, dass wir beide freundschaftlich zusammenarbeiten. Alles andere ist falsch.«[47]

Steinmeiers Dilemma bestand darin, als doppelter »Vize« doppelt loyal sein zu müssen. Als Vizekanzler und Außenminister war er in die Kabinettsdisziplin eingebunden. Seine Angriffe gegen die Menschenrechtspolitik der Kanzlerin (»Schaufensterpolitik«) hatten Verärgerung beim Koalitionspartner ausgelöst, zudem zeigten sich einige Sozialdemokraten darüber irritiert. Als stellvertretender SPD-Vorsitzender übte sich Steinmeier in Loyalität zu Beck, auch wenn er sich über dessen Dilettantismus intern ausließ. Hinzu kam, dass es Steinmeiers Naturell nicht entsprach, in die Offensive zu gehen. Anders als sein Mentor Schröder hatte Steinmeier niemals am Zaun des Kanzleramtes gerüttelt. Anders als Schröder lag hinter ihm eine lange Karriere als Spitzenbeamter – in der deutschen Politik der jüngeren Zeit allenfalls vergleichbar mit dem einstigen FDP-Vorsitzenden Klaus Kinkel oder Bundespräsident Horst Köhler. Kinkel fühlte sich jedoch als Parteipolitiker niemals wohl. Köhler, obgleich CDU-Mitglied, besuchte in seinem Leben nur wenige Parteitage.

Genese Gesine

Köhler war seit Juli 2004 Bundespräsident, sein Interesse an einer zweiten Amtszeit wurde allgemein angenommen. Für das Frühjahr 2008 hatte er angekündigt, sich zu einer möglichen Kandidatur im folgenden Jahr erklären zu wollen. Wie aber sollte sich die SPD in dieser Frage verhalten? Die Begeisterung für Köhler hielt sich in der SPD – wie auch in der Union – in Grenzen. Vielen Sozialdemokraten war Köhler als Kandidat von »Schwarz-Gelb« in Erinnerung geblieben, seine thematische Verengung auf das Reformthema hatte sie verärgert. Obgleich Köhler in den folgenden Jahren öffentlich zuweilen Vertreter der Union rügte, erhöhte dies seine Reputation in der SPD kaum. Gleichwohl plädierten führende Sozialdemokraten intern dafür, Köhler bei der Bundesversammlung im Mai 2009 zu unterstützen. Man vereinbarte jedoch die Sprachregelung, »aus Respekt vor dem Amt« habe sich zunächst der Bundespräsident selbst zu äußern.

Beck werde sich für eine zweite Amtszeit Köhlers einsetzen, hieß es in der SPD. »Ich schätze die Arbeit des Bundespräsidenten sehr«, ließ sich der SPD-Vorsitzende öffentlich vernehmen.[48] Ähnlich äußerte sich der Außenminister. Gefragt, ob Köhler ein guter Bundespräsident sei, sagte Steinmeier: »Wenn mehr als 80 Prozent der Menschen diese Frage mit ›Ja‹ beantworten, spricht das für sich.«[49] Der Fraktionsvorsitzende Struck verstärkte diesen Chor: »Ich habe an der Arbeit von Horst Köhler nichts auszusetzen. Er hat hohes Ansehen in der Bevölkerung. Was mir besonders imponiert: Er engagiert sich stark für Afrika.«[50] Die Überlegung, das Staatsoberhaupt fünf weitere Jahre im Schloss Bellevue wirken zu lassen, beruhte dabei kaum auf Köhlers Persönlichkeit oder seiner Arbeit. SPD und Grüne besaßen in der Bundesversammlung keine strukturelle Mehrheit. Eine solche schien nach der bayerischen Landtagswahl, wenn überhaupt, nur mit den Wahlleuten der Partei Die Linke möglich. Aber sollte man ein derartiges Signal wenige Monate vor der Bundestagswahl aussenden? Die Parteispitze wollte das nicht. »Köhler loben«, »Köhler ist unser Mann«, hieß es nun immer wieder in der SPD, wenn auch ohne jede Begeisterung. Beck, Steinbrück, Steinmeier und Struck verständigten sich auf eine Unterstützung Köhlers. Die stellvertretende SPD-Vorsitzende Nahles banden sie dabei nicht ein.

Wie aber kam es zur Nominierung der Präsidentschaftskandidatin Gesine Schwan? Wie verlief die »Genese Gesine«? Es war Struck, der die gemeinsame Linie zugunsten Köhlers im März 2008 deutlich zu erkennen gab. »Ich werde ganz sicher nicht die Stimmen der SPD, der Grünen, der Linken, der Republikaner, der DVU und der NPD in der Bundesversammlung zusammenrechnen, um auf eine Mehrheit zu kommen«, sagte der Fraktionsvorsitzende – und provozierte damit Widerspruch in den eigenen Reihen.[51] So rief der SPD-Bundestagsabgeordnete Sebastian Edathy am 31. März 2008 die einstige Präsidentschaftskandidatin Gesine Schwan an. Edathy plante, bei Fraktionskollegen für Schwan als Kandidatin für das höchste Staatsamt zu werben. Dafür aber wollte er sich ihrer grundsätzlichen Bereitschaft sicher sein. Diese sagte Frau Schwan zu. Sie hatte in dieser Sache bereits Anrufe von Nahles und dem früheren SPD-Vorsitzenden Hans-Jochen Vogel erhalten.

Edathy sprach mit Nahles und dem Abgeordneten Niels Annen. Sodann thematisierte Edathy die »P-Frage« im Fraktionsvorstand der SPD. Hier ließ Struck abermals erkennen, er bevorzuge eine Unterstützung Köhlers. Am Tag darauf befassten sich die Abgeordneten des reformorientierten Netzwerks mit der Frage. Hier herrschte allein Konsens darüber, Köhler nicht zu wählen. Auf den Ruf nach einem eigenen Kandidaten konnte sich diese Gruppe von Abgeordneten nicht verständigen. Die Spitze des Netzwerks aber bat um Gespräche mit Struck und Beck über diese Frage. Der Termin mit Struck wurde für die letzte Maiwoche anberaumt, der mit Beck erst für Juni. Dies verstärkte den Eindruck, an der Unterstützung Köhlers durch die SPD-Spitze sei nicht mehr zu rütteln. Nahles gab diese Einschätzung bedauernd wieder. Sie versuchte das Thema Bundespräsidentenwahl bei Beck zwei- oder dreimal anzusprechen. Ohne jeden Erfolg, Beck mochte mit ihr nicht darüber reden.

Parallel zu Edathy machte sich dessen Fraktionskollege Hans-Peter Bartels für Schwan stark. Auch er gehörte dem Netzwerk in der SPD an; führende Vertreter der SPD-Linken oder aber des Seeheimer Kreises hielten sich in dieser Frage auffällig zurück. Bartels suchte nach Unterstützern für einen Kandidaten der SPD – und fand sie in den Abgeordneten Ursula Mogg, Michael Roth und Jörn Thießen. Sie warben am zweiten Maiwochenende für »einen eigenständigen Kandidaten« (Bartels). Mogg meinte: »Der Name Gesine Schwan drängt sich zwingend auf. Alle halten sie für eine tolle Frau. Sie ist die Erste, die man fragen sollte.«[52] Genau dies aber hatte Beck nicht getan. Die Frage, ob Beck mit Schwan gesprochen habe, ließ SPD-Generalsekretär Hubertus Heil in dieser Phase unbeantwortet. Die Abgeordneten um Bartels argumentierten, nur ein eigener Kandidat werde die Wahlleute der SPD geschlossen abstimmen lassen. Dies sei bei Schwan gewährleistet. Spreche sich die Parteispitze hingegen für Köhler aus, sei damit zu rechnen, dass ein großer Teil der sozialdemokratischen Wahlleute nicht für Köhler stimmen werde. Das Argument, eine mögliche gemeinsame Wahl mit den Linken bringe die SPD in Bedrängnis, relativierten sie. Eine Debatte über »Rot-Rot« müsse die SPD so oder so ertragen. Zudem gebe es in der Bundesversammlung keine Koalitionen.

»Widerstand gegen Köhler-Wahl« war am 10. Mai eine »Spiegel«-Meldung überschrieben, in der auf Edathy, Annen und Fraktionsvize Elke Ferner verwiesen wurde. »Köhlers Wiederwahl ist kein Selbstläufer« lautete der Titel eines Gastkommentars von Edathy in der »Bild am Sonntag«. Darin schrieb er: »Gesine Schwan ... wäre eine hervorragende Bundespräsidentin!«[53] Am Pfingstwochenende plädierten weitere SPD-Politiker für einen eigenen Kandidaten. So äußerte sich etwa der schleswig-holsteinische SPD-Chef Ralf Stegner. Ebenso verwiesen die Bundestagsabgeordneten Peter Friedrich, Kerstin Griese und Markus Meckel auf Schwan. Erst am 13. Mai plädierte Nahles für eine Nominierung Schwans. Sie hatte lange mit sich gerungen, dann jedoch entschieden zu intervenieren. So rief sie einen Agenturjournalisten an und verkündete: »Es stünde der SPD gut an, wenn sie die Partei wäre, die die erste Frau ins höchste Amt bringt, das der Staat zu vergeben hat.«[54] Mehrere weitere solcher Stimmen wurden laut.

Nun sah sich die SPD-Spitze zum Handeln gezwungen. Am 17. Mai beriet die Führung mit Erhard Eppler, Schwan und Vogel in Potsdam. Schwan signalisierte ihr Interesse, ein zweites Mal ins Rennen um das höchste Staatsamt zu gehen. Kurz darauf und früher als erwartet, kündigte Köhler am 22. Mai seine Kandidatur an. Vier Tage später nominierte der SPD-Vorstand Gesine Schwan einstimmig zur Präsidentschaftskandidatin. Sie sehe für ihre Wahl eine »realistische Chance«, sagte Schwan und versprach: »Ich tue es mit Lust.« In den folgenden Monaten rekurrierte Schwan zuweilen auf das Pfingstwochenende, an dem die Stimmen für ihre Kandidatur laut geworden waren. So sagte sie: »Ich bin Katholikin, und Pfingsten ist das schönste Fest.« Schwan nannte es »ein gewisses Wagnis«, wenn sie sich abermals um das höchste Staatsamt bewerbe. Sogleich aber stellte sie fest: »Ich wäre nicht angetreten, wenn es aussichtslos gewesen wäre.« Demokratie brauche Mut, ergänzte sie. Unmittelbar nach ihrer Nominierung ließ sie Projekte einer möglichen Präsidentschaft erkennen. Diese lauteten: der Demokratieverdrossenheit begegnen, politische Entscheidungsprozesse erklären, auf das Gemeinwohl setzen und zu politischem Engagement ermuntern.

Mit einer eloquenten Rhetorik und ihrer erfrischenden Art stellte Schwan ein Gegenbild zu dem – während der Pressekonferenz neben ihr stehenden – SPD-Vorsitzenden Kurt Beck dar. Der hatte zuvor die Aufgabe, die Nominierung Schwans in Präsidium und Vorstand herbeizuführen, hernach zu verkünden und zu loben. All das musste Beck gegen seine ursprüngliche Absicht tun, hatte er doch über das Pfingstfest hinaus auf eine Unterstützung einer zweiten Amtszeit Köhlers gesetzt. Nun schwärmte Beck von »Diskussionen«, die Schwan anstoßen könne, und ihren »vielen intellektuellen Impulsen«.

Schwan ließ die Frage nach politischen Differenzen mit Köhler stets unbeantwortet. Ihre dezidiert andere Haltung in zwei Fragen aber äußerte sie sehr wohl. So kündigte Schwan an, in »Einzelpolitiken« werde sie nicht eingreifen. Dies wiederum hatte Bundespräsident Köhler in den vergangenen Jahren immer wieder getan. Ihr gehe es vielmehr darum, »große Linien« zu zeichnen, Ziele und Mittel zu benennen. Daneben warnte Schwan vor »antidemokratischen Affekten«. Es gelte, der Politik- und Demokratieverdrossenheit zu begegnen. Der Bundespräsident, sagte Schwan, könne helfen, den politischen Prozess nachvollziehbar und Politik transparent zu machen. Nur so verhindere man, dass Menschen sich von der Politik als »unangenehmem Kuhhandel« abwendeten. Damit zeigte sie eine dezidiert andere Haltung als Köhler, der zuweilen »die Politik« kritisiert. Mit Biss und ein wenig Spott parierte Schwan die Fragen zur Linkspartei und der Tatsache, dass sie gegen eine Koalition mit dieser Partei sei, wohl aber auf die Stimmen ihrer Wahlleute setzte. Sie sei sehr dankbar, dass sie »die unterschiedlichen Funktionen von Bundeskanzler und Bundespräsident noch einmal erläutern dürfe«, äußerte Schwan ein wenig professoral: »Der Bundespräsident muss null Koalitionen bilden. Sie kann, er kann tun, was er in dem Amt verfassungsgemäß für richtig hält.«

Die Nominierung Schwans löste in den Reihen der Union massive Kritik aus. CDU-Generalsekretär Ronald Pofalla warf der SPD einen »Wortbruch« vor, CSU-Landesgruppenchef Peter Ramsauer sprach von einem »Affront« der Sozialdemokratie. Kanzlerin Merkel beförderte Nahles zur »Erfinderin« Schwans und zur wichtigsten Strippenzieherin in der SPD. Manchmal wisse sie gar nicht, bemerkte Merkel vor der Unionsfraktion, wen sie aus der SPD-Spitze »morgens anrufen soll«. Spitz und wohl auch ein wenig ironisch fragte sie: »Am besten gleich Frau Nahles?«

Seither – und wieder einmal – galt Nahles für einige Beobachter als »heimliche Chefin der SPD«[55] (»Bild«-Zeitung), wenn nicht gar als einflussreichste Frau im ganzen Land. Die »Münte-Meuchlerin« bewege den SPD-Vorsitzenden Beck wie eine Marionette, hieß es dann. Der Verein der Verschwörungstheoretiker beschrieb Nahles wie eine dunkle, gefährliche Macht.

Dalai Lama und Rote Heidi

Die SPD wählte indes die Außen- und Menschenrechtspolitik zum innerparteilichen Diskursthema. Der Dalai Lama hatte sich zu einem erneuten Besuch in Deutschland angekündigt. Wenige Monate zuvor war er von Merkel im Kanzleramt empfangen worden – eine Entscheidung, die Steinmeier als »Schaufensterpolitik« disqualifiziert hatte. Nun schien es, als könne der Dalai Lama keinen Vertreter der Bundesregierung treffen. Der Außenminister sagte ein Treffen aus terminlichen Gründen ab und erläuterte in einem Papier für die SPD-Spitze seine Entscheidung. Konkrete Erfolge bei der Annäherung zwischen China und dem Dalai Lama müssten behutsam aufgebaut werden und dürften nicht »durch unbedachte Aktionen« gefährdet werden, schrieb Steinmeier.[56] Seine Kabinettskollegin Wieczorek-Zeul aber widersprach. Sie entschied sich, dem religiösen Oberhaupt der Tibeter einen Termin für ein

Gespräch außerhalb ihres Ministeriums anzubieten. »Es ist die Aufgabe des Entwicklungsministeriums, den Dialog zwischen den Kulturen zu fördern und weltweit die Zivilgesellschaft zu stärken«, argumentierte Wieczorek-Zeul.[57] Die dienstälteste sozialdemokratische Ministerin hatte in den vergangenen Jahren selten mit ihrer Meinung hinter dem Berg gehalten. Deutlicher als andere Vertreter der rot-grünen Koalition hatte die »rote Heidi« den Irakkrieg kritisiert. Von einem »schändlichen Krieg« hatte sie so im Frühjahr 2003 gesprochen und vor allem auf die Not leidende Zivilbevölkerung verwiesen.[58] Recht prononciert kritisierte sie ferner im Jahre 2006 die israelische Regierung und verlangte, die Vereinten Nationen sollten den israelischen Einsatz von Streubomben im Libanon untersuchen. Ihr Ziel sei es, positive Veränderungsprozesse in China zu unterstützen, argumentierte sie nun. Beck hingegen hatte bereits im März eine distanzierte Haltung zum Dalai Lama erkennen lassen. Diesen rief er damals dazu auf, in Tibet auf Gewaltlosigkeit hinzuwirken. Die SPD offenbarte eine relativistische Haltung, wie sie weite Teile der Partei in den achtziger Jahren gegenüber den kommunistischen Diktaturen in Europa eingenommen hatten. Ohne Not und Gespür verzichtete man darauf, Menschenrechte zu thematisieren. Ein wenig Schröder schwang da noch immer mit.

Beck wurde über das Treffen Wieczorek-Zeuls mit dem Dalai Lama nach eigenen Angaben vorab nicht informiert. Am Tag vor dem Gespräch zeigte sich Beck hoch verärgert. Er sah durch dieses Gespräch seine Partei erneut in die Defensive gedrängt. Am Rande des schleswig-holsteinischen Kommunalwahlkampfs beklagte sich Beck heftig über seine Parteifreundin Wieczorek-Zeul. Während eines Bummels durch die Lübecker Innenstadt berichtete Beck dem SPD-Landesvorsitzenden Stegner und dessen Ehefrau: »Keiner von uns hat gewusst, dass Heidemarie Wieczorek-Zeul den Dalai Lama treffen wollte.« Das habe auch für ihn selbst gegolten. Als er von dem Gesprächstermin der Ministerin mit dem Dalai Lama erfahren habe, sagte Beck, »war der Scheiß ja nicht mehr rückgängig zu machen«. Die Ministerin schadete aus Becks Sicht den Sozialdemokraten, da sie sich in offenen Widerspruch zu Außenminister Steinmeier begebe. »Dann liegt der Ball wieder in unserem Feld«, echauffierte sich Beck. Zu Stegner gewandt, sagte Beck ironisch: »Manchmal kennt meine Begeisterung keine Grenzen.« Abermals führte die SPD bei einem wichtigen politischen

Thema ihre Zerrissenheit vor. Für Beck war dies besonders bitter, weil er sich in der Frage des Umgangs mit dem Dalai Lama einig zeigte mit Steinmeier.

Vor dem immer wieder großspurig angekündigten »Zukunftskonvent« in Nürnberg wurde Beck Opfer von Indiskretionen aus dem Willy-Brandt-Haus. Heil hatte vorgeschlagen, nach Becks Rede in Nürnberg solle Steinmeier das Wort ergreifen. Das aber lehnten Becks Leute ab – und der Dissens drang nach außen. Eine außerordentliche Versammlung der Mitarbeiter im Willy-Brandt-Haus wurde nötig. Hier sprach unter anderem Becks überforderter Büroleiter Wolfgang Wiemer, der parteiintern allerlei Kritik auf sich zog.

Beck redete auf dem Kongress zwar nicht ganz so schlecht wie beim Hamburger Parteitag ein Dreivierteljahr zuvor. Die SPD aber gab sich längst bescheiden: Schon das galt als Erfolg. Beck hatte sich abermals gegen einen Blick nach vorn entschieden und lieferte seine allzu bekannte Retro-Rhetorik. Prioritätenlos leierte er ein sonderbares Sammelsurium herunter. Der SPD-Vorsitzende widmete sich »einem klaren Ja zur bäuerlichen Landwirtschaft« und »neuen Chancen für Industriebrachen«. Beck mokierte sich, schon »103-mal« habe die SPD einen Beschluss gegen eine Kooperation mit der Partei Die Linke getroffen. Um sogleich anzukündigen, man könne dies aber problemlos ein weiteres Mal tun. Zuvor hatte Müntefering – verbal etwas umständlich – einen neuerlichen Beschluss einer Absage zu Rot-Rot verlangt. »Wenn die SPD per Beschluss eine Zusammenarbeit jedweder Art mit der Linken für die 2009er Wahl definitiv ausschließt, wird das noch einmal unterstrichen«, hatte Müntefering in der »Süddeutschen Zeitung« geschrieben.[59]

Auf dem Podium im Nürnberger Kongresszentrum mussten veritable Minister und andere sozialdemokratische Spitzenpolitiker die fast eineinhalbstündige Rede Becks stehend ertragen. Wenigstens physisch standen sie so eine Weile hinter ihrem Vorsitzenden. Becks Nürnberger Auftritt »als Genesener«, fasste Kurt Kister in der »Süddeutschen Zeitung« zusammen, »war die Fortsetzung seines politischen Siechtums«.[60] Da half es wenig, dass Generalsekretär Heil die Delegierten dazu aufrief, ihm den Schlachtruf des amerikanischen Präsidentschaftskandidaten Barack Obama nachzusprechen: »Yes, we can.« Dies mündete in einem ziemlich leisen, dafür aber umso peinlicheren Chor.

Ohne jede Not präsentierte Heil wenig später seine Überlegungen zum Bundestagswahlkampf. Er kündigte die Benennung eines »strategischen Koordinators« an. Mit Spott und Ironie wurden dafür allerlei Kandidaten – mehr oder weniger ernsthaft – ins Spiel gebracht. In der Partei hieß es, Heil habe den von ihm herbeigeführten Präsidiumsbeschluss zur Bildung einer »Kampa 09« falsch und zu seinen Gunsten ausgelegt. Es gehe weniger um die Berufung eines »Kommunikators« als um einen strategischen Kopf, den die Parteispitze engagieren wolle. Ein solcher solle Heil an die Seite gestellt werden, um entsprechende Defizite von Heil und Bundesgeschäftsführer Martin Gorholt zu kompensieren. Von Gorholt hieß es längst aus allen Parteiflügeln, er sei in seinem Amt überfordert.

In der SPD also ging es nach Nürnberg zu wie vor Nürnberg. Die Partei besaß einen schwachen, konzeptlosen Vorsitzenden. Ihr fehlte ein strategisches Zentrum. Ihr mangelte es an Selbstvertrauen. Der Vorteil Becks bestand in der Schwäche anderer und der desolaten Lage der von ihm eher weniger als mehr geführten Partei. Niemand wollte unter diesen Umständen Vorsitzender werden. Es gab keine starken Ministerpräsidenten, die stärksten Bundesminister wurden regelmäßig vorgeführt. Selten existierten in der – zumal jüngeren – Geschichte der SPD so schwache Konkurrenten für den Parteivorsitzenden. Warum sollten sie in dieser Lage einen Putsch riskieren? Die SPD war desorientiert und verängstigt, sie schämte sich ihrer selbst. Beck hatte genau das Gegenteil von dem erreicht, was Schröder gelungen war: Schröder hatte der SPD den Minderwertigkeitskomplex genommen, er hatte ihr Stolz und Selbstgewissheit verschafft. Wer aber fühlte sich unter Beck noch wohl? Für die Reformer galt das am wenigsten. Die Traditionalisten liefen in die weit ausgestreckten Arme Oskar Lafontaines. Der linke Flügel der SPD, von dem Beck längst abhängig war, schwieg genießend. Deren Vertreter waren an politischen Mehrheiten ohnehin nicht interessiert, ihnen ging es allein um den innerparteilichen Einfluss oder die gute Beziehung zu den Gewerkschaften, die ja nur einen geringen Teil der Arbeitnehmerschaft repräsentieren. All jene aber meinten zu wissen: Die Zeit arbeitet für uns.

Eine baldige Ausrufung des Kanzlerkandidaten schien in dieser verfahrenen Lage der ältesten Partei Deutschlands kaum möglich. Die SPD müsse sich konsolidieren, sodass Kurt Beck aus einer Position der Souveränität heraus seinen Vorschlag machen könne, lautete die Sprachregelung. Alles andere mache es dem vermutlichen Kandidaten Steinmeier schwer. Noch aber befand sich die SPD eher auf dem Weg in den Abgrund denn in eine Position der Souveränität. Von einer Stabilisierung war nichts zu spüren. Die Sozialdemokratie vermochte nicht Tritt zu fassen. Gabriel warnte seine Partei vor weiteren Eigentoren und schoss selbst sogleich auf das eigene Tor, indem er – erstaunlich für einen Umweltminister – für die Pendlerpauschale warb und Sozialtarife bei den Strompreisen verlangte. Nahles nannte die SPD »nicht versetzungsfähig«. Mehrere junge linke SPD-Politiker einer sogenannten »Denkfabrik« trafen sich mit Vertretern der Partei Die Linke. Zu ihnen zählten Niels Annen und Angela Marquardt, eine Mitarbeiterin Andrea Nahles', welche von alldem nichts gewusst haben wollte. In der Partei herrschte Unruhe. Die nordrhein-westfälische Vorsitzende Kraft sagte, die Frage nach der Kanzlerkandidatur blockiere die Partei. Sie bekomme ihre Themen nicht mehr transportiert, beklagte sie in einer Telefonkonferenz der Parteispitze. Struck sah sich genötigt festzustellen: »Kurt Beck ist und bleibt Parteivorsitzender.« Abermals machten Putschgerüchte die Runde. Beck wiederum verwies darauf, die jüngsten Beschlüsse der SPD-Spitze seien fast alle einstimmig gefasst worden (nicht einstimmige Beschlüsse beschreiben Politiker stets mit dem Wort einmütig). »So viel Geschlossenheit jedenfalls war selten – und das ist das Problem«, kommentierte Nico Fried in der »Süddeutschen Zeitung« und stellte fest: »Kurt Beck weiß, dass manche Hand nur hochging, damit nicht der Verdacht entsteht, sie säge an seinem Stuhl.«[61]

Anmerkungen

1 Koch, zitiert nach: Bild-Zeitung, 28. Dezember 2007.
2 Koch, zitiert nach: Bild-Zeitung, 3. Januar 2008.
3 Koch sagte, zitiert nach der Bild am Sonntag vom 13. Januar 2008: »Wir müssen zur Kenntnis nehmen, dass es eine sehr aggressive Kriminalität einer sehr kleinen Gruppe von Menschen unter 14 Jahren gibt. … In Ausnahmefällen könnten Elemente des Jugendstrafrechts für diese Zielgruppe eingesetzt werden.«
4 Struck, zitiert nach: Der Spiegel, 28. Januar 2008.
5 Clement, Wolfgang: Für Ypsilantis Pläne müsste Hessen zahlen. Welt am Sonntag, 20. Januar 2008.
6 Die CDU kam bei der Landtagswahl in Hessen am 27. Januar 2008 auf 36,8

Prozent (2003: 48,8 Prozent), die SPD auf 36,7 Prozent (29,1 Prozent). Auf die FDP entfielen 9,4 (7,9) Prozent, auf die Grünen 7,5 (10,1) Prozent. Die Partei Die Linke kam aus dem Stand heraus auf 5,1 Prozent.

7 Bei der niedersächsischen Landtagswahl am 27. Januar 2008 kam dic CDU auf nur noch 42,5 Prozent, bei der Wahl 2003 waren es noch 48,3 Prozent gewesen. Die SPD erzielte 30,2 (33,4) Prozent. Die FDP bliebt mit 8,2 (8,1) Prozent praktisch gleich stark – ebenso die Grünen, die 8,0 (7,6) Prozent holten. Mühelos gelang der Partei Die Linke mit 7,1 Prozent der Einzug in den Landtag.

8 Beck, zitiert nach: Der Spiegel, 2. Februar 2008.

9 Beck, zitiert nach: Hamburger Morgenpost, 1. Februar 2008.

10 Nahles, zitiert nach: Stuttgarter Nachrichten, 28. Januar 2008. Noch zwei Wochen später sagte Nahles, zitiert nach dem Rheinischen Merkur, 14. Februar 2008: »In Westdeutschland und auf Bundesebene bleibt es dabei: Die SPD wird keine Koalition mit der Linkspartei bilden.«

11 Steinbrück, zitiert nach: Der Spiegel, 2. Februar 2008.

12 Die CDU stellte in Hessen bislang nur 13 Jahre lang den Ministerpräsidenten – und zwar von 1987 bis 1991 (mit Walter Wallmann) und seit 1999 mit Roland Koch.

13 Drohsel, zitiert nach: Leipziger Volkszeitung, 28. Januar 2008.

14 Wowereit, zitiert nach: Berliner Zeitung, 9. Februar 2008.

15 Böhning, zitiert nach: Süddeutsche Zeitung, 5. Februar 2008.

16 Dreßler, Rudolf: Die SPD muss sich erklären. Neues Deutschland, 9. Februar 2008.

17 Slangen, Christoph: SPD will Minderheitsregierung in Hessen. Hannoversche Neue Presse, 20. Februar 2008; ebenso sla.[ngen, Christoph]/joh.: Ypsilanti soll sich von Linken wählen lassen. Wiesbadener Kurier, 20. Februar 2008.

18 Tretbar, Christian: Hessens SPD geht auf Linke zu. Der Tagesspiegel, 21. Februar 2008.

19 Van Ooyen, zitiert nach: Ebd.

20 Ypsilanti, zitiert nach: Bild-Zeitung, 17. Januar 2008.

21 Ypsilanti, zitiert nach: Frankfurter Allgemeine Zeitung, 14. Januar 2008.

22 Heil, zitiert nach: Der Spiegel, 25. Februar 2008.

23 Frankfurter Allgemeine Zeitung, 22. Februar 2008.

24 Müntefering, zitiert nach: Der Spiegel, 17. März 2008.

25 Beck, zitiert nach: Der Spiegel, 21. April 2008.

26 Bei der Bürgerschaftswahl in Hamburg am 24. Februar 2008 erzielte die CDU 42,6 (2004: 47,2) Prozent, die SPD kam auf 34,1 (30,2) Prozent. Die Grün-Alternative Liste erhielt 9,6 (12,3) Prozent der Stimmen. Die Linke zog mit 6,4 Prozent in die Bürgerschaft ein. Der FDP misslang dies abermals, sie holte nur 4,8 (2,8) Prozent.

27 Eichinger, R.; Hellemann, A. und M.S. Lambeck: SPD plant Putsch gegen Beck. Bild am Sonntag, 2. März 2008.

28 Bild-Zeitung, 1. und 8. März 2008.

29 Der Spiegel, 3. März 2008.

30 Beck, zitiert nach: Süddeutsche Zeitung, 14. März 2008.

31 Wowereit, zitiert nach: Frankfurter Rundschau, 7. März 2008.

32 Thierse, zitiert nach: Berliner Zeitung, 8. März 2008.

33 Nahles, zitiert nach: Der Tagesspiegel, 27. April 2008.
34 René Röspel im Gespräch mit dem Verfasser am 13. Februar 2008 in Berlin.
35 Einst hatte die Regierung geplant, die Rentenversicherungsbeiträge im Jahre 2011 auf 19,3 Prozent und 2012 auf 19,1 Prozent zu senken. Nun sollen sie erst 2012 auf 19,5 und 2013 auf 19,1 Prozent reduziert werden.
36 Steinbrück, zitiert nach: Die Zeit, 24. April 2008.
37 Scholz, zitiert nach: Bild-Zeitung, 22. Januar 2008.
38 Beck, zitiert nach: Süddeutsche Zeitung, 19. März 2008.
39 Steinmeier, zitiert nach: Bild-Zeitung, 22. März 2008.
40 Beck, Kurt: Die SPD und »Die Linke«. Vorwärts, April 2008.
41 Ypsilanti, zitiert nach: Frankfurter Rundschau, 31. März 2008.
42 Rainer Brüderle im Gespräch mit dem Verfasser am 13. März 2008 in Berlin.
43 Beck, zitiert nach: Der Spiegel, 21. April 2008.
44 Schwennicke, Christoph: Aus der guten Welt. Der Spiegel, 25. Februar 2008.
45 Beck, zitiert nach: Bild am Sonntag, 4. Mai 2008.
46 Speer, zitiert nach: Märkische Allgemeine Zeitung, 14. Mai 2008.
47 Pressemitteilung der SPD 274/08 vom 7. Mai 2008.
48 Beck, zitiert nach: Rheinische Post, 5. April 2008.
49 Steinmeier, zitiert nach: Westdeutsche Allgemeine Zeitung, 21. April 2008.
50 Struck, zitiert nach: Frankfurter Allgemeine Sonntagszeitung, 16. März 2008.
51 Ebd.
52 Bartels und Mogg, zitiert nach: Die Welt, 9. Mai 2008.
53 Edathy, Sebastian: Köhlers Wiederwahl ist kein Selbstläufer. Bild am Sonntag, 11. Mai 2008.
54 Nahles, zitiert nach: Nachrichtenagentur Reuters, 13. Mai 2008.
55 Kleine, Rolf: Andrea Nahles: Die heimliche Chefin der SPD. Bild-Zeitung, 24. Mai 2008.
56 Steinmeier, zitiert nach: Der Spiegel, 19. Mai 2008.
57 Wieczorek-Zeul, zitiert nach: Der Spiegel, 19. Mai 2008.
58 Wieczorek-Zeul, zitiert nach: Die Welt, 25. März 2008.
59 Müntefering, Franz: Ein ansehnliches Stück deutscher Demokratie. Süddeutsche Zeitung, 27. Mai 2008.
60 Kister, Kurt: Gesundheitlich genesen, politisch siech. Süddeutsche Zeitung, 11. März 2008.
61 Fried, Nico: Mehrheiten und Maulhelden. Süddeutsche Zeitung, 23. Juni 2008.

Comeback der Agenda-Boys
15. September 2008

Auch Alt-Kanzler Gerhard Schröder soll beim SPD-Wahlkampf verstärkt mitmischen.

X. Mit Mut und Machtwillen

Der Kandidat-Kandidat

Obgleich die Frage der Kanzlerkandidatur offiziell noch nicht entschieden worden ist, gibt es immer mehr Anzeichen dafür, dass Steinmeier diese Aufgabe übernehmen wird. Zu Beginn des Parteitages der niedersächsischen SPD im Juni 2008 spricht der stellvertretende Landesvorsitzende Hauke Jagau bereits von einem »Bundeskanzler Frank-Walter Steinmeier«. Heil und Gabriel gucken währenddessen bemüht angestrengt vom Podium in die Delegiertenreihen. Niedersachsens SPD-Chef Garrelt Duin würdigt Steinmeier, indem er ihn als einen »dieser großen Köpfe« in eine Reihe mit den sozialdemokratischen Bundeskanzlern Willy Brandt, Helmut Schmidt und Gerhard Schröder stellt. Heil lässt »unseren Frank Steinmeier«, »unseren Freund und Genossen Frank-Walter Steinmeier« hochleben und nennt ihn gleichfalls in einem Atemzug mit Brandt, Schmidt und Schröder. Die Delegierten erleben einen Kanzlerkandidatenauftritt. Begrüßung, Empfang und Rede Steinmeiers – all das hat wenig zu tun mit dem Außenminister, wohl aber mit demjenigen, der als Herausforderer von Kanzlerin Angela Merkel antreten dürfte. Ausgerechnet in Hannover, der Heimatstadt ihres Vorgängers, wird Steinmeier regelrecht gefeiert. Steinmeier spricht der SPD – ohne Jackett und mit röhrender Stimme – vor allem Mut zu: »Ich will neue Mitglieder gewinnen, ich will Wahlen gewinnen.« Steinmeier ruft in den Saal, nun gelte es zusammenzurücken. Eindringlich warnt er vor weiteren internen Kämpfen: »Machen wir endlich Schluss mit dem Flügelschlagen.« Nur einmal nennt er beiläufig Becks Namen – unter Hinweis auf ihren gemeinsamen Aufsatz zur Arbeitsmarktpolitik.

Wie Steinmcier so redete, wie er die Union attackierte und wie er gegen die Linken polemisierte – so erinnerte er an seinen Mentor Schröder. Das mag an ihrer gemeinsamen Heimat im Lipperland liegen. Aber es färbt wohl ebenso ab, wenn man 15 Jahre an der Seite eines Charismatikers, eines Erfolgsmenschen arbeitet. Früher hatte mancher in der SPD den Tonfall oder den Gang Willy Brandts imitiert. Die Erwartungen an Steinmeier jedenfalls waren riesengroß. Steinmeier hatte das letzte Wort seiner Rede noch nicht vollendet, da sprangen die Delegierten von ihren Stühlen auf. Fünf Minuten lang applaudierten sie ihm – und SPD-Landeschef Duin machte Steinmeier gewissermaßen inoffiziell zum Kanzlerkandidaten, indem er in den Saal rief: »So wünschen wir uns das! Eine klare Ansprache, klare Inhalte, klare Worte. Mir ist nicht bange um die deutsche Sozialdemokratie nach dieser Rede von Frank-Walter Steinmeier.« Während des Parteitages berichtete der »Spiegel«, in der SPD werde für den Herbst ein Putsch gegen Beck geplant. »Alles Quatsch«, kommentierte Heil die Meldungen. »Da ist nichts dran«, sagte Fraktionsgeschäftsführer Oppermann.

Am selben Tag trat Beck vor der Berliner SPD auf und hielt eine gute Rede, wie ihm sogar Skeptiker bescheinigten. Beck stellte sich hier seinen vielen internen Kritikern entgegen. Er werde »nicht hinter den Baum gehen, weil es da bequemer ist«, rief er aus. »Ich werde stehen, auch wenn das nicht immer vergnügungssteuerpflichtig ist.« Anonyme Kritik an der SPD-Führung interessiere ihn nicht, versicherte Beck. Sie sei unsolidarisch und feige. Becks Nerven aber lagen blank. Nur mit Mühe konnte er sich beherrschen, zuweilen wurde er ausfällig.

Beck fühlte sich missverstanden, hintergangen und verletzt. Die Berliner Journalisten waren ihm ein Dorn im Auge. Von ihnen fühlte er sich geradezu verfolgt, ihnen warf er eine »Verzerrung der Wirklichkeit« vor. Beck entblödete sich nicht, von einem »Vernichtungsfeldzug« gegen sich zu sprechen.[1] Wolfgang Thierse sprach in diesem Kontext von einem »Rudeljournalismus«.[2] Als Beck mit rund dreißig Journalisten im Juni 2008 eine Sommerreise durch die Westpfalz unternahm, ließ er seinem tiefen Unmut freien Lauf – zumal, als er sich durch einige Mitreisende abermals provoziert fühlte. So fragte ein Reporter während des Besuches bei einem Unternehmer, was er denn an Becks Politik vermisse. »Schreiben Sie doch: Beck macht alles falsch!«, rief Beck daraufhin sogleich und verließ die Runde. Beim Abendessen in der Wasserburg Reipoltskirchen, bei Spargelsalat und geräucherter Entenbrust, geriet Beck in Rage, als er gefragt wurde, ob die SPD geschlossen sei. Später ließ er die Runde betretener Gesichter wissen: »Ich möchte wenigstens einen Hauch ernst genommen werden.« Seinen Wutausbruch beschloss er mit den Worten: »So, das wollten Sie von mir hören. Jetzt ist es passiert. Und ich habe es bewusst gemacht.« Wenn man Beck an diesem Abend nicht völlig falsch verstanden habe, schrieb Stephan Haselberger im »Tagesspiegel«, dann stelle sich die Welt etwa so dar: »Er, Kurt Beck, steht in der Pflicht, sich zum Wohle der SPD gegen einen Vernichtungsfeldzug der Medien zu behaupten. Die tun alles dafür, ihn zu stürzen, aber er wird sich dem Mobbing der Presse nicht beugen. Die Probleme der eigenen Partei werden von diesen Medien mindestens stark überzeichnet, zuweilen frei erfunden.«[3] Am Morgen nach Becks Wutausbruch titelte die dortige Regionalzeitung, seine Popularität lasse auch in Rheinland-Pfalz nach. Im eigenen Land wüchsen Zweifel an seiner Führungsstärke. Solche Meldungen verletzten Beck erst recht. Rheinland-Pfalz nämlich, das verstand und versteht er stets als sein Werk.

Die SPD bemühte wieder einmal das Prinzip Hoffnung. Zwar drohte mit der elfwöchigen parlamentarischen Sommerpause das sogenannte Sommertheater, für das die SPD zahlreiche Darsteller besaß. Nun aber redete man sich ein, die Menschen blickten auf die Fußball-Europameisterschaft und hernach auf die Olympischen Spiele. Beide Großereignisse würden die Sozialdemokratie aus dem Rampenlicht verdrängen. Dennoch gab Struck in einem Brief seinen Abgeordneten für den Erholungswert des Sommers »eine wichtige Empfehlung«, die da lautete: »Man muss nicht in jedes Mikrofon beißen, und man muss auch nicht auf jede Frage eingehen.« Beck konstatierte zudem: »Die Krise in der SPD ist weitestgehend überwunden.« Krise? Überwunden? Weitestgehend? Was bloß meinte Beck damit? Struck ermahnte in seinem Brief seine Parteifreunde, einen alten und bekannten Spruch zu beherzigen. Dieser laute: »Reden ist Silber, Schweigen ist Gold.« Doch mit Schweigen tat sich die SPD an keinem Tag des Sommers 2008 hervor.

Just in einer Phase, als etwas Ruhe »drohte«, verlangte die Schiedskommission der nordrhein-westfälischen SPD den Parteiausschluss Wolfgang Clements. Der frühere Ministerpräsident und Superminister hatte vor der hessischen Landtagswahl indirekt dazu aufgerufen, die dortige SPD-Spitzenkandidatin Ypsilanti nicht zu wählen (vgl. Kapitel IX). Daraufhin verlangten mehrere SPD-Unterbezirke seinen Ausschluss. Die Schiedskommission der Bochumer SPD beschloss eine Rüge. Dagegen legten einige der Gliederungen Einspruch ein, ebenso wie Clement selbst. Zu denjenigen, die Clement aus der Partei werfen wollten, zählte die Frankfurter

SPD. Ihr Vorsitzender Gernot Grumbach, ein sitzungsgewandter Gremienpolitiker mit viel Papiererfahrung und Vertrauter Ypsilantis, hatte für diesen Schritt geworben. Steinbrück nannte die Lage intern »zum Kotzen« und beklagte sich über die »Mini-Jakobiner« in der eigenen Partei. Altkanzler Schröder spottete, Clement habe sich mit Otto Schily einen falschen Anwalt genommen.

Tagelang stritt die SPD über den – noch nicht rechtskräftigen – Parteiausschluss Clements. Nicht seine Kritik an der Energiepolitik Ypsilantis sei dafür der Grund gewesen, behauptete Clement. Es gehe längst um politische Richtungsfragen. Bei alldem: Clement fiel seinen Parteifreunden, und nicht nur denen des linken Flügels, kräftig auf die Nerven. Seinen Auftritt vor der Schiedskommission der NRW-SPD mochte man sich lebhaft vorstellen, zumal Seit an Seit mit dem allzu gern aufbrausenden Schily. Clements Geschick und seine diplomatischen Fähigkeiten waren schließlich etwa so ausgeprägt wie der politische Weitblick Ypsilantis. Daneben hatte die Führung der NRW-SPD eindrucksvoll versagt, war ihr die Sprengkraft des Schiedsverfahrens offenbar verborgen geblieben.

Wenig später lud Clement zu einer Pressekonferenz in das Rheinhotel Dreesen in Bad Godesberg, schwang sich auf sein Fahrrad, gab eine Erklärung ab und ließ sich einen entschuldigenden Satz entlocken. Kaum hatte er die schriftliche Erklärung verlesen, drehte er schon wieder auf. Sodann radelte Clement nach Hause.

Ypsilantis Ankündigung, die Regierung Koch im hessischen Landtag zu jagen, lief derweil ins Leere. Das mit den Stimmen von SPD, Grünen und der Linken verabschiedete Gesetz zur Abschaffung der Studiengebühren unterzeichnete Koch nicht, da es, so seine Begründung, verfassungswidrig sei. Er verwies auf gravierende Formfehler. Die Opposition hatte es versäumt, Artikel zur Erhebung der Studiengebühren außer Kraft zu setzen. Die Administration sah den Fehler, hüllte sich in Schweigen und ließ Ypsilanti in diese Sackgasse laufen. Ypsilanti war düpiert. Gleichwohl wuchs in der hessischen SPD der Druck auf Ypsilanti, alsbald für das Amt des Ministerpräsidenten zu kandidieren. Flügelübergreifend hieß es, ein neuer Anlauf für eine Wahl im Landtag sei notwendig. Unzufrieden beobachteten die Sozialdemokraten das Agieren der geschäftsführenden Landesregierung. »Koch zieht als Ministerpräsident segnend durchs Land, und wir stehen dumm da«, wurde die Lage treffend beschrieben. Der Plan, die Regierung Koch im

Landtag mit eigenen Initiativen vor sich herzutreiben, ging nicht auf. Dies aber konnte für Hessens SPD kein Dauerzustand bleiben. »Unsere Partei wird nervös. Alle suchen eine Lösung«, verlautete aus der Partei. Von Neuwahlen indes mochte man in Hessen nichts mehr wissen. Selbst interne Kritiker Ypsilantis waren der Ansicht, viel spreche dafür, eine Kandidatur für das Amt des Regierungschefs in Angriff zu nehmen.

Die Bundes-SPD betrachtete die »hessischen Verhältnisse« mit Sorge. Ypsilanti galt als unberechenbar, eine erneute Kandidatur barg große Risiken. Mancher sah die SPD gar in der misslichen Lage, bei jedem denkbaren Szenario weiter in die Defensive zu geraten. Die SPD hatte zwar im Februar offiziell beschlossen, dem hessischen Landesverband freie Hand zu geben. Im März jedoch hatte Beck mit der Metapher vom zweiten Anlauf mit dem gleichen Kopf gegen die gleiche Wand von einer erneuten Kandidatur abgeraten. Heil mochte sich zu dieser Angelegenheit öffentlich nicht positionieren. Dennoch übte die SPD-Zentrale Druck auf die hessischen Genossen aus. Diese hatten ihren Landesparteitag, der die Aufnahme von Verhandlungen mit Grünen und Linken beschließen sollte, auf den 13. September 2008 terminiert – just zwei Wochen vor der bayerischen Landtagswahl. Ein neuer Anlauf eines rot-rot-grünen Bündnisses in Wiesbaden aber schadete dem ohnehin mühsamen SPD-Wahlkampf in Bayern, und daher drängte das Willy-Brandt-Haus Ypsilanti zu einer Verlegung. Ypsilanti ließ sich darauf ein. Sie hielt – hinter verschlossenen Türen – Regionalkonferenzen ab und lud für Anfang Oktober zum Parteitag.

Wieder einmal war Ypsilanti allen anderen drei Schritte voraus. Noch bevor sie Gespräche mit Grünen und Linken begonnen hatte, spekulierte sie, vermessen wie eh und je, über den Ausgang der Wahl zum hessischen Ministerpräsidenten. Nun mochte die hessische SPD geeinter auftreten als noch vor Monaten, vor allem aber war in der SPD jede Euphorie passé. Der gefühlte Sieg bei der Landtagswahl hatte sich inzwischen als mittelschwere Katastrophe erwiesen. Souverän verzichtete Ypsilanti auf jedwede politische Strategie. So versäumte sie es konsequent, alle denkbaren Varianten auf dem Weg an die Macht ins Auge zu fassen. Ypsilanti wollte sich zwar von den Linken wählen und dulden lassen – ohne ihnen aber zunächst klare Kriterien abzuverlangen. Dies gelänge am besten in einer Koalitionsvereinbarung, die Ypsilanti jedoch scheute wie die Linke die Verantwortung. Dabei unterschätzte Ypsilanti ausgerechnet den deutschen Politiker, der stark, geschickt und durchsetzungsfähig agierte wie kaum ein Zweiter: nämlich Oskar Lafontaine. Lafontaine hatte an ernsthafter Politik, geschweige denn Regierungsverantwortung, kein Interesse. Er wollte in erster Linie die SPD demütigen, wo es nur eben ging. Lässig dürfte Lafontaine die sechs Landtagsabgeordneten seiner Partei – allesamt unbekannte parlamentarische Anfänger – dirigieren. Leicht dürfte es ihm fallen, Ypsilanti so auf das politische Glatteis zu führen.

Sehnsucht nach Müntefering

Nur wenige Tage nach dem Tod von Münteferings Ehefrau wurde der Ruf nach einer Rückkehr des früheren SPD-Vorsitzenden in die erste Reihe der Politik laut. Ankepetra Müntefering war am 30. Juli 2008 nach einem langen Krebsleiden verstorben. Schon Anfang August sprach Sigmar Gabriel davon, ein stärkeres Engagement Münteferings tue der SPD gut. Weitere derartige Rufe wurden laut. Hatte Müntefering nicht vor einem Dreivierteljahr, nach seiner Niederlage gegen Beck beim Streit um das Arbeitslosengeld I, gerufen: »Es ist noch was da. Ich bin nicht ausgetrocknet«? Jetzt weckte die desolate Lage der SPD Sehnsucht nach dem Mann, der wie kein anderer Stärke und Selbstbewusstsein der Sozialdemokratie verkörperte – und der drei Bundestagswahlkämpfe erfolgreich gemanagt hatte. Wenn es nun hieß, Müntefering wolle alsbald seine Tätigkeit als Abgeordneter wieder aufnehmen, so suggerierte dies zu Unrecht, er habe diese Aufgabe in den vergangenen Monaten ruhen lassen. Zwar weilte Müntefering oft am Krankenbett seiner Frau in Bonn. Zu den Sitzungswochen des Bundestages aber kam der pflichtbewusste Müntefering stets nach Berlin – zumindest wenn es sich irgendwie einrichten ließ. Rolf Stöckel, der Vorsitzende der nordrhein-westfälischen SPD-Bundestagsabgeordneten, sprach vielen seiner Kollegen aus der Seele. Er wünsche sich, dass Müntefering weiter aktiv Politik mache, denn: »Franz Müntefering steht für eine erfolgreiche Regierungspolitik.« Außerdem könne er »Orientierung geben«.[4] Das hatte Müntefering selbst in den vergangenen, für ihn schwierigen Monaten versucht. Er nahm nicht nur an Fraktions- und Ausschusssitzungen teil, sondern absolvierte

Termine in der gesamten Republik. Ebenso hatte Müntefering seit seinem Rücktritt viel telefoniert und sich öffentlich immer wieder zu Wort gemeldet, zur Familienpolitik ebenso wie zu machtstrategischen Fragen. Die Situation der SPD und das erratische Agieren Kurt Becks trieben Müntefering seit Langem um. Er hielt Beck für überfordert. Müntefering fürchtete nichts mehr, als dass sich die SPD um ihre Reform- und Regierungsfähigkeit brächte. Mehrfach wiederholte er seinen Satz »Opposition ist Mist« – und warnte davor, die SPD dürfe nach der Bundestagswahl 2009 nicht auf dem »Misthaufen« landen. »Die Führung unseres Landes ist weitgehend vakant«, schrieb er in einem Zeitungsbeitrag im Mai.[5] Dieser Giftpfeil war auf Kanzlerin Merkel ebenso gerichtet wie auf Beck.

Nun fragten sich etliche in der SPD, ob nicht Beck und Steinmeier Müntefering auf dem Weg zur Bundestagswahl einbinden sollten. Beck aber fiel ein solcher Schritt schwer. Das Verhältnis zwischen beiden Männern war seit ihrem Machtkampf im Herbst 2007 zerstört. Müntefering inszenierte sich als selbstlosen Helfer der SPD. Selbst manch politischer Gegner betrachtete dessen Treiben zuweilen mit Naivität. War Müntefering nicht stets eine Machtmaschine gewesen? Hatte er nicht politische Tricks beherrscht wie kaum ein anderer – und handelte er nicht oft genug geradezu nassforsch, ja brutal? All das schien vergessen. In der Bundestagsfraktion hieß es, »Münte« sei eitel genug, um sich für eine Führungsaufgabe bitten zu lassen. Es sei gut möglich, dass Müntefering alsbald Beck beerbe und die SPD wieder führe, wenigstens für eine Übergangszeit, meinte – im August 2008 hinter vorgehaltener Hand – unter anderen der Bundestagsabgeordnete Hans-Peter Bartels. »Wir hatten in zehn Jahren fünf Vorsitzende«, sagte Bartels: »Da ist es fast schon logisch, wenn der sechste dieses Amt bereits einmal innehatte. So müssten wir uns nicht schon wieder an einen neuen Namen gewöhnen.«[6] Bartels besaß visionäre Kräfte.

Öffentliche Auftritte Münteferings nährten Spekulationen, er wolle in die erste Reihe der Politik zurückkehren. »Warum, wie und wann Franz Müntefering noch einmal SPD-Chef werden sollte«, überschrieb Bernd Ulrich einen Text in der »Zeit«.[7] Im August 2008 sprach Müntefering bei einem SPD-Sommerfest in Rösrath bei Köln; sein Umfeld hatte den »Spiegel« diskret auf den Termin hingewiesen. »Franz Müntefering, das ist in diesem Saal zu spüren, wird in der SPD nie nur ein einfacher Bundestagsabgeordneter sein ... Franz Müntefering will wieder mitmischen ... Vom Rentnerdasein hält der 68-Jährige nichts«, schrieb der »Spiegel«.[8] Kurz darauf nahm Müntefering in Wuppertal an einer Gedenkveranstaltung für den früheren Bundespräsidenten Johannes Rau teil. Am Rande dieses Termins traf sich Müntefering mit Beck zu einem Vier-Augen-Gespräch. Beck qualifizierte Berichte über eine Rückkehr Münteferings als »Spekulationen«. Beck schloss aus, dass Müntefering den SPD-Bundestagswahlkampf im nächsten Jahr leiten werde. Er reagierte stets gereizt, sobald er auf Müntefering angesprochen wurde. Dabei tappte er in allerlei Fettnäpfchen. Zum Thema Müntefering, beschied Beck nach der Sitzung des SPD-Präsidiums bei einer Pressekonferenz Ende August 2008, sei »alles gesagt, was zu sagen ist«. Sodann sagte Beck: »Jede unterstützende und beratende Tätigkeit ist bei uns willkommen.« Bei alldem sei es doch »ehrenwert, wenn man mit 68 gebeten wird, seine Erfahrung mit einzubringen.« Müntefering sei dazu »herzlich willkommen«.

Längst galt die Zukunft Becks an der Spitze der Partei als fraglich. Obwohl ein Kanzlerkandidat Beck im Sommer als nicht mehr vermittelbar galt, hegte er Berliner Ambitionen. Berichte über eine angestrebte Bundestagskandidatur wies Beck nicht grundsätzlich zurück. Er dementierte allein, ein solches Ansinnen bereits anlässlich des Parteitags der rheinland-pfälzischen SPD Mitte September anzukündigen. Beck wolle sich alle Optionen für die Zeit nach der Bundestagswahl 2009 offenhalten, hieß es in der SPD. Er liebäugle mit dem Fraktionsvorsitz, meinten Beobachter unter Verweis auf Peter Strucks Ausscheiden aus dem Bundestag. In der SPD rechnete man indes ebenso mit einer erneuten Bundestagskandidatur Münteferings.

Die Differenzen zwischen Beck und Müntefering wurden in der SPD dabei stets mit Links-rechts-Zuordnungen gleichgesetzt. Der habituell und lebensweltlich konservative Beck, der lange in Mainz mit der FDP regiert hatte, galt in jener politischen Gesäßgeografie als »links«. Dies war darauf zurückzuführen, dass er Teile der Agenda 2010 abwickelte und sich auf den linken Flügel der SPD stützte. Müntefering wurde innerhalb der SPD zuweilen als »rechts« etikettiert, was kein Kompliment war. Der angeblich »rechte« Müntefering hatte drei Bundestagswahlkämpfe seiner Partei gemanagt. In deren Endphasen war stets die »rote Fahne« herausgehängt worden, im Jahre 2005 mit der Reichensteuer. Mit seiner Metapher von den »Heuschrecken« hatte der angeblich »rechte« Müntefering kapitalismuskritische Geschichte geschrieben.

Am 3. September 2008 kehrte Müntefering mit einem Wahlkampfauftritt in München auf die politische Bühne zurück. Er war von dem bayerischen SPD-Spitzenkandidaten Franz Maget dazu eingeladen worden. Maget hatte zuvor bereits eine Präferenz für Steinmeier als Kanzlerkandidat zu erkennen gegeben; zudem tauchte in seinem Wahlwerbefilm Steinmeier auf, nicht aber Beck. Nun stand Müntefering im Hofbräukeller am Wiener Platz und hielt die beiden Daumen nach oben. Auf ein Sakko hatte er verzichtet. Das hellblaue Hemd war rasch nass geschwitzt. Die Menschen waren aufgestanden, gut 400 Leute applaudierten und jubelten. »Jetzt geht's los«, riefen sie. Dann streckte Franz Müntefering wieder beide Daumen nach oben. Die ansonsten gern verzagten bayerischen Sozialdemokraten feierten Müntefering – und sie spürten, was ihnen seit langer, langer Zeit fehlte. Stolz. Orientierung. Kampfeswillen. Klarheit. Witz. Seit Monaten ging die deutsche Sozialdemokratie durch ein Tal der Tränen. Sie mochte zu ihren Erfolgen nicht stehen. Sie bedauerte sich selbst. Sie stellte sich Fallen und tappte sogleich hinein. Und sie erlebte, dass alles nicht besser wurde. Da war die Sehnsucht nach alten Zeiten groß, und da wurde Vergangenheit zuweilen verklärt. Müntefering, der einst strenge Zuchtmeister von Partei und Fraktion, erschien nun als gütiger Übervater, ja als Erlöser. Steinmeier, der Architekt der Agenda 2010, geriet zur charismatischen Zukunftshoffnung. Beides war übertrieben, die meisten in der SPD wussten das. Dennoch hofften sie, den politischen Schlamassel hinter sich zu lassen. Hoffnungsträger durften dann auch schon einmal 68 Jahre alt sein – oder vor allem als Spitzenbeamte Karriere gemacht haben.

Kurt Beck mussten die Ohren geklingelt haben, als Müntefering in München mit knallroter Krawatte und hochgekrempelten Ärmeln vor dem überfüllten Saal auftrat. Hagerer war Müntefering geworden seit Erkrankung und Tod seiner Frau Ankepetra fünf Wochen zuvor. Dennoch wirkte er kraftvoll. »Wir brauchen Männer und Frauen, die führen«, rief er seinen Anhängern zu. Offiziell bezog sich dieser Satz auf das schwächelnde CSU-Führungsduo, auf Günther Beckstein und Erwin Huber. Doch war er nicht ebenso auf Beck gemünzt? »Lauft weg vor denen, die sich immer nach dem

Winde drehen und euch nach dem Munde reden!«, mahnte er und legte nach: »Wer politisch führen will, muss in der Lage sein, die Fahne zu tragen.« Hatte man bei Kurt Beck jemals den Eindruck, dass er die Fahne trug? Oder dass Müntefering gar diese Ansicht vertrat? Müntefering hatte als Parteivorsitzender stets für sich beansprucht, die Fahne zu tragen. »Macht Politik!« lautete der Titel seines Buches, für das er sich von der Journalistin Tissy Bruns hatte interviewen lassen. Just in diesen Tagen wurde bekannt, dass er sich damit im Oktober zu Wort melden wollte. Beck, der von dem Projekt aus den Medien erfuhr, verstand das als Drohung.

Während seines dreiviertelstündigen Auftritts sprach Müntefering weder die – von ihm über Nacht durchgepeitschte – Rente mit 67 noch den Hartz-IV-Regelsatz an. Er wusste, dass selbst seine Fans von derlei Dingen wenig hielten; nicht nur in der traditionell linken bayerischen SPD. Müntefering aber vermittelte einen Eindruck, wie die SPD einen Wahlkampf führen konnte. Mit Selbstgewissheit und Mut zum Angriff. Oder anders gesagt: mit einer Abkehr von Becks Empörungsrhetorik und seinen »Man wird doch noch mal sagen dürfen«-Sätzen. »Heißes Herz und klare Kante« empfahl Müntefering. Das rieche zwar nach Schweiß und Anstrengung, »ist aber besser als Hose voll«. Auf Müntefering waren 20 Scheinwerfer gerichtet und ebenso viele Kameras. Er wischte sich den Schweiß von der Stirn, als wolle er demonstrieren: Ich strenge mich an – und ich strenge mich gern an. Als ihm ein Taschentuch angeboten wurde, lehnte er dies ab mit den Worten: »Darf man ruhig sehen, dass ich schwitze.« Nicht drum herumreden, tun, sagen, was ist und was getan werden muss, Verantwortung für morgen und übermorgen übernehmen – so lautete das Münteferingische Mantra. Zwei Millionen Menschen mehr als vor zweieinhalb Jahren haben heute einen Arbeitsplatz, hämmerte er dem Publikum ein: »Wer das verschweigt oder meint, das zur Seite schieben zu können, der irrt.« Der Parteichef a. D. riet: »Mutig sein und darüber sprechen!« Müntefering attackierte die »rechten Konservativen«, also die Union, und die »linken Konservativen, die PDS/ML«, die PDS mit Lafontaine. Beckstein und Huber etikettierte er als »Waschlappen«. Müntefering hob Willy Brandt und Helmut Schmidt hervor, er lobte Gerhard Schröder, er erwähnte Olaf Scholz und Peer Steinbrück. Den Namen Beck ließ er aus. Seine Rede in München beendete Müntefering mit einer Motivationsspritze für Spitzenkandidat Maget. Am Abend der Bayernwahl, rief Müntefering, wolle er Maget sehen und sagen können: »Jawoll, das war eine gute Sache. Und der Abend vom 3. September – der hat uns von Herzen gutgetan.« So hatte Müntefering in den vergangenen Jahren stets den Wahlkämpfern Mut zugesprochen. Als Wahlkampfmanager der SPD. Oder als ihr Vorsitzender.

Neben den Bildern von Münteferings furiosem Auftritt in München zeigte das Fernsehen an jenem Abend Kurt Beck. Der wurde abermals angesprochen, was er von einer Rückkehr Münteferings halte. »Herzlich willkommen«, sprach Beck mit ätzender Stimme und genervtem Gesichtsausdruck. Dann wandte er sich ab. Erst zehn Tage zuvor hatte Beck davon gesprochen – gefragt nach der künftigen Rolle Münteferings – dieser könne »beratend« tätig sein. Hörte man nun Müntefering reden und sah ihn gestikulieren, wirkte dieser Satz Becks weltfremder als ohnehin schon. »Noch 25 Tage, also 597 Stunden und 20 Minuten, dann schließen die Wahllokale«, hatte Müntefering seine Rede mit Bezug auf die bayerische Landtagswahl am 28. September eröffnet. Schon als Wahlkampfmanager anno 1998 liebte er diese Countdowns. An der »Kampa« ließ er damals eine solche Uhr anbringen. »Wahlkampf – das können wir«, pflegte Müntefering zu sagen, und er war unbescheiden genug, das auf sich selbst zu beziehen. Zumal kolportiert wurde, er traue der Mannschaft im Willy-Brandt-Haus diese Aufgabe nicht zu. Bis zur Bundestagswahl war es noch ein gutes Jahr, nicht viel Zeit, um ein Regierungsprogramm zu formulieren, alle strategischen und operativen Vorbereitungen zu treffen. All dies wiederum wäre vereinfacht, wenn der Kanzlerkandidat feststünde. Nun mochte kaum jemand mehr auf Beck wetten – die Entscheidung zugunsten Steinmeiers schien gefallen. Oder sollte der beliebteste Politiker Deutschlands noch ausgebremst werden? Und das ausgerechnet durch Beck, der auf der Liste der populärsten Politiker zwischen Jürgen Trittin und Oskar Lafontaine rangierte?

Beck musste wiederum täglich etwas gerade rücken. In einem öffentlichen Aufruf forderten 60 SPD-Linke, unter ihnen 19 Bundestagsabgeordnete, einen Abschied von der Rente mit 67 und höhere Hartz-IV-Sätze. Diese verlangten nun eine Zurücknahme von »Zuzahlungen und Praxisgebühren im Gesundheitswesen«. Mit dem Nein zur Rente mit 67 distanzierten sich Teile der von Beck gepäppelten Linken damit erstmals von den Entscheidungen des Hamburger Parteitages. Der Eindruck machte sich breit, selbst die SPD-Linken ließen Beck fallen. Nun wurde berichtet, Beck habe das Papier als »wichtigen Beitrag« qualifiziert. Beck ließ das zunächst so stehen und distanzierte sich erst am Tag darauf von jenem Wort. Dies war ein schwerer Fehler, ließ er so doch den Eindruck entstehen, Beck mache sich die Haltung der Retro-Sozialdemokraten zu eigen.

An Autorität mangelte es Beck ohnehin. Auf der lange geplanten Klausur der SPD-Spitze am Schwielowsee bei Potsdam werde Steinmeier zum Kanzlerkandidaten ausgerufen, berichtete die »Bild«-Zeitung. Hier könne es »eine faustdicke Überraschung« geben, wurde ein ungenannter »Spitzengenosse« zitiert.[9] Die SPD dementierte wie üblich. »Was Sie alles wissen. Ich weiß nichts«, behauptete Beck. »Es geht am Wochenende um inhaltliche und strategische Fragen«, ließ Beck seinen Sprecher verbreiten. Die SPD bleibe bei »unserem Zeitplan« zur Klärung der Kandidatenfrage – einer Entscheidung zum »richtigen Zeitpunkt«.[10] Was aber war der richtige Zeitpunkt? Zählte das in einer Partei, der inzwischen alles zugetraut wurde, während sie sich selbst nichts mehr zutraute? Und wieso sollte Kurt Beck, der Mann mit wenig Glaubwürdigkeit, Autorität und Ansehen, eine Kandidatenkür verhindern können – selbst wenn der Zeitplan dazu das Letzte war, was er noch in seinen Händen hielt?

Offenkundig mehrten sich in der Parteispitze solche Stimmen, die eine baldige, ja schnellstmögliche Antwort auf diese Frage verlangten. In den vergangenen Monaten äußerten selbst interne Kritiker Becks, es komme darauf an, diesen zu stabilisieren. Nur ein Parteivorsitzender mit halbwegs respektabler Reputation könne in einem souveränen Schritt Steinmeier die Kanzlerkandidatur antragen. Die Hoffnungen auf eine Erholung Becks aber waren inzwischen dahin. Beck hatte lange die frühe Nominierung Johannes Raus zum Kanzlerkandidaten für die Wahl 1987 als warnendes, mahnendes Beispiel angeführt. Seit einiger Zeit warnte er allerdings nicht mehr vor einer frühen Nominierung. Kurzum: Es war nur noch eine Frage der Zeit, dass Vizekanzler Steinmeier offiziell zum Herausforderer von Kanzlerin Angela Merkel werden sollte.

Keine 24 Stunden nach seinem kraftvollen Auftritt in München empfing Müntefering an seinem Wohnort Bonn Beck und Steinmeier. Vier Stunden lang berieten die drei im Hotel Königshof, direkt am Rhein gelegen. Beck kündigte die Ausrufung Steinmeiers zum Kanzlerkandidaten am folgenden Sonntag an. Die drei Männer verständigten sich auf die Bildung eines »Kanzler-Teams«; das Wort Troika vermieden sie. Beck qualifizierte diese Vereinbarung später als »eine Art Zweckbündnis«.[11] Gerade erst hatte Beck gesagt, es sei für Müntefering (mit 68 Jahren) »ehrenwert«, wenn er die SPD beraten dürfe! Nun ließ es der SPD-Vorsitzende zu, dass sein stärkster Widersacher eine Position auf Augenhöhe mit dem Kanzlerkandidaten und ihm selbst einnehmen sollte. Die Vorstellung, eine solche Konstellation könne funktionieren, war naiv. Beck musste auf diese Weise geschwächt werden; Steinmeier und Müntefering war daran gelegen. Aber Beck selbst? Der Vorsitzende schien nicht zu begreifen, worauf er sich eingelassen hatte. Doch Beck leitete seinen politischen Abstieg selbst mit ein.

Die drei Männer vereinbarten, Beck unterrichte die engere Parteiführung über die Absprache. Außerdem verständigten sie sich auf einen gemeinsamen Fototermin, der einige Tage nach der lange geplanten Klausursitzung am Schwielowsee bei Potsdam stattfinden sollte. Müntefering verließ als Erster die Runde, anschließend saßen Beck und Steinmeier noch zu zweit beim Bier zusammen. Später informierte Beck Nahles und Heil über die Vereinbarungen, nicht aber Struck und Steinbrück. Am Tag darauf wurde Steinmeier – wie üblich – von Reportern auf die Kandidatenfrage angesprochen. Erst wenn diese »jemals« offiziell an ihn »herangetragen« werde, beantworte er sie, meinte Steinmeier. Noch immer gab der Außenminister den unverbindlichen Diplomaten.

Am Vortag der Klausur am Schwielowsee, am 6. September gegen 20 Uhr, meldete »Spiegel online«, Steinmeier werde am folgenden Tag zum Kanzlerkandidaten ausgerufen. Selbst führende Sozialdemokraten waren überrascht. In dem Vorab- und Onlinebericht des »Spiegel« hieß es ferner, Steinmeier habe Beck bedrängt, die K-Frage baldmöglichst zu klären. Steinmeier also sei in die Offensive gegangen, habe seine zögernd-zaudernde Haltung abgelegt und Beck klargemacht, es gelte rasch zu handeln. Dem »Spiegel« zufolge waren die früheren Bundeskanzler Helmut Schmidt und Gerhard Schröder in die Sache eingebunden. Sie hätten an Steinmeier appelliert, nicht länger auf eine Nominierung von Becks Gnaden zu warten, sondern einen »Machtanspruch« zu demonstrieren. Beck sollte bei alldem als derjenige erscheinen, der die Kandidatenfrage allzu lange hinauszögere. Davon aber konnte keine Rede sein.

Beck hatte Steinmeier bei einem Vier-Augen-Gespräch am 24. August in der rheinland-pfälzischen Landesvertretung die Kanzlerkandidatur angetragen und wollte dies bereits am folgenden Tag verkünden. Eigenen Angaben zufolge hatte Beck seinen engsten Mitarbeitern bereits Anfang August seinen Verzicht auf die Kanzlerkandidatur mitgeteilt.[12] Obschon Steinmeier zu der Kandidatur entschlossen war, bat er nun um Bedenkzeit. Über Müntefering wurde bei diesem Gespräch offenbar nicht geredet. Beide einigten sich auf eine Ausrufung am 1. September 2008. Dieser Termin aber ließ sich nicht halten, da Steinmeier an jenem Tag in Brüssel an einem Sondergipfel der EU zur Lage im Kaukasus teilnehmen musste. Steinmeier schlug den 7. September vor, und Beck befürchtete, der Kandidat-Kandidat spiele auf Zeit. Beck selbst behauptet wohl mit Recht von sich, seit seinen denkwürdigen Äußerungen zu den »hessischen Verhältnissen« im Februar 2008 habe er seine »bis dahin vorhandene Chance eingebüßt, selbst als Spitzenkandidat der SPD in den Bundestagswahlkampf zu ziehen«.[13]

Becks Verzicht auf den Parteivorsitz deutete sich am Samstagnachmittag nicht einmal an. Die Telefonschaltkonferenz um 19 Uhr und die abendlichen Telefonate unter den Führungsleuten waren eher positiv gestimmt. Steinmeier rief Merkel an und berichtete ihr von seiner bevorstehenden Ausrufung. In der SPD machte sich Erleichterung breit. Die Meldungen von »Spiegel«, »Spiegel online« sowie die Einschätzungen in ARD und ZDF aber machten Beck wütend. Von »einer Art Entmachtung« sprach Ulrich Deppendorf in der ARD und fragte hinsichtlich Becks Rolle: »Was bleibt ihm dann noch? Kann er noch Parteivorsitzender bleiben?«[14] Man hätte auch völlig zu Recht prognostizieren können: Neben Steinmeier und Müntefering ist Beck nun überflüssig. Beck nahm das – wieder einmal – ganz anders wahr. Er aber sah keine Chance mehr, dieser Interpretation etwas entgegenzusetzen. Sein Umfeld redete auf ihn ein, bei alldem handele es sich um eine Intrige. Beck gewann mehr und mehr den Eindruck, interne Widersacher nähmen ihm die Chance, den Kanzlerkandidaten aus einer Position der Souveränität, ja der Würde auszurufen. Er sah sich in der öffentlichen Wahrnehmung mehr als Getriebener denn als Herr des Verfahrens. Zudem wurde seiner Ansicht nach Münteferings Rolle in dem vereinbarten »Team« als übertrieben mächtig dargestellt. Von einer »Treibjagd« sprach Beck gegenüber Vertrauten. In seinem Buch schreibt er über seinen »Verdacht eines Bruchs der Vertraulichkeit ..., den ich gegen das unmittelbare Umfeld der Beteiligten hege«.[15] Die Beteiligten waren in seinen Augen Müntefering und Steinmeier, womöglich auch Schröder. Auf allerlei Zetteln zeichnete Beck in seiner Mainzer Wohnung mögliche Konstellationen und Szenarien auf, kam aber stets zu dem Ergebnis, der Benachteiligte zu sein. Anschließend spülte er die Zettel in der Toilette herunter. Beck scheute sich nicht, diese Szene wenig später öffentlich zu machen und zu erläutern – weggespült habe er »die Zettel, weil Namen draufstanden. ... Dass ich die Zettel zerrissen habe, habe ich aber schon im Flugzeug nach Berlin bereut. Sie sind leider über die Kläranlagen von Mainz gegangen.«[16] Kurz vor Mitternacht beschloss Beck für sich, nach zweieinhalb Jahren vom Vorsitz der SPD zurückzutreten. Er berichtete Steinmeier und seinen eigenen Vertrauten davon. Steinmeier versuchte ihn davon abzuhalten. Beck blieb stur, sagte aber zu, über die Sache noch eine kurze Nacht zu schlafen. Doch Beck hatte sich entschieden.

»Der Kandidat. Was kann Frank-Walter Steinmeier?«, fragte der »Spiegel« auf dem Titel seiner neuen Ausgabe. »Man musste ihn ein bisschen drängen, aber dann hat er sich schneller entschieden, als das irgendjemand erwartet hat«, hieß es in dem Text. Bloß wer war »man«? Steinmeiers Umfeld? Müntefering, dessen Vertraute oder Dritte? Der »Spiegel« schrieb, selbst führende Sozialdemokraten im Präsidium und Struck seien »erst am Tag vor der geplanten Verkündung im Wellnessressort Schwielowsee informiert« worden.[17] Jener »Spiegel« war aber bereits am Freitag in Druck gegangen, die ersten Exemplare machten am Samstag gegen 18 Uhr die Runde. Seine Autoren also wussten spätestens am Freitag von der Ausrufung Steinmeiers – und damit weit früher als Struck etwa. Der Artikel über Steinmeier und die entsprechenden Meldungen durchkreuzten Becks Traum eines gönnerhaften Auftritts am Schwielowsee, bei dem er Steinmeier die Kandidatur feierlich überließ. »Man ging so weit«, klagte Beck wenig später, »zu behaupten, dass Steinmeier und Müntefering nun das Kommando übernehmen und den Parteivorsitzenden nur dulden.«[18] Dazu aber wäre Beck nicht bereit gewesen.

Krisentreffen am Schwielowsee

Es hätte alles so schön enden können. Vor dem noblen Tagungshotel am brandenburgischen Schwielowsee wehten die roten SPD-Fahnen im Wind. Der sintflutartige Regen der Nacht hatte sich verzogen. Unter freiem Himmel und vor malerischer Seekulisse wurde die Pressekonferenz zur Sitzung der SPD-Spitzengremien vorbereitet. Hier sollte am Sonntagnachmittag von zwei Rednerpulten aus Steinmeiers Kanzlerkandidatur verkündet werden. Hier sollte Beck warme Worte für Steinmeier finden. Hier sollte ein Signal der Geschlossenheit ausgesendet werden. Hier sollte der Startschuss der SPD für die Bundestagswahl in einem Jahr und zwanzig Tagen fallen. Und doch kam alles ganz anders.

Nach und nach trafen die Teilnehmer der Klausurtagung am Schwielowsee ein. Die Vertreter des Steinmeier-Lagers zeigten sich gut gelaunt. Zuletzt fanden sich einige Bundesminister und – in Lederkluft und Sonnenbrille auf dem Motorrad – Fraktionschef Struck ein. Nur die engeren Mitglieder des SPD-Präsidiums trafen im »Event Center« des Tagungshotels partout nicht ein. Beck, Nahles, Steinbrück, Steinmeier, Heil und die Schatzmeisterin Barbara Hendricks fehlten. Sie waren auch um elf Uhr noch nicht zugegen, als die Sitzung beginnen sollte. Wenig später machte Struck kehrt und verließ das Hotel in Richtung seiner Präsidiumskollegen. Diese hatten sich unweit des Hotels, auf der Terrasse des »Landhauses Ferch«, zusammengesetzt. Eine halbe Stunde etwa gingen Beck und Steinmeier hier gemeinsam, ohne Mitarbeiter und ohne Personenschützer, spazieren. Beck war zuvor am Morgen von Heil am Flughafen abgeholt worden und mit ihm gemeinsam zum Schwielowsee gefahren. Während der Autofahrt bekräftigte Beck seine Rücktrittsabsicht. Dies tat er nun abermals im Gespräch mit Steinmeier und trug diesem seine Nachfolge an. Steinmeier lehnte den SPD-Vorsitz ab; zuvor dürfte er bereits mit Müntefering telefoniert und dessen Bereitschaft eingeholt haben. Beck informierte dann das enge Präsidium im »Landhaus Ferch« über seine Rücktrittsabsicht und beklagte sich über »Kampagnen«. Diese Runde tagte etwa zwei Stunden lang. Bemühungen Strucks etwa, Beck umzustimmen, schlugen fehl. Beck plädierte abermals für Steinmeier als seinen Nachfolger. Die Runde unterstützte diesen Plan. Steinmeier aber lehnte den Vorsitz mit Verweis auf Verpflichtungen als Außenminister und Kanzlerkandidat ab. Daraufhin schlug Beck in beachtlicher Verkennung der Lage Arbeitsminister Olaf Scholz vor. Der hatte zwar eingewilligt, wurde aber von Steinmeier und Steinbrück abgelehnt – eine recht peinliche Situation für die »Stones«, die so ihrem Kabinettskollegen die rote Karte zeigen mussten. Beide argumentierten, nur Müntefering könne die SPD stabilisieren. Beck berichtete später, sein Vorschlag Scholz sei von der Runde nicht akzeptiert worden, »unter anderem mit der Mutmaßung, auch in diesem Fall sei mit weiteren Querschlägen aus den eigenen Reihen zu rechnen«.[19] Nahles wandte sich gegen eine Rückkehr Münteferings. Steinmeier aber schlug Müntefering als Nachfolger Becks vor. In diesem Moment wurde Beck emotional, lehnte den Vorschlag ab und nannte eine Nominierung Münteferings »die größte Demütigung meines politischen Lebens«. Ein zweites Mal brachte er Scholz ins Gespräch. Steinmeier bekräftigte seinen Vorschlag Müntefering. Beck wiederum gab zu erkennen, eine Nominierung Münteferings werde er vor der Presse nicht bekannt geben.

Am Schwielowsee machten derweil erste Gerüchte die Runde. Offenbar habe die enge Führungsspitze doch noch Dinge zu besprechen. Irgendetwas laufe »nicht rund«, hieß es unter den vielen Reportern. Der Beginn der eigentlichen Klausurtagung wurde verschoben. Von offenbaren »Unstimmigkeiten« berichtete die Deutsche Presse-Agentur um 11.30 Uhr. Eine halbe Stunde später ließen sich Matthias Platzeck, Klaus Wowereit und Jens Bullerjahn das erste Bier servieren. Brigitte Zypries bestellte eine Suppe, Sigmar Gabriel und Wolfgang Tiefensee gingen jeder für sich spazieren. Gegen 13.15 Uhr fuhr die Kolonne der schwarzen Limousinen der Präsidiumsmitglieder vor, angeführt von Becks Auto. Beck aber blieb auf der Rückbank seines Wagens sitzen. Dieser hielt kurz an, um sogleich durchzustarten. Gefassten Blickes entstieg Steinmeier seiner Limousine. Mit leichenbitterer Miene folgten Struck, Steinbrück, Heil und Nahles.

Beck wählte den Hintereingang des Hotels. Er eröffnete die Sitzung, wohnte ihr aber nur wenige Minuten lang bei. Er schlug Steinmeier kurzerhand zum Kanzlerkandidaten vor. Schon lange sei er entschieden gewesen, Steinmeier müsse diese Aufgabe übernehmen, sagte Beck. Vor zwei Wochen habe er ihn um die Kandidatur gebeten. Einstimmig wurde Steinmeier nominiert. Dann kündigte Beck seinen Rücktritt an. Er sprach von Medienberichten über die Kanzlerkandidatur, die ihm missfielen, und davon, dass er das Amt physisch nicht mehr ausüben könne. »Mir fehlt die Kraft zum Weitermachen«, wurde Beck anschließend von Teilnehmern zitiert. Beck ließ eine schriftliche Erklärung verteilen. »Aufgrund gezielter Falschinformationen haben die Medien einen völlig anderen Ablauf meiner Entscheidung dargestellt«, hieß es darin. »Das war und ist darauf angelegt, dem Vorsitzenden keinen Handlungs- und Entscheidungsspielraum zu belassen. Vor diesem Hintergrund sehe ich keine Möglichkeit mehr, das Amt des Parteivorsitzenden mit der notwendigen Autorität auszuüben.«[20] Beck stand auf, verließ den Saal, stieg in sein Auto und ließ sich nach Berlin fahren. In der rheinland-pfälzischen Landesvertretung trat er später auf den Balkon, Reichstagsgebäude und Kanzleramt im Blick. »Beck trat zurück«, sollte der »Spiegel« bereits eine Woche später schreiben, »weil er eine Verschwörung vermutete, nicht ganz zu Unrecht.«[21]

Am Schwielowsee beherrschten betretene Gesichter die Runde. Von dem elfseitigen Strategiepapier mit dem passenden Titel »Zukunft ist gestaltbar – Verantwortung für Deutschland«, das man zu beraten gedachte, redete niemand mehr. Steinmeier schlug in der großen Runde Müntefering als Nachfolger Becks vor. Die linken Landesvorsitzenden Ralf Stegner (Schleswig-Holstein) und Andrea Ypsilanti (Hessen) enthielten sich bei der Nominierung. Draußen machten Meldungen über Becks Rücktritt die Runde. Gerüchte kamen auf, er lege zudem sein Amt als Ministerpräsident in Mainz nieder. Parallel dazu wurde von einer Rückkehr Münteferings berichtet. Auch war zu vernehmen, Müntefering sei mit einem Hubschrauber unterwegs zum Tagungsort. Müntefering war schließlich am Schwielowsee nicht präsent, er bekleidete neben seinem Bundestagsmandat keine Funktion. So verfolgte er das sonntägliche Krisentreffen am Fernsehen in seinem Haus in Bonn und telefonierte mit Steinmeier, Struck, Heil und Wasserhövel.

Steinmeier übernehme übergangsweise den Parteivorsitz, Müntefering werde auf einem Sonderparteitag in dieses Amt gewählt, wurde berichtet. Nach Stunden des Wartens für die Reporter endete die Sitzung gegen 16 Uhr. Erste Teilnehmer verließen das Hotel. Für die Pressekonferenz kündigte der Mitarbeiter des SPD-Parteivorstands »Frank-Walter« an. Gesprächsfreudig zeigt sich Fraktionsvize Angelika Schwall-Düren, die vor so vielen Reportern sprach wie wohl noch nie in ihrem Leben. Wie wirkte Beck bei seiner Erklärung? »Nicht besonders glücklich«, berichtete Schwall-Düren. Ein Putsch sei all das nicht gewesen, ergänzte sie. Struck verließ das Hotel mit den Worten: »Lasst mich jetzt mal in Ruhe Motorrad fahren.« Er fügte hinzu: »Ich sage nur noch: Steinmeier.«

Um 16.19 Uhr begannen Heil und Steinmeier ihr sieben Minuten dauerndes Statement. »Sind wir so weit?«, leitete Steinmeier seine Bemerkungen ein, die er zuvor schriftlich fixiert hatte. Sodann erklärte er mit regungsloser Miene: »Der Tag ist heute anders verlaufen als geplant.« Becks Rücktritt habe alle »überrascht und schockiert zugleich«. Warum Beck gehe, ließ Steinmeier offen. Für Beck sei schon lange klar, dass er, Steinmeier, Kanzlerkandidat werde. »Ich trete nicht an, um auf Platz zu spielen«, sagte Steinmeier und beschwor einen »wirklichen Neuanfang«. Außerdem kündigte er an, die Partei bis zu einem Sonderparteitag führen zu wollen. Als neuen Parteivorsitzenden habe er Müntefering vorgeschlagen. Müntefering stehe für eine »selbstbewusste, kämpferische SPD«. Daraufhin verkündete Heil die Nominierung Steinmeiers zum Kanzlerkandidaten; der solle der nächste Bundeskanzler werden. Das war's dann. »Demnächst mehr«, sagte Steinmeier noch und wandte sich ab. Selten wurde ein Kanzlerkandidat so planlos nominiert, begleitet von einer derart schlechten Ausgangs- und Stimmungslage.

Am Tag darauf bestätigte der SPD-Parteivorstand die personellen Weichenstellungen. Während Steinmeier einstimmig zum Herausforderer Merkels nominiert wurde, erhielt Müntefering als designierter Vorsitzender eine Nein-Stimme (die Ottmar Schreiners) und fünf Enthaltungen (der Vorstandsmitglieder Ulla Burchardt, Gernot Grumbach, Heiko Maas, Hilde Mattheis und Wolfgang Thierse). Auf ihrer anschließenden gemeinsamen Pressekonferenz beschworen Müntefering und Steinmeier die Geschlossenheit der Partei. Müntefering solle auf einem Sonderparteitag am 18. Oktober in Berlin gewählt werden, sagte Steinmeier und betonte sogleich: »Ich freue mich, dass Franz Müntefering wieder bei uns ist.« Bis zu dem Sonderparteitag führte Steinmeier kommissarisch die Geschäfte des Vorsitzenden. Müntefering schloss weitere Personalveränderungen aus und zeigte sich zuversichtlich, die SPD werde einen großartigen Wahlkampf hinlegen. »Die SPD stellt sich geschlossen und neu auf«, sagte er. Er bekräftigte seine Absage an eine rot-rote Zusammenarbeit auf Bundesebene. Beck hatte an den Sitzungen nicht mehr teilgenommen.

Der dramatische Rückzug Becks entsetzte vor allem den linken Parteiflügel in der SPD. Müntefering wusste um diese Stimmung. Er suche Kontakt mit Beck und wolle sich mit ihm »bald aussprechen«. Stegner spielte auf Münteferings einstigen Führungsstil an, wenn er feststellte, die SPD sei keine »Kommandopartei«. Der saarländische Landeschef Maas verbreitete die Feststellung: »Für einen neuen Vorsitzenden gibt es keinen Persilschein.« Derlei Stimmen veranlassten Steinbrück, vor »kommunikativer Inkontinenz« zu warnen. Doch selbst reformorientierte Abgeordnete erinnerten sich nur ungern an Müntefering als Fraktionschef. Sie warfen ihm damals vor, sich abzuschotten, und spotten bis heute ironisch über den »Stalinismus mit sauerländischem Antlitz«.

Mit der Kanzlerkandidatur Steinmeiers hatten sich Stegner, Ypsilanti und die anderen Parteilinken zuvor wohl oder übel abgefunden. Den Architekten der Agenda 2010 mochten sie eigentlich nie. Über den »kalten Technokraten« Steinmeier lästerten SPD-Linke – jedenfalls so lange, wie sich dessen Kanzlerkandidatur noch nicht abgezeichnet hatte. Selbst die Jüngeren unter ihnen und sogar die Frauen hatten bis dato stets eine Präferenz für einen Kanzlerkandidaten Beck gezeigt. Dabei agierten die SPD-Linken keineswegs geschlossen. In den vergangenen Monaten hatten ihre Führungsleute Beck gegenüber zumeist Loyalität bewiesen. Die jüngste Erklärung von 60 Sozialdemokraten, die ein Ende der Rente mit 67 und eine Rücknahme von Hartz IV forderten, war ohne prominente Unterstützung geblieben. Weder der Sprecher der SPD-Linken, Björn Böhning, noch die der »Parlamentarischen Linken« in der SPD-Fraktion hatten den Aufruf unterschrieben.

Der konservative Seeheimer Kreis und die pragmatischen Netzwerker äußerten Genugtuung über die neue Doppelspitze. Das Ergebnis stimme, resümierten sie den turbulenten Tag am Schwielowsee. Jede demonstrative Genugtuung über Steinmeier und Müntefering aber würde die Parteilinke provozieren, wussten die »Rechten« in der SPD. Sie waren in der Parteispitze bestens vertreten. Generalsekretär Heil, ein Netzwerker, bleibe wie das gesamte engere Präsidium im Amt, kündigte Müntefering an. Gleiches gelte für die sozialdemokratischen Bundesminister, ergänzte Steinmeier sogleich. Doch wie lange werden sich Steinmeier und der 68-jährige Müntefering an der Spitze halten? Schon war von einer weiteren Interimslösung die Rede. Müntefering kommentierte derartige Fragen mit dem Hinweis: »Seit Adam und Eva gibt es nur Übergänge.« Er war dabei der älteste SPD-Vorsitzende seit Willy Brandt, betonte jedoch: »Ich fühle mich gut«. Müntefering verwies auf seine Laufband-Leistung am frühen Morgen; 3000 Meter in 18 Minuten und 45 Sekunden seien »nicht schlecht für meine Altersklasse«. Die größte Klippe, die Müntefering und Steinmeier nun umschiffen mussten, befand sich fernab von Berlin: Die »hessischen Verhältnisse« bestanden nach wie vor, und Ypsilanti drängte weiter an die Macht. »Soll ich meine ehemaligen Soldaten dahin schicken, um Andrea Ypsilanti daran zu hindern, das zu machen? Das geht einfach nicht«, meinte der Fraktionschef und frühere Verteidigungsminister Struck. Über Hessen werde in Hessen entschieden, lautete fortan die Sprachregelung. Steinmeier lasse in Wiesbaden nach Abgeordneten suchen, die eine Kandidatur Ypsilantis verhindern wollten, hieß es jedoch in der SPD.

Beck verteidigte seinen plötzlichen Rücktritt und sprach zwei Tage nach diesem Schritt von einer »bewussten Entscheidung nach einer intensiven Selbstprüfung«. Bei einer recht langatmigen Pressekonferenz in Mainz stellte er klar, Ministerpräsident und SPD-Vorsitzender in Rheinland-Pfalz bleiben zu wollen. Ohne Namen zu nennen, beklagte er sich, viele hätten das von ihm entgegengebrachte Vertrauen missbraucht. Beck wiederholte seine Darstellung, wonach »gezielte Falschinformationen« über seine Entscheidung zur Kanzlerkandidatur der SPD verbreitet worden seien. Bewusst sei »ein völlig anderer Ablauf« an die Presse kolportiert worden. Sein Vorwurf beziehe sich »ausdrücklich nicht auf die erste politische Reihe«. Die Schuld liege bei »Spindoktoren« und »Halbverrückten« in der SPD. Diese Leute ignorierten Vereinbarungen, stellten Fakten anders dar und belieferten damit die Medien. In diesem Kontext ließ Beck das Wort »Judas« fallen. Gerüchte über einen Putsch wies Beck indes mit der ihm eigenen Diktion zurück: »Putsch ist Quatsch mit Soße.« Seine lange geplante Autobiografie hatte eigentlich Gerhard Schröder vorstellen sollen, nach Becks Rücktritt aber galt der Auftritt des Altkanzlers – der hinter verschlossenen Türen seit jeher für die Kanzlerkandidatur Steinmeiers eingetreten war – als erledigt, ohne dass er je offiziell abgesagt wurde. Beck präsentierte sein Buch nun in einem langen Gespräch mit dem Journalisten Heiner Bremer. Über Müntefering heißt es darin: »Unser Verhältnis ist natürlich nicht unproblematisch. Unser Politikstil, die Art, Machtfragen zu klären, sind schwer vereinbar ... Es war schwierig mit ihm, Perspektiven zu erarbeiten, die darüber hinaus reichen ...«[22] Auch das Vier-Augen-Gespräch, das wenige Tage nach dem Schwielowsee-Showdown zwischen Beck und Müntefering stattgefunden hatte, bereinigte das Verhältnis keineswegs. »Mehr als dass man miteinander anständig und ordentlich reden kann, hat es nicht gebracht«, klagte Beck.[23] Nur wenige Wochen später erschien Münteferings Buch ›Macht Politik!‹ Auf seinen über 200 Seiten erwähnte er den Namen Becks nicht einmal.

Müntefering baute zwar die Parteispitze nicht um, traf aber sogleich mehrere Personalentscheidungen für das Willy-Brandt-Haus. Stefan Giffeler, der Sprecher des Bundesarbeitsministeriums, beerbte den langjährigen SPD-Sprecher Lars Kühn. Seinen Vertrauten Kajo Wasserhövel setzte Müntefering als neuen, alten Bundesgeschäftsführer der Partei durch. Wasserhövel war bislang Staatssekretär im Arbeitsministerium. Er löste Martin Gorholt ab. Bereits am Sonntag hatte Müntefering Wasserhövel mit den Worten »Es gibt Arbeit« telefonisch für die Aufgabe als »BGF« gewonnen; dieser Posten war von ihm bereits in den Jahren 2004/05 bekleidet worden. Seine gescheiterte Wahl zum Generalsekretär hatte Ende 2005 Münteferings Rücktritt vom Parteivorsitz ausgelöst.

»Herausforderungen« sind noch ein freundliches Wort für die Aufgaben, die vor dem 46-jährigen Wasserhövel lagen und liegen. Sein Job zählt wohl zu den schwierigsten, die im politischen Berlin zu vergeben waren. Doch beim politischen Gegner wurde die Berufung des Wahlkämpfers Wasserhövel aufmerksam registriert. Ausgerechnet Heil musste die Einsetzung des unauffällig auftretenden und öffentlich wenig großspurig agierenden Wasserhövel verkünden. Beide pflegten ein distanziertes Verhältnis, und Heil hatte Gorholt stets gegen interne Kritik in Schutz genommen. Nun verkündete Heil in einer Pressemitteilung, er wolle Wasserhövel »in Absprache und Übereinstimmung« mit Müntefering und Steinmeier zum neuen Bundesgeschäftsführer »bestellen«. Heils Begeisterung über die »Bestellung« Wasserhövels hielt sich in Grenzen. Gerade die Wahlkampforganisation hatte Heil bislang für sich beansprucht (»Wahlkampf kann ich«). Heil wurde so nun erheblich geschwächt, doch seine enge Verbindung zu Steinmeier und die Fürsprache Steinbrücks bewahrten ihn vor einer formalen Demontage. Wasserhövel bemühte sich parallel um eine Kandidatur im Berliner Bundestagswahlkreis Treptow/Köpenick, den Gregor Gysi 2005 direkt gewonnen hatte. Selbst Kritiker Münteferings in der SPD hatten in den vergangenen Monaten bemerkt, Wasserhövel dürfe der Partei unter keinen Umständen abhandenkommen.

Nur wenige Tage nach dem Rücktritt Becks wirkte die Zeit, in der Beck der Sozialdemokratie eher vorsaß, als dass er sie führte, in weite Ferne entrückt. Was noch eine Woche zuvor am Schwielowsee tiefe Stirnfalten und ungläubiges Staunen ausgelöst hatte, galt längst als pure Selbstverständlichkeit. Nun erschien es geradezu als zwangsläufig, dass Steinmeier und Müntefering die neue Doppelspitze der SPD bildeten. Was, bitte, sei denn die Alternative, fragten selbst diejenigen, die Beck als Parteichef stets als alternativlos bezeichnet hatten.

Roter Schal und Silberlocke

Die Aufgabe von Steinmeier und Müntefering bestand nun darin, die SPD erfolgreich in die Bundestagswahl zu führen. Hier bestehen oder gar gewinnen zu wollen war in der bisherigen Verfassung der SPD ein ausgesprochen ehrgeiziges Ziel. Doch mit Steinmeier und Müntefering traute sich die Partei wieder mehr zu. Für das sogenannte bürgerliche Lager sind der Erfinder und der Exekutor von Schröders Reformpolitik ein bedrohliches Duo. Anders als Andrea Ypsilanti wusste die neue Führung: Wahlen werden in der Mitte gewonnen. Auf die Mitte kommt es an. Den letzten dezidiert linken, ja lebensweltlich fremden Bundestagswahlkampf hatte die SPD im Jahre 1990 geführt. Damals hieß der Kanzlerkandidat Oskar Lafontaine. Er fuhr das schlechteste Wahlergebnis seit 1957 ein. Seinerzeit kollabierte der Sozialismus, und die Sowjetunion begann sich aufzulösen. Auf diese Situation mochte sich Lafontaine mit seinem ökosozialen Wahlkampf nicht einstellen; für die Vereinigung Deutschlands hatte er kein freundliches, geschweige denn fröhliches Wort gefunden.

Aber fast zwei Jahrzehnte später? Mit der Finanzkrise, die aus den Vereinigten Staaten nach Europa schwappte, breitete sich neben allgemeiner Verunsicherung Genugtuung auf der politischen Linken aus. Hatte man nicht immer schon gesagt, dass …? Zu Recht konnte die SPD auf Münteferings Heuschrecken-Wort verweisen und auf die Bemühungen von Schröder und Steinbrück um Regeln auf den internationalen Kapitalmärkten. Hinzu kam eine große Unzufriedenheit im Volk mit den geringen Nettolohnzuwächsen in den vergangenen Jahren. Einen puren Agenda-2010-Wahlkampf strebten schon allein deswegen weder Müntefering noch Steinmeier an. Die gesellschaftliche Mitte rückte nach links, der SPD könnte das zugutekommen.

Wie aber soll dieser Wahlkampf der SPD funktionieren? Steinmeier und Müntefering dürften selbstbewusst auftreten und die erfolgreiche Regierungspolitik seit 1998 beschwören. »Klare Kante« nannte Müntefering das. Sogleich aber wollen beide die Agenda »fortentwickeln«. Vom Kurs der Haushaltsdisziplin und der Rente mit 67 dürften sie kaum abrücken. Projekte wie das einer Bürgerversicherung, einer Arbeitsversicherung und Entlastung von Sozialabgaben für untere Einkommen (anstatt genereller Steuersenkungen) aber werden wohl in das Regierungsprogramm der SPD einfließen. Einen neuen Umgang mit der Agenda 2010 ließ Steinmeier bereits während seines Auftritts im Willy-Brandt-Haus am Tag nach dem Schwielowsee erkennen. Es gelte, nach vorne zu blicken, hieß es nun. Die alte Debatte, ob man auf die Agenda stolz sein dürfe oder müsse, ließ der Architekt der Agenda also hinter sich. Steinmeiers Vertrauter Thomas Oppermann verwies gar darauf, derzeit beziehe die mittelfristige Finanzplanung bereits das Jahr 2011 ein, auf diese Weise sei man über die Agenda 2010 bereits hinaus, Schröders Reformen seien gewissermaßen Teil der deutschen »Zeitgeschichte«.

Der Wahlkampf dürfe noch nicht beginnen, hieß es in der SPD – just nachdem man mit der Ausrufung Steinmeiers den Startschuss dazu gegeben hatte. Die Aufgaben können sich Müntefering und Steinmeier gut teilen. Steinmeier inszeniert sich als Staatsmann. »Sieh her, liebes Volk, hier ist der freundliche, souveräne, verlässliche, beliebte Herr vom Auswärtigen Amt. Wer 6000 Diplomaten vorsteht, kann auch ein Land mit 80 Millionen Menschen führen.« Und: Der Weg vom Vizekanzler zum Kanzler wurde als vorgezeichnet beschrieben. Franz Müntefering gibt daneben den Mann, der kämpferisch auftretend die Partei führt, befriedet und eint. Sein

»heißes Herz« wird kräftig schlagen. Müntefering besitzt die anspruchsvollere Aufgabe, zumal die SPD-Linke um ihren Einfluss fürchtete. Das wusste Müntefering, und so attackierte er schon am Tag nach seiner Nominierung die Kanzlerin und Union. Was die SPD-Linken ganz gewiss erfreute. Müntefering griff gar das – an Brandt angelehnte – Motto »Mehr Freiheit wagen« ihrer Regierungserklärung aus dem Jahre 2005 an. »Merkels Worte konnten nicht wirken, weil der Begriff der Freiheit von ihr und der Union wirtschaftspolitisch aufgeladen worden ist«, befand Müntefering: »Freiheit als ökonomische Egozentrik. Jeder sorgt für sich selbst.«[24] In seinem Interviewband fragte Müntefering rhetorisch: »Sind CDU/CSU dement oder abgezockt? Ich tippe auf abgezockt.«[25] Hier sprach längst – ein Jahr vor der Wahl – der Wahlkämpfer.

Müntefering also dürfte versuchen, den linken Flügel zu besänftigen und einzubinden, um ihn ruhigzustellen. Zuweilen mündet das in Symbolregierungspolitik. Im letzten Bundestagswahlkampf etwa präsentierte Müntefering den verdutzten Sozialdemokraten das Thema Reichensteuer. Sie wurde Teil des Wahlmanifests der SPD, wurde zum Wahlkampfhit, und Merkel ließ sie ins Gesetzblatt gelangen. So etwas lässt sich beliebig wiederholen, etwa mit der Forderung nach Wiedereinführung der Vermögensteuer. Wenn der frühere Finanzminister Eichel vor einem »hohen politischen Preis« der Vermögensteuer warnt und diese »relativ wirkungslos« nennt, da sich Bürger mit hohen Kapitalvermögen »wohl davonmachen dürften«, bliebe er mit dieser Haltung in seiner Partei recht einsam. Bei alldem: So beständig Müntefering Gerhard Schröders Politik verteidigen wird, so wird er im Wahlkampf sicherlich abermals die rote Fahne hissen. Das kommt gut an, erwärmt die Herzen, verschafft intern Ruhe und stärkt die Spitze.

Dass zwischen sie kein Blatt Papier passe, werden Steinmeier und Müntefering nicht behaupten; diese Metapher ist seit dem Ende der wunderbaren Freundschaft zwischen Schröder und Lafontaine tabu. Doch derzeit ist nicht zu sehen, wo und wie sich der silberhaarige Chefdiplomat und der Parteiführer mit dem roten Schal ins Gehege kämen. Beide wissen, dass der Weg ins Kanzleramt mühsam ist. Doch beide kennen diesen Weg und möchten ihn unbedingt noch einmal gehen. Außerdem wagte die SPD plötzlich wieder davon zu reden, sie wolle das Kanzleramt für sich gewinnen. Schon kündigte Steinmeier an: »Meine Willy-Brandt-Statue wird gleich am ersten Tag im neuen Büro aufgestellt.«[26] Und der Mann, der diese Statue bereits in seinem Kanzlerbüro stehen hatte, Gerhard Schröder nämlich, verkündete: »Ich bin stolz auf meine Partei, die mit Frank-Walter Steinmeier den Besten für dieses wichtige Amt des Bundeskanzlers ins Rennen schickt. Er hat das Zeug zum Kanzler.«[27] Und der Koalitionspartner? Die Widersprüche innerhalb der Union und deren schwaches Profil – etwa in der Haushalts- und Wirtschaftspolitik – lagen dabei auf der Hand. Zudem war Angela Merkel zwar beliebt, kämpfte aber allein auf weiter Flur. Merkels Müntefering war Ronald Pofalla.

Seinen ersten großen Auftritt absolvierte Kanzlerkandidat Steinmeier ausgerechnet in der sozialdemokratischen Diaspora, im bayerischen Landtagswahlkampf, vor 2000 Menschen in einem Bierzelt auf der Herbstdult in Regensburg. Steinmeier zeigte, was er kann. Über die Qualitäten einer »Rampensau« hatte er selbst einmal philosophiert. Seit Becks Rücktritt und der Rückkehr Münteferings wurde Steinmeier nicht mehr als Zauderer beschrieben, als Bürokrat, der selbst Blumensträuße abheftet. Steinmeier war plötzlich ein machtbewusster Macher, einer, der gewinnen will. In Regensburg eilte er auf die Bühne und wand sich aus seinem Jackett. Die Maß Bier stemmte er mit einer Hand, ganz so, als sei er es aus Hannover oder Berlin gewohnt. Während der bayerische Spitzenkandidat Maget sprach, krempelte Steinmeier die Ärmel seines weißen Hemdes auf. Als Maget mit seiner Rede nicht enden mochte, wurde er ungeduldig.

»Meine sehr verehrten Damen und Herren«, donnerte Steinmeier in die zwei Mikrofone, als er dran war, »und die, die es angeht: Liebe Genossinnen und Genossen!« So begrüßt man sich bei der SPD. Steinmeier, der im Hauptberuf Minister, Präsidenten und »Exzellenzen« anspricht, widmete sich nun den Genossen. Fast eine Dreiviertelstunde redete, nein röhrte Steinmeier. Zur Außenpolitik fiel kein Wort. Dafür sagte er, dass man in der Oberpfalz gut Urlaub machen könne und dass in Passau die Sozialdemokraten regieren. Steinmeier gab die Rampensau, und er beherrschte seine Rolle, wenngleich mit Manuskript. »Der Stoiber beißt in Wolfratshausen in die Tischkante«, wenn er seine Nachfolger in der CSU beobachte, rief Steinmeier. Der CSU-Vorsitzende Erwin Huber habe schon »mehr Wahlkampfstrategien als Hemden« ausprobiert. Heftig prasselte der Regen auf das Dach des Festzeltes. Steinmeier schwitzte. »Ich bin der Erste, der in meiner Familie und in meinem Dorf Abitur machen durfte«, rief Steinmeier ins Publikum. Eine ähnliche Passage fehlte in Schröders Reden nie. Die Verachtung für Oskar Lafontaine teilten beide, der Kandidat und sein Mentor. Lafontaine habe als Finanzminister gestalten können, sei aber »ausgebüxt«, echauffierte sich Steinmeier. Nun klopfe er simple Sprüche. »Ich könnte aus der Haut fahren, wenn ich das höre!« Den Populismus, jenes »Markenzeichen der Ratlosen und Hilflosen in der Politik«, nannte Steinmeier gar die größte Gefahr, die diesem Land drohe.

Steinmeier sprach auch über Steinmeier. Etwa wenn er beschrieb, was Deutschland mehr denn je brauche: »Leute, die Probleme kennen, seriös an Lösungen arbeiten, die sich und anderen nichts vormachen und sich von den Aufgeregtheiten des Alltags nicht verrückt machen lassen.« Steinmeier, der sachkundige, fleißig-stetige Spitzenmann, hätte ebenso sagen können, mehr denn je braucht dieses Land: mich. Erst einmal aber benötigte die SPD Steinmeier und Müntefering. Steinmeier lobte – neben Maget und Finanzminister Peer Steinbrück – Müntefering beziehungsweise sein Duett mit ihm. »Ein Sauerländer und ein gebürtiger Ostwestfale, das geht zusammen, das wird klappen an der Spitze der SPD!« Einen Namen ließ Steinmeier unerwähnt. Den von Kurt Beck. Der Mann, der bis zum 7. September 2008 Vorsitzender der SPD war, wurde abgekanzelt, wenngleich nur indirekt. Steinmeier historisierte Beck. »Vor einigen Monaten« habe der Eindruck geherrscht, die SPD lasse sich »wie ein altes Möbelstück in der politischen Landschaft mal so und so herumschubsen«. Sogleich rief er: »Ich bin das leid! Und wir werden das klarmachen – gemeinsam in Verantwortung mit Franz Müntefering.«

Beck wiederum grollte sich nach Rheinland-Pfalz zurück. Ausgerechnet am Wochenende nach dem Schwielowsee stand – lange terminiert – der Landesparteitag auf dem Programm. Der Landesvorsitzende Kurt Beck sollte hier, in der Phönixhalle zu Mainz, wiedergewählt werden. Beck genoss die Huldigungen seiner Parteibasis. »Wir wissen, was wir an dir haben« war auf einem Transparent zu lesen. Auf einem anderen hieß es: »Bei uns bist du die Nummer eins.« Wenigstens hier. Die Delegierten grummelten über Becks Demütigung und über Münteferings Rückkehr. Im Foyer fielen die Begriffe Putsch, Intrige, von einer »Viererbande« war die

Rede. Steinbrück, Steinmeier, Müntefering hätten Beck entmachtet – und zwar zusammen mit Gerhard Schröder, hieß es.

Beck wurde in Mainz gefeiert und mit 99,5 Prozent als Landesvorsitzender bestätigt. In seiner Rede gab er sich selbstbewusst. Seinen Rückzug erklärte er mit dem Hinweis, er lasse sich nicht einreden, dass es ein Vorzug in der Politik sei, »wenn man den Umgang des Wolfsrudels miteinander pflegt«. Dies seien »Umgangsformen von vorgestern«. Wolfsrudel? Vorgestern? Da war doch was. Einst hatte Gerhard Schröder eine Krawatte getragen, die zeigte einen Wolf und bescherte ihm viel Aufmerksamkeit. »Wölfe leben in Rudeln. Das sind hochsoziale Tiere«, sagte Schröder, auf seinen Binder angesprochen, damals dem »Spiegel«. Und sein Brutalo-Image? »Wenn man es abschleifen würde, würde es einen Teil meiner eigenen Persönlichkeit wegmachen. Das will ich nicht. Es ist schon okay.«[28] Das sagte Schröder, ein Dreivierteljahr bevor er Bundeskanzler wurde. Nun sollte sein engster Weggefährte Kanzler werden. Und der alte Wolf war wieder da.

In der Finanzkrise

Von einer erheblich besseren Stimmung für die SPD konnte nach dem Führungswechsel vom Schwielowsee zunächst keine Rede sein, der erhoffte »Münte-Effekt« blieb erst einmal aus. Dennoch feierte die Sozialdemokratie den Ausgang der bayerischen Landtagswahl. Zwar musste die SPD hier abermals Verluste einstecken: Sie holte mit 18,6 Prozent das schlechteste Ergebnis ihrer Geschichte.[29] Die Erosion der CSU, die auf 43,4 Prozent geradezu abstürzte und erstmals seit 1962 ihre absolute Mehrheit verlor, stellte aber die sozialdemokratische Niederlage in den Schatten. Steinmeier trat am Wahlabend im Willy-Brandt-Haus geradezu jubelnd auf; etlichen seiner Parteifreunde erschien dies im Angesicht des erzielten Ergebnisses als nicht angemessen. Die folgenden Auseinandersetzungen innerhalb der CSU und die Koalitionsverhandlungen mit der FDP ließen dies jedoch ebenso vergessen wie die sozialdemokratische Vision einer Vier-Parteien-Regierung »gegen die CSU«.

Immerhin rückte die Sozialdemokratie aufgrund des Desasters für die CSU aus dem Fokus des öffentlichen Interesses. Zudem offenbarte sich just an jenem Wahlabend eine weitere Krise: die an den internationalen Finanzmärkten. Mehr oder weniger plötzlich war die Bundesregierung mit einer Situation konfrontiert, für die es weder Drehbuch noch Gesetzbuch gab und die im Koalitionsvertrag mit keinem Wort Erwähnung fand. Politik wurde wieder unkalkulierbar; in der jüngeren Zeit nur vergleichbar mit dem Niedergang des Kommunismus 1989/90 und den Terroranschlägen vom 11. September 2001 wie deren Folgen. Nun also war Führungsstärke gefragt, und schon bald erschien die reichlich unbeliebte große Koalition mit ihrer breiten Mehrheit im Bundestag als ein wahrer Segen. Plötzlich – und doch sehr spät – erfuhr die große Koalition eine Legitimität. Nur froh könne man sein, in dieser Konstellation zu regieren, meinten jetzt selbst diejenigen, die lange allzu gern über jenes Regierungsbündnis gemäkelt hatten. Wie könnte in solch einer Situation eine Regierung mit knapper Mehrheit agieren? Wie handlungsfähig wäre eine Koalition, die auf die Befindlichkeiten einzelner Hinterbänkler Rücksicht nehmen müsste?

Nun also dominierte die Finanzkrise das öffentliche Geschehen. Plötzlich brach sich eine bis dato ungewohnte Rhetorik Bahn. Selbst Unionspolitiker verlangten »Regeln« und »Leitplanken« für die Finanzwelt. Während eines gemeinsamen Auftritts am ersten Sonntag im Oktober verkündeten Merkel und Steinbrück, der Bund garantiere die Guthaben aller Sparer. Die Regierung stand demnach dafür ein, dass niemand sein Geld auf privaten Giro- und Sparkonten deutscher Banken verlöre – und übernahm damit die höchste Garantie, die ein Staat je übernommen hat. Diese Beruhigungspille war etwa 1 000 Milliarden Euro schwer. Erst wenige Tage zuvor hatte Steinbrück davon gesprochen, die Ersparnisse der Deutschen seien sicher, und zwar ohne eine staatliche Garantie. Plötzlich aber musste der Staat bürgen. Der reichlich aufgeheizten Stimmung an den Börsen trat eine Regierung entgegen, die alles andere als panisch agierte – wenngleich die Staatsgarantie manchem Bürger erst das Ausmaß der Krise deutlich gemacht haben dürfte. Eine Panik oder ein befürchteter übermäßiger Ansturm auf die deutschen Geldautomaten aber blieb aus.

In einem ungewöhnlichen Galopp wurde binnen einer Woche das 500 Milliarden Euro umfassende Finanzmarktstabilisierungsgesetz verabschiedet. »Ich schließe die Abstimmung«, setzte Bundestagspräsident Lammert am Ende dieser turbulenten Woche zu einem schönen Versprecher an, »und bitte die Schriftführer mit der

Auszahlung zu beginnen.« Gemeint war natürlich die Auszählung. Union, SPD und FDP stimmten an jenem 17. Oktober 2008 für das Gesetz; Linke und Grüne votierten dagegen. Noch am selben Tag fertigte Bundespräsident Köhler das Gesetz aus. Normalerweise benötigen schon weit weniger umfangreiche Gesetzeswerke von den Beratungen in den Fraktionen bis zur Verankerung im Gesetzblatt mindestens ein halbes Jahr. Nun wurde das Gesetz mithilfe von Fristverkürzungen und einer breiten Mehrheit im Bundestag innerhalb einer Woche beraten. Ohne Frage wurde das Parlament in dieser Phase geradezu vor geschaffene Tatsachen gestellt, die Mitwirkungsrechte des einzelnen Abgeordneten blieben beschränkt.

Steinbrück war von den Vorkommnissen im Banksektor schockiert. So hatte er von den Schwierigkeiten des Münchner Immobilienfinanziers Hypo Real Estate (HRE) nicht etwa von deren Managern erfahren, sondern durch die Medien. Nun suchten Bankmanager die Hilfe der »blöden Politik«, plötzlich setzten sie auf »Staatsknete«, echauffierte sich der Finanzminister. Im Nu war Steinbrück der starke Mann, zumal neben dem weitgehend ahnungs- und motivationslosen Wirtschaftsminister Michael Glos. Auch Merkel machte in der Krise nicht immer eine gute Figur, etwa als sie – nicht abgesprochen – in ihrer Regierungserklärung verkündete, der einstige Bundesbankpräsident Hans Tietmeyer werde Chef einer Expertengruppe, die neue Regeln für die internationalen Finanzmärkte erarbeiten sollte. Tietmeyer aber saß im Aufsichtsrat der inzwischen insolventen Hypo Real Estate, und so verkündete der haushaltspolitische Sprecher der SPD, Carsten Schneider, noch in der Debatte, seine Fraktion lehne die Personalie Tietmeyer ab. Sogleich ruderte Merkel in dieser Sache zurück.

Steinbrück wandte sich gegen die »Exzesse« in der Finanzwelt; und auch die Bundeskanzlerin bediente sich dieses Begriffs. Steinbrück war nun der Liebling der SPD. Der Mann, der ein Jahr zuvor auf dem Hamburger Parteitag gegrummelt und nicht ein einziges Mal das Wort ergriffen hatte, befand sich seit der Weltfinanzkrise mitten im Schoß der Partei. Einst hatten die Linken in der SPD »Herrn Steinbrück« als jüngeren Bruder des gering geschätzten Wolfgang Clement verdammt. Nun wurde er gefeiert. Als Steinbrück den Fraktionssaal der SPD betrat, begannen die Abgeordneten zu klatschen. So etwas hatte Steinbrück, der in seiner Partei stets als Außenseiter galt, selten erlebt.

Der kapitalismuskritische Grundton der vergangenen Jahre verstärkte sich mit der Finanzkrise. Gut drei Jahre nach Münteferings »Heuschrecken«-Metapher beschleunigte sich ein Paradigmenwechsel zugunsten des Staates, von Regulierungen und Börsenskepsis. Die Finanzbranche hatte sich erkennbar verzockt, wenngleich sich Demut und Reue hier in Grenzen hielten. Plötzlich war der starke Staat gefragt. Schon kündigte der französische Präsident Nicolas Sarkozy eine Verstaatlichung der Schlüsselindustrien an und sprach damit seinem Volk aus der Seele. Helmut Schmidt mahnte, ein solch kompliziertes Gebilde wie die globalisierte Finanzwelt bedürfe Regeln wie die internationale Luftfahrt. Vom angeblichen Auslaufmodell des Nationalstaates war nun nicht mehr die Rede. Selbst der Vorstandssprecher der Deutschen Bank, Josef Ackermann, rief nach dem »Rettungsschirm« des Staates für seine Branche und wirkte an dessen Konzeption mit, wenngleich er wenig später verkündete, er würde sich »schämen, wenn wir in der Krise Staatsgeld annehmen würden«. Derlei Äußerungen zogen die Finanzwelt noch stärker als zuvor in Misskredit. Während sich die die wirtschaftlichen Aussichten verschlechterten und der Staat existenzielle Fragen der Ökonomie beantworten musste, spürte die SPD Rückenwind. Ideologisch spielte ihr diese Krise in die Hände, zumal sie mit der Sachkunde und Seriosität Steinbrücks punkten konnte.

Steinbrück und Steinmeier gaben sich dabei alles andere als hämisch. »Auch politisch ist das der größte Einschnitt nach dem Fall der Mauer«, war der designierte Kanzlerkandidat der SPD überzeugt.[30] Steinbrück blickte nach vorn, indem er die Frage aufwarf, ob die Krise das Modell der sozialen Marktwirtschaft nicht reaktivieren werde. Für andere Länder könne die soziale Marktwirtschaft zum Vorbild werden, weil sie »auf demokratischen Institutionen und auf Freiheiten ruht, die ein autoritärer Staatskapitalismus seinen Bürgern nicht erlaubt«, war Steinbrück überzeugt.[31] Einzelne in der SPD hingegen übten sich hinsichtlich der Finanzkrise in Besserwisserei. Die hessische Landesvorsitzende Ypsilanti etwa verfiel in eine »Wir haben es doch immer schon gesagt«-Rhetorik. »Die Menschen fürchten sich mehr vor den Lehman Brothers als vor der Linkspartei«, tönte sie. Die Gefahr jenes Hangs zur Häme wurde in der SPD gesehen. Ihre neue Parteispitze wusste darum und steuerte dagegen.

Selten arbeitete die Koalition so effizient wie im Herbst 2008. Ungewöhnlich schnell traf die Regierung ungewöhnlich viele und weitreichende Beschlüsse. Die Krise auf den internationalen Märkten relativierte die Diskussionen um Arbeitslosenbeitrag und Kindergeld. Nachdem ein allgemeiner Krankenkassenbeitrag qua ›Gesundheitsfonds‹ auf 15,5 Prozent fixiert worden war, senkte die Regierung den Beitrag zur Arbeitslosenversicherung von 3,3 auf 2,8 Prozent. Die abschwächende Konjunktur im Blick, soll dieser ab Juli 2010 jedoch wieder steigen, dann auf 3,0 Prozent. Zunächst wirkten sich dabei die Turbulenzen auf den Finanzmärkten nicht auf den Arbeitsmarkt aus; im Oktober wurden nur noch drei Millionen Arbeitslose registriert. Das Kindergeld wurde derweil erhöht, ebenso der Kinderfreibetrag. Über Jahre hinweg hatte es darüber Streit gegeben, nun wurden die Vorhaben parlamentarisch geradezu durchgewunken. Gleiches galt für den Bundeswehreinsatz in Afghanistan, den der Bundestag im Oktober 2008 um 14 Monate verlängerte und dessen Obergrenze er um 1000 auf 4500 Soldaten aufstockte. Auf unspektakuläre Weise erhöhte die Koalition das Wohngeld und die steuerliche Abzugsfähigkeit haushaltsnaher Dienstleistungen.

Zum Ende des Jahres 2008 stand Deutschland vor einer Zeitenwende: Seit Langem sank die Zahl der Arbeitslosen, nunmehr auf den geringsten Stand seit 16 Jahren. Die Wirtschaft wuchs einigermaßen, die Lohnabschlüsse hatten wieder an Höhe gewonnen. Mit der Finanzkrise aber war klar, dass die Phase der Prosperität nun vorüber war. Die Regierung rechnete statt eines Wachstums von einem Prozent für das Jahr 2009 mit einer Schrumpfung der Wirtschaft. Eine wieder steigende Arbeitslosenzahl war ebenso erwartbar. Und war der Scheitelpunkt der Krise überhaupt schon erreicht? Immer wieder wurden Parallelen gezogen zur Weltwirtschaftskrise 1929 und der großen Depression der dreißiger Jahre. Mit einem recht bescheidenen Konjunkturpaket, das einige Steueranreize für den Autokauf wie für private Haushalte und Unternehmen beinhaltete, wollte die Koalition das Schlimmste verhindern. Doch sollte mit mehr Mitteln für die energetische Gebäudesanierung und einer Befreiung von der Kfz-Steuer die Rezessionsspirale gestoppt werden können? Glauben mochte das niemand.

Der Aufbruch

Die bessere Stimmung in der SPD war zu spüren, zu sehen und zu hören. Das Ende der sozialdemokratischen Depression machte sich vielleicht am besten fest an einer Warnung aus dem Munde Franz Münteferings. Da stand Müntefering beim Empfang des »Vorwärts« vor dem SPD-Parteitag Mitte Oktober 2008 auf der Bühne und beschwor wenige Stunden vor seiner offiziellen Rückkehr als Parteivorsitzender die Chancen bei der Bundestagswahl. Ausgerechnet da rief Müntefering den Seinen zu: »Wir dürfen nicht übermütig werden!« Übermut – das war wohl das Letzte, unter dem die Sozialdemokratie in den vergangenen Monaten gelitten hatte. Nun warnte Müntefering davor. Das offenbarte, wie sehr sich eigene Häutungen und weltweite Verwerfungen auf die SPD auswirkten. Der Wechsel an der Führungsspitze, der geradezu befreiende Rücktritt Kurt Becks und der durch die Finanzkrise ausgelöste Paradigmenwechsel machten die SPD selbstbewusst, stark und stolz. Vielleicht wollte der alte Fuchs Müntefering mit dem Wort vom Übermut diese verbesserte Lage nur zuspitzen. Dennoch: Die SPD im Oktober 2008 war eine andere SPD als die des Sommers 2008. Kaum war ihre Spitze neu konstruiert, war die SPD völlig anders konstituiert.

Dabei hatte sich etwa an den »hessischen Verhältnissen« nichts geändert. Im Gegenteil: Erst Anfang Oktober war vom dortigen Landesparteitag die Aufnahme zu Koalitionsverhandlungen mit den Grünen und Gesprächen mit der Partei Die Linke beschlossen worden. Diese Debatte um rot-rote Koalitionen aber war in der Öffentlichkeit ebenso passé wie die Zweifel an der eigenen Führung und die Furcht vor der Verdammnis in die Opposition. Die Sozialdemokraten strotzten vielmehr vor guter Laune. Von einer hervorragenden Stimmung war die Rede, und erstmals seit langer Zeit war diese Selbstbeschreibung ungekünstelt, ja ehrlich. Bei ihrem außerordentlichen Parteitag am 18. Oktober 2008 im vertrauten Berliner Estrel-Hotel war die SPD nicht wiederzuerkennen. Knapp ein Jahr nach ihrem Hamburger Parteitag, auf dem machtpolitischen Höhepunkt Kurt Becks, feierte die SPD eine Krönungsmesse für dessen Widersacher. Franz Müntefering, der damalige Außenseiter, der Verlierer von Hamburg, kehrte an die Parteispitze zurück. Frank-Walter Steinmeier, der einst die »Modernisierer« in seiner Partei personifiziert hatte, wurde zum Kanzlerkandidaten erkoren. Bereits vor ihrer Wahl hatten Steinmeier und Müntefering dabei als die natürlichen Köpfe an der Spitze der Partei gegolten. Beck war an den Rand gerückt. Wie bloß wäre es gewesen, wenn Beck an der Stelle Münteferings geredet hätte, fragte manch einer auf dem Parteitag. Undenkbar! Oder wenn Beck nun in der Finanzkrise Entscheidungen zu treffen und vor allem zu erklären hätte? »Kurt Beck ist unser Michael Glos«, spottete der Gesundheitspolitiker Karl Lauterbach und fügte hinzu, der frühere Vorsitzende sei eben »ein bisschen beschränkt«. Becks Amtszeit erscheine heute wie eine »graue Vorzeit«, meinte Marco Bülow, ein Bundestagsabgeordneter, der zum (von Beck gepäppelten) linken Flügel der SPD zählt. »In einem halben Jahr werden alle denken, Müntefering sei seit zehn Jahren Vorsitzender«, prognostizierte Bülow.

Abwegig war das nicht. Müntefering, der erste Mann, der in 145 Jahren Sozialdemokratie nun zum zweiten Mal an deren Spitze stand, sprach der SPD Mut und Machtwillen zu. Er führte seine Partei zu Beifallsstürmen und Zuversicht. Hinzu kam: Münteferings »Heuschrecken«-Metapher, längst im Duden verankert, verlieh ihm just zur Zeit seiner Wahl zusätzlichen Glanz und Autorität. Gäbe es einen besseren Zeitpunkt als den Herbst 2008, um den »Heuschrecken«-Kritiker zum Vorsitzenden der Sozialdemokraten zu wählen? Müntefering gab sich bestens gelaunt, für seine zurückhaltende Art geradezu euphorisch. Er präsentierte Witz und Ironie. Anno 2026 werde der »Vorwärts«, die SPD-Zeitung, 150 Jahre alt, verkündete Müntefering während des Parteiabends. Dann, in 16 oder 17 Jahren also, werde er als Vorsitzender den »Vorwärts« beehren, kündigte Müntefering spöttisch an. »Die Andrea kann sich gar nicht so richtig freuen«, rief er fröhlich in den Saal. Andrea Nahles, jeder wusste das hier, hatte vor drei Jahren Münteferings Rücktritt vom SPD-Vorsitz ausgelöst. Mit Selbstironie und augenzwinkerndem Respekt bemühte sich Müntefering nun um deren Integration und ein Miteinander.

Gemeinsamkeit und Einigkeit waren ohnehin die Schlagworte der genesenden SPD. Steinmeier und Müntefering gelang es, die lange flügelschlagende Partei zu einen. Von Linken und Seeheimern und Netzwerkern war kaum mehr die Rede. Niemals stärker hingegen war dies der Fall gewesen ein Jahr zuvor, in und um »Hamburg«, als sich die unterschiedlichen Truppen um die Details des neuen Grundsatzprogramms gestritten hatten. Der damalige Vorsitzende Beck beschränkte sich darauf, die Flügel auszutarieren, statt eine Richtung anzugeben. Dies wiederum tat Müntefering nun mit Verve.

Es passte zu der selten so geeinten SPD, dass Andrea Nahles den Parteitag eröffnete. Die einstige Juso-Vorsitzende und Agenda-Kritikerin begrüßte die Altbundeskanzler Helmut Schmidt und Gerhard Schröder. Sie rief später in den Saal: »Franz Müntefering – schön, dass du da bist.« Kopf und Herz seien von der neuen Führung angesprochen, sagte die SPD-Linke Hilde Mattheis, die noch kurz zuvor Münteferings Nominierung im Parteivorstand nicht mitgetragen hatte. Die SPD habe Streit begraben und Gräben zugeschüttet, sagte Steinmeier: »Wir haben uns untergehakt. Wir glauben wieder an uns – und die anderen merken das.« Alle mochten sich derweil noch nicht »unterhaken«. Als Steinmeier Müntefering zurief »Ich bin froh, dass du zurück bist«, applaudierte zwar der Saal; auf dem Podium aber beteiligten sich Ottmar Schreiner und Wolfgang Thierse daran nicht. Respekt vor deren Selbstachtung und Ehrlichkeit! Dennoch tat Steinmeier kund, Hoffnung und Zuversicht seien in der SPD wieder zurück. »Sozialdemokratie ohne Hoffnung ist wie Kirche ohne Glauben«, zitierte Steinmeier Willy Brandt und rief in den Saal: »Die SPD ist wieder im Spiel.« Müntefering bekräftigte: »Wir sind eine Partei.« Das war nicht immer so gewesen in den vergangenen Monaten. Nun aber war die »politische Körpersprache« der SPD, wie – der unter Müntefering weitgehend an den Rand gestellte – Generalsekretär Hubertus Heil sagte, eine ganz andere.

Die Gestik und Mimik der Delegierten während des Auftritts von Steinmeier war wesentlich fröhlicher als bei Becks Rede in Hamburg, zuweilen geradezu begeistert. Verdrehte Augen oder beißender Spott waren nicht mehr zu wahrzunehmen. Anders als noch Wochen zuvor beanspruchte die SPD dabei für die Zeit ab 2009 selbstbewusst das Bundeskanzleramt – und löste dabei weder Lachen noch mitleidigen Spott aus. Steinmeier verwies in seiner mit eineinhalb Stunden recht langen Rede auf seine gut überlegte Entscheidung für die Kanzlerkandidatur und seine Erfahrungen im Kanzleramt (»ich habe das von innen gesehen«). Über die Finanzkrise sprach er mit Empathie. »Die Welt hält den Atem an«, sagte Steinmeier über die Erschütterung an den Kapitalmärkten.

Er nannte diese Krise »den wichtigsten Einschnitt seit dem Mauerfall«. Von einem »Wendejahr 2008« sprach er. Der Außenminister appellierte an »die Lehman Brothers dieser Welt«, sie mögen »einfach eine Runde mal den Mund halten«. Sie sollten in sich gehen, nachdenken und künftig mehr Respekt vor der Demokratie zeigen. Dann griff Steinmeier die Union und deren wirtschaftspolitischen »Zickzackkurs« an. Führung sehe anders aus, schmetterte der Vizekanzler der Partei entgegen, deren Vorsitzende die Bundeskanzlerin war. »Viel Taktik und kein Kompass« sei bei jenem »Buhlen um den aktuellen Zeitgeist« in der Union spürbar. Das unterscheide sie von der SPD.

Wenn Steinmeier ein neues Denken, eine neue Zeit und einen Neubeginn diagnostizierte, so bezog sich das in erster Linie auf die Zäsur der Finanzkrise, aber auch die Zäsur an der Spitze seiner Partei. Dem Thema Bildung räumte Steinmeier viel Raum ein. Hier verwies er, wie einst Gerhard Schröder, auf seine eigene Herkunft: »Ich war der Erste in meiner Familie, einer der Ersten in meinem Dorf, der Abitur machen durfte.« Diese Worte wird der Wahlkämpfer Steinmeier noch auf manchem Marktplatz und in vielen Stadthallen ausrufen. Steinmeier, der bislang kein parlamentarisches Mandat bekleidet und erst vor knapp einem Jahr zum stellvertretenden SPD-Vorsitzenden gewählt worden war, stellte zudem seine Verbundenheit zur Partei heraus. Er lobte die Regierungspolitik von Brandt, Schmidt und seinem Mentor Schröder. Steinmeier sprach von einem Aufbruch, den der Parteitag aussende. Die Kanzlerkandidatur nannte er »Ehre und Verantwortung«. Steinmeier beendete seine Rede mit den Worten: »Weg mit dem Kleinmut, zeigt Zuversicht und zeigt Selbstbewusstsein. Schließt die Reihen. Spielt nicht auf Platz, spielt auf Sieg. Lasst uns kämpfen, damit Deutschland gewinnt.« Gut sechs Minuten lang applaudierte der Parteitag stehend.

Das Ergebnis der Nominierung Steinmeiers zum Kanzlerkandidaten verkündete Müntefering mit der ihm eigenen Chuzpe während seiner Rede, also noch bevor er selbst zum Vorsitzenden gewählt worden war. Diese Bekanntgabe also mochte der Vorsitzende in spe nicht dem Tagungspräsidium überlassen. Gewissermaßen setzte Müntefering Steinmeier die Krone des Kanzlerkandidaten auf. 95,1 Prozent der Delegierten hatten sich für Steinmeier als Herausforderer von Bundeskanzlerin Angela Merkel ausgesprochen.

Müntefering schnitt bei seiner Wahl erwartungsgemäß schlechter ab. Er holte 84,8 Prozent der Stimmen. Er traf also noch immer auf Skepsis in den eigenen Reihen – Teile der Partei begründeten schließlich Becks Rücktritt mit einem »Putsch« und wähnten Müntefering als Drahtzieher. So dürften einige der Delegierten aus Rheinland-Pfalz (sieben Prozent des Parteitags) gegen Müntefering gestimmt haben. Andere erinnerten sich ungern an Münteferings harte Haltung bei den Gesetzgebungsverfahren zur Agenda 2010 – auch aus diesen Reihen dürfte es Gegenstimmen gegeben haben. Müntefering war dabei in seiner Rede auf Beck eingegangen. Der hatte an dem Parteitag nicht teilnehmen wollen und absolvierte stattdessen Termine in Rheinland-Pfalz. Beck »kann heute nicht hier sein«, verkleisterte Müntefering die Realität. Manchmal seien Beck und er »quer zueinander geraten«, resümierte Müntefering. Er nannte Beck dennoch einen bedeutenden Sozialdemokraten, einen verdienstvollen ehemaligen Vorsitzenden und – erst an dritter Stelle – einen »wichtigen Ministerpräsidenten«. Als die SPD dann ihren Parteitag mit dem traditionellen »Wann wir schreiten Seit' an Seit'« beendete, intonierten die Kumpel der Ruhrkohle AG ganz in Schwarz das Lied kräftig und auswendig. Ebenso hielt es Müntefering. Kanzlerkandidat Steinmeier hingegen benötigte ein Textblatt.

Wer die Vermutung oder Hoffnung pflegte, mit dem neuen Führungsduo kehre Ruhe in die gesamte SPD ein, sah sich getäuscht. So bastelte Andrea Ypsilanti weiter an ihrem Projekt einer rotgrünen Minderheitsregierung unter Duldung der Partei Die Linke. Sie entschied eine Vertrauensabstimmung in der Fraktion für sich, nur die »Dissidentin« Dagmar Metzger verweigerte ihr – wie angekündigt – die Stimme. Die SPD hielt vier Regionalkonferenzen ab, Parteitage von SPD und Grünen stimmten der Aufnahme von Koalitionsverhandlungen zu und segneten Anfang November 2008 den entsprechenden Vertrag ab. Die Linke entschied sich für eine Duldung der angestrebten Regierung.

Die SPD-Spitze war bei alldem zwar weiter wenig glücklich mit den Vorgängen in Hessen, hielt sich aber offiziell aus der Sache heraus. Auf der Zielgeraden offenbarte Ypsilanti abermals Ungeschick, indem sie ihren internen Widersacher Jürgen Walter nicht einzubinden vermochte und ausgerechnet den als überfordert geltenden Umweltpolitiker Hermann Scheer zum Wirtschaftsminister berufen wollte. Am 3. November 2008, gut 24 Stunden vor der geplanten Wahl zur Ministerpräsidentin im Hessischen Landtag, meldeten sich neben Dagmar Metzger drei weitere Landtagsabgeordnete der SPD zu Wort und kündigten an, Ypsilanti nicht wählen zu wollen. Dies geschah völlig überraschend, selbst für Vertraute dieser Parlamentarier und ebenso für den Ypsilanti-skeptischen Teil in der hessischen SPD. Neben Metzger machten nun die Parlamentarier Carmen Everts, Silke Tesch und Jürgen Walter schwerwiegende Bedenken gegen eine von Ypsilanti geführte Regierung, geduldet von den Linken, geltend. Sie sprachen von einer Gewissensfrage. Über Monate hinweg hatten Everts, Tesch und Walter ihre Vorbehalte gegen eine derartige Koalition relativiert. Der stellvertretende Landesvorsitzende Walter hatte Ypsilanti gar expressis verbis zugesagt, sie am 4. November 2008 zu wählen. Nun aber war Ypsilantis und Scheers Projekt einer »Sozialen Moderne« gescheitert.

Auch die SPD-Spitze wurde von dieser Wendung überrascht. Der Vorsitzende Müntefering nannte die Erklärung der vier Abgeordneten »seltsam und nicht glaubwürdig«. Die Frage nach Verantwortung stelle sich nicht erst auf dem Weg zur Wahlkabine, betonte er, die Abgeordneten rügend. Den späten Zeitpunkt ihrer Erklärung mochte Müntefering schon gar nicht verstehen. Solidaritätsbekundungen für Ypsilanti aber mochte Müntefering nicht abgeben, und schon am Tag darauf rüffelte er seine Parteifreundin: »Man darf vor der Wahl nicht solche Dinge versprechen, wenn man sie hinterher nicht halten kann oder halten will. Das war ganz sicher ein Fehler.« Steinmeier und Steinbrück, aber auch Nahles, hielten sich in der Bewertung der hessischen Vorgänge zurück. Nichts war von ihnen offiziell zu vernehmen. Bei ihnen dominierte Genugtuung, wenn auch aus unterschiedlichen Gründen. Steinmeier sah in dem Projekt der Minderheitsregierung zu Recht eine Gefahr für seinen Wahlkampf, Steinbrück missfiel die grundsätzliche Linie, und Nahles musste in ihrer Parteifreundin Ypsilanti (links, westdeutsch, Frau) eine Konkurrentin sehen, die sich nun um ihren Erfolg gebracht hatte. So unerfreulich für die SPD Kochs Triumph und so wenig verlockend die für den 18. Januar 2009 terminierten Neuwahlen waren, stand aber doch eines im Mittelpunkt: Befreit von einem gewichtigen Glaubwürdigkeitsdefizit konnte die SPD in den Bundestagswahlkampf starten.

Anmerkungen

1 Beck, zitiert nach: Frankfurter Allgemeine Zeitung, 20. Juni 2008.
2 Thierse, zitiert nach: Deutschlandfunk, 26. Juni 2008. www.dradio.de/dlf/sendungen/interview_dlf/807191
3 Haselberger, Stephan: Bis zur Weißglut. Der Tagesspiegel, 20. Juni 2008.
4 Stöckel, zitiert nach: Die Welt, 18. August 2008.
5 Müntefering, Franz: Ein ansehnliches Stück deutscher Demokratie. Süddeutsche Zeitung, 27. Mai 2008.
6 Bartels, zitiert nach: Die Welt, 18. August 2008.
7 Ulrich, Bernd: Er kann auch links. Die Zeit, 21. August 2008.
8 Nelles, Roland und Christoph Schwennicke: Der Schattenmann. Der Spiegel, 25. August 2008.
9 Brendlin, Ulrike und Rolf Kleine: Zieht die SPD die Kandidaten-Kür vor? Bild-Zeitung, 3. September 2008.
10 DDP-Meldung vom 3. September 2008, 13.06 Uhr.
11 Beck: Sozialdemokrat, S 14.
12 Ebd., S. 13.
13 Beck: Sozialdemokrat, S. 10. Beck terminiert das denkwürdige Abendessen in Hamburg, wo ihm »ein schon oft eingestandener Fehler unterlaufen« sei, auf März 2008. Es handelte sich aber um den 18. Februar 2008.
14 Deppendorf, zitiert nach: Tagesthemen, ARD, 6. September 2008.
15 Beck: Sozialdemokrat, S. 16.
16 Beck, zitiert nach: Stern, 25. September 2008.
17 Beste, Ralf; Feldenkirchen, Markus; Kullmann, Kerstin; Nelles, Roland und Christoph Schwennicke: Das Wagnis. Der Spiegel, 8. September 2008.
18 Beck: Sozialdemokrat, S. 16.
19 Ebd.
20 Persönliche Erklärung von Kurt Beck. SPD-Pressemitteilung 483/08 vom 7. September 2008.
21 Bartsch, Matthias; Beste, Ralf; Boy, Ann-Dorit; Brzoska, Ina; Kullmann, Kerstin; Kurbjuweit, Dirk; Nelles, Roland und Ralf Neukirch: Seltsamer Kreislauf. Der Spiegel, 15. September 2008.
22 Beck: Sozialdemokrat, S. 162.
23 Beck, zitiert nach: Stern, 25. September 2008.
24 Müntefering: Macht Politik!, S. 139.
25 Ebd., S. 156.
26 Steinmeier, zitiert nach: Bild-Zeitung, 15. September 2008.
27 Schröder, Gerhard: »Er hat das Zeug zum Kanzler«. Vorwärts, Oktober 2008.
28 Schröder, zitiert nach: Der Spiegel, 16. Februar 1998.
29 Bei der bayerischen Landtagswahl am 28. September 2008 kam die CSU auf 43,4 (2003: 60,7) Prozent. Die SPD holte 18,6 (19,6) Prozent, die Grünen 9,4 (7,7) Prozent. Die Freien Wähler zogen mit 10,2 (4,0) Prozent erstmals in den Landtag ein. Auch die FDP kehrte hierher mit 8,0 (2,6) Prozent zurück. Die Partei Die Linke scheiterte mit 4,3 Prozent an der Sperrklausel.
30 Steinmeier, zitiert nach: Der Spiegel, 13. Oktober 2008.
31 Steinbrück, zitiert nach: Die Zeit, 16. Oktober 2008.

»Opposition ist Mist!«

Gut zehn Jahre lang regiert die Sozialdemokratie in Deutschland, sieben Jahre gemeinsam mit den Grünen geführt durch Bundeskanzler Gerhard Schröder, gut drei Jahre in der großen Koalition unter Bundeskanzlerin Angela Merkel. Ohne Frage hat die SPD seit Übernahme der Regierungsverantwortung nach ihrem Wahlsieg im Jahre 1998 viel geleistet. Sie hat sich, so viel Pathos darf sein, um das Land verdient gemacht. Zeitweise hatte sie dabei ihr eigenes Wohl erst nachrangig im Blick. Über eine ganze Weile regierte und reformierte sie zwar gegen kurzfristige eigene Vorteile und Interessen, wohl aber zugunsten des Ganzen.

Diese Leistungen sind der Sozialdemokratie hoch anzurechnen, zumal die Widerstände gegen ihre Politik stets groß waren. So wehte just während der rot-grünen Regierungszeit im Land und darüber hinaus ein wirtschaftsliberaler Wind. In diesen Wind hatte zwar ein Teil der SPD ihr Fähnchen gehängt; zudem verspürte die Sozialdemokratie in wenigen Momenten einen gewissen Rückenwind, etwa durch die gute Konjunkturentwicklung oder das Milliardengeschenk in Form der Versteigerung von UMTS-Lizenzen im Jahre 2000. Zumeist aber erschwerte dieser Wind der SPD das Regieren, ja, er blies ihr geradezu fast unaufhörlich ins Gesicht. Ausgerechnet, als im Jahre 2005 die große Koalition zu regieren begann und mit ihr eine Frau Bundeskanzlerin wurde, die jenen Wind geschätzt und davon profitiert hatte, flaute dieser recht abrupt ab. Seitdem die Finanzkrise im Sommer 2008 nach Europa schwappte, bläst der Wind in eine andere Richtung. Kraft und Macht des Staates nehmen zu und gleichsam das Bedürfnis danach. Man kann in diesem neuen Klima einen Vorteil für die SPD, aber auch für die Partei Die Linke sehen. Ohne Frage genießen sozialdemokratische Themen Konjunktur. Die soziale Flankierung des Marktes und der Wirtschaft, vor allem aber das Primat der Politik, werden stärker ersehnt als in den vergangenen Jahren. Künftig wird sich diese Richtung des Windes wieder drehen, derzeit ist dies jedoch nicht absehbar.

Es greift zu kurz, der rot-grünen Koalition in ihrer ersten Legislaturperiode (von 1998 bis 2002) jegliche Reformanstrengungen in Abrede zu stellen. Zwar begann das Regieren und Reformieren recht knirschend und zögerlich, zuweilen sprunghaft bis chaotisch. Riester-Rente und Steuerentlastungsgesetz aber hatten in dieser Phase ihren Ursprung; gleiches gilt für das reformierte Staatsangehörigkeitsrecht oder das Lebenspartnerschaftsgesetz. Mit diesen Reformen gingen Paradigmen- und Bewusstseinswechsel im Lande einher. Die Regierung Kohl mochte zuvor zwar den einen oder anderen reformpolitischen Trippelschritt gewagt haben, nach der Vereinigung Deutschlands – die sie trotz aller Mängel doch vorzüglich gemeistert hatte! – aber vermochte sie kaum mehr zu gestalten. Mut mochte man im Regierungshandeln am wenigsten in ihrer letzten Legislaturperiode (1994 bis 1998) erkennen.

Gerhard Schröders Verdienst wiederum ist es, selbstbewusst – zuweilen rüpelhaft – einen mentalen politischen Wandel in den Bereichen Arbeitsmarkt, Finanzen, Wirtschaft und Soziales herbeigeführt zu haben. Fast all dies geschah in der zweiten rot-grünen Regierungsperiode (2002 bis 2005). Schröder setzte außenpolitisch Wegmarken, zuerst mit der deutschen Beteiligung am Kosovokrieg. Damit führte die rot-grüne Koalition einen radikalen Kurswechsel herbei, wie ihn sich die Vorgängerregierung Kohl/Kinkel weder vorgestellt, geschweige denn sich zugetraut hätte. Ein wichtiger außenpolitischer Verdienst Schröders besteht ebenso in seinem klaren Nein zu einer deutschen Beteiligung am Irakkrieg. Generell jedoch wurde die Außenpolitik Schröders mit hohen diplomatischen Kosten betrieben und relativiert durch merkwürdige Mesalliancen (Freundschaft mit Putin) und menschenrechtspolitischer Leisetreterei. Mit Abstand zur noch »dampfenden« Zeitgeschichte (Hans-Peter Schwarz) dürfte Schröder jedoch unzweifelhaft zu den bedeutenden, »großen« Bundeskanzlern gezählt werden, neben Adenauer, Brandt, Schmidt und Kohl. Die Reformpolitik und das Nein zum Irakkrieg bleiben seine großen Leistungen.

Während die SPD regiert, nach 16 bitteren Jahren in der Bonner Opposition, aber klagt ein großer Teil der Partei über diesen Auftrag des Wählers. Diese Unzufriedenheit und diese Larmoyanz gehören zum Habitus der deutschen Sozialdemokratie. Die SPD ist eben keine pragmatische Partei. Sie blickt nicht mit Stolz auf das, was sie erreicht hat und erreicht, sondern unzufrieden auf das nicht Erreichte. So offenbart die SPD Charakterzüge ihrer frühen Geschichte. Gegründet gegen das herrschende System, sind ihr

Prinzipien nach wie vor wichtig. Nach ihrer Gründung hatte die SPD im Kaiserreich ein halbes Jahrhundert systembedingt in der Opposition sitzen müssen, im Nationalsozialismus und der DDR wurde sie verfolgt und verboten. Der Zwang zur Opposition bereitete in der SPD den Boden für Auswüchse und den Radikalismus Marxscher Provenienz; Wunschdenken und Utopien fanden in der Sozialdemokratie ihre Heimat. Seit dem 19. Jahrhundert offenbart die deutsche Linke stets einen ideologischen Überschuss; das gilt auch für die SPD. Muss sie dann beim Regieren Abstriche machen, begreifen Teile der Partei dies als Mangel oder gar Verrat an Prinzipientreue. Rosa Luxemburg sah in der Opposition einst gar den »natürlichen Platz der Sozialdemokratie«. Damit einher ging der interne Streit zwischen radikalen Theoretikern und reformfreudigen Praktikern, zwischen Gesinnungs- und Verantwortungsethikern. Derlei Konflikte wie einst zwischen Eduard Bernstein und Karl Kautsky oder August Bebel sollten sich in der Geschichte immer wiederholen. Sie gehören bis heute zum prägenden Charakter der SPD. Einst hatte Kautsky aus dem ›Kapital‹ vorgelesen. Bernstein wiederum kämpfte für den Acht-Stunden-Arbeitstag mit Kaffeepause. Dieses Muster lässt sich immer wieder erkennen, wenn Protagonisten der verschiedenen »Flügel« in der SPD gegenübergestellt werden oder sich wechselseitig angreifen (manchmal sogar in ein und derselben Talkshow). Jene Flügel sind, etwa in der Bundestagsfraktion, regelrecht institutionalisiert. Sie besitzen eigene Identifikationsmuster und Rituale; zuweilen steht die Gesamtpartei dagegen hinten an.

Die Parallelen zwischen der Entstehung der USDP, jener linken Abspaltung der SPD im Jahre 1917, und der von ehemaligen Sozialdemokraten und Gewerkschaftern gegründeten »Wahlalternative Arbeit & soziale Gerechtigkeit« (WASG) liegen auf der Hand. Schon die USDP hatte beansprucht, die wahre, »alte« SPD darzustellen; die WASG sowie die aus ihr hervorgegangene die Linke sollten es ebenso halten. Die ersten Regierungserfahrungen der SPD 1918/19 brachten der SPD neben der nationalen Hetze (»Dolchstoß«, »Verrat« etc.) ebenso Attacken der Linken ein. Mit der Parole »Wer hat uns verraten? Sozialdemokraten« zog die radikale Linke durchs Land – und reagierte damit darauf, dass die SPD die Demokratie mit aufbaute und gestaltete. So wurde die SPD in eine Defensivposition gedrängt, was wiederum für ihre Neigung, lieber zu opponieren, als zu regieren, gar nicht hoch genug eingeschätzt werden kann. Indem Reichskanzler Hermann Müller (SPD) im Jahre 1930 wegen eines vergleichsweise läppischen Streits (es ging um einen Kompromiss zur Lösung der Probleme in der Arbeitslosenversicherung) an eigener Fraktion und Partei sowie an den Gewerkschaften scheiterte, war zumal der linke Flügel der SPD erleichtert. Er hatte die Aufkündigung dieser Koalition mit den verhassten »Bürgerlichen« längst gefordert. Es folgte die Notverordnungsregierung unter Heinrich Brüning; der weitere Lauf der Geschichte ist bekannt. Sozialdemokraten wie Müller oder Friedrich Ebert galten sogar in den eigenen Reihen als regelrechte Buhmänner. Viele Jahrzehnte später sollten Helmut Schmidt und Gerhard Schröder dieses Schicksal teilen. Von Ebert bis Schröder – oft genug verdammte die SPD ihre erfolgreichsten Führer als gewissenlose Modernisierer, Reformer, Technokraten oder Macher. Schon in Ebert sah mancher Sozialdemokrat der zwanziger Jahre das, was die junge Andrea Nahles in Schröder wähnte – eine »Abrissbirne der SPD«. Und wie einst Liebknecht fragt heute Lafontaine: »Wer hat uns verraten? Sozialdemokraten.«

Schon Willy Brandt war als Bundeskanzler kaum nur an dem Stasi-Spion Günter Guillaume gescheitert. Überzogene Hoffnungen und zu große Zugeständnisse, etwa eine elfprozentige Lohnerhöhung für den öffentlichen Dienst, trugen zum Niedergang des Kanzlers Brandt erheblich bei. Das Ende der Regierung Schmidt wiederum beruhte ebenso kaum allein auf dem »Scheidungsbrief« von dessen Wirtschaftsminister Otto Graf Lambsdorff (FDP). Weite Teile der SPD waren längst auf Distanz zu ihrem eigenen Kanzler gegangen. Mit Disziplin hielt Wehner die Fraktion zusammen. Nach dem Ende von Schmidts Regierungszeit wurde der Widerstand in der SPD gegen den einstigen Kanzler noch deutlicher. Auf dem Kölner »Raketen«-Parteitag stempelte die SPD Schmidt gar zu einem Außenseiter. »Franzosen und Russen gehört das Land, das Meer gehört den Briten«, schleuderte Schmidt hier seiner Partei eine Passage aus Heines ›Wintermärchen‹ entgegen: »Wir aber besitzen im Luftreich der Träume die Herrschaft unbestritten.« Damit hatte Schmidt die Attitüde der SPD auf den Punkt gebracht. Die ob so viel Klarheit erzürnte SPD dachte gar nicht daran, Schmidts Erbe fortan zu pflegen. In den Kreis der Partei wurde der beliebte Altbundeskanzler erst wieder durch Schröder aufgenommen.

Vermutlich konnte sich Schröder in Schmidts Schicksal gut einfühlen.

Bis heute betont die SPD ihren Charakter als Programmpartei, und sie ist wohl in der Tat als einzige in Deutschland so zu nennen. Erfolg hingegen macht in sozialdemokratischen Augen zuweilen verdächtig. Sozialdemokratische Bundeskanzler müssen daher immer wieder mit Rücktritt drohen. Während Parteitage für die regierende SPD echte Klippen sind, stärken sich CDU und CSU bei diesen politischen Hochämtern. Auf Parteitagen der Unionsparteien schreiten Redner selbstbewusst ans Pult. Sie sprechen dann davon, es komme bei der bevorstehenden Kommunalwahl darauf an, wieder die Mehrheit in Gemeinde- oder Stadtrat zu erzielen. Abermals möchte man den Bürgermeister oder Landrat stellen. Das ist das Ziel der Union, Inhalte stehen hinten an. So konnte unter Bundeskanzler Kohl das Schwangerschaftsrecht problemlos liberalisiert werden, während Merkels Regierungszeit wurden arbeitsmarktpolitische Reformen ohne größeren internen Widerstand verwässert. Die Konservativen regieren bei alldem selbstbewusst, oft verstehen sie sich als natürliche, als geborene Regierungsparteien. Unter Merkel hat sich die CDU vom Kanzlerwahlverein zum Kanzlerinnenwahlverein gewandelt. Merkel modernisierte die CDU, wie es ihr gefiel – zur CDU Angela Merkels. Aus der SPD ist zuweilen zu hören, die Union geriere sich, als »gehöre« ihr das Land. Das ist natürlich Unsinn. Die SPD aber trägt zu dieser gefühlten Besitznahme erheblich bei, indem Teile von ihr es spiegelbildlich für einen historischen Irrtum halten, wenn sie regieren. Diese Spezies von Sozialdemokraten müssen sich fragen lassen, wenn sie für ein Mandat kandidieren: Wollt ihr überhaupt regieren? Diese Sozialdemokraten möchten am liebsten opponieren, wünschen sich also im tiefsten Herzen die Union in Regierungsverantwortung. Diese gefühlige Grundeinstellung aber ist überaus gefährlich. Schließlich prägt nicht nur das Sein das Bewusstsein. Das Bewusstsein prägt ebenso das Sein. Parteien mit einem starken Hang zur Opposition vegetieren in aller Regel in der Opposition. Über die fehlende Möglichkeit und den fehlenden Willen zu regieren bleibt ihnen ein Bezug zur Alltagsrealität erspart. Will die SPD also auf dem Boden der Realität bleiben, anstatt in alte Phantasmen zurückzufallen, muss sie regieren wollen, muss sie regieren.

Wenn CDU und CSU wiederum dazu neigen, die Regierung zu

stellen, geht es ihnen darum, bestimmte Interessen zu befriedigen. Daneben sind sie zu weitgehenden Zugeständnissen bereit. Selbst die im Grunde sozialdemokratische Politik unter Bundeskanzlerin Merkel (Elterngeld, Mehrwertsteuererhöhung, weitgehender Mindestlohn, Umweltpolitik) löst keine größere Debatte oder Kontroverse innerhalb der Union aus. Diese zunehmende Beliebigkeit macht es der SPD jedoch nicht eben leicht. Für Teile ihrer Klientel ist die CDU Merkels wählbar, anders noch als im Jahre 2002 die Union unter dem Kanzlerkandidaten Stoiber.

Die SPD hingegen lässt es sich nicht einfach gefallen, wenn die von ihr gestellte Regierung Soldaten ins Ausland entsendet oder Verkrustungen des Sozialstaats aufzubrechen gedenkt. Auf Parteitagen der SPD treten Redner ans Pult und widmen sich mehr dem Wahlprogramm denn ihren Wahlaussichten. Sie gehen auf das Unterkapitel 7.2 des Programms ein und beklagen, dass der vierte Spiegelstrich Opfer ihrer Parteiführung wurde (nach langer Diskussion und knapper Abstimmung in der Antragskommission). Wenn die SPD dann bei der Wahl 32 Prozent holt, lag es für die derart geprägte Sozialdemokratie nicht etwa an dem eigenen Programm und dessen Unzulänglichkeiten, sondern daran, dass 68 Prozent der Wähler (noch) nicht begriffen haben, wie herausragend dieses Programm ist.

Die Macht des Faktischen zehrt an der SPD also weit mehr als an der Union. Mit dem eigenen Fortschritt und den Erfolgen hält die SPD oftmals nicht mit. Stolz ist ihr ohnehin fremd. Zugespitzt: Hat ein Sozialdemokrat nach viel Engagement und der üblichen Ochsentour für die Partei ein Amt in der Exekutive erreicht und reist dieser Bürgermeister, Staatssekretär oder Minister nun mit dem Dienstwagen durch Stadt oder Land, dann sagt die SPD nicht etwa: Seht her, das ist einer von uns, den haben wir dahin gebracht. Nein, die SPD sagt, ganz im Gegenteil: Seht her, jetzt fährt er uns davon. Zuweilen verfällt die SPD damit in eine Opfer- statt in eine Gewinnerperspektive.

Dabei haben doch Wehner wie Müntefering recht. Eine Partei müsse regieren wollen, hämmerte Wehner den Seinen ein. Müntefering sagt das Gleiche, nur knapper: »Opposition ist Mist.« Die Alternative dazu, Bürgermeister und Minister zu stellen, lautet, Initiativanträge auf Parteitagen zu formulieren, die sogleich im Papierkorb landen. Das hat mit Politik wenig zu tun. So gestaltet man nicht. Selbst oppositionelle Anträge im Bundestag entfalten selten eine Wirkung. Im SPD-Ortsverein gegen die Regierung, gegen »die Schwarzen«, zu polemisieren mag für eine Weile befriedigen. Aber eben nur für eine Weile. Die Oppositionsmentalität ist besonders bei der SPD in Bayern und Baden-Württemberg verbreitet, aber auch in anderen Teilen der sozialdemokratischen Diaspora, etwa im Münsterland. Hier ist die SPD nicht selten ein Sammelbecken von Ideologen, Erfolglosen und Außenseitern. In der CDU existieren parallele Strukturen in Berlin und Brandenburg. Die Mitte der Gesellschaft, geschweige denn Mehrheiten, erreichen diese Parteien nicht. Sie kochen im eigenen Saft. Hinzu kommt: Nur in den seltensten Fällen geling es Parteien, sich in der Opposition zu erneuern. Die Beispiele von FDP (seit 1998) und Grünen (seit 2005) auf Bundesebene zeigen, wie tief der Fall in die Opposition ist.

Vor dem Hintergrund der sozialdemokratischen Distanz, ja Unlust zur Macht kommt der Regierungspolitik unter Schröder eine umso größere Bedeutung zu. Die Entscheidungen für Einsätze deutscher Soldaten im Kosovo, in Mazedonien und vor allem in Afghanistan, das Nein zum Irakkrieg, sicherlich auch Zuwanderungsgesetz, Ökosteuer, Haushaltskonsolidierung, an erster Stelle jedoch die Agenda 2010, waren große Entscheidungen. Die von Schröder voran getriebenen Arbeitsmarkt- und Sozialreformen offenbarten viel Mut. Dies gilt zumal vor dem Hintergrund der Tatsache, dass sie vor allem die Klientel der SPD tangierte, die sich nicht grundlos vor dem Abstieg ängstigte. Jedwede Kürzung in diesem Bereich trifft vor allem das Milieu der SPD und weit weniger die – generell besser situierte – Wählerschaft der Unionsparteien. Schröder also handelte ohne Rücksicht auf Verluste; intern stieß dies durchaus auf Widerstand. Doch offenbarten die Arbeitsmarktreformen nicht eine konkrete Umsetzung des allseits geschätzten Mottos »Erst das Land, dann die Partei«?

Bei alldem diente die Agenda nicht als Selbstzweck, wie es zuweilen heute erscheint. Die Lage um das Jahr 2003 war derart dramatisch, dass man ihr nur mit Strukturreformen begegnen konnte. Wäre es anders gegangen, hätte Schröder es wohl anders versucht. Die Agenda wurde so zum ersten Schritt für eine Politik im 21. Jahrhundert. Endlich wurde in aller Klarheit festgehalten: Die Sozialhilfe unterstützt Menschen in Not. Indem diese Menschen die Solidarität ihrer Mitbürger beanspruchen, müssen sie jedoch alles dafür tun, möglichst bald wieder auf eigenen Beinen zu stehen. Dies war und ist eigentlich eine Selbstverständlichkeit, ging jedoch in den fetten Jahren des stetig expandierenden Sozialstaats aus den Augen verloren. Nicht nur innerhalb der SPD. Diese gravierende Änderung hin zu mehr Eigenverantwortung war im traditionellen Selbstverständnis der SPD zwar unsozialdemokratisch, dennoch aber richtig und notwendig.

Die neue Philosophie des reformierten Sozialstaates und die damit zusammenhängenden Reformen setzte die Regierung Schröder in wirtschaftlich schwierigen Zeiten und unter Schmerzen durch. Viel spricht dafür, dass derlei Kraftanstrengungen eben nur in derlei Krisen möglich sind. Dies aber sollte nicht zu einem Automatismus führen, in besseren Zeiten sogleich jene Veränderungen wieder infrage zu stellen oder gar zu verwässern. Es ist ja wahr: Allzu großspurig wurde Hartz IV als neuer Gesellschaftsvertrag verbrämt – und geriet dann doch zu einem Stigma. War dies aber ein Versäumnis der Reformen? Oder der Reformer? Es handelte sich wohl eher um eine bittere, aber systemimmanente Nebenwirkung.

Die Agenda 2010 als Verrat an der sozialdemokratischen Idee zu brandmarken, ist absurd. Oskar Lafontaine, der einst bei Arbeitszeitverkürzungen Lohnverzicht forderte und im öffentlichen Sektor Stellen strich, weiß das allemal. Daneben stellt eine derart pessimistische Betrachtung die erzielten Erfolge und die verbesserte Lage am Arbeitsmarkt zu Unrecht infrage. Was bloß sollte die SPD damit gewinnen, ritte sie verschreckt vom Hofe der Agenda 2010? Die Gegner der Agenda wissen längst, dass sie mit ihrer damaligen Kritik falsch lagen. Das gilt für Lafontaine, aber auch für Merkel und Westerwelle. Letzteren war die Agenda nicht weit genug gegangen; von jener Kritik aber ist nichts mehr zu vernehmen. Ein Abschied von der Agenda, gar ohne eine eigene Agenda zu besitzen, wie es Kurt Beck zu praktizieren versuchte, offenbart eine geradezu unpolitische Haltung. Ohnehin sollte die SPD nicht ständig davon reden, sie habe allein wegen der Agenda 2010 viele Wahlen verloren. Die Erschütterungen bei den Landtagswahlen und der Verlust der Regierungsmehrheiten in Hessen und im Saarland (1999), in Hamburg (2001) und in Niedersachsen (Februar 2003) fanden vor der Bekanntgabe der Agenda statt. Die Neuwahl des Bundestages im Jahre 2005 wiederum fußte auf der zutreffenden Feststellung, dass eine eindeutige Mehrheit gegen die Politik der damaligen Bundesregierung existierte. Entsprechend wurde Schröders Neuwahl-Vorhaben von allen politischen Kräften mehrheitlich unterstützt.

Einst hatte Schröder für seine Regierung eine »Politik der ruhigen Hand« ausgerufen und war dafür zu Recht auf Kritik gestoßen. Es genügt schließlich nicht, wenn die Regierung den größten Staat Europas mit seinen 82 Millionen Bürgern schlicht verwaltet. Eine Regierung muss regieren. Nach gut drei Jahren großer Koalition aber ist zu konstatieren: Angela Merkels Hand ist weitaus ruhiger, als es Schröders Hand jemals war. Nun stellt die Führung einer großen Koalition den Regierungschef zweifelsohne vor besondere Herausforderungen. Gemessen aber an dem Anspruch Merkels, »durchregieren« und »mehr Freiheit wagen« zu wollen, muss man ihr ein bescheidenes Zeugnis ausstellen. Merkel hat bislang kein politisches Projekt erkennen lassen, das sie ohne Abstriche durchsetzen wollte, selbst auf die Gefahr hin, ihr Amt zu verlieren. Die neuen Akzente, die die Bundeskanzlerin in der Außenpolitik gesetzt hat, etwa eine deutlichere Distanz zur russischen Führung, klare Worte zu Guantanamo oder der Empfang des Dalai Lama, wirken zweifelsohne wohltuend. Die innenpolitische Schludrigkeit fällt daneben umso mehr ins Auge. Merkels Bereitschaft, sich dem Druck des famosen »Arbeiterführers« Rüttgers zu beugen und das Arbeitslosengeld I länger zu zahlen, wirkte wie ein Fanal. Die außerordentliche Rentenerhöhung nannte Merkel selbst »kein ordnungspolitisches Meisterstück«, ließ sie aber fröhlich geschehen. Führung sieht anders aus. Einst war Schröder stets Beliebigkeit vorgeworfen worden (»Wofür steht der eigentlich?«). Merkel aber hat ihn in diesem Punkt bislang beeindruckend in den Schatten gestellt.

Im Jahre 2007 kam es, erstmals seit 1989, zu einem ausgeglichenen Staatshaushalt. Bund, Länder, Kommunen und Sozialversicherungen nahmen zusammen mehr ein, als sie ausgaben. Merkel stützte die Sparbemühungen Finanzminister Steinbrücks. Die Zahl der Arbeitslosen sank deutlich, auf zuletzt nur noch drei Millionen. Doch wieso gab die große Koalition währenddessen wichtige Teile der rot-grünen Arbeitsmarkt- und Rentenpolitik zum Abschuss frei? Die SPD unter dem Parteivorsitzenden Beck setzte sich von dieser Politik Schröders ebenso ab. Müntefering hatte den Koalitionsvertrag mit der Union ausgehandelt, Platzeck ihn unterschrieben – Beck nun entfernte sich einvernehmlich mit CDU/CSU vom einstigen Konsens. Mit dieser »Rolle rückwärts« (man kann auch sagen »Rolle Rüttgers«) aber machte die SPD keinerlei Boden gut. Beck attackierte vielmehr die Union, weil diese sozialdemokratische Politik betrieb. Doch wieso bloß? Daneben blickte er mehr auf die 14 Prozent, welche die Linke in Umfragen erzielte, als auf 140 Jahre SPD. Die SPD ließ sich von Lafontaine treiben. Sie ließ sich ein auf das Hase-und-Igel-Spiel, bei dem sie gegen den Populisten und »terrible simplificateur« Lafontaine nicht gewinnen konnte!

Die Sozialdemokratie definierte nicht, ihre Botschaften blieben unklar. Immer erbitterter stritt sie um immer weniger. Den Eindruck, dass sie hungrig auf das Regieren sei, erweckte die SPD längst nicht mehr. Beck blickte nicht etwa auf die ausgezehrte Basis der Partei, sondern allein auf den frustrierten Funktionskörper, auf traumatisierte Bezirksvorsitzende und Gewerkschaftsbosse. Mit diesen aber ließen sich keine neue politische Perspektiven entwickeln. Becks Wille auszugreifen und neue Ufer zu erreichen, war so nicht erkennbar. Schon Becks innerparteiliche Auseinandersetzung mit Müntefering war im Kern nicht um Inhalte gegangen, geschweige denn um Überzeugung. Beck wollte schlicht seinen Kritiker Müntefering besiegen und brutal zur Seite schieben. Dies gelang ihm, wenn auch nur ein knappes Jahr lang. Unter Beck machte sich innerhalb der SPD eine maßlose Resignation breit. Eine große Koalition hielt die Sozialdemokratie nun gewissermaßen natürlich als unionsgeführt.

Die Zeit der Reformer schien vorbei, Clement und Schröder hatten die politische Bühne verlassen, Müntefering war von Beck gestürzt worden. Steinbrück und Steinmeier schwiegen. Eine Strategie, wie die Bundestagswahl 2009 gewonnen werden könnte, wurde unter Beck nicht ansatzweise sichtbar. Die viel zu lange stramme Tabuisierung der Partei Die Linke scheiterte mit deren Erfolgen bei den Landtagswahlen in Niedersachsen und Hessen im Januar 2008. Es folgte der Wortbruch Ypsilantis, sodann das plötzliche Umschwenken Becks. Während sich die Union Modernisierungsprozessen unterzog und mit Ursula von der Leyen und Ole von Beust Aushängeschilder für neue Wählerschichten gewann, verharrte die SPD im Status quo. Erfolge mochte sie nicht als Erfolge beschreiben. Dabei begünstigte die gesellschaftliche Gesamtstimmung doch eine zeitgemäße Sozialdemokratie! Langfristige Trends, kulturelle Aspekte und eine moderne Form der Sozialstaatlichkeit sprachen ebenso für eine starke Rolle der SPD. Beck aber vermochte nicht darauf einzugehen. Er war der falsche Mann an der Spitze einer Partei, die stets offen war für neue Fragen und Bewegungen und die festgefügte Konstellationen infrage stellte.

So war Becks Ende und die plötzliche Rückkehr Münteferings ebenso konsequent wie befreiend. Becks Rücktritt wirkt aus heutiger Sicht gewissermaßen als logische Folge der Monate zuvor. Bei alldem ist doch eines verwunderlich: Musste Beck sein Scheitern als Parteivorsitzender nicht schon bei dem Punkt eingestehen, als er – kaum zwei Jahre im Amt – die Aufgabe, Merkel herauszufordern, einem anderen übertrug? Da Beck die Kanzlerkandidatur mehr Steinmeier als sich selbst zutraute, musste seine Autorität an der Spitze der Partei weiter erodieren. Vielleicht sah Beck diese Gefahr und entschloss sich daher zum Rücktritt.

Der Kanzlerkandidat Steinmeier und der neue, alte Vorsitzende Müntefering wiederum mussten nicht beweisen, dass sie die Reformen unter Schröder grundsätzlich guthießen. Sie selbst hatten diese unter hohem Einsatz und Verschleiß durchgekämpft! Steinmeier hatte sich mit den Reformen gar weit ausführlicher befasst als Schröder. Um nun nicht stets in die Vergangenheit zu blicken – mit Bilanzen gewinnt man keine Wahl –, weiteten beide den Blick. Es liegt auf der Hand, dass die SPD zumal im Wahlkampf aktuelle Probleme und Themen erörtern muss. Die Frage, wie die zum Himmel schreiende Benachteiligung vieler Kinder und Jugendlicher beseitigt werden kann, ist doch heute weitaus relevanter als die Einzelpolitiken der Agenda. Gleiches gilt etwa für das Ziel Aufstieg durch Bildung ebenso wie das Bemühen um eine gleiche Bezahlung von Frauen und Männern. Eine Begrenzung der Managergehälter forderte die SPD bereits vor der Finanzkrise, und auch der Kinderarmut nahm sie sich an. Jene beiden Themen waren übrigens unter Schröder streng tabu; das aber ist Vergangenheit. Die Diskussion über den Umgang mit der Partei Die Linke konnten und können Steinmeier und Müntefering weitaus offener führen als Beck. Ohne jedes Glaubwürdigkeitsdefizit lassen sie, wenn auch wenig begeistert, den Landesverbänden der SPD freie Hand. Die klare Absage an eine Koalition mit der Linken im Bund steht dazu in keinem Widerspruch. Eine Regierung Steinmeier/Trittin/Lafontaine ist nicht in Sicht.

Die Finanzkrise und die Selbstdiskreditierung großer Teile der Bankenbranche haben die ganze Welt erschüttert. Die SPD reagierte auf diese Vorgänge zum Ende des Jahres 2008 auf zweierlei Weise. Finanzminister Steinbrück agierte als vertrauenswürdiger Krisenmanager und schnürte schnell das sogleich verabschiedete Rettungspaket. Andere Sozialdemokraten wie etwa Andrea Ypsilanti ließen daneben keine Gelegenheit aus, die Finanzkrise mit Häme und innerer Zufriedenheit zu kommentieren. Endlich hatte die südhessische SPD den Kapitalismus gestürzt (und das ohne einen Parteitag einzuberufen)! Der Paradigmenwechsel hin zu einer stärkeren Staatsfixierung liegt dabei auf der Hand. Die SPD kann darauf verweisen, dass sie sich – nicht immer, aber in den vergangenen Jahren sehr wohl – für Regulierungen des internationalen Finanzmarktes eingesetzt hatte. Bundeskanzler Schröder hatte dies im Rahmen der G-8 versucht, Steinbrück als Finanzminister der großen Koalition. Auch von Helmut Schmidt, jedweder Träumereien unverdächtig, war dies gefordert worden. Mit seinen Attacken gegen die »Heuschrecken« im Jahre 2005 hatte Müntefering Weitsicht bewiesen. Damals war Müntefering von der Union kritisiert und vielfach belächelt worden. Müntefering war bei alldem nie ein Finanzpolitiker, er aber bewies mit seiner längst allgemein populären Metapher, wie man große politische Themen entdeckt und versucht, derart erkannten Problemen zu begegnen.

Unzweifelhaft werden die Finanzkrise, ihre Konsequenzen und die politischen Antworten ein dominierendes Thema im Bundestagswahlkampf. Für Sozialdemokraten ist es allzu verlockend, in traditionell linke Wirtschaftsskepsis und einen überbordenden Etatismus zu verfallen. Das aber ist ein falscher Weg. Grundsätzlich gilt: Die von den Regierungen Schröder und Merkel betriebene Politik, die auf eine Kooperation mit der deutschen Wirtschaft setzte, war richtig. Gleiches gilt für die Haushaltskonsolidierung. Sie sollte, wenn irgend möglich, nicht zur Disposition gestellt werden. Nun mag das Rettungspaket für die Banken und die diversen versteckten Konjunkturprogramme das Ziel des ausgeglichenen Haushalts gefährden und den Bund belasten. Das ist zwar bitter. Dies aber zwingt nicht automatisch zu einer allgemeinen Spendierfreude (wie sie Wirtschaftsminister Glos favorisierte) oder gar einen Rückfall in Keynesianische Großzügigkeit. Nicht zuletzt die von Steinbrück vorangetriebene Schuldenbremse ist ein wichtiger Baustein einer generationengerechten Politik. Vor Beginn der Finanzkrise galt »Herr Steinbrück« als Hauptgegner, ja als Feindbild der Linken in der SPD. Die Kritik an ihm ist seither verstummt, die grundsätzlichen Bedenken sind aber nicht verschwunden. Dabei kann Steinbrücks Außenwirkung für die SPD kaum hoch genug eingeschätzt werden. In der Bundesregierung wie im Wahlkampf muss die SPD ihre ökonomische Kompetenz – nicht zuletzt gegenüber den leistungsbereiten Schichten – beweisen. Diese wird ihr noch immer allzu oft abgesprochen, während die Union hier von einem Grundvertrauen zehrt, trotz aller Glos'schen Profillosigkeit.

Ohne das Angebot für Leistungsträger würde die SPD von einer gefühlten Mehrheit in die Position einer strategischen Minderheit zurückfallen. Mit Sozialneid und platten Forderungen nach dem Strickmuster, das Geld der Manager solle der Staat besser den Hartz-IV-Empfängern geben, lässt sich die Mittelschicht kaum gewinnen. Die Mittelschicht aber entscheidet nicht nur über Wohl und Wehe der Wirtschaft, sondern auch den Ausgang der Bundestagswahl.

Die Wahl gewinnt, wer die soziale Kompetenz, die ökonomische Kompetenz und die kulturelle Hegemonie besitzt, sagt der Politikwissenschaftler Joachim Raschke. Allein also auf Sozialstaatskonservatismus zu setzen, genügt nicht. Müntefering drückt das so aus: Die SPD darf nicht nur den Rotkreuzwagen fahren und sich allein um die Beladenen bemühen. Aber natürlich muss sie auch dies tun! Mit Haushaltskonsolidierung, der Perspektive für eine Generationengerechtigkeit und nicht zuletzt der Rente mit 67 kann die SPD jedoch sehr wohl punkten. Wenn sie es denn versteht, diese als richtig erkannte Politik zu erklären. Wer daneben eigene Erfolge als Erfolge beschreibt, anstatt sie zu relativieren, entwickelt Anziehungskraft und Attraktivität. Und wieso sollte die SPD nicht das Elterngeld und Ursula von der Leyen loben?

Der Weg zur sozialdemokratischen Regierungsbeteiligung ist vorgezeichnet. Brandt, Schmidt und Schröder haben ihre Wahlen gewonnen, weil sie die politische Mitte und die Leistungsträger ansprachen. Nur wenn die SPD ökonomische Kompetenz aufwies, die einst etwa Karl Schiller personifizierte, hat sie gewonnen. Das war bei der »Willy-Wahl« im Jahre 1972 der Fall so wie ein Vierteljahrhundert später, bei Gerhard Schröders Wahlsieg 1998. In beiden Fällen wurde sie gar stärkste Partei. Mit Lafontaine und dessen lebensweltlich fremd linken Parolen holte sie 1990 das schlechteste Ergebnis seit der Ära Adenauer. Hinzu kommt: Gewonnen hat die SPD nur, wenn sie einig war. Und wenn sie nicht strukturkonservativ agierte, sondern das beherzigte, was ihre Geschichte ausmacht: nämlich als eine Partei zu handeln, die Aufklärung, Reformen, Dynamik und Moderne verkörpert.

Die Jahre 2009 bis 2013 – drei Szenarien

Mit Bundeskanzler Steinmeier in der »Ampel«

Wahlausgang paradox – die SPD verliert zwar zwei Prozentpunkte, sieht aber eine realistische Chance, das Bundeskanzleramt zurückzuerobern. Noch am Wahlabend bietet der SPD-Vorsitzende Franz Müntefering Union, FDP und Grünen Sondierungsgespräche zur Bildung einer Koalition an. Eine Fortsetzung der großen Koalition nennt Müntefering »nicht optimal«. Die »Ampel« hingegen, eine Koalition von SPD, FDP und Grünen, ist in aller Munde. Berlins Regierender Bürgermeister Klaus Wowereit wirbt als erster hochrangiger Sozialdemokrat indirekt für diese Konstellation. »Die Fortsetzung der großen Koalition ist das Letzte, was die SPD gebrauchen kann«, sagt Wowereit: »Selbst eine Minderheitsregierung wäre besser, als mit dieser Union zu koalieren.« Der FDP-Vorsitzende Guido Westerwelle, der im Jahre 2005 eine »Ampel« brüsk ablehnte, spricht nun von »großen Schnittmengen mit der SPD«. Der stellvertretende Fraktionschef der Liberalen, Rainer Brüderle, erinnert an die »Reformregierungen« Brandt/Scheel und Schmidt/Genscher. Geradezu selbstverständlich zeigen die Grünen ihr Interesse, ja ihre Lust an einer Koalition mit SPD und FDP. Vorwiegend süddeutsche CDU/CSU-Politiker werfen Bundeskanzlerin Angela Merkel vor, sie habe das »Profil der Union verwässert«. Selbstkritisch müsse sich die Union fragen, sagt Roland Koch, warum sie bei der Wahl zum vierten Mal in Folge gemeinsam mit der FDP die »bürgerliche Mehrheit« verfehlt habe. Dies beruhe offenbar auf einem Mangel an wirtschafts- und finanzpolitischem Profil, was nichts weniger bedeutet als der Hinweis: Hättet ihr mal mehr auf mich gehört!

Nach nur zwei Runden brechen Union und SPD ihre Gespräche ab. Es sind weniger inhaltliche Differenzen als emotionale Abneigungen, die eine Fortsetzung der großen Koalition verhindern. In der SPD heißt es, allenfalls Finanzminister Steinbrück dränge auf eine große Koalition; er verweist auf die »großen Aufgaben« und fürchtet schließlich in einer »Ampel« um sein Amt. Die Vorsitzende der Jungsozialisten, Franziska Drohsel, dröhnt:

»Frau Merkel ist als Bundeskanzlerin gescheitert.« Nun verhandeln sowohl Christ- als auch Sozialdemokraten mit den erstarkten kleinen Parteien FDP und Grüne. Die Union kommt zwar den Grünen stark entgegen, indem sie die Fixierung des Atomausstiegs anbietet. In der Innenpolitik aber finden Union und Grüne keinen gemeinsamen Nenner.

Letztlich laufen die Verhandlungen zwischen SPD, FDP und Grünen ohnehin deutlich harmonischer, zuweilen gar ausgesprochen fröhlich. Frank-Walter Steinmeier sieht sich kurz vor dem Einzug ins Kanzleramt (ohne auch nur einmal an dessen Zaun gerüttelt zu haben) – und Guido Westerwelle setzt darauf, ihn im ersehnten Auswärtigen Amt zu beerben. Nach einer nächtlichen Verhandlungsrunde im Willy-Brandt-Haus bietet Steinmeier Westerwelle das »Du« an. Die Liberalen geben sich ausgesprochen generös, zumal im Umgang mit den Grünen. Als der grüne Wortführer Jürgen Trittin ein vier Milliarden Euro teures Investitionsprogramm für regenerative Energieträger verlangt, signalisieren SPD und FDP sogleich Zustimmung. Nur Finanzminister Steinbrück schaut noch grimmiger als ohnehin üblich. Gegen die SPD setzen FDP und Grüne die Einführung eines Punktesystems für Einwanderer durch. Danach sollen Ausländer auch ohne die feste Zusage für einen Arbeitsplatz nach Deutschland kommen dürfen, sofern sie bestimmte Kriterien erfüllen. Die SPD wiederum sichert, nach heftigem Widerspruch beider kleiner Partner, beim Kündigungsschutz den Status quo. Nach fünfwöchigen Verhandlungen unterzeichnen SPD, FDP und Grüne ihren Koalitionsvertrag, anschließend findet in Berlins Hamburger Bahnhof ein Empfang statt. Hier kommt es zu regelrechten Verbrüderungsszenen zwischen Rainer Brüderle und Umweltministerin Claudia Roth. Justizministerin Sabine Leutheusser-Schnarrenberger und Innenminister Trittin verstehen sich ebenso prächtig. Überglücklich ist auch Steinbrück, nachdem er von Müntefering abermals inthronisiert wurde. Westerwelle nennt dies nun eine »kluge Entscheidung« und beschreibt die Rolle der eigenen Partei in der neuen Regierung als »wirtschaftspolitisches Korrektiv«. Steinmeier wird gar mit einigen Stimmen aus der Opposition zum Bundeskanzler gewählt. Westerwelle legt mit seinem Amtseid als Außenminister sogleich alle blau-gelb gestreiften Krawatten ab. Er ist jetzt Staatsmann.

In der Union wird derweil der Ruf nach einer Ablösung der

CDU-Vorsitzenden Merkel laut. Die scheidende Kanzlerin zögert nicht lange und kündigt ihren Rücktritt an. Merkel will einfache Bundestagsabgeordnete bleiben; Gerüchten zufolge sollen Steinmeier und Westerwelle ihr einen hochrangigen Posten bei den Vereinten Nationen angeboten haben. Neuer Fraktionsvorsitzender wird Merkels Vertrauter Norbert Röttgen. Um den CDU-Vorsitz bewerben sich die Ministerpräsidenten Jürgen Rüttgers und Roland Koch. In einer Kampfabstimmung setzt sich Rüttgers beim Bundesparteitag im westfälischen Ahlen durch, preist die CDU als »soziales Gewissen der Republik« an und warnt die »Ampel« vor einer »neoliberalen« Politik. Der designierte Wirtschaftsminister Otto Fricke (FDP) und FDP-Generalsekretär Daniel Bahr attackieren ihrerseits Rüttgers.

In der SPD ist von einem neuen »Führungs-Quartett« die Rede, bestehend aus Kanzler Steinmeier, Fraktionschef Sigmar Gabriel, dem Parteivorsitzenden Müntefering und Generalsekretärin Nahles. Angesprochen auf sein Alter, verweist Müntefering auf Adenauers Wahl zum Kanzler mit 73 Jahren. »Außerdem ist Andrea Nahles doch noch jung«, fügt er mit mokantem Lächeln hinzu. Die Koalition arbeitet weitgehend geräuschlos und weit weniger chaotisch als die rot-grüne Bundesregierung ein gutes Jahrzehnt zuvor. Finanzminister Steinbrück nimmt einen neuen Anlauf für einen ausgeglichenen Haushalt im Jahre 2013. Die Rasterfahndung biete »Vorteile, die wir früher so nicht gesehen haben«, stellt Innenminister Trittin fest und handelt sich dafür ein Lob seines Vorgängers, Bundestagspräsident Wolfgang Schäuble (CDU), ein.

In der CDU/CSU geht es heiß her. Die Landesverbände Baden-Württemberg und Hessen geraten durch den sozial geprägten Kurs Jürgen Rüttgers' in die Defensive. In der FDP werden allerorten Stimmen laut, auch in den Ländern verstärkt auf SPD und Grüne zu setzen. Eine Gruppe grüner Bundestagsabgeordneter um Omid Nouripour hält in einem Papier fest: »Mit der FDP sind wir doch inhaltlich eng verbunden, gewissermaßen seit jeher verwandt.« In der Partei Die Linke kommt es zu handfesten Auseinandersetzungen. Deren alte Garde zieht sich weitgehend zurück. Lothar Bisky und Gregor Gysi sitzen als Hinterbänkler im Bundestag. Oskar Lafontaine ist zwar Ministerpräsident des Saarlandes, aber doch mehr im Garten seines heimischen »Palastes der sozialen Gerechtigkeit« (oder beim Pilzesammeln) anzutreffen als in der Staatskanzlei.

Lafontaine genießt zwar seine Auftritte im Bundesrat, gilt aber längst als politisches Auslaufmodell. Die regierungswilligen Reformer um den neuen Vorsitzenden Dietmar Bartsch gewinnen die Überhand. In Brandenburg flehen die Linken Ministerpräsident Matthias Platzeck geradezu an, mit ihnen eine Regierung zu bilden. Nach dem Absturz der märkischen CDU geht Platzeck darauf ein. Die Linke pflichtet in allen wesentlichen Punkten der SPD bei. Sie will um jeden Preis verhindern, bald ein Vierteljahrhundert in der Opposition zu sitzen! So kommt es auch in Thüringen zu einer rotroten Regierung. In Sachsen-Anhalt verweist der dortige Linken-Vorsitzende Wulf Gallert auf »etliche Gemeinsamkeiten mit der SPD, aber auch mit der CDU«.

Im Jahre 2010 bilden SPD, Linke und Grüne die neue Landesregierung in Düsseldorf; Hannelore Kraft (SPD) löst Rüttgers als Ministerpräsident ab. Dieser schmeißt den Vorsitz der CDU hin; sogleich kommt es zu einem Machtkampf um diesen Posten, aus dem Koch als Sieger hervorgeht. In Kiel scheitert das offen angestrebte rot-rot-grüne Projekt an einem überaus schwachen Abschneiden der SPD. Hier stellt weiter die CDU den Ministerpräsidenten. Bei einer Grundsatzrede vor der Friedrich-Naumann-Stiftung nennt Westerwelle die einstmals distanzierte Haltung etlicher Parteifreunde zu deutschen Auslandseinsätzen einen »Fehler«. Die FDP aber habe daraus gelernt. In einem viel beachteten Interview sagt Westerwelle, sein Vorvorgänger Joschka Fischer habe sich zwar »oft wie ein Flegel aufgeführt«, die außenpolitischen Leistungen Fischers aber »verdienen vollen Respekt«. Einer Bitte des amerikanischen Präsidenten Barack Obama zur Aufstockung des deutschen Kontingents in Afghanistan stimmt Westerwelle sogleich zu. Union und Linke lehnen diese Aufstockung im Bundestag gemeinsam ab. Weit eher als geplant, legt die Bundesregierung für das Wahljahr 2013 einen ausgeglichenen Haushalt vor. Auf die Rettungspakete für die Bankenbranche war nicht nur weit weniger als befürchtet zugegriffen worden, die zeitweise Beteiligung des Bundes an einigen Banken erbrachte dem Haushalt gar zusätzliche Milliarden.

Im Bundestagswahlkampf 2013 wirbt die SPD recht offen für die Fortsetzung der »Ampel«. Nur Hermann Scheer, der inzwischen dem SPD-Vorstand seit zwanzig Jahren angehört, plädiert für eine Koalition mit der Partei Die Linke. FDP und Grüne sprechen sich indirekt zugunsten des bisherigen Regierungsbündnisses aus. In einem Wahlwerbespot der Liberalen taucht gar am Rande Finanzminister Steinbrück auf. Unions-Kanzlerkandidat Koch umgarnt die Liberalen. Abermals kommen SPD, FDP und Grüne bei der Bundestagswahl 2013 auf eine Mehrheit – und setzen ihre Koalition unter Kanzler Steinmeier fort.

Bundeskanzlerin Merkel führt die große Koalition fort

Stärker als in den vergangenen Monaten erwartet, schneiden Union und SPD bei der Bundestagswahl ab. Beide liegen bei über 32 Prozent. Knapp haben CDU/CSU die Nase vorn, doch eine Mehrheit mit der FDP verfehlen sie wie schon bei den drei Bundestagswahlen zuvor. Nach nur wenigen Runden scheitern die Sondierungsgespräche zwischen Union, FDP und Grünen (»Jamaika«-Bündnis) sowie zwischen SPD, FDP und Grünen (»Ampel«). Dabei sind beide großen Parteien zu enormen Zugeständnissen gegenüber ihren potenziellen kleinen Partnern bereit. Liberale und Grüne aber beharken sich wechselseitig, provozieren sich und blockieren schließlich die Gespräche. Alte Unverträglichkeiten, etwa zwischen dem unter Druck stehenden FDP-Vorsitzenden Guido Westerwelle und Jürgen Trittin, dem heimlichen Parteichef der Grünen, brechen auf. Die beiden Oppositionsparteien bringen sich schließlich gemeinsam um die Regierungsverantwortung.

Der letzte Ausweg lautet: große Koalition. Union und SPD müssen ihr ungeliebtes Regierungsbündnis fortsetzen. Angela Merkel kann Bundeskanzlerin bleiben, womit die Union im Wesentlichen ruhiggestellt ist. »Wir regieren, wir stellen die Kanzlerin. Das war uns wichtig und ist uns wichtig. Was wollen wir mehr?«, bringt der CDU-Innenpolitiker Wolfgang Bosbach die Gefühlslage großer Teile seiner Partei auf den Punkt. Nur vereinzelt wird Kritik laut. »Viel Glück auf der weiteren Reise gen Sozialismus«, ätzt der frühere Fraktionsvorsitzende Friedrich Merz, der Bundeskanzlerin in gegenseitiger Abneigung verbunden.

In der SPD ist der Groll über die große Koalition deutlich ausgeprägter. Sie hat ihre beiden Wahlziele, nämlich stärkste Partei zu werden und den Kanzler zu stellen, verfehlt. Immerhin gelingt es Franz Müntefering und Frank-Walter Steinmeier, abermals acht Ministerposten für ihre Partei herauszuhandeln. Steinmeier bleibt so

Außenminister, auch Finanzminister Steinbrück darf seine Arbeit fortsetzen. Andrea Nahles übernimmt auf Bitten Münteferings das Ressort für Arbeit und Soziales. Die bisherige Entwicklungshilfeministerin Wieczorek-Zeul wird Vizepräsidentin des Bundestages. Zum neuen Fraktionsvorsitzenden wird Olaf Scholz gewählt.

In der Koalitionsvereinbarung hat die Union eine Lockerung des Kündigungsschutzes durchgesetzt, im Gegenzug gibt es einen allgemein verbindlichen flächendeckenden Mindestlohn von sieben Euro pro Stunde. Zudem wird ein »Gleichstellungsgesetz für die Privatwirtschaft« vereinbart. Auch beim Atomausstieg bleibt es. Ein zweiter »Balkon« der Reichensteuer wird eingeführt. Ab einem Einkommen von 500 000 Euro (Ehepaare ab eine Million Euro) greift ein Steuersatz von 53 Prozent – just der Wert, der als Spitzensteuersatz unter der Regierung Kohl bereits bei weit geringerem Einkommen gegolten hatte. Die SPD stimmt ferner der Unionsforderung zu, Einsätze der Bundeswehr im Innern generell zuzulassen.

Trotz dieses weitgehend sozialdemokratischen Regierungsprogramms gärt es in der SPD. Vier weitere Jahre mit Kanzlerin Merkel und der populären Familienministerin Ursula von der Leyen erscheinen vielen in der SPD als Belastung. Die Angriffe auf Merkel nehmen daher zu. Mit nur 73 Prozent stimmt der SPD-Parteitag dem Koalitionsvertrag zu. Richtig vergnügt wirkt hier allein Steinbrück. Müntefering spricht von »Zumutungen« für die Partei, malt aber das Gespenst einer »Jamaika«-Koalition an die Wand. »Jeder, der nicht regieren will, muss sagen, was er in der Opposition vorhat«, hält er seinen internen Kritikern entgegen. Deren Zahl wird nicht geringer. Etliche Sozialdemokraten sehen sehr wohl eine attraktive Alternative zur großen Koalition: ein Bündnis mit Grünen und der Partei Die Linke. In der Bundestagsfraktion gibt es dafür zwar noch keine Mehrheit, unter den Funktionären und in den Landesverbänden aber werden derlei Stimmen lauter. Da sich Oskar Lafontaine als Ministerpräsident ins Saarland zurückzieht und der neue Parteivorsitzende der Linken, Bodo Ramelow, mit Zugeständnissen lockt, betrachten immer mehr Sozialdemokraten dafür die Zeit als gekommen. »Natürlich will die Linke kein isolationistisches Deutschland. Wir stehen zu EU und Nato«, verkündet Ramelow. Eine Gruppe in der Linken wirbt dafür, Auslandseinsätze der Bundeswehr nicht mehr grundsätzlich abzulehnen. Aber sie sind weiter gegen den Einsatz in Afghanistan und berufen sich dabei auf Altbundeskanzler Helmut Schmidt.

Während des Regierens fasst die SPD nicht so recht Tritt. Einzelne attackieren die Führung durch Müntefering; es ist die Rede davon, diesem falle es zunehmend schwer, die Partei zusammenzuhalten. Landtagswahlen gehen für die SPD enttäuschend aus. Schon bald aber gewinnt die SPD ihr Stammland Nordrhein-Westfalen zurück. Im Juni 2010 kommt es dort zu einer rot-rot-grünen Koalition. Hannelore Kraft (SPD) wird Ministerpräsidentin, ein altlinker und friedensbewegter Soziologieprofessor aus Duisburg übernimmt für die Linke das Wissenschaftsressort. Der scheidende Ministerpräsident Rüttgers macht Bundeskanzlerin Merkel und deren »brutal neoliberale Politik« für seine Wahlniederlage verantwortlich. Ähnliche Töne sind in der CDU allerorten zu vernehmen. Die CDU-Vorsitzenden von Mecklenburg-Vorpommern, Sachsen-Anhalt und Thüringen schließen Koalitionen mit der Linken auf Landesebene nicht mehr aus. »Manch einer bei den Linken zeigt ein Verantwortungsgefühl, wie ich es manchmal bei unseren Leuten vermisse«, konstatiert der sachsen-anhaltinische Ministerpräsident Wolfgang Böhmer (CDU).

Als Finanzminister Steinbrück ein erneutes Konjunkturprogramm unter Verweis auf das Ziel eines ausgeglichenen Haushalts zurückweist, unterschreiben 60 Bundestagsabgeordnete und sieben Landesvorsitzende der SPD einen Protestbrief. Zwischen Müntefering, Steinmeier und Steinbrück auf der einen und der Funktionärsschicht auf der anderen Seite klafft ein immer tieferer Graben. Etliche SPD-Politiker aus den Ländern, beileibe nicht nur vom linken Parteiflügel, fordern ein Ende der großen Koalition. Der SPD-Bezirk Hessen-Süd fordert zuerst einen außerordentlichen Parteitag, um hier die große Koalition zu beenden. Missmut und Enttäuschung nehmen zu. Der frühere SPD-Vorsitzende Beck, der schleswig-holsteinische SPD-Chef Ralf Stegner und Bundestagsvizepräsidentin Wieczorek-Zeul plädieren ebenso dafür. Wieczorek-Zeul wirbt für »ein neues linkes Projekt« auf Bundesebene. Große Teile der sozialdemokratischen Funktionärsschicht applaudieren zu derlei Aussagen. Müntefering und Steinmeier willigen mit Unbehagen in einen Parteitag ein.

Im Frühsommer 2012, gut ein Jahr vor der regulären Bundestagswahl, beschließt dieser mit knapper Mehrheit einen Ausstieg aus der großen Koalition. Müntefering tritt daraufhin von seinem Parteivorsitz zurück, Steinmeier und Steinbrück legen ihre Ministerämter nieder. Andrea Nahles setzt sich in einer Kampfabstimmung gegen Sigmar Gabriel als neue SPD-Vorsitzende durch. Erstmals steht damit eine Frau an der Spitze der SPD. Auf Antrag der Landesverbände Bayern, Berlin, Niedersachsen, Nordrhein-Westfalen, Saarland und Schleswig-Holstein spricht sich der Parteitag für die Aufnahme von Koalitionsverhandlungen mit den Grünen und der Partei Die Linke aus. Wenige Tage später legen die restlichen sozialdemokratischen Minister ihre Ämter nieder. Übergangsweise beruft Bundeskanzlerin Merkel acht Christdemokraten auf diese Posten. Kommissarischer Außenminister wird Karl-Theodor zu Guttenberg, Finanzminister wird Steffen Kampeter.

Recht zügig schließen SPD, Linke und Grüne ihre Koalitionsverhandlungen ab. Im Herbst 2012 kommt es im Bundestag zu einem konstruktiven Misstrauensvotum. SPD, Linke und Grüne wählen Gabriel zum Nachfolger Angela Merkels. Gabriel fehlen dabei über zehn Stimmen aus dem Lager der Koalition. Bei den Haushaltsberatungen stellen sich die Linken quer, letztlich kommt es dennoch zu einer Einigung. Ohnehin beweisen die Linken eine kaum erwartete Biegsamkeit. Nonchalant tragen sie die – in der Kontinuität der großen Koalition stehende – Außenpolitik mit. Bundesarbeitsminister Ottmar Schreiner (Linke) kann sich innerhalb seiner Partei mit dem Ruf nach erheblich höheren Hartz-IV-Sätzen nicht durchsetzen. Der Vorsitzende Ramelow, der seine Partei mit harter Hand regiert, bremst ihn aus. In der SPD aber kommt es zu harten Kontroversen. Immer wieder wird sie mit dem Vorwurf des Wortbruchs konfrontiert, hatte sie doch vor der Bundestagswahl 2009 jedwede Zusammenarbeit mit der Linken ausgeschlossen. Das Wort einer »Ypsilantisierung« der SPD macht die Runde. Müntefering und Steinbrück, inzwischen beide auf dem politischen Altenteil, verbal aber wirkungsmächtig, verstärken diese Kritik. Wie schon im Jahre 2008, unter der miserablen Führung des Parteivorsitzenden Beck, macht sich in der SPD eine »Sehnsucht nach Müntefering« bemerkbar. »Franz Müntefering kann Orientierung geben und uns hilfreich zur Seite stehen«, befinden die Sprecher des Seeheimer Kreises.

Als im Herbst 2013 der Bundestag neu gewählt wird, stürzt die SPD auf ein historisches Tief ab; auch Linke und Grüne verzeichnen Verluste. Die Union hingegen holt auf, gemeinsam mit der FDP erreicht sie – erstmals seit fast zwanzig Jahren – eine Mehrheit. Nach einer gut einjährigen »Auszeit« der Union vom Bundeskanzleramt wird Koch zum Regierungschef einer »bürgerlichen« Koalition gewählt. Müntefering prognostiziert, die SPD stehe nun vor »zehn, zwölf oder gar fünfzehn Jahren in der Opposition«.

Bundeskanzlerin Merkel auf dem Weg nach Jamaika

Wochenlang ziehen sich die Koalitionsverhandlungen von Union, Grünen und FDP hin. Am Ende aber einigen sich die drei Partner schneller als gedacht, die Grünen stimmen verlängerten Restlaufzeiten für Atomkraftwerke zu. Im Gegenzug einigt sich das »Jamaika«-Bündnis auf einen kompletten Atomausstieg bis zum Jahre 2040. Mit einem ökologischen Investitionsprogramm sollen regenerative Energien gefördert werden. »Das war schon immer unser Anliegen«, sagt Guido Westerwelle. Er wird unter Bundeskanzlerin Merkel »Superminister« für Wirtschaft und Finanzen. Da die Grünen wider Erwarten besser als die Liberalen abschnitten, dürfen diese das Auswärtige Amt besetzen. So wird Jürgen Trittin Außenminister. Westerwelle und Trittin konnten sich über Jahre hinweg nicht ausstehen, nun spricht Westerwelle von einem »belastbaren Arbeitsverhältnis«. Trittin ergänzt: »Wir wissen, was der jeweils andere denkt. Das ist hilfreich.«

Die SPD stimmt sich nach elf Jahren auf den Gang in die Opposition ein. Franz Müntefering kandidiert nicht wieder für den Parteivorsitz, Steinmeier wird Fraktionschef. Andrea Nahles, gerade einmal 39 Jahre alt, rückt an die Spitze der SPD. Müntefering ist darüber einigermaßen konsterniert und warnt seine Partei vor einer »Oppositionsmentalität«. Olaf Scholz und Brigitte Zypries werden stellvertretende Fraktionsvorsitzende, einige ehemalige Staatssekretäre ebenso. Gabriel kandidiert für das Amt des Generalsekretärs. Nahles sagt, sie unterstütze ihn. Er wird gewählt und verkündet: »Andrea und ich werden ein starkes Team bilden.«

Der ehemalige Finanzminister Peer Steinbrück verzichtet auf sein Bundestagsmandat und tut kund: »Ich habe jede Menge Angebote aus der freien Wirtschaft. Wieso sollte ich nun stellvertretender Fraktionschef werden wollen? Das wäre doch Bullshit.« SPD-Linke machen Steinmeier, aber auch Steinbrück für die Wahlniederlage verantwortlich. »Noch nie sind wir mit einem solch schwachen Kandidaten angetreten. Mit dem linken Parteiflügel wurde brutal und skrupellos umgegangen«, befindet der Abgeordnete Hermann Scheer in einer Parteivorstandssitzung. Er fordert zudem den Parteiausschluss Steinbrücks. Der schleswig-holsteinische SPD-Chef Ralf Stegner beklagt: »Steinmeier und Steinbrück haben uns erst an den Abgrund gebracht und sind dann fröhlich gesprungen.« Der ehemalige Superminister Clement verlässt die SPD. Er tritt der FDP bei. In der Regierung Merkel übernimmt Clement den Vorsitz einer Kommission »Demografischer Wandel«.

In zahlreichen Landesverbänden stößt die Verdammung der SPD in die Opposition auf große Zustimmung. Immer wieder ist von einer »großen Chance« die Rede, sich in der Opposition »erneuern« zu können. Diese Ansicht vertreten vor allem Sozialdemokraten in Baden-Württemberg und Bayern, aber auch in Berlin. Steinmeier und Nahles schließen gemeinsame Anträge mit der Linken im Bundestag aus. Es gebe keine Koalition in der Opposition, sagt Steinmeier. Über 40 SPD-Bundestagsabgeordnete aber sehen das ganz anders. Sie verlangen eine engere Kooperation beider Parteien. »Oskar Lafontaine hat in vielen Punkten als Finanzminister 1998/99 recht gehabt. Dies darf die SPD durchaus zugeben«, schreiben diese Sozialdemokraten in einem öffentlichen Brief, der zuerst im »Neuen Deutschland« veröffentlicht wird.

Mit dem Machtverlust in Berlin setzt sich in der SPD in den Ländern eine klare Orientierung zur Partei Die Linke fort. Im Saarland regieren Linke und SPD unter dem Ministerpräsidenten Lafontaine. Immunität gegenüber den Linken besitzt allein der rheinland-pfälzische Ministerpräsident Kurt Beck, von dem es heißt, er regiere künftig wieder viel lieber mit der FDP als mit einer absoluten Mehrheit seiner eigenen Partei. Beck sitzt in Mainz wieder fest im Sattel. Während einer Talkshow des Südwestrundfunks in Kaiserslautern rechnet Beck mit Schröder und Müntefering ab: »Ich wusste im Sommer 2008 längst, dass Müntefering einen Putsch gegen mich als Parteivorsitzenden vorbereitet. Das war so klar wie Kloßbrühe.«

In der SPD-Bundestagsfraktion macht sich Unmut über Steinmeier breit. Der agiere »zu kalt«, heißt es. Dem Beschluss der Koalition zur Lockerung des Kündigungsschutzes sei er »nur windelweich« entgegengetreten. Steinmeier gehe es darum, die Gewerkschaften zu provozieren, meint der saarländische Minister für Arbeit, Soziales, Sport, Fremdarbeiterintegration und Volksgesundheit, Ottmar Schreiner (SPD): »Steinmeier ist im Grunde der letzte Neoliberale. Da kann man schon mal an der SPD verzweifeln.« Als die Bundesregierung Konjunkturpaket um Konjunkturpaket schnürt, um endlich aus der Rezession zu kommen, tönen SPD und Linke im Bundestag zumeist wie aus einem Mund. Das sei nicht weitgehend genug, beklagen sie. Vom »Tröpfchen Wasser auf einen heißen Felsen« redet Sigmar Gabriel und widerspricht damit Steinmeier, der die Konjunkturpolitik von Merkel und Superminister Westerwelle weitgehend stützt. In einer persönlichen Erklärung stellen gerade einmal sieben SPD-Abgeordnete fest: »Die künftigen Generationen mit konsumtiven Ausgaben für das Hier und Jetzt zu belasten ist verantwortungslos.« Initiiert hat das Schreiben Franz Müntefering. Er kündigt derweil an, im Jahre 2013 nicht wieder für den Bundestag zu kandidieren.

Abgeordnete von SPD und Linken bilden im Jahre 2012 einen »Gesprächskreis Sozialdemokraten und Linke«. Sie sprechen in einem Papier von »gemeinsamen Grundüberzeugungen« und »demselben Gegner, die konservative Regierung Merkel/Trittin/Westerwelle«. Da Lafontaine sich aus der Politik weitgehend zurückgezogen habe, stünden beide Parteien nun vor der »historischen Chance einer Fusion«. Als SPD-Generalsekretär Gabriel dafür – anders als Nahles – öffentlich Sympathien äußert, widersprechen ihm nur einige wenige Parteifreunde, diese aber dafür umso lauter.

Gabriel und der Linken-Vorsitzende Bartsch bereiten Gespräche »für die Möglichkeit eines Fusionsprozesses« vor. Lafontaine, der als saarländischer Ministerpräsident die Tagespolitik längst seinem Freund Schreiner überlassen hat, spricht von der »historischen Tragweite« eines solchen Projekts. Die Linke ist bereit, sich von ihrer SED-Vergangenheit zu distanzieren. Sie bekennt sich zur Mitgliedschaft in EU und Nato, verlangt aber von der SPD selbstkritische Worte zu ihrer Regierungszeit unter Bundeskanzler Schröder. Gabriel sagt dies zu, und Schröder selbst erklärt in einem »Spiegel«-Interview: »Hier geht es jetzt um eine große Chance. Natürlich waren Teile unserer Arbeitsmarktpolitik suboptimal. So viel Selbstkritik darf sein.«

Innerhalb der SPD kritisieren allein Commerzbank-Vorstandsmitglied Steinbrück und der Vorsitzende der Ebert-Stiftung, Müntefering, den Parteizusammenschluss. Gabriel widerspricht dieser Kritik für seine Verhältnisse nur zaghaft und stellt klar, dass die neue Partei den Namen SPD behalte. Pragmatisch wie eh und je in den vergangenen Jahren lässt sich die Linke darauf ein. Nur der ehemalige SED-Chef Hans Modrow und die Alt-Linke Luc Jochimsen geben Bedenken zu Protokoll. Als Egon Bahr den »lieben Hans« umgarnt und ihm das »historische Projekt« in seinem Büro im Willy-Brandt-Haus schmackhaft macht, stimmt auch Modrow zu. Auf dem Vereinigungsparteitag im Berliner Estrel-Hotel werden Sigmar Gabriel und Dietmar Bartsch zu gleichberechtigten Vorsitzenden der SPD gewählt. Bei der Bundestagswahl holt die SPD 39 Prozent. Angela Merkel bildet derweil ihr drittes Kabinett; Westerwelle wird Außenminister, der Grüne Cem Özdemir Innenminister. Wenig später, im Mai 2014, wählen Union, Grüne und FDP Joschka Fischer zum Bundespräsidenten.

Dank

Am 1. Oktober 2007, als ich mit der Arbeit an diesem Buch begann, erschien der »Spiegel« mit einer kleinen Meldung: Der SPD-Vorsitzende Kurt Beck plane, das Arbeitslosengeld I länger als bis dato auszahlen zu lassen. Mit diesem Vorstoß Becks begann ein politisches Drama in und um die SPD. Der Hamburger Parteitag, Becks innerparteilicher (Pyrrhus-)Sieg über Franz Müntefering, dessen Rückzug, die Wahlerfolge der Partei Die Linke in Niedersachsen, Hessen und Hamburg, Andrea Ypsilantis Wortbruch, das Einschwenken Becks auf ihren gewagten Kurs, der Absturz in den Umfragen und der Autoritätsverlust des Vorsitzenden, der stetig steigende Zuspruch für einen Kanzlerkandidaten Frank-Walter Steinmeier, das Hin und Her um einen Parteiausschluss Wolfgang Clements, die Rufe nach einer Rückkehr Münteferings, das Krisentreffen am Schwielowsee, Becks Rücktritt, die Nominierung Steinmeiers und die Wahl Münteferings zum neuen, alten SPD-Vorsitzenden – an aufregenden Geschehnissen hat es die SPD nicht mangeln lassen.

Dieses Buch will die Lage der Sozialdemokratie einbetten in die Entwicklung ab dem Jahre 1998, als die Sozialdemokraten Regierungsverantwortung im Bund übernommen hatten. Es will Zusammenhänge schildern und personelle Konstellationen erläutern. Zahlreiche Menschen haben mir dabei geholfen. Für Hintergrundgespräche standen zur Verfügung frühere und heutige Mitglieder der Bundesregierung, des SPD-Parteivorstandes sowie der Bundestagsfraktion. Daneben konnte ich mit Mitarbeitern von Ministerien, Parteivorstand, Fraktionen und Abgeordneten der SPD sprechen. Aus einigen dieser Gespräche, unter anderem mit Hans Eichel, Walter Riester und Ottmar Schreiner, zitiere ich mit deren Einverständnis. Das Gros der Gespräche aber fand indirekt Eingang in das Manuskript. Zitiert werden darin ebenso einige bislang unveröffentlichte Protokolle von SPD-Gremiensitzungen. Daneben habe ich mit journalistischen Kollegen die Lage der Sozialdemokratie immer wieder erörtert. Allen, die zu einem oder mehreren Gesprächen bereit waren, möchte ich für ihre Einschätzungen und Analysen, vor allem aber ihre Offenheit danken. Ohne die Hilfe meiner Gesprächspartner wäre dieses Buch nicht möglich gewesen.

Meine Redaktion ist mir mit der Gewährung einer halbjährigen Auszeit zugunsten des Buchprojektes entgegengekommen. Besonders herzlich danke ich Thomas Schmid, meinem Chefredakteur, aber auch Vorgesetzten und Kollegen. Danken möchte ich ebenso all jenen, die mit Kritik und doch wohlwollendem Auge das Manuskript gesichtet und allerlei hilfreiche Hinweise gegeben haben. Stellvertretend sei hier Carsten Gilbert, Jens Lindfeld und natürlich meinem Vater gedankt. Heiko Sakurai danke ich für die Bereitschaft, einige seiner wunderbaren Karikaturen für das Buch beizusteuern. Engagiert, mit Sachverstand und Umsicht hat Nina Krause als Lektorin dieses Buch betreut. Dr. Andrea Wörle, die Cheflektorin des Deutschen Taschenbuch Verlages, hat mit ihrer Aufgeschlossenheit und ihrem Interesse erst ermöglicht, dass es zu diesem Buch gekommen ist. Joachim Jessen von der Literary Art Agency Thomas Schlück hat für das Buch diesen geschätzten Verlag gefunden und das Projekt mit seinen freundlich-zielorientierten Nachfragen stets begleitet. Nina Krause, Andrea Wörle und Thomas Schlück möchte ich für all dies aufrichtig danken.

Gewidmet ist das Buch Jan-Hendrik Engelke, meinem ältesten Patenkind.

Berlin im November 2008,
Daniel Friedrich Sturm

Literatur

Quellen

Albers, Detlev und Andrea Nahles (Hrsg.): Linke Programmbausteine. Denkanstöße zum Hamburger Programm der SPD. Berlin 2007.

Asmussen, Jörg und Carsten Schneider: Haushaltskonsolidierung heißt Gerechtigkeit für kommende Generationen. Undatiertes [2002] Manuskript.

Bahr, Egon: Der deutsche Weg. Selbstverständlich und normal. München 2003.

Bartels, Hans-Peter: Die Regierungs-SPD ist der Programm-SPD weit voraus. Neue Gesellschaft/Frankfurter Hefte, 47. Jg. (2000), H. 12, S. 714–719.

Bartels, Hans-Peter: Victory-Kapitalismus. Wie eine Ideologie uns entmündigt. Köln 2005.

Bartels, Hans-Peter und Matthias Machnig (Hrsg.): Der rasende Tanker. Analysen und Konzepte zur Modernisierung der sozialdemokratischen Organisation. Göttingen 2001.

Beck, Kurt: Die bürgerliche Mehrheit sitzt in keinem Lager. Die Welt, 18. Februar 2008.

Beck, Kurt: Dem Frieden verpflichtet. Frankfurter Rundschau, 7. April 2007.

Beck, Kurt: Leistung muss sich wieder lohnen. Welt am Sonntag, 20. August 2006.

Beck, Kurt: Leistung. Was sich wieder lohnen muss, in: Schächter, Markus (Hrsg.): Was kommt. Was geht. Was bleibt. Freiburg, Basel und Wien 2001, S. 218–219.

Beck, Kurt: Ein Sozialdemokrat. Die Autobiografie. München 2008.

Beck, Kurt: Das soziale Deutschland. Frankfurter Allgemeine Zeitung, 11. Juni 2007.

Beck, Kurt: Die SPD und »Die Linke«. Vorwärts, April 2008.

Beck, Kurt: Was heißt heute sozial-liberal? Die Zeit, 26. Oktober 2006.

Beck, Kurt und Hubertus Heil (Hrsg.): Soziale Demokratie im 21. Jahrhundert. Lesebuch zur Programmdebatte der SPD. Berlin 2007.

Beck, Kurt und Frank-Walter Steinmeier: Wir wollen Arbeitslosigkeit nicht bekämpfen, sondern besiegen. Süddeutsche Zeitung, 30. April 2008.

Bissinger, Manfred und Heiko Gebhardt (Hrsg.): Gerhard Schröder. 60 Freunde zum Geburtstag. Hamburg o. J. [2004].

Blum, Dieter und Konrad E. Müller: Mensch Schröder. Der Acker, der Gerhard, der Kanzler. Kempen 2005.

Böhning, Björn und Jan Turowski: Re-Politisierung des Politischen: Chancen und verpasste Chancen eines neuen sozialdemokratischen Grundsatzprogramms. Perspektiven ds, 24. Jg. (2007), H. 1, S. 7–26.

Bundesvorstand der Juso-Hochschulgruppen (Hrsg.): Strategie – Programmatik – Debatte. Beiträge zur Grundsatzdebatte in der SPD. Zeitschrift der Juso-Hochschulgruppen 106, Juni 2006.
Clement, Wolfgang; Müller, Michael und Margit Conrad: Ökologisch und sozial verantwortliches Wirtschaften. Impulse für das neue Grundsatzprogramm der Sozialdemokratischen Partei Deutschlands. Berlin 2005.
Eppler, Erhard: Eine Partei für das zweite Jahrzehnt: Die SPD? Berlin 2008.
Eppler, Erhard: Privatisierung der Gewalt und ihre Folgen. Beitrag zur 4. Sitzung der Programmkommission am 21. November 2004.
Erler, Gernot; Müller, Michael; Nahles, Andrea und Ludwig Stiegler (Hrsg.): Mehrheiten mit Links. Werkstattberichte aus Berlin für eine moderne Politik zur Gestaltung der Globalisierung. Bonn 2002.
Fichter, Tilman: Leitbegriff gegen den globalisierten Kapitalismus. Neue Gesellschaft/Frankfurter Hefte, 50. Jg. (2003), H. 11, S. 21–22.
Fischer, Joschka: Die rot-grünen Jahre. Deutsche Außenpolitik – vom Kosovo bis zum 11. September. Köln 2007.
Friedrich-Ebert-Stiftung, Politische Akademie (Hrsg.): Die neue SPD. Menschen stärken – Wege öffnen. Bonn 2004.
Gabriel, Sigmar: Der katholische Elefant: Ein neues Leitbild für die SPD. Berliner Republik, 6. Jg. (2004), H. 6, S. 32–36.
Gabriel, Sigmar: Links neu denken. Politik für die Mehrheit. München 2008.
Gabriel, Sigmar: Links und frei – weil es immer um Menschen geht. Berliner Republik, 6. Jg. (2004), H. 1, S. 14–19.
Gabriel, Sigmar: Mehr Politik wagen. München 2002.
Gabriel, Sigmar: »Die Menschen stärken, die Sachen klären«. Neue Gesellschaft/Frankfurter Hefte, 51. Jg. (2004), H. 3, S. 55–59.
Gabriel, Sigmar: Die SPD muss ihren Kompass neu ausrichten. Frankfurter Rundschau, 22. April 2003.
Gabriel, Sigmar: Wider die McKinsey-Gesellschaft. Der Spiegel, 25. April 2005.
Gabriel, Sigmar: Wir können mehr! Berliner Republik, 6. Jg. (2004), H. 3, S. 22–34.
Glotz, Peter: Kulturpessimismus ist nicht am Platz. Neue Gesellschaft/Frankfurter Hefte, 47. Jg. (2000), H. 6, S. 343–348.
Grundsatzprogrammkommission der SPD: Wegmarken für ein neues Grundsatzprogramm. Sozialdemokratische Vorstellungen zur nachhaltigen Gestaltung der globalen Epoche. Zwischenbericht an den Parteitag der SPD in Nürnberg, 19. bis 22. November 2001. Berlin 2001.
Hassel, Anke: Kann Politik strategisch sein? Berliner Republik, 5. Jg. (2004), H. 5, S. 20–26.
Hauer, Nina: Keine Angst vor Schröder und Blair. Neue Gesellschaft/Frankfurter Hefte, 46. Jg. (1999), H. 9, S. 773–775.
Hauer, Nina: Wolfgang Thierse meint es gut. Berliner Republik, 5. Jg. (2004), H. 3, S. 53–55.
Heil, Hubertus: Gesund und gerecht. Die Welt, 31. Juli 2003.

Heil, Hubertus: Jede Zeit braucht ihre Antworten. Berliner Republik, 5. Jg. (2004), H. 3, S. 37–39.
Heil, Hubertus: Neue Hinwendung zur gesellschaftlichen Wirklichkeit. Neue Gesellschaft/Frankfurter Hefte, 50. Jg. (2003), H. 12, S. 15–19.
Heil, Hubertus: Schröder hat noch eine Chance. Die Welt, 3. Juni 2005.
Heil, Hubertus und Carsten Stender: Ohne Wirtschaft ist alles nichts. Berliner Republik, 5. Jg. (2003), H. 1, S. 28–33.
Hombach, Bodo: Aufbruch. Die Politik der neuen Mitte. München und Düsseldorf 1998[3].
Jungsozialisten in der SPD (Hrsg.): Stellungnahme der Jusos zum Bremer Entwurf vom 16. Juni 2007. Berlin 2007.
Juso-Bundesverband (Hrsg.): SPD-Grundsatzprogrammdebatte. Beiträge zur Zukunftsdiskussion von links. Berlin 2006.
Lafontaine, Oskar: Das Herz schlägt links. München 1999.
Lafontaine, Oskar: Politik für alle. Streitschrift für eine gerechte Gesellschaft. Berlin 2005[3].
Lafontaine, Oskar: Die Wut wächst. Politik braucht Prinzipien. Berlin 2003.
Lafontaine, Oskar und Christa Müller: Keine Angst vor der Globalisierung. Wohlstand und Arbeit für alle. Bonn 1998[2].
Lange, Christian: Kombilohn statt Stütze. Berliner Republik, 3. Jg. (2001), H. 3, S. 76–79.
Lauterbach, Karl: Der Zweiklassenstaat. Wie die Privilegierten Deutschland ruinieren. Berlin 2007.
Löer, Wigbert und Heinz Thörmer: Schröder '98 – Kampa und Kanzlerkandidat. Neue Gesellschaft/Frankfurter Hefte, 49. Jg. (2002), H. 7–8, S. 455–459.
Machnig, Matthias: Fassbrause für alle! Soziale Gerechtigkeit neu definieren. Die Welt, 12. August 2003.
Machnig, Matthias: Die Krise als Herausforderung. Vorgänge, 46. Jg. (2007), H. 4, S. 34–42.
Merkel, Angela: Schroeder doesn't speak for all Germans. Washington Post, 20. Februar 2003. www.cducsu.de/upload/merkel_wpost_20030220.pdf
Meyer, Thomas: Wie die Sozialdemokratie sich erneuert. Neue Gesellschaft/Frankfurter Hefte, 46. Jg. (1999), H. 5, S. 453–459.
Mikfeld, Benjamin und Andrea Nahles (Hrsg.): Jobs, Jobs, Jobs. Wie weiter auf dem Arbeitsmarkt? O. O. [Marburg] 2002.
Müntefering, Franz: Ein ansehnliches Stück deutscher Demokratie. Süddeutsche Zeitung, 27. Mai 2008.
Müntefering, Franz mit Tissy Bruns: Macht Politik! Freiburg im Breisgau 2008.
Müntefering, Franz: Politik für Wachstum und neue Arbeit. Rede anlässlich der Regionalkonferenz Nord der SPD zum Grundsatzprogramm in Bremen, 11. Februar 2007. Berlin 2007.

Müntefering, Franz und Matthias Machnig (Hrsg.): Sicherheit im Wandel. Neue Solidarität im 21. Jahrhundert. Berlin 2001.
Nahles, Andrea; Maurer, Ulrich; Annen, Niels; Scheer, Hermann und Sigrid Skarpelis-Sperk: Zeit für einen Neuanfang. O.O., o.J. [Berlin, Februar 2003].
Netzwerk Berlin: »Soziale Sicherheit gerecht und nachhaltig finanzieren.« Positionspapier vom 2. Juli 2003. Berliner Republik, 5. Jg. (2003), H. 4, S. 79–86.
Neugebauer, Gero: Politische Milieus in Deutschland. Die Studie der Friedrich-Ebert-Stiftung. Bonn 2007.
Platzeck, Matthias: Vom Osten lernen? Berliner Republik, 5. Jg. (2004), H. 1, S. 24–30.
Platzeck, Matthias; Steinmeier, Frank-Walter und Peer Steinbrück (Hrsg.): Auf der Höhe der Zeit. Soziale Demokratie und Fortschritt im 21. Jahrhundert. Berlin 2007.
Schabedoth, Hans-Joachim: Spannungsreiche Beziehungskiste. Gewerkschaften und Sozialdemokratie nach zwei Jahren Schröder-Regierung. Berliner Republik, 2. Jg. (2000), H. 4, S. 80–81.
Schabedoth, Hans-Joachim: Spielen auf das eigene Tor. Neue Gesellschaft/Frankfurter Hefte, 50. Jg. (2003), H. 6, S. 33–37.
Scholz, Olaf: Gerechtigkeit und Solidarische Mitte im 21. Jahrhundert. Neue Gesellschaft/Frankfurter Hefte, 50. Jg. (2003), H. 9, S. 15–20.
Schreiner, Ottmar: Die Gerechtigkeitslücke. Wie die Politik die Gesellschaft spaltet. Berlin 2008.
Schreiner, Ottmar: Zur Zukunft der SPD. Perspektiven ds, 16. Jg. (1999), H. 3, S. 26–30.
Schroeder, Wolfgang: Sozialdemokratische Suchbewegungen: »Dritte Wege«, Zivilgesellschaften. Neue Gesellschaft/Frankfurter Hefte, 47. Jg. (2000), H. 7–8, S. 424–429.
Schroeder, Wolfgang: Der vorsorgende Sozialstaat als offensives gesellschaftliches Konzept gegen eine bloße Status quo Politik. Perspektiven ds, 24. Jg. (2007), H. 1, S. 26–36.
Schröder, Gerhard: Alte Linke und Neue Mitte. Süddeutsche Zeitung, 13./14. März 1999. Ebenso Neue Gesellschaft/Frankfurter Hefte, 46. Jg. (1999), H. 5, S. 444–447.
Schröder, Gerhard: Entscheidungen. Mein Leben in der Politik. Hamburg 2006.
Schröder, Gerhard: »Er hat das Zeug zum Kanzler«. Vorwärts, Oktober 2008.
Schröder, Gerhard: Gegen den Luxus der Langsamkeit. Der Spiegel, 19. Mai 1997.
Schröder, Gerhard: Das Gestalten der Zukunft braucht den Mut zur Veränderung. Neue Gesellschaft/Frankfurter Hefe, 50 Jg. (2003), H. 5, S. 4–7.
Schröder, Gerhard: Das Zeitalter der Chancen. Sicherheit, Modernisierung

und Gerechtigkeit in der Globalisierung. Neue Gesellschaft/Frankfurter Hefte, 49. Jg. (2002), H. 5, S. 271–276.
Schröder, Gerhard: Die zivile Bürgergesellschaft. Anregungen zu einer Neubestimmung der Aufgaben von Staat und Gesellschaft. Neue Gesellschaft/Frankfurter Hefte, 47. Jg. (2000), H. 4, S. 200–207.
Schröder, Gerhard und Tony Blair: Der Weg nach vorne für Europas Sozialdemokraten. Perspektiven ds, 16. Jg. (1999), H. 3, S. 4–16.
Schwan, Gesine mit Susanne Gaschke: Allein ist nicht genug. Für eine neue Kultur der Gemeinsamkeit. Freiburg im Breisgau 2007.
Schwan, Gesine und Wolfgang Thierse: Grundlagen unserer Politik. Impulse für das neue Grundsatzprogramm der Sozialdemokratischen Partei Deutschlands. Berlin 2004.
SPD: Arbeit, Innovation und Gerechtigkeit: Wahlprogramm für die Bundestagswahl 1998.
SPD (Hrsg.): Willy-Brandt-Haus-Materialien. Agenda 2010: Unsere Argumente. O. O., o. J. [Berlin 2003].
SPD-Parteivorstand (Hrsg.): Erneuerung und Zusammenhalt – Wir in Deutschland. Regierungsprogramm 2002–2006. Berlin 2002.
SPD-Parteivorstand (Hrsg.): Mut zur Veränderung. Leitantrag des SPD-Parteivorstandes zum Sonderparteitag am 1. Juni 2003 in Berlin. Berlin 2003.
SPD-Parteivorstand (Hrsg.): Protokoll Bundesparteitag Karlsruhe, 14. bis 16. November 2005, Berlin o. J. [2005].
SPD-Parteivorstand (Hrsg.): Vertrauen in Deutschland. Das Wahlmanifest. Berlin o. J. [2005].
Steinbrück, Peer: Gute sozialdemokratische Politik. Berliner Republik, 10. Jg. (2008), H. 5, S. 60–62.
Steinmeier, Frank-Walter: Aufbruch in Deutschland. Berliner Republik, 5. Jg. (2004), H. 4, S. 69–76.
Steinmeier, Frank-Walter: Bürger ohne Obdach – Zwischen Pflicht zur Unterkunft und Recht auf Wohnraum. VHS-Verlag Soziale Hilfe, Bielefeld 1992.
Steinmeier, Frank-Walter: Mut zur Beharrlichkeit. Der Tagesspiegel, 14. März 2008.
Steinmeier, Frank-Walter und Matthias Machnig (Hrsg.): Made in Germany '21. Hamburg 2004.
Strasser, Johano: Wege und Irrwege einer künftigen linken Politik. Neue Gesellschaft/Frankfurter Hefte, 46. Jg. (1999), H. 5, S. 459–463.
Streeck, Wolfgang und Rolf G. Heinze: Wende am Arbeitsmarkt durch Erneuerung des »deutschen Modells«. Sozialwissenschaftliche Informationen, 29. Jg. (2000), H. 1, S. 28–38.
Thierse, Wolfgang: »Dritte Wege« im europäischen Maßstab. Neue Gesellschaft/Frankfurter Hefte, 46. Jg. (1999), H. 9, S. 986–990.
Thierse, Wolfgang: Eine falsche Alternative. Berliner Republik, 6. Jg. (2004), H. 2, S. 45–48.

Thierse, Wolfgang: Sechzig Mal Freiheit. Berliner Republik, 5. Jg. (2003), H. 6, S. 32–37.

Thörmer, Heinz: Kampa '98 – Zweierlei Wahlkampf? Neue Gesellschaft/ Frankfurter Hefte, 46. Jg. (1999), H. 5, S. 409–414.

Vogel, Hans-Jochen: Was heißt es heute, auf der Höhe der Zeit zu sein? Perspektiven ds, 24. Jg. (2007), H.2, S. 7–12.

Voigt, Karsten D.: Sozialdemokratische Außenpolitik: Konzeptioneller Vorreiter oder traditionalistische Nachhut? Zeitschrift der Juso-Hochschulgruppen 106 (Juni 2006), S. 78–82.

Vorstand der SPD (Hrsg.): Aufbruch und Erneuerung – Deutschlands Weg im 21. Jahrhundert. Koalitionsvereinbarung zwischen der Sozialdemokratischen Partei Deutschlands und Bündnis 90/Die Grünen vom 20. Oktober 1998 für den 14. Deutschen Bundestag, Bonn 1998.

Vorstand der SPD (Hrsg.): Protokoll Parteitag Mannheim 14. bis 17. November 1995. Bonn 1995.

Wieczorek-Zeul, Heidemarie: Welt bewegen. Erfahrungen und Begegnungen. Berlin 2007.

Wowereit, Klaus: ... und das ist auch gut so. Mein Leben für die Politik. München 2007.

Sekundärliteratur

Bannas, Günter: Baustein auf Baustein. Frankfurter Allgemeine Zeitung, 14. Oktober 2005.

Bannas, Günter: Dissidenten in der SPD isoliert. Frankfurter Allgemeine Zeitung, 8. Mai 2003.

Bannas, Günter: »Freiheit ist spannend, aber nicht leicht«. Eine Rede Franz Münteferings zur Programmdebatte in der SPD. Frankfurter Allgemeine Zeitung, 23. November 2004.

Bannas, Günter: Ja oder nein. Frankfurter Allgemeine Zeitung, 15. April 2003.

Bannas, Günter: Kontrollierter Ausbruch. Frankfurter Allgemeine Zeitung, 20. Juni 2007.

Bannas, Günter: Der Strenge. Frankfurter Allgemeine Sonntagszeitung, 23. März 2008.

Bartsch, Matthias; Beste, Ralf; Boy, Ann-Dorit; Brzoska, Ina; Kullmann, Kerstin; Kurbjuweit, Dirk; Nelles, Roland und Ralf Neukirch: Seltsamer Kreislauf. Der Spiegel, 15. September 2008.

Beste, Ralf; Feldenkirchen, Markus; Kullmann, Kerstin; Nelles, Roland und Christoph Schwennicke: Das Wagnis. Der Spiegel, 8. September 2008.

Borstel, Stefan von und Philipp Neumann: Der lange Weg zum Mindestlohn. Welt am Sonntag, 6. Januar 2008.

Brandt, Peter: Die PDS und der Geburtsfehler der SED. Neue Gesellschaft/ Frankfurter Hefte, 48. Jg. (2001), H. 11–12, S. 725–727.

Brendlin, Ulrike und Christoph Schmitz: Jetzt saugen sie uns richtig aus. Bild-Zeitung, 1. November 2002.
Brendlin, Ulrike und Rolf Kleine: Zieht die SPD die Kandidaten-Kür vor? Bild-Zeitung, 3. September 2008.
Brie, Michael (Hrsg.): Die Linkspartei. Ursprünge, Ziele, Erwartungen. Berlin 2005.
Bruns, Tissy: Die latente Instabilität von Männerbündnissen. Neue Gesellschaft/Frankfurter Hefte, 51. Jg. (2004), H. 3, S. 10–11.
Bruns, Tissy: Lieber Regieren als Recht behalten. Neue Gesellschaft/Frankfurter Hefte, 49. Jg. (2002), H. 11, S. 650–653.
Bruns, Tissy: Die unbemerkte Modernisierung. Neue Gesellschaft/Frankfurter Hefte, 50. Jg. (2003), H. 12, S. 26–28.
Dausend, Peter: Klare Kante und Schluss – wie Müntefering Abschied nahm. Welt am Sonntag, 16. März 2008.
Deupmann, Ulrich: Halbe Macht – doppelte Macht. Neue Gesellschaft/Frankfurter Hefte, 51. Jg. (2004), H. 3, S. 12–14.
Deupmann, Ulrich: Kegelgruppe am Rande des Abgrunds. Berliner Zeitung, 31. Dezember 1989.
Ditfurth, Christian von: SPD – eine Partei gibt sich auf. Berlin 2000.
Dürr, Tobias: Im Herbst steht Rot-Grün nicht mehr zur Wahl. Die Welt, 24. Mai 2005.
Eichinger, R.; Hellemann, A. und M. S. Lambeck: SPD plant Putsch gegen Beck. Bild am Sonntag, 2. März 2008.
Forkmann, Daniela: Konsens statt Konflikt. Das sozialdemokratische »Netzwerk junger Abgeordneter Berlin«. Vorgänge, 46. Jg. (2007), H. 4, S. 67–75.
Fried, Nico: Mehrheiten und Maulhelden. Süddeutsche Zeitung, 23. Juni 2008.
Gaschke, Susanne: Die SPD nach Lafontaine. Neue Gesellschaft/Frankfurter Hefte, 46. Jg. (1999), H. 5, S. 405–407.
Geyer, Matthias; Kurbjuweit, Dirk und Cordt Schnibben: Operation Rot-Grün. Geschichte eines politischen Abenteuers. München 2005.
Glaab, Manuela: Politische Führung als strategischer Faktor. Zeitschrift für Politikwissenschaft, 17. Jg. (2007), H 2, S. 303–332.
Goffart, Daniel: Prime-Time im Bundestag. Handelsblatt, 14. März 2003.
Grünhage, Jan: Entscheidungsprozesse in der Europapolitik Deutschlands. Von Konrad Adenauer bis Gerhard Schröder. Baden-Baden 2007.
Gujer, Eric: Schluss mit der Heuchelei. Deutschland ist eine Großmacht. Hamburg 2007.
Harpprecht, Klaus: Reformkanzler – jetzt oder nie. Neue Gesellschaft/Frankfurter Hefte, 50. Jg. (2003), H. 3, S. 10–12.
Haselberger, Stephan: Bis zur Weißglut. Der Tagesspiegel, 20. Juni 2008.
Heinze, Rolf G.; Schmid, Josef und Christoph Strünck: Vom Wohlfahrtsstaat zum Wettbewerbsstaat. Arbeits- und Sozialpolitik in den 90er Jahren. Opladen 1999.

Heinze, Rolf G. und Wolfgang Streeck: Optionen für den Einstieg in den Arbeitsmarkt oder: Ein Lehrstück für einen gescheiterten Politikwechsel. Vierteljahreshefte zur Wirtschaftsforschung, 72. Jg. (2003), H. 1, S. 25–35.

Hilmer, Richard und Rita Müller-Hilmer: Die Bundestagswahl vom 18. September 2005: Votum für Wechsel in: Kontinuität. Zeitschrift für Parlamentsfragen, 37. Jg. (2006), H. 1, S. 183–218.

Hofmann, Gunter: Die rot-grüne Generation. Neue Gesellschaft/Frankfurter Hefte, 55. Jg. (2008), H. 10, S. 21–25.

Jann, Werner und Günther Schmid: Die Hartz-Reformen am Arbeitsmarkt: Eine Zwischenbilanz, in: Dies. (Hrsg.): Eins zu eins? Eine Zwischenbilanz der Hartz-Reformen am Arbeitsmarkt. Berlin 2004, S.7–18.

Jörges, Hans-Ulrich: Der stille Putsch. Stern, 19. Juli 2007.

Kister, Kurt: Gesundheitlich genesen, politisch siech. Süddeutsche Zeitung, 11. März 2008.

Klecha, Stephan: Wenn wir schreiten Seit an Seit. Vorgänge, 46. Jg. (2007), H. 4, S. 76–85.

Kocka, Jürgen: Linke Prinzipien nach dem Sozialismus, in: Neue Gesellschaft/Frankfurter Hefte, 51. Jg. (2004), H. 11, S. 46–51.

Kurbjuweit, Dirk; Hujer, Marc; Knaup, Horand; Nelles, Roland; Neukirch, Ralf; Pfister, René und Christoph Schult: Die Zähmung der Tiger. Der Spiegel, 17. Oktober 2005.

Langguth, Gerd: Angela Merkel. Aufstieg zur Macht. Aktualisierte und erweiterte Neuausgabe. München 2007.

Langguth, Gerd: Horst Köhler. Biografie. München 2007.

Lohse, Eckart: Der Stabilitätspakt in der Regierung funktioniert. Frankfurter Allgemeine Zeitung, 15. März 2003.

Lütjen, Torben: Karl Schiller (1911–1994). »Superminister« Willy Brandts. Bonn 2007.

Mara, Michael und Thorsten Metzner: Matthias Platzeck. Die Biografie. München 2006.

Meng, Richard: Merkelland. Wohin führt die Kanzlerin? Köln 2005.

Müller, Kay und Franz Walter: Graue Eminenzen der Macht. Küchenkabinette in der deutschen Kanzlerdemokratie. Von Adenauer bis Schröder. Wiesbaden 2004.

Micus, Matthias: Die »Enkel« Willy Brandts. Aufstieg und Politikstil einer SPD-Generation. Frankfurt und New York 2005.

Nelles, Roland und Christoph Schwennicke: Der Schattenmann. Der Spiegel, 25. August 2008.

Niedermayer, Oskar: Parteimitglieder in Deutschland. http://www.polwiss.fu-berlin.de/osz/dokumente/PDF/AHOSZ11.pdf

Pieper, Alfons: In Sachen NRW in Bonn. Westdeutsche Allgemeine Zeitung, Essen, 24. April 1987.

Potthoff, Heinrich und Susanne Miller: Kleine Geschichte der SPD 1848–2002. Bonn 2002[8].

Raschke, Joachim: Immobilismus und Scheinpolitik. Strategiefähigkeit im Fünf-Parteien-System. Vorgänge, 46. Jg. (2007), H. 4, S. 24–33.
Scherer, Klaus-Jürgen: Schröders Bauch ist einmalig. Berliner Republik, 3. Jg. (2002), H. 6, S. 48–51.
Schirrmacher, Frank: Aufputscher. Frankfurter Allgemeine Zeitung, 20. September 2005.
Schwennicke, Christoph: Aus der guten Welt. Der Spiegel, 25. Februar 2008.
Schwennicke, Christoph: Jetzt wird erst einmal regiert. Neue Gesellschaft/Frankfurter Hefte, 46. Jg. (1999), H. 6, S. 7–9.
Schwennicke, Christoph: Letzte Einsätze im Kanzlerkasino. Süddeutsche Zeitung, 27. Mai 2005.
Schwennicke, Christoph: Schröders Bewährung. Süddeutsche Zeitung, 24. April 2003.
Schwennicke, Christoph: Warten auf die Flut. Neue Gesellschaft/Frankfurter Hefte, 49. Jg. (2002), H. 1, S. 485–489.
Siefken, Sven T.: Regierten die Kommissionen? Eine Bilanz der rot-grünen Bundesregierungen 1998 bis 2005. Zeitschrift für Parlamentsfragen, 37. Jg. (2006), H. 3, S. 559–581.
Slangen, Christoph: SPD will Minderheitsregierung in Hessen. Hannoversche Neue Presse, 20. Februar 2008.
Streeck, Wolfgang: Hire and Fire. Ist der amerikanische Arbeitsmarkt ein Vorbild für Deutschland? Berliner Republik, 5. Jg. (2004), H. 3, S. 56–67.
Stüwe, Klaus: Informales Regieren. Die Kanzlerschaften Gerhard Schröders und Helmut Kohls im Vergleich. Zeitschrift für Parlamentsfragen, 37. Jg. (2006), H. 3, S. 544–559.
Sturm, Daniel Friedrich: Uneinig in die Einheit. Die Sozialdemokratie und die Vereinigung Deutschlands 1989/90. Willy-Brandt-Studien, Band 1. Bonn 2006.
Thaysen, Uwe: Regierungsbildung in der Bundesrepublik Deutschland: Daten zum Start der Regierung Merkel 2005/2006. Zeitschrift für Parlamentsfragen, 37. Jg. (2006), H. 3, S. 470–480.
Thaysen, Uwe: Regierungsbildung 2005: Merkel, Merkel I, Merkel II? Zeitschrift für Parlamentsfragen, 37. Jg. (2006), H. 3, S. 582–610.
Thies, Jochen: Eine erstaunliche Erfolgsgeschichte. Neue Gesellschaft/Frankfurter Hefte, 49. Jg. (2002), H. 10, S. 600–603.
Tretbar, Christian: Hessens SPD geht auf Linke zu. Der Tagesspiegel, 21. Februar 2008.
Ulrich, Bernd: Gerechtigkeit für Schröder. Die Zeit, 30. Juni 2005.
Ulrich, Bernd: Der Mensch als Ideologie. Die Zeit, 31. Oktober 2007.
Ulrich, Bernd: Er kann auch links. Die Zeit, 21. August 2008.
Walter, Franz: Die SPD. Vom Proletariat zur Neuen Mitte. Berlin 2002.
Wittke, Thomas: »Ich habe auch keine Begeisterung erwartet«. General-Anzeiger, Bonn, 15. März 2003.
Zylka, Regine: Architekt oder Untermieter? Berliner Zeitung, 18. Juni 2007.

Parteivorsitzende der SPD seit 1946

Kurt Schumacher (1895–1952)	11. Mai 1946 – 20. August 1952
Erich Ollenhauer (1901–1963)	27. September 1952 – 14. Dezember 1963
Willy Brandt (1913–1992)	16. Februar 1964 – 14. Juni 1987
Hans-Jochen Vogel (geb. 1926)	14. Juni 1987 – 29. Mai 1991
Björn Engholm (geb. 1939)	29. Mai 1991 – 3. Mai 1993
Johannes Rau (1930–2006) (komm.)	3. Mai 1993 – 25. Juni 1993
Rudolf Scharping (geb. 1947)	25. Juni 1993 – 16. November 1995
Oskar Lafontaine (geb. 1943)	16. November 1995 – 11. März 1999
Gerhard Schröder (geb. 1944) (komm.)	12. März 1999 – 12. April 1999
Gerhard Schröder	12. April 1999 – 21. März 2004
Franz Müntefering (geb. 1940)	21. März 2004 – 15. November 2005
Matthias Platzeck (geb. 1953)	15. November 2005 – 10. April 2006
Kurt Beck (geb. 1949) (komm.)	10. April 2006 – 14. Mai 2006
Kurt Beck	14. Mai 2006 – 7. September 2008
Frank-Walter Steinmeier (geb. 1956) (komm.)	7. September 2008 – 18. Oktober 2008
Franz Müntefering	seit 18. Oktober 2008

Generalsekretäre der SPD

Franz Müntefering	7. Dezember 1999 – 20. Oktober 2002
Olaf Scholz (geb. 1958)	20. Oktober 2002 – 21. März 2004
Klaus Uwe Benneter (geb. 1947)	21. März 2004 – 15. November 2005
Hubertus Heil (geb. 1972)	seit 15. November 2005

Bundesgeschäftsführer der SPD

Matthias Machnig (geb. 1960)	13. Dezember 1999 – 31. Dezember 2002
Franz-Josef Lersch-Mense (geb. 1952)	1. Januar 2003 – 21. März 2004
Karl-Josef Wasserhövel (geb. 1962)	21. März 2004 – 16. November 2005
Martin Gorholt (geb. 1956)	16. November 2005 – 15. September 2008
Karl-Josef Wasserhövel	seit 15. September 2008

Mitgliederzahlen der SPD seit der Vereinigung Deutschlands

(jeweils am 31. Dezember eines Jahres, Quelle: Oskar Niedermayer/FU Berlin: Parteimitglieder in Deutschland; SPD)

1990	943.402	**1997**	776.183	**2004**	590.485
1991	919.871	**1998**	775.036	**2005**	590.485
1992	885.958	**1999**	755.066	**2006**	561.239
1993	861.480	**2000**	734.667	**2007**	539.861
1994	849.374	**2001**	693.894	**2008***	523.966
1995	817.650	**2002**	650.798		
1996	792.773	**2003**	605.807		

*31. 10. 2008

Wahlergebnisse von CDU/CSU und SPD bei gesamtdeutschen Bundestagswahlen (in Prozent)

	02.12.1990	**16.10.1994**	**27.09.1998**	**22.09.2002**	**18.09.2005**
CDU/CSU	43,8	41,4	35,1	38,5	35,2
SPD	33,5	36,4	40,9	38,5	34,2
Bundes-regierung	CDU/CSU/ FDP	CDU/CSU/ FDP	SPD/ Grüne	SPD/ Grüne	CDU/CSU/ SPD
Bundes-kanzler	Kohl	Kohl	Schröder	Schröder	Merkel

Wahlergebnisse von CDU/CSU, SPD und PDS/Die Linke bei den letzten Landtagswahlen (in Prozent)

	Wahltermin	CDU/ CSU	SPD	PDS/ Die Linke	Regierung
Thüringen	13.06.2004	43,0	14,5	26,1	CDU
Saarland	05.09.2004	47,5	30,8	2,3	CDU
Brandenburg	19.09.2004	19,4	31,9	28,0	SPD/CDU
Sachsen	19.09.2004	41,4	9,8	23,6	CDU/SPD
Schleswig-Holstein	20.02.2005	40,2	38,7	3,6	CDU/SPD
Nordrhein-Westfalen	22.05.2005	44,8	37,1	0,9; 2,2*	CDU/FDP
Sachsen-Anhalt	26.03.2006	38,2	21,3	21,0	CDU/SPD
Rheinland-Pfalz	26.03.2006	32,8	45,6	2,6*	SPD
Baden-Württemberg	26.03.2006	44,2	25,2	3,1*	CDU/FDP
Mecklenburg-Vorpommern	17.09.2006	28,8	30,2	16,8	SPD/CDU
Berlin	17.09.2006	21,3	30,8	13,4	SPD/ Linke
Bremen	13.05.2007	25,6	36,7	8,4	SPD/ Grüne
Nieder-sachsen	27.01.2008	42,5	34,7	7,6	CDU/FDP
Hessen	27.01.2008	36,8	36,7	5,1	CDU geschäfts-führend
Hamburg	24.02.2008	42,6	34,1	6,4	CDU/ Grüne
Bayern	28.09.2008	43,4	18,6	4,3	CSU/FDP

*Wahlalternative Arbeit & soziale Gerechtigkeit (WASG)

Personenregister